庆祝中国共产党成立 100 周年

中国红色金融史

ZHONGGUO HONGSE JINRONGSHI

中国金融思想政治工作研究会　编著

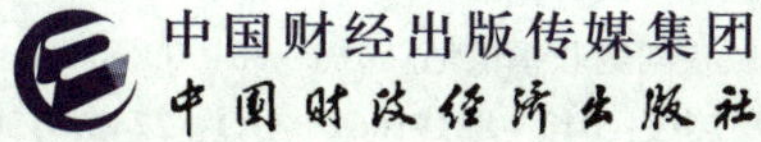

图书在版编目（CIP）数据

中国红色金融史／中国金融思想政治工作研究会编著. --北京：中国财政经济出版社，2021.6

ISBN 978-7-5223-0548-6

Ⅰ.①中… Ⅱ.①中… Ⅲ.①金融-经济史-中国-近代 Ⅳ.①F832.96

中国版本图书馆 CIP 数据核字（2021）第 097602 号

策划编辑：蔡丽兰　　责任校对：张　凡

责任编辑：郁东敏　翁晓红　　责任印制：刘春年

贾延平　张　莹　　封面设计：华景文化

中国财政经济出版社 出版

URL：http：//www.cfeph.cn

E-mail：cfeph@cfeph.cn

社址：北京市海淀区阜成路甲 28 号　邮政编码：100142

营销中心电话：010-88191522

天猫网店：中国财政经济出版社旗舰店

网址：https：//zgczjjcbs.tmall.com

北京时捷印刷有限公司印刷　各地新华书店经销

成品尺寸：170mm×240mm　16 开　35.5 印张　510 000 字

2021 年 6 月第 1 版　2021 年 6 月北京第 1 次印刷

定价：98.00 元

ISBN 978-7-5223-0548-6

（图书出现印装问题，本社负责调换，电话：010-88190548）

本社质量投诉电话：010-88190744

图片版权问题联系电话：010-88190968

打击盗版举报热线：010-88191661　QQ：2242791300

序言

让红色基因、革命薪火代代传承

《中国红色金融史》一书在庆祝中国共产党成立100周年之际出版发行了，可喜可贺。

一直以来，各级党组织和各级政府与广大人民群众抢救和保存了党领导金融事业的一些珍贵史料，有不少专家学者对新民主主义革命时期党领导下的金融事业进行了研究，但大多研究局限于某个地域、某家银行和某段时期，到目前为止，还未有全面、系统的研究成果面世。

中国金融思想政治工作研究会秘书处从2019年开始，组织骨干力量，认真细致不辞劳苦，翻阅收集了大量资料，第一次以图文并茂的形式，较系统全面地编著出版了自中国共产党成立至新中国成立前红色金融的探索史、奋斗史和奉献史，展现了红色金融的壮丽诗篇。感谢中国金融思想政治工作研究会献给建党百年的一份厚礼，感谢同志们的辛勤付出和满腔热忱。

习近平总书记指出：“共和国是红色的，不能淡化这个颜色。”“历史充分证明，江山就是人民，人民就是江山，人心向背关系党的生死存亡。”红色是我们共产党人的底色。《中国红色金融史》一书，充分地体现了中国共产党全心全意为人民服务的宗旨，真实地记录了中国共产党在各个历史时期金融事业发展的艰难历程，特别是经历了大革命时期的艰难探索、热血悲壮的土地革命、艰苦卓绝的抗日战争和摧枯拉朽的解放战争，跨越时空，彪炳史册，谱写了党领导下的金融工作者一步一个脚印走过来的奋斗篇章，为新中国建立独立统一的货币制度和社会主义的建设发展奠定了基础。

我们党的根基在人民，血脉在人民。在艰苦的战争年代，党对金融工作的正确领导，活跃了革命根据地和解放区的经济，许许多多的革命先烈用铁的意志和钢的信念、用视死如归和大义凛然的誓言、用鲜血和生命，前赴后继、英勇奋斗，生动表达了共产党人对远大理想的执着追求。理想之光不灭，信念之光不灭。正是有了一大批有理想、有责任、有担当的仁人志士和无数革命先烈在黑夜中的探索，才有了今天的美好生活。我们一定要铭记先烈的遗愿，永志不忘他们为之流血牺牲的伟大理想。

党的十八大以来，习近平总书记先后十余次来到革命老区追忆先烈。“一寸山河一寸血，一抔热土一抔魂。”红色金融就是用意志和勇气谱写的人类史诗，红色金融文化蕴含着丰富的革命精神和厚重的历史文化内涵，是中华民族宝贵的历史遗产和精神财富，也是中华民族伟大精神的重要组成部分。红色金融文化是马克思主义基本原理同中国革命具体实际相结合的精神结晶，是对中华优秀传统文化和世界优秀文化的继承、发展与创新，它彰显了马克思主义的革命性、先进性和真理性，是中国共产党的信仰、制度、作风、道德、革命精神、革命传统等的综合体现，具有鲜明的民族性、科学性、大众性。红色金融文化是我们党的优良传统和宝贵的精神财富，弘扬红色文化和红色精神时不我待、意义深远。我们要牢记中国革命建设形成的红色传统、红色基因、红色资源，继承红色金融文化的为民情怀、爱国主义热忱、艰苦奋斗精神，坚定文化自信，培固民族精神之“根”，熔铸理想信念之“魂”，涵养核心价值之“源”，切实防范和化解金融风险。红色金融为党的金融事业发展提供了强大的精神动力和力量源泉，永远激励金融系统广大干部职工在习近平新时代中国特色社会主义道路上奋勇向前。

金融是实体经济的血脉，为实体经济服务是金融的天职，是金融的宗旨。中国共产党历来高度重视对金融工作的领导，无论是在革命战争年代，还是在社会主义建设时期，党一直坚持牢牢把握金融事业发展和前进的方向，不断探索金融支持革命战争、创立新政权、服务于社会主义现代化建设和改革开放的道路，指引我国金融事业实现了一次又一次跨越发展。2020 年，我国国内生产总值超过 100 万亿元，银行业总资产和外汇储备余额均居全球第一，世界第二大经济体的中国举世瞩目。在 21 世纪中叶新中国成立 100 年时，我国将进入世界发达国家行列，实现中华民族伟大复兴的中国梦。

习近平总书记强调：要把红色资源利用好、把红色传统发扬好、把红色基因传承好。当前正在进行的“党史观”教育，要求我们学史明理、学史增信、学史崇德、学史力行，学党史、悟思想、办实事、开新局，以昂扬姿态奋力开启全面建设社会主义现代化国家新征程。不忘历史才能开辟未来，善于继承才能善于创新。我国开放的步伐越迈越大，改革的号角越吹越响。百年风雨历程，百年砥砺奋进。在建党 100 周年之际，一起回顾新中国成立前金融战线可歌可泣的故事，一起感受金融事业与祖国、与人民共成长的历程，更能深入学习领会习近平新时代中国特色社会主义伟大思想的精髓，准确把握新发展阶段，深入贯彻新发展理念，加快构建新发展格局，高质量发展金融事业，为“十四五”规划乃至更长时期我国经济社会的稳步发展，定好向、开好局，有着深远的历史意义和深刻的现实意义。

让信仰之火熊熊不息，让红色基因融入血脉，让红色精神激发力量，永远不忘过去走过的路。

第十二届全国人大常委会内务司法委员会副主任委员

中国社会科学院原副院长、党组副书记

李慎明

2021 年 5 月 18 日于北京

目录

引言

近代中国
半殖民地半封建的社会经济状况

1921年7月，中国共产党第一次全国代表大会召开，标志着一个完全新式的、以马克思列宁主义为行动指南的、以实现共产主义为目标的无产阶级政党正式成立。自此，在中国共产党领导下，“非常富有战斗性”的农民阶级发展成为新民主主义革命的主力军，通过土地革命，建设农村革命根据地，武装斗争推翻了帝国主义、封建主义、官僚资本主义三座大山，建立起工农当家做主的新中国。

中国是一个农业人口众多的国家，农民身上沉重的负担既是经济问题，更是政治问题。鸦片战争以后，中国沦为半殖民地半封建社会，中国农民承受着帝国主义、封建主义、官僚资本主义三座大山的压迫和剥削，广大农民负担着来自田赋、关税、盐税、厘金、外债和国内公债、财政性通货膨胀等旧政府的苛捐杂税，土地高度集中垄断带来的地租盘剥、帝国主义资本和官僚买办资本的商业货币剥削、军阀统治下各种无偿的徭役等更加复杂纷繁，沉重严酷。

1911年10月爆发的辛亥革命虽然推翻了统治中国几千年的君主专制制度，但封建土地所有制依旧存在，中国半殖民地半封建的性质并没有改变，广大农民终年辛苦不得温饱，妻离子散、家破人亡历历可数，农村生产力被严重束缚和破坏，农村经济系统处于崩溃的边缘。1912年至1919年，全国各地农民反抗斗争多达200起，都以失败告终。

一、地权高度集中垄断，广大农民地租负担沉重

20世纪初，在农村，土地所有权高度垄断集中，人均占有土地少，地主变相收取土地租金，相当一部分地区“租取其半”或“平分其粮”，而两湖、江浙、四川等地的土地租金大多超过收成的50%，半殖民地半封建的社会状况使中国农民的负担更加繁重，农民遭受军阀、官僚、地主、豪绅、买办和帝国主义的层层剥削压迫，生活困苦，农业生产水平下降。

北洋军阀统治时期，各系军阀和帝国主义列强资本、买办资本大肆进行土地兼并，大量占有土地，土地垄断集中加剧恶化，地价大幅上涨。冯国璋仅在苏北地区就占地75万亩；张敬尧在安徽省霍邱县家乡占地多达七

八万亩；外国传教士大肆侵占中国的土地和房屋，坐收地租。人民劳碌辛苦，却入不敷出。

国民政府统治时期，国统区地权集中趋势有增无减，土地兼并活动愈演愈烈，尤其是退往“大后方”的军政官员和富商携带大量资金购置土地，农民的土地大多被收购，地租又居高不下。广西玉林一家佃农在1933年全年承种的农场收入、手工业收入、副业收入三项总计286.91元，但生活资料加上生产资料（包括地租支出68.51元）就需要支付319.22元，缺口32.31元。对于大多数农民来说，入不敷出、左支右绌是常态，负债累累、债台高筑是常态。1940年，四川省被承租的耕地面积占比达到81.31%，租额占比高达60%~80%。

1945—1949年，国统区的土地大部分集中在地主手中。在土地肥沃的四川成都平原，抗战胜利后，地主人口占比为8%，其占有土地却达80%；在湖南湘阴县，占户口1.8%的地主占有土地的比例为71%。国统区统治的最后几年里，国民政府地方官吏和地主阶级相互勾结，更加残酷地压迫农民。苏南句容县桥头镇地主华锦之的牢房里，5年之中关押过400多个交不出地租的农民，有些人甚至惨死在牢房里。昆山很多地主对农民采用游街、拷打、放水灯、锁庭柱、站笼等多种方法逼租，并备有手铐脚镣、棍棒铁锤等凶器，动辄扣押吊打。

1900—1940年，占乡村人口不到10%的地主、富农占地约达70%~80%，土地高度集中垄断。绝大多数农民沦为佃农，每年要缴纳1/3~1/2的农产品作为租金。入不敷出时，不得不以借贷为生。同时，地主与当地官府勾结，鞭笞罚刑花样百出，逼租虐佃的情况普遍存在。即使常有抗租斗争，也因力量薄弱被镇压，佃农常年受到地主和官府的压制和剥削，生活困苦，在极端艰难的生存环境中勉强度日。

二、吏治腐败，官员大肆敛财，财政税收五花八门、随意加派

北洋军阀、国民政府将沉重的财政负担转嫁给广大农民，在田赋上横

征暴敛，创设田赋、盐税、地方税的税收名目繁多，赋税随意加派，加之大多数官员贪图私利、营私舞弊、乘机大肆敛财，广大农民的生活水深火热，苦不堪言。

据统计，1934年30个省份田赋附加种类共有673种，官绅勾结中饱肥私；作为政府补充财政收入的重要课税——盐税，也逐年增长，用以偿付外债赔款。盐税附加税五花八门，举不胜举，仅1926年新增的附加税就有二三十种。官商勾结垄断盐价，1934年盐的市价中86%以上是盐税。

厘金（旧中国的一种商业税，一般是指货物的通过税和交易税）税率高达4%~10%，附加税不断增加。各路军阀分兵割据，建立了许多征税点，关卡林立，一物数征。“湖南因厘金征收太苛，物价乃太昂贵，十余年来，物价有贵至数十倍者。一般之消费群众，特别是占消费群众80%以上的农民群众，因农产品之涨价赶不上工业品之涨价，遂感受无穷之痛苦。统计厘金的影响，以农民受害最大。”① 农民需要通过市场将自产的农产品交换成生活必需品，自产自销的小型手工业者都要通过市场，而厘金税收不问巨细，广泛征课，累及百物。不平等条约赋予帝国主义列强对华商品降低或免除课税，使中国的商品处于不利地位，外国产品大量倾销，商业利润多归于外国资本家，中国的小农经济遭受重大损失，经济系统脆弱而不堪一击。

北洋军阀统治时期，帝国主义列强控制了关税和盐税，侵略中国经济各个部门。1912年，帝国主义列强利用“债权国”地位，组成“管理税收联合委员会”，以英国汇丰银行、德国德华银行、俄国道胜银行三家银行作为“上海存管海关税项之处”，获取中国关税利益，中国的关税从征入到付出的全部过程都控制在“外人”手中。

三、内乱外患频仍，兵役徭役苦不堪言

北洋军阀的直系、奉系、皖系和其他小派系连年混战，争夺中央政权，

① 人民出版社编：《第一次国内革命战争时期的农民运动》，人民出版社1953年版，第346~347页。

老百姓要无偿服役，兵差、夫役、差徭负担更重，同时战乱频繁，土匪乘机大起，人们躲避战乱，流离失所，很多村庄渺无人烟，断壁残瓦。国民政府统治时期，兵差物品种类遍及衣食住行各个方面。1934 年，河北一个县城就被摊派大车 2000 多辆、柴草共 150 万斤。兵差钱款负担同样繁重。1930 年 11 月至 1931 年 3 月，山西沁县兵差一项负担就是 1879 年各种差费总额的 7 倍以上。

抗日战争爆发后，代表“城市买办阶级和乡村豪绅阶级”的国民政府，吏治依然极端腐败，发国难财者比比皆是，征兵过程弊端丛生，抓壮丁、虐壮丁、卖壮丁，强行征工、征运，大量壮丁惨遭虐待，非战事死亡人数众多。“在 1943 年征集的 167 万人当中将近有一半在他们赶往所去部队的途中死去或逃走。在八年战争中，那些在到达所分配的部队之前死去的新兵总数大约有 140 万——也就是说在征集的每 10 个人中就有一个。”①

四、帝国主义列强资本和国内官僚买办资本联合盘剥

帝国主义列强用坚船利炮打开中国的大门后，无法在短时间内像美洲、非洲、印度和东南亚等被彻底殖民化的地区一样进行彻底直接的统治，因而必须依赖一个中间阶级来代理，以便于进行不平等贸易，控制和操纵商品市场、金融市场，买办资产阶级于是兴起，受雇于外国洋商洋行。

毛泽东在 1926 年 12 月发表的《湖南省第一次农民代表大会宣言》中，深刻剖析了外国资本和买办资本的经济掠夺本质：

“自从帝国主义的势力向东方侵略，打破了我们的‘锁国政策’，冲开了我们的农业经济，我中国的农民便做了外国资本家的奴隶。我们每天辛辛苦苦，做出许多粮食、棉、麻、丝、茶……等类的东西，他们只稍微拿几个钱出来买了去；他们用机器制造各种新奇的货物，运过来，不知买了我们好多的钱去了。什么洋油、洋布、洋钉、洋碱、洋瓷、洋铁……说不尽的洋货，已经充满了我们的城市，渐渐的打入我们的乡村了。我们不用机器做的

① ［美］易劳逸：《蒋介石与蒋经国（1937—1949）》，中国青年出版社 1989 年版，第 193 页。

土货无人买，我们作田也挣不到几个钱，他们洋资本家就一天天发财了。

帝国主义者剥削我们的方法，是霸占海关，自由输入货物，廉价发卖，刮去我们的银钱，破坏我们的手工业；是霸占矿山、铁路、航路，开设工厂、银行，——利用我们的贱价劳力，替他产生红利，利用我们的贱价原料，替他生产商品，夺取煤铁，操纵运输。而且帝国主义者和军阀勾结，以厘金和盐税间接剥削农民，以亩捐附加等类之捐税直接剥削农民。帝国主义者更借了许多款项给军阀，军阀又加重剥削农民以还债。军阀更利用失业的农民，组织雇用的军队，帝国主义供给了枪械，乃造成武力，为压迫农民之工具。

帝国主义既挟了他的金钱武力，又勾结国内军阀、买办，所以在中国横行一时，农民辛辛苦苦做工的结果，都转几个弯子跑到他们荷包里去了。”①

鸦片战争之后，帝国主义列强在华倾销商品、掠夺原料、把控通商口岸，与国内买办资本形成了商业剥削网，深入内地。帝国主义列强垄断资本利用在华的政治特权和经济特权，在买办资本的积极配合下，操纵中国的农产品和商品市场，蒙蔽侮弄贱买贵卖，制造舆论蒙骗农民，利用工农产品剪刀差不等价交换，大肆攫取和剥削广大农民的劳动成果。

在工农产品剪刀差的不等价交换中，广大农民卖出农产品、买进日用品这一卖一进大受损失，农民以同样数量的农产品换回的工业品只及原先的一半，农产品购买力大幅被削弱，生活品价格不断上升，工农产品剪刀差日趋扩大，农民在无形中被掠夺了收入，农村经济越加贫瘠，农村生产力越来越低下。

帝国主义列强资本和买办资本相互勾结，不顾国内饥民遍野，将国内生产的粮食大批廉价运输海外。1900—1910年，东北三省生产的大豆有44%供应给欧洲和美国，43%输出日本及高丽（朝鲜），国内购销及其他仅占13%。茶、丝、棉、油、烟这些重要的农产品原料供应也被外国资本垄断，加速进入外国资本的供应市场。比如，在外国资本投资引导下，国内

① 中国人民大学：《中国革命史参考资料（第二集）》，1956年，第58页。

棉纺织厂增多，原棉需求量大幅增加。棉花种植多的省份如江苏、浙江、山东、河北等地和种植不多的省份如湖北、江西、安徽、陕西、河南等，都在相继大规模扩大种植。中外的工商资本由此控制并操纵了市场。1936年，农民的日用品多依赖外国，更多地依赖外国资本的商业网销售农产品来换取价格不断攀升的日用品。在经济危机时，帝国主义列强采取保护关税政策，限制中国经济作物的进口，大量倾销本国粮食，使中国国内粮价惨跌，严重侵害了农民的收入，而此时国民政府却为虎作伥，相继于1931年、1933年与美国签订了美麦借款和棉麦贷款；以“四大家族”为核心的官僚资本利用政治地位垄断经济市场，低价收购农产品，高价售卖工业品，残酷剥削农民。

除了农产品，帝国主义列强资本对其他工业领域也是垂涎三尺，觊觎全面占领和控制。1911—1914年，帝国主义列强资本共攫取中国路权达1.8万公里；大肆掠夺中国矿业，英国占有开滦煤矿大部分权益，日本控制了长江流域最大的钢铁煤联合企业汉冶萍公司；1919—1925年，日本逐渐全面控制了中国的铁矿。

抗日战争胜利后，国民政府统治集团为消灭中国共产党领导的人民革命力量，争取美国援助，不惜出让本国政治、经济、文化主权，与美国达成多项条约。比如《中美友好通商航海条约》，规定国民待遇及最惠国待遇是双方互有。简要概括为：美国人可以在中国领土上享有与中国人一样的权利，包括居住、经商、开矿、设厂等；美国货物在中国享有国货待遇，美国军舰可以进入中国任何一片领水。条约一经公布，中国共产党中央委员会机关报《解放日报》随即发表评论，认为该条约是近代中国历史上最大、最残酷苛刻的一个卖国条约。

国民党与美国签订的一系列条约为美国向中国市场倾销商品敞开了大门。同时，为了把中国作为过剩商品的倾销市场和工业原料的供应地，还组织开展各种所谓的“合作活动”。比如1946年的“中美农业技术合作团”，在其提交的题为“改进中国农业之途径”的数万言报告书中，主张中国保持封建的土地所有制和阶级关系，将美国工业急需和短缺的桐油、蚕丝等列为优先发展经济作物，而棉花、小麦等中国主产的粮食作物则由美国提供。

五、帝国主义列强资本利用金融手段，巧取豪夺变相盘剥

在金融领域，帝国主义列强资本、北洋军阀、国民党新军阀和官僚资本、封建势力、私人商号联合勾结，利用操控外汇、控制法币、调控利率、通货膨胀、滥发纸币、强行摊派公债等金融手段巧取豪夺，变相隐蔽盘剥中国百姓。

1816 年，英国通过了《金本位制度法案》，开始实行金币本位制。到 19 世纪后期，金币本位制已经在资本主义各国普遍采用，白银需求大幅减少。中国当时以白银为主要货币，两次鸦片战争，帝国主义列强货物大量倾销，加之战争赔款，大量白银流出。受国际白银需求大幅减少的影响，金银比价从 1870 年的 1∶15.57 大幅暴落，到 1910 年辛亥革命前夕，只有 1∶39.29，广大农民手中持有的货币不断贬值。

帝国主义列强纷纷在中国设立银行，掌握旧政府的借款，吸收存款，发行纸币，操纵金银、外汇，垄断中国的国际汇兑，控制中国贸易和金融市场。外商通过外国银行和中国钱庄，先对买办采取一种信用期限偿付贷款的赊销方式推销货品。买办对下一级华商转销，批发商对零售商转销，也利用一定的赊销信用，信用的利息最终通过价格转嫁到人民群众头上。这种由外商贷款给买办，再贷款给下一级中间商，最后贷给生产产品的农民的层层贷款关系，形成了高利贷盘剥网，使外国银行可以轻易通过调整利率操纵市场，获取高额利润。毛泽东就此精辟地指出，为了侵略的必要，帝国主义列强从中国的通商都市直至穷乡僻壤，造成了一个买办的和商业高利贷的剥削网，造成了为帝国主义服务的买办阶级和商业高利贷的剥削网，造成了为帝国主义服务的买办阶级和商业高利贷阶级。在这个过程中，买办阶级仰仗外国势力，与国内买办、钱庄、高利贷者形成下一级金融剥削网，很多时候依靠暴力手段，抽取洋行代理佣金、外债经手佣金、进出口贸易佣金等等买办收入。

帝国主义资本通过金融手段操控从通商口岸到乡村的剥削网。比如茶

叶行业，若利息上升，买办不愿贷款赊销，一级压一级到茶农，就无人收购，茶农不得不降价出售，此时外商乘机压价购入大量茶叶；相反，如果利息下降，贷款层层下放，茶商大量收购形成积压，外商照样要求降价销售。面对利息的控制，广大农民无可奈何，最终任由摆布和剥削。

帝国主义列强还通过货币贬值的金融手段大幅倾销工农产品，转嫁经济危机。1934 年，美国实行白银政策，人为提高白银收购价格，导致中国国内白银多数外流，国内银价上涨，通货紧缩，贸易锐减，农产品价格大幅下跌。美国实行的白银政策对中国的影响，使国民政府于 1935 年 11 月开启币制改革，确定法币对英镑汇率，通过汇率与英镑联系起来，法币英镑化，中国货币的白银本位变成了外币汇兑本位，外国货币成为货币发行的准备金。为了干预和控制汇率波动，国民政府势必要大量储备英镑，而英镑国家“铸币税”的收入将旱涝保收，还能通过货币政策间接控制国民政府的金融体系。

在华的帝国主义列强机构或个人也对农民进行直接的高利贷盘剥。据《中国近代农业史资料》记载，山西没有一个教堂不放高利贷的。晋西有一个教堂和一家医院，晋西当地的钱庄和银号，用 30%~40% 的年利率向教堂、医院借款，再以 60% 的年利率贷给贫苦农民。所以这个教堂、医院的牧师、医生来山西不及 10 年便成了富翁。

北洋军阀不仅霸占银行业、银号，比如直系军阀冯国璋开办华通银号、江西督军李纯开办义兴银号，还大量滥发公债、强行摊派，滥铸硬币、滥发纸币，支付劣币、收取良币，大量敛财，盘剥农民。

国民政府的地方公债摊派，也让农民“谈虎色变”。这些公债事先无规定期限、数额，事后也不会公布用途，很明显就是一种强行掠夺。薛暮桥在《中国农村经济常识》一书中就曾记载公债摊派的经济暴行：“每一摊派又层层加重，层层剥削；省方若需款五千，人民所摊至少在一万元以上。”抗日战争胜利后，国民政府人为压低伪币兑换比值，明火执仗地公开掠夺。根据《李宗仁回忆录》记载：“刚胜利时，沦陷区伪币的实值与自由区中的法币，相差原不太大”，但国民党在 1945 年 9 月和 11 月规定，伪“中央储备银行”的“中储券”200 元兑换法币 1 元，伪“中国联合准备银行”的“联银券”5元兑换法币1元。[①]

解放战争时期，蒋介石悍然发动全面内战，国民政府为应对庞大的军费开支造成的巨额财政赤字，一方面大幅征税，另一方面大量印刷钞票，企图靠增发纸币弥补财政亏空。数据显示，1945年8月，法币的发行量已经为1937年的394.84倍。1948年8月，国民政府推出金圆券改革，停止法币流通，并以1金圆券兑换300万法币回笼旧币，明火执仗地掠夺。1948年10月《大公报》记载，北平市面经济日益恶化，抢购之风弥漫全市，米麦粮店已十室九空，香烟黑市漫天叫价，一日数变，日用品等均成奇货。最开始发行上限的20亿金圆券，到1949年5月，已超过惊人的130万亿金圆券。不到一年时间，发行量高达6.5万多倍！在恶性通胀的影响下，农民常年辛勤劳动，而购买力大幅下降。1946—1947年，浙江龙游一户农民辛辛苦苦养一头猪，大约以700斤稻谷的价格卖出去，仅隔三天就只能买到400斤稻谷了。

从鸦片战争到新中国成立的一百多年，广大人民群众处于十分恶劣的社会经济环境中，官府课税繁重，军阀横征暴敛，外商层层盘剥，地主豪绅地租多而重，普通百姓维持生计十分艰难，入不敷出已是常态。在金融方面，帝国主义列强和官僚买办资本利用金融手段巧取豪夺，形成半殖民地半封建性质的金融体系，人民群众的深重苦难不断加剧。代表人民群众根本利益的中国共产党人早期即已洞察广大农民与官僚买办资产阶级、地主阶级之间尖锐的经济矛盾。农民阶级“非常富有战斗性”，党领导人民群众建立农民协会，创办农民协会银行，建立革命根据地，开展土地革命，建设为人民大众服务的金融体系，不断探索金融支持农村包围城市、武装夺取政权的革命道路。中国共产党对金融事业的正确领导为中国取得新民主主义革命全面胜利奠定了物质基础。

① 李宗仁口述，唐德刚撰写：《李宗仁回忆录》，广西人民出版社1980年版，第852页。

第一篇

大革命时期
红色金融事业艰难探索

（1921—1927 年）

1921 年 7 月，中国共产党成立后，中国向何处去？中华民族的前途在哪里？这些是摆在年轻的中国共产党面前的重大课题。1922 年 7 月 16 日至 23 日，中国共产党在上海举行了第二次全国代表大会。大会通过的《中国共产党第二次全国代表大会宣言》，初步阐明了现阶段中国革命的性质、对象、动力、策略、任务和目标，指明了中国革命的前途，第一次将党在民主主义革命中要实现的目标同将来进行社会主义革命实现的长远目的结合起来，不仅明确提出反对帝国主义、反对封建主义的民主革命任务，并提出要通过民主革命进一步创造条件，实现社会主义和共产主义。这是中国共产党人对中国国情和中国革命问题认识的一次深化，是党运用马克思列宁主义基本原理同中国革命具体实际相结合的一个重要成果，它为灾难深重的中华民族获得独立和解放，为中国革命指明了正确的前进方向。

一个政党的纲领就是它的旗帜。党的一大结束不久，中国共产党就开始关注占中国人口大多数的农民，党领导的土改运动开始在浙江萧山、广东海陆丰和湖南衡山等地区逐步兴起，农民运动出现了新局面。党的二大后，党对工人运动给予了密切关注，工人运动持续高涨，显示了中国工人阶级的力量，扩大了中国共产党在全国人民心中的影响。年幼的中国共产党正是在不断总结经验教训中，迈入了以国共合作为基础的反帝反封建的大革命时期。

北伐战争和工农运动。北伐战争在短时间内取得巨大成功，是国共两党合作结出的硕果。在中国共产党的组织带领下，工农群众运动以空前规模迅速高涨。1924 年 1 月，国共两党开始第一次合作，并进行了反对帝国主义、反对北洋军阀统治的革命战争。1926 年 7 月到 12 月，随着北伐战争的胜利进军和共产党的领导，南方各省农民运动蓬勃发展，广东、湖南、湖北、江西等地先后召开全省农民代表大会，农民协会广泛建立。截至 1927 年 6 月底，全国已成立省级农民协会 5 个、县级农民协会 201 个、区级农民协会 1 102 个、乡级农民协会 16 144 个、村级农民协会 4 011 个，总计会员达 9 153 093 人。

在城市，高涨的工人运动也推动了北伐的速战速决。湖南、湖北两省总工会在 1926 年 9 月和 10 月间相继成立。1927 年 1 月，两省工会会员发展到70万人。紧接着，江西省总工会也正式成立。这三个省份相继组织了工人武装纠察队。长沙、武汉、九江等城市工人相继举行大规模罢工，大多取得胜利。3月21日，上海工人第三次武装起义取得成功，22日即成立上海特别市临时市政府。这是中国共产党领导下最早由民众在大城市建立起来的革命政权。

组织农民借贷机关，解决高利贷剥削的沉重负担。中国共产党在建立后不久，就将矛头指向农村的高利贷剥削，谋划创建为农民群众争取权益的金融事业。大革命时期，中国共产党站在工农群众立场，维护工农群众利益，制定相关金融政策，在成立农民协会、摆脱封建地租和高利贷盘剥、开展经济斗争、建立为农民大众服务的金融组织方面作出了积极探索，为发展革命政权的金融事业开辟了良好的政治经济环境。

1922年12月，中共中央在《中国共产党对于目前实际问题之计划》中提出“组织农民借贷机关”和实行低息借贷的建议。1923年6月12日至20日，中国共产党第三次全国代表大会在广州举行。大会通过的《农民问题决议案》第一次提出农村借贷的最高界限——“限制高利贷盘剥，每月利息最高不超过二分五厘”。1924年1月，国共合作期间，由共产党人起草的国民党第一次代表大会宣言，明确提出“应由国家为之筹设调剂机关，如农民银行等”，以解决“农民之缺乏资本至于高利贷以负债终身”的沉重负担。

1925年，中国共产党公开发表《中国共产党告农民书》，为全国农民主张八个最低限度的要求，要求“政府须承认由农民组织的农民协会代替非农民的劣绅所包办的农会”，“由各乡村自治机关动用地方公款办理乡村农民无利借贷局”。

在地方农民运动中，中国共产党还提出有关发展农民金融事业的政策主张。1923年彭湃起草的《海丰总农会临时简章》中作出“可设金融机关（以最低利及长期）以利农民”的规定。1925—1926年，广东省两次农民代表大会通过的决议案，号召农民作经济斗争，在经济斗争中反对高利贷与高利押，决定创办农民银行（或信用合作社）。1926年12月，湖南省第一次农民代表大会，通过《金融问题决议案》和《农民银行决议案》，提出设立农民银行之必要。1927 年 3 月，湖北省农民代表大会提出，各县成立信用合作社总社，最好每区设一个分社。

农民运动轰轰烈烈开展的地方，不仅打击了当地土豪劣绅、贪官污吏，使农会成为乡村的唯一权力机关，做到“一切权力归农会”，还通过农会纷纷建立自己的借贷机关和金融机构，自主发行货币，实行低利借贷，活跃了农村经济，方便了农民借贷，帮助农民确实解决经济困难。这些金融机构称作农民银行、平民银行、信用合作社；另外，在生产合作社内还设立了信用部，其中湖南建立最多。这一时期，农民银行和信用社主要业务是发行兑换券性质的货币，开展低利或无息信贷业务，切实解决了农民生产和生活中的资金困难问题。

1927 年 4 月 12 日，蒋介石发动反革命政变，大革命失败，轰轰烈烈的工农运动陷入低潮，农民协会刚刚起步的金融事业被反革命势力扼杀，中国共产党领导下的刚刚萌芽的新民主主义金融事业遭遇生死考验。但正是这些有益探索，为之后开辟农村包围城市、最后夺取全国政权的革命道路积累了经济金融战线上的群众基础和斗争经验。

一、中国共产党领导创建的第一个新型农民组织——衙前农民协会及衙前信用合作社

（一）衙前农民协会成立

20世纪20年代，位于浙江省萧山县的衙前村，地处萧绍平原，是浙东运河沿岸的一个农村集镇，距离杭州60余里。当时，萧山农民深受天灾人祸的折磨，不仅要面临频发的坍江、虫害等自然灾害，还要在军阀混战、50多种苛捐杂税的水深火热下挣扎生存，迫不得已常常背井离乡、流离失所，甚至卖儿鬻女。

1921年4月，沈定一①（即沈玄庐）等共产党人回到家乡萧山衙前，着手开展农民运动。通过筹办衙前农民小学、访贫问苦、社会调查、公开演讲、开办龙泉阅书报社等途径，向农民宣传科学与民主思想，讲解城市工人运动情况和减租减息、抗捐抗税的经济斗争。农民们受到启发，开始积极投入捍卫自身权益的斗争。1921年9月27日，沈定一等共产党人组织广大农民召开大会成立衙前农民协会。大会推举李成虎、陈晋生、单夏兰、金如涛、朱海云、汪瑞强六位有影响的农民为农协委员，李成虎为领导人，会议上通过了《衙前农民协会宣言》和《衙前农民协会章程》。这是新民主主义革命时期第一个农民革命的行动纲领，中共中央机关刊物《新青年》曾刊登了文件全文。

① 沈定一因在1925年附和国民党元老戴季陶提出的所谓纯粹的三民主义，公开背叛中国共产党的宗旨，被中共中央开除党籍。

《衙前农民协会宣言》的主要内容，一是指明了农民的历史地位和作用。该宣言提出：“农民出了养活全中国人民最大多数的气力，所有一切政费、兵费、教育费，以及社会上种种正当和不正当的消费，十有八九靠农民的血汗作源泉，而这许多血汗所换来的，只是贫贱、困顿、呆笨、苦痛。积了许多人的贫贱、困顿、呆笨、苦痛，才造成田主地主做官经商聪明的威福。”二是揭露了农民受压迫受剥削的现实本质。“我们农民，从小没有受教育的机会，长大时做了田主地主不用负担维持生存条件的牛马奴隶，老来收不回自己从来所努力的一米半谷来维持生活。人生少、壮、老，三个时代这样过度，这还好算是人的生活么?”三是分析说明了农民受剥削受压迫的体制根源。地主资产阶级“所崇拜的经济制度，发展我们底（的）贫困，比发展他们底（的）私有财产还要快。关于这种不良的经济制度所给的苦痛，农民和工人是一样受着的。照这样看来，他们第三阶级正不配做主权者”。四是指出了农民运动的前进方向和土地所有权的权属。“我们底（的）觉悟，才是我们底（的）命运。我们有组织的团结，才是我们离开恶运交好运的途径。”“我们总不忘记世界上农作生产事业是我们底（的）责任。我们不要忘记世界上的土地是应该归农民使用。我们不要忘记土地该归农民所组织的团体保管分配。”①

大会通过的《衙前农民协会章程》共计 14 条，其主要内容为：第一，规定了农民协会的性质和宗旨。“本村农民，基于本村农业生产者还租的利（厉）害关系，求得简朴的生存条件。”“本会与田主地主处于对立地位。”第二，规定了农民协会的会员条件。“凡本村亲自下气力耕种土地的，都得加入本会，为本会会员。”第三，规定了农民协会的组织结构和议事规则。“本会底（的）组织，基于会员全体；由大会选举委员六人，为本会委员。又由委员六人中互选，选出议事委员三人，执行委员三人。委员一年一任，只得连任一次。”“大会召集，由会员五分之一或议事委员会之主张召集大会。”第四，规定了农民协会的任务和责任。本会会员须“将每年农作所得成数，分春华、秋收两期，报告执行委员会登记”；“每年完纳租息的成数，

① 资料来源：衙前农民运动纪念馆。

由大会议决公布。租息成数，以收成及会员平均的消费所剩余的作标准”。农会若遇到本会会员“有因依照本会大会议决的纳租成数被田主地主起佃者”，那么，农会“有维持失业会员的责任。如有因上项情事被田主地主送佃者，本会全体会员皆为被告人”。第五，规定了农民协会的组织纪律。“会员不得违反本会底（的）决议案”；“会员有违反本会决议案及有不利益于本会的行为者，除名”。

（二）衙前农民协会开展的主要活动及现实意义

衙前农民协会成立后，引起了很大的社会反响。在中国共产党的领导下，衙前农民协会迅速开展了一系列经济斗争，油菜籽事件、对抗米行、争取养鱼权等斗争取得了不小的胜利，很快影响到萧绍地区。短短两个多月，萧山、绍兴、上虞等县共有 82 个村建立了农民协会，10 多万贫苦农民投身革命，各地的减租斗争迅速展开。这些农民协会团结广大农民，一方面大力组织开展抗租减租斗争，捍卫自身利益，开展种种经济斗争；另一方面，积极将新文化运动和五四运动的科学、民主精神传播到广大农民中去，提出了破除迷信、扫除文盲、解放妇女、反对旧礼教等革命口号。

各地农民协会领导的减租斗争、经济斗争不断扩大和深入，引起了地主阶级和反动当局的恐惧不安。北洋政府浙江省省长沈金鉴接到萧山、绍兴两县知事要求平息农民协会聚众抗租的报告和督军署批交省长依法查办的文件后，即以军政两长的名义，速即派员到萧山、绍兴两县查办，又派警察厅过江镇压。萧山、绍兴两县知事严令解散农民协会，查办农民协会中的重要人物，并催促农民还租。1921 年 12 月 27 日，衙前农民协会负责人李成虎被诱捕，次年 1 月 24 日被凌虐致死。在这前后，各地农民协会会员中多人被捕，衙前农民协会被强行解散。

衙前村爆发的这场轰轰烈烈的农民革命运动，虽然仅仅存续了 4 个月的时间，但它揭开了中国现代农民革命斗争的序幕，提出了明确的革命纲领，建立了一个具有鲜明阶级立场、为农民大众服务的政治组织，是中国共产党人运用马克思主义指导中国农民革命实践的首次尝试，彰显了中国广大农民身上蕴藏的伟大力量。

（三）衙前农民协会设立衙前信用合作社

1923 年 1 月 26 日，孙中山与苏联代表越飞公开发表《孙文越飞宣言》，孙中山得到了苏联军火和财政的大力援助。1924 年 1 月，国民党第一次全国代表大会正式确立“联俄、联共、扶助农工”的新三民主义，国共两党开始了第一次合作。在此背景下，衙前农民协会重新恢复。鉴于 1921 年衙前农民运动失败的教训，迫切需要采取有效的斗争策略，建立属于农民阶级自己的经济支持机构和资金借贷机构，抵制地主豪绅的盘剥，衙前农民协会遂于 1924 年正式成立衙前信用合作社。信用社成立时，办公地点设在衙前东岳庙内（见图 1.1.1）。当时农会利用东岳庙的西侧屋作为办公室，信用社就在农会的办公室内办公。

图 1.1.1　衙前农民协会和衙前信用合作社地点——东岳庙旧址

信用社领导成员由农会推举副会长金如涛、李张保和佃农卫炳贤三人组成委员会，又由委员会互推金如涛为主任，聘请农会干事高东莱兼任信用社干事，负责记账和调查等内外勤工作。

当地农民比较迷信，浪费在迷信活动中的钱较多，农会便以此为突破口开展宣传教育，提倡破除迷信，提议节制迷信浪费，节约开支，要求每户存入信用社1元，作为借贷基金。当时，响应者甚多，共收到此项存款540元，解决了初始基金问题，信用社得以初创成立。但若要解决数以百计社员的资金贷款需求问题，仅靠社员缴入的基金，显然是微不足道的，于是农会想方设法筹措信贷基金。一是将没收祠堂庙宇的财产交给信用社。据当年农会干部回忆，以衙前东岳庙和坎山周家宗祠的没收财产为最多。农会将没收所得粮食的大部分救济贫困会员，将没收的现金大部分交信用社作为借贷基金。二是向浙江大学所属劳农学院借款500元，作为信用社的借贷基金。当时劳农学院在衙前驻点推广优良蚕种和新法育蚕，得到农会的大力支持，所以劳农学院同意无息借给信用社500元。业务开展后，信用社的入社农民逐渐增多，按当时农会划分的成分，自耕农为11户，半自耕农为111户，佃农为398户，其他为20户，总共为540户。

存续期间，信用社主要开展贷款业务，贷款手续简便，一般是由借款人邀同小组长或另一社员陪同到社提出口头申请，经信用社委员或农会会长认可，由陪同前来的组长或社员做见证人，在借据上分别盖印，个别的需要调查后再决定。信用社设有两种凭证——基金收据和借据，均刻写油印，需用时开立，清账时交还。账簿则分组设立（一般以自然村为一组），共设28本账簿，平日挂于墙上，账目公开，任何人都可翻阅。信用社并没有另设库房，平时将整数现金交本街王大兴杂货店保存，收付凭折，不计利息。信用社的委员和干事均为义务职员，办公用品向农会支领，因此没有任何行政类费用支出。

信用社建立的宗旨就是帮助社员解决资金困难，免受地主官绅的高利贷盘剥之苦，主要开办简单的借贷业务，资金来源无息，贷款也不计利息。据相关资料记载，截止到1929年9月30日，衙前信用社共有借入资金6 490元，放款总额为6 820元。贷款用途以生产为主，个别用于口粮、修屋甚至丧葬的，经农会会长或信用社主任特准，也予适当解决。贷款一般是每笔3～5元，超过10元是极个别的。贷款一般都是到期归还。个别有特殊困难，经农会会长或副会长同意，亦可展期。后来随着大革命失败，国民党对农民运动展开猛烈、残酷的镇压，衙前信用合作社也逐渐收缩业务。1929 年底贷款全部收回，基金退还，借入款也分批还清。1930 年初衙前信用社正式停办。

中国共产党创办衙前信用合作社的初步尝试，目的是解决农民的资金困难，调动农民劳动生产的积极性，因此得到了广大农民的热烈欢迎和积极响应。这充分说明在农民协会的体制下，建立属于农民自己的金融组织，形成为农民大众服务的金融体系，开展低息借贷进而独立自主发行货币的可行性和必要性，为以后革命根据地金融工作提供了宝贵的实践经验，也昭示着与半殖民地半封建性质金融体系相抗衡的真正代表人民利益的金融体系即将形成。

二、湖南农民运动与湖南农民协会创建的金融机构

1923 年初，湖南衡山县的岳北、白果一带开始有农会组织的萌芽。1923 年春夏之交，受毛泽东和中共湘区区委的派遣，共产党人刘东轩和谢怀德回到家乡湖南衡山县白果镇岳北村，带回了革命的火种，擂响了农民运动的战鼓。1923 年 9 月，湖南衡山白果成立岳北农工会，随即韶山、银田寺等地陆续成立农民协会。

北伐战争不到半个月，北伐军由广东向长江流域顺利挺进，1926 年 7 月中旬，相继攻占湖南醴陵、长沙、浏阳等地。在一片大好形势下，1926 年 7 月湖南全省农民协会筹备委员会成立，12 月即在长沙召开了湖南全省第一次农民代表大会。截止到 1926 年 11 月，湖南省已有 54 个县建立了农民协会组织。1927 年 1 月，湖南农会会员达到 200 万人。湖南成为全国农民运动的中心。农民组织起来后，建立了自己的武装队伍，成立了农民协会，开展政治斗争和经济斗争，农民运动发展极为迅速，“造成一个空前的农村大革命”，在农民运动打倒地主政权的地方，实现了“一切权力归农会”，农民协会真正成为当地的准政权组织。

农村权力机构建立后，如何开展经济金融工作是必须要面对的问题。1926 年 12 月，在毛泽东和中共湖南省委的领导下，湖南省第一次农民代表大会召开，会上制定了铲除贪官污吏、打倒土豪劣绅、建立民主政权和农民武装等 40 个决议案。在金融方面更是开天辟地地作出了维护广大劳苦大众权益的《金融问题决议案》和《农民银行问题决议案》两项重要决定。

《金融问题决议案》针对“中国币值紊乱已极，农民及一切贫困农民

受影响极为深广”等问题，明确规定“禁止城乡商店或个人发行市票”；“取消元丝银”；“铜圆的成色须确定不变，制造数量须适合社会需要”；“禁止轻质的广东毫子及四川轻质铜圆入境”，银钱比价须统一等规定。

《农民银行问题决议案》为解决“在许多方面虽高利也没有钱可借，农村资本既如此贫乏，农民尤其是贫农的生产力，便因之大为减弱，肥料不足，人力不全，塘坝不修，农具不齐，因此秋收歉薄，影响经济极为重大，农业衰落，农民痛苦遂成为全国普遍现象”，请求政府“设立农民银行，并以最低利息借款给农民”，并以“省之公有之地，如营产、官产、荒芜田地等，拨做农民基金，不得以他种名目，动用此种为农民谋利益的农民银行款项”。

《农村合作社决议案》进一步指出：“贫苦的农民，为免除高利贷的盘剥，应组织信用合作社，用集体的资本、集合的信用，以谋储蓄及信贷的便利。”湖南省农民代表大会还特别通过了《取缔高利贷决议案》，要求明令禁止高利贷。

这一系列的思想理论、政策方针，为湖南农民协会金融事业创造了主客观条件。

1926 年 7 月 6 日，北伐军占领衡山县城。根据中共中央“设立农民银行”的政纲精神，1926 年 12 月，柴山洲特别区农民协会委员长文海南给衡山县农民协会的“呈文”中提出开办柴山洲特别区农民银行。随后，浏东平民银行、柴山洲特别区农民银行、沅江工农银行、醴陵地方银行相继筹备、建立，并自主发行货币。为促进当地商品流通，成立的浏阳文市生产合作社、浏阳金刚公有财产保管处非银行类的机构也开展了金融工作，发行了货币。1926 年秋冬至 1927 年春，湖南境内各地农民协会建立的金融机构有：湖南衡山柴山洲特别区第一农民银行、第二农民银行，浏东平民银行，醴陵地方银行和醴陵工农银行等 8 家，发行货币在 12 种以上。

开始自主发行货币，是湖南农民协会创建金融机构的重要特征。湖南农民运动过程中，在中国共产党的组织领导下，农民协会纷纷成立了大大小小的金融机构，自主发行货币。货币一般以银元或铜元、铜钱为本位，属于兑换券性质。同时，作为革命宣传的载体，大多都印有革命的口号和文字。

这些金融机构不仅能够解决农民的资金短缺问题，对整个地区的生产生活、物资交易也能发挥调节和支柱作用，而且争取、团结了广大农民为维护自身权益加入革命斗争的队伍，为土地革命打下了坚实的群众基础。

（一）湖南衡山柴山洲特别区第一农民银行、第二农民银行

衡山县是湖南省农民运动最先兴起的地方。1923 年 9 月，衡山白果镇成立了“岳北农工会”。1925 年末，毛泽东派刚从广州农民运动讲习所学习毕业的共产党员、省农运特派员贺尔康到柴山洲指导农民运动。贺尔康到达衡山后，深入柴山洲秘密发展农会会员，培养发展了文海南、夏仁和、夏兆梅等农会积极分子为中共党员，先后建立农会小组，组织成立中共柴山洲支部。1926 年 4 月，在筹备柴山洲特别区农民协会的同时，贺尔康按照中国共产党早期的农村金融政策主张，成立柴山洲特别区农民银行筹备处。

柴山洲地区地势平坦，土质肥沃，适宜种植辣椒等经济作物，又有油麻田、栗子港两个码头，水路交通便利，物产丰富，农产品交易频繁，商品经济活跃。尽管柴山洲有一定的地理优势，但旱涝成灾也是常有的年景，当地地主依附的封建军阀势力还很强大。毛泽东在《湖南农民运动考察报告》中点名批判的“湖南右派领袖‘左社’头子”刘岳峙，家就在柴山洲特别区油麻田。刘岳峙与湖南军政首领赵恒惕长期控制、把持衡山地区。农民生产生活如遇资金困难，就得借贷，但年利息都不会低于 40%，是一种利滚利的极端盘剥方式。天灾人祸使挣扎在贫困边缘的农民愈加贫穷，无法生存。

1926 年 12 月，柴山洲特别区农民协会委员长文海南给衡山县农民协会的“呈文”中记载，柴山洲特别区“三面滨河，地势低洼，迩来旱涝成灾”，“民生凋敝已达极点，故民众要求甚为迫切”，“是以有产阶级与无产阶级之间经济绝交，促使一般贫乏之农夫、劳苦之工人生计愈促，莫可如何。属部有见及此，特筹设农民银行，以图补救”。

“呈文”中详述了银行创建时柴山洲特别区凋敝萧条的经济情况、农民被敲骨吸髓的生活状况。正是基于此，为争取更多的农民加入农会组织，

参加反剥削反压迫的革命运动，农民协会一方面带领农民与土豪劣绅开展政治经济斗争，另一方面着手筹办真正为“雇农、佃农、小商人、手工业者”服务的农民自己的银行。

1926 年 12 月，遵照《中国共产党第一次全国代表大会对于农民运动宣言及政纲》，柴山洲特别区农民协会召开会员大会，正式成立柴山洲特别区第一农民银行，成为在第一次国内革命战争时期中国共产党人组织成立最早的农民银行（见图 1. 2. 1）。

图 1. 2. 1　湖南衡山柴山洲特别区第一农民银行旧址——湖南省衡东县三樟乡金湖村夏拜公祠

第一农民银行订立了《银行章程十二条》，确定以“维护无产阶级、维持生活、扶持生产”为宗旨，柴山洲特别区农民协会委员长文海南被选为银行经理。货币发行的基金主要是将没收土豪劣绅侵占的公产、祠产中的一部分，连同减租、减息、退押所收的银钱，加上对土豪劣绅的派捐和富户自愿捐款，筹得共计 5 800 元作为银行基金和资本金。

第一农民银行成立后，迅即向农户发放生产、生活贷款和为农民协会办理平粜收款，贷款对象以雇农、佃农、小商人、小手工业者为限，借款期限按用途审定，贷款利息按月息 5 厘收取。同时，银行还向合作社放款，用于收购农副产品和生产资料的经营。除了信贷业务，第一农民银行创造性地制作和发行了农民自己的货币，以银元为本位，发行面额为 1 元的货币——银元票（见图 1. 2. 2），限定发行额为 5 000 元。

图 1.2.2　柴山洲特别区第一农民银行 1 元布币

银元票用 4 寸长、2 寸宽的白竹布制成，票面文字用毛笔书写，竖式，上面盖有“柴山洲特别区农民银行”图章和经理文海南、副经理夏兆梅的私章，布币 1 元可随时兑换银元 1 元。银元票布币流通区域除在特别区内使用外，也在湘江对岸的湘潭“王十万”地区流通。1926 年的柴山洲有 800 多农户 4 000 余人，银元票布币的流通范围相对还是比较小的。

湖南衡山柴山洲特别区第一农民银行银元票布币是我国新民主主义革命时期最早的人民货币、革命货币，是中国共产党人组织发行的第一种货币，在人民货币史上揭开了光辉的第一页。

银元票发行后，效果很好。在这次成功经验的基础上，1927 年二三月间，柴山洲特别区农民协会又在油麻田设立了第二农民银行，提出了“节制资本，救济贫困”的创办宗旨，银行行址设在油麻田刘家祠堂。选举肖雨成任经理，柳晋生任副经理，马观连任监察员。通过向地主豪绅派捐筹款得款项 1 000 元作为银行基金，发行了同样的布质银元票。两种银元票都同时在当地流通交易，可相互使用。

柴山洲特别区第一农民银行的经理文海南和副经理夏兆梅同时也是农民协会的执行委员，这使得布币更加易于取信于民众，加上布币信誉很好，所以其用途十分广泛，包括用于实物商品、交纳学费等，受到农民的广泛欢迎。布币于 1926 年 4 月柴山洲特别区第一农民银行开始筹备后随即发行和流通。1927 年 5 月 12 日长沙“马日事变”后，第一农民银行、第二农民银行被迫停止活动，布币停止流通使用，总体上流通了 1 年左右时间。

（二）浏东平民银行

在 1926 年 12 月湖南省农民代表大会上，《农民银行决议案》反映了广大农民要求从高利贷桎梏下解放出来的迫切愿望，从经济上帮助农民摆脱封建剥削是一种重要斗争手段。全省农代会后，湖南农民运动进入高潮，浏阳县、区、乡也都相继成立了农民协会，农会会员发展到 30 余万人。

浏阳隶属长沙市，位于湖南省东部偏北。古代浏阳地属荆州，因县城位于浏水之阳而得名，包括浏阳东乡的古港、高坪、永和、达浒、东门、张家坊六个区，当时有人口 30 多万。浏阳当时是湖南农民运动较发达的地区之一。1926 年 7 月，北伐军进入浏阳，8 月县农民协会即告成立。1926 年 7 月，浏阳东乡六区的区党部（主要成员为共产党人）召开联席会议，决议发起筹建浏东平民银行，确定浏东平民银行的办行宗旨是“以制止高利借贷，提倡平民储蓄，活泼地方金融，增进工农生活为唯一之目的”；确立浏东平民银行为股份有限公司，计划筹集股金 6 万元为银行基金。1927 年 1 月，浏东平民银行正式成立，银行行址设在浏阳县城朝阳街贵升公处，负责人李明轩、汤佑贤。银行下按六个区设分经理处，每个分经理处设经理、会计各 1 人。

1. 浏东平民银行货币发行和流通情况

浏东平民银行发行了两种纸币：一种是 1927 年 1 月发行的常洋 5 角临时兑换券，另一种是同年 3 月发行的常洋 2 角信用券，各发行 12 万元。

常洋 5 角临时兑换券长 15 厘米，宽 8 厘米，正面印有“浏东平民银行临时兑换券”和“伍角”等字样，还印有发行时间，编有号码，左右下方还有“平民银行”小印章，纸币背面印有“摘录浏东平民银行试办章程”，并盖有“浏东平民银行监事会之图记”的方印（见图 1. 2. 3）。常洋 2 角信用券正面左右两方还印有“打倒资本主义”“拥护农工政策”字样，体现了平民银行为工农服务的革命本色，正中下方印有“此券合成拾角即兑常洋壹元”，体现了以常洋为发行本位的兑换性。

图 1. 2. 3　浏东平民银行 5 角临时兑换券

创办浏东平民银行的同时还创办了合作社，发行货币，服务农友。图 1. 2. 4 为浏东生产贩卖合作社常洋 2 元券。浏东生产贩卖合作社是出票人，浏东平民银行为付款人。

2. 浏东平民银行货币发行的资金来源和信用保证金情况

平民银行临时兑换券背面印制的银行试办章程说明了银行的资金来源和信用保证。银行股金总额为 6 万元，由 6 个区认股，平均每区 1 000 股，每股 10 元，每区总股金为 1 万元。6 个区公有财产之不动产值 15 万元为股金总额，也是货币发行的保证金。银行试办章程中具体规定：

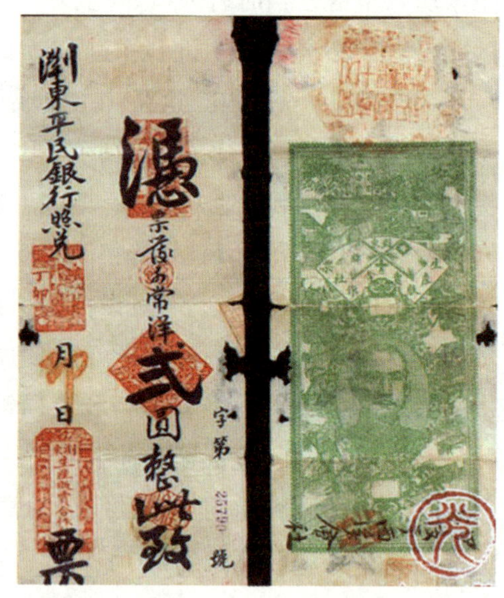

图 1. 2. 4　浏东生产贩卖合作社常洋 2 元券

“第一条，平民银行本信用合作社之旨，以制止高利借贷，提倡平民储蓄，活泼地方金融，增进农工生活为唯一之目的，时由六团信用团体组织之定名为浏东六团平民银行；

第二条，本银行为股份有限公司；

第三条，前条之股分（份）总额六万，十元为整股，一元为零股，六团平均各认一个整股，自行计事分配于农工商学各信用团体或合作社，但私人投资应以一整股为限；

第四条，本银行之信用保证指定六团公有财产不动产值洋银十五万元。（一）师山所有不动产，（二）东敬学所有不动产，（三）六团公有不动产，（四）东安会不动产，（五）东路费不动产，（六）劝业局不动产，（七）东南仓基二分之一不动产。

……

第七条，本银行发行兑换券总额十二万元，于必要时或交易上得行使期票或汇票等证券。"

以上提到的"六团公有财产"，主要指的是：师山书院，即当时浏阳东乡一所较大的学校；东敬学的公产，即学生赴省读书的资助费；六团公有不动产，即东乡六区联合办公的房产；东安会不动产，即东乡六区联防局的公产，用于治安经费；东路费不动产，即东乡六区用于修桥补路的公产；劝业局不动产，即用于发展教育事业的公产；东南仓基，是过去皇仓储备的粮谷、积谷。

这些公产皆存在已久，成为浏东平民银行资金来源及发行票币的信用保证，也是农民自己货币的坚强后盾。为了保证纸币在本区域范围内正常流通，农会宣布不准私人出市票，也不准市场上使用光洋，凡持现洋到浏阳地区购买货物或到农村收购土特产，均须先到平民银行兑换纸币。浏东平民银行所发行的纸币保证兑现，并且严格规定，凡持有银行临时兑换券和信用券需要到外地采购物资或作其他用途的，需到银行兑换光洋。

3. 浏东平民银行的业务开展情况

浏东平民银行开展的业务主要有两项：一是自主发行货币，稳定金融市场，活跃农村经济；二是发放贷款，抵制高利贷，支持农民发展生产。

浏阳县东部山区盛产红茶、土纸、茶油，当地地主豪绅曾设立公钱局、商钱局以滥发纸币、巧取豪夺、压低商品收购价来掠夺农民的农副产品。公钱局是上东富豪集资经营的，相当于钱庄，商钱局是商人集资办的，两者都发有期票和市票，用来收购农副产品，运销出去后再兑现给农民。浏东平民银行成立后，公钱局、商钱局停办，所发的期票和市票也都停用，商人要收购土纸、茶油、茶叶，都必须拿现洋到银行兑换纸币后才能到农村去收购。同时，浏东平民银行还通过开展借贷业务，举办多种贷款，抑止农村高利贷，支持农村生产生活。如在生产贷款方面，曾对烧石灰的农民发放过石灰贷款，每窑 10 ~ 20 元；对农村纸槽生产发放过土纸贷款；生活贷款方面，对贫困农民则根据人口多少、劳力强弱和困难大小等不同情况发放，每户 3 ~ 5 元，以解决临时困难。

平民银行发行的货币由于能十足兑现，充实了农村的货币资金，促进了物资交易，很快就占领了浏阳东乡一带的农村金融阵地。但由于蒋介石悍然发动四一二反革命政变，1927 年 5 月 21 日长沙“马日事变”后，国民党反动派在湖南全省疯狂镇压革命，屠杀共产党人；6 月，反动派攻打浏阳，浏东平民银行被迫停办。浏东平民银行只存在了半年左右的时间。

（三）浏阳金刚公有财产保管处

金刚头是湖南浏阳县南乡经济较好的集镇，盛产鞭炮，当地农民以做鞭炮为主要家庭副业，并作为耕种之外的一项重要经济来源。1927 年初，金刚头镇成立了农民协会，当地经营鞭炮的老板因害怕农民运动，都关门携款外逃。店号关闭，无人收购和运输鞭炮，致使农民生产的鞭炮一时断了销路，资金发生困难。为帮助群众解决鞭炮购销和运输问题，1927 年 2 月，金刚区农民协会委员长何文渊、区党部委员李达卿及农民运动特派员慕容伍等中共党员商议，召集金刚头各公法团联席会议，决定成立金刚公有财产保管处，以金刚头镇上所有的学产、祠堂、寺庙、桥会、路会等动产、不动产全部移交保管处为担保品，于同年 2 月至 3 月发行期票有价证券，委托农民协会向农民收购鞭炮，待销售后再用所得现银兑给持有期票的群众。期票到期可以兑现，信誉度很高。

（四）浏南文市生产合作社

浏南文市是湖南浏阳县南部文家市区的简称。1927 年 1 月，浏阳县南部文家市区农民协会为搞活经济成立了浏南文市生产合作社。社址设在文市“曹家祠堂”，负责人有尤先峰、吴先进、陈盛桥、甘恩早、张功熟等人。合作社集消费、生产、信用、金融于一身，组织人员经营盐、油、屠宰、豆腐等加工业，保障当地供给。1927 年 3 月，为筹措资金，生产合作社发行面额 1 角、2 角、5 角、1 元纸币。这些钞票与流通的银元等值，可以在合作社购买米、盐、油等生产生活资料，随时可以到生产合作社兑换银元。湖南发生“马日事变”后，农民协会遭国民党镇压，纸币停止流通。因叛徒出卖，尤先峰、吴先进、陈盛桥等负责人在江西九江被敌人抓获并惨遭杀害。

（五）醴陵地方银行和醴陵工农银行

1926 年 7 月，北伐军进入湖南醴陵县，在中共醴陵地方委员会的领导与组织下，醴陵县农民协会成立。轰轰烈烈的农民运动使地主豪绅胆战心惊，纷纷携款外逃或转移资金，当地货币资金严重匮乏，物资无法交易，生活无法保障。1927 年初，毛泽东来到醴陵考察农民运动，在文庙坪向农运干部提出“醴陵要成立筹产委员会，要成立地方银行，没收地主的金银财宝，存入地方银行”。随即醴陵地方银行宣告成立，于同年 1 月开始发行票币，开展信贷业务，进一步发展当地经济，支持农民生产生活。醴陵地方银行筹集发行基金 3 万元，发行 1 角、2 角、3 角、1 元货币；同年 8 月，军阀许克祥攻入醴陵，农民协会遭到破坏，银行被迫停办。

1927 年 3 月 8 日，醴陵县第二次工农代表大会决定建立工农银行，建立筹备处，由农民协会筹产委员会从没收地主的财产中筹集资金 6 万元成立，银行行址设在了县农会保管处内，主要发行票币。但由于时间短暂，同年 8 月被迫停办，未来得及开展其他业务。

红色金融轰轰烈烈的伟业，离不开用鲜血换来的宝贵革命经验。湖南红色金融的火种是靠一批平凡的共产党人热切地奉献理想信仰、舍身践行革命使命播下的。1927 年 5 月长沙“马日事变”后，柴山洲特别区第一农民银行副经理、共产党员夏兆梅明知国民党清乡队在夏拜公祠召集大会，他自知“没落半个子，没犯半点错”，因此他不怕，要向清乡队说清，可一进祠堂，就被大绑入狱，后被反动派枪杀在湘江岸边。为柴山洲特别区第一农民银行、第二农民银行的筹备和建立忙碌奔波的共产党员贺尔康，被国民党清乡队抓捕入狱，后在长沙被杀害。这些英勇牺牲的革命先烈永远都会被缅怀和铭记。

三、湖北农民运动与农民协会信用合作社

第一次国内革命战争时期，湖北农民有 2 700 万人，大多数是贫雇农，深受帝国主义、封建主义和官僚资本主义“三座大山”的压榨和剥削。直系军阀在帝国主义的扶植下对湖北直接进行经济掠夺和残酷统治。一方面，任意增加和苛索赋税，敲诈勒索名目不可胜数，地主豪绅更是对农民收取 50% 以上的地租；另一方面，为支撑直皖战争、直奉战争等与其他派系军阀不断混战带来的巨大消耗，直系军阀不择手段榨取湖北农工商民的血汗。

（一）中国共产党领导的湖北农民运动

湖北农民运动早于北伐。1922 年初，中共武汉区委成立，为了迅速组织农民开展反帝反封建的革命斗争，党组织便开始由城市逐渐向全省广大农村发展，派遣共产党员和革命知识分子到农村秘密发动和组织农民。1924 年底，中共黄梅县党组织派陈鹤林等三名在县城读书的党员回乡，在蒋家咀秘密成立农民研究会。1925 年 1 月，中国共产党第四次全国代表大会作出关于发展农民运动的重要决议，中共湖北省委派出大批党员与农运骨干（其中不少是武昌农民运动讲习所学员）一起深入各县领导农民运动。1925 年 3 月，黄梅县蒋家咀农民研究会改为“农民进德会”，公开进行活动，拉开了湖北农民协会创办和发展的序幕。到 1925 年底，汉川、黄冈、黄安（今红安）、黄梅、潜江、天门、远安、枣阳等县建立了农民协会。农民协会成立后，中国共产党组织和发动农民开展减租斗争，开办平民夜校，

组织自己的合作社，向地主、商人、高利贷者等进行斗争和经济自卫。

北伐之前，尽管直系军阀对农民运动残酷镇压，农民协会各项工作处于秘密状态，但在中国共产党的组织和动员下，湖北农民的斗争坚决，农民运动极速发展，并在北伐期间，有力地支援了北伐军对直系军阀的作战。据当时的报道，北伐之前，湖北全省有 10 余县已建立起农民协会等革命组织，参加的农民达 3 万余人。

湖北各地各级农民协会的领导人和骨干都是共产党员，他们在斗争中始终站在最前列。截至 1926 年 11 月，全省已有 28 个县建立了党组织，9 个县建立了县委，黄梅、黄石港两地还建立了党的地委。1926 年 12 月，北伐军基本肃清直系军阀残余势力，占领整个湖北。此后，中国共产党组织在湖北得到极大发展，中共湖北区委通过国民党省党部农民部和省临时农协，将大批革命知识分子作为特派员派往各县，领导各级农协的建立，湖北国民党县党部的农运领导权大多掌握在中共党员手里，中共湖北党组织的逐步健全极大地促进了湖北农民运动的发展。1926 年 12 月末，全省 32 个县建立农会，农会会员增加到 28 万多人。1927 年 3 月，湖北省第一次农民协会代表大会在汉口召开，标志着湖北农民运动的发展进入了高潮阶段。到 1927 年 5 月，湖北省全省总计 69 个县，其中有 54 个县成立了农民协会，农会会员更是发展到 250 万余人。

1927 年 4 月 12 日，蒋介石发动反革命政变；7 月 15 日，武汉汪精卫集团召开所谓“分共”会议，和中共彻底决裂；8 月 17 日，由国民党右派分子组成的湖北省农协改组委员会通电就职，并下令停止各级农协活动。至此，湖北农民协会在中外反动势力的军事威胁、经济封锁、政治颠覆等层层重压下陷入停滞。

（二）黄冈县农民协会信用合作社成立

湖北省第一次农民协会代表大会通过了 30 个决议案，制定了较为详细具体的金融经济政策。“为使农村互相扶助，互相救济”，《关于农村合作社问题的决议案》决定，“各县农协应以没收之财产，迅即成立信用合作社”；“各县成立信用合作社，选择适当重要地点设立分社，使农民便于借贷、储蓄”；“没收土豪劣绅财产，作农民银行基金”。大会还专门明确了利率问题，提出“以年利百分之二贷给农民”。大革命时期，为适应经济斗争的需要，湖北黄冈、麻城、广济、鄂城、汉川、咸宁等地设立了信用合作社，有的信用合作社不仅办理低利借贷，而且还发行货币。黄冈县农民协会信用合作社的创建，在湖北省是一个典型的例子。

黄冈县位于武汉市东部地区，是湖北省农民运动发展较快的地方。北伐军占领武汉进入黄冈后，中共黄冈县委、县农民协会由农村迁往鄂东政治中心——黄州，公开领导全县农民掀起黄冈农村革命运动的高潮，农民革命斗争情绪高涨，农民协会迅速遍及各乡镇。1926 年 9 月至 12 月，13 个区的农民协会相继成立。到 1927 年 5 月，黄冈县农民协会会员发展到 24 万余人，黄冈县农民协会成为湖北省最大的农民协会，黄冈成为农民运动最活跃的地区之一。

黄冈县农民协会领导农民开展打倒土豪劣绅的政治斗争和废除苛捐杂税、重利重租的经济斗争，同时根据《湖北省第一次农民协会代表大会决议案》的有关规定，掀起了兴办合作社的热潮，将各区没收土豪劣绅、不法地主的钱财，尽数集中，成立全县农民信用合作社，在各区乡创办信用合作社，与土豪劣绅及一切封建势力展开金融战线上的斗争，着重摆脱高利贷盘剥，疏通商品流通，调剂乡村金融，改变农村货币流通不畅的状况，扩大农村商品流通量，活跃农村经济。

当时团风镇是黄冈县的商业中心，水陆交通方便，是大别山地区货物的集散地。镇内洋杂百货样样俱全，做批发生意的大小商号不少于六七十家。鉴于团风镇繁华的商贸往来，1927 年 2 月，黄冈县农民协会信用社决定在团风镇成立并开展服务贫雇农的金融业务活动。

信用社的创办和机构设置情况。黄冈县农民协会信用合作社是代表广大农民利益的金融机构，由农民协会管理监督使用现金，并吸收存款，发放贷款，发行货币。在管理上，依照银行办法，聘请专门人才主持业务工作。由县农协建设部聘请专业人才成立筹备委员会，负责筹集资金，建立机构，印制货币。县农协创办信用合作社计划大纲决定：“黄州设立总社，以便县农协就近指挥、监督，团风、新洲、阳逻、仓埠、但店、上巴河等处设立分社，以便农民支取。”各区乡农协均建立了分社，使用黄冈县信用合作社名称的有两类地方：一类是各区乡农协设立的“借贷处”；另一类是三里贩、新洲等地设立的“小银行”。区乡的“借贷处”和“小银行”相当于分社，便于扩大金融业务。信用社与消费合作社在一个地方办公，两块招牌，各有经营。消费合作社是农协创办的商业机构，信用合作社是农协创办的金融机构，是两种不同性质的经济组织。

信用合作社资金来源情况。信用合作社资金主要来自没收团风镇买办阶级、地主豪绅的商号和钱庄的财产。县农民协会首先没收了团风镇最大的两个商号“福顺昌”号和“陈日兴”号。“福顺昌”是大军阀方本仁开设的商号，经营买办洋货。“陈日兴”是大土豪地主陈进新开设的商号，除经营油盐杂货匹头之外，专设钱庄办理存放款业务，以钱庄为主。农民协会还用没收的货物于1927年4月办起消费合作社。团风镇设立消费合作总社，为农民提供农副产品与消费用品的交换场所，解决了农副产品滞销和消费用品买不进来的困难。除此之外，还有两部分资金来源：一部分是对土豪地主的罚款收入；另一部分是动员农民自愿入股，筹集资金，1块钱为1股。

信用合作社资金运用情况。信用合作社筹措的资金主要用于扶持贫雇农发展生产，改善农民生活。借款利息规定为月息1分，为减轻农民负担，后降为5厘，对特别贫困户借款免收利息。贷款对象不包括中富农，不允许中农和富农在信用社支取分文。信用社当时还承担着农民政权款项的接受和划拨任务，曾经一次就将没收地主、土豪劣绅的财产和罚款收入6万元拨付给贫苦农民发展生产、救济生活，一定程度上起到了代理农民政权“财政金库”的职能作用。

（三）黄冈县农民协会信用合作社发行流通券

大革命时期市场货币流通混乱，各种杂钞伪币充斥于市。据载，1926年前后黄冈全县共有钱铺、钱庄、当铺30余家，金属币有清末的银元、银两、铜元，民国政府的孙中山头像开国纪念银元与袁世凯头像银元、两湖巡阅使肖耀南头像纪念银元，以及各地铸造的大面额铜元等；纸币有中国银行、交通银行发行的银行券，湖北官钱局发行的官票，以及商人自印发行的市票等。市场上银铜元与纸币官钱使用混乱。当时整个金融市场基本为买办、军阀把持，货币种类复杂、比价多变，货币流通根本无法控制和调节。由于军阀混战和统治阶级巧取豪夺，各类机构无限制地滥发纸币，名义上可以兑换银元、铜元，但因滥发纸币大幅度贬值，实际上很难兑现，纸币几乎成为废纸，百姓深受其害。

1927 年，湖北官钱局发行的铜元票先是打折兑换，后来由于官钱局倒闭，铜元票一文不值。一些商人乘时局混乱之际，自行印发市票（又称"花票"），代替现金流通。有的商人为了扩充资本也大量发行市票。不少商户发行市票超过自己的本钱数倍；有的无本钱也发行市票；有的还发行假市票，之后关门停兑，直接骗取银铜货币，坑害群众。当时仅在团风镇发行市票的商户就有 48 家，商户市票缺乏兑付保证金，一遇风险，即行倒闭。这种混乱的货币和商户市票供应，冲击扰乱市场，百姓苦不堪言、怨声载道，却也无可奈何。

为了有效进行经济斗争，占领货币阵地，便利农民借贷、买卖交易，县农协创办信用社计划大纲中作出了关于初始基金和发行纸票的决定："将各区乡农协没收土豪劣绅及不法地主之财产，尽数集中到县协，依照现金集中制，存入储备金库，作为合作社基金"；"印刷银元、铜元两种纸票，铜元票适应乡村习惯，银元票便于市面流通"。1927 年 2 月至 3 月，黄冈县农民协会信用合作社一经诞生，即发行了"农民协会信用合作社流通券"，主要任务就是通过发行货币来掌控当地金融市场，摆脱高利贷盘剥，保护农民权益。

1. 流通券不同于旧货币体系，确定的发行保证金和发行量，切实维护了广大农民群众的利益

县农会从没收的财产中拨出 6 万元作为信用社的资金，发行了 5 万"壹串"流通券，根据当地农民的使用习惯，以铜钱为发行本位，限在团风镇内流通使用，同时办理借贷。1 串即合铜钱 1 000 文，铜元 100 枚。货币十足兑现，专门设有兑换点方便当地人兑现。流通券纸币印版，并非新制，而是用旧版代替，票子正面和背面的“农民协会信用合作社流通券”字样是印制后加盖的（见图 1.3.1）。当时因为农民运动急需，来不及制造新版，故用旧版代替。“壹串”纸币长 150 毫米，宽 77 毫米。

图 1.3.1　黄冈县“农民协会信用合作社流通券”“壹串”纸币

黄冈县农民协会信用合作社发行了代表农民权益、真正为贫苦农民服务的流通券。虽然信用合作社的资金以没收地主豪绅的资产和动员农民入股组成，并非政府银行发行货币，其流通券的政权性质归属于农会，但流通券直接对抗帝国主义、封建主义、官僚资本主义“三座大山”的重利盘剥，真正维护农民特别是贫雇农的利益，是黄冈农民在农民协会领导下开展经济斗争的历史见证。

2. 流通券通过消费合作社和直接贷款在当地迅速流通

一是通过农协创办的消费合作社收购农产品和出售生产生活资料在当地流通。在消费合作社内循环中，一方面用流通券收购农民劳作生产的农产品，另一方面出售农民需要的生活用品回笼流通券。同时，将收购的农产品销售到外地，回笼银元、铜元等当时的硬通货，从而能购回农民需要的生活、生产资料，再出售给农民回笼流通券，使当地物资供求平衡、流通券供求平衡。这样，黄冈县农民协会信用合作社流通券就在消费合作社的商品交换中进入了流通领域，流通券在当地的影响不断扩大。

二是由各区乡农协“借贷处”向贫苦农民贷款。县农协创办信用合作社计划大纲中规定“纸票印成后，即行发贷，以济贫苦农民之急需”，明确规定以贫苦农民为贷款对象，贫苦市民和商民也可以贷款。贫农贷款，须由个人申请，报告用途，村组长出名担保，区乡农协审批。贷款数额“每次至多不超过铜元三十串或银元十元”，上次贷款未还不得再贷，所收利息至高不超过 5 厘，特别贫困者尚可免付利息。这些做法使广大农村地区打破了土豪劣绅在经济金融方面的封锁和垄断，避免了高利贷的盘剥，起到了活跃乡村经济的作用，成为全县农民资金活动的枢纽，被当时《汉口民国日报》誉为“黄冈农民经济之福音”。

3. 流通券对活跃当地经济、促进商品交换发挥了积极作用

农民协会信用合作社流通券以没收土豪劣绅的财产和消费合作社物资作担保，发行量根据市场需要控制在一定限度内。投入市面后，它不像私商那样通过发行纸票牟利，而是充当了农产品和生产生活资料用品相交换的媒介，农民拿到流通券既可到消费合作社购买日常用品，也可购买生活、生产资料，不信任流通券的人可随时兑换。信用合作社不准私人商户滥发市票，违者封门或罚款处理，很快制止了杂钞市票的流通，便利农民借贷和流通使用，对改善当时市场货币流通混乱状况起到了一定的积极作用，深受农民的拥护和欢迎，在当地广大的农民和商界中享有一定信誉。

1927 年 7 月 15 日，宁汉合流，第一次国共合作破裂，黄冈县农民协会信用合作社在腥风血雨中被迫解散，流通券停止发行。黄冈县农民协会信用合作社虽然只存在了 100 多天就被反动派扼杀了，但它是后来鄂豫皖根据地金融事业的宝贵探索和尝试，也为各根据地占领金融阵地、创立和发展金融机构开辟了理论和实践的道路。

四、安源路矿工人运动与红色股票的诞生

1921 年 8 月 11 日，为贯彻中共一大提出的党在当前的中心任务是组织工人阶级，加强党对工人运动的领导的精神，加强各级地方组织的建设和领导，领导工人运动的第一个公开机构——中国劳动组合书记部在上海成立，上海、汉口、长沙、广州、济南等地设立分部。各分部在本地区创办工人刊物，开办工人夜校，宣传马克思主义理论，带领工人开展罢工斗争，争取基本权益。

在中国共产党的领导下，全国工人运动蓬勃兴起。以 1922 年 1 月香港海员罢工为起点，出现了持续 13 个月的罢工高潮，全国发生大大小小 100 多次罢工，30 多万工人参加。其中影响较大的有安源路矿工人运动、开滦煤矿工人运动和京汉铁路工人运动等。1923 年 2 月 7 日，在帝国主义势力的支持下，北洋军阀吴佩孚血腥镇压京汉铁路罢工工人，帝国主义的海军陆战队也全部登陆，准备对罢工工人进行更大规模的屠杀，湖北笼罩在白色恐怖之中。其他各地工人运动先后遭受了当地军阀的血腥镇压，“二七惨案”后工人运动转入了低潮。

（一）中国共产党领导的安源路矿工人运动

在中国共产党的工人运动史上，由毛泽东、李立三、刘少奇等领导的安源路矿工人运动有着重要地位。1921 年 10 月，中国劳动组合书记部湖南分部成立，毛泽东任主任，派李立三、郭亮、刘少奇等一批党员和团员到各行业中去，建立工会组织，开办工人夜校，先后建立了安源煤矿、粤汉

铁路、株（洲）萍（乡）铁路等工人俱乐部。各行业工会也相继成立，吸纳了 3 万多会员。1922 年 7 月，按照党的二大制定的反帝反封建的民主革命纲领，湖南分部明确提出，将争取工人政治自由、改良经济生活、参与产业管理、享受补习教育等四项原则，作为湖南工人阶级共同的斗争目标，并发动全省各行各业的工人举行罢工，成立工会和俱乐部。

安源路矿是萍乡煤矿和株萍铁路的合称。萍乡煤矿位于江西省西部的萍乡县境，与湖南接壤，现代化开采始于清末洋务运动。1890 年湖广总督张之洞在汉阳开设官办铁厂，冶铁炼钢，燃料就来自安源山上蕴藏的优质煤炭。株萍铁路是专为运输萍乡煤矿的煤炭而建的。萍乡煤矿后来由官督商办改为商办，成为当时中国最大的工业企业，也是当时最大的官僚买办企业——汉冶萍公司的主要厂矿之一，因为中方资金不足，一直依靠德国和日本的贷款，受帝国主义的控制。安源路矿工人不甘忍受帝国主义、封建势力和官僚买办的剥削压榨，陆续爆发了数以百计的自发性斗争。

由于产业重要、工人众多，工人又有反抗斗争的传统，因此安源路矿是毛泽东最初开展工人运动一直关注的重点区域。1921 年秋冬，毛泽东两次来到安源，进行实地调查研究。他下矿井，入工棚，走访矿工和家属，深入细致地了解工人们的生产、生活和思想状况，同时开展对工友的阶级教育和革命启发。

早期为了更好地组织工人，在李立三的领导下，安源路矿工人俱乐部于 1922 年 5 月 1 日成立。7 月，安源路矿工人俱乐部遵照中共二大《关于“工会运动与共产党”决议案》中有关“工人消费合作社是工人利益自卫的组织，共产党须注意和活动此种组织”的指示，又在俱乐部之下成立了安源路矿工人消费合作社，李立三兼任经理。

1922 年 9 月 14 日，在中共湘区区委和毛泽东、李立三等人的领导下，约 1.7 万安源路矿工人举行了大规模的罢工；工人俱乐部发表罢工宣言，提出保障工人权利、发清欠饷、增加工资、改善待遇等 13 项要求。经过与路矿当局的谈判与斗争，工友的要求得到了基本满足，罢工斗争取得了重大的胜利。这次大罢工的胜利，使工友们认识到俱乐部的威力，俱乐部和合作社影响力大增，工友们开始踊跃报名加入俱乐部，俱乐部成员由罢工前的1 000多人，猛增到1.3万多人。

（二）安源路矿工人消费合作社红色股票的诞生

1922年11月，毛泽东进一步指示要求，在与资本家开展政治斗争的同时，必须积极开展经济斗争，要办好工人消费合作社，以减少商人的中间剥削；并派易礼容、毛泽民等党员到达安源，以加强工人运动的领导。

消费合作社成立时，本金100元由俱乐部和合作社最初的30余名社员集资，主要经营布匹和少量生活用品。起初合作社就相当于杂货铺，参加的工人很少，资本也很少，仅有百余元，不能独开门面，只能附设在工人补习学校内。

为经营好消费合作社，维护工友利益，工人俱乐部最高代表会议决定，将消费合作社添加股本，扩大规模，在俱乐部成员中招股募资、发行股票，筹措运营资金，争取早日独开门面正式营业。

俱乐部因为领导工人罢工斗争取得重大胜利，早已深入人心。工友们尽管家庭生活困难，但依然踊跃认购股票，很快筹集到股金7 800元，连同俱乐部划拨的1万元活动经费，共计1.8万元。消费合作社还自行设计了股票（见图1.4.1），发给每位认购的工友。

1923年2月7日，安源路矿工人消费合作社正式独设门面开业，店面选择了居民稠密区，位于安源区安源镇老后街（见图1.4.2）。合作社设立兑换、粮食、服物、器用、南货、杂务等股，主要出售油、盐、米、布匹等生活必需品，同时代售革命刊物。易礼容接任李立三担任合作社总经理，毛泽民担任兑换股经理。安源路矿消费合作社尝试采用了面向工友的股份制集资形式，成为中国共产党领导下的第一个股份制经济实体。

安源路矿工人消费合作社的招股简章对股东结构、股份设置、红利分配、经营管理作出了明文规定，重点突出工人阶级的主体地位。

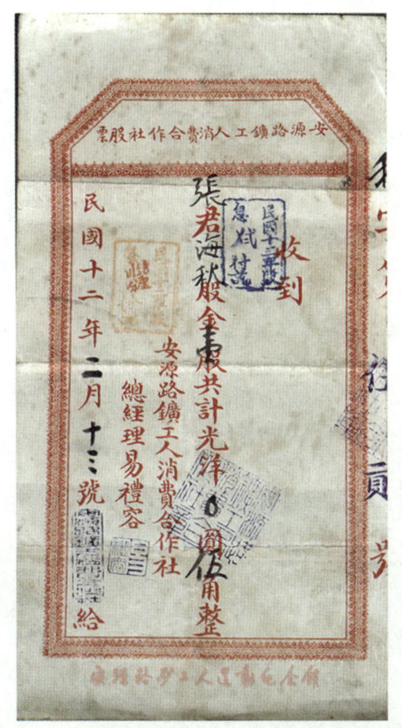

图 1.4.1　安源路矿工人消费合作社股票

注：安源路矿工人消费合作社股票为纸质彩色石印，纵 24.5 厘米，横 12.8 厘米，正面上方印有票头，下方竖排红墨石印有股票数量、股值金额、填开时间和持股人姓名等信息，并加盖消费合作社印章和总经理私章。股票背面为竖排蓝墨石印的招股简章。该股票 2003 年被鉴定为国家一级文物。

图 1.4.2　安源路矿工人消费合作社旧址

1. 股东结构

招股简章规定："凡本部部员（指安源路矿工人俱乐部部员），每月薪在九元以下者劝认一股，九元以上者劝认二股，多认者听便。"募集的初始资金一部分来源于工人俱乐部的划拨，另一部分来源于广大工友的集资认购。占当地人口2/3的安源路矿工人（包括其家属）既是消费合作社的股东和社员，也是消费合作社货品的购买者。集股东、社员、购买者于一身的特殊地位，强化了工友们的主体意识，有效激发了工友们维护自己权益的自觉和热忱，充分体现了消费合作社所有权的工人阶级归属。

2. 股份设置

消费合作社设置俱乐部基金股和工人个人股。招股简章规定，"以五角为一股，分为二十万股"，采用全体俱乐部成员限定认购股额，每股为5角，工人至少认购1股，至多14股。从股份的设置上照顾广大工友，确立工人阶级的主体地位。

3. 红利分配

招股简章规定："股息每年以八厘四计算。每年红利平均分作十分，以四分摊分于各股，三分留为扩充社务之基金，二分为俱乐部基金，一分为社内办事员酬劳金。"消费合作社的红利分配分为四个部分：40%分配给各股东，30%留作了合作社基金，20%作为俱乐部基金，10%作为办事员的酬劳。公平分配资金收益协调保证工人的权益，确立工人阶级的主体地位。

（三）安源路矿工人消费合作社经济金融战线的斗争

安源矿区地方上大大小小1 000多家商号对矿局有着绝对的利益依附，资本家、矿局、商号因此形成了庞大而严密的剥削网。1923年3月，易礼容调走，毛泽民代理总经理，7月正式接任。为了撕破这张暗无天日、盘根错节的利益网，对抗奸商的哄抬物价、中间剥削，经营好合作社，帮助工友摆脱压迫的命运，毛泽民采取了一系列经营管理的有力举措，不仅为工友们赢得了经济利益，得到了广大工友们的衷心支持，也在工友群体中传递了共产党人的精神信仰，取得了思想上、政治上的胜利。

一是大幅降低货物价格。毛泽民经常深入矿工和家属中进行调查，并根据工人需要扩大经营品种，从日杂百货到日常油盐酱醋米等，同时还代售进步书籍。为摆脱矿区垄断商号的经济盘剥，毛泽民亲自或派人到长沙、武汉等大城市采购货物以保证物美价廉。为降低采购成本，安排工友股东作为采购人员，采购格外认真卖力，货比三家。为降低运输成本，安排俱乐部所属的株萍铁路职工顺车捎回采购的货物。这样一来，合作社的货物通常比一般商号便宜 1/3 以上。

二是发放定量供应购物证。合作社的迅速发展和红火经营，使其他矿上千余家商号的利益受到严重影响，许多商号开始秘密联手募集资金，派人抢购、套购合作社的低价商品，打算把合作社商品吸纳一空后再加价倒卖，大赚一笔并挤垮合作社。很快，合作社出现了货物遭疯狂抢购、很快被销售一空的现象。毛泽民感觉事情不对头，经过仔细观察，很快明白了其中蹊跷。于是，他连夜让人赶制了一大批记名木质购物牌并发放给合作社社员。社员凭牌购物和兑换。每人每天只能兑换一次，一次不超过一元，每月不超过十次。这种购物牌是中国共产党历史上最早的定量供应购物证。同时，毛泽民还派人加大采购数量，保障合作社商品供应。这些措施有效保障了合作社营业秩序，保护了工人利益。

三是为矿工按市值兑换矿票。当时在煤矿上，矿工领到的工资不是银元，而是矿方发行的在矿区流通的矿票。这种矿票只能到矿方和资本家控制的当地商号、银铺买东西或兑换银元。虽然矿方号称 1 元矿票抵 1 块银元，但在这个过程中，矿票实际价值要缩水两成以上，矿工蒙受了很大损失。为帮助工友彻底解决矿票工资兑换的问题，消费合作社专设了兑换股，毛泽民亲自担任兑换股经理，提出合作社社员 1 元矿票可以在合作社兑换 1 元银元，一律不贴水。

四是吸收存款和发行货币。在保证工友手上持有的矿票十足兑现的同时，消费合作社还想方设法占领矿区的货币阵地，主动出击，吸收工友存款，自主发行纸币。毛泽民在兑换股内增设储蓄部，吸收工人存款，并以合作社商品作为担保，发行铜元票和纸币，以增加股本。铜元票和纸币虽然流通范围只限于路矿数万名职工和家属，但其信誉良好，很受欢迎。这些举措赢得了工人热烈拥护。消费合作社印发的铜元票、股票是中国共产党历史上最早发行的货币和对股份制最初的尝试。

五是统一社务管理。消费合作社正式开张后，初创时存在的一些管理粗放问题暴露了出来，合作社从试办到正式成立，仅仅数月，总经理三次更换，从李立三到易礼容再到毛泽民，合作社内部事务没有统筹管理，内部各股部门单独行事，没有统一的营业计划和事务安排，经济支配各股独立，各自扩充，资金周转不畅，没有统一簿记，账务管理困难。

毛泽民上任伊始，对社务管理进行了大整顿，要求在总经理的直接领导下，统一保管、审核营业收入的账目和资金，统一营业计划，增设杂务股，统一管理全社杂务，增设经济保管员，全社形成集中统一的指挥管理，步调一致地开展工作。毛泽民还主持制定了《安源路矿工人消费合作社办事公约》，规定的内容相当全面和细致。比如："合作社在俱乐部换届选举中要向俱乐部做结算报告"；"总经理有管理和指挥本社全权，但须受俱乐部最高代表会议及主任团之监督和支配"；"各股经理有管理各股营业全权，但进货及定价须先与总经理商妥办理"；"各股经理应每日将营业员之账目详细检查盖戳"；设置经济保管员总理全社经济和账目检查，还要"将每日所核账目总数及收付总数报告总经理"。该公约还规定了营业员职责及聘任和辞退制度、营业时间、职工请假制度、门卫制度等等，要求合作社营业员要有保人，保人需缴纳 500 元保证金等。从当时的社会环境来看，这些都是非常具有开创性的、翔实精细的管理规章。

在毛泽民的领导下，合作社与矿方、资本家、与官僚买办利益盘根错节的地方商号，展开非常有智慧的、有谋略的经济金融斗争，不到两年时间迅速发展壮大、深入人心。到 1924 年秋，毛泽民因病离职，合作社兑换银元约 2 万元，基金达 2. 8321 万元，销售总额达 7. 6223 万元（均为 1924 年底统计）。这对于当时只有 8 万多人的安源来说是相当可观的。

安源路矿工人消费合作社也是全党活动经费少数几个储备点之一，为其他地方工人运动的开展提供了有力的经济支持。罗章龙在《关于安源工人运动和湘赣边界秋收起义的片段史实》一文中回忆："1923 年党的三大以后，我担任中央局秘书兼会计，经管全党活动经费。当时除共产国际定期拨给一部分经费外，党的活动经费的主要储备点，在北方是全国铁总，在南方是安源。安源在取得罢工胜利后，积累了比较雄厚的工会基金，除自己举办了颇具规模的工人消费合作社和工人教育事业外，常给各地提供经费援助。”

1925 年 9 月，汉冶萍公司总经理盛恩勾结军阀，武装包围工人俱乐部，工人消费合作社被迫关闭。

安源路矿工人消费合作社是全国第一个，也是当时仅有的一个工人消费合作社，是中国工人阶级第一个经济事业组织。它的创办和发展，不仅在改善工人的经济生活、团结工人坚持斗争方面发挥了积极作用，也为中国共产党领导经济金融事业探索了最初的经验，培养了一批经济金融战线的优秀干部，中国工人运动活动家林育英曾任消费合作社营业主任，毛泽民则成为中华苏维埃共和国国家银行的首任行长。

第二篇

土地革命战争时期
红色金融事业逆境开拓

（1927—1937 年）

1927 年 4 月 12 日，蒋介石在大资本买办阶级和帝国主义列强的资金军火支持下，开展所谓的“清党运动”，悍然发动反革命政变，疯狂屠杀大批共产党员、工人和左翼人士。7 月 15 日，以汪精卫为首的武汉国民政府正式与共产党公开决裂，选择宁汉合流。从 1927 年 3 月至 1928 年上半年，国民党反动派杀害共产党员和革命群众达 31 万多人，其中共产党员 2.6 万多人，国内政治局势急剧逆转，第一次国共合作全面破裂，革命运动笼罩在白色恐怖之中，陷入了低潮。

创建农村革命根据地。大革命失败后，中国共产党在 1928 年 6 月至 7 月召开的第六次全国代表大会上，认真总结了大革命失败以来的经验教训，对中国革命一系列根本问题作出基本正确的回答，对革命运动的发展产生了积极作用。中国共产党人制定了土地革命纲领，在革命根据地没收豪绅、地主的土地，分配给无地、少地的农民及其他有需要的贫民，变半殖民地半封建土地所有制为农民土地所有制，实现“耕者有其田”，改善了贫苦农民的生存条件。党领导创建了以赣南、闽西为中心地域的中央革命根据地和湘鄂西、海陆丰、鄂豫皖、琼崖、闽浙赣、湘鄂赣、湘赣、左右江、川陕、陕甘、湘鄂川黔等一批革命根据地。中国共产党人在土地革命战争中，开辟了中国革命新道路。

为独立领导武装斗争、创建革命军队、武装夺取政权，中国共产党先后领导了南昌起义、湘赣边界的秋收起义、广州起义以及海陆丰、琼崖、鄂豫边、赣西南、赣东北、湘南、湘鄂西、闽西、陕西等地区的起义，在全国 300 多个县领导组织了工农武装起义，创建了约 15 个农村根据地，成立了苏维埃红色政权。到 1930 年上半年，工农红军已发展到约 7 万人，连同地方革命武装共约 10 万人以上。随着革命根据地的不断巩固和扩大，1931 年 11 月 7 日，第一次全国苏维埃代表大会在江西瑞金召开，宣布成立中华苏维埃共和国临时中央政府。

发展农村革命根据地金融事业。农村革命根据地一般建立在边远农村山区，经济条件差、生产落后，加之国民党频繁残酷的军事攻击、严密的经济封锁，阻断了苏区和相邻各省的贸易往来，流通货币短缺，物资极度匮乏。中国共产党在根据地建立金融机构，发行根据地货币，筹措和收拢资金，活跃农村商品经济，解决物资匮乏和人民贫苦的问题，从物质上保障红军供给，支援革命战争。海陆丰革命根据地建立了海陆丰劳动银行，赣西南革命根据地建立了东固平民银行和东固银行，赣南革命根据地建立了江西工农银行，闽西革命根据地建立了闽西工农银行和多个区县信用合作社，湘鄂西革命根据地建立了石首农业银行、鄂西农民银行、湘鄂西省农民银行、鄂北农民银行、鹤峰苏维埃银行，鄂豫皖革命根据地建立了苏维埃银行、经济公社和信用合作社等，闽浙赣革命根据地建立了赣东北特区贫民银行、赣东北省苏维埃银行和闽浙赣省苏维埃银行，湘鄂赣革命根据地建立了平江县工农银行、鄂东农民银行、鄂东南工农银行，湘赣革命根据地建立了湘赣省工农银行，川陕革命根据地建立了苏维埃政府工农银行，陕甘根据地建立了陕甘边区农民合作银行、陕甘晋苏维埃银行。从1927年到1936年10年间，苏维埃政权共创立46家革命根据地金融机构，共有77个货币发行机构，发行400多种货币版别。

农村革命根据地的金融事业，货币发行机构主要有三类：一是银行和其他金融机构；二是信用合作社或消费合作社等经济组织；三是苏维埃政府或政府的行政部门。金融机构成立的地域都比较分散，由于战火频仍，交通不便，各自独立保留货币发行权，发行纸币、布币、金属币，如劳动券、银元券、兑换券、流通券、信用券、铜元券等，另外还制作了数量较大的仿制银元，以便从白区换取根据地的军需和生活急需品。金融机构大多以“冲破国民党的经济封锁，活泼（跃）苏区金融”为创办宗旨，各自独立制定金融制度和金融政策；建立十足兑现的准备基金发行货币体系，采取控制货币发行量、发行公债、扩大生产等稳定货币措施；加强银元出口管理，很多银行和信用合作社还开展了吸收存款、发放贷款，以及代理财政金库和公债的发行存支等主要业务，改善了群众生活，稳固了苏区政权，密切配合了军事作战。

中央红军开始长征，国家银行途中发行临时货币。面对日本军国主义发动九一八事变，侵吞东北三省的对华侵略扩张行径，国民党反动派竟然采取对日“不抵抗政策”，对内强硬坚持“攘外必先安内”，加紧对工农红军及根据地发起多次大规模“围剿”。在第五次反“围剿”战争中，由于党内“左”倾教条主义的错误指挥，红军虽浴血奋战，仍遭受重大伤亡，中央根据地失守，中央红军被迫实行战略转移，开始了万里长征。大部分革命根据地银行被迫停止业务活动，苏维埃货币也暂停了发行。

长征途中，中央红军共进行了 380 余次战斗，攻占 700 多座县城，营以上干部牺牲了 430 余人，平均年龄不到 30 岁，共击溃国民党军数百个团，其间经过 14 个省，翻越 18 座大山，跨过 24 条大河，走过茫茫草地，翻过皑皑雪山。中央红军主力行程二万五千里，纵横 11 个省，于 1935 年 10 月到达陕北，与陕北红军胜利会师，长征胜利结束。

中华苏维埃共和国国家银行随中央红军转战南北，一路上曾四次发行临时纸币，残酷的军事形势使每次发行都是紧张地开展兑换和回笼工作。由于采用物资保证，货币随时十足兑换，即使是短期的货币发行，在当地群众中也有良好的信誉。停留贵州遵义时，城里商店很多，用红军票既可买到日用必需品，又可随时兑换现洋，群众争要红军票。红军离开遵义时，国家银行工作人员连夜用现洋兑换完群众手中的纸币，留下了诸多的动人故事和佳话。

一、海陆丰革命根据地与中国第一个苏维埃政权银行

1928 年 10 月，毛泽东在《中国的红色政权为什么能够存在?》一文中论述中国红色政权发生和存在的原因时指出，中国红色政权首先发生和能够长期存在的地方“是在 1926 和 1927 两年资产阶级民主革命过程中工农兵士群众曾经大大地起来过的地方……所以广州产生过三天的城市民众政权，而海陆丰、湘东、湘南、湘赣边界、湖北的黄安等地都有过农民的割据”。①

中国红色政权建立在资产阶级民主革命农民运动广泛开展、影响范围广和群众基础比较深厚的地方，广东海陆丰地区农民运动是全国的典范。1926 年 5 月，毛泽东在广州主办第六届农民运动讲习所时，曾高度评价海丰农民运动经验：“全中国各地都必须办到海丰这个样子，才可以算得革命的胜利，不然任便怎么样都算不得。”② 土地革命时期，海陆丰地区因多年农民运动打下的良好群众根基，在党的建设、政权建设、经济金融建设、军队建设等方面进行有益的探索和实践，书写了辉煌的历史功绩。

海丰、陆丰两个县位于广东省东部的沿海地区，早在 1922 年，这一地区在共产党人彭湃的领导下农民运动开始兴起，到 1922 年底，海丰全县建立了 12 个县农会和 1 个分会，会员 16 500 人。1923 年初，海丰总农会成立后，海丰、陆丰、惠阳三县有 500 多个村 20 多万农民入会。1927 年四一二反革命政变后，中国共产党开始了武装反抗国民党反动派的革命斗争，

---

① 《毛泽东选集》第一卷，人民出版社 1991 年版，第 47 ~ 56 页。

② 《历史因何选择了中共?》，《南方日报》，2011 年 10 月 8 日，第 15 版。

海陆丰地区的农民即在彭湃带领下掀起三次武装起义，于 1927 年 11 月占领了海陆丰一带。随即彭湃主持召开工农兵代表大会，正式成立陆丰县苏维埃政府、海丰县苏维埃政府，建立苏维埃政权。1927 年 12 月，中共中央机关刊物《布尔什维克》发表《中国第一个苏维埃》长篇文章，对海陆丰苏维埃政权给予高度评价。

当时两县苏维埃政府领导的人口近 80 万人。彭湃开展农民运动的同时，积极发展扩大党组织，海陆丰地区先后建立了中共海陆丰、汕头、惠州地委和基层党组织。至 1928 年 2 月，仅海丰县就有乡村党支部 460 多个，党员 1. 8 万多名。陆丰县有党员 6 000 多名。随后，两县深入开展土地革命，进行经济金融建设，扩大农民自卫军，巩固苏维埃政权，支援工农革命军作战。

建立和巩固红色政权，就要牢牢掌握财政金融的主权。早在大革命时期，彭湃就曾经提出建立为保证贫困农民利益的金融机构的主张。1927 年 4 月，海陆丰第一次武装起义反抗国民党反动派时，起义宣言明确提出“建设农民银行”。第三次起义胜利后，海陆丰苏维埃政府便开始酝酿成立工农自己的银行。1928 年 1 月 28 日，海丰县委向省委报告提出：“县委为使农产品易于输出，工业品流入，拟决定办一工农合作社。每个工农已决定捐出一角。同时，并设工农银行，发行货币。”同年 2 月 20 日，为“救济金融，利便市面交易”，海丰县苏维埃人民委员会根据第二次工农兵代表大会的决议特发通令，成立海陆丰劳动银行，总行设在海丰城，行址设在军阀陈炯明开办、起义成功后收归海丰县苏维埃政府的南丰织造厂；同时，颁布《发行纸币条例》，发行银票。由于时间紧张，先期的劳动银行银票暂借南丰织造厂（该厂之前曾发行银票与金属币）银票两万元加盖劳动银行印章后发行流通。

从当时的政治经济形势来看，劳动银行的成立也迫在眉睫。**一是苏维埃政府的财政收入不足，需要成立金融机构集中统筹调配资金，支持武装斗争，开展根据地建设**。按 1927 年 11 月的统计，海陆丰苏维埃政权财政收入主要有：没收反动财产 1 万 ~2 万元，对土豪劣绅、地主奸商的罚款 5 万余元，没收当铺财产 1 万余元，总收入约 8 万元。但 1927 年 12 月后，斗争形势越来越严峻，很多商户携款逃走躲避，只有靠烟酒屠宰等捐税和纠来船舶的税收，月收入只得几万元。而财政支出除维持军需和政府费用外，还要上缴省委经费。为了解决这些经济上的困难，新生的苏维埃政权需要建立属于工农自己的金融机构，用以筹集、调剂资金，保障革命斗争的需要。**二是需要成立金融机构，以统一货币市场，供应流动性，活跃商品经济，抵制高利贷剥削**。1927 年 11 月 6 日，海丰县苏维埃政府发布土地革命第九号布告，到 1928 年 2 月，海丰县基本实现了耕者有其田，地主土地全部没收分配给农民。尽管获得土地的广大农民生产积极性十分高涨，但仍缺乏资金购买耕牛、耕具和种子、肥料等生产资料，过去唯一的出路就是找地主士绅、商号当铺借高利贷，代表工农利益的苏维埃政权诞生后首先废止了高利贷。海丰县苏维埃政府关于建立劳动银行的通告中明确了劳动银行的使命和任务：“有此借贷机关，得以从事生产，发展社会经济。”为了统一混乱的货币市场，加强商品市场流通，迫切需要一个扶助农民生产的金融机构，既能帮助农民解决生产和生活问题，又能发展苏区经济。

但在 1928 年 2 月末，在国民党的不断围攻下，苏维埃政府被迫撤离革命根据地，工农革命军转移到山区坚持游击战争，劳动银行随之停办。

海陆丰农民运动的领导者、海陆丰革命根据地的创始人彭湃，是中国共产党早期的重要领导人、杰出的农民运动领袖、无产阶级革命家。1896 年 10 月，彭湃出生在广东省海丰县一个工商业者兼地主的家庭，家中每年收入约千余担租，40 多间铺面，被统辖的农民男女老幼 1 500 余人。1922 年从日本留学归来的彭湃回到家乡，毫不留恋优渥富足的生活，穿农服、入田间，宣传革命进步思想，组织农民运动。四一二反革命政变后，彭湃带领海陆丰的广大农民，策动三次武装起义，直至占领海陆丰，建立苏维埃政权。党的八七会议选举了临时中央政治局，彭湃当选政治局委员，后兼任中共中央南方局委员。1929 年 8 月 24 日，由于叛徒出卖，彭湃等同志被捕，彭湃在监狱中遭受酷刑的折磨，多次晕死过去，手足俱折，体无完肤，但他并没有屈服，被抬回牢房后，他强忍伤痛，把监狱当作新的战场，积极向狱内群众和士兵宣传革命主张，安慰和鼓励难友，努力在狱中做党的工作，把愁苦惨淡的监狱变为激昂慷慨的沙场。1929 年 8 月 30 日，彭湃壮烈牺牲，英勇就义，时年仅 33 岁。

二、湘南起义中发行的中华苏维埃货币

在探索中国革命道路的过程中，毛泽东于 1928 年 10 月至 1930 年 1 月所写的三篇著作《中国的红色政权为什么能够存在》《井冈山的斗争》和《星星之火，可以燎原》，总结了中国共产党领导武装起义、开展土地革命的宝贵经验，形成了丰富和成熟的“工农武装割据”理论，点亮了在黑暗中艰难探索的中国革命之路。而朱德在 1928 年初领导的湘南起义在武装斗争、土地革命、根据地建设、党的建设、军队建设、经济金融建设等方面作出了积极的探索尝试，构成了“工农武装割据”战略思想的重要实践依据。

大革命时期，湘南农民运动蓬勃发展。大革命失败后，湘南地区的共产党员和革命群众在白色恐怖下仍继续坚持斗争。1928 年 1 月上旬，朱德、陈毅率领南昌起义军余部近 800 人从粤北转至湘南宜章县境，在当地革命群众的支持配合下，智取宜章，掀开了湘南起义的序幕。随后又组织了郴州、永兴等处的年关起义，军事上采用因地制宜、灵活多变的游击战术，取得了一次又一次起义的胜利，宜章、郴州、永兴、耒阳等县相继建立了苏维埃政府以及区、乡两级苏维埃政权。多地产生县委组织，土地革命、经济建设等各种方针、政策由党组织制定，党组织领导政府的一切工作。

为了适应复杂严峻的政治和经济斗争，各个地方苏维埃政权相继成立了财经委员会和土地委员会。财经委员会包括财务、经济、粮食等部门，负责筹集粮款，提供军政费用。土地委员会负责开展土地革命，没收地主土地和分配土地。金融方面，湘南起义期间，耒阳工农兵苏维埃政府于 1928 年 2 月下旬发行了面值 1 元的劳动券，发行总数为 1 万元。1 元券正面有马克思和列宁的头像，下方有“中华苏维埃元年印”8 个字（见图 2.2.1）。耒阳县第十三区工农兵苏维埃政府在推行耒阳工农兵苏维埃政府劳动券的同时，还于 1928 年 3 月发行了“耒阳第十三区工农兵苏维埃政府劳动券”，郴县良田乡苏维埃政府发行了 10 元、20 元两种金币。

图 2.2.1　耒阳工农兵苏维埃政府劳动券 1 元券

耒阳工农兵苏维埃政府发行的劳动券，属于兑换券性质，以银元为发行本位，1 元劳动券兑换 1 块银元。为了保证券币的安全和流通，耒阳县苏维埃政府专门发布通告和命令，推动劳动券的使用和流通，并在朱德办公处——水东江三顺祠设立了经济处，任务是保管、处理和分配打土豪所获物资及发行、兑换劳动券。劳动券流通全县，集市买卖、商品交易都可使用，工农革命军官兵的薪饷也以劳动券支付。

耒阳工农兵苏维埃政府劳动券有如下三个特点：

一是货币名称采用“劳动券”。“劳动券”这个名称来源于马克思的《资本论》。马克思认为，一旦社会占有生产资料，商品生产就将被消除，在共同占有生产资料并且以直接社会化的形式进行生产的社会里，生产者并不交换自己的产品，社会也无须给产品规定价值，无须用价值尺度来计量，表现耗费在产品生产过程中的劳动价值，每一个生产者只需从社会方面领取一张证书，证明他提供了多少劳动，凭这张证书可从社会储存的产品中领取和他所提供的劳动量相当的一份消费资料。马克思阐述的意思是，共产主义财富物资极大丰富，商品交换和货币将被取消，以劳动券的形式作为按需分配的依据。耒阳工农兵苏维埃政府采用劳动券作为发行货币的名称，旗帜鲜明地体现马克思主义政党的立场和共产主义的信仰，在金融领域的政治建设中以货币实体形式传达新生苏维埃政权的政治本色，也充分体现了中国共产党人的初心。

二是创立票面苏维埃政权年号。耒阳工农兵苏维埃政府设计劳动券的独到之处是票面上标示的时间。辛亥革命以后，以国名“中华民国”纪元，货币时间标记均为“中华民国”某年，而“劳动券”年号创造性地以耒阳县苏维埃政府建立的年份为元年，称“中华苏维埃元年”，摒弃民国国号和纪年，表明建立劳动者革命政府的决心和已取得的胜利。

三是创新纸币票面图案。耒阳工农兵苏维埃政府劳动券首开先河，在纸币的方寸之上，并列印上马克思、列宁头像，表明共产党领导下的苏维埃政权以马克思列宁主义为指南，这是我国第一种印有马克思、列宁头像的货币。此后，江西工农银行、中华苏维埃共和国湘赣省工农银行、川陕省苏维埃政府工农银行相继发行印有马克思、列宁头像的货币或单有马克思头像的货币。发行单有列宁头像的货币的金融机构有鄂豫皖省苏维埃工农银行、鄂北农民银行、中华苏维埃共和国国家银行、中华苏维埃共和国国家银行西北分行等。货币加铸或印上无产阶级革命导师马克思、列宁头像，这是土地革命战争时期革命根据地货币与北伐战争、抗日战争、解放战争各时期货币相区别的重要特点之一。

1928 年 4 月，朱德、陈毅率部队向井冈山转移，同毛泽东率领秋收起义的部队胜利会师，合编为工农革命军第四军（不久改称为“工农红军第四军”），耒阳成为游击区，耒阳劳动券也即停止发行流通。

三、井冈山革命根据地的红军造币厂与“工”字银元

1927 年 8 月，毛泽东根据八七会议精神，受中共中央的委派，以中共中央特派员的身份前往长沙，改组中共湖南省委，领导湘赣边界的秋收暴动。9 月 2 日，毛泽东到达安源后组织召开中共湖南省委前敌委员会和安源行动委员会联席会议，会议确定了军事行动和民众暴动计划——军队和民众暴动相互配合，夺取平江、浏阳、醴陵、萍乡等县，分三路合攻长沙。这些县大都是大革命时期农民运动蓬勃发展的地方，有很好的群众基础。会议决定组建工农革命军第一师，部队的建制将驻修水、铜鼓的浏阳、平江两县农军和卢德铭（秋收起义总指挥，突围时牺牲，年仅 22 岁）所部警卫团，驻安源的路矿工人纠察队、矿警队和萍乡、醴陵、安福、莲花、衡山五县的农军，合编为 1 个师，下辖 3 个团。八七会议上还设计了第一面军旗。军旗为大红色长方形，旗面左上角镶有一颗白色五角星，星上饰镰刀、斧头图案，旗杆为白色，并竖向标了部队名称，书有工农革命军第一师某团、某营、某连字样。全体起义官兵均在脖颈上戴了红领巾，并佩戴了印有部队番号和本人姓名、职务的布质胸牌。

1927 年 9 月 9 日，湘赣边界秋收起义爆发；1927 年 9 月 19 日，各路起义部队到达湖南省浏阳县文家市。在此，毛泽东根据敌强我弱的严峻形势，作出改变攻打长沙的计划，保存军事力量，到敌人统治薄弱的农村去坚持武装斗争的决定，继续带领剩余不到 1/10 的秋收起义部队向山区转移。此时的部队士气低落，有的士兵因看不到前景黯然离开，有的士兵觉得替国民党打仗更划算，还有的士兵想回家乡种田……面对部队混乱的思想状况

和组织涣散状况，毛泽东在 1927 年 9 月 29 日到达江西省永新县三湾村时，进行了著名的三湾改编，要求每个班都要有党小组，每个连要有党支部，每个营要有党的委员会，将党的支部建立在连上，成立各级士兵委员会，实行民主管理制度，在政治上官兵平等，让每个战士都觉得自己是共同事业的一部分，从政治上、组织上、思想上保证党对军队的绝对领导。

（一）创建井冈山革命根据地

毛泽东带领改编后的部队于 10 月 27 日到达罗霄山脉中段井冈山茨坪，开创了中国共产党领导的第一个农村革命根据地。这支部队虽然不到 800 人，却是大浪淘沙后的精华，是点燃中国大地的革命火种。“井冈山模式”放弃苏俄城市包围农村的斗争路线，放弃攻打敌人力量比较集中的大城市，走农村包围城市的道路。毛泽东凭借坚忍不拔的意志信念、敏锐长远的政治眼光，使 1927 年晦暗的冬天成为中国共产党把握时局的重要转折点。

1928 年 4 月底，朱德、陈毅率领南昌起义部队和湘南农军上井冈山与毛泽东的部队胜利会师；5 月 4 日，合编为中国工农红军第四军，朱德任军长，毛泽东任党代表，王尔琢任参谋长，陈毅任政治部主任；5 月底，湘赣边界工农兵苏维埃政府成立，毛泽东出任特委书记。

（二）筹建井冈山红军造币厂

1928 年 6 月和 7 月，湘赣两省敌军开始实行频繁的军事“会剿”和严密的经济“封锁”。部队薪金很少，根据地广大军民面临严重的给养困难。井冈山革命根据地和外界贸易完全断绝，货物不能流通，致使根据地银元现金日益减少，食盐、布匹、药材等物资严重缺乏，物价昂贵，群众生活困难，而红军每天除粮食外，每人每天连 3 分到 5 分钱的伙食费都很难保证，红军官兵几个月不发零用钱，三四个月不知肉味是常事。这支拥有数千之众的红军队伍，每月的伙食开支需要 15 000 元才能维持。

此时，战斗日益频繁，红四军连战皆捷，部队不断扩大。为了粉碎敌人的经济封锁，加强与外界贸易，换取根据地所需日用物资和军需物资，湘赣边界苏维埃政府在井冈山的上井村创办了革命根据地第一家造币厂——井冈山红军造币厂，又称“上井造币厂”和“红军花边厂”。1998 年，红军造币厂按原貌修复，萧克将军特地为红军造币厂题写了厂名（见图 2. 3. 1）。

图 2. 3. 1　修复后的红军造币厂

红军造币厂在防务委员会的直接领导下进行生产。原料主要来源于军民打土豪所缴获的大量银链、首饰及各种银质器具，利用谢荣珍、谢荣光兄弟之前办的“谢氏对花厂”仿制银元的设备和银元模具，将各种银质器具回炉熔化后制成粗坯再冲压，铸造成重七钱二分的银元。在当时的中国乃至世界，墨西哥银元具有良好的信用，便于流通。“工”字银元（见图 2. 3. 2）的样式仿造墨西哥银元，并与墨西哥银元的货币价格挂钩，发行上万元，货币价值尺度、流通手段、贮藏手段、支付手段等职能都有系统考虑和设计。造币厂还在上井的牛路坑和茨坪等地分别建立了银元粗坯车间。造币厂创办后不久，毛泽东曾多次到厂视察，要求花边不要掺假，一定要纯银的，重量也不能少于七钱二分。

图 2. 3. 2　“工”字银元

每块银元上凿有标志湘赣边界工农兵政府自己发行流通的“工”字印记，称为“工”字银元，以区别国民党统治区的银元。这是中国共产党领导下的苏维埃政权最早在革命根据地发行流通的第一批金属铸币。据记载，在鼎盛时期，造币厂每天可铸造银元 500 多枚，在根据地的各个红色圩场和乡村、市镇大量流通。

“工”字银元重量足，成色足，信用高。湖南邻近各县的商民，以及冲破国民党反动派的重重封锁将药材、布匹、食盐、火柴等货物运来贸易的湖南邻近各县商民，都纷纷将官府银元兑换成“工”字银元。“工”字银元流通量的加大活跃了商品市场，增加了革命根据地群众的收入，解决了根据地军民日用必需品短缺的问题，扩大了井冈山革命根据地的政治影响。

1929 年 1 月底，湘赣两省敌军调集 18 个团的兵力发动第三次“会剿”，进攻井冈山，提出在井冈山“石头要过刀，茅草要过火，人要换种”的烧杀口号。毛泽东、朱德、陈毅率领红四军实施外线机动作战，保存红军有生力量，出击赣南开辟根据地，井冈山革命根据地失陷。敌军在井冈山上大肆烧杀抢掠。上井红军造币厂厂房被全部烧毁，造币设备被敌人破坏，工作人员被冲散。从开工到关闭造币厂运行还不到半年。

（三）建立井冈山红军造币厂与铸造“工”字银元的历史意义

井冈山红军造币厂的建立和“工”字银元的发行流通，是我党早期在第一个农村根据地内首次铸造的属于苏维埃政权的银元，标志着广大工农群众开始拥有自己的铸币。不久以后，毛泽东、朱德等率红四军在赣南闽西开辟了中央革命根据地，成立了中华苏维埃共和国临时政府，然后即着手建立中华苏维埃共和国国家银行，大量发行苏维埃政权的货币。从 1928 年“工”字银元的生产到 1932 年中华苏维埃共和国国家银行建立短短几年时间，显示了在中国共产党领导下的红色金融事业的强大生命力。

1. 井冈山红军造币厂是苏维埃政权独立的体现，体现了共产党人缔造新中国的决心

金融政策直接关系宏观和微观经济的调控与运行。独立发行货币的权力，是彰显国家主权的重要标志。随着各个革命根据地的开创和建设，根据地内金融机构随即纷纷组建成立，发行区域性的根据地货币，金融事业呈现“星星之火，可以燎原”之势，经济上保障了工农武装割据的革命事业。

2. 井冈山红军造币厂起到了统筹调剂货币、统一团结部队、稳定根据地政权的作用

井冈山根据地政权是由四支革命力量（毛泽东秋收起义部、朱德南昌起义部、王佐井冈山部、彭德怀率领的红五军）[①] 组成的苏维埃政权，人员素质不一，政治觉悟不一，要实行财产公有的制度，统一整编凝聚部队面临困难。而造币厂的成立，可以统一调配货币，避免缴获贵金属分配不均的问题。货币集中统一管理，巩固统一政权，为红军实现团结稳定、一致对外的革命斗争奠定了坚实的经济基础。

3. 井冈山红军造币厂体现了中国共产党金融战线斗争策略的日益成熟，丰富了中国共产党经济金融思想

在长期的对敌斗争中，中国共产党人认识到经济金融直接影响政治、军事等各个方面。毛泽东1928年著名的论著《中国的红色政权为什么能够存在?》中就明确指出了“根据地的经济问题”：“在白色势力的四面包围中，军民日用必需品和现金的缺乏，成了极大的问题。一年以来，边界政权割据的地区，因为敌人的严密封锁，食盐、布匹、药材等日用必需品，无时不在十分缺乏和十分昂贵之中，因此引起工农小资产阶级群众和红军士兵群众生活的不安，有时真是到了极度。红军一面要打仗，一面又要筹饷。每天除粮食外的五分钱伙食费都感到缺乏，营养不足，病的甚多，医院伤兵，其苦更甚。”[②] 井冈山造币厂的建立与“工”字银元的铸造，是中国共产党苏维埃政权建立初期在经济金融领域的积极探索和实践的最好明证，不仅帮助了当年井冈山革命根据地军民度过艰难的岁月，也为此后湘赣革命根据地造币厂和中央苏区造币厂积累了经验，奠定了基础，在中国革命政权的金融货币发展史上占有重要的历史地位。

---

① 《汪东兴日记》，中国社会科学出版社1993年版，第219~221页。

② 《毛泽东选集》第一卷，人民出版社1991年版，第47~56页。

四、赣西南革命根据地红色金融事业

赣西南革命根据地位于江西赣江中下游地区，正式形成于 1930 年 3 月，快速发展时期正是新军阀陷入中原大战的时间。中原混战牵制住了国民党精锐部队，但为扼杀创建不久的红色革命政权，蒋介石依然抽调滇军、赣军对井冈山根据地进行了四次“进剿”和三次“会剿”。最后一次“围剿”，因经济封锁严密和军事力量悬殊，毛泽东、朱德率领红军主力 3 600 余人撤离井冈山，在东固进行短暂休整后，红四军转战开辟和发展赣南、闽西革命根据地，后将赣南和闽西两块革命根据地连在了一起，形成中央革命根据地。

赣西南革命根据地的中心在东固。东固根据地不仅为中央苏区红军主力提供了重要兵源，在经济金融建设方面也开展得有声有色。东固平民消费合作社、东固贫民借贷所、东固平民银行相继组建，对促进赣西南革命根据地的经济发展和巩固苏区政权起了重要作用。

（一）1928—1930 年国内时局

1928—1930 年下半年，已是国民党中央军事委员会委员长和中央政治会议主席的蒋介石掌握了军政大权，随即将主要精力和精锐部队放在“二次北伐”和“裁军削藩”上，意欲完成独霸中国的图谋，联合冯、阎、桂各派新军阀打着“北伐”旗号进攻奉系张作霖集团。1928 年 12 月 29 日，张学良在东北宣布“易帜”，国民党政府取得了并不稳固的、形式上的政权统一。

1929年，国民党反动集团的控制版图上无可争议、被直接控制的只有几个省，“西北王”冯玉祥称雄于北方，控制了山东、河南、陕西、甘肃、青海以及宁夏等地区，拥有22万人的军队。阎锡山则在山西大本营中向河北、察哈尔、绥远等省发号施令，有20万人的军队。在南方，李宗仁控制着广西、湖南等地区，拥有一支23万人的军队。以张学良为首的东北军控制着黑龙江、吉林、辽宁、热河、察哈尔等几个省份，兵员达到36万多人之众。四大集团军拥兵自重，分庭抗礼，中国实际上依然被分割得支离破碎，依然深陷军阀割据之中……

新军阀时刻威胁着南京国民政府的政权，蒋介石试图通过裁军来削弱地方军阀的势力，引起李宗仁、冯玉祥、阎锡山等的警觉和不满，激化了矛盾，致使中国大地又重燃战火。1930年5月至10月，蒋介石与阎锡山、冯玉祥、李宗仁等在河南、山东、安徽等省发生混战，史称“中原大战”。中原大战历时6个月，由于反蒋联盟内部矛盾重重，东北军在张学良的带领下入关“武装调停”，帮助蒋介石收编了地方集团军，中原大战以蒋介石集团胜利而告终。

1928—1930年，二次北伐和新军阀混战虽然牵制住了国民党精锐部队，但为扼杀创建不久的井冈山革命根据地，蒋介石依然派出滇军、赣军进行了四次“进剿”和三次“会剿”。中原大战尚未结束，蒋介石已迫不及待地任命何应钦为“鄂、湘、赣三省剿匪总指挥”，拉开对苏区旷日持久的“围剿”大战序幕。

（二）击退国民党四次“进剿”、三次“会剿”，赣西南根据地初步形成

赣西南革命根据地主要是指江西的西部和南部地区，位于江西赣江中上游地区。在国民党采取了一系列“剿共”和“清党”行动，又相继镇压了海陆丰起义、南昌起义、秋收起义、广州起义后，彼时转战开辟农村革命根据地的共产党人的力量还很微弱。1927年10月，毛泽东率领秋收起义余部在湘东赣西边界、罗霄山脉中段创建井冈山根据地。1927—1928年，

在赣西万安等地区，中共江西省委和赣西、赣南特委领导组织农民暴动，建立了工农革命武装，发展了许多小块的革命根据地和游击区。工农革命军同当地农民运动紧密结合，摧毁了邻近县城的旧政权。截至 1928 年 6 月，井冈山革命根据地逐步扩大到宁冈、永新、莲花 3 个县和遂川、酃县、吉安、安福等县的部分地区，打开了实现工农武装割据的新局面。

为扼杀革命力量于摇篮中，动摇军民的革命意志，国民党从 1928 年 2 月到 6 月对井冈山根据地发动四次“进剿”，红军在毛泽东、朱德的领导下取得四次大捷，不仅使国民党军队损兵折将，还获得大批武器弹药。趁此时机，井冈山革命根据地广泛拓展，割据区域共计有宁冈全县、永新全县、莲花全县、吉安一小部分、安福一小部分、遂川之北乡、酃县之东南乡一部，纵横数百里，面积达到 7 200 平方公里，人口 50 多万。

1928 年 6 月，湘赣两省国民党军卷土重来，又开启三次“会剿”井冈山。红军在毛泽东的指挥下，不惧重兵压境，采用了积极防御的战略方针，灵活运用游击战争“十六字诀”作战原则，最广泛地动员民众，开展人民战争。前两次“会剿”红军以寡敌众都胜出了。在第三次“会剿”时，湘赣两省军阀调集 6 个旅 18 个团，以 5 倍之众对战红军不到 6 000 人的总兵力，兵分五路向井冈山扑来。由于敌强我弱、兵力悬殊，加之根据地经济又十分困难，陈毅第二年给中央的报告中就提道：“在九月至一月，四月中红军经过空前的艰难，在隆冬之际，边界崇山中积雪不消，红军衣履饮食非常困难。又因敌人封锁，红军未能到远地游击，以致经济没有出路。”红军未能打破这次“会剿”，井冈山根据地最终失守，被敌军占领。

为保存革命力量，1929 年 1 月 14 日，毛泽东、朱德率领红军主力 3 600余人撤离井冈山，向广阔的赣南进军。1929 年 2 月，蒋桂战争一触即发，江西的国民党军队奉命北调参加对桂系军阀的作战，没有空余兵力再“追剿”红军，赣南敌方兵力空虚，红四军抓住有利时机，转战开辟和发展赣南、闽西革命根据地。

1929 年 10 月，在赣西南发展了江西红军第三团和第五团。1930 年春，赣西和赣南两块根据地已初具规模。1930 年 3 月，中共赣西南第一次代表大会在吉安富田召开，选举产生新的中共赣西南特委。随后，赣西南苏维埃政府成立，赣西南革命根据地正式形成，包括30多个县，并在其中24个县建立了县苏维埃政府，就此奠定了中央苏区的基础。

（三）东固革命根据地的经济金融环境

虽然赣西南根据地的开辟和发展过程艰险重重，但各项金融工作都在严酷斗争中毫不放松地坚持推进。赣中南东固地区相继成立东固平民银行和东固银行，通过金融活动以筹集资金，供给部队给养，支援战争，并活跃根据地经济，保障红色政权的基本财政。

东固平民银行是在东固革命政权建立后开办的。东固距离吉安市80公里，地处吉安、吉水、泰和、永兴、兴国五县交界的山区，是赣西、赣南的要冲地带，群山叠嶂，地势险要，只有五条羊肠小道通向山外。

土地革命之前，东固大部分的田地和山林被地主、豪绅霸占。早在1927年初，东固山区已有党的组织和农民协会。大革命失败后，曾在吉安县教育局任巡学员的赖经邦、县总工会秘书长曾炳春等共产党员秘密回到家乡东固，在周围各县开展游击战争，发动农民暴动，建立革命武装，后来发展成江西红军独立第二团和第四团。

随着革命形势的发展，东固山区受到严密封锁，国民党反动派意欲用断绝物资、封锁经济的方法，扼杀东固的革命力量，在进入东固的沿途设卡置关，阻止商人经商，严禁食盐、布匹、药品等群众日常必需物资进山。很多商人担心害怕，不敢在东固山区做生意，走时把现金也抽走。东固山里山外的市场贸易被卡断，日用物资供应紧张，一些私商乘机敲诈盘剥，使根据地的日常物资日益缺乏，价格却十分昂贵。根据地谷、米、油及其他农产品都大大减价，而外来工业品如食盐、煤油等的价格则逐渐提高，甚至涨了1倍，出现了工农品“剪刀差”现象。

不仅经济贸易往来被掐断，市面上流通的也都是各种滥发的杂票纸币。1927年冬，国民党江西省政府主席兼第五路军总指挥朱培德借筹措军费之名，行搜刮民脂之实，曾拟发行500万元金库券，后恐民众反对，改由官商合办的裕民银行发行大量纸票。1930年，鲁涤平上任国民党江西省主席之后，又发行所谓兑换券。另外，国民政府中国银行、交通银行、漳州民兴银行所发行的钞票以及吉安县维持金融委员会、万安县财务委员会等许多地方的商会和商号发行的银元票、铜元票流通券，充斥赣西南的穷乡僻壤。在这些纸币中，有的并无准备金，滥发无度，劣币驱逐良币的结果是市场流通的银元极少，工农群众对各色杂票极不信任。

（四）东固平民银行成立

1929 年 2 月 20 日，毛泽东、朱德率领的红四军与江西红军独立第二团、第四团胜利会师后，东固革命根据地得到了巩固和扩大，东固市场贸易环境日渐好转。苏区政府采取了一系列举措管控金融，发展经济。

1. 经营消费合作社，打破封锁

1928 年 10 月，中共东固区委和东固地区农民协会发动群众集资办起了贫民借贷所，帮助贫苦群众解决生活中一时缺钱的问题，抵制高利贷，解决农民生产生活中的借贷困难。12 月，东固地区农民协会为了打破外围封锁，发展根据地经济，集资开办了消费合作社。消费合作社除经营布匹、油、食盐、食糖、烟、火柴、鞋等日用品外，还经营生产资料、生产工具，收购山货，组织秘密采购白区商品，购买重要物资。1929 年秋，东固区苏维埃政府拨款 6 000 余元，将消费合作社发展为东固消费合作总社。东固设总社，周围数十里都有分社。合作社经营平民日常需要的物品，价格便宜公道，颇受欢迎。为便利买卖交易，东固消费合作社还自行印发了一种铜元票，在交易中使用。消费合作社的兴办，对于稳定物价、帮助群众解决生活困难、保障民众的生活需要发挥了重要作用。

2. 创建金融机构，融通根据地经济，支援战争

随着抗租抗债斗争的发展和土地革命的深入推进，东固根据地日趋稳固。东固革命委员会成立后，1929 年 7 月，中共东固区委、东固区革命委员会随即决定设立平民银行，组成由刘经化、黄启绶、王全享、邱有文、李文莲等 7 人参加的平民银行委员会，筹建平民银行。由于有贫民借贷所的基础，平民银行的筹备工作比较顺利。

1929 年 8 月，平民银行委员会自筹资金 3 000 元，加上红军独立第二团和第四团捐助基金 4 000 元，共有基金 7 000 元（银元），正式成立了东固平民银行。自筹资金主要来自：一是向东固本地区的党员干部借了一部分；二是动员群众向银行储蓄；三是当地公堂、社会及富有户捐助了一部分；四是在东固区委的活动经费项下借了一部分。那时东固区的党员、干部和群众对建立平民银行的热情很高。

东固平民银行设在东固街上的一个店铺里（见图 2. 4. 1），左边是东固区消费合作社，右边是东固平民银行。当时消费合作社的经理是欧阳坚泉，副经理是黄启绶，同时兼任平民银行行长，工作人员五六个人。消费合作社和平民银行的工作人员互相协作，办理业务。白天银行工作人员帮助消费合作总社营业，晚上消费合作总社工作人员帮助平民银行印制纸币。

图 2. 4. 1　东固平民银行旧址

3. 集中货币发行权，驱逐杂钞劣币

东固平民银行发行的纸币为铜元票，面额有 10 枚、20 枚、50 枚、100 枚 4 种，可随时兑换铜元。东固、富田苏维埃政府明文规定“禁止用吉安、南昌纸币，甚至扯烂”，驱逐一切杂钞、伪钞，集中货币发行权。当时银行的工作人员因陋就简，克服困难，攻破技术难关。没有专用印钞设备，就采用油印机，没有纸币印制图样，就靠自己设计票样票额。后来毛泽东、朱德、陈毅等同志曾亲临东固平民银行视察，毛泽东就曾称赞“这是苏区的一个创造!”

东固平民银行铜元票 10 枚券横 12.8 厘米、纵 6.3 厘米。正面图案、文字均为蓝色；其上端自右至左横书“东古平民银行”行名；中间图案为椭圆形内旭日冉冉升起，图案上盖有方形红色“东古平民银行之图章”，该章为 3 行竖读；主景左右两侧花形框内书“拾枚”字样，券面下方自右至左分 5 行竖印“凭票即付当拾铜元拾枚”10 个字，券面四角花瓣内斜书“拾”字，票右侧有竖读“行字第号”字样，其间数字为红色手书；背面图案、文字均为红色；中间花形框内对称印有“共同生产共同消费”字样，左右上方各有蓝色“东”字，右下方有“东古平民”，左下方有“银行之章”2 枚蓝色方形印章，券背四角圆圈内斜书数字“10”。整个票面设计风格拙朴，制作简单（见图 2.4.2）。

图 2.4.2　东固平民银行铜元票 10 枚券

东固平民银行根据当地实际情况，确定了铜元本位的货币制度，规定其所发行的纸币为可兑现的信用货币，即其铜元票可十足兑换铜元，并与铜元并行等值流通。货币发行始终有着相当数量的基金为保障。但铜元票的购买力因铜元与银元之间的比价波动会受到影响。1929 年春，根据地内银元与铜元的比价大约为 1∶300，即 30 张 10 枚铜元票可兑银元 1 枚，3 张

100枚铜元票可兑银元1枚，这一时期铜元票币值较稳定。后来因全省铜元价下跌，如南昌市1928年铜元100枚换银元0.3488元，1929年稍升为0.3513元，1930年下跌为0.3309元，东固根据地的铜元价也下跌，1枚银元可换铜元330枚，平民银行铜元票的币值也跟着波动。

4. 提升和稳固铜元票信用，逐步扩大流通范围

每逢东固当圩日散圩时，东固平民银行都要派专人到各店铺、摊贩和油、谷、猪等市场，摸清当日交易的现金、纸币数目，掌握市场交易的货币需求量。开始时，外地商人离开东固时会兑换铜元，银行都随来随兑，应付利索，有多少兑多少。到后来，随着铜元票在周边广泛流通，且信用稳定，外地商人渐渐不再兑取，凭铜元票频繁买卖交易；加之消费合作社增加了根据地自产货物的生产与输出，大批日用必需品被运进，供给群众，于是工农群众都争先恐后地拿银元现洋来兑换铜元票，各种杂钞花票就逐渐没人要了，在经济上给国民党反动派、军阀地主豪绅以有力打击。

1929年10月，东固区苏维埃政府成立，红色区域得到扩大，平民银行铜元票也随之流通百余里的范围，铜元票的发行数量也相应增加。到1930年3月扩大为东固银行时，铜元票发行数量已近20万串，流通于整个赣西南赤色区域。

（五）赣西南苏维埃政府领导下的东固银行成立

1929年下半年，赣西革命根据地已经发展到吉安、万安、宁冈等10多个县区，成立了赣西革命委员会；同年11月，赣西临时苏维埃政府成立；到1930年春，根据形势的发展需要，赣南和赣西两块根据地合并成赣西南革命根据地。赣西南苏维埃政府成立后，决定改组东固平民银行。

1930年7月，东固平民银行更名为“东固银行”，由赣西南政府领导，业务收归赣西南政府财政部管理，在兴国县城、永新县城设立分行，原东固平民银行行长黄启绶被当作AB团杀害，行长由原东固平民银行保管员王直清担任。改组后的东固银行设在东固乡的瑶下村，营业范围有所扩大，其铜元票在赣西南地区广为流通，发行数量增加至近20万元，面值有10

枚、20 枚、50 枚、100 枚 4 种。东固平民银行铜元票也停止发行，开始发行使用东固银行纸币。东固银行营业范围和流通区域的扩大，活跃了整个赣西南革命根据地的经济发展。

东固银行铜元票 10 枚券，横 12.5 厘米、纵 7.6 厘米。正面上端自右至左横书“东古银行”行名，其下方弧形内书“苏维埃政府”字样，中间为亭殿及树木组成的风景图案，图案两侧分别竖印面值“拾枚”，右侧印有“赤色区域”，左侧印有“一律通用”字样，券面下方中间自右至左横排竖书“凭票即付当拾铜元拾枚”10 个字；该文字两侧各有一方形小印章，右侧为“东古银行”，左侧为“银行之章”，最下端为“公历一九三十年印”，券四角圆圈内对称印有数字“10”。券背面正中为古塔、树木、房屋等组成的风景图案，券四角圆圈内对称印有数字“10”，框外右侧竖印“字第号”其间数字为红色手书（见图 2.4.3）。

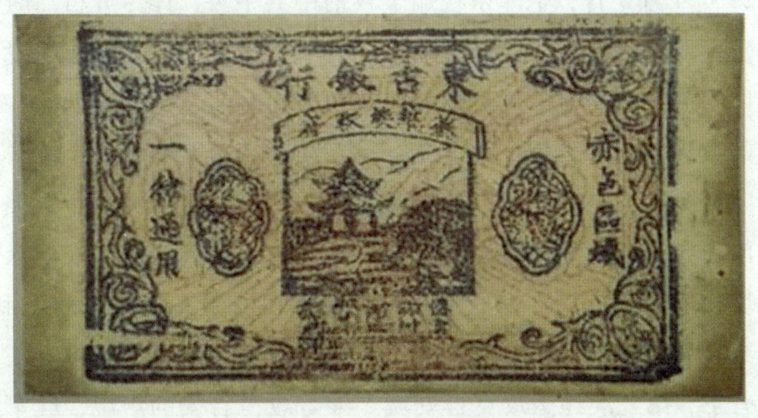

图 2.4.3　东固银行铜元票 10 枚券

东固平民银行和以它为基础发展起来的东固银行，是江西苏区最早的银行，银行建立后，积极开展货币斗争，抢占苏区货币阵地，在冲破敌人的经济封锁、恢复与发展根据地市场贸易、巩固苏维埃政权等方面发挥了重要作用。1930 年 11 月，江西省苏维埃政府创建江西工农银行之后，东固银行也就完成了它的历史使命。东固红色金融活动的有益尝试，为江西工农银行、中华苏维埃共和国国家银行的成立打下了良好基础，为苏区政府金融政策的制定作出了有益探索。

五、赣南革命根据地红色金融事业

吉安是赣西南政治经济文化的中心，位于江西西部，地处赣江中游，沿江而下可达江西省省会南昌，溯江而上可到赣南重镇赣州，是连接江西南北的交通枢纽。吉安城东临赣江、山水环抱、地势险要、易守难攻，历来是兵家必争之地。

1929 年 4 月 5 日，毛泽东在瑞金致信中共中央，详尽分析当时全国局势、比较赣浙闽三省革命主观和客观条件后，建议中央："在国民党军阀长期战争期间，我们要和蒋桂两派争取江西，同时兼及闽西浙西。在三省扩大红军的数量，造成群众的割据，以一年为期完成此计划。"[①] 在"一年争取江西"计划的战略指引下，1929 年 11 月至 1930 年 8 月，中共赣西南特委和赣西南赤卫军总指挥部曾先后组织赣西南革命武装和工农群众八次围攻吉安城。虽未能攻克吉安城，却对江西国民党敌军以极大威慑和震动。1930 年 10 月 4 日，毛泽东、朱德指挥红四军在赣西南革命武装和工农群众密切配合下，第九次终于攻克吉安城。乘着攻占吉安的声威，红军乘胜占领吉安附近的吉水、峡江等县城，使赣西南革命根据地与赣东一部分根据地连成一片，形成了赣南根据地，纵横 700 余里，人口 400 余万，横断江西半壁。10 月 7 日，吉安城召开 10 万余人参加的群众大会，宣告成立江西省苏维埃临时政府，曾山当选主席。

占领吉安、建立江西苏维埃政府，使"一年争取江西"计划变成现实，为推动中央革命根据地的建立，奠定了坚实基础。

---

① 《毛泽东选集》第一卷，人民出版社 2006 年版，第 105 页。

（一）为争取第一次反“围剿”胜利，开办江西工农银行

1930 年 10 月 23 日，蒋介石从中原大战前线急忙赶到汉口，召开湘鄂赣三省“会剿”会议；12 月 9 日，开始发动第一次“围剿”，围攻赣西南革命根据地。红一方面军在毛泽东、朱德等领导下，周密部署作战计划，广泛发动人民群众，灵活运用“诱敌深入”战术，分别击退国民党中央纵队、左右纵队 10 万兵力。1931 年 1 月，不足 4 万人的中央红军灵活机动、诱敌深入、集中兵力、各个击破，5 天之内两战两捷，歼敌 1.5 万人，以弱胜强，彻底粉碎了占绝对优势兵力的蒋介石 10 万大军第一次大规模“围剿”，进一步巩固和扩大了根据地范围。

江西省苏维埃临时政府一经成立，工作重心马上转入为第一次反“围剿”做准备。1930 年 11 月 18 日，红军执行“诱敌深入”方针退出吉安，准备进行运动战。在撤出吉安城前夕的 17 日，江西省苏维埃政府发出为“应付阶级决战”紧急通令，提出集中现金、节省开支以筹措战费，加速江西工农银行的筹备和成立。21 日，红一方面军总前敌委员会在给江西省行委的信中谈道：“红军的给养问题成了十分严重的问题，如果政府不能供给起码的 30 万的现洋和足够 3 个月的油盐米，那么红军将无法执行他的任务……已到手的 13 万元，立即由陈宗实同志解往东固与红军总司令部经理处，没有到手的赶快筹备集中现洋之外，立即动手出票子铸铜币，以补现金之不足。”成立银行之迫切，已为战争胜败之关键。

1930 年 11 月 27 日，江西省苏维埃政府于富田发出的“秘字第四号通令”，正式宣告由财政部筹集基金 100 万元，创设大规模的江西工农银行，发行纸票 100 万元。“秘字第四号通令”指出：“本政府为要取得这一决战的胜利，当然要准备充分的经济，为了这一决战的胜利之需，因此本政府财政部以一百万现金创设大规模的江西工农银行，同时财政部为着要使金融有广泛的流动，使我革命群众与红军对经济上有绝大的充裕，因此发行钞票 100 万元。”“秘字第四号通令”进一步指出：“目前因阶级决战在即，须要金融流动”，并明确要求货币发行要“加盖‘江西省苏维埃政府财政

部’方印以昭信用，藉防假冒。同时该钞票并可随时持到本政府财政部兑换现洋。”

筹措战争经费、集中现金（银元或铜元）是江西工农银行建立后面临的主要任务。敌军兵临城下、重重围困，面对生死存亡的危局，为有力支援第一次反“围剿”，江西工农银行工作人员克服重重艰难，印制发行“江西工农银行暂借发行券”，深入细致地开展对根据地群众的思想工作，广泛发动赣西南革命根据地群众流通使用发行券，先后筹集大约 200 万元经费。这在当时都是庞大的数目，第一次反“围剿”战争中，红军主力所需的大批粮食、食盐给养就是由这些暂借发行券筹集的。

由于当时缺乏印钞纸张材料，战事吃紧，战争形势刻不容缓，江西工农银行采取了临时措施，即在吉安缴获面值 1 角的临时辅币券，于票券正面加盖“江西工农银行暂借发行券”和五角形赤区通用的图印。1 角券长 9.6 厘米、宽 6.6 厘米，暗红色；正面上端从右至左印有“吉安临时辅助纸币券”字，其下从右至左印有“每拾角兑纸币壹元”字；在这两行字上加盖黑色横书楷体“江西工农银行暂借发行券”字；上下左右四角斜对称印有楷体“壹”“角”字，左右边沿竖印“完粮纳税”“一律通用”字样；票面中间为吉安赣江风景——白鹭洲建筑图景，票面两旁竖印着“壹角”两字，下端印有“中华民国十六年”字样；中间建筑图景上加盖有五角星图记，内五角自右至左顺时针书写着“赤色区通用”五字，五角星中央为象征无产阶级革命的镰刀、锤子图。背面框内印有发行“吉安临时辅助纸币券”的布告全文；布告文字上加盖有“江西省苏维埃政府财政部”正方形红色印章（见图 2.5.1）。

图 2.5.1　吉安临时辅助纸币券

（二）为支援第二次反“围剿”，扩大货币发行量和流通区域

1931 年 2 月，穷凶极恶、不甘失败的国民党反动派集团调集 18 个师又 3 个旅，约 20 万兵力进攻根据地。关于“进剿”的办法，国民党反动派集团提出不能单靠军事取胜，政治、经济通力配合，厉行清乡、严密封锁、孤立红军，对苏区实行所谓的“致命性清剿”，叫嚣要“极尽全力扰乱苏维埃经济、破坏苏区金融秩序，使共党陷入前所未有的困境，使其不攻自乱，一举而歼之”。

5 月，红一方面军在毛泽东、朱德领导下取得了东固、东韶及广昌等三次主要战役连战连捷，于 5 月底痛快淋漓地粉碎了第二次“围剿”。

在此期间，江西工农银行随江西省苏维埃政府转移，迁驻于兴国草鸡窝（俗称地名）。当时银行除行长颜达外，还有会计、整钞、管理、杂务等 5 人。

为支援二次反“围剿”，筹措战争所需现金，1931 年初至 7 月，江西工农银行发行了 10 枚券 2 种（其一见图 2. 5. 2）、500 文券 1 种、1000 文券 1 种投放赣西南革命根据地流通。7 月，随着二次反“围剿”的胜利，为进

图 2. 5. 2　江西工农银行 10 枚券

一步巩固根据地的经济金融市场，统一赣西南货币发行，提高银行信用，逐步收回了工农银行暂借发行券和东固银行铜元票，江西省苏维埃政府“加拨大洋四五万元”作为工农银行增发货币的准备基金，加印价值铜元10枚券、500文券、1000文券的新钞票。铜元票可随时在工农银行、各地政府及红军的经理机关兑换现金。由于江西工农银行发行的货币信誉度一直很高，商贸通用无阻，流通范围到达了赣南、赣东的广大地区。

（三）第三次反“围剿”胜利后，江西工农银行撤并组建“中华苏维埃共和国国家银行”

1931年5月的二次围攻失败后不久，6月20日蒋介石亲赴南昌部署第三次“围剿”，调集23个师又3个旅，集合30万兵力，气势汹汹分左、中、右三路并头插入、长驱直入。而红军主力继续发挥运动战优势，先后与敌军周旋2个多月，于9月成功粉碎国民党军队的第三次“围剿”，取得了全面胜利，赣西南根据地得到进一步巩固和发展。

江西工农银行原准备发行投放1元券以适应根据地革命斗争实际和发展经济、融通金融需要，后来因赣西南革命根据地和闽西革命根据地很快连成一片，形成中央革命根据地。1931年11月，中华苏维埃共和国临时中央政府成立，宣布统一根据地的货币制度，决定将江西工农银行撤并组建“中华苏维埃共和国国家银行”，江西工农银行没再继续发行货币，至此完成了它的历史使命。

江西工农银行主要为支援反“围剿”的战争需要而创办，有其特殊性，从成立至结束，只存续1年多的时间，期间连续随军转移，行址不断变迁，在艰难的战争环境中出色地完成了筹集战争经费、集中现金、执行国家金库和组织货币流通的任务，在革命金融事业上起到承上启下的作用，在中央革命根据地创建中有着不可磨灭的地位。

（四）中央苏区造币厂的前身——江西省苏维埃政府造币厂

迫于紧张的战争形势，为沟通赤白贸易、换取急需的战略物资，江西省苏维埃政府成立造币厂，仿制了当时社会普遍流通的三种版别银元。1929 年 4 月，江西赣州兴国、于都、宁都三县建立了县革命委员会；8 月，兴国县东村乡苏维埃政府成立东村造币厂（见图 2.5.3），铸造银元。1930 年 10 月，江西省苏维埃政府在吉安成立后，派当时担任江西省苏维埃政府财政部部长兼江西工农银行行长的黄家煌接管造币厂，并更名为“江西省苏维埃政府造币厂”，厂长由省苏维埃政府财政部副部长周仁根担任，谢里仁任副厂长。造币厂从组建之初，一边负责铸币，一边组织收购原材料，准备银器、首饰，不断提高铸币技术，铸造了在白区通行的“袁大头”、“小头”（孙中山像）、“鹰洋”（墨西哥版）三种版别银币（见图 2.5.4）。1930 年初至 10 月，平均每天生产银币 200 余元，到 10 月后，达到平均每天生产银币半担（500 元）。1931 年 11 月，江西省苏维埃政府造币厂被并入新成立的中华苏维埃共和国临时中央政府造币厂。

图 2.5.3　东村中央造币厂旧址（江西兴国东村东龙庵寺院）

鹰洋墨西哥版（正面）　　鹰洋墨西哥版（前面）

“小头”银币（正面）　　“小头”银币（背面）

“袁大头”银币（正面）　　“袁大头”银币（背面）

图 2.5.4　江西省苏维埃政府造币厂银元

六、闽西革命根据地红色金融事业

1930 年 3 月 18 日，闽西第一次工农兵代表大会召开，会议选举成立了以邓子恢为主席的闽西苏维埃政府，标志着闽西革命根据地正式形成。根据地包括龙岩、永定、上杭、长汀、平和、武平、连城、漳平八个县，大约 85 万人，占八县总人口的一半。闽西县、乡苏维埃政府相继成立后即大力发展经济金融，扶持工农业生产发展，解决工农业产品“剪刀差”问题，开展资金融通，扩大商品流通，活跃根据地经济，许多区县成立了群众集资互助性质的信用合作社，便利农村地区贸易往来，鼓励农民发展生产。为统一部署各地金融货币斗争，闽西苏维埃政府专设闽西工农银行，通过闽西工农银行统一闽西纸币发行，代理财政金库，经营进出口贸易，在解决闽西财政问题、保障红军供给、改善群众生活等方面都发挥了积极作用。

（一）闽西革命根据地创建历程

闽西作为中央苏区的主要组成部分，人口和面积占中央苏区将近一半，有着重要的地位。在军事上，闽西地处东线战场，是中央红军粉碎历次国民党反动势力“围剿”的可靠后方和重要屏障。闽西的经济贸易在中央苏区占有很大比重。被誉为“红色小上海”的汀州市，是当年中央苏区的经济贸易中心。早在 1921 年初，邓子恢留日归国回乡后，就在福建龙岩和其他进步青年创办革命刊物，揭露封建军阀的黑暗统治，传播马克思主义阶级斗争革命理论。自 1925 年至北伐战争时期，闽西各县大部分地区建立了党组织。一些地区组织了农会，号召二五减租，在人民群众中逐渐扩大影响，革命队伍的力量开始积聚，革命理念深入人心。1926 年、1927 年初北伐军入闽后，闽西各县的国民党县党部大多已掌握在共产党员和国民党左派手中。

1927 年 4 月，蒋介石悍然发动四一二反革命政变后，闽西不少共产党人和国民党左派青年遭到杀戮、逮捕，农会组织均被捣毁解散。广大农村是国民党反动派统治较弱的地区，也是矛盾重重的地方军阀——多方反革命势力无暇顾及的空隙地带，闽西党组织及时转移到农村，使闽西党的有生力量得以保存。到 1927 年底，闽西很多地方恢复农会，农会组织逐渐扩大，闽西党组织领导广大农民开展减租减息、抗交苛捐杂税斗争，狠刹地主豪绅威风。农民看到往日作威作福的地主豪绅向农会低头，都积极向农会靠拢，革命斗争热情空前高涨。闽西党组织还在农会积极分子中发展了第一批农民党员，在政治上壮大了共产党和无产阶级革命力量。特别是龙岩地区在郭滴人、邓子恢等的领导之下，广泛开展二五减租，扩大农民协会组织，全县 2/3 的地区成立了农会，会员达 10 万人之多。

1927 年 11 月，八七会议精神传到闽西；12 月 5 日，新成立的中共福建临时省委向全省提出了在乡村中领导农民“由抗租抗捐，一直到实行土地革命工农武装夺取政权，一切政权归苏维埃（工农兵代表会议）”的任务，以武装斗争建立红色政权根据地。1928 年初到 6 月间，闽西党组织相继领导了后田暴动、平和暴动、蛟洋暴动、永定暴动，但由于缺乏经验、土地分配不够充分，没能充分发动群众，政权未能稳固建立。这几次暴动均被敌人镇压而失败。直至 1929 年 3 月，毛泽东、朱德领导的红四军从井冈山转战赣南到达闽西，闽西的革命形势才开始扭转被动局面。

“红旗跃过汀江，直下龙岩上杭。”1929 年 3 月，毛泽东、朱德、陈毅率领红四军“以消灭闽西反动势力，发动闽西工作，及参加粤闽赣三省农村土地革命之目的”，从赣南二度入闽，在长汀击毙当地军阀郭凤鸣，歼灭其主力 3 000 余人；5 月至 6 月间三进龙岩，重创国民党陈国辉部，随后在地方武装的配合下解放永定县；1929 年 9 月攻入上杭，至此，闽西革命根据地形成了以龙岩、永定、上杭为中心的红色区域。

1929 年 3 月 14 日，红四军一举攻占闽西边境首府长汀城。毛泽东在

3 月 20 日长汀红四军前委会议上，根据赣南、闽西党和群众的基础，第一次提出了以创建赣南、闽西革命根据地为目标的战略计划：“前敌委员会决定四军、五军及江西红军第二第四两团之行动，在国民党混战的初期，以赣南闽西二十余县为范围，从游击战术，从发动群众以至于公开苏维埃政权割据，由此割据区域以与湘赣边界之割据区域相连接。”[①] 4 月 5 日，毛泽东在瑞金致信中央，再次向中央建议：“在国民党混战的长期战斗中间，我们要和蒋桂二派争取江西，同时兼及闽西、浙西，在三省扩大红军的数量，造成群众的割据，以一年为期完成此计划。”[②] 4 月 11 日，毛泽东在赣南于都召开的前委扩大会议上，又再次提出了“一年夺取江西”的战略目标。

这一连续的讲话和建议开启擘画中央苏区蓝图的征程。有了毛泽东正确的路线方针作指导，闽西革命根据地的扩大和巩固得到了可靠保障。到 1930 年初，中共闽西特委带领军民配合红四军连续粉碎了国民党对闽西苏区的两次“三省会剿”。

但从 1930 年下半年开始，由于李立三“左”倾的错误指挥，闽西主力红军执行“集中一切革命力量，扩大斗争到广东去，首先夺取闽粤桂三省政权，争取全国革命胜利”总任务，被调去两次出击广东均告失败，闽西革命根据地武装力量越打越弱，苏区一天天缩小。1931 年 2 月以后，王明“左”倾冒险主义、扩大化的“社会民主党”事件都给苏区带来更加严重的危害，闽西根据地由原有的 48 个区减少到 21 个区。

1931 年秋，中央红军在取得了第三次反“围剿”胜利以后，闽西的困难局势才得以扭转和改善。闽西主力红军乘势转入反攻，先后收复长汀、连城、武平、上杭等县城，并向闽西北发展，与清流、宁化、归化、建宁等县红色区域相连接，使闽西苏区政权得到了加强和巩固。闽西红色区域扩大到龙岩、上杭、永定、平和、连城、漳平、宁洋、长汀、武平、清流、

---

① 《红军第四军前委给中央的信》（1929 年 3 月 20 日），《毛泽东军事文集》第 1 卷，军事出版社、中央文献出版社 1993 年版，第 54 页。

② 《红军第四军前委给中央的信》（1929 年 4 月 5 日），《毛泽东军事文集》第 1 卷，军事出版社、中央文献出版社 1993 年版，第 63 页。

宁化、归化等 10 多个县，出现了前所未有的大好局面。

（二）闽西第一家红色金融机构——蛟洋农民银行

闽西上杭县蛟洋村，与龙岩、连城交界，是进行革命活动较早的地区，早在大革命时期就有过农民运动的基础。1917 年，留学归国青年傅柏翠回到家乡上杭，进行革命活动。其因早年留学日本时加入中华革命党，大革命时期受邀就任国民党上杭县党部常委兼秘书。1927 年上杭“五七”反革命事变杀害了不少共产党人和国民党左派，傅柏翠侥幸脱险，回到蛟洋继续组织开展农民运动，建立农民协会。8 月，他经罗明介绍加入中国共产党。9 月上旬，周恩来、贺龙、叶挺、朱德、刘伯承等率领南昌起义部队到达上杭，傅柏翠四处奔忙为起义部队解决给养问题。受起义部队武装斗争思想的熏陶，傅柏翠积极发动农民开展减租退租、平粜抗捐斗争，组建农民自卫军，先后介绍农运骨干傅希孟、傅岩生等同志入党，于同年 10 月成立中共蛟洋支部。傅柏翠是当地的一个大地主，他率先带头自动减租退租，所以深得农民信赖，革命斗争推进顺利，乡村政权牢牢掌握在党领导下的农民协会手中，农民自卫军发展到千余人，声势浩大，足以与当地反动军阀分庭抗礼。相邻各乡纷纷仿照蛟洋的做法，组织农民协会，开展土地斗争。

1927 年冬，农民协会为购买和制造枪支弹药，充实农民自卫军武装力量，组织群众砍伐杉木出售，得到 8 000 多元，从中抽取 2 000 元创设银行，壮大农民协会经济实力，武装保卫家乡。1927 年 11 月，闽西第一家红色金融机构——“上杭县蛟洋农民银行”正式成立。土地革命时期，农村革命根据地内许多银行和金融机构都是在建立了苏维埃政权之后，由苏维埃政权创办的。蛟洋农民银行有所不同，它是在苏区政府成立之前，由当地党组织领导农民协会创办建立的。

银行办公地点设在蛟洋义合祠（祖祠，乡绅调解民间纠纷的场所）（见图 2.6.1），由农民协会派出 3 名工作人员。为发展经济，首先从解决农民会员资金周转困难、方便农民借贷着手，蛟洋农民银行印发 4 000 元左右的流通券。流通券与银元挂钩，以银元为发行本位币，本质上仍是银元兑换券，币值分 1 元和 1 角两种。

图 2. 6. 1　蛟洋农民银行旧址义合祠

银行开办后，主要经营借贷业务，对生活确实困难者，借 5 元以内不计息，极大地便利了农民在青黄不接时的生计。流通券还可以在农民银行的附属商店内买到生活必需品。当时农民协会、自卫军的工作人员，每月均可以在银行领取平均 16 元左右的工资，可领纸币、银元或谷子等物。随着蛟洋地区革命运动如火如荼地推进，与蛟洋有贸易来往的商人也都乐意使用流通券，流通券迅速成为蛟洋一带主要的流通货币之一，颇有信誉。市场物资流通顺畅、交易方便，蛟洋农民在自己的土地上生产积极性空前高涨，蛟洋苏区经济越来越活跃，得到了较快发展。1928 年 3 月，上杭县北四区工农苏维埃政府成立，蛟洋农民银行成为苏维埃政府的直属金融机构。为解决日益增大的军政经费开支，区委和区农协决定征收部分土地税以及杀猪、宰牛等税收，不仅解决了区委、农协、自卫军等工作人员的工资，而且保障了农民银行的正常流动资金。

上杭革命斗争的节节胜利，使国民党军阀郭凤鸣（当时占据长汀、宁化、清流、归化、连城、上杭、武平、永定等八县地盘）极大恐慌。1928年6月25日，郭凤鸣兵分两路进攻蛟洋苏区。面对敌人的进攻，苏区政府指示农民银行，迅速清账、结账，把银行所印纸币全部用银元从群众手中兑回后销毁，以免群众遭受损失，失信于民。后来因起义失败，农民银行被迫停止营业。

（三）解决“剪刀差”：闽西革命根据地信用合作社应运而生

1. 闽西苏区复杂严峻的经济金融环境

闽西各县乡苏维埃政府成立后，在长汀、连城、上杭、永定之间纵横300多里的区域50多个区、500多个乡着手开展土地革命，80多万农民分到了土地，实现了千百年来的夙愿，劳动生产热情空前高涨。但由于国民党政府持续对闽西苏区进行军事“会剿”和经济封锁，苏区经济面临严重困难，商人受“会剿”影响，不敢扩大生产规模，造成工业品十分短缺，价格不断上涨。本地农产品价格低迷，外销困难，农民只能贱卖粮食换取少量日用必需品。经济的衰弱不仅严重影响了苏区人民的生活，也给苏维埃政府财政收入和红军筹款造成了不少困难，苏区面对的是复杂严峻的经济金融环境。

一是闽西经济问题日趋严重，苏区工农业产品价格的“剪刀差”越来越大。闽西根据地创建时，闽西地区农产品价格大幅下跌，工业品反而大幅涨价，工人工资普遍提高，农产品与工业品的价格如剪刀口一样越张越大。1929年9月30日，闽西特委在毛泽东指导下，发出《中共闽西特委通告（第七号）——关于剪刀差问题》，指出：“这种现象实际上仍是剥削农民……这种剥削简直比任何方法还要厉害，农民受了这种剥削，必然要穷下来。”[①] 该通告第7条从工业和农业两方面非常详细地分析了“剪刀差”产生的各种复杂原因：（1）工人工资提高，商人便在物价中取偿；（2）受

① 蒋九如主编：《福建革命根据地货币史》，中国金融出版社1994年版，第204页。

“会剿”影响，商人不敢尽量采办货品……因而市场供不应求，而物价便提高起来。农产品会跌价的主要原因是：（1）暴动过后的乡村，债券焚烧，高利债务不还，有些农村便取消了一切债务，而多数拥有贷财的地主土豪又杀的杀，跑的跑，藏匿不出，因此，乡村中一般要停止借贷，金融流通完全停滞，农民在此收获时节，无钱发给工资，结果只有贱卖粮食以资救济；（2）抗租斗争胜利，农民不必交纳地租，人人粮食有余，为购买日用生活品，大家便将米出粜；（3）农民骇于“会剿”声势，怕谷子被敌人抢去，所以贱卖米粮，求得现利。粜者多籴者少，米价便因此而跌落。比对当时的米价和布价，一套成年男子衣裤需用布 4 米，等价于 52.5 公斤大米。农民只能将米出粜、贱卖粮食以满足生活的基本需要，由此米粮供过于求，米价大幅下跌。这种存在于农工生产与贸易中的“剪刀差”严重挫伤了农民发展生产的积极性。长此以往，农村经济将愈加萧条，进而导致城市工业品滞销、工人失业，使整个经济陷入衰落。因此，闽西党组织把“剪刀差”问题视为“新社会的重要缺点”。

二是闽西地区金融市场混乱，金融流通停滞。彼时闽西地区市场上流通的货币很混乱，银价不统一，不仅有国民党中央银行、中国银行、交通银行、农民银行发行的纸币，有闽西南军阀张贞办的“民兴银行”和各地商会、商店发行的纸币，还有大量杂洋等劣质银币充斥闽西。不少奸商还用劣币偷偷到苏区购买金银和土产出口，以低廉的成本将苏区产品和真金白银输送到白区以获利；而苏区人民群众用劣币前去购买白区商品时，手上通货时时贬值，蒙受很大损失。闽西永定等县存在不少民间借贷、典当、邀会等高利贷。闽西苏区成立后虽然废止了高利贷，但由于地主土豪劣绅等害怕革命队伍清算，逃跑携带、藏匿了现金，乡村借贷活动停止，金融流通基本停滞。

2. 为切实解决工农品“剪刀差”问题，建立和发展人民群众资金互助组织——信用合作社

1929 年 9 月 3 日，《中共闽西特委通告（第七号）——关于剪刀差问题》向闽西各地各级苏维埃政府提出了解决经济金融困难的应对办法：要开办县农民银行、区借贷所，办理低利供贷，打破高利贷剥削；县区政府要筹集基金，在市场上高价收买粮食，然后根据粮食短缺实情及时投放销售或转运；要鼓励农民创办生产、消费、信用等合作社并发行纸币、流通金融，以减轻商人的剥削，使农民的利益归于自己；将无田耕者转移到地多人少的乡村；不再提高工人们的工资，要使他们理解，米价下跌实际上已相当于提高自己的工资，农民、工人要彼此协助，以便控制日用品价格不上涨；救济失业工人，将他们安置到乡村和赤卫队中；宣传、讨论“剪刀差”形成的原因，让工人们明白“剪刀差”的后果，工人阶级要在革命中发挥领导作用，取得农民的信任，农村经济发展了，工人才有工做。

《中共闽西特委通告（第七号）——关于剪刀差问题》是指导当时闽西苏区经济建设的重要纲领，也是闽西红色农信诞生的标志性文件。建立服务于人民群众、维护群众利益、为群众着想的金融机构已成为闽西苏区发展经济、改善工农群众生活的迫切需要。1929 年秋冬，根据闽西特委要求，龙岩、上杭、连成、永定、宁化、清流、兆征等地都陆续成立了信用合作社。

1930 年 3 月 24 日，闽西第一次工农兵代表大会上通过了宣言及决议案。决议案再次提出要普遍发展信用合作社组织，以吸收乡村存款，明确了保存现金、维持市面之流通的任务。同时，对于如何普遍发展合作社组织，决议案还进一步明确规定合作社条例予以保护；各处合作社要纠正过去照股分红之错误，要照社员付与合作社之利益比例分红；各地尽量宣传合作社作用，普遍发展各种合作社的组织；有乡合作社的地方要进一步组织区或县合作社；政府经常召集合作社办事人开会，讨论合作社经营方法。

1930 年 12 月，闽西革命、军事、政治领导中心从龙岩转移至永定虎岗后，信用合作社得到了大力发展，逐步遍及各区县。其中，永定地区贸易基础好，农业经济发达且水路直通广东潮汕，条丝烟、土纸等出口量大，是著名的侨乡，到 1931 年 4 月，永定信用合作社已发展到 9 个，覆盖全县，准备基金总额达到 10 528 元，并发行了纸币。后来到 1934 年 1 月，苏维埃政府再次掀起创办信用合作社的高潮，闽西根据地的长汀县、兆征县及汀州市东郊区、江鄄区等县区都相继建立了信用合作社。但到当年 10 月，红军因第五次反“围剿”失败陷入险境被迫长征，信用合作社不得已停办了各类业务。

1930 年 11 月，在中共闽西特委报告中总结出当时比较大的信用合作社有：上杭北四区信用合作社，设立基金约 2 000 元；永定第一区、第二区信用合作社，设立基金 5 000 余元；永定太平第九区、第十区、第十一区信用合作社，设立基金 3 000 余元；永定合溪及各县区信用合作社，基金千元、数百元不等。永定县第一区、太平区和上杭县北四区三家信用合作社所发行的纸币，都是以银元为价值本位，纸币面值以毫为单位或以角为单位，凑足 10 毫或 10 角可兑换 1 块银元大洋。

几家比较重要的信用合作社设立情况如下：

（1）永定县太平区信用合作社。永定县太平区信用合作社成立于 1929 年 10 月，募集了股金 3 000 元。太平区信用合作社是以原西坡乡信用合作社所筹股金为基础，动员各乡群众入股成立，地址设在区政府所在地西陂乡（见图 2. 6. 2），第一任主任为陈海贤，后为林清风。筹办时为了充实信用合作社的资金，经太平区苏维埃政府批准，决定由信用合作社发行纸票，面额只有 1 元一种（见图 2. 6. 3），1:1 兑换银元，流通的范围包括坎市、高陂、虎岗等太平区辖区。业务经营方面，合作社曾对上洋乡苏维埃发放耕牛贷款一二百元，对许家乡苏维埃发放土纸贷款数百元。永定太平区信用合作社是闽西最大的红色信用合作社，辖区最广。

图 2. 6. 2　永定县太平区信用合作社旧址

图 2.6.3　永定县太平区信用合作社 1 元纸票

（2）永定县第三区（后改为第一区）信用合作社。永定县丰田里湖雷乡当时是永定县苏维埃政府所在地。1929 年 11 月，赖祖烈、阮山在湖雷以股金 500 元的启动资金成立了信用合作社。因其所在地行政区划属第三区，故名永定第三区（后改为第一区）信用合作社，赖祖烈为第一任主任。1930 年春，闽西永定县第一区信用合作社成立，总共募集股金 3 000 多元，每股 1 元，群众募集了 40%，商店认股 60%。共发行角票 5 000 元，分 5 角、2 角、1 角三种面额，纸币在丰田、溪南、金丰、合溪等地均可流通使用。永定第三区信用合作社业务较为活跃，每月以利息 2 分吸收存款；贷款方面，社员用款经乡苏维埃政府介绍证明，持股票每次可借 5 元，期限 3 个月，利息每月 2.5 分。永定县第三区信用合作社纸币票样及股票票样见图 2.6.4 和图 2.6.5。

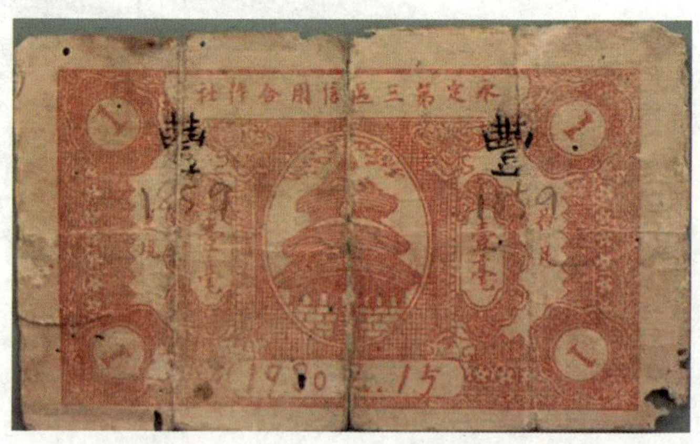

图 2.6.4　永定县第三区信用合作社 1 毫纸币

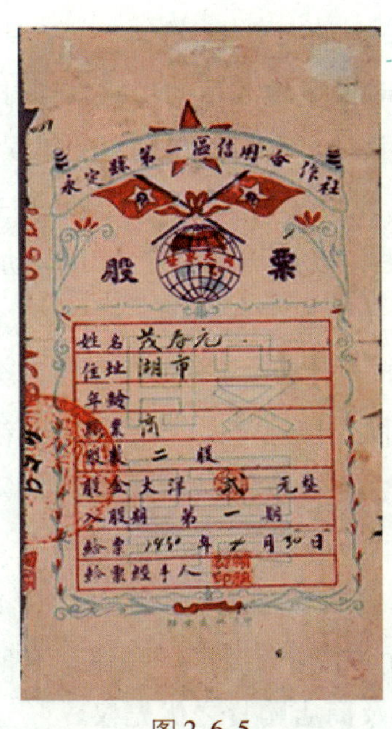

图 2.6.5
1930 年 4 月 30 日永定县第一区信用合作社发给茂春元的 2 元股票

（3）上杭县北四区信用合作社。在 1927 年冬傅柏翠建立的蛟洋农民银行的基础上，1929 年 10 月，北四区信用合作社在蛟洋成立。信用社成立时募集股金 2 000 元，开办存放款业务，发行了面额 2 角和 5 角的流通券，在古田和蛟洋地区、连城莒溪和龙岩的大池、小池一带也可以用。

（4）兆征县信用合作社。1933 年 9 月，中共兆征县委成立，机关驻长汀县城，隶属中共福建省委，下辖古城、策田、七里、大埔、东街等区委。为了粉碎国民党对苏区的经济封锁，设立了兆征县信用合作社，筹备处主任为邱关乾。合作社筹资发行了股票，每股 1 元。1934 年 10 月，兆征县在第五次反“围剿”中解体。

（四）以苏维埃政府法令政策形式，规范信用合作社经营管理

闽西革命根据地苏维埃政府着手制定一系列金融政策法令来规范各地相互独立的信用社发展，探索和积累了不少创办消费合作社和信用合作社正反两方面的经验。

1. 在社员管理方面，体现对当时土地革命路线和政策的贯彻执行

20 世纪 30 年代前期，教条主义和“左”倾错误在党和军队中逐步占据统治地位，更加不注重对富农阶级的团结。土地革命中反对富农、抑制富农经济、按劳动力分配等“左”倾政策在对信用合作社的发展规范上都有反映。闽西根据地苏维埃政府在 1930 年 9 月通过的《经济、财政、土地委员会联席会决议案》、1931 年 5 月通过的《杭武县区经济委员会各区合作社主任联席会议决议案》中，均提出富农不能加入合作社、红利按劳动

力分配等要求，将地主富农阶层完全赶到了革命的对立面。1947 年 7 月，朱德在全国土地会议开幕时的讲话中总结这一时期土地改革的经验教训时，曾沉痛地指出“左”倾政策的错误：“土地革命时，我们曾犯过左的错误，提出地主不分田，富农分坏田，这样做起来就容易变成从肉体上消灭地主富农，结果等于把地主富农赶到国民党那里去，以后再来一个查田运动，搞得更左些，把富农搞得也差不多了。”①

1930 年 9 月 25 日，闽西苏维埃政府《经济、财政、土地委员会联席会决议案》在组织区合作社、分配原则和比例方面作出规定：“按经济系统组织之区以上合作社之下，须组织区合作社；乡合作社按资本之 20% 至 30% 付与区合作社做基金；乡消费合作社直接向合作社购买；按照社员购买量分红；乡信用合作社按资本 30% 付与区信用合作社做基金；生产合作社不须组织区合作社，其红利除成本费外，按照劳动力分配。”② “合作社有向工农银行借贷优越权；合作社有向苏维埃工厂及商店购货之优先权。”③ 这份政策文件提出的“按劳动力分配”红利的做法，也是当时“左”倾冒险路线认为按人口平分土地是阶级观点不明确而要按劳动力分配土地的观点的映射，这与 1928 年 12 月由毛泽东起草的《井冈山土地法》中，关于土地分配的数量标准是采取以“人口为主，男女老幼平均分配”的办法为主、以劳动力标准为辅的土地分配原则相违背。关于反对富农的政策在合作社中如何执行，该决议案中还规定：“富农分子不准加入合作社，其既加入合作社之富农，即刻取消其股东权，并停止分红，其股金与利息待一年后归还。”④

1931 年 5 月，《杭武县区经济委员会各区合作社主任联席会议决议案》进一步提出反对富农的政策：“富农不准加入合作社，停止以前已加入的富农的分红及一切权利，其股金则借合作社作基金，按股金作低利偿息或延期归还，已入股的社员要发证章；各合作社在一个月内应将股金缴百分之

---

①② 卢箕岗：《朱德对中共党史的总结》，《毛泽东思想研究》2007 年第 2 期。

③④ 万立明：《闽西根据地创办信用合作事业的历史贡献》，《中国农村金融》2020 年第 2 期。

十到工农银行入股。”①

反对富农的“左”倾错误直到 1935 年 12 月 6 日中共中央颁布了《关于改变对富农政策的决定》，采纳毛泽东对富农问题的意见才得以纠正，对于富农“苏维埃政府并应保障富农扩大生产（如租佃土地、开垦荒地、雇佣工人等）与发展工商业的自由”，党的富农政策才又回到了保护富农经济、中立富农的轨道上来。

2. 在办社募资方面，明确信用合作社出发点和宗旨是“集群众之资，为群众服务”

信用社筹备成立时，苏维埃政府即以法令形式要求以向广大群众集资募股的方式筹集信用合作社的创建基金，从股权结构上彰显信用社的工农主体性质。1929 年 9 月，中共闽西特委发出通告，要求各区着手发动群众召集私人股金，创办信用合作社。在中国共产党的领导下，闽西根据地各区、乡都着手开始筹办信用合作社。

闽西苏维埃政府明确规定，信用社为群众所组织的经济团体，不是政府所办的便利或救济人民的机关，根据地信用社的资金靠群众集股。作为信用社的重要培训教材，《合作社讲授大纲》中开宗明义地指出，闽西信用合作社创立的缘由主要是为打破高利贷的剥削，增进社员共同的经济幸福，不以营利为目的，而集股合办的一种互助金融组织；闽西信用合作社基金募集“不是靠行政措施，强迫命令……而是在由上而下深入细致做好宣传发动工作的基础上建立起来的”，实行社员自愿加入、社务民主管理的方针，如“社员必须是自动结合的，不容许何人强迫”；合作社“须有社员大会，由全体社员组织之”，合作社“办事人，由社员公选，政府不予干涉”，合作社“借贷买卖，及各种章程，由社员大会规定”。

信用社每股股金一般为大洋 1 元至 5 元，以家为单位。交足股金的社员，信用社发给股票，社员均有选举权、被选举权、表决权，但每一社员（代表一家）不论入股多少，以一权为限，股权可转让与继承。1934 年 5 月 12 日，兆征县信用合作社主任魏连辉发给大埔区十里铺乡魏锦先的股票

① 万立明：《闽西根据地创办信用合作事业的历史贡献》，《中国农村金融》2020 年第 2 期。

号码已达003761号。永定县第一区信用合作社和兆征县信用合作社的股票是当时所见苏区最早发行的一批信用合作社的股票，见证了苏区股份制经济创建的历史。

3. 在货币发行和管理方面，对合作社的准备基金和货币发行实行严格管理和监督，集中货币发行权

1930年3月，闽西第一次工农兵代表大会专门针对信用社可开展的业务制定了《借贷条例》《取缔纸币条例》和《合作社条例》。对于信用合作社的货币发行资格，这三大条例要求，各地不得自由发行纸币，信用合作社才有资格发行纸币。信用合作社要有5 000元以上现金，请得闽西政府批准者，才准发行纸币，但不得超过现金之半数。后来到11月闽西工农银行成立、统一了闽西地区货币发行，闽西苏维埃政府取消了各区县信用合作社的发行权，规定各合作社不得再增发纸币，已发行的纸币逐步收回。

1931年4月25日通过的《闽西苏维埃政府经济委员会扩大会议决议案》要求合作社停止发行纸票，规定："合作社已发出纸票的，应立即向经委会登记（表册由经济部制定），以后合作社不得再发行纸票，过去发的纸票如超过限制的，应收回。"①

4. 在借贷管理方面，对借贷对象、借贷时间、借贷用途、借贷利息都作出明确规定

闽西区县信用合作社借贷对象主要照顾广大的劳苦群众。1930年闽西苏维埃政府公告曾指出："信用合作社应站在劳苦群众利益方面，有钱借给贫农雇农，不应借给富农。"② 1931年4月25日通过的《闽西苏维埃政府经济委员会扩大会议决议案》明确规定了信用合作社的借贷对象、借贷用途、借贷时间。关于借贷条件，该决议案提出："信用合作社借款，须按群众的需要与用途，不好随便乱借（过去许多地方要借的不借，不必借的则

---

① 万立明：《闽西根据地创办信用合作事业的历史贡献》，《中国农村金融》2020年第2期。

② 《闽西苏维埃政府通告经字第一号——关于发展合作社流通商品问题》（1930年），《福建革命历史文件汇集（苏维埃政府文件）》（1930年）（内部资料），第321页。

借），借贷时一定记明还期。在目前春耕时候，群众无资本下种，应集中股金借给他们买肥料，如在四五月时，应特别借钱给穷人买米谷。”①

《信用合作社标准章程》规定，信用合作社要以极低利息贷款给社员，并且借款用途要“以发展生产临时周转或特别用途，经管理委员会认为必须者为限”。《临时中央政府关于春耕问题的训令》（1932 年 2 月 8 日），规定，农民“买耕牛共用，亦可向信用合作社借贷”。《合作社工作纲要》（1932 年 9 月 19 日）则提出：“关于维持生活之借款如借去粜米做衣裳等可以借，关于帮助卫生之借款如借去买药种痘等可以借。”信用合作社在生活、生产上真正为社员及广大群众排忧解难，受到群众的普遍拥护和支持。

5. 在具体经营管理方面，制定一整套翔实完备的工作制度

1930 年 2 月，中共闽西特委举办干部训练班，专门编印《合作社讲授大纲》，明确规定了合作社的种类主要划分为信用、消费和生产合作社等，从制度上对信用合作社的系统架构、组织形式、利益分配、股本结构、机构与政府的关系、办社手续、人员管理、借款额度和期限、利息、流程等方面进行了全面规范。此外，对信用合作社发行和回收纸币、代理私人向银行借款、协助公债票的发行等业务也都作出了相应的规定。《信用合作社标准章程》规定，管理信用合作社的行政机构是管理委员会；监督机构是审查委员会；管理委员会和审查委员会由社员大会民主选举产生，并定期开会。其中，管理委员会需“按期向社员大会及当地政府作营业报告”；监督委员会定期“审查管理委员会之行为及账目”，如发现有徇私舞弊违章犯法，由其召集社员大会改组或处分。

6. 在红利分配方面，充分体现工农社员的主体地位

《合作社讲授大纲》指出，合作社红利按比例分配，其中公积金、筹劳金、股本利息占 50%，社员红利占 50%，并且信用合作社社员所得红利，要“照各人所付利息比例分配”。1930 年 3 月，闽西第一次工农兵大会通过的《合作社条例》要求，合作社所得红利分配，40% 照股金分配，作为利息，10% 作为公积金，10% 抽与办事人花红，40% 照社员付与合作社之

① 万立明：《闽西根据地创办信用合作事业的历史贡献》，《中国农村金融》2020 年第 2 期。

利益比例分配。《信用合作社标准章程》规定："每期纯利，以百分之五十为公积金，百分之十为管理委员及职员之奖励金，百分之十为办理社员公共事业，百分之三十照社员所付利息额为标准比例分还社员之借款者。"①

经过生产合作社、消费合作社、信用合作社的多方努力，闽西苏区的"剪刀差"问题有所缓解。《红旗报》（1930 年第 78 期）刊发的《闽西工农兵政府下的群众生活》一文中记载："现在各乡都有群众集股开设的消费合作社。工农必需的油盐等货品，群众自己采买，不受内地商人的剥削。此外还组织了各种生产合作社，工人共同经营，共享权利。""多数区政府开办了信用合作社（即农民银行），苏维埃下的群众，有正当需要（用在农业或工业上），可向政府供货，至多只取一分的利息，打破了高利贷的剥削。"

1930 年 11 月，闽西工农银行的成立促进了信用合作社的普及与深入发展。1930 年 9 月，通过的《闽西苏维埃政府经济、财政、土地委员会联席会议决议案》指出，"私人向银行借款，由信用合作社代理"，"合作社有向工农银行借贷优先权"，并规定"乡信用合作社按资本之 30% 付与区合作社做基金"②。在资金运用上，政府指示闽西工农银行将信用社作为优先贷款的对象，并给予利率优惠。1931 年 4 月，闽西苏维埃政府再次要求，"工农银行应借大批现款与合作社，使合作社迅速发展"③。同时规定，为保障闽西工农银行统一货币和金融管理，"合作社已发出纸票的，应立即向经委会登记。以后合作社不得再发纸票，过去发的纸票如超过限制的，应收回"，而各合作社负责兑现及推销银行纸票工作。1934 年 5 月，为扩大信用社股金，政府决定群众可用公债券向信用社入股，允许信用社将所收债券向国家银行抵押贷款，并对信用社免征所得税。中华苏维埃国家银行还通过各分支行向信用社投资，实行低利率借款，帮助信用合作社明确贷

---

① 柯华主编：《中央苏区财政金融史料选编》，中国发展出版社 2016 年版，第 130 页。

② 《闽西苏维埃政府经济、财政、土地委员会联席会议决议案》（1930 年 9 月 25 日），《闽西革命史文献资料》第 4 辑（内部资料），1983 年编印，第 152 ~ 153 页。

③ 《闽西苏维埃政府布告第十二号——目前经济政策》，《福建革命历史文件汇集（苏维埃政府文件）》（1931—1933 年）（内部资料），1985 年编印，第 66 页。

款对象和方向，科学管理贷款。

（五）共和国金融摇篮：闽西工农银行

为了扼杀红色政权，国民党政府在军事上展开“会剿”的同时，制定了《闽省封锁推进法》，对闽西苏区实行经济封锁，以阻止苏区与外界的物资流通和经济贸易。1930 年 5 月后，受李立三“左”倾冒险主义路线的影响，闽西革命根据地遭受一定的挫折，但是经济金融战线的工作一直在艰难曲折中推进。

1930 年 6 月，为调剂和活跃经济、摆脱经济封锁、解决工农业“剪刀差”等苏区经济问题，红四军前委、中共闽西特委召开联席会议，提出“要成立闽西工农银行，发行钞票，以维持金融和发展手工业和农业的生产，准备与敌人作长期的斗争”[①]。接着 9 月 1 日在龙岩召开闽西第二次工农兵代表大会，总结了 3 年来闽西苏区革命斗争经验，提出财政金融方面的部署。会议通过的《修正财政问题决议案》中的金融部分指出：“目前为要调节金融，保存现金，发展社会经济，以争取社会主义胜利的前途，唯一办法是设立闽西工农银行，各县设分（支）行，总行随闽西政府所在地而定。”[②] 同年 11 月 7 日，在红四军前委和中共闽西特委的支持下，闽西工农银行在龙岩城下井巷宣告成立，阮山担任行长，曹菊如为会计科科长，赖祖烈为营业科长兼秘书。主要业务有发行货币、存款、放款、汇兑等，准备发行以银元为价值基础的兑换券性质货币——银元票，并在龙岩辖属各县均设分行，在各区、乡附设业务代理机构。闽西工农银行还是苏区第一家群众合资入股的股份制银行，自筹备伊始，就自上而下成立了募股委员会募集股金。

闽西工农银行旧址建于 1927 年，位于福建省龙岩市新罗区东城街道龙川东路 96 号；坐北朝南，单体四层骑楼式砖木结构建筑，占地面积 132 平

---

① 张鼎丞：《中国共产党创建闽西革命根据地》，《党史研究参考资料》，1979 年第 02 期。

② 蒋九如主编：《福建革命根据地货币史》，中国金融出版社 1994 年版，第 43 ~ 44 页。

方米，是第七批全国重点文物保护单位（见图2.6.6）。

图2.6.6　闽西工农银行旧址

1. 闽西苏维埃政府出台一系列政策，保障闽西工农银行切实发挥保存现金调剂金融的作用

为保障闽西工农银行在闽西根据地迅速打开局面，闽西苏维埃政府短时间内紧锣密鼓地颁布了一系列支持募股、使用苏币的决议、通告、通知等政策文件。

早在闽西工农银行成立之前，1930年9月，闽西第二次工农兵代表大会制定了《设立闽西工农银行宣传大纲》，指出闽西工农银行将解除闽西工农群众的一部分痛苦，它将成为闽西革命群众与敌人斗争有力的工具，更有利于扩大斗争，争取社会主义胜利的前途。该大纲强调，“它是目前何等重要的组织”，工农银行募股的办法，只有动员全体群众，并强烈呼吁和号召“闽西工农群众们！全体动员起来使工农银行实现吧！”

大会推举阮山、张涌滨、曹菊如、邓子恢、蓝为仁、赖祖烈、黄维仁7人为银行委员会委员，阮山为委员会主任，成立闽西工农银行筹备处，着手开展工作。除制定《设立闽西工农银行宣传大纲》外，大会还制定了相关的经营管理制度《闽西工农银行章程》和《闽西工农银行业务运营规则》。《闽西工农银行章程》和《闽西工农银行业务运营规则》详细规定了各项业务及业务指标要求：一是银行以发行纸币、存贷款、汇兑、买卖金银、代理金库、代办发行公债、征收税款等为营业范围。二是一般贷款月息为0.6%、商业借贷月息为1%，以0.3%的低息借款支持农民购买种子、肥料、耕牛等，帮助其发展生产，以打击高利贷和投机倒把，打破国民党反动派对苏区的经济封锁。确定定期存款半年期以上者月息为0.45%，活期存款半年期以上者月息为0.3%。三是规范银行具体的经营管理。《闽西工农银行业务运营规则》明确了会计核算、负债管理、工（农）商信贷、资金汇划、转账结算、金银兑换、货币发行、金库保卫等业务运行的一整套制度。

1931 年 1 月，闽西苏维埃政府针对部分地方不使用闽西工农银行纸币的情况，发布通告要求，以后大家应一致拥护工农银行的纸币，维护工农银行的信用。同时，各政府、各合作社切实负责兑现，如有藉端不用者，应予以相当的处分。同年 4 月，闽西苏维埃政府再次声明，工农银行是斗争的武器，是给敌人有力的进攻，可使政权更加巩固起来。工农银行更要在目前严重的斗争上有伟大的作用，如果工农银行有什么损失，绝不是银行本身的损失，而是苏维埃政权要遭受极大损失。

1931 年 8 月初，为提高与巩固银行信用，苏维埃政府通知要求，凡群众缴纳土地税、山林税及缴款应多收工农银行纸币，只有工农银行纸币与大洋同价使用，国民党资本家白色纸币照大洋价降四分等。8 月中旬，闽西政府再次就“纸币流通问题”布告通知，指出：“闽西工农银行是我们闽西工农群众集股开办的银行。这工农银行发行的纸币是永远十足通用随时可以兑现的”；“闽西工农银行纸票无论什么交易都应一律十足通用，缴纳政府的土地税可尽量用工农银行纸票来缴纳。”①

---

① 《福建革命历史文件汇集（苏维埃）》，中央档案馆 1985 年，编号 001635，第 157 ~ 159 页。

2. 闽西苏维埃政府大力开展思想政治工作，积极宣传闽西工农银行的革命作用

除了三令五申的政策要求外，政府还积极组织各种宣传活动，深入群众中，挨家挨户向群众做思想工作，解释和宣传工农银行的阶级属性和革命作用，保障银行获得群众的广泛认可，推动苏币的流通使用。1931 年 11 月 7 日，正逢闽西工农银行成立一周年纪念日，闽西苏维埃政府通过举行召开庆祝大会、工商座谈会、展览会等多种活动，扩大银行的影响。展览会上，闽西工农银行工作人员别出心裁，用金条摆成金塔、银元摆成银塔展示银行实力。从未见过这么多金银的群众看到了都啧啧称赞，对属于工农自己的苏维埃银行更加充满信心。

在这次纪念活动中，担任会计科长的曹菊如还专门撰写了纪念“闽西工农银行一周年”的文章。文章写道，要从实际上使群众明了，工农银行是他们自己的银行，每一个赤色群众都应该加入自己的银行！它要与各大城市的商家发生联系，帮助他们沟通赤、白区域的贸易！它要在冲破敌人经济封锁这一任务之下，一方面帮助苏区之增加和输出；另一方面设法运进大批日用必需品，以供给群众之需求！它要以更大的力量帮助各种合作社组织的发展，用更多的资金低利借给合作社，以发展社会经济！这篇纪念文章明确阐述了工农银行建立的革命任务，其所发挥的重要作用一目了然。

3. 闽西工农银行掌握多种发行储备、统一货币发行权，维护苏区币值稳定

（1）募集股金。闽西工农银行是苏区最早实行股份制的银行。银行自筹备伊始即成立了募股委员会，各级政府、各工会、各部队组织募股委员会。资本金定为 20 万元，发行不记名股票 20 万股，分 1 股、5 股、10 股。股金以银元为单位，收现金不收纸币，金器照时价推算。除鼓励工农群众踊跃入股外，闽西苏维埃政府还要求各地合作社每资本 100 元至少应买股票 10 元，粮食调剂局每资本 100 元至少要买股票 20 元，各级政府、各工会及各机关工作人员，每人至少应买股票 1 元。

闽西工农银行从 1930 年 8 月 25 日开始募股，第一期计划募股 12 万元，计划从各合作社、粮食调剂局募集 6 万元，群众、商人认购 6 万元，但到成立当年年底仅募集到 2 万多元。闽西工农银行募股表册及股金收据分别见图 2.6.7 和图 2.6.8。一开始在向各县、各区募股时，股金纷纷被财政紧张的地方苏维埃政府截留、挪用，用以缓解地方财政困难，在一定程度上制约了工农银行的募股进程。在 1931 年 4 月、5 月、6 月，闽西苏维埃政府连续发出通知要求，将募股任务分配至各县、各区政府并限期完成。但由于"左"倾冒险主义错误造成的严重危害，很多人因肃清社会民主党事件遭蒙冤案，闽西根据地武装力量遭到削弱，大片根据地被肢解，由 48 个区缩小到了 22 个区，闽西根据地遭受了重大损失，银行募资扩业计划始终未能完成。

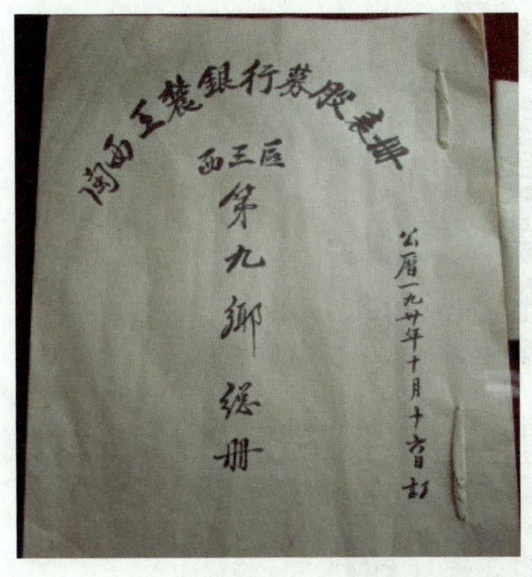

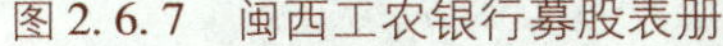
图 2.6.7　闽西工农银行募股表册

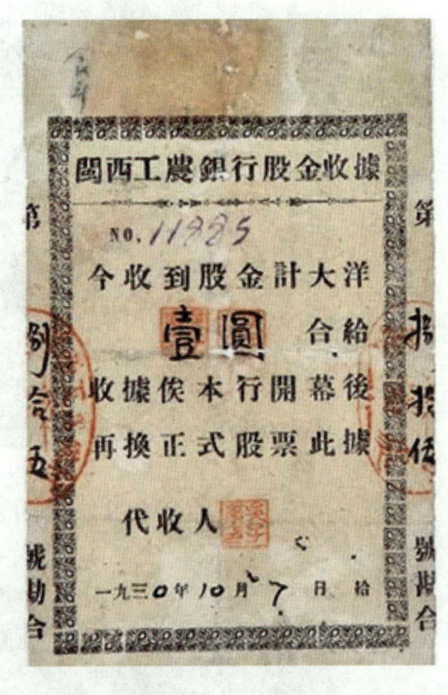
閩西工農銀行股金收據
No. 11985
今收到股金計大洋
壹圓　合給
收據俟本行開幕後
再換正式股票此據
代收人
一九三〇年 10 月 7 日給

图 2.6.8　闽西工农银行股金收据

针对如何使用资金，早在 1930 年 9 月"经济财政土地委员会联席会议"决议中，就有对资金用途比例的规定。募集到的资本金按库存现金 30%、市面流通 13%、社会保险 7%（以备意外灾害临时用款）、投入闽西苏维埃政府 10%（注重控制财政性用款）、投入各种合作社 25%、投入苏维埃商店和土地生产 15% 进行分配；针对经营利润，还特别规定闽西工农银行分配比例，按提留公积金 20%、工作人员奖励 20%、股东红利 60% 进行分配。

（2）统一货币。1930 年 11 月 25 日，闽西苏维埃政府发出了《通行闽西工农银行纸币》布告，要求："为使金融便利流通，特先印暂行纸币三万张，每张一元，与光洋同价，自布告之日起开始通行。"闽西工农银行成立后发行了三种面额的货币，分别是 1 元银元券（见图 2.6.9 和图 2.6.10）和 1 角、2 角银元辅币券（见图 2.6.11），其中 1 元券发行 3 万张。货币流通于以龙岩、永定、上杭三县为中心的广大地区。1931 年 4 月，闽西苏维埃政府对货币发行和管理作出规定，要求"合作社已发出纸票的，应立即向经委会登记。以后合作社不得再发纸票，过去发的纸票如超过限制的，应收回"；而各合作社"须负责兑现及推销银行纸票工作"。自此，闽西工农银行集中统一闽西革命根据地的货币发行权，避免闽西根据地各区县信用合作社货币发行各自为政。

图 2.6.9　闽西工农银行 1 元券（1930 年）

图 2.6.10　闽西工农银行 1 元券（1931 年）

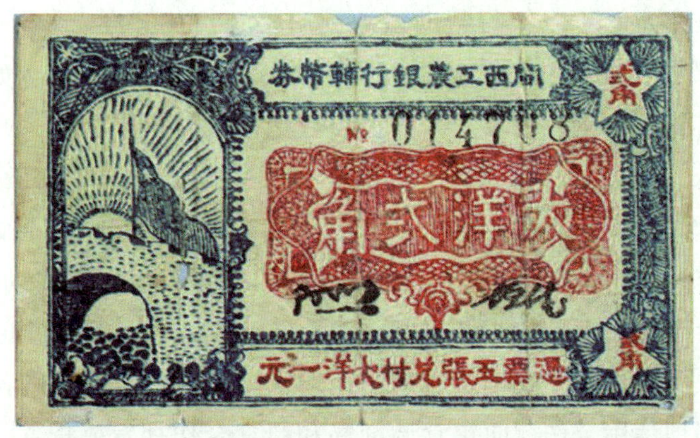

图 2.6.11　闽西工农银行大洋 2 角辅币券（1931 年）

（3）物资储备。要做到币值的稳定，就必须有保证稳定的手段——充足的物资，这是我们党在革命斗争中总结出的一条重要的金融规律。在国民党政府封锁下的苏区，白银严重匮乏。闽西工农银行为保存现银、增强纸币信用，在实行银元本位的同时，以储备重要物资为辅发行货币。《闽西工农银行章程》中规定，发行纸币至少必须有 3/10 之现金或贵重金属或外国货币作为物质准备，其余应以易于变售之货物或短期汇票或他种证券作为保证准备，以保证货币有足够的物资作抵押，从而维护货币币值的稳定。根据银行留存的“日计表”测算，到 1934 年 11 月，闽西工农银行金融资产包括重纸、白盐、杂货、布匹等重要物资资产共 6 986. 4 元，占金融资产总额 9. 75%，银行还可以低于市场价格出售这些重要物资，以回笼货币、保证币值稳定、提高纸币信用。

4. 闽西工农银行在战火纷飞中坚持办理低息贷款、活跃经济，开展货币斗争，支持苏区经济，支援革命战争

闽西工农银行主要履行发行纸币、低利借贷、代理财政等职能，制定具体翔实的经营管理措施，为稳定苏区金融及财政奠定了良好基础。

（1）办理低息贷款，支持苏区工农业发展。当时闽西各县都已先后建立了一些生产与消费合作社，如长汀南阳铸铁生产合作社、造纸合作社、樟脑公司等，闽西工农银行低息贷款重点支持农业生产合作社、手工业合作社、消费合作社等各类合作社，有的还给予必要的投资，促进和繁荣苏区经济。在永定，工农银行帮助当地利用资源优势开办石灰生产合作社，开办“耕犁合作社”“农具合作社”等解决农业的生产工具，如耕牛、农具、肥料等实际问题；在长汀，工农银行支持成立贸易公司，开展对外贸易，资助长汀熬盐厂、织布厂、印刷厂、红军被服厂、闽粤赣军区兵工厂等企业，大力支持长汀工业建立和发展。长汀后来成为中央苏区的经济文化中心，被誉为“红色小上海”。同时，闽西工农银行也以扶贫助困为己任，通过互济会，救济被军阀摧残、劫后余生的农工群众，帮助他们重建家园。

为解决谷贱伤农和高利贷剥削的问题，闽西工农银行帮助各县建立合作社，由当地信用合作社向粮食调剂局和粮食合作社发放贷款，在收割时以较高价格买进粮食，缺粮时按原价九五折卖给农民，稳定粮食价格，安定农民生活，支持农林经济。这一独创的“粮食调剂贷款”业务办法还曾作为典型经验被推广至整个中央苏区。

（2）代理财政金库，经办政府收支。除从事传统银行业的储蓄与贷款业务外，闽西工农银行也为闽西苏维埃政府代理财政，相当于现代银行代理金库制度，政府、军队、机关、团体的没收款和捐款都交到银行，作为财政存款，集中各种资金，统一财政收支，确保政府资金的正常收支。

（3）收购金银，熔铸金银币。闽西工农银行在长汀水东街专设一个营业部，挂牌存款放款、汇兑抵押、买卖金银、经营储蓄等业务。金银在当时是只买不卖，银行主要是收购金银。为将收购的金银及时熔铸成银元、金条，闽西工农银行在长汀专门设立熔银厂，将营业部收购的银器熔解提炼成银饼，铸成银元、银角，把黄金熔成 5 两、10 两的金条。苏区政府利用这些银元、金条到敌占区换回根据地所需要的军需民用重要物资。后来，中华苏维埃共和国国家银行成立后，闽西工农银行将库存的所有银饼都予以上交。

（4）兼营进出口贸易。闽西工农银行长汀水东街营业部还办理进出口贸易，将土特产及木材、纸张、钨矿砂等运到国民党统治区，买回根据地迫切需要的食盐、布匹、煤油、药品等物品，还负责供应军粮。比如 1932 年 3 月的漳州战役，红军军粮全部由营业部组织供应，总计供应了十几万斤大米。

（5）开展货币斗争。为稳定和扩大苏维埃货币发行和流通范围，集中现金，驱逐劣币，避免群众遭受损失，闽西工农银行面对杂币劣币充斥闽西市场的混乱局面，采取了一系列措施占领了闽西根据地的货币市场，赢得货币战场上的胜利。

一是发行自己的纸币，集中保存现金。当时各革命根据地设立金融机构的重要目标之一是集中筹集、保存现金，便于与苏区外的区域开展贸易，换购军需物资。当时与白区贸易用的现金主要依靠银元（现洋）硬通货，所以苏维埃政府对金银管理得非常严格，苏区银元一律存入银行，需要支付时仅提供纸币，并禁止黄金、白银外流，取缔金银投机活动。如闽西苏维埃政府发布《禁止私人收买金银首饰》，公告明令禁止金银交易，收买金银者处以 10 倍罚金，在赤区或白区私销者处以死刑。

二是科学设置纸币兑换比价，驱逐劣币劣钞。闽西苏维埃政府发布兑换公告，实行工农银行纸币与大洋同价、白区纸币照大洋价降四折的汇率政策，迫使杂币劣币退出苏区。这些措施执行得很顺利，在银行一周年时，苏维埃货币完全占领了闽西革命根据地，颇受群众欢迎，当时需要 102 枚银元才能兑换 100 元闽西工农银行苏维埃纸币。

1930 年 12 月，由于“左”倾冒险主义的错误，龙岩县城陷落，闽西工农银行跟随闽西苏维埃政府机关迁往永定虎岗，到 1931 年春夏之交，根据地失守一半多。1931 年 9 月中旬，红军重新克复长汀；10 月，闽西工农银行回到长汀，以后一直在此营业，流通范围扩大到龙岩、上杭、永定、连城、宁化等 11 个县的广大地区。1932 年，中华苏维埃国家银行福建分行在长汀成立，闽西工农银行因是与群众合资的股份制银行所以继续营业。1934 年 10 月，红军主力被迫离开长汀北上后，闽西工农银行留守的工作人员一直坚持记账、营业，银行员工冒着危险走村入户结清存款、收回纸币；到 11 月 10 日，闽西工农银行保存的账册记载金额为 666. 615 元，主要来自国家商店与粮食局，还另有未分红的股东款 5 685. 67 元。1935 年春，革命形势愈加恶化，闽西工农银行不得已停止营业。

闽西工农银行培育了一批共和国银行家、金融家、红色金融人才，他们在这里锤炼成长，经受血与火的战争洗礼，除为革命捐躯的烈士外，后来多数成为新中国经济建设的行家里手。邓子恢当时是闽西工农银行委员会委员，后来成为中华苏维埃共和国临时中央政府财政部部长、新中国国务院副总理。曹菊如由闽西工农银行会计科科长、中华苏维埃共和国国家银行副行长后来成为新中国人民银行行长。赖祖烈继阮山之后，于 1932 年任闽西工农银行行长，新中国成立后任国务院财政秘书等职。金库管理员曹根全，1932 年调入中华苏维埃共和国国家银行，在陕北曾任西北银行科长兼银行印刷厂厂长、陕甘工委财政部长，后来任东北银行嫩江省银行行长、吉林省银行行长。太平区和丰田区信用合作社发起人、负责筹建闽西工农银行并担任首任行长的阮山，1930 年 6 月调任闽西苏维埃政府财政部长。1934 年 10 月，中央主力红军北上长征后，阮山根据党的指示，留在苏区坚持斗争。同年，阮山不幸被叛徒杀害，时年 46 岁。

闽西红色金融史是伴随着闽西革命根据地、中央革命根据地的革命斗争，由一批忠于理想信念的共产党人不懈探索、尝试和实践书写在闽西大地的光辉篇章。闽西革命根据地在艰难困苦中玉汝于成，不仅使闽西成为中央苏区的经济中心，而且为苏维埃国家银行创办探索了一些行之有效的经营管理制度和革命斗争经验。闽西信用合作社更是在毛泽东指导下迅速发展起来的合作经济，是毛泽东合作社理论的大规模实践。以此为发端，毛泽东合作经济思想在中央苏区及以后逐渐实施于祖国大地。

七、湘鄂西革命根据地红色金融事业

毛泽东谈到湘鄂西革命根据地时，曾指出：“红军时代的洪湖游击战争支持了数年之久，都是河湖港汊地带能够发展游击战争并建立根据地的证据。”[①] 充分肯定了周逸群、贺龙、万涛等领导的湘鄂西党组织创建湘鄂西革命根据地，进行漫长艰苦武装斗争、动摇打击国民党新军阀的统治势力、带领人民群众翻身当家作主取得的革命经验和打下的革命根基。

（一）湘鄂西革命根据地创建历程

1931 年，湘鄂西省苏维埃政府由湖北监利周老嘴迁至洪湖瞿家湾，瞿家湾成为湘鄂西政治军事经济文化中心。中共中央湘鄂西分局、中共湘鄂西省委会、湘鄂西苏维埃省政府、湘鄂西革命军事委员会、红旗日报社等二十多个机关均先后设在这里。

大革命失败后，1927 年秋，湘鄂西地区沦入湖南何键和湖北胡宗铎、陶钧等国民党军阀的黑暗统治中，国民党军厉行“清共”“清乡”，提出“招来天下刀客，杀尽共产党人”的血腥口号，大肆残杀共产党员、农协领导人、群众骨干并株连家属。很多共产党人和革命志士倒在血泊中。新军阀还与帝国主义、买办势力、地主豪绅等相互勾结，依靠军事镇压和政治迫害，横征暴敛、恣意敛财；农村中人口占 5%～10% 的地主、富农，占有 70% 以上的土地，田租“对半开”“六四开”；军政机关腐败不堪、中饱私

① 《毛泽东选集》第二卷，人民出版社 1991 年版，第 404 页。

囊，征收苛税繁杂，名目高达 40 ~ 70 多种；外国商业资本更是加大商品倾销和经济掠夺，日本三菱、茂木、安布、日沙等洋行，英国太古洋行等列强资本，大量输入油、糖、蜡、火柴、布匹、肥皂等日用工业品外货，廉价掠走粮、棉、丝、茶，本土手工业、土特产日益受到排挤，官商囤积居奇，垄断食盐、粮食等关乎群众生计的日用必需品。军阀混战不断滥发公债，官票、汉票、市票等劣币杂钞充斥市场，金融紊乱使当地商业雪上加霜，处处萧条败景，民不聊生，苦不堪言。

1927 年 8 月，根据党中央八七会议制定的“土地革命和武装反抗国民党反动派”的总方针，中国共产党在湘粤赣鄂四省组织发动秋收暴动，开展武装斗争。四一二反革命政变后，已是国民革命军第二十军军长的贺龙坚定地站在共产党和工农大众一边，毅然率部参加领导了南昌起义，并担任起义军总指挥。在起义部队南下途中，经周逸群、谭平山介绍，贺龙加入中国共产党。南昌起义后，贺龙根据党中央的指示，于 1928 年初到达湘鄂西，领导发动荆江两岸年关暴动和湘西起义，与周逸群、邓中夏、段德昌、贺锦斋带领游击队开创了湘鄂边革命根据地，后与 1930 年开创的洪湖革命根据地连成一片，形成以湖北洪湖地区为中心，包括湘鄂两省西部、鄂北、鄂西北、长江中游和汉水流域的湘鄂西革命根据地。

1930 年 7 月，中国工农红军第二军团组建。1931 年 3 月，红二军团根据中央指示改编为红三军。1931 年 12 月，湘鄂西苏区召开第三次工农兵代表大会，湘鄂西省苏维埃政府正式成立。湘鄂西革命根据地鼎盛时期覆盖 58 个县市，面积 4 万平方公里，人口 370 万。湘鄂西苏区党员数量达到 22 740 人，其中贫农占 50%，工人占 22%。

（二）湘鄂西革命根据地经济金融建设

根据地建立后，在外有强敌压境、内则百废待兴的艰苦环境中，为了打破敌人经济封锁，改变群众的悲惨命运，新成立的苏维埃政府旋即开展土地革命，分配到土地的广大农民生产积极性空前高涨。苏区政府还大力组织开展经济金融建设，创办兵工厂、被服厂、制盐厂、五金制造厂、印刷厂、造币厂等公营工业。

中国共产党在开始领导中国革命时就高度关注金融领域。早在中共“三大”党纲中就提出“铁路、银行、矿山及大生产事业国有”，“划一币制，禁止辅币之滥发及外币之流通”。中共六大的政治决议案深刻指出，帝国主义和国民党反动派对革命区域“实行经济封锁，利用自己的强大威力（银行、公司、军舰、军队等等）”。决议将“没收外国资本的企业和银行”作为中国革命的十大政纲之一，在关于土地问题决议案中明确作出“国家由农业银行及信用合作社经手办理低利借贷”“统一币制”等金融制度决议。

随着湘鄂西根据地的逐步形成和推进，银行机构也随之建立。湘鄂西党组织根据党中央的决议要求，陆续建立金融机构，摆脱国民党金融体系的制约和帝国主义列强的金融盘剥，发行工农民主政权的纸币（或债券），活跃赤白区域间的商品贸易。1930 年初到 1931 年末，先后成立了监利县苏维埃金融机构、沔阳县苏维埃金融机构、石首农业银行、鄂西农民银行、监利县农民银行、鹤峰县苏维埃银行、鄂北农民银行、中华苏维埃共和国国家银行湘鄂西特区分行，财政金融工作成为发展根据地经济的有力保障。《关于湘鄂西具体情形的报告》（1932 年 12 月 19 日）提到的数据显示，红三军全体指战员的生活费一个月为 10 万元，红军医院仅药费每月至少需 2 万元，湘鄂西联县（省）苏维埃政府的关税、营业税收入每月在 2 万元左右，其余收入来源于摊派、打土豪、打船等途径。由此看出，仅靠税收远远不足以支付军政费用，需要通过建立银行收拢现金进口战略物资，发行纸币、为工农业生产提供低息贷款等金融手段，活跃根据地经济，扩大财政收入来源，以满足湘鄂西革命战争的需要。

（三）洪湖苏区金融机构

洪湖苏区是湘鄂西党组织、苏维埃政府和红军指挥部等首脑机关所在地，是湘鄂西根据地的革命中心。因此国民党新军阀对这里的革命势力尤为忌惮，军事上着力“清剿”，经济上实行“铁桶般封锁”。洪湖苏区在重重困难中，为支持和保障前线部队，想方设法开展经济建设和经济斗争，早早计划建立金融机构、采取金融举措。洪湖苏区创办的银行随着党政机构的变化而变化，由各县自办银行到联县政府银行，又升格为国家银行分行，成为中华苏维埃共和国国家银行的分支机构。

1. 石首农业银行

1930 年随着红军不断取得胜利，洪湖苏区各县陆续成立了苏维埃政府。1930 年 2 月，石首县苏维埃政府成立后，创立石首农业银行，发行面额为 1 元的信用券（见图 2.7.1）。石首农业银行主要支持县苏维埃政府开办棉花、百货、理发、鲜鱼肉等 13 个合作社，通过供应信用券便利商贸交易、低息贷款活跃经济。石首县苏维埃政府的财政来源逐渐从单一依靠没收豪绅地主、反动资本家的财物和战争缴获财物，转变为依靠税收和公益费为主。

图 2. 7. 1　石首农业银行信用券 1930 年版 1 元券

2. 监利县苏维埃政府金融机构

1930 年 3 月，监利县第一次工农兵代表大会召开，大会通过的经济问题决议案中提出了“焚毁豪绅地主的一切契债簿据，统一币制度量衡”，“创办农民银行、低利借贷所”，“举行农业借贷，并组织各种合作社，以后借债比重高不过二成”等政策主张。为尽快活跃和发展经济，监利县苏维埃政府在农民银行成立前，先在政府内设立管理金融的机构，以政府名义发行了“监利县苏维埃政府信用券”，有 1 角、2 角（见图 2. 7. 2）两种券别。同年 8 月，监利县农民银行正式宣告成立。

图 2. 7. 2　监利县苏维埃信用券 2 角券

3. 沔阳县苏维埃政府金融机构

1930 年 7 月，沔阳县第一次工农兵贫民代表大会召开，成立沔阳县苏维埃政府。县政府内设财经委员会，专司金融和财税收入及军政开支之职，并开始发行“沔阳县苏维埃政府信用券”，面额有 1 元、5 角（见图 2. 7. 3）、2 角、1 角四种。

图 2. 7. 3　沔阳县苏维埃信用券 5 角券

4. 鄂西农民银行

1930 年春夏之交，洪湖地区五县均成立了苏维埃政权，革命形势较好。1930 年 4 月，为统一和加强鄂西各根据地的领导，鄂西特委领导召开鄂西第一次工农兵贫民代表大会，成立鄂西苏维埃五县联县政府，内设土地、财经等委员会，同时还成立了鄂西农民银行，任命戴补天为行长。该行在石首县小河镇冯家潭子创办了制币厂。鄂西农民银行第三版 1 元券见图 2. 7. 4。

图 2. 7. 4　鄂西农民银行第三版 1 元券

5. 湘鄂西联县政府农民银行

1930 年新军阀之间爆发蒋冯阎中原大战，驻湘鄂西地区国民党军队大部分调往中原前线，湘鄂西根据地的战争压力有所缓解，取得了难得的发展时机。1930 年下半年，洪湖革命根据地的范围不断扩大，红色区域覆盖了湘鄂西的广大地区；9 月，鄂西特委扩大为湘鄂西特委后，苏区行政、财经、金融迫切需要统一管理。鉴于此，10 月上旬，湘鄂西特委迅即在监利城召开第一次紧急会议和湘鄂西第二次工农兵贫民代表大会，成立湘鄂西苏维埃联县政府，周逸群当选为联县政府主席。

两次会议通过的决议和法令，从政治、经济、金融上制定了统一的政策措施，《土地革命法令》和《保护工农法令》规定，要“统一币值”，

“取消高利贷、典当业”，“政府设立农民银行，办理储蓄借贷”，“没收外国的一切资本、企业、交通机关和银行，由国家经营管理”等。1930 年 9 月的《中共湘鄂西特委第一次紧急会议关于苏维埃经济政策决议案》，对建立银行作出如下规定：“由联县政府建立农民银行、发行纸币、调剂苏区经济、办理农民储蓄借贷事业等，但禁止各县滥用纸币。各县已发出各种纸币、信用券应设法收回，统用‘鄂西银行’纸币。”① 鄂西农民银行被赋予统一湘鄂西苏区货币、发行货币的重任和职权。在湘鄂西的金融组织体系建设方面，该议案要求：“在联县政府监督与保护之下，银行建立单独系统，湘鄂西设总行，总行在各县设分行，在各区设支行或汇兑所，下级银行绝对受上级银行支配。”②

根据上述决议要求和政策精神，1930 年 10 月之后，鄂西农民银行升格改称为“湘鄂西联县农民银行总行”，总行设在石首调关，行长仍为戴补天，各县原有的银行改组为分行，接受总行的垂直领导。各区还设立了支行和兑换所，但仍以“鄂西农民银行”名义统一发行货币，流通于以洪湖根据地为中心的 24 个县。银行成立后办理汇兑、储蓄、低息贷款等业务，积极支持苏区工业、农业和商业的发展，支持建立生产和消费合作社，切实促进经济兴旺，解决人民生活困难。

6. 中华苏维埃共和国国家银行湘鄂西特区分行

随着红三军不断攻克军阀统治区，1931 年 6 月，湘鄂西第三次工农兵代表大会召开，成立湘鄂西省苏维埃政府，湘鄂西联县农民银行总行升级为省属的湘鄂西省农民银行。1931 年 11 月，成立中华苏维埃共和国国家银行湘鄂西特区分行，戴补天继续担任行长。分行以“中华苏维埃共和国国家银行湘鄂西特区分行”名义发行 1 角、2 角（见图 2. 7. 5）、5 角、1 元四种货币，由此，根据地的纸币发行、金融机构运营和金融业务走向了统一。该行纸币由原“鄂西农民银行制币厂”印制，厂名改为“湘鄂西省苏维埃政府赤色造币厂”。

①② 《湘鄂西革命根据地货币史》，中国金融出版社 1996 年版，第 170 页。

图2.7.5　中华苏维埃共和国国家银行湘鄂西特区分行2角券（1931年第二版）

洪湖根据地苏维埃政府、银行发行的纸币除上面提到的“信用券”“信用条”，还发行过“借券”类币种。1931年7月，洪湖苏区发生了特大洪涝灾害，国民党敌军乘间作祸蓄意破坏堤坝，长江支流堤坎多处决口。为了整治因洪水灾害而冲毁的堤坝，1931年冬，湘鄂西省苏维埃政府决定发行30万元的湘鄂西省苏维埃政府水利借券。水利借券由赤色造币厂印制，面额全部为1元（见图2.7.6）。苏维埃政府规定水利借券“能够出售，但不能购买货物”，体现了债券的基本属性。

图2.7.6　湘鄂西苏维埃政府1元水利借券

（四）鄂西北苏区金融机构

鄂西北根据地位于鄂、豫、川、陕四省交界的武当山区。1931 年 6 月，经过艰苦转战，贺龙率领红三军一举攻克鄂北重镇——房县，创建了以湖北房县为中心的鄂西北革命根据地。中共湘鄂西中央分局迅即成立鄂西北临时分特委、房县苏维埃政府，任命柳克明（柳直荀）任书记兼房县县委书记。后鄂西北根据地扩大至房县、均县全部，竹山、谷城、保康、南漳等县的部分地区，先后成立了 3 个县、20 个区、182 个乡的苏维埃政府。

鄂北农民银行。当时，鄂西北苏区货币市场极为混乱，革命根据地流通旧政权、军阀和商号等遗留下来的杂钞、市票和银币、铜币，制约了根据地生产生活和经济的发展，严重影响了革命战争的后勤供给。1931 年 7 月，根据中共鄂西北临时分特委决定，鄂北农民银行成立，任命红七师政治部主任、县苏维埃政府秘书胡苏黎担任行长，王守训任经济委员，负责银行的具体事务。银行以红军没收地主所获 7 斤 2 两黄金和 4 缸元宝为准备基金发行货币，统一根据地货币，禁止市面流通杂钞劣币，以冲破敌人的经济封锁。

战争形势恶劣，制作货币的材料和工具很是缺乏，鄂北农民银行工作人员因陋就简，曾发行白竹布制作的 1 角、2 角、5 角、1 元四种面额的油布币；后来又用丝皮纸黏合的纸张作为货币材料，制作了面额为 100 文、200 文、500 文、1 串文四种纸币，铸造和发行印有马克思和列宁头像的两种版别 1 元银币。

为保证发行的纸币能得到群众的广泛信任和认可，鄂北农民银行信用券以苏维埃政府富农特捐及累进税、所收公益费为担保品，在各县设有分行，各区设有兑换所，持券者可随时随地前往兑现。同时，鄂北农民银行还对信用券发行宗旨、保证担保、低利借贷、银元随时十足兑换等专门出台了《信用券条例》印制在纸币背面，公之于众。

1 元券（见图 2. 7. 7）。巩固苏维埃政权、扩大红色区域，是当时革命的中心任务，鄂北农民银行配合革命宣传，在发行的 1 元券上印有革命口号，背面右侧“武装保护苏联打倒帝国主义”，左侧排列“扫除封建势力消灭军阀混战”。

图 2.7.7　鄂北农民银行 1 元券（1931 年）

银币（见图 2.7.8）。继井冈山红军造币厂制造的墨西哥“工”字银元问世后，鄂北农民银行制造和发行马克思头像和列宁头像两种版别的银币，首开红色政权自己设计银元图案的先河，利用银元这种硬通货宣传马列主义和革命信仰。

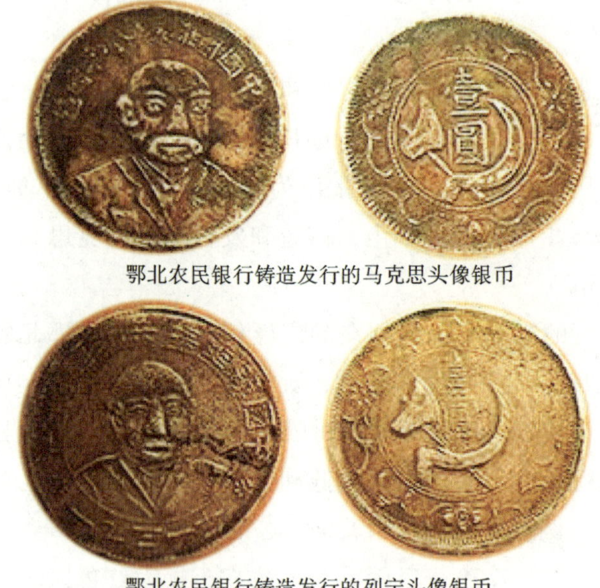

鄂北农民银行铸造发行的马克思头像银币

鄂北农民银行铸造发行的列宁头像银币

图 2.7.8　鄂北农民银行银元

银元的银料主要有三种来源：一是打土豪派捐款。二是红军没收地主豪绅的财产所得。三是红军战场上缴获的金银，将杂银统一送交鄂北农民银行制造银元。

印有马克思和列宁头像的两种版别银元，主要在房县境内发行和流通。造币厂每天可生产 120 枚银币，但只生产了 2 个月。1931 年 9 月，红三军奉命撤离房县；当年底，敌军重兵围困苏区，鄂北农民银行随之转移。以上两种版式的银币合计共铸造 1 万枚左右。

（五）湘鄂边苏区金融机构

除了洪湖苏区和鄂西北苏区发展过红色金融事业外，湘鄂边根据地也发行过借券、创办银行、发行纸币，但都规模较小、发行量较少。1928 年至 1933 年，贺龙、周逸群领导的工农红军在桑植、鹤峰、五峰、石门、宣恩、建始等地创建以鹤峰为中心的湘鄂边革命根据地。1929 年，鹤峰苏维埃政府宣告成立。为解决红军东进的经费问题，鹤峰县苏维埃政府向当地商人、居民发行 1 万元银元借券，次年连本带息以银元的方式加倍返还给群众，在当地留下了极好的声誉和口碑。

由于湘鄂边根据地与其他苏区相距较远，未能连成一片，始终处于独立发展之中，湘鄂边苏区必须独立面对如何解决本地经济金融问题。湘鄂边根据地的中心——鹤峰根据地革命形势较为巩固，群众基础较好。1931 年 3 月，为加强根据地经济建设，鹤峰县第三次党代会和第三次苏维埃代表大会讨论决定建立鹤峰苏维埃银行，任命鹤峰县苏维埃商会主席袁建章为行长，主营货币发行、贷款发放业务。因当时反动统治的封锁很紧，买不到纸张印制货币，银行选用白竹布为货币材料，盖县苏维埃政府大印和行长名章发行，面额有 1 串文、500 文、200 文、100 文四种。最初发行的货币，先在行长袁建章开办的食盐供销社、“姚厚记”商号、“王柏记”商号等处投入流通使用。为消除持币群众的顾虑，迅速提升银行信誉，行长袁建章在很短时间里，组织筹集了大量银元铜币供持票者在专设的货币兑换点随时十足兑现，还通过扶持贷款方式帮助困难农户购买谷种和农具，搞活城乡市场，组织队伍秘密往返赤白区域开辟“贸易走廊”，换回苏区急需的药品、食盐、布匹等物资。这一系列举措，很大程度上打破了敌人的经济封锁。

除银行外，湘鄂西根据地还先后建立了石首农业银行印钞厂、鄂西农民银行制币厂（后升格为“湘鄂西省苏维埃政府赤色造币厂”）、鄂北农民银行印钞厂、鄂北农民银行造币厂。虽然货币的印铸工艺、设计工艺、制版工艺、印制工艺都比较落后，缺乏技术人员，缺少必要的原材料和铸造设备，但工作人员因陋就简，在极其艰难的条件下，生产了湘鄂西根据地多种材质、版式货币，为巩固苏区政权、活跃经济活动作出了非常了不起的贡献。

（六）湘鄂西革命根据地货币金融政策

湘鄂西根据地苏维埃政府制定和采取了一系列金融政策和措施，与苏区农业、工商业和财政税收政策组合实施、相辅相成，对稳定苏区金融货币秩序、活跃和发展苏区经济、支援革命战争，发挥了举足轻重的作用。

1. 将苏币作为革命宣传载体，发挥宣传教育群众的作用

在国民党军事“围剿”和经济封锁的恶劣环境中，湘鄂西根据地纸币具有鲜明的革命性和阶段性，不仅是财政金融的货币工具，也是革命斗争的宣传载体。比如，石首农业银行 1 元券正面四角分别是“夺”“取”“政”“权”四个字，正面下边文字为“扩大赤色区域”“实行武装暴动”，背面为整版内容——中国革命的十大要求（即中共六大制定的十大政纲）等，体现了苏维埃政权在初创时期的具体革命目标。

沔阳县苏维埃政府 1930 年 5 角信用券背面全文刊载了《信用券使用条例》：“一、为了发展工商业，打破敌人封锁、发行本信用券。二、本券与现洋有同等价值，苏维埃地区一概通用。三、本券可随时到银行兑现。四、如有拒用或故意克扣者，由发现人扭送当地政府惩办。”

鄂西农民银行早期信用券背面印有“武装保护苏联”“打倒帝国主义”“消灭军阀混战、扫除封建势力”的革命口号，还有《信用券条例》全文，具体内容为："一、本行为冲破敌人的经济封锁活动赤区金融发展工农商业特发行信用券。二、本券分壹角、贰角、伍角、壹元四种。三、本券以政府税收富农特捐及累进税为担保品。四、本券与现洋有同等之价值凡属政府机关民众团体及赤区的人民一概通用。五、本行办理汇兑事业。六、本行办理低利借贷。七、本券可完纳富农特捐及累进税。八、本行在各县设有分行各区设有兑换所持有本券者可随时随地前往兑现。九、白色区域如愿意使用本券尤所欢迎来赤区兑现，各级政府当负护送责任。"以上内容表明这时赤色区域初具规模，开始着力发展工商业，苏维埃政权已处于巩固阶段。

中华苏维埃共和国国家银行湘鄂西特区分行成立时，发行的钞票上印的是"冲破敌人经济封锁""实现苏维埃的政纲"口号，反映出当时根据地处在敌人"围剿"的残酷斗争中，经济阻滞的矛盾主要在于苏区被严密封锁。

2. 统一货币发行，集中现金管理

1930 年 10 月，湘鄂西特委第一次紧急会议、湘鄂西第二次工农兵贫民代表大会作出"以后只此一家（湘鄂西联县政府农民银行）纸币流通""红军及各县政府一律停止发行纸币""禁止各县滥用纸币"等有关决议和法令，湘鄂西联县政府农民银行根据要求收兑了监利、石首、沔阳等县金融机构已发行的货币，发行统一的货币，流通 24 个县。

1931 年 11 月，《中华苏维埃共和国关于经济政策的决定》对中华苏维埃共和国国家银行及其分行规定，根据地苏维埃政府的银行"代理苏区财政。按照苏维埃政府规定的权限管理苏区金融市场，用自己的货币占领货币的流通市场"，持有外来的货币来贸易"须一律兑换苏维埃自己发行的货币"才能使用，苏区"分行并带（征）税收。对各土著及大私人银行与钱庄，苏维埃机关应派代表监督其行动。禁止这些银行发行任何货币"。根据上述要求，这一时期中华苏维埃共和国国家银行湘鄂西特区分行成为湘鄂西根据地唯一货币发行机构。

另外，苏维埃政府还采取多种举措占领货币市场：取缔市票，限制杂票，禁止国民党纸币在苏区流通；白区商人来根据地需将银元兑换成苏币才能进行商贸；为防止银元外流，根据地内的旧式银元烙印“苏维埃”字样；缴获的、税收的和兑换的金属货币，一律交由银行集中起来进行管理。对私藏现金者，按照苏维埃法令处置。

3. 保证苏币信用，随时十足兑现

各县苏维埃政府遵守银元本位制发行兑换券性质的货币，承诺随时十足兑现，这在几种信用券背面所记载的《信用券条例》中均有体现。如沔阳县5角信用券上记载：“本券与现洋有同等价值，可随时到银行兑现”；鄂西农民银行发行的信用券背面记载：“本行办理汇兑事业，各县设分行，各区设有兑换所，持有本券都可随时随地前往兑现”；鄂北农民银行发行的兑换条和信用券也都印有“合成壹元，兑换现洋”“可随时随地前往兑现”。这些纸币都白纸黑字地作出“随时十足兑现银元”的承诺。

4. 以物资采购、行政经费、工农业贷款等形式投放货币

《关于湘鄂西具体情形的报告》（1932年12月）提到，除红三军外，后方各机关、军事企业等合共每月起码需8万元到10万元以上经费。军队、党政机关吃穿用的物资采购部分可以投入苏币从根据地购买，而苏区缺少的战略物资需要通过集中银元现金从白区购买。贷款是供给资本、活跃经济、调节经济的重要手段，苏区各级银行开办年息不超过2分的低息贷款，支持发展生产和消费合作社。

随着湘鄂西根据地的不断扩大和发展，党政机关、部队供给各种经费支出也逐渐增加。为防止各级苏维埃政府超发货币以补充财政收支缺口，1930年10月，中共湘鄂西特委和湘鄂西苏维埃联县政府宣告成立时，中共湘鄂西特委第一次紧急会议就作出规定：“政府不得在银行提款，万不得已时，也只能借后加息偿还。”

1931年秋到1932年，由于“左”倾冒险主义错误的严重影响，敌人趁机围攻苏区，军事紧张，商业停滞，湘鄂西财政陷入极端困难之中，加之洪湖地区又遭遇了特大水灾，苏维埃政府税收减少、开支纷繁，银行不得已超发货币以解燃眉之急，结果发行失控，货币发行到了130万元之多。因根据地农产品供应不足，农民拿着苏币纸票买不到粮食，纸币兑不到现金，苏币购买力不断降低，一直贬值，后来面值1元的纸币只值1角。

1931 年 10 月，湘鄂西省委给中央报告，湘鄂西苏区的工业品大概比国民党统治的沙市贵 1.5 倍到 2 倍以上。面对严峻形势，湘鄂西省苏维埃政府 1932 年初决定暂停发行纸币，收回多发纸币。经过种种努力，到 3 月，收回了 60 多万元纸票。

1932 年 3 月，湘鄂西中央分局针对货币贬值情况写信给湘鄂赣省委提出必须停发货币，充裕基金，加储基金，使币值回升到现金相等，然后再按市场需要发行，并且要保证准备基金能够兑现。7 月，湘鄂西中央分局在给鄂东特委的信中又一次谈到货币超发的问题："湘鄂西因滥发纸币无法流通，是一绝大错误，必须停发纸币，加储基金，要达到 70% 至少 50%，并且要能兑现"；"财政要有开源节流的转变。如果靠发行货币，因币值低落不能流通，势必造成不良影响。"虽然采取了一系列举措，但因为革命环境不断恶化，多地银行被迫停止营业，苏币购买力最终也只是略有回升。

5. 以存款、税收、国营企业收入回笼货币，稳定货币购买力

根据地货币条例规定，苏币可用于商人、农民分别缴纳营业税、土地税，完纳公益费。当时苏维埃政府兴办了各类生产、消费合作社，开设了红军商店，一方面努力带领当地群众恢复工商业生产和贸易，另一方面通过税收将投向当地的苏币回笼，防止过量流通贬值。根据地群众个人收入微薄、存款寥寥，银行存款回笼主要以财政存款为主。还有一些私人商号在苏维埃政府的号召下，也积极主动地接纳苏币，受到政府赞许。

6. 开办低息贷款，支持工商业生产

湘鄂西联县政府以苏维埃法令形式颁布有关贷款业务的规定，设立"农民银行，办理储蓄借贷"；"取消一切高利贷，通常借贷利率，不得超过年息二分"；"取消当业"，明令禁止高利贷，低息支持工商业生产。

在银行的支持下，1931 年根据地内经营生活用品的消费合作社就多达 130 多家；1932 年湘鄂西农民银行沔阳县支行贷款 100 元（银元）支持建立 32 家消费合作社。这些合作社逐步兴旺起来，很快流动资金就增加到 2 000 元（银元）。农业、渔业等生产合作社有了贷款经费保障，不断添置农具、渔具，粮食、捕鱼等产量大幅提升，群众收入也随之增加。1931 年水灾之前，湘鄂西根据地尤其是洪湖地区，物资供应较为丰富，群众生产热情积极高涨，苏区经济呈现一片生机勃勃、欣欣向荣的景象。金融的资金供给与融通在其中无疑起了十分重要的辅助和支撑作用。

由于国民党反动派的重兵“围剿”和“左”倾冒险主义的严重危害以及湘鄂西不断扩大化的“肃反”运动，1933 年 12 月，红三军根据党中央指示，被迫撤出湘鄂西苏区，经湘鄂边向川黔转移开展游击战争，湘鄂西根据地失守，至此结束了近 6 年的工农武装割据斗争，在这块红色土地上，创办的苏维埃银行随之停业，其发行的货币也被迫退出流通领域。

八、鄂豫皖革命根据地红色金融事业

（一）鄂豫皖革命根据地创建历程

大别山坐落在安徽省、湖北省、河南省交界处，是长江与淮河的分水岭。1927 年 11 月，八一南昌起义和党的八七会议之后，中共黄麻特委带领大别山区湖北黄安、麻城两县人民群众，经过周密准备，首举义旗，发动黄麻起义，成立工农革命军鄂东军，创立鄂东北革命根据地，拉开了大别山区革命斗争的序幕。1927 年冬到 1929 年冬，中国共产党相继又领导发动了河南商城、安徽六安等地商南起义和六霍起义，创立豫东南和皖西革命根据地。革命星火在大别山区渐呈燎原之势。

1930 年上半年，“蒋、冯、阎”三大军阀矛盾激化，三方都在进行大规模军事调动和备战，战争一触即发，红一军抓住有利时机实施主动进攻，积极向外拓展。1930 年春，随着鄂豫皖地区整体革命形势的迅猛发展，中共中央根据革命形势发展的需要和当时的有利时机，当机立断，迅速作出了一系列关于建立鄂豫皖革命根据地的重要决定，将鄂东北、豫东南、皖西三块根据地合并，建立中共鄂豫皖边特区委员会。6 月 20 日，来自鄂东北、豫东南、皖西的苏维埃代表和平汉路工人代表 200 多人聚集在河南省光山县王家湾，参加鄂豫皖边区第一次工农兵代表大会。中共鄂豫皖边特委和鄂豫皖特区苏维埃政府的相继建立，标志着鄂豫皖革命根据地正式形成。

1931 年 5 月，中共中央鄂豫皖分局成立，任命张国焘为书记兼军事委员会主席。11 月，红军第四方面军成立，徐向前任总指挥，陈昌浩任政委。1932年6月，红四方面军连战连捷，歼敌数万人，全面粉碎了蒋介石反动集团第三次反革命“围剿”行动。至此，鄂豫皖革命根据地主力红军发展到2个军、6个师、45 000余人，地方武装达到约20万人，根据地苏维埃政府管辖20多个县、350多万人口，革命形势一片大好。

但面对骄人战绩，张国焘盲目乐观，在鄂豫皖积极推行王明“左”倾冒险主义方针，并主持开展错误的“肃反”。由于其错误领导，到1932年10月，红四方面军未能粉碎国民党第四次“围剿”，被迫撤出鄂豫皖，转战川陕边界，创建川陕革命根据地。

（二）鄂豫皖革命根据地创建前的经济金融概况

大别山地处三省交界的山区，交通极不便利，历史上是农业和家庭手工业相结合的自然经济占主导的农业区，经济发展仍然比较落后。鄂豫皖地区500户以上的县城和区镇不到20个，没有大的商埠和厂矿，河南商城有2个小规模的煤矿；仅有皖西所属的六安、霍山等县农产品较多，对外贸易和小商业较为活跃，霍山还是食盐转运地和茶区。据《皖西北特苏对鄂豫皖特区苏维埃政府的报告》记载，每到开春，来自山东、河南、天津、南京、镇江、武汉等地的客商“带着大批款项或商品，购买竹、山（帚）、茶、麻等农产品，运出境外，从中赚得大批利息”。

大别山地区农村80%的土地集中在军阀、官僚、豪绅、地主手中，大多数农民已沦为佃农，生活艰辛，地租要缴纳收成的一半以上，一遇水旱虫灾、兵荒马乱，粮食收成大减，家里缺粮少食，度日艰难。国民党政府吏治腐败，不顾百姓生计，官商勾结，横征暴敛和巧取豪夺，整个社会经济停滞，处处是“农不得耕，工不得值，学校绝读诵之声，商店有闭门之叹”衰落破败景象。

当时鄂豫皖地区金融也十分紊乱，市面上流通多种货币，有南京国民政府中央银行、中国银行、交通银行、中国农民银行“大四行”发行的纸币，北洋政府时成立的中国实业银行和私立银行中国垦业银行发行的纸币，还有一些资本丰厚的商人与地主发行的“号票”“堂票”等。当地大商店为保持现金及赚取一部分利息，私造发行有期纸（币）或无期纸币；一般小商店担忧经济恶化和货物滞销，也各自私造纸币流通。民办、官营多种钞票流通混乱，充塞于市，滥行乡野，加之时局战乱动荡，经济萧条，特别是私营纸币往往易受匪灾战祸而贬值、停兑，群众随时都会陷入入不敷出的绝境之中。

（三）鄂豫皖革命根据地金融机构

“战争不但是军事的和政治的竞赛，还是经济的竞赛。”① 为改善根据地群众艰难而窘迫的生活状况，活跃经济，巩固苏维埃政权，鄂豫皖特区苏维埃政府成立后，即大力发展工商业、农业、集体和个体经济，形成独立自主的经济体系。创办由政府经营兵工厂、被服厂、制盐厂、造纸厂、五金制造厂、铁工厂、印刷厂、造币厂等；由集体和个体经营缝纫、木器、铁器、榨油、造纸、制陶、印染、制粉、豆腐等工厂或作坊；同时，苏维埃政府出台支持和保护个体商户的政策，规定“保护中小商人利益”，“防止乡村群众无原则的侵犯中小商人的利益”，“每月营业额不到一百五十元者完全免税”；鼓励小商小贩从白区输入民用与军用物资，并给予免税、贷款倾斜乃至武装护送等支持。

1931 年 2 月上旬，特委就财政金融问题召集扩大会议专门讨论并决定：“其一，统一累进税。其二，建立银行，确定基础并制定集股与低利借贷的简章。其三，逐渐统一金融与集中现金（用各种群众路线的办法）……关于经济问题首先根据国际的指示，完全允许自由贸易，低利私人借贷亦不禁止，惟以银行的借贷与之竞争。”② 这一决定，解决了根据地财政金融的基本问题：一是和实行税收一样，确定把发展银行事业作为财政的主要来源之一，而不完全依赖以打土豪的方式保障财力；二是统一合并根据地现有的金融机构；三是要求银行筹集股金，做好群众的宣传解释工作，集中

① 《毛泽东选集》第三卷，人民出版社 1991 年版，第 1024 页。

② 刘森：《鄂豫皖根据地货币论略》，《货币史研究》，1988 年第 4 期。

市场上和群众手中现金，以统一统筹调配现金；四是明确银行实行低利借贷的经营方针。

从1930年10月到1932年底，鄂豫皖根据地建立鄂豫皖特区苏维埃银行（后改为“鄂豫皖省苏维埃银行”）、鄂豫皖省苏维埃工农银行、皖西北特区苏维埃银行（后改称“皖西北道区苏维埃银行”）等银行，独立自主地发行了自行设计的苏币和铸币，约20余种版式，形成属于人民政权的货币金融体系，开创了既不受制于人也不仰人鼻息的人民当家作主的红色金融事业，扭转了之前根据地由洋行、军阀、豪绅控制的多种货币流通、高利贷横行的混乱金融局面，以发行苏维埃政权货币、低息贷款的方式，帮助和扶持人民群众改变苦难命运，活跃根据地经济活动，支援革命战争。

1. 鄂豫皖特区苏维埃银行

1930年10月，鄂豫皖特区苏维埃银行在黄安县七里坪正式开业，行长由特委领导之一的郑位三兼任。1931年春，红军攻克河南新集，鄂豫皖特区苏维埃银行随迁到新集重新开始营业。在组织和管理上，银行由苏维埃政府财政经济委员会领导并向其负责。苏区政府力图通过鄂豫皖特区苏维埃银行集中现金，发行苏区货币，驱逐劣币，整顿混乱的金融市场，稳定苏区的金融局面，支援战争与经济建设。鄂豫皖特区苏维埃银行旧址，位于湖北黄冈市红安县七里坪镇长胜街56号。原为“鼎泰祥”商号（见图2.8.1）。

图2.8.1　鄂豫皖特区苏维埃银行旧址

苏区政府从战争缴获和没收的财产中拨付一部分银行启动基金，另一部分发行临时股票筹集，奖励私人储蓄投资银行。货币发行采取银本位制，首次发行面额1元的银币券，与银元1∶1兑换。1元币的发行，很受群众欢迎，信用非常之好，只七里坪一处，几天就发行了4 000元，第一批印制的数量远远不够群众的需要。为扩大发行量，特苏银行于 6 月 12 日又签发了一批面额 1 元的临时筹股票，股资多寡不限。临时筹股票不仅是群众集股合资的凭票，也曾一度作为纸钞流通市面。

2. 皖西北特（道）区苏维埃银行

1931 年 4 月和 5 月，中共皖西北特委会和皖西北特区苏维埃政府先后在皖西六安县金家寨成立，形成包括六安、霍山、英山、霍邱、固始、商城等县在内的皖西北根据地。5 月，皖西北特区苏维埃银行在金家寨成立，行长由特区苏维埃政府主席吴宝才兼任。11 月，随着党政机关的迁移，银行由金家寨迁至麻埠。鉴于皖西北道区苏维埃政府成立，特区苏维埃银行随即更名为“皖西北道区苏维埃银行”。

皖西北特区苏维埃银行初创时发行保证金主要由红军战斗缴获和苏维埃政府拨款，也曾通过发行股票集资。存续时期主要开展发行货币、代理金库、拨付红军和党政机关经费、吸收存款、发放农业和手工业贷款、支持合作社和经济公社发展等业务。发行过三种版别四种面额的“银币券”，即 2 角、5 角、1 元、5 元，流通于皖西北苏区。发行的 2 角券和 5 角券主要是为了方便市场交易找零。2 角券和 5 角券印有马克思像，纸币下方印有“凭票兑现全国通行”字样。首次发行是在 1931 年 5 月 30 日，共发行 1 元面额 5 000 元纸币，在群众中大受欢迎。因准备基金不多，为保证纸币信用，皖西北苏维埃银行并未再增发。1931 年 9 月 7 日组织第二次发行的，除 1 元券（见图 2.8.2）外，同时还发行面额为 5 元的银币券，用于大宗商品交易。

图 2.8.2　皖西北特区苏维埃银行 1 元银币券

值得一提的是，这一版 1 元和 5 元票面的正面为克里姆林宫图景，是当年“左”倾错误领导下的历史印记。1931 年 1 月党的六届四中全会后，新成立的临时中央推行“左”倾冒险主义政策，错误地估计形势，夸大日本进攻苏联的可能性，提出了“武装保卫苏联”这一既脱离中国实际又脱离群众的口号。

这一版别的背面楷书印制“帮助贫民生产，促进工业发展，帮助合作社的发展，实行统一累进税，禁止现金出口”及“保证自由贸易，统一货币制度，巩固苏维埃经济基础，实行低利借贷，流通金融，调节市场”字样，集中地体现出苏区财政经济的主要任务。除纸币外，皖西北特区银行于1931年10月发行50文、20文铜币两种。

鄂豫皖省苏维埃银行成立后，皖西北道区苏维埃银行成为其分支机构，受其领导。

3. 赤城县苏维埃银行、赤南县苏维埃银行

1931年5月，皖西北特区苏维埃政府成立后，将原来赤城县分为赤城、赤南两县。两县因为交通运输条件的限制，特区苏维埃银行印制发行的货币很难及时运抵，于是这两县分别成立了赤城县苏维埃银行、赤南县苏维埃银行，从事货币发行和信贷业务。赤城县银行还铸造发行鄂豫皖省苏维埃银行的银币券与铜辅币。

1932年10月，红四方面军主力撤离鄂豫皖根据地后，赤城县苏维埃银行和区乡信用社仍坚持小范围地开展货币兑换和信贷等金融业务，直到1934年9月后开始游击战争，业务活动才结束。

4. 鄂豫皖省苏维埃银行

伴随着军事战场上的节节胜利，苏维埃政府的政权得到了进一步巩固，鄂豫皖特区苏维埃银行的发展随苏维埃政权变化而变化，在这一阶段发生过两次更名。第一次是更名为“鄂豫皖区苏维埃银行（见图2.8.3）”；第二次是在1932年1月，中共鄂豫皖省委成立后，银行升格为“鄂豫皖省苏维埃银行”，任命郑义斋为行长。还使用过“鄂豫皖省苏维埃工农银行”的名称。

省苏维埃银行成立后，即成为根据地的“总行”，皖西北特（道）区苏维埃银行、赤城县苏维埃银行、赤南县苏维埃银行成为省苏维埃银行分支机构，接受其领导；同时，各区经济公社设立了代办处，安排1～2名工

图 2. 8. 3　鄂豫皖区苏维埃银行 1 元银币券

作人员代理省苏维埃银行委托的调拨资金、收兑银元纸币等银行业务。至此，省苏维埃银行在鄂豫皖革命根据地形成了省、地、县三级银行组织体系。发行的纸币采取银本位制，部分纸币上面除印有“鄂豫皖省苏维埃银行”的字样外，还印有“鄂豫皖省工农苏维埃银行”的字样，说明当时鄂豫皖省苏维埃银行又称“鄂豫皖省工农苏维埃银行”。

省苏维埃银行发行的银币券有 1 元（见图 2. 8. 4）、5 角两种，票面形制与特区 1 元币相差不多，票面图案为克里姆林宫图景，以加强对苏维埃政权代表工农利益的宣传作用。

图 2. 8. 4　鄂豫皖区苏维埃银行 1 元银币券

省苏维埃银行铸造的银币（见图 2. 8. 5 和图 2. 8. 6），因含银成分及重量都比“大头”（袁世凯头像币）高，广泛流通于苏区，当地群众都极为认可，称赞道：“我们的洋钱比国民党的还重，我们的票子比国民党的还好，我们的银行永远也倒不了。”

图 2. 8. 5　鄂豫皖省苏维埃工农银行 1 元银币正面

图 2. 8. 6　鄂豫皖省苏维埃工农银行 1 元银币背面

省苏维埃银行虽存续时间不长，但为巩固根据地政权建设和经济建设、支援武装斗争作出了不可磨灭的贡献。1932 年 9 月下旬，因红军决定突围，组织上决定将银行的金银、光洋、纸票等全部交给红军经理处带走，省苏维埃银行就此停止经营活动。

5. 经济公社

当时鄂豫皖苏区严重缺乏粮食和食盐。盐的来源，完全依靠客商贩卖，敌人加大经济封锁后，盐运路线被阻隔切断。方英（时任中共安徽省委书记，后任中共皖西北特区委员会书记，随红四方面军撤离根据地，病逝于途中）1931 年给中央的信中写道：“每日三餐薄粥是苏区中头等生活。在皖西北苏区没有粮食吃的有两万人以上，后方医院有一千余红军伤兵也没有粮食了，在目下最严重问题就是吃饭的问题。”① 尽管皖西一带曾是米粮产出地，但由于敌人的多次军事“围剿”，焚烧毁坏粮仓、田地，破坏苏区的农业生产，粮食供应严重不足。自 1930 年起，鄂豫皖苏区的经济工作始终以解决粮食问题为中心。当时苏维埃党政工作人员每日仅供应两餐稀饭，

① 徐爱华：《鄂豫皖苏区的银行与货币》，《江淮论坛》1984 年第 3 期。

以节省粮食，支援红军，救济饥民。还有很多群众整月都吃不到盐。

在这种情况下，1930 年鄂豫皖特区苏维埃政府在黄安县七里坪建立了鄂豫皖特区苏维埃经济公社，受特区苏维埃政府财经委员会直接领导。经济公社是集体经济的一种探索，回应群众的迫切需要，主要经营人民群众生活必需品，特别是经营被敌人封锁的紧缺物资，颇受群众欢迎。

1931 年 1 月 18 日，鄂豫边区给中央报告中谈道："苏维埃区域对外来的各种物资的需要异常困难，因此一般富农商人，乘机赚得很多的利息，甚至中农很快的可以成富农。集体经济组织非常重要，现在各区苏维埃都设立经济公社（至少一个），每乡在经济公社之下，设有代办所，同时群众也开始合作运动。这样以后，富农商人私人资本的发展才抑制一下，同时群众的物资上的要求也方便了一些……"①

同年 7 月，苏维埃边区第二次工农兵代表大会给皖西北特委信中指出："在经济方面，苏区应将茶、漆、竹、木、茯苓、黄丝等物资出口外售，对于出入货物应切实执行统一累进税，还应建立临时集市，派遣专门经商人才，到非苏区去招来商客，使苏区内生产的产品能够大批出售，并在苏维埃政权下应保证经营自由，建立银行，改造合作社组织，发展经济公社，恢复并扩大铁厂纸厂，苏维埃无力经营的，可批给私人生产。"②

1931 年初，鄂豫皖边区苏维埃政府在新集成立了经济公社总社。当时红军每攻克一个地区，立即建立经济公社组织，相继在黄安、麻城、黄陂、黄冈、罗田、蕲春、黄梅、广济、六安、霍山、霍丘、寿县、潜山、太湖、英山、宿松、信阳、罗山、息县、商城、固始、光山、潢川等县成立经济分社，各区、乡设立经济公社代办所。经济公社还领导乡以下的生产、消费、专业合作社。

经济公社起初由苏维埃政府投资，大的有十几万元资金，一般的也有几千元资金。经济公社组织苏区的物资输出和输入，一方面将合作社收购的各种土特产品输出苏区；另一方面鼓励小商贩突破敌人封锁通过各种渠道向苏区购进食盐、布匹、药品等紧缺物资和工业品，然后批发给合作

①② 庞良举：《鄂豫皖苏区经济公社刍议》，《安徽史学》1988 年第 4 期。

社出售。经济公社还负责发放救济粮、调剂粮食和实行粮食平粜等工作。为抵制粮商乘粮荒而高抬米价，损害贫苦大众的利益，经济公社加强粮食市场管理，规定米货销售价格，使用苏币交易粮食，保证粮价稳定。

经济公社发挥了国有制经济在商业上的领导作用和示范作用。如 1931 年 5 月成立的六安县县级经济公社，不仅积极组织货源，扩大经营范围，还贴出布告欢迎白区商人来苏区经商，并宣传保护白区商人不受任何人侵犯他们的合法权益。经济公社派出精干的工作人员化装成客商至合肥、安庆、济南等城市，与商人商谈，让他们从水路将食盐、布匹、工业用品以及医药、军用物资等运至苏区边境，我方将山区的竹、木、茶、麻以及其他农副产品，运至白区边缘，顺利交换货物，并保证对方安全。仅在 1931 年夏天，经济公社一次就运进食盐 30 吨，同时又运出苏区的毛竹5 000棵、杉木 6 000 棵、木炭 1 万担；还与商人和蚌埠城司令谈拢贸易，由经济公社供应他们急需的山区土特产品，换购手枪、子弹等武器装备和医药用品。

除开展上述业务外，经济公社受苏维埃银行委托在根据地全区域办理有关银行业务。经济公社内设“银行地方办事处”，安排专人负责兑换货币、借贷等银行业务，并受银行委托发行小额辅币，调剂经济金融市场。

鄂豫皖苏维埃经济公社发行过两种版式的辅币，铜元“贰串文”和布币“壹串文”。铜元“贰串文”正面上缘为“鄂豫皖苏维埃经济公社”，上面底纹中又有“苏维埃银行”五个白色大字（见图 2. 8. 7）。可见，经济公社兼具银行职能。另一种是经济公社发行的“壹串文”布币。1933 年，红四方面军主力西撤后，为保证根据地基本商贸流通，经济公社发行 1 串文布币流通券（见图 2. 8. 8），主要流通于鄂豫皖游击地区。当年斗争环境恶劣，敌人经济封锁，纸张缺乏，革命根据地劳动人民在货币发行上因陋就简、因时制宜，在白布用白棉蓝油墨刻写，印字后刷以桐油，晾干后使用，全部为文字，无图案。直到 1934 年 11 月中旬，红二十五军撤离根据地北上抗日，向鄂豫皖陕边区西进时，经济公社的经济金融活动才宣告结束，但“油布票”沿用到红二十八军坚持三年游击战争为止。

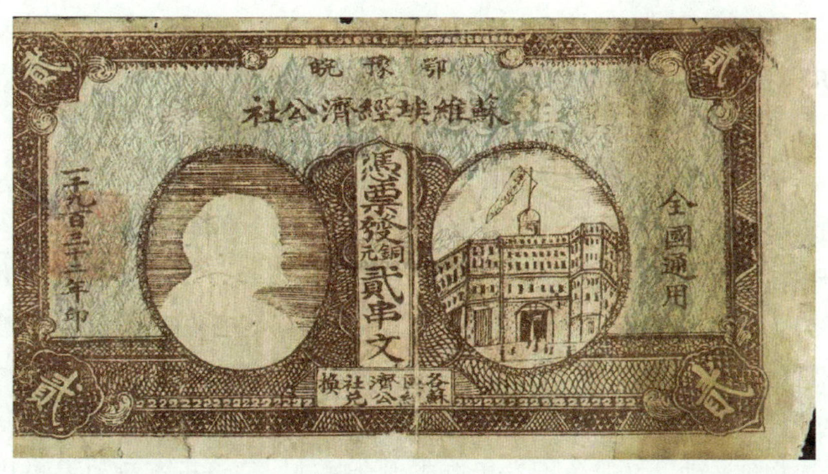

图 2. 8. 7　鄂豫皖苏维埃经济公社铜元 2 串文

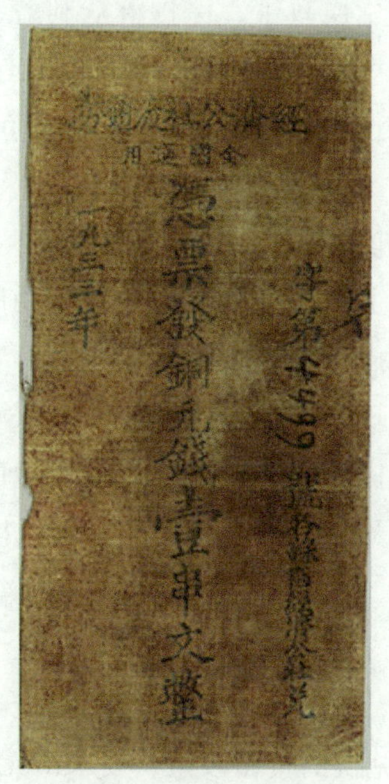

图 2. 8. 8　鄂豫皖苏维埃经济公社铜元 1 串文

布币正楷体石印，浸透桐油制成。票面上方横印着“经济公社流通券”“全国通用”；下面文字全为竖行排列，中间“凭票发铜元钱壹串文整”，右边“字第 4499 号，各苏区经济公社兑”，左边落“一九三三年”。

（四）鄂豫皖革命根据地货币金融政策

商贸状况同金融状况是相互作用、相互影响的。在金融领域，牵一发而动全身的是货币的发行。鄂豫皖革命根据地的党和苏维埃政府，在实际斗争中运用商品交换和货币流通规律，最大限度地发挥金融作用与功能，通过禁止非苏币流通，确定苏维埃货币作为根据地内税收、交换、结算的法定货币；通过军费、党政经费等财政拨款、发放工农业贷款、兑换货币等途径投放货币，采取慎重发行的原则方针，限制发行总量，避免过量发行造成物价波动，又避免不发行造成现金紧缺，经济投资活动无法开展；纸币回笼主要通过存款、税收，保证纸币流通活跃，吞吐有度，又不至于引发通胀；通过对旧币采取灵活的比价兑换政策，保护群众利益；为防止银元外流，加强了现金管理、管控物价、稳定纸币币值等一系列有力举措，使金融活动正常运转，保障根据地政权建设、经济发展和武装斗争。

1. 确定苏币的法定地位

1931 年 7 月，鄂豫皖区第二次苏维埃代表大会通过了关于外交工作的六项政策，其中明确要求，为推翻帝国主义在华的统治，保障中国完全的独立，苏维埃将没收帝国主义银行、邮电、铁路、航业、商店、农场以及其他企业归国有。为此，鄂豫皖苏维埃政府取消帝国主义、官僚资本主义和封建主义的一切金融特权，取消高利贷，规定以苏币为根据地的唯一法定货币，禁止一切根据地以外货币在根据地流通，旧币采取兑换的办法收兑。

2. 确定有利于苏币的兑换比价

为确保苏维埃政府货币的法定地位，驱逐大别山地区纷繁庞杂的其他货币，鄂豫皖苏区银行制定了旧币折价兑换的货币政策，要求 1 元纸币同 1 元银元的兑换比率为 1∶1，持有国统区货币的群众及持国统区货币来苏区进行贸易的商人，必须按规定向苏区银行兑换苏区货币，经过兑换收集的国统区货币用来到国统区购买军需货物。兑换的比值是：对于国民政府中央银行发行的纸币，按照 10∶6 的比率折价兑换为苏区纸币；对于交通银行、中国农民银行和湖北管钱局发行的纸币，按照 10∶9 的比率折价兑换为苏区纸币。一律取缔军阀的“军用票”、地主豪绅“代金券”、私营商店“市票”。

由于地方上不可能有大量银元储备，因此要求兑换数额超过 500 元以上的，则需要到总行兑换；500 元以下，可在地方银行和经济公社兑换。通过确立不同的比值，对非苏区纸币采取有区别的折价兑换，鄂豫皖苏区银行很快占领了根据地金融市场。

3. 通过军费、行政经费、工农业贷款等渠道投放苏币

印制发行的苏维埃货币主要通过红军部队生活开支、行政开支、工农业生产借贷投资等形式投入使用。鄂豫皖苏区的银行既是货币发行和金融管控机关，也是财政拨款单位，红军部队所需给养、党政机关工作人员所需生活开支按财经委员会指令，由银行划拨，所需粮食和物品能在根据地解决的，都以苏币结算。

根据地银行发放贷款，当时主要有农业贷款、工业贷款、商贸贷款三种类型。银行向农民发放低息农业贷款，月息一般为 1 厘到 3 厘，农民可以利用贷款购买耕牛、农具、种子等必需生产资料和生产工具。银行还规定，即使农民贷款到期后无力偿还，也可以申请延期，让农民不至于因资金短缺而生产生活难以为继。农民生活便利了很多，生产热情空前高涨。据《皖西革命史》记载，1932 年 6 月，各县上缴储粮 27 000 石，使根据地最严重的吃饭问题得到了迅速解决。

河南杨山煤矿是根据地规模较大的工业企业，根据地苏维埃政府不仅发放贷款支持，还采取武装保卫的措施保护煤矿正常作业。工业贷款的及时发放，使缝纫、竹器、木器等民间作坊和私营小厂如雨后春笋般发展起来，星罗棋布地分布在根据地各地。

为加强武装力量，银行重点贷款扶持军械、军需工厂。在光山、麻城、商城、金家寨、黄安、固始等地，银行贷款支持的“兵工厂”“造枪局”“修械所”等不同类型的军械工业生产厂都如火如荼地开展起来。

对个体私营商人采取保护和支持政策，有利于打破敌人的经济封锁，活跃地方经济。早在 1929 年 5 月，黄安县委即提出，保护小商人，发展生意。同年 6 月，在鄂东北各县第二次联席会议通过的《临时政纲》规定，中小商人享有其资本企业，有经营自主权。有了政策的保护和依据，银行不仅向国营的经济公社、群众集资的合作社发放贷款，也向个体私营商业放款。

4. 通过存款、贷款还款、税收、国营企业利润等渠道回笼苏币

随着根据地货币发行扩大，经济开始起色，1931 年 8 月，鄂豫皖区苏维埃政府在“实行二次苏大会财政经济政策运动周”发布第十二号布告，要求加强群众宣传工作，号召群众存款。布告指出，工农银行是供给群众低利贷的机关，对于群众的利益应该是非常之大。银行的作用如果大起来了，工农群众的借贷就特别方便，苏区经济更易于发展。过去，各级苏维埃、各革命团体没有深入这种宣传，致使群众有这样一种观念，以为银行只放贷，不知道还需要存款。我们对于银行工作必须有一个普遍、深入的宣传，吸引广大群众帮助银行的工作，使银行时常有人存款，时常可以放款。宣传的材料应该说明银行的作用、银行的章程、存款放款的手续等。根据地很多地方还采取张贴标语、纳入课本等方式积极宣传和鼓励群众存款。由于生活贫困，农民少有积蓄，对银行存款并无概念和意识，虽然对群众做了很多宣传思想工作，但银行的主要存款还是财政划拨经费、财政税收形成的对公存款。苏维埃政府明确规定，根据地货币是一切税费的法定货币。根据地在分配土地后，陆续开征了农业累进税和佣金税、营业税、进境税、特种税等商业累进税。财税政策实施后，根据地苏维埃政府的财政收入不断增加，成为银行存款回笼资金的重要部分。除了税收外，苏维埃政府创办的国营工商企业、经济公社也有不少资本存入银行。

5. 对现金（主要是银元）加强管控，防止外流

银元在当时是硬通货，购买根据地无法生产和供应的战略物资需要银元储备。苏维埃政府要求红军和地方缴获、没收的金银和现银，一律交苏维埃银行统一管理，现金输出苏区必须获得苏维埃银行的批准；银行严格管控现金的使用，没有法令规定，没有财经委员会的批条指令，个人或组织不得开支或领取。

6. 为保证币值稳定，加强物价管理

1931 年 8 月，在“实行二次苏大会财政经济政策运动周”期间发布的

《鄂豫皖区苏维埃政府布告第十二号》强调，100 元赚 100 元的投机事业还在赤区流行，合作社的缺点很多，银行的作用还不是很大，群众买贵卖贱、借贷不便的困难还有很多没有解决。在此之后，各级苏维埃政府与银行采取增加市场供应、对主要物资实行限价、发展合作社作为物资供应的主渠道等措施来平抑和管理物价，起到了一定的作用。如皖西北苏维埃政府明文规定，上等盐 1 元 10 斤，次等盐 1 元 12 斤；经济公社发送购买证，以低于私商的价格出售柴、米、油、盐、糖、布等，增强苏币购买力。

7. 率先建立了监察机构——工农监察委员会

1931 年 5 月 18 日，鄂豫皖中央分局成立后的第三天，就发出《〈中共鄂豫皖中央分局通知第五号——关于建立工农监察委员会〉的通知》。1931 年 8 月，苏维埃政府统一和集中财政，对苏区财政金融机关进行整顿，成立苏区财政经济委员会和人民委员会，规定如账目或经济机关的负责人犯有错误，银行及经济公社等结算机关可以向鄂豫皖区工农监察委员会报告，苏区银行成为苏区财政经济工作的中枢，苏区在财政、金融、税收、建设规划方面四位一体的经济管理体制的雏形初步形成。

这一系列的组合政策，稳定和活跃了根据地的经济贸易活动。根据地除猪肉的价格没有发生变动外，大米、食盐、煤油、花生油的物价水平均低于根据地建立之前国民党统治时期的物价水平，财政收入得到了明显增加。黄麻苏区每月可收税 4 000 元；皖西北特区茶叶销售税收每月可达 3 000 元；鄂豫皖苏区政府在 1931 年 7 月时的财政收入为 1 200 元，到 1932 年 3 月，税收达 1 万元。繁荣经济带来的稳定税收彻底改变了之前主要依靠“打土豪”的财政状况，而正是对农民和广大群众权益的全力维护，为根据地的革命武装斗争提供了经济和后勤的多重保障。

1932 年 9 月，革命形势发生了转变，红军反“围剿”失利开始撤出根据地，鄂豫皖省临时省委相关机构进行转移，省苏维埃银行也从新集撤出，撤离后银行工作人员随红军一起行动。为支援红军的游击战争，鄂豫皖根据地主要由经济公社发行“油布币”支持金融活动。

九、闽浙赣革命根据地红色金融事业

（一）闽浙赣革命根据地创建历程

闽浙赣革命根据地是由方志敏、陈昭礼、黄道、徐履峻及其战友前仆后继共同创建的，是土地革命战争时期重要的苏维埃区域之一，是中央苏区的右翼屏障。

1927 年 8 月下旬，方志敏回到弋阳家乡，在革命的关键时刻根据党的八七会议精神，同邵式平、黄道等同志一起，以赣东北为基地，举起武装夺取政权的革命旗帜，组织农民暴动。从党的八七会议到国共第二次合作全面抗战之前，闽浙赣根据地的斗争主要分为几个阶段：1927 年 8 月至 1930 年 7 月，赣东北、闽北两大根据地创建后合并，成立红十军和赣东北苏维埃政府；1930 年 7 月至 1933 年 10 月，形成包括福建崇安，浙江开化，江西婺源、弋阳、横峰等 26 县的闽浙赣革命根据地，进入了发展的全盛时期；1933 年 10 月至 1934 年底，根据地军民投入到保卫和巩固苏区的斗争中；1935 年初，由于第五次反“围剿”失利，红十军转入三年游击战争，直到国共第二次合作。

在闽浙赣革命根据地发展的鼎盛时期，该根据地包括江西、浙江、福建、安徽四个省，由赣东北、闽北、浙西三个苏区根据地和皖南、浙南两个游击根据地组成，四省边界地区有 80 多个县、苏区人口 100 多万，游击区人口达 1 000 万。在这块红色热土上，诞生并发展壮大的中国工农红军第十军团，转战在赣东北、闽北、皖南、浙西地区，与敌战斗千余次，为创建和巩固发展革命根据地、保卫中央苏区以及掩护中央红军主力战略大转移浴血奋战，功不可没。

方志敏是闽浙赣革命根据地创始人之一，是早期闽浙赣省委书记、第一任闽浙赣省苏维埃政府主席。在方志敏的正确领导下，闽浙赣革命根据地广大军民在对敌斗争、根据地建设、财政金融建设方面都有许多创造。军事斗争方面，创建中国工农红军第十军，实行工农武装割据，依靠人民战争，开展农村包围城市、武装夺取政权，粉碎国民党军的多次“围剿”。在党的建设方面，到1931年9月中共赣东北省委成立时，全省有442个党支部，党员1.2万人。1932年11月，中共赣东北省委改组为闽浙赣省委，全省党员队伍进一步壮大。在根据地经济金融建设上，闽浙赣苏区有许多建树，创设苏维埃银行，发行红色股票，鼓励开放边贸活动，形成几条对外贸易路线发展国民经济，以增加财政收入。

方志敏等无产阶级革命家领导创建根据地积累的经验丰富了毛泽东关于红色武装割据的理论与实践，被毛泽东誉为“方志敏式”“有很好创造”“坚强的苏维埃阵地”。

（二）赣东北特区苏维埃政府与赣东北特区贫民银行

赣东北地区以自然经济为主。革命根据地建立之前，农业凋敝、工商业衰败、市场萧条。农村土地高度集中在地主劣绅手中，80%以上的土地被占人口总数9.5%的地主、富农所占有。对于广大农民来说，地租对半开、三七开，极为苛刻，除粮食要交租外，其他种种苛捐杂税，如人丁税、烟酒税、夫子捐、军队过境招待费等多达百种；在城镇，仅有一些铁器、染坊、槽坊、酱坊等个体手工作坊，生产力落后，工人工资微薄；市场上工农业“剪刀差”问题严重，据《弋阳县志》记载，当时要以两升米的价钱才能买到一块肥皂和半斤洋油。广大群众生活入不敷出，80%以上的农民不得已靠高利贷借债度日，最低年利三分，六七分也是常事，流传甚广的民谣“一担谷子借九年，九十九担送堂前”，是当时百姓受高利贷残酷盘剥的真实写照。

1. 赣东北特区苏维埃政府的财政与经济

1926年秋，邵式平、黄道、江宗海等革命同志活跃在赣东北地区，组织工农运动，反抗地主豪绅的压榨剥削。大革命失败后，以方志敏为领导的赣东北党组织，自1927年12月发动弋阳、横峰两县农民革命暴动，在信江沿岸燃起革命之火，成功开辟信江革命根据地之后，接连粉碎国民党四次局部“围剿”，创建中国工农红军第十军，并于1931年4月击溃蒋介石反动集团第二次反革命“围剿”，发展形成以横峰葛源为中心，包括信江沿岸各县的赣东北特区革命根据地。

革命斗争一步步地胜利推进，红军将广大群众从暗无天日的被压榨剥削中解放出来，翻身当家作主，改变贫苦命运，每一块新创建的根据地都需要展开政治、经济、文化等方面的建设以巩固根据地政权，进而巩固来之不易的革命成果。

从信江根据地时期开始，苏维埃政府加强对经济金融工作的领导，实行优先发展农业、扶持发展工商业的经济政策。1929年10月1日至3日方志敏在弋阳县九区主持召开了信江第一次工农兵代表大会，会议通过《信江苏维埃政府政纲》，《信江苏维埃政府政纲》关于财经、经济方面的主要内容有：没收1万元以上的工厂、作坊或商店，由当地苏维埃政府与工会共同管理；没收豪绅地主、寺庙祠堂的土地财产分配给贫苦农民；销毁一切田契，宣布一切高利贷无效；废除一切苛捐杂税，实行统一的累进税。1930年3月20日，信江第二次工农兵代表大会颁布《信江苏维埃临时组织法》，在执行委员会之下，分设内务、财政、军事、惩治反革命、人民经济、土地、教育、红色救济八个委员会，管理各项工作。

1930年8月1日，赣东北革命委员会成立后，信江特区苏维埃政府随即撤销。1931年3月，赣东北特区苏维埃代表大会在横峰县葛源召开，赣东北特区苏维埃政府成立，方志敏任主席。赣东北特区时期，根据地在方志敏同志的主持领导下，颁布《临时土地法》《劳动法》，开展土地分配运动和耕种运动，开展“反懒惰斗争”，加强劳动教育，极大地调动农民的生产积极性，粮食产量增幅每年达到了10%以上；发动群众兴修水利，加固堤坝，1928—1930年，兴修的水利工程多达100多个，受益农田灌溉面积60多万亩；提出“大办苏维埃工业”“保护贸易自由”的经济方针，大力发展工业生产，建立合作社和国营商店、开办工厂，各县、区、乡规模不等的兵工厂、印刷厂、织布厂、煤矿厂、制糖厂、造纸厂等工厂，雨伞、木器、铁器等大大小小国营和集体经济组织及生产合作社 20 多家应运而生；苏维埃政府根据 1931 年 11 月颁布的《中华苏维埃共和国暂行税则》，对土地税、农业税、商业税开征计税，增加财政收入，充实财政实力，据 1930 年 12 月 30 日赣东北特委给中央的报告中提到，1928—1930 年根据地财政年年都有结余，并可提供价值 10 万元的黄金上交中央。

经济的活跃少不了金融的调节。筹建劳动人民自己的银行，取消一切高利贷契约，调节资金短缺，支持经济建设，早就被提上了党和苏维埃政府的议事日程。《信江苏维埃政府政纲》提出“组织农业银行及信用合作社，经手办理低利储、贷”的金融事业计划，并将销毁一切田契及其他剥削农民的契约，废除一切高利贷和封建债务列入《施政大纲》中。为解决废债后群众的资金短缺问题，对于民间的自由借贷，苏维埃政府规定不允许超过一分五厘。

2. 成立赣东北特区贫民银行

1930 年 6 月至 7 月，信江苏维埃政府召开会议研究成立银行事宜，会议决定由财委会主席邵忠负责筹建“信江苏维埃贫民银行”。1930 年 7 月，随着革命形势发展变化，信江特委与负责领导景德镇、波阳、湖口的东北特委在江西弋阳县合并组成中共赣东北特委，于是正在筹建中的信江苏维埃贫民银行直接改称为赣东北特区贫民银行。1930 年 10 月 16 日，经过一段时间的筹备，赣东北根据地第一所苏维埃银行——特区贫民银行正式在弋阳县芳家墩成立，经方志敏提名，行长由财委会主席邵忠出任。特区贫民银行由苏维埃政府财经委员会直接领导，在行长之下设经理和干事股、会计股、出纳股等职能部门，初建时有 6 名工作人员。

在第一、第二次反“围剿”的激烈战事中，赣东北特区贫民银行不断随军转移，到 1931 年冬迁往葛源。在随军转移的过程中，行长邵忠不幸去世，宁春生继任财委会主席兼任特区贫民银行行长。此后，宁春生调任消费合作社经理，方志敏将随红十军行动的供给部长张其德从前线调回，担任财委会主席兼任特区贫民银行行长。

赣东北特区贫民银行坚持充实发行基金，严格适量发行苏区货币。苏维埃政府核定特区贫民银行发行基金为20万元，印发4万元贫民银行券，以银元为本位，代表本位币银元作为市场上流通交易的货币。银行成立后，以行长邵忠的名义发布了成立公告，先向工农群众集股1万元，财政拨款20万元，筹集到最初的发行基金。1931年5月发行了面额为2角（见图2.9.1、图2.9.2）、5角（见图2.9.3）的纸币，发行数量严格控制在1万元以内。

图2.9.1　赣东北特区贫民银行2角银元券（正面）

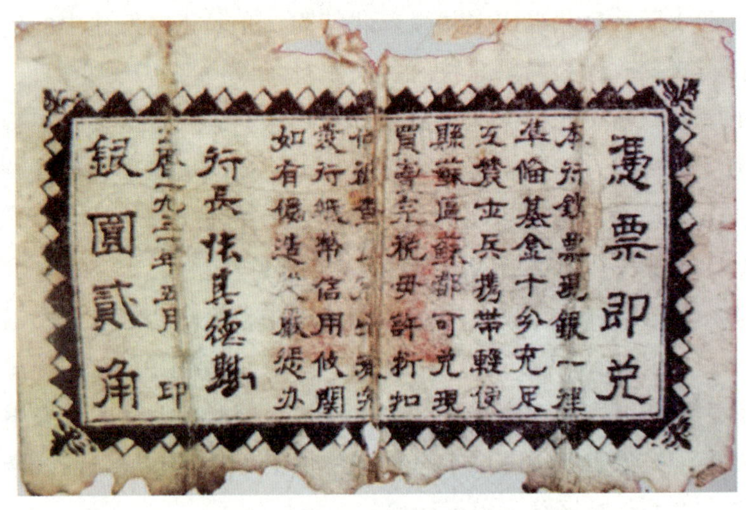

图2.9.2　赣东北特区贫民银行2角银元券（背面）

图 2.9.3　赣东北特区贫民银行 5 角银元券（正面）

1931 年中，由于国民党的“围剿”，根据地战事吃紧，经济困难，财政入不敷出。1931 年 7 月至 8 月，特区贫民银行适时增发了 3 万元贫民银行券，以解决财政临时性困难，支援战争。存续期间，特区贫民银行坚持维护纸币信誉和保证财政有一定发行基金储备的基本原则，以 20 万元的保证基金总计发行了 4 万元纸币，大约只是当时 1 个月的军政费用，流通在信江两岸。

3. 赣东北特区苏维埃政府的货币金融政策

为扩大银行券的使用范围，争夺货币流通市场，活跃内外贸易，苏维埃政府制定实施了一系列货币政策：一是严禁私人银行发行纸币，只有苏维埃的银行有权发行货币，发行的纸币保证兑换银元；二是在苏区内一律使用苏区票，国营商店、消费合作社、工农药店只能收贫民银行券，不收银元，白区纸币只能用于到白区购买物资；三是允许白区商人到苏区做生意，但销售所得的贫民银行券只能用于苏区购买物资，不能兑换银元；四是到白区采购需经过批准，向银行兑换银元；五是对拒不收受苏币的商人，给以宣传解释，对有意拒收和破坏贫民银行券的奸商和敌人坚决予以打击；六是结合政治军事形势、运用各种宣传工具、采取多种方式大张旗鼓地宣传贫民银行建立的目的和意义，做到人人皆知，通过以上管控货币的政策和举措，保证贫民银行券在市场上顺畅流通。

这些政策原则还印在了纸币背面，即“本行钞票，现银一律，准备基金，十分充足，工农士兵，携带轻便，县苏区苏，都可兑现，买卖完税，毋许折扣”。

谢文清（曾任闽浙赣省苏维埃财政部副部长）将贫民银行券占领市场的过程总结为“扩”“排”“变”“肃”四种策略，即扩大银行券的流通范围，排挤与取缔白区货币流通，逐步在白区变为敌我两种货币混合流通，进而随着根据地的巩固肃清白区货币。

4. 赣东北特区贫民银行开展的主要金融业务

根据地革命斗争形势十分严峻，国民党频繁的军事“围剿”，对苏区实行严密的经济封锁。赣东北特区苏维埃政府成立后，各项经济工作尚未有大的发展，特区贫民银行开展的贷款业务80%投向财政。为贯彻苏维埃政府优先发展农业、扶持工商业、沟通对外贸易的经济任务，特区贫民银行还向苏维埃商店、生产和消费合作社、对外贸易处、船舶检查站还有农户，发放一部分贷款。另外，收购金银、兑换银元所需纸币占到了整个货币发行量的20%。

特区贫民银行通过三种渠道回笼货币：一是通过苏维埃商店、工农药店、经销对外贸易处、船舶检查站回笼货币。这些单位一年平均收入近万元，会有部分存入银行。二是通过财政税收回笼货币。从1931年下半年开始，赣东北根据地征收累进征收制的农业税、商业活动营业税以及过往船只运载货物价值1%~5%的商品税，这些税收收入会存入银行。三是通过农业、工商业等国营、私营经济组织归还贷款本金与利息。

（三）赣东北省苏维埃政府与赣东北省苏维埃银行

1. 赣东北省苏维埃政府的财政与经济

1931年1月7日，中共六届四中全会在上海举行。在这次会议中，王明“左”倾冒险主义取得了在中共中央的领导地位，同年7月，到达赣东北的中共中央代表曾洪易（后叛变）组织召开赣东北第一次党员代表大会，取消赣东北特委，成立赣东北省委。1931 年 11 月 7 日，在中华苏维埃共和国中央政府成立的同一天，赣东北省苏维埃政府同时成立。由于方志敏在群众中威望很高，仍当选为省苏维埃政府主席。

1931 年 7 月，蒋介石亲任总司令，调集 30 万兵力，聘请德、日、英军事顾问，屯兵 2 万人于信江两岸“围剿”苏区，以隔断赣东北与中央革命根据地的联系，对赣东北苏区展开钳形包围。面对敌军第三次大规模“围剿”，曾洪易全面否定方志敏、邵式平等向敌人力量薄弱的皖南、浙西转移的主张，错误实行“持久围攻堡垒”的军事方针，因此红十军在战争中处处被动，受制于敌，导致赣东北革命根据地不断收缩，完整的县城只剩下横峰一个。1932 年 4 月，方志敏等同志坚持冲破“左”的束缚，率领红十军采取机动灵活的战略战术，从外线作战，争取战争主动权，扭转根据地不断收缩的危局，开辟多处游击区。1932 年 6 月，面对蒋介石反动集团 8 个师 36 个团的重兵压境，方志敏率领红十军连战连捷，与到达闽赣边境的中央红军遥相呼应，彻底粉碎了敌人的第四次“围剿”。至此，赣东北省苏维埃区域扩大到皖南、浙西和闽北崇安、建阳、蒲城，形成方圆 300 余里的革命根据地，建立了 30 多个县政权。

1931 年上半年，受战斗频繁、经济封锁严密和党内极“左”路线干扰，赣东北革命根据地的经济状况面临严峻的局面，赤白两区贸易中断，军需、日用品供应不上，原有的苏区商店、工厂停办，打土豪、没收地主豪绅的财源越来越少，面对经济的窘迫，方志敏提出，不能做好财政工作就不能保证战斗的胜利。

1931 年冬，赣东北省苏维埃政府成立后，当选为主席的方志敏立即主持召开赣东北省苏维埃政府财政经济会议，研究发展苏区经济。这次会议提出了四项任务：抓好财经建设，打破敌人经济封锁；办好省苏银行，统一金融货币管理；抓好贸易税收，疏通赤白（区）物资交流；办好工商企业，繁荣经济，活跃市场。

在省苏维埃政府的努力下，赣东北省迅速掀起发展经济的热潮。一是大力发展苏维埃工业，先后开办 3 个造纸厂、2 个煤厂、5 个锅炉厂、1 个纺织厂。二是普遍建立消费合作社，到 1932 年，合作社每月营业额达到 10 万元左右，还在省、县设立苏维埃商店，开辟从赣东北到浙西和皖南多条红色贸易线路，扩大赤白两区物资流通。到 1932 年冬，赣东北苏区设立 16 个对外贸易处，每月营业额达到 20 万元。1932 年 7 月，闽北苏区建立以崇安为中心沟通河口、浦城、建阳之间的贸易处，还开办了若干商店和药店。三是为了鼓励和发展农业，赣东北省苏维埃政府在 1932 年的 2 月、4 月、5 月分别颁布了《关于耕种运动的决议》《土地税征收法》《土地分配法》等开展土地革命和生产运动的政策文件，组织冲锋队、突击队，动员苏区群众开垦荒田和兴修水利，到 1932 年稻谷、麦子、豆类等产量都大幅增加。随着战争的胜利和经济的大力发展，省苏维埃财政收支状况有了明显好转，财政实力得到了极大的充实。

2. 赣东北特区贫民银行升级更名为赣东北省苏维埃银行

赣东北省苏维埃政府 1931 年 11 月 7 日成立后，加强金融管理，将赣东北特区贫民银行升级更名为赣东北省苏维埃银行，行长仍由张其德担任。赣东北省苏维埃银行扩大业务范围，金融业务辐射延伸到皖南、浙西、闽北。

1931 年底，赣东北省苏维埃银行闽北分行成立，行长由分区财政部长徐福元兼任，行址设在闽北苏区首府大安，配有 7 名工作人员。1932 年初，闽北分行在崇安各区县募集开业股金，每股 1 元银元。因闽北与赣东北根据地是独立两片苏区，闽北分行遂在赣东北省苏维埃银行指导下独立开展金融业务活动。

赣东北省苏维埃银行更名初始，一直沿用赣东北特区贫民银行券。第三次反“围剿”胜利后，根据地扩大到了闽北、浙西和皖南一些地区，货币流通的范围进一步扩大，货币需要量急剧增加。1932 年 6 月，赣东北省苏维埃银行经省苏维埃政府批准，发行了 1 角、5 角和 1 元三种赣东北省银行券，截至 9 月，只增发纸币 1 万余元。第四次反“围剿”取得胜利之后，苏区根据地得到了进一步扩大和巩固，苏区内各项事业呈现勃勃生机，工农业生产积极性高涨，商贸活动频繁活跃。为了适应新的经济发展需要，赣东北省苏维埃银行又发行新版银元券 1 元、1 角两种赣东北银行券（见

图 2. 9. 4、图 2. 9. 5），前后两次发行总计 6 万元。

图 2. 9. 4　赣东北省苏维埃银行 1 元券（正面）

图 2. 9. 5　赣东北省苏维埃银行 1 角券（正面）

闽北分行有独立发行权，1932 年 1 月，以苏维埃政府掌握的银元和粮食为保证基金，发行了票面为银元 1 角、2 角、5 角和 1 元四种赣东北闽北券（见图 2. 9. 6）。由于赣东北省苏维埃政府广设对外贸易机构，遍及闽、浙、皖、赣边境的广大地区，所以省苏维埃银行券流通范围扩大到了闽北、浙西和皖南各个游击区，在赣东北省存续阶段，银行券币值一直与银元保持 1∶1 的比率，币值相当稳定。

图 2.9.6　赣东北省苏维埃银行闽北分行 2 角券

3. 赣东北省苏维埃银行时期的货币政策

赣东北省苏维埃银行的货币发行统一纳入政府计划，必须经苏维埃政府批准，货币发行决策权集中于省苏维埃政府。苏维埃政府始终坚持方志敏提出的“发行纸币要有基金，要有信用，要保持币值稳定”的货币发行原则，严格把控省苏维埃银行占比很大的财政性发行，对于临时解决财政困难而多发的货币，通过开源节流的财政政策一方面加强对土地税的征收，扶持工商业和对外贸易，增加财政收入；另一方面减少行政费用，降低伙食标准，平衡财政收支。这些措施提早部署，长期坚持，以稀释和消除纸币超发的不良影响，维护苏维埃银行的信誉和币值物价稳定。

（1）想方设法控制银元外流。当时苏区根据地的重要物资，如药品、食盐、布匹等一些日用品以及军械军需之物必须到白区用银元购买。所以想方设法储备和收兑银元是苏维埃政府和银行的重要任务。赣东北省苏维埃银行和闽北分行在省苏维埃政府的领导下，采取用发行“兑换券”作为对外贸易结算的办法管控银元的使用，白区商人收入所得和苏区农产品购入、缴税都用兑换券结算，整个商品交换过程不兑银元。1931 年，在土地税征收办法中规定，土地税十分之八收财物；十分之二收银元或苏维埃纸币，以便于收集银元和回笼纸币。

（2）针对拒收纸币现象，加强对群众的宣传教育，对顽固分子和不法分子予以法律制裁。中国历史上普遍使用的是金属铸币，“不用纸币存现洋”观念根深蒂固，广大工农群众很难对一张纸的价值与银元等同，刚开始在苏区推行苏币都会遇到减价使用、拒用的现象。为了提升苏维埃纸币的信誉，进一步维护苏维埃政府的威信，省苏维埃政府采取法律制裁和宣传教育相结合的方式，两手抓。一方面省苏维埃政府出台了一系列法令保护苏币的信用，明文规定“买卖完税，毋许折扣，倘被查出，定必彻究”。1932 年 5 月 27 日下发两道通令，要求动员群众团结起来，反对不用苏区货币的富农思想，提出如是富农反革命煽动群众不用苏区货币的，应以破坏苏维埃经济政策论，照苏维埃法律处办，小商人不用的同样论处。另一方面，对群众采取多式多样的宣传教育方式，以抵制造谣破坏的恶劣影响。另外，赣东北省苏维埃银行在多处设立兑换所，主要任务是积极备足银元，随时满足群众的兑换需要，增强苏币的信用。

苏币的信用也代表着劳苦大众对苏维埃政府和红军的信任、拥护和支持。为维护苏币信用，红军每攻克一个地方，先使用苏币向群众购买物资，当要撤离时，都会用银元兑换回群众手中的苏币，绝不让群众利益受损。

赣东北省苏维埃银行自 1931 年 9 月开始营业，至 1932 年 12 月停止营业，共计一年零三个月。这一时期省苏维埃银行和闽北分行加大了对工农业生产的贷款投放，贷款总额的 80% 左右投向农业、工商业，还有一部分投放成兑换票，用于白区商人来苏区的贸易。存款主要以财政收入为主。

由于赣东北省苏维埃银行充分发挥资金的杠杆调节作用，整个根据地经济形势一片欣欣向荣之态，财政税收由负转正，财力得到了很大的提升。

（四）闽浙赣省苏维埃政府与闽浙赣省苏维埃银行

1932年9月，方志敏、邵式平等人置个人安危于不顾，从大局出发，抵制住王明路线“持久围攻堡垒”的错误战略方针，坚持诱敌深入、避实击虚的游击作战经验，率红十军二进闽北，经过浴血奋战，获得空前胜利，使1927年底弋横暴动创建的小块红色区域在短短几年内就扩大到闽浙赣三省边境赣东北、闽北、浙西的广大地区。1932年12月，党中央根据闽浙赣革命斗争实际情况，批准中共赣东北省委改建为闽浙赣省委，万永诚任书记，12月11日，赣东北省苏维埃政府改为闽浙赣省苏维埃政府，方志敏任主席。省会仍在江西横峰县葛源镇。

1. 闽浙赣省苏区的财政与经济

闽浙赣省苏维埃政府成立后，因革命斗争形势的变化，经济金融建设的主要时期是1932年12月到1934年春。1933年3月18日至23日，闽浙赣省第二次工农兵代表大会在江西横峰葛源召开，会议通过《财政与经济问题的决议案》（以下简称《决议案》），肯定赣东北省苏维埃政府一年间在财政收入、经济建设方面的显著成绩：“做到以税收为主的经常收入”“红军筹来的款子，只占很小的比例数。”在经济上，“许多苏区的需要品自行制造，尤其是耕种运动的发动。增加苏区谷米的生产，对外贸易处工作的改善，在敌人的封锁之下，流通了苏区与非苏区的贸易，而且部分的由入超变为出超。消费合作社已普遍建立，并建立少数生产合作社”。

《决议案》还重点对下一步经济金融工作提出了改进意见，主要内容有：

一是始终坚持优先发展农业。《决议案》中提出“尽量发展苏区生产，鼓动群众加紧春耕，垦荒运动，培植森林及提倡畜牧运动，提高农业生产”“尤其是闽北的茶业竹木纸张和闽笋，更应培养与制造”。方志敏在《工农报》上发表社论《为全部实现农业计划而斗争》，号召各级苏维埃政府要把苏维埃决议内容完全传达到群众中去，并且要求“所有规定的生产计划，要全部实现或超过”。党和政府领导组织根据地群众开展生产比赛，发动反懒惰斗争，组织突击队、模范队，奖励群众开垦荒田荒地。

二是大力发展工业、手工业和生产合作社。在原赣东北省的基础上，鼓励和帮助群众集资开办各种生产合作社（如烧石灰、开煤炭、纺织等）以及信用合作社，发展苏区生产。《决议案》还要求根据地“要发展各种家庭手工业制造苏区各种日用品……各种印刷用品，及医药上某些用品，均需尽量在苏区内自行设法制造”。

三是保证贸易自由，奖励出口贸易。允许白区商人来苏区做生意，鼓励将苏区多余的农产品和工业品，高价运输出口，鼓励多出口闽北的茶叶、竹木、纸张、闽笋等，对白区的贸易逐渐变“入超”为“出超”，增加苏维埃政府银元的收入和储备。

四是发挥苏维埃银行发展生产调节金融的作用，帮助政府解决财政困难。《决议案》中对银行基金的扩充、资本的使用、货币的信用、贷款的用途都作出了明确的要求和指引。《决议案》提出，鼓励群众向银行入股与储蓄，以扩充银行基金；银行的资本，主要用于帮助各种合作事业的建立与发展，并贷款给工人、农民、小手工业者，帮助他们制办工具，购进耕牛、耕具和肥料。

在闽浙赣省苏维埃政府的领导下，根据地党政军民齐心协力，发展生产，截至 1933 年底，粮食生产远超计划目标，不仅能自给自足，而且还出口几十万石余粮，油、茶、竹、木等农副产品年产值高达 300 万元。国营商店发展到 60 多家，实现全年营业额 50 多万元，区乡消费合作社的全年营业额达到了 76.7 万余元，赤白贸易也出现了顺差的好效益，进口总额达到 12.4 万元，出口总额 19.9 万元，扭转逆差局面，实现贸易盈余 7.5 万元。

2. 赣东北省苏维埃银行升级为闽浙赣省苏维埃银行

1932 年 12 月，随着赣东北省苏维埃政府升格更名为闽浙赣省苏维埃政府，赣东北省苏维埃银行亦改为称闽浙赣省苏维埃银行，行址设在省会所在地葛源，行长由原赣东北省苏维埃财政部部长张其德兼任，经理是欧阳奂。

赣东北省苏维埃银行闽北分行随之更名为闽浙赣省苏维埃银行闽北分行，原省苏维埃银行下属的德兴、上饶、贵溪兑换所，也一律改为分行，因为这些分行所在地大多是物资流通量大、交易频繁的边境县，所以分行不但进行兑换业务，还办理储蓄和发放小额贷款。

1933 年初，为提高银行的实力，保证发行货币的信用，体现工农权益，全省第二次工农代表大会审议通过《财政与经济问题的决议案》，鼓励群众集资入股银行。同年 9 月，全省支部书记联席会议及第一次全省贫农团代表大会要求财政部将添招 10 万元银行股票作为经济动员最中心工作之一。这次招股工作由闽浙赣省苏维埃政府领导下的招股委员会负责，计划发行每股 1 元的定额股票（见图 2. 9. 7），股息为 6 厘（0. 6%），年终结算。营业盈余扣除开支费用和股息，每年所有纯净红利将照股分红。发行期从 1933 年 9 月到 1942 年止，共计 10 年。

图 2. 9. 7　闽浙赣省苏维埃银行 1 元股票

募股工作出乎意料地顺利。就在这次联席会议上，以各支部为单位自报推销的银行股票数额共计 4 万多股，在向根据地群众募资的过程中，招股委员会采取多种形式，做好宣传解释工作，基于对苏维埃政府和红军真挚的信任和感情，群众积极踊跃认购股票，短短 3 个月的时间招股扩资的任务圆满完成。

3. 闽浙赣省苏维埃银行的货币发行

闽浙赣省苏维埃银行成立后，在 1933 年分别发行了银元 1 元、1 角两种银行券（见图 2. 9. 8、图 2. 9. 9、图 2. 9. 10）、“铜元 10 枚”银行券（铜元 360 枚等于 1 元，36 枚等于 1 角，见图 2. 9. 11）。闽北分行 1934 年 11 月发行了 1 元、1 角两种银行券（见图 2. 9. 12）。

图2.9.8　闽浙赣省苏维埃银行1元券（正面）

图2.9.9　闽浙赣省苏维埃银行1元券（背面）

图2.9.10　闽浙赣省苏维埃银行1角券

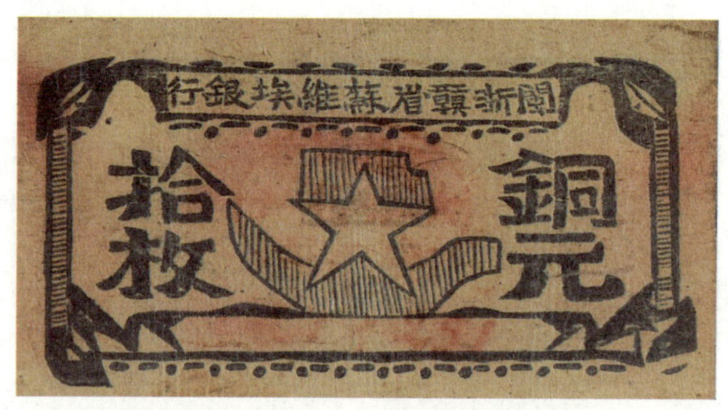

图 2.9.11　闽浙赣省苏维埃银行铜元 10 枚券

图 2.9.12　闽浙赣省苏维埃银行闽北分行 1 元券

1933 年初，闽北根据地为了解决对银元的大量需求，在武夷山大安成立了闽北分区造币厂，开始铸造银元，仿铸过民国三年版袁世凯头像银币，孙中山侧面头像银币、墨西哥鹰洋等，自行设计并铸造了列宁侧面胸像的中国苏维埃银币，以及地球和象征全世界工农联合的镰刀、锤子交叉图案的闽浙赣省苏维埃银币。

历史上每当战争来临，都需要大量使用铸币进口战略物资，储备的铸币不断减少，如果停止兑换，不顾经济的实际情况，滥发纸币为战争筹款，会使纸币大幅度贬值，购买力大幅缩水，民众蒙受损失。银行滥发货币补充财政的方式是竭泽而渔、饮鸩止渴。为避免滥发纸币对苏维埃政权的毁灭性影响，省苏维埃政府坚持货币发行规律和原则，坚持贯彻方志敏提出的“货币发行要讲信用”的政策主张，实现了“尽量不用货币发行来弥补财政开支”的要求。

1933 年下半年，方志敏指示，将财政部金银全部拨给银行，“由银行代理金库……如资金不足可以向银行借款”，随时充实省苏维埃银行的准备金实力。1934 年后，闽浙赣省苏维埃政府面对敌军疯狂的大规模进攻，财政压力日益吃紧，预备和筹集充足的银元准备金，以掌握的金银和土地税为发行基金，通过省苏维埃银行增发了一定量货币，到第五次反“围剿”失利，中央决定战略大转移时，闽浙赣根据地总计发行了将近 100 万元货币。由于多年来积极发展工农业打下良好的经济基础，又能做到随时满足人民群众的兑现要求，闽浙赣苏币币值一直都较为稳定，与银元等值流通。

除发行定量货币，省苏维埃政府还通过发行公债筹集军政费用和经济建设资金，弥补财力不足，做到了少用货币发行的手段来弥补财政开支，同时给百姓提供投资机会。1934 年 7 月，由省苏维埃财政部部长（兼省苏维埃银行行长）张其德署名，省苏维埃政府发行了“粉碎敌人五次围攻决战公债券”，公债券的背面印有《发行公债条例》。《发行公债条例》共分八条，详细公布了债券的筹集资金总额、利率、资金用途、本息偿还时间、担保、负责机关。决战公债拟发行 10 万元，定期 1 年，年利率为 1 分（1%），筹集到的资金 80% 用于决战经费，10% 开展苏区经济建设，10% 用于救济革命群众。

推销发行公债由各级苏维埃财政部负责。根据地人民群众积极购买革命战争公债，从经济上支援反“围剿”战争，后因苏区主力红军编成北上抗日先遣队，闽浙赣苏区陷落，未能偿还。新中国成立后，人民政府如数偿还了苏维埃公债，兑换了群众未用的苏区纸币。

4. 闽浙赣省苏维埃银行开展的金融业务

国民党反动军队不断骚扰苏区，苏区工农业生产不断遭到严重破坏，省苏银行按照省苏维埃政府经济发展的政策要求，采取区别对待的信贷政策，积极开展金融活动，重点支持农业，为生产合作社解决制作耕具和生产肥料的资金需要，由群众集资经营的各类生产与消费合作社由职工会担保，给予必要的贷款解决农户购买基本生产生活资料的资金需要，大大激发了群众的生产热情，苏区农业呈现一派大好形势。1933 年底，根据地农业大获丰收，粮食产量增加两成，油茶收成翻番，同时开垦了 3 万多亩荒田。

在苏维埃货币信贷的支持下，根据地的工业生产和内外贸易，特别是省苏维埃政府主办的国营工业企业都有了一定的发展；对于私营商贩的临时资金周转，银行对其的贷款活收活放；为了活跃苏区经济，银行还在上饶、弋阳、横峰等地建立了信用合作社，实行低息或免息借贷。商贸物流、生产和消费合作社、煤厂、纺织厂、锅炉厂等经济实体蓬勃发展，初步形成门类齐全的经济体系。

纵观闽浙赣革命根据地银行从初始建立到停办短短 4 年多的时间里，在苏维埃政府和方志敏的领导下，苏维埃银行不惧没有经验可鉴的艰苦条件和经济封锁的严峻困境，以大无畏的勇气、极富远见和创造性的智慧和胆识，从零起步，建立起独立自主的苏区金融货币体系。即使战火近燃、财政紧张，仍创造性地运用金融手段调节经济。完全不同于帝国主义列强将金融作为掠夺和搜刮人民财富的“剪羊毛”工具，苏维埃银行独立自主地发行工农民主政权货币，将资金以低息或免息的方式投入经济建设，保持币值稳定、发展苏区工农业，切切实实将融通经济的金融功能转化为苏维埃政府的财政税收，充实了财政实力，在经济上保障根据地人民群众利益，支援根据地革命斗争。

十、湘鄂赣革命根据地红色金融事业

在湘鄂赣地区，湖南平江、浏阳一带早期因与省会长沙接近，民国时期是较为富庶之地。1926 年底，黄金洞采矿业、纸业是平江的主要工业，全县有数十万工业人口，城乡商铺达 1 000 多家；浏阳出产鞭炮、夏布等大宗商品，煤矿、铁矿、银矿等矿业也较为发达，而赣边的修水、铜鼓、宜春、万载县和鄂东南地区城乡经济却比较落后。具有一定规模的大冶采矿、炼铁、水泥、阳新煤矿都由官僚和列强资本家控制，生产日用消费品的都是小规模的手工作坊。湘鄂赣地区工人待遇极差，工资极低，每日都要工作 12 个小时以上，生活相当困苦。随着帝国主义经济侵略的链条逐渐从通商口岸延伸到内地，挤压整个中国民族工业体系的生存空间，加上繁重的苛捐杂税，湘鄂赣地域上一般的中小工商业几乎濒临破产。

金融市场也经历了一次次残酷的洗劫。国民党军阀敛钱打仗，滥发地方公债和不兑现的纸票，当地民间、地方商号杂滥发行花票，据《宜春市志》记载，当时宜春县有 80 多家商店发行花票，钱庄、商行发行万串铜元票，利用物价上涨、货币贬值牟取暴利，群众称此为“化水”。国民党政府对民众的洗劫，致使工厂倒闭、生产停顿、商户零落、百业凋敝，工人失业，广大农村十室九空，田园荒芜，流徙逃亡，所以反压迫的斗争此起彼伏。湘鄂赣革命根据地的开辟给了苦难深重的工农群众以新的希望。

（一）湘鄂赣革命根据地创建历程

1928 年 7 月，彭德怀、滕代远、黄公略领导平江起义，占领平江县城，组建了中国工农红军第五军，开启创建湘鄂赣革命根据地的序幕。国民党当局漠视百姓疾苦，将人民群众的革命反抗视为洪水猛兽，严酷镇压。平江起义后，国民党组织“清剿”军疯狂反扑，红五军被迫离开平江城，转战湘鄂赣边境地区。仅湘鄂赣边境各县惨死在国民党屠刀之下的共产党人和革命群众至少有两万人，有的全家被杀，有的一家仅能逃亡一两个人。190 多个大小村庄，除 8 户地主家外全部被极其残忍地杀害。

红五军机动转战湘鄂赣边境地区，所到之处迅即开展土地革命，组织和带领群众打土豪、分田地，在各县乡纷纷组建红色政权。1931 年 7 月，中共湘鄂赣特委在湖南浏阳楚东山村召开湘鄂赣边第一次党员代表大会，选举产生了第一届中共湘鄂赣省委。省委下辖 36 个县委，其中江西 20 个，湖南 7 个，湖北 9 个。1931 年 10 月，湘鄂赣省工农兵苏维埃政府正式成立，湘鄂赣革命根据地进入了省级苏区政权发展时期。

湘鄂赣革命根据地位于湘东北、鄂东南、赣西北地区，南与湘赣根据地相接，北与鄂豫皖、湘鄂西根据地隔江相望，是中央革命根据地西北方向的有力屏障，是连接中央根据地与鄂豫皖、湘鄂西根据地的纽带。根据地最大范围时，占领和直接管辖的区域东西达 300 多公里，南北将近 500 公里，人口 300 万，包括湘、鄂、赣共 40 余县。到 1932 年 8 月，湘鄂赣苏区党员 5 万多人，主力红军达到 1.5 万人。

湘鄂赣革命根据地的斗争直接支援了井冈山根据地的斗争，支援了中央苏区和其他苏区的发展以及红军长征和其他游击区的斗争。湘鄂赣根据地是三年游击战争坚持时间最久的根据地之一。中央红军撤出中央苏区后，湘鄂赣根据地红军克服重重困难坚持斗争，最终保存下来一支 1 100 余人的队伍。1938 年 2 月，这支队伍编入新四军第一支队第一团，走上抗日救国的第一线。

（二）湘鄂赣革命根据地金融机构创建概况

随着根据地的创建和苏维埃政权的建立与统一，新成立的苏维埃政府十分重视经济工作的开展，提出开源、节流和通融三种办法。农业方面由贫农团成立督耕委员会，进行督促检查。工业方面，由工会管理生产和组织劳动竞赛。财经方面，成立财经委员会（后称财政部），在区、乡两级设财政委员。金融方面，短短二三年，成立 20 多个苏区银行。金融机构的创建，货币的发行，向公私企业和个人发放的低息贷款，加强现金出口管理，繁荣和发展工农业经济，解决了苏区大部分的军政费用，对支持革命战争、巩固苏维埃政权作出了不可磨灭的历史功绩。

湘鄂赣苏区是第二次国内革命战争时期（土地革命时期）全国苏维埃地区建立金融机构最多、名称变化最大的地方。从 1929 年冬至 1931 年秋，多地的区、县苏维埃政府建立了工农银行，先后设立区一级农民银行、县级工农兵银行、省级工农银行，发行了几种版别的银币和 50 多种苏区纸币。

湘鄂赣根据地自红色政权建立后，便即着手筹建金融机构，湖南平江县、浏阳县，江西万载县、修水县、铜鼓县、宜春县等地区县级银行纷纷成立。鄂东阳新县、大冶、通山、武宁、瑞昌等县也相继建立县或区一级的农民银行，随后组建的鄂东农民银行统一了鄂东苏区金融，各区县银行成为分行或代办所。随着湘鄂赣根据地党政关系的变化和金融事业的发展需要，鄂东农民银行改建为鄂东工农兵银行，后又更名为鄂东工农银行。1932 年 2 月 1 日中华苏维埃共和国国家银行正式开业，中共湘鄂赣临时省委和省苏要求收回已发行的苏票，建立国家银行湘鄂赣省分行。但因国民党敌军接连发动第四、第五次“围剿”，战争局势日趋严峻，苏区内部全面执行王明“左”倾机会主义错误路线，根据地内外交困，湘鄂赣省分行最终未能如愿成立。

1. 湖南苏区成立的金融机构

（1）平江县工农银行。平江起义之后，平江城多次被占，又多次被红军克复，直到 1930 年 12 月，平江县工农兵苏维埃政府组建，部队在平江才得以喘息。刚刚诞生的革命政权面临平江自国民党反动派烧杀清乡以后，农村经济破产、城市工商凋零、工人大批失业、贫民生计无着的困境，社会萧条、经济崩溃、百废待举，平江县工农兵苏维埃政府决定成立平江县工农银行，通过银行发行货币，低利借贷，启动经济。

为尽快打开局面，苏维埃政府发布《平江县苏维埃政府为创办工农银行颁发的布告》和敬告群众书（见图2.10.1），向群众进行政治动员和广泛宣传，并直接指明了工农银行的阶级立场和阶级任务：“在国际资本帝国主义对中国实行商品剥削、资本输入、金融侵略的历史时期，在国内新旧军阀连年混战，工人农民承担的苛捐杂税不断加重，工农劳苦群众的生活日益痛苦的情况下，特别是在国民党反动派对苏维埃区域实行严密的经济封锁，苏白两区展开激烈的经济斗争的时刻成立崭新的工农银行具有重大意义，开辟了中国经济史上的新纪元。”

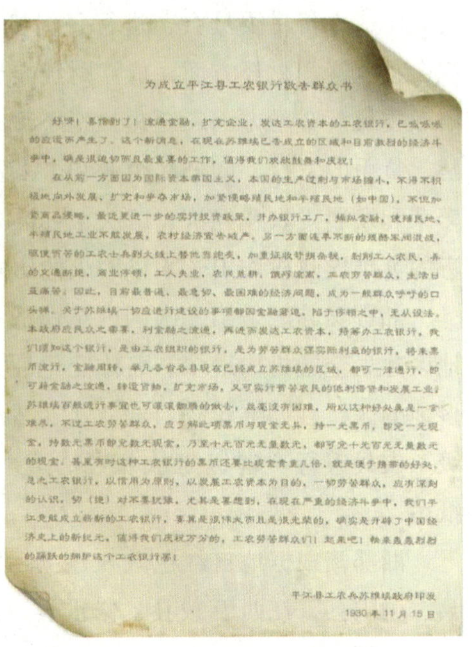
为成立平江县工农银行敬告群众书

好呀！喜报到了！流通金融，扩充企业，发达工农资本的工农银行，已呱呱坠地而产生了。这个新消息，在现在苏维埃已经成立的区域和目前激烈的经济斗争中，确是很迫切而且最重要的工作，值得我们欢欣鼓舞和庆祝！

在从前一方面因为国际资本帝国主义，本国的生产过剩与市场缩小，不得不积极地向外发展、扩充和争夺市场，加紧侵略殖民地和半殖民地（如中国），不但加紧商品侵略，最近更进一步的实行投资政策，开办银行工厂，操纵金融，使殖民地、半殖民地工业不能发展，农村经济宣告破产。另一方面连年不断的军阀混战，驱使贫苦的工农士兵到火线上替他当炮灰，加重征收苛捐杂税，剥削工人农民，弄的交通断绝，商业停顿，工人失业，农民荒耕，饿殍流离，工农劳苦群众，生活日益痛苦；因此，目前最普遍、最急切、最困难的经济问题，成为一般群众呼吁的口头禅。关于苏维埃一切应进行建设的事项都因金融窘迫，陷于停顿之中，无从设法。本政府应民众之需要，利金融之流通，再进而发达工农资本，特筹办工农银行，我们须知这个银行，是由工农组织的银行，是为劳苦群众谋实际利益的银行，将来票币流行，金融周转，举凡各省各县现在已经成立苏维埃的区域，都可一律通行，即可维金融之流通，转运货物，扩充市场，又可实行贫苦农民的低利借贷和发展工业；苏维埃各般进行事宜也可源源顺顺的做去，丝毫没有困难，所以这种好处真是一言难尽，不过工农劳苦群众，应了解此项票币与现金无异，持一元票币，即兑一元现金，持数元票币即兑数元现金，乃至十元百元无量数元，都可兑十元百元无量数元的现金。甚至有时这种工农银行的票币还要比现金贵重几倍，就是便于携带的好处。总之工农银行，以信用为原则，以发展工农资本为目的，一切劳苦群众，应有深刻的认识，切（绝）对不要犹豫，尤其是要想到，在现在严重的经济斗争中，我们平江竟能成立崭新的工农银行，事真是很伟大而且是很光荣的，确实是开辟了中国经济史上的新纪元，值得我们庆祝万分的，工农劳苦群众们！起来吧！赶来急急踊跃的拥护这个工农银行罢！

平江县工农兵苏维埃政府印发
1930年11月15日

图2.10.1　为成立平江县工农银行敬告群众书

平江县苏维埃银行成立较早，发行了数量、种类和版别比较多的纸币。有史记载的主要有四种，1931年发行1角、2角、5角、1元银元券，背面均印有《平江县工农兵苏维埃政府布告》，盖“平江县工农兵苏维埃政府财政委员会”红方章，5角和1元券的正面两边印制宣传口号“发展工农资本”“流通社会金融”，以加强人民群众对工农银行的认识和信任。

（2）浏阳工农兵银行。平江起义后，浏阳人民在中共浏阳县委领导下和红二纵队的支援下，经过一年多的反复斗争，1930年4月占领浏阳。第一次工农兵代表大会召开成立县苏维埃政府，紧接着各区都先后建立苏维埃政权。第一次工农兵代表大会制定并通过了政治纲领，提出要“创办各种合作社及低利借贷机关”。同年11月第二次工农兵代表大会召开，会上再次明确作出“发行工农兵票币，流通金融，抵制敌人经济封锁”的决议。1931年1月，《成立浏阳县工农兵银行布告》正式颁布，银行发行货币的准备资金以全县累进税作抵押，发行的各种票币，随时兑换现金，赤色区域一律流通。工农兵银行承担“活泼金融，振兴实业，实行低利借贷，办理储蓄事业”的重要任务。

浏阳县工农兵银行成立后，何声教、黄文等人先后担任行长。银行成立当年即发行了 1 角、2 角、3 角银元券纸币，纸币背面印有《浏阳县苏维埃政府布告》，盖“浏阳县苏维埃政府印”红方章（见图 2. 10. 2）。

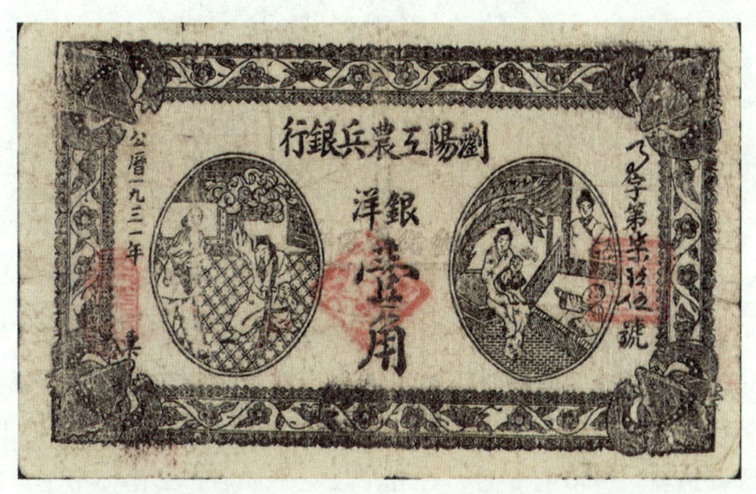

图 2. 10. 2　浏阳工农兵银行银洋 1 角券

2. 江西苏区成立的金融机构

（1）万载县工农兵银行。1930 年 5 月，万载临时县委在黄公略率领的红六军配合下，发动十多万群众攻克万载县。7 月 12 日，万载县第一次工农兵代表大会召开，正式成立万载县苏维埃政府。

万载县工农兵银行创立于 1931 年 1 月，行长是钟学槐（化名甘雨农）。银行成立后，为配合军事与经济斗争，积极开展各项金融活动，一是发行工农兵银行纸币，坚持十足兑现原则，禁止其他杂钞劣币在苏区内使用和流通，成立当年发行 1 角、2 角、1 元银元券，纸币上印制“流通市面”“兑换现金”字样（见图 2. 10. 3）；二是实行现金银洋集中管理，防止现金外流；三是实行低利借贷，发展苏区工农业生产，禁止高利贷；四是建立造币厂，铸造标志苏维埃政权的银元。通过以上举措有力掌控了当地经济金融发展的主动权，促进商贸逐渐繁荣，保障人民群众基本生活。

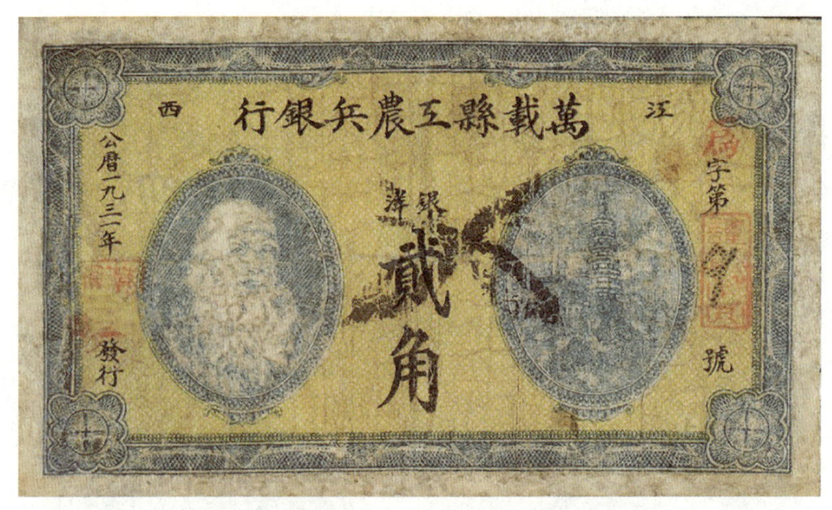

图 2. 10. 3　万载县工农兵银行银洋 2 角券

（2）修水县苏维埃银行。1928 年 8 月 6 日，红五军在修水县工农武装配合下一举攻破县城，成立修水县工农兵苏维埃政府。但不久国民党反动派对湘鄂赣三省“会剿”重兵压境，红五军被迫采取迂回游击，退出修水，转战湘鄂赣边境。1930 年 5 月，红五军攻克平江后，彭德怀率军再次东进修水，修水县委、县暴动委员会及时下达了暴动命令，各区、乡赤卫队、武装农民合计 8 万余人，浩浩荡荡汇集县城附近配合红五军最终攻克修水。这次胜利，严厉打击了修水县城地主豪绅及国民党的反动势力，振奋了修水及湘鄂赣边区工农群众的革命精神，有力地促进了革命根据地的发展，一年间，修水共建立了 7 个区、63 个乡、2 个集镇苏维埃政权。

在修水，金融事业发端于消费合作社。最初县苏维埃政府指示消费合作总社发行苏票和制造银元，行使银行职能。1931 年分别以“修水县立赤色消费合作总社”和“修水县立总合作社”的名义，各发行了 100 文、300 文、500 文和 100 文、300 文五种铜元票纸币，纸币上印有“发展社会经济”“流通赤色金融”宣传字样（见图 2. 10. 4）。1931 年 5 月，为集中统筹现金，扩大银行事业，修水县苏维埃第三次执委扩大会议决定，将银行职能从消费合作总社中分离，成立修水县苏维埃银行。修水县苏维埃银行存续了将近 3 年，第五次反“围剿”失败后和消费合作总社一起停办。

图 2. 10. 4　修水县立赤色消费合作总社 100 文券

（3）铜鼓县生产合作社和铸币厂。江西铜鼓县位于湘鄂赣边境腹地，平江起义后的红五军转战于湘鄂赣边境地区开展武装斗争，利用国民党二次北伐和内部混战的有利战机，迅速扩大革命割据区域，占领铜鼓。1929 年 11 月，铜鼓县第一次工农兵代表大会召开，同年铜鼓地区建立 20 多个乡苏维埃政府。县苏维埃政府成立后，就着手推进经济建设，恢复和发展工农业，解决粮食供应等基本问题，搞活经济商贸流通，铜鼓苏区经济渐渐繁荣起来。为调节金融、供应货币，1931 年 1 月，铜鼓县第二次工农兵代表大会决定成立生产合作社和消费合作社，以生产合作社为主体印制和发行纸币，发行了 1 角、2 角银洋券（见图 2. 10. 5）。苏维埃政府还成立专门的铸币厂铸造银元。

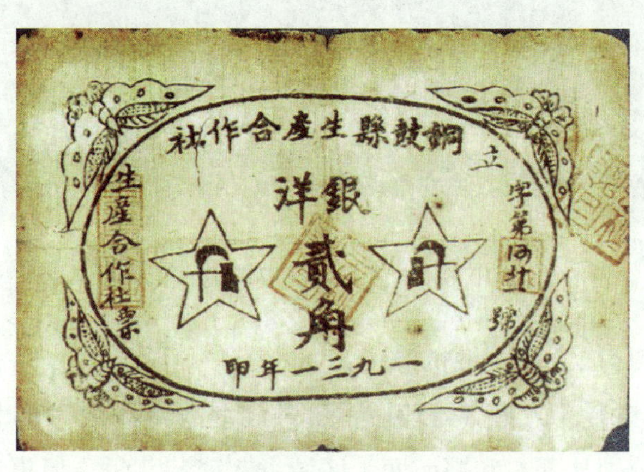

图 2. 10. 5　铜鼓县生产合作社银洋 2 角券

（4）宜春县工农兵银行。宜春县革命割据实现得较晚。1930 年 8 月，宜春县工农兵苏维埃政府着手进行土地分配和经济建设。设立工农兵银行是在 1931 年 8 月举行的第三次工农兵代表大会上作出的决定，县苏专门为此发布设立公告。公告指出，“凡百业之设施，首资财政金融之周转，端赖银行，值此阶级斗争之时，反动派施用镇压革命手段，层见叠出，尤其是对于经济方面封锁之余加以破坏，以致工人失业、农民荒耕，而苏维埃政府目前就进行事项亦陷入停顿之中，本府为适应经济发展需要，挽救群众利益起见……议决组织工农兵银行”，为发展生产，为群众谋利益，“银行资本以各生产合作社各工厂储蓄金作抵，发行各种票币，随时兑换现金，凡属赤色区域应准一律流通”。

由于根据地不断受到侵袭，宜春县工农兵银行行址搬迁了多次，但还是坚持开展发行货币、收拢现银、借贷兑换等大量工作。在 1931 年 8 月至 11 月，银行先后发行 2 角、3 角银元券。纸币背面印宜春县苏维埃政府布告，盖“宜春县苏维埃政府印”篆书红方章（见图 2. 10. 6）。

图 2. 10. 6　宜春工农兵银行银洋 3 角券

3. 湖北苏区成立的金融机构

鄂东农民银行。大革命失败后，中共湖北省委制定“湖北省秋收暴动计划”，决定分别从鄂东和鄂南两个区域发起武装斗争，但很快鄂南暴动被国民党的反动势力压制转入低潮。1928 年冬，国民党二次北伐结束后，蒋介石为了加强政治独裁，预谋从桂系手中夺取两湖地方政权，引起李宗仁等大为不满，蒋桂矛盾日趋尖锐。1929 年 3 月，蒋介石下令讨伐桂系，蒋桂战争正式爆发。新军阀混战，给革命形势带来了发展良机，鄂东区革命斗争更加活跃，在中国共产党的领导下，各县积极组织抗租、抗债、抗捐、抗税斗争。1930 年 5 月，红五军军长彭德怀率军挺进鄂西南，在当地红军协同作战配合下，有力打击了反动势力，鄂东南各级苏维埃政权逐步建立起来，工农武装割据基本形成。

为从经济金融上巩固苏区政权，各区、县苏维埃银行应运而生，特别是鄂东地区，阳新县苏维埃政府农民银行、大冶县工农兵银行、通山县代办所、武宁县工农兵银行、瑞昌县工农兵银行、通城县工农兵银行等农民、工农兵银行纷纷成立，遍及鄂东苏区。但各县各自发行货币给相邻县贸易造成很大不便，鄂东工农革命委员会 1930 年成立后，决定统一银行机构管理，统一金融政策和货币发行，组建鄂东农民银行。银行隶属鄂东工农革命委员会财政部，任命曹信白为主任，下设造票、收发、会计、出纳等股，原阳新、大冶、通山、瑞昌等县农民银行改组为分行或代办所。鄂东农民银行成立后即开始发行货币，图 2.10.7 为其发行的 1 串文。彼时鄂南区因为政权不太稳固，各区、县均未建立苏维埃金融机构。

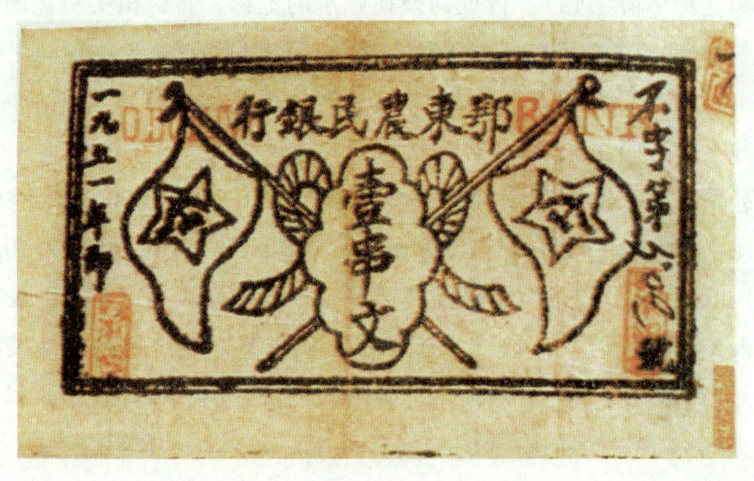

图 2.10.7　鄂东农民银行 1 串文

（三）湘鄂赣革命根据地金融机构的集中与统一

1. 湘鄂赣省工农银行

随着第一、第二次军事反“围剿”的胜利，湘鄂赣边区和鄂东南根据地政权得到了巩固和发展，迫切需要对财政金融工作统一领导和指挥。1931 年 7 月，中共湘鄂赣省委成立，在第一届第一次执委扩大会议通过的《决议案》中就金融工作提出以下四方面要求：一是要组织全省总银行，各县设分行；二是以准备基金 3 万元发行 10 万元纸币；三是铸造银币，集中现金，最好以生产品代替出口，非经政府许可，现金不得出口；四是实行低利借贷和储蓄。

1931 年 11 月湘鄂赣省工农银行筹备就绪，省苏维埃政府专门为省工农银行的成立颁布公告，宣布其创办宗旨是为了发展社会经济、冲破敌人封锁；主要职责是加强金融管理，统一货币发行，开展低利借贷，打击破坏金融秩序的不法分子，占领金融市场。公告要求根据地全体军民拥护省工农银行。原平江、浏阳、万载、修水、铜鼓、宜春等湘鄂赣边区各县原设银行均改为工农银行分行，鄂东南银行除外。

湘鄂赣省工农银行历任行长有李国华（原名张育贤）、涂正坤、刘文初、成功（原名陈鸿钧）。行址初设在修水的上杉，省级机关所在地，后又迁到万载小源。1934 年初，由于敌人进犯，湘鄂赣省工农银行向平江十八洞转移。到六七月，随着五次反“围剿”战事吃紧，红军开始战略转移，银行业务不得不停止。

湘鄂赣省工农银行存续期间，统一发行了 100 文、200 文、500 文、1 串文铜元票和 1 角、2 角、3 角、5 角、1 元银元券九种（见图 2.10.8、图 2.10.9）。这些纸币的背面均印有《湘鄂赣省苏维埃政府宣布省工农银行成立的布告》《苏维埃经济政策》，还印有“实行革命经济组织，冲破敌人经济封锁”“拥护苏维埃经济政策，冲破敌人经济封锁”革命宣传口号。

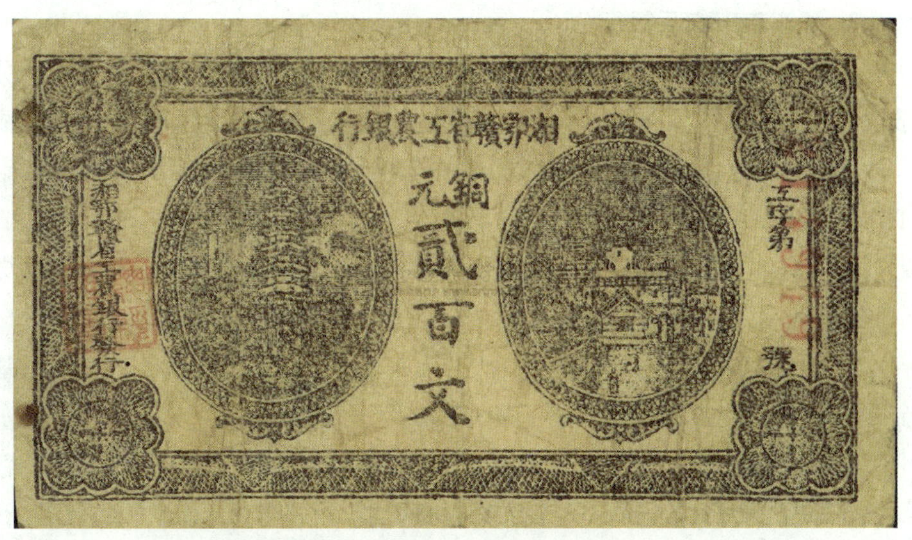

图 2. 10. 8　湘鄂赣省工农银行 200 文券

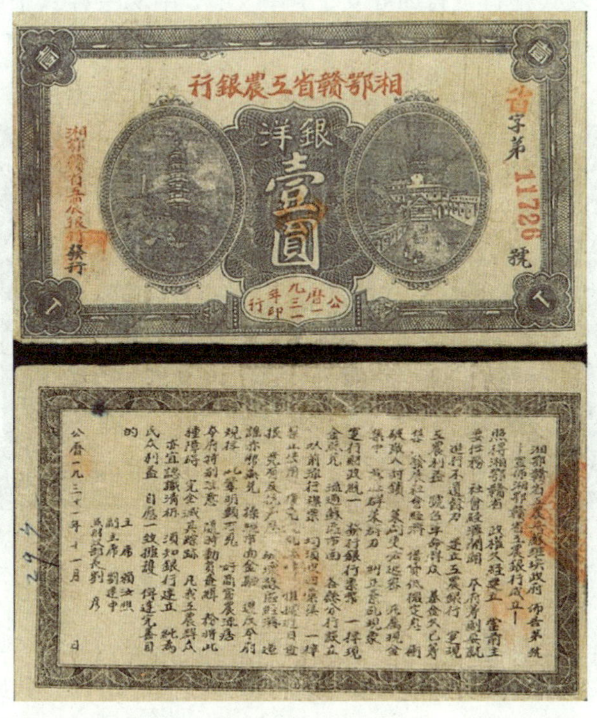

图 2. 10. 9　湘鄂赣省工农银行银元 1 元券

2. 鄂东南工农兵银行

鄂东南苏区是当时各革命根据地建立金融机构最多的地区，各区县分散设立银行，独立发行货币并开展金融业务。各自为政的金融现象给连成一片的苏区带来了混乱。随着湘鄂赣省苏维埃政府的成立，对辖区内金融工作的统一领导与管理迫在眉睫，改建后的鄂东南革命委员会成为湘鄂赣省苏维埃政府鄂东南办事处，成立伊始即制定《经济决议案》，决定成立鄂东南工农兵银行，各县只设立代办所，并且代办所不能另行印刷票币。

1931 年 10—11 月，以鄂东农民银行为基础，鄂东南办事处充实银行基金，调整机构设置，重新组建了鄂东南苏区的最高级别金融机构——鄂东南工农兵银行，任命阮筱涛为行长，下设会计、出纳、造票、借款、储蓄、收发等部门。原各县、区农民银行或代办所均改为鄂东南工农兵银行代办所，只允许办理信贷、兑换等业务，货币发行的权力统一到工农兵银行总行。

鄂东南工农兵银行发行 500 文、1 串文、2 串文三种六个版别的铜元票纸币（见图 2. 10. 10）。

图 2. 10. 10　鄂东南工农兵银行 2 串文券

大部分纸币背面印有《苏维埃经济政策》十条：

（1）没收帝国主义手中财产——租界、海关、银行、铁路、航业、矿山、工场等。

（2）不违反苏府法令的外国企业，准许照常营业。

（3）中国资本家及手工业企业，不违反苏府法令者，准许自由营业。

（4）实行劳工监督。

（5）保证商人自由贸易。

（6）禁止大商人垄断价格，封锁金融。

（7）禁止高利贷剥削，实行低利息借贷。

（8）发展合作社事业。

（9）废除一切苛捐杂税，实行统一累进税。

（10）减低房租，繁荣城市，改良城市贫苦人民的居住条件。

3. 鄂东工农银行和鄂东南工农银行

鄂东工农银行和鄂东南工农银行是在鄂东南工农兵银行的基础上依次更名改组成立的。1932 年 2 月，鄂东南办事处召开鄂东南各县苏维埃政府财政经济部部长联席会议，决议将鄂东南工农兵银行改为鄂东工农银行，同时接受湘鄂赣省工农银行和鄂东办事处经济部的指挥和管辖。

1932 年 3 月，鄂东工农银行正式挂牌营业，进一步加强了对鄂东南苏区金融机构的统一领导。随着 6 月鄂南苏区得到恢复，鄂东南第一次工农兵代表大会胜利召开，湘鄂赣省鄂东南苏维埃政府成立，鄂东工农银行随之改组更名为鄂东南工农银行，行址设在阳新县龙港，阮筱涛、蔡正华、罗文东等人分别担任过负责人。1932 年，鄂东工农银行和鄂东南工农银行分别发行了 1 串文、2 串文、5 串文、10 串文和 200 文、500 文等铜币券（见图 2. 10. 11、图 2. 10. 12）。

图 2. 10. 11　鄂东工农银行 1 串文券

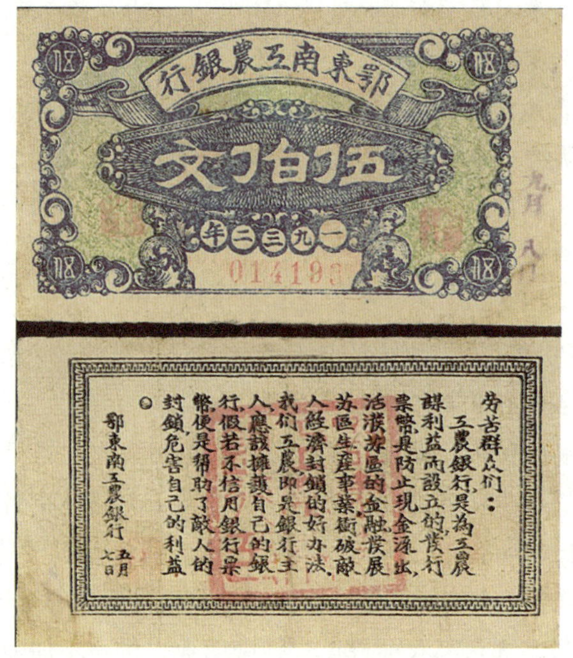

图 2.10.12　鄂东南工农银行 500 文券

4. 中华苏维埃共和国国家银行湘鄂赣省分行、鄂东南分行

第一次全国工农兵代表大会通过的《中华苏维埃共和国经济政策》（以下简称《经济政策》）提出了统一货币制度、金融机构体制的要求，《经济政策》中授予即将成立的国家银行及其分行发行货币的权力："为着实行统一货币制度，并帮助全体劳苦群众，苏维埃应开办工农银行，并在各苏维埃区域内设立分行，这个银行有着发行货币的特权。" 1932 年 2 月 1 日，以江西工农银行和闽西工农银行为基础组成的中华苏维埃共和国国家银行在瑞金正式成立。

依据《经济政策》有关精神，中共湘鄂赣临时省委和省苏决定建立"中华苏维埃共和国国家银行湘鄂赣省分行"，鄂东南苏维埃第一次代表大会也作出了相应的决议，决定组建"中华苏维埃共和国国家银行鄂东南分行"，国家银行湘鄂赣省分行、鄂东南分行开始进入筹建阶段。

1932 年 4 月，中共湘鄂赣临时省委提出三个月工作计划，明令"各级苏维埃拨出一笔现金，在三个月后成立中华苏维埃共和国国家银行湘鄂赣省分行”，省苏执委在《行政计划决议案》中指出：“俟票币收回后，工农银行的名义即取消，再由群众集股，各级苏维埃给以现金帮助，建立中华苏维埃共和国国家银行湘鄂赣省分行。”同时要求湘鄂赣省工农银行的苏票不得再发，分派各县和红军筹集现金以作分行货币发行基金，其中红十六军担负5万元任务，其余万载、宜萍、宜丰、铜鼓、浏阳、平江、修水、鄂南等县平均承担1万元左右。

由于反“围剿”形势急迫，战争频繁，这两家分行在筹建过程中，停发之前纸币、收回已发行的苏币、向群众集股、筹集基金等工作都重重困难，进展缓慢。1932年5月国民党反动派发动了第四次“围剿”，其中60多个团的兵力部署在湘鄂赣根据地周围。根据地仅靠少量税收和缴获物资不足以支撑大量军政费用和打破经济封锁，加之当时王明“左”倾错误路线在湘鄂赣省得到全面贯彻和执行，在财政金融方面采取极“左”政策，消灭私人资本主义企业，无序扩大纸币发行量以弥补军政赤字，湘鄂赣省工农银行不得已陷入边发行边回收的左支右绌之中。结果到1932年底，新发的纸币比回收的还要多，分配到各县的任务除修水县上缴190元银元外，筹集现金任务几乎完全落空。鄂东南分行也是同样情形。随着战争环境更趋恶劣，苏区范围不断缩小，这两家分行最终未能成立。

5. 湘鄂赣省苏维埃造币厂

随着湘鄂赣根据地县城被相继攻下，湖南省苏维埃政府以及平江、浏阳、万载、修水、铜鼓等各县苏维埃政府成立后，纷纷建立造币厂，将战争缴获和没收土豪的银洋、收购的群众银器首饰等银料，制造成银元，利用白区商人，沟通赤白贸易，破除国民党的经济封锁。1931年8月，湘鄂赣省苏维埃造币厂在湖南省苏维埃政府和各县造币厂的基础上筹建成立，统一铸造和发行银币。成立后湘鄂赣省造币厂铸造了当时在白区流通的“大头”“小头”和清“光绪”三种版别银元。在两三年里，造币厂大约铸造了10万块银元，为苏区保障和稳定苏维埃货币兑换信用、畅通赤白区域贸易、采购军需民用战略物资发挥了积极作用。

（四）湘鄂赣革命根据地货币金融政策与金融业务

金融权是国家主权重要的权力之一。建立属于工农自己的银行后，新成立但根基未稳的苏维埃政府开始思考如何占领金融市场，开展金融业务，驱逐由洋行、军阀、豪绅控制的银行、钱庄、票号，彻底粉碎鱼肉百姓的半封建半殖民性质金融体系，救济百业凋敝的经济，进一步巩固苏维埃政权。为此，湘鄂赣革命根据地各级苏维埃政府在金融领域作出了一系列的探索与尝试，在没有金融经验，也没有理论参照的艰苦条件下，开辟出一条金融独立自主的发展道路。

1. 湘鄂赣苏维埃政府实行的货币政策

（1）多方筹措银元，扩大银元生产，扩充发行基金。湘鄂赣苏币是以银元为本位的兑换券。为维护苏币信誉，防止通货膨胀，稳定物价，各级苏维埃政府都要筹足银行发行货币的准备基金，有的地方还以苏维埃国营工厂、生产合作社或累进税做担保，保证苏币对银元或铜元的十足兑换。湘鄂赣省工农银行成立时，根据《中共湘鄂赣省委第一次执委扩大会议决议案》的规定，可以以准备基金 3 万元发行 10 万元纸币，实际情况是银行开办已准备了 4 万元的银元现金。据《修水县苏第三次执委扩大会议决议案》记载，鄂东南工农兵银行以“现洋五六万元，金子二百七十余两，元宝（每个五十两）二三十个，其他手镯、项圈等零碎银子四万余两，铜钱一万余串（六串折现洋一元）”作为储备基金。大冶县工农兵银行开办时，集中储存了 3 000 元左右银洋、400 个银器、39 只元宝、159 个金环子、39 枚金戒指、一个金手镯，还有金簪子及 200 多串铜元。

各级苏维埃政府法令通告要求银元集中储存，禁止私人储藏，1931 年 5 月 18 日，修水县苏维埃政府作出决议：“私人现金不集中，以破坏经济论”。鄂东南办事处要求：一是政府机关的银元均需集中存入银行作为银行基金；二是动员群众到银行将银元兑换成纸币或储蓄起来；三是反对富农私藏银元，否则将没收其私藏，以充作银行基金。

为吸收现金，扩大银行发行基金，中共鄂东道委用金融的手段来解决金融问题。1932 年 4 月 15 日，常委扩大会决定，发行期限 1 年、年息 4 厘的存款券 20 万元吸收现金和苏币，并于 5 月 24 日到 30 日发起广泛的群众宣传教育，鼓励广大群众积极向银行存款，存款券除兑换本息外，还可用作缴纳累进税或购买公房。

另外，各级苏维埃政府设立的造币厂生产和制造了一部分苏区银元，也是银行保障基金的重要来源。

（2）遵循货币发行和流通规律，管控纸币发行。湘鄂赣省苏维埃银行认识到滥发纸币是竭泽而渔、饮鸩止渴，大多都能坚持货币发行和流通规律，严控纸币发行量，维护货币信用，边区各县一般都只发行几千元纸币。

通过发行公债，回笼苏币，既能避免超发货币的危害，又能支援军事战争和经济建设。当王明“左”倾冒险主义路线在中央占据领导地位时，湘鄂赣苏区在错误思想的指挥下面对国民党反动集团的第四次“围剿”连连失利受挫，革命斗争愈加紧迫艰难。为筹措战争经费，缓解财政危急，湘鄂赣省苏维埃政府先后于 1932 年 10 月和 1933 年 10 月发行战争公债。第一次发行了“短期公债”，面额有 5 角、1 元两种，利率为周年 1 分，期限为 1 年，募资总额为 5 万元。公债为百姓提供了一种有保障的高利率、短期限的投资渠道，因此认购很受欢迎，很快就完成了筹资任务。第二期是“二期革命战争公债”，计划募集 8 万元，面额仍为 5 角、1 元两种，利率改为周年 6 厘，期限为 1 年。

在长期战争环境中，增发纸币常常成为短期弥补财政入不敷出的一个办法。由于战争环境恶化，省工农银行和鄂东南地区的银行纸币还是出现了超量发行问题。

第一、第二次反“围剿”战争结束不久，敌军总是气势汹汹地迅猛反扑，接连不断的战事使根据地军政费用大增，财政日趋紧张，缺口越来越大。湘鄂赣省工农银行和鄂东南银行为缓解财政，迫不得已大量增发货币，以致币值严重下跌、物价波动、经济恶化。

湘鄂赣省工农银行时期，省苏维埃政府最初规定以苏区每人发行 3 元为基准，按苏区人口总量计算发行基金，计划发行总额 10 万元纸币，发行基金为 3 万元。1932 年 4 月，成立仅 5 个月的湘鄂赣省工农银行以 4 万元的基金储备，超量发行了 10 多万元苏币。当年又继续盲目扩大发行量，到年底总计发行了 30 万元，远超 10 万元的原定计划，造成根据地内苏币严重贬值。

鄂东南地区的银行到 1932 年 6 月，总共发行 80 余万元苏币。这其中，仅在当年营业 3 个月的鄂东工农银行，就增发了 40 余万元的纸币，导致鄂东南苏币大幅贬值，财政经济陷入恶性循环。1932 年 2 月至 3 月苏币贬值 30% ~40%，到年底又贬值了 30% ~40%，原来 6 串文铜元券换 1 块银元，到 1933 年 3 月，50 串文换 1 块银元。

湘鄂赣苏区超发货币的现象，引起了苏区中央局和中华苏维埃共和国临时中央政府的警觉和关注。1933 年 6 月，苏区中央局来电批评湘鄂赣苏区工作“威信没有很好地建立起来，……纸币紊乱，跌价与拒用的现象”，并要求湘鄂赣“首先要消灭紊乱纸币的现象”，要达到“市场上纸币日少，而信用越提高”。1934 年 1 月，第二次全国苏维埃代表大会责成湘鄂赣省苏维埃政府“用一切方法收回过去滥发的纸币，以维持苏维埃纸币的信用”。当年 1 月，由于国民党反动派发动第四次反“围剿”，敌军大举进犯苏区，湘鄂赣苏维埃政府曾多次发文要求收回超发的纸币，回收任务还是没能完成。

（3）确定苏币法定地位，加强现金[①]管控。苏维埃政权的银行建立后，即宣布禁止现金以及在苏区内使用其他杂钞劣币，群众中持有的现金需储存到银行或兑换成苏币，来贸易的白区商人需兑换成苏币才能使用。

严控现金的出口和外流、扩大现金进口是苏维埃政府重要的经济金融任务。严格意义上讲，苏币只是一种以银元或铜元为本位的兑换券，依据根据地法令，在苏区内相当于“货币”流通，执行货币的价值尺度、流通手段、贮藏手段、支付手段功能。现金是百姓心中的“货币”，是赤白贸易的支付工具，只有用现金才能购回苏区急需的西药、食盐、军械等军用民用物资。

为管控现金，苏维埃政府出台了一系列法令规定。1931 年 8 月 30 日，

---

① 本书中的“现金”是金银通货的一个代称，现实中集中收拢的有银元、银毫、铜元、黄金、银锭、散金银以及铜、铁、锡等。

湘鄂赣省委第一次执委扩大会议明令："现金出口，须得苏维埃政府的许可"。中共万载县委第二次扩大会（1932 年 7 月 4 日）决议、《鄂东南道委会执行省委参战计划的实际工作布置决议》（1932 年 7 月 8 日）、鄂东南苏维埃政府发布的紧急通令（1932 年 9 月 2 日）都明确规定：除购买食盐、西药等外，尽量禁止现金出口。苏维埃政府要求苏区内部努力发展生产，增加出口产品，设立对外贸易局（转运局）和实行茶麻专营，多获利现金，减少进口商品，禁止奢侈品输入，保存现金。

2. 湘鄂赣苏维埃银行开展的金融业务

（1）注重向群众广泛宣传教育，树立苏维埃银行的信誉。坚决相信群众、争取群众、依靠群众，是中国革命必然向前发展走向胜利的斗争法宝和力量源泉。苏币迅速占领货币市场，广泛流通于根据地和游击区，苏区群众以主人翁的心态持有和使用苏币，与我党重视政策执行、教育先行的群众工作方法是分不开的。

当苏币开始走入人民群众的视野，各级苏维埃政府充分运用报刊、文件、会议、布告、宣言、纸币等多种载体形式，向广大工农群众宣传工农银行成立的目的、意义。

浏阳县工农兵银行纸币上的《宣言》中写道："工农银行，是工农劳苦群众的钱庄，银行票币，是工农劳苦群众活泼（跃）金融的信用券……这种票币是不比往昔的票币，是比现金还要好的。"

在鄂东工农银行和鄂东南工农银行纸币上印有《告劳苦群众书》，上面记载着：发行苏区纸币是防止现金流出，为了活泼（跃）苏区的金融，发展苏区生产事业，以冲破国民党的经济封锁。强调工农即是银行的主人，应当拥护自己的银行，假若不使用苏区银行的货币，便是帮助了国民党的封锁，危害自己的利益。

中共鄂东道委在《党对银行举行存款运动的宣传与领导》（1932 年 4 月 18 日）一文中以风趣幽默的方式，非常形象地讲述了工农银行对人民群众的重要性，文中写道："鄂东银行是每个劳动群众都有份的，如果银行票子不能用了，那就每个劳苦群众都不能在家中居了，你们自由恋爱的老婆也不能一路居了，所分得的好田地也得不到了，故此银行票子能不能用，是跟老婆、田地一路走的，所以银行票子就是我们的性命，我们的性命就是银行的票子。”

《湘鄂赣省苏执委会十一项工作》（1933 年 2 月 24 日）中要求，各级政府与革命团体要用宣传教育方式，向群众解释工农银行的纸币是自己的票币，无论如何工农银行不能倒闭，加强群众对苏币的信任，使银行苏票通行无阻。

（2）实施低利借贷，支持苏区工农业、商业发展。大力发展苏区经济，打破敌人的经济封锁，是苏区根据地经济建设的重要任务。苏区政府逐渐意识到提升货币信用的基本规律，那就是群众能买到“很便宜的货品，银行票币亦于无形中提高了信用”。对于整日面对柴米油盐的普通百姓来说，能购买到所需物资商品的纸币才有信誉，发行纸币的政府才有威信，光有黄金白银储备，无法供应必需物资，货币只是一张纸而已。在金融领域的斗争中，这条根本经验弥足珍贵，后来演变为以战略性物资和金银储备为保障发行货币。要获得战略性物资的储备，取得经济上对敌的制衡优势，就必须在苏区大力发展工农业生产。

当年，各级苏维埃银行普遍设立借贷部，向苏维埃政府主办的工矿企业、商店，消费、生产、专业等各类合作社以及人民群众经营的小生意实行低利借贷，以活跃和发展苏区经济。

1932 年 2 月 20 日，鄂东各县苏维埃政府财政经济部长联席会议为支持苏区工农业生产，明确规定，各生产企业若遇资金不足，则作出计划书交办事处“转知银行拨借”。农户生产若遇资金困难，银行亦可借贷。

农业方面，农业生产经过土地革命得到了迅速发展，分得土地的劳苦农民在银行低利借贷的帮助下，购买农具、耕牛，生产积极性高涨，粮食平均亩产逐年翻番。

工业方面，苏维埃银行支持兴建兵工厂、机械厂、被服厂、缝纫厂，还投入大量信贷资金帮扶成立医药、金矿、纺织、印刷、制盐、造纸等民用工业企业，支持各种生产与消费合作社，活跃城乡市场。

商业贸易的发展也引起了苏维埃政府的重视。1932 年 1 月 20 日湘鄂赣省鄂东第二次各县苏维埃联席会议有关《经济问题决议案》中要求银行要积极向商贸企业提供贷款，以促进苏区土特产的收购出口和紧缺物资的进口。

另外，苏区政府为维护经济金融秩序，稳定币值和物价，打击不法商人投机，还制定了一些经济政策与措施。1931 年中共湘鄂赣边区特委颁布《经济政策草案》，明确提出：一方面，苏维埃政府应当保证商业自由，不干涉日常的商品市场关系；另一方面，必须禁止商人投机、提高物价，严禁大商人以商会名义垄断价格。如果苏维埃政府认为某些物价不合理，还可适当调整价格，以保障工农利益。

银行功能的正常发挥和运转，需要贷款资金的安全流通和本息保证。苏区政府在要求加强对经济部门信贷支持的同时，还授予银行调查和监督经济的职权。1932 年 2 月，鄂东各县苏维埃政府财政经济部长联席会议要求银行“注意调查各工厂及矿山和私人所组织的生产合作社等，以便发展生产，有计划地去投资”，银行在贷款给各工矿企业后，要随时监督矿厂工作情况，对于管理不善的情况要呈报经济部核办。

（3）回笼财政税收、机关团体和人民群众存款，代理国库。按照货币流通与商品流通相适应的规律，需要各经济部门向银行存入现金，将流通中的现金最大限度地回笼，使这些游离于银行之外的现金集中投入社会再生产，增加社会资金的积聚，保持社会再生产的良性循环。苏区政府认识到银行货币回笼是市场稳定、经济良性循环的重要保障。对货币存款回笼采取了以下一些措施：

一是规定银行代理国库，税收收入由银行代为征缴。根据地土改之后，苏维埃政府配套出台适应土地革命的土地税收政策。开始时主要以实物缴纳，六担谷以上起征，征收率为 2% ~25%。随着苏币发行，为了回笼纸币，规定实物可折合货币上缴。商业税以成本 50 元起征，征收率为 5% ~25% 不等。苏区累进税的征收是各级苏维埃政府财政收入的主要来源，是苏区货币回笼的重要渠道、苏区银行存款的主要部分。

二是规定党政机关团体、国营企业的收入款项必须交到银行储存。1931 年 12 月 28 日，《湘鄂赣省工农兵苏维埃政府鄂东南办事处财政会议决议案》规定：“各机关、各团体大批款项均应交办事处转交银行保存。”阳新县仅 1930 年在农民银行的财政存款就达到了近 40 万元。

三是组织开展群众存款运动。1932 年 4 月，鄂东南道委印发 20 万元定期存款券，发起群众性存款。鄂东南工农兵银行专门设立储蓄部，办理存款业务，不满 1 年的短期存款年利率为 6 厘，1 年以上的存款年利率为 8 厘。

1934 年 10 月以后，中央红军和其他根据地主力红军陆续北上抗日，湘鄂赣苏区的党和群众坚持与国民党反动派进行不屈不挠的抗争，战斗在生死存亡的边缘。在国民党反动派层层封锁、重重包围的恶劣环境中，苏区金融事业基本停滞，无法继续，苏区货币最终不得不退出流通领域。

十一、湘赣革命根据地红色金融事业

湘赣边界是以农耕为主的小农经济体。红色割据形成之前，在封建土地所有制下，没有土地的广大农民与地主之间存在绝对的人身依附关系，65% 以上的土地掌握在少数地主富农手中，利息一般是秋前借谷一担，秋后还谷一担五斗，租佃率高达 50% ~70%，流传在攸县的民谚“寅时吃过卯时粮”“丢掉禾镰没饭吃”，真实反映了地主劣绅的猖狂剥削。历经代表大地主、大资产阶级的北洋政府、国民党反动政府黑暗统治，除了高息地租，广大工农群众常年还要忍受有增无减、变本加厉的苛捐杂税。

湘赣地区工业基础非常薄弱，除湘东钨矿、潞水铁矿、谢家山铁矿外，就只有一些零零星星的个体手工业分布在县城。当时永新有少数裁缝店和一个石灰厂，莲花县有几个靠手工开采的铁厂、煤矿，还有就是纸伞、油漆、土布、草席之类的手工作坊。工人每日 10 个小时以上不停做工，所得的微薄工资经常买不起火柴、煤油等基本生活品，连生存都无以为继。

一切经济均被列强资本家和国内买办及地主资本家把持操控，煤油、火柴等基本生活品完全得由外地购入，且价格高昂。国民党反动政府的国家银行和私人商业银行控制着边界金融，与当地当铺、钱庄、高利贷形成剥削网，工农群众负债者十之八九，谋生无路，饥寒交迫，反抗求生的斗争情绪越来越强烈。

（一）湘赣革命根据地创建历程

湘赣革命根据地位于罗霄山脉中段的湘东南、赣西边陲地区，是赣西井冈山革命斗争的延续。1928 年底，国民党反动派调动湘、粤、赣三省军队发动第三次“会剿”，井冈山虽能“凭险据守”，但经济给养受到严密封锁，内外交困。面对危局，由毛泽东、朱德、陈毅等同志率领红四军主力出击赣南闽西，袭击敌人后方重镇赣州和吉安，意在“出其所不趋、攻其所必救”，“围魏救赵”以解井冈山军事和经济上困境。但最终还是因寡不敌众、力量悬殊，井冈山革命根据地于 1929 年 1 月失守。

1929 年后，湘赣边界党组织继续领导湘赣边人民展开工农武装割据斗争。5 月初，中共湘赣边界特委召开第四次执委扩大会议，确定以永新为中心，恢复和发展湘赣边界红色区域。之后，从赣南返回的红五军和地方武装连克永新、莲花、宁冈、安福、遂川等县，同时配合红一方面军连续击退国民党发动的第一、第二次“围剿”，湘赣边界革命形势逐渐好转，红色割据不断扩大。

1931 年 8 月，中共中央决定将赣南和闽西两块苏区合并为中央苏区，赣西和湘东两块苏区组成湘赣苏区。1931 年 10 月 8 日，中共湘赣省第一次代表大会在江西省莲花县花塘村召开，湘赣省委正式成立，王首道任书记。形成以永新为中心的包括湘东南和江西的赣江以西、袁水以南、大庾岭以北的湘赣革命根据地，成为拱卫中央苏区的重要战略侧翼。

各级党组织、苏维埃政权纷纷建立，不断壮大革命力量。鼎盛时期，湘赣省委管辖北路、湘南、南路三个特委，50 个区委，600 多个支部，发展党员近 3 万人。湘赣苏区面积达到 2.8 万平方公里，包括赣西南、湘东南 25 个县，人口达 100 多万。

（二）湘赣苏区的财政与经济

解救农民于水深火热的苦难深渊，联合无产阶级最广泛而可靠的同盟军——农民阶级，建立和巩固农村根据地，进而通过农村包围城市，武装夺取政权，完成反帝反封建的民主革命之任务，每开辟一片革命根据地，当地党组织先要抓紧开展土地革命和经济建设。“按人口平分土地”“抽多补少”“抽肥补瘦”……土地政策深入人心，得到土地的农民生产积极性高涨，也更深切地认识到中国共产党确实是站在工农群众一边，真正捍卫工农群众的利益，于是纷纷加入到中国共产党领导的革命队伍中来。据《赣西南（特委）刘士奇（给中央的综合）报告》（1930 年 10 月 7 日）记载，在九次攻打吉安的战斗中，几十万农民主动参加，亲人牺牲了，自己收埋，并毫无怨言。

湘赣苏区强劲迅猛的革命势头，引起了国民党最高当局的警觉。1931 年冬，国民党反动集团集中 7 个正规师 8 万多人的兵力“围剿”湘赣革命根据地。交通中断、物资封锁、战事吃紧，面对兵临城下的危机，中共湘赣省委、省苏维埃政府一边积极备战部署反“围剿”，一边大力开展经济建设，开辟财政新来源，想方设法多渠道补充部队给养，将以前“打土豪办财政”不可持续的方式转变为发展根据地工农业、商业的经济思路上来，融通经济、活跃经济，丰富物资，以应军事斗争之需，人民群众生活之需。

1. 设立经济管理部门

1932 年 1 月，省苏维埃财政经济委员会成立，总揽全省财经工作。各级苏维埃政府设立人民财政委员会，增设财政部、土地部、粮食部、税收征收委员会，省苏维埃政府还设有国民经济部、农业部、工业部、交通部、对外贸易局等经济管理部门。

2. 开办工厂、合作社、银行、赤白交易所等经济组织

为具体指导和发展农村生产，快速增加粮食和物资供应，在县、区里都设立了合作社指导委员会，各县、区纷纷组织群众集资入股成立生产、消费、专业合作社。截至 1932 年，全省的消费合作社多达 1 000 多家，生产合作社 96 家。建立苏维埃银行，统一金融体系，发行代表苏维埃政权的货币，也在省苏成立后不久即着手筹办。为打通与白区的经济贸易，特别是在苏区食盐、工业品和西药都紧缺的情况下，建立了 7 个赤白交易所和赣西秘密采办处。

工业方面，重点兴办军需工业如兵工厂、被服厂等，成立了 7 个煤矿、59 个石灰厂、37 个樟脑厂、7 个铁厂，还有不少小型造纸厂、石膏厂及其他作坊等都兴旺起来。

3. 制定颁布财政与税收政策，严格执行经济监督

实行单一统一累进税，征收农业税、营业税、山林税等。在财政支出上，红军指战员和党政工作人员不论职务高低，实行极低的包干制，严肃财经纪律，建立由银行监督、税务监督、士兵委员会监督组成的经济监督体系。

这一系列经济金融举措十分奏效，饱受军阀蹂躏的农村经济一改萧条败景，没多久就呈现出生机勃勃、欣欣向荣的气象。商人正常营业，群众合作社遍及县乡，苏币普遍流通，日用品价格低廉，且基本都能买到。经济的良好发展同时充实了苏维埃政府财政收入。1932 年底，每月军政费用支出大约 2 万元，而在 1931 年 12 月至 1932 年 2 月，仅 3 个月的时间，除去打土豪所获 2 万元，财政收入就达到了 15 万元。

（三）创建湘赣省工农银行：实行阶级经济政策，发展农村经济

经济主体和经济运动都需要金融以融通，根据地的经济必须是由苏维埃政权的货币注入流动性，只有唯一而排他的苏币才能保障苏维埃政府领导下的公共生产、各类合作社、经济贸易平稳运转，从而促进生产力发展，保障人民群众基本生活所需。

1931 年 10 月，中共湘赣省第一次代表大会通过的《苏维埃问题决议案》中强调“必须马上进行开办工农银行的计划”；11 月，省苏维埃政府即在永新县浬田镇召开湘赣省工农银行筹备委员会成立大会，中共湘赣省省委书记王首道、中共湘赣省委常委兼湘赣省苏维埃政府执委会副主席张启龙到会讲话，正式开始筹建银行。银行启动基金计划由苏维埃政府拨付 4 万元，向群众和机构团体以发行股票的方式集资 6 万元，共计 10 万元作为银行发行基金（见图 2. 11. 1）。

1932 年 1 月 12 日，湘赣省委向苏区中央报告工农银行的筹备情况，还说明了银行发行基金的情况，当时筹备阶段通过号召群众储蓄购买股票和要求各级苏维埃政府、革命团体将金银储存到银行的方式筹集了 2 万元基

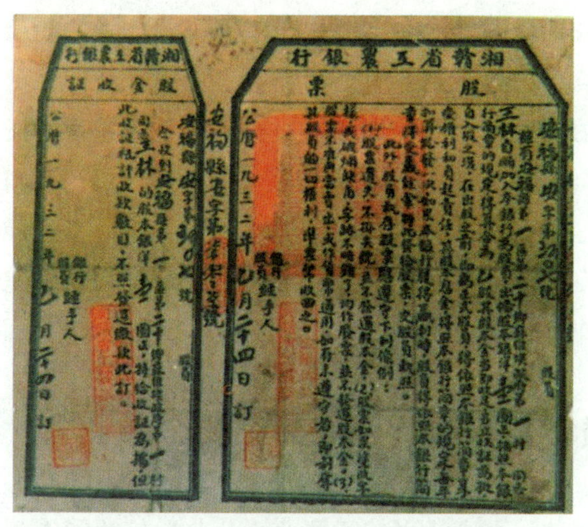
湘贛省工農銀行
股金收証

湘贛省工農銀行
股票

图 2. 11. 1　湘赣省工农银行发行的股票

金，暂发行 2 万元苏维埃货币，并计划将发行基金扩充到 10 万元以上。

1932 年 1 月 15 日，湘赣省工农银行在永新县朱砂楼正式开业，是湘赣革命根据地主要的金融机构。湘赣省工农银行隶属财政部，实行财政与银行一体的组织机构设置，行长由财政部副部长胡湘兼任，分设总务科、借贷储蓄科、兑换汇兑科、会计科、保管科。

银行筹备时，工农银行筹备委员会拟定《中华苏维埃共和国湘赣省工农银行暂行简章》（以下简称《简章》），经省苏维埃政府批准后颁布施行。《简章》分总则、集股、借贷、储蓄、汇兑、出入息金、赢余金等共八章三十六条，规定了银行的首要职责："实行阶级经济政策，发展农村经济，帮助工农贫民，兴办公共生产各种合作社，统一货币制度，防止金融外溢，冲破敌人经济封锁，巩固并发动苏区群众经济，帮助苏维埃政府创办一切建设事业，以促进革命的巩固和发展。"

《简章》明确规定工农银行的五大任务："（1）统一货币制度和金融政策，扩大工农银行的影响，驱逐杂钞劣币。（2）实行低利借贷，废除一切高利贷，帮助工农贫民发展各种生产事业，开办各种合作社。（3）统一金银管理，防止金银流出根据地。（4）收储工农劳苦群众及各革命团体盈余，使银行储蓄稳固、源源生息的便利。（5）汇兑款项。"

湘赣省工农银行的创建和实践体现了中国共产党的阶级基础、阶级立场、阶级任务。1933 年 1 月 5 日，湘赣省工农银行经理委员会《营业报告书》中对省工农银行的阶级属性再次进行了阐述，《营业报告书》中这样写道："依据苏维埃经济政策，是为要统一货币，帮助劳苦群众，而创办工农银行，因此他的营业，目的不是图多赚钱，而是为着发展苏区经济，提高工农生活，发展革命战争，以及打击富农奸商一切操纵垄断为主旨，所以他的一切工作进行，是要为代表工农利益，帮助革命战争而奋斗。"

（四）湘赣省工农银行开展的主要金融业务

面对资金短缺、百废待兴的工商业，开业后的湘赣省工农银行积极供应货币，调剂和引导资金，帮助和扶持各类合作社、工矿企业、农业生产、对外贸易，保障根据地生产的周期循环，有力回笼货币，保持货币流通与商品流通一定的适配，稳定币值和物价，维护苏维埃货币的信用，巩固根据地苏维埃政权。

1. 全力充实银行基金，发行银本位等值苏币

中共湘赣省委、省苏维埃政府授权工农银行货币发行权，活跃根据地经济。面对根据地如火如荼的经济发展势头，湘赣省工农银行坚持货币发行和流通规律，严格比照实收基金和物资准备为发行基准，以银为本位，发行等值纸币。1932 年，经过广泛地向群众动员，湘赣省工农银行基金和股金达到了 6 万元，基于此基础，发行了总量 3 万元的 1 元和 1 角两种银元券。

湘赣省工农银行开业前，集资招股 6 万元的任务尚未完成，开业后，继续加大对群众的宣传动员力度，号召群众积极踊跃认购集股，充实代表工农群众自身利益的苏维埃银行实力。省委书记王首道在省委机关报《湘赣红旗》发表题为"今年的列宁、李、卢纪念"的文章，将开办银行列为纪念活动的重要内容之一，号召广大工农群众以实际行动来响应它的开办；安福县苏维埃政府颁布《告劳苦群众书》，宣传和讲解工农银行的性质和作用；永新县利用群众大会的机会一次动员群众认购 2 000 股。1932 年 8 月 26 日，湘赣省工农银行召开第一次全省股员大会，决定继续集资扩股，把增强群众对工农银行的信任作为银行工作的重要任务。

2. 驱逐杂钞劣币，扩大工农银行货币的使用和流通

为迅速占领金融阵地，扩大工农银行货币的使用和流通，提高苏币信用，湘赣省苏维埃政府降低比价逐步限制国民党纸币在根据地的流通使用，明令禁止各私人银行、钱庄、票号发行私人票币，确立省工农银行货币的法定地位，要求各合作社、商店和群众间的交易一律通用工农银行苏币，不准任何人、任何商家拒用或折价，政府税收一律只收工农银行苏币。

1932 年 1 月到 3 月，湘赣省委把提高工农银行货币信用作为各县工作竞赛的重要内容之一。4 月，永新一区苏维埃政府第二次执委扩大会议上，宣传鼓励群众使用苏币；8 月，在湘赣省第二次苏维埃代表大会上明确指出，工农银行为苏区调剂金融的机关，它有发行货币的特权，其货币即苏维埃国币，苏区内任何人都应使用，对破坏银行票币使用的富农奸商，一经发现，给予严惩。

3. 统一现金管理，严控银元外流

湘赣省工农银行发行货币以银元为本位币，储存银元的多少直接关系苏币的信用与稳定。同时，湘赣银元为白区的贸易货币，苏区从白区购入急需的物资只能使用银元支付。为此，湘赣省苏维埃政府十分重视银元的筹集和出口管理，一方面鼓励合作社和广大群众大力发展生产，将苏区的特产运往白区，换回银元；另一方面加强银元的出境管控，在永新、安福、茶陵等地的隘口普遍设立银元检查所，防止私运银元，如有持现金前往白区的情况，必须经县苏维埃政府考察和允准，持银币出口证方可通行。

湘赣省苏维埃政府还通过军事手段，要求各地武装组成精悍游击队，深入白区腹地筹集现金。通过以上种种努力，湘赣省苏维埃政府很快驱逐了国民党纸币和旧票币，占领了货币流通领地。因苏币信用、购买力远高于旧币，颇受广大工农群众欢迎，苏币不仅在苏区境内用，甚至在白区也被秘密使用，一元银元券换一元银元还要外加几个铜板。经过一段时间的努力，苏维埃政府货币金融制度有了统一的基础和保障。

4. 实行低利借贷，贷款投向体现阶级性和群众性

临时中央政府颁布的《借贷暂行条例》中规定，“最高短期每月不超过一分二厘，长期周年不超过一分”；《中华苏维埃共和国湘赣省工农银行暂行简章》中规定借贷金每月收息5厘，低于临时中央政府的利率40%，贷款投向具有明显的阶级性和群众性。湘赣省工农银行对贷款对象作出了明确规定：凡在湘赣苏区内的各种合作社及各种公共产业，在扩大营业时需要即可申请；为满足“凡革命的工人、农民、士兵、小商人、劳动贫民在发展各种生产事业需要”，湘赣省工农银行创新设计贷款担保的方法，“得到当地苏维埃政府及群众团体——贫农团、雇农工会、职工会之一的担保介绍也可申请；或至少须邀集三人以上（人数愈多愈好）为一组，联合订立借据，并须指定一人为组长，工农银行都可以提供贷款支持，借贷时间最多不得超过一年”，便利工农群众生产生活的资金周转。

信贷资金主要用于支持省苏维埃政府建立的军工厂和群众集资的各类合作社，以及合作社开办的造纸厂、木材厂、石灰厂等生产企业，开办农业贷款、工业贷款、粮食调剂贷款、合作社贷款、对外贸易贷款和少量商人贷款业务，全力保障生产的连续和周转，增加了根据地群众的就业和收入，活跃了各类经济组织和内外贸易，市场上货品不断增加和宽裕，全省的财政收入才有了活水源头。湘赣省工农银行1933年《营业报告书》显示，工农银行全年累计发放各类贷款1万余元，年终结算各项盈利6 000余元。

5. 吸收存款，为经济周期性运转回笼资金

货币回笼关系着货币流通与商品流通的适配、经济的正常运转。按照货币流通规律，当商品经过消费实现其价值后，结束一轮生产周期，货币以媒介的形式已完成一次投放，需以原来的形态回笼到银行。

湘赣省工农银行当时的存款主要是对公存款，包括政府税收存款、党政机关存款、国营企业和各类合作社储蓄和收入存款。1933年初，全省土地税、山林税计划征到10万元，营业税每月约1万元。根据地规定，税款由工农银行分行代为征缴。

（五）湘赣省工农银行成为中华苏维埃共和国国家银行湘赣省分行

1932年1月30日，苏区中央局作出关于“湘赣革命根据地的工农银行要成为国家银行湘赣边分行”的指示。命令是在湘赣省工农银行开业成立后不久刚下达，受战争环境影响，省工农银行收到指示时已经完成群众股金的筹募工作，如果马上退还势必失去信誉。经过慎重考虑，湘赣省苏维埃政府决定暂以湘赣省工农银行名义开展业务，待到开业一周年分红派息，将群众股金退还后再更名为“中华苏维埃共和国国家银行湘赣省分行”，成为一家完全属于苏维埃政权的国家银行分行。

1. 机构设置

1933 年 1 月 15 日，中华苏维埃共和国国家银行湘赣省分行完成更名，正式开始营业。行址和银行工作人员均未变化，内部组织机构设置基本保持不变。新成立的分行受省苏维埃政府委托代理国库业务，增设金柜科、岁入事务科、岁出事务科，管理国家现金出纳事宜。分行行长最初由原工农银行行长胡湘担任，不久因肃反扩大化，胡湘被认定为“AB”团错杀冤死，行长由贺珍接任。

2. 主要任务

湘赣省分行具有货币发行权，成立后发行过主币 1 元银元券，辅币 1 角、2 角银元券、5 分银元券和 10 枚铜元券，设计风格参照中华苏维埃共和国国家银行发行的纸币，在图案、色彩、布局上形成一体（见图 2.11.2、图 2.11.3）。

图 2.11.2　国家银行湘赣省分行发行的 1 元券（1933 年）

图 2.11.3　国家银行湘赣省分行发行的 1 角券（1933 年）

1932 年 12 月 27 日，湘赣省第一次执委会扩大会议通过的《财政经济问题决议案》提出，“必须发挥国库作用，省财政部暂时委托工农银行兼国家分库……专管现金出纳事务”。湘赣省分行成立后，根据《湘赣省分库组织暂行条例》和《湘赣分库办事细则》规定，兼理国家分库，分库、支库分别为全省、全县的现金出纳机关，代理国库业务，为财政当好出纳。湘赣省分行承担的金融职责，除原来省工农银行的五大任务外，还增加了代理国库和发行公债的职责。

（1）代理国库。1932 年 6 月，蒋介石调动 50 万兵力对中央苏区和湘赣苏区发动第四次“围剿”，根据地内大部分军民投入生死悬于一线的对敌斗争中，湘赣省分行原定计划在莲花、酃县、北路设立三个支分库，最终只有酃县在 1933 年 1 月创办酃县分行。酃县分行根据当时的实际情况和战争需要，主要开展低利借贷、代理国库、管控现金等金融业务，重点支持了石洲乡消费合作社和大院乡药材生产合作社，发放银元贷款沟通赤白贸易，仅 1933 年一年，办理打土豪缴款收兑 2 万元纸币、34 个乡土地税 13.9 万元，如期完成公债推销任务。酃县分行一直到 1934 年 9 月第五次反“围剿”失利，才不得已结束工作。

（2）发行公债。1932 年下半年，国民党军队加大了对湘赣革命根据地的攻势。随着反“围剿”战局的吃紧，为应对剧增的战争费用，冲破经济严密封锁，湘赣省苏维埃政府采取以大力推销公债和筹措粮食为主、适当增加纸币发行为辅的货币金融政策。湘赣省分行的业务重心也随之转移到公债的系列工作中。当时在省苏维埃政府的机构设置中，银行是财政部的一个机关部门，代理公债纸币回笼和还本付息业务。

1932 年 12 月，为彻底粉碎国民党第四次“围剿”，苏维埃政府颁布《革命战争短期公债条例》，发行 8 万元短期公债充实红军给养，面额有 5 角、1 元、2 元三种，定半年还本付息，利率半年 1 分，革命公债还可以用作缴纳 1933 年的商业税、土地税等国家租税，可以作为买卖抵押的担保品。销售和还本付息由各级政府财政部、红军经理处负责。

中共湘赣省委对发行公债提出明确要求：“党团员带头购买省苏发行的革命战争公债票（见图 2.11.4），每个党员最低要购买 1 元，并领导广大劳苦群众自动购买，以充实红军给养，使主力红军顺利地担负目前革命战争。全省 8 万元公债分配各县数目如下：永新 26 000 元，莲花 13 000 元，茶陵 5 000 元，安福 8 000 元，安吉 8 000 元，萍乡 1 000 元，攸县 400 元，分宜中心县委8 000元，酃县 800 元，宁冈 500 元，遂川 500 元，河西 2 000 元。”以上共 12 个县（区）分担了 7.32 万元，其余的 0.68 万元采用了其他方式摊派。[①] 苏区人民积极响应政府的号召，为支援革命战争，踊跃购买公债。如永新县各机关举行政治动员和公债购买竞赛，有的群众一人买

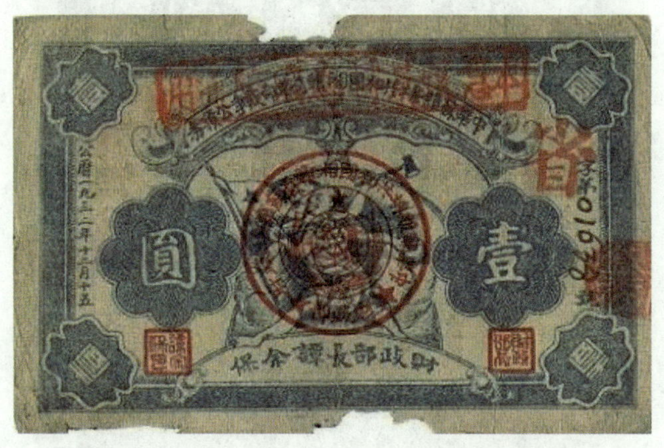

图 2.11.4　湘赣省第一期革命战争公债 1 元券

① 江西省档案馆选编：《湘赣革命根据地史料选编》（下册），江西人民出版社 1984 年版，第 258 页。

三五十元至六十余元，有很多工人购买几元至十几元，莲花一个贫民买了20元。在根据地广大人民群众的拥护和支持下，分配给各县的集资销售任务仅用2个月即告完成。

1933年7月，第一期革命战争公债到期，湘赣省分行积极做好兑付工作，为节省印钞成本和时间，1元券付息后加盖“本息还清转为国币通用”印章，变废为宝作为中华苏维埃共和国国家银行湘赣分行的1元银元券继续等值投放流通。

为冲破国民党对根据地经济贸易的层层封锁围困，使红军有基本的物资保障，1933年7月，经中央政府批准，湘赣省苏维埃政府发行第二期革命公债15万元，计划20万元，由于形势危急，到11月又增发20万元第二期革命公债，第二期革命公债总计40万元（见图2.11.5）。除原发行15万元公债供给革命战争经费外，增发的20万元中，8万元用于发展对外贸易，8万元用于粮食调剂，4万元帮助合作社。

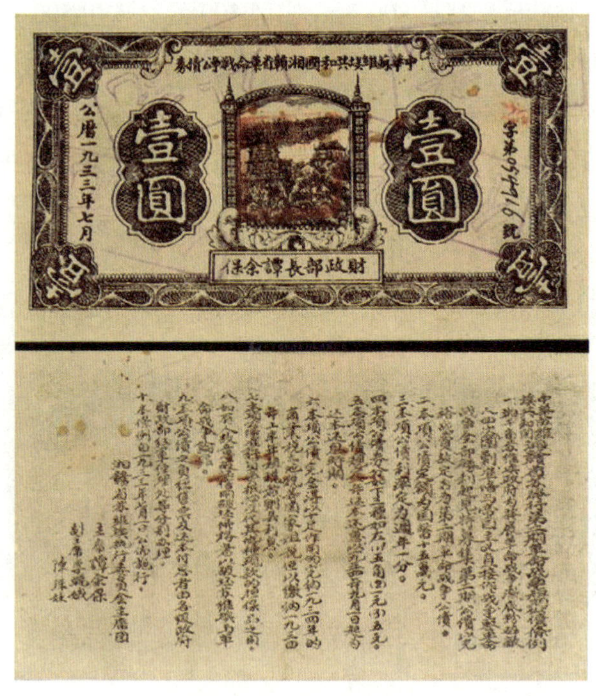

图2.11.5　湘赣省第二期革命战争公债1元券

1934 年 1 月，湘赣省委、省苏维埃政府在全省发起“深刻认识二期公债在目前革命战争中的伟大政治意义”的政治动员运动，在这场经济突击运动中提出了以下几条口号：①要充裕红军战费，发展国民经济，保障革命战争长期的物资供给，必须完成公债。②要吃得便宜盐，必须迅速推销公债，发展对外贸易。③要使谷子价钱不贵不贱，必须拿谷子买公债以调剂粮食。④要便利群众各种日常需用品的供给，必须推销公债，帮助合作社的发展。

以上政治动员的口号充分说明了“革命公债”作为一种战时金融工具对根据地发展生产所发挥的伟大政治意义。经过 3 个月的政治动员努力，公债认购完成了八九成，很快充实了财政经费。湘赣省分行通过发行公债的方式补充军政费用，而不是放开财政性发行超发货币，回笼了根据地流通的部分货币，稳定了币值和物价，保证了军需民用的基本物资流通和供给。

3. 业务停止

从 1934 年 1 月开始，革命形势日渐严峻，战事频繁、激战不断，根据地面积不断缩小，国民党军队在侵入之地大肆抢劫焚烧粮食，致使红军急缺食盐和粮食，到 1934 年年中，苏区内物价与 1931 年相比大幅上涨，食盐上涨 6 倍，大米上涨 3 倍。

截至 1934 年 8 月，主力红军浴血奋战终不能打破国民党第五次“围剿”，任弼时、萧克、王震带领红六军撤出湘赣根据地，突围西征，湘赣分行随即停办了各项业务。在以谭余保为书记的中共湘赣临时省委的领导下，湘赣根据地人民展开与国民党敌军艰苦卓绝的游击战争。抗日战争爆发后，根据党中央指示，湘赣边游击队改编为新四军，走上了抗日救国的第一线。

十二、川陕革命根据地红色金融事业

（一）川陕革命根据地创建历程

1932年10月，中国工农红军第四方面军14 000余人撤出鄂豫皖革命根据地向西转移，走关中、渡汉水，行程3 000多里，连续作战，冲破10万敌军围追堵截，转战四川、陕西两省交界的米仓山和大巴山区。

四川全省延续北洋军阀防区制，凡属某军防区所辖，军阀都有擅专之权。整个四川被刘湘、田颂尧等各大军阀分割为七大势力防区。红四方面军趁着四川大小军阀卷入“二刘”（刘文辉和刘湘）争夺四川霸权的混战中，迅速占领通江、南江、巴中川北之地，在此站稳脚跟后，于1933年2月7日召开川陕省第一次党员代表大会，选举产生中共川陕省委员会，委员会由袁克服、曾中生、吴永康、郑义斋、傅钟等37人组成，袁克服任书记。2月中旬，川陕省第一次工农兵代表大会在通江县城隍庙召开，正式成立川陕省工农民主政府，简称川陕省苏维埃政府，选举熊国炳为主席。川陕革命根据地初步形成。

红四方面军入川，引起国民党反动派和四川军阀的警觉与恐慌。1933年1月27日，蒋介石委任第29军军长田颂尧为“川陕边区剿匪督办”，出兵3万人，分三路围攻，意图趁红军立足未稳，全歼于四川境内。红军历时4个月的浴血奋战，终歼敌过半，粉碎田颂尧三路进攻，并将根据地扩大到原来一倍之多。

不甘于三路围攻的失败，1933年7月4日，蒋介石迅即任命刘湘为“四川剿匪总司令”，加大兵力卷土重来，纠集四川各路军阀部队，出动

110 多个团 10 万多人分六路疯狂进攻根据地。红四方面军在总指挥徐向前、政治委员陈昌浩等人的领导指挥下，运动防御、消耗川军、诱敌深入、集中反攻，坚持 10 个月的持久战斗，使敌军官损 5 000 人，兵折 8 万人，彻底粉碎刘湘六路围攻，大面积地扩大了根据地新区。根据地进入了全盛时期，面积达 4.2 万余平方公里，人口 700 多万，23 个县和 1 个特别行政市建立了苏维埃政权。

对于红四方面军的英勇善战，毛泽东在 1934 年 1 月代表中华苏维埃共和国中央执行委员会所作的《第二次全国苏维埃代表大会的报告》中曾给予高度评价："在不足一年之内，已经在二十余县建立了苏维埃政权，已经发展了十倍以上的红军队伍，号召了整个四川的工农劳动群众与白军士兵倾向于苏维埃革命，在中国西北部建立了强有力的根据地。川陕苏区是中华苏维埃共和国的第二个大区域。"

常年不休的战争给根据地的经济民生造成了过多的消耗和破坏，已经无法支持红军大规模的反"围剿"斗争。1935 年后，红四方面军的主要任务转变为配合红一方面军的行动，撤出川陕革命根据地向川西行进。1935 年 6 月，红军第一方面军和第四方面军于四川懋功会师后，张国焘反对中央关于北上建立川陕甘革命根据地的决定，主张红军南下川康藏边境少数民族地区，并公然向党争权，提出由他担任中革军委主席，遭到中央拒绝后擅自率军南下，公开分裂党和红军，使红四方面军受到重大损失。在朱德、刘伯承和徐向前等的坚决斗争及影响下，红四方面军广大指战员抵制张国焘的分裂主义和南下方针，转而北上并于 1936 年 10 月 9 日，在甘肃会宁和红一方面军、红二方面军胜利会师，自此中国革命翻开新的历史篇章。

（二）川陕革命根据地建立前的社会经济状况

四川物产丰富、土地肥沃，自古以来素有"天府之国"之称誉，而川陕苏区处在大巴山地区，山峰高耸、峡谷悠长的巴蜀之地，气候气温适合种植红薯、土豆、水稻、棉花等多种农作物，盛产银耳、木耳、黑耳、桐油、茶叶、药材等，煤、铁、锡、铜、铅等矿产资源丰富，在大山深处还有众多的松柏、桐树、竹。然而即使拥有丰富的物产，“富者田连阡陌，贫者无立锥之地”，川陕劳苦大众也无法尽享其用，自近代以来，一直饱受帝国主义列强入侵、国内新旧军阀几十年混战之苦，受尽惨无人道的压迫和剥削。

在红军到来前，刘湘、刘存厚、杨森等四川军阀强行征收各种名目苛捐杂税，军政费用主要来源是各种税收，田赋、盐税、特税（鸦片烟税）、粮捐、子弹捐、马路捐、被服捐等70多种税收种类随时附加，税率随时改变。盐税自古以来就是重要的赋税收入之一，四川是产盐大省，四川军阀们围绕“盐税”苛以各种附加税巧立名目，大做文章，仅在1935年四川盐税就已接近2 000万元。除了盐税，四川军阀还强行要求老百姓种植罂粟，收取鸦片税，巴中、通江、南江地区有1/3以上的耕地种植鸦片，川省鸦片烟的种植高达800万亩。

四川军阀还通过开办和控制银行、银号、钱庄，如唐泰祥银号、和丰银行、裕通银行、川康殖业银行等，滥发各种纸币劫取民财、牟取暴利，铸造的金属货币偷工减料，成色不足、重量不足，兑换券、银元券、铜元券等纸币滥发超发，面额越来越大，越来越不值钱。除了军阀的货币，流通于川内的还有各地商号、商会、茶铺等肆意发行辅币券、代现券、粮税库券等，加之大清银币、民国时期袁头币、孙头币，各种货币混乱流通、币值不一、兑换交易困难，金融市场乱局严重阻碍了商品经济的流通和发展。

人民群众早已不堪重负，怨声载道，经济无以为继，工商业萧条低迷，许多田地荒芜凋敝，每亩土地产粮不过百来斤，在川北数村，农民将田契贴在门上，称无力缴税，愿当局没收其田地；工业生产没有使用机器生产的工厂，只有一些小型农具、铁锅、酒类、草纸、火柴、土布、衣服、鞋袜、食油等手工业作坊和家庭手工业以及几间私人开办的土法生产的小钢铁厂；市场物价不断上涨，达县稻谷在1913年每市石是2 446文，1916年是3 590文，1929年是41 555文，1930年到1931年，已经涨到87 000文。

（三）川陕苏区的财政与经济

1932 年底，红四方面军解放通江、南江、巴中等地建立乡村苏维埃政权后，火速发动群众打土豪、分田地，开展土地革命。1933 年 2 月，中共川陕省委和省苏维埃政府相继成立后，在全赤区范围内领导土地革命，没收地主豪绅的土地、耕牛、农具、种子，统统分给无地和少地的农民。苏区广大劳苦农民翻身成主人，劳动生产热情空前高涨。

“小智治事，大智治制”。苏维埃政府制定实施了统一严格的财政经济制度，提出“经济来源要从建设中去找”的发展主张，大力发展军需民用工业，设立国营经济公社、省工农银行和造币厂，促进物资生产和商业流通，实行统一累进税，统一物资调配发展经济。主要采取以下三种办法。

1. 设立一套符合根据地经济状况实际的财政体系

根据《川陕省苏维埃根据地组织法》规定，财政经济工作由各级财政经济委员会负责，各级苏维埃政府的收入款项、物资一律由各级财政经济委员会负责开支，实行预决算制度，军队与地方财经工作分开，实行统一累进税，制定差别税率，对于一般营业税等采用低税，对于进口苏区急需的粮食、布匹、棉花、药材、盐、耕牛等，出口苏区的茶叶、木耳、煤炭等特产、矿产，给予免税鼓励政策。对苏区紧缺物资的出口如粮食、盐、药材、耕牛等，抽取 20% ~50% 的高税加以限制，充分发挥了税收宏观调节作用。

没有统一的货币，就不会有统一的财政。省苏维埃财政经济委员会一成立便创建川陕省工农银行、造币厂和社会保险局，统一发行苏区货币，整顿通货，为根据地千疮百孔的经济融通造血。

2. 坚持经济来源从经济建设中去找的发展思路

川陕省苏维埃政府财政经济委员会主席郑义斋对各级财政经济委员会提出“加紧开展经济建设。经济来源要从建设中去找”的要求，川陕苏区经济面貌在短短一年的时间就有了很大的起色和改观。首先是发展苏区的农业，在开展土地革命的同时，加紧生产，开发特产，粮食获得了历史上少有的大丰收，无论哪个村都存有几万斤公粮，乡苏储存公粮达到10万斤以上。1933—1934年，亩产粮食达到200多斤，比红军到来前的产量提高了1倍多。

川陕苏区的军需民用工业、手工业很快发展起来，川陕苏区以手工业为主的工人2万余人，农业工匠接近15万人。1933年9月，红军攻克产盐的南部县后，原有90余口盐井继续生产，又新开井60余口，扩大了盐业生产，基本解决了根据地的食盐问题。

1933年10月，红四方面军打下四川绥定（今达县市）后，缴获军阀刘存厚的许多工厂设备和原材料，运回通江县办起国营大规模的兵工厂、纺织厂、被服厂、造币厂、火药厂等，其中兵工厂有1 400多名工人，被服厂有1 500多名工人，仅在红军反“六路围攻”期间，兵工厂就有翻造子弹、手榴弹各100多万发，修好机枪200多挺、迫击炮200多门的制造能力。

苏区对私营的商业往来采取比较开明的政策，川陕省《财政经济问题决议（草案）》明确提出：“欢迎自由投资，苏区、白区各种资本可以自由经营。”1933年7月，《川陕省苏维埃经济政策》中明确规定：“苏维埃政府应该保证商业的自由。”

3. 积极提倡发展合作社经济

苏维埃政府设立了国营性质的经济公社，经济公社总社设在通江汉城，下设分社于各县，由各级财政经济委员会分级管理。在全苏区，区以上设经济公社的有27个，乡镇一级都设有经济合作社，如生产合作社、消费合作社、棉布合作社、耕牛合作社、种子合作社、卢森堡合作社（经营食盐，以德国无产阶级革命家卢森堡的名字命名）等合作社也纷纷设立，帮助农民解决生产中的困难，向劳苦大众廉价出售生活用品等物资，并组织土特产出口白区，换购苏区紧缺物资和现金。

（四）川陕革命根据地金融机构

破除半殖民地半封建性质的旧社会金融体系，构建苏维埃政府治理下的代表普通工农大众利益的金融体系，支持发展苏区民生经济，是民之所向、政之所至。川陕革命根据地创建的金融机构主要有以下几种。

1. 川陕省工农银行

1933 年 2 月中旬，川陕省第一次工农兵代表大会在通江召开，会上通过《川陕省苏维埃临时组织法大纲》，提出要建立工农银行，职能和任务是制造苏维埃货币，统一币制，流通苏区金融，实行对工农的低息和无息借贷，帮助合作社的发展，具体机构下设在财政经济委员会。

时隔不久，西北革命军事委员会于 1933 年 3 月 1 日发布《经济政策（草案）》，其中提出："为实现统一的货币制度，并帮助全体劳苦群众起见，苏维埃政府应设立分行，这个银行有发行货币的特权，工农银行应供给各地家庭、手工业者、小商人、合作社的借贷，以发展其经济，这个银行应实行兑换货币，其分银行应代征税收。"明确宣布工农银行的职责使命、货币发行、信贷投放、金融业务等有关政策。

经过紧张筹备，1933 年 12 月 4 日，川陕省苏维埃政府正式成立工农银行，全称为川陕省苏维埃政府工农银行，又称中华苏维埃共和国川陕省工农银行，归省苏维埃财政经济委员会管辖，川陕省苏维埃政府财政经济委员会主席郑义斋兼任行长（当时郑义斋还兼着兵工厂和造币厂厂长、红四方面军经理部部长职务）。根据地鼎盛时期，川陕省财政经济委员会共有 600 余人，成立的金融机构除工农银行外，还设立了货币兑换机构和造币厂。

川陕省工农银行实际开展业务要早于省苏维埃政府发出专门成立布告的时间，1933 年 3 月前后，工农银行已开始运行，各地陆续建立分支机构，苏币也开始印制和发行。凡是新解放的县，部队到哪里，银行也设到哪里，到 1933 年下半年随着红四方面军相继取得仪南、营渠、宣达三大战役胜利，根据地迅速扩大，川陕省工农银行在已经完整解放的通江、南江、巴中、平昌、仪陇、营山、万源、宣汉、城口等县，以及部分解放的达县、广元、阆中、苍溪、南部等县，均设立分行或代理机构。

2. 货币兑换机构

为推广川陕省工农银行苏币在根据地内快速、顺利流通，方便群众兑换苏币，或以苏币兑换银元、铜元，外来货币兑换苏币，维护苏币信誉，川陕省工农银行总行、分行均设立了专门办理货币兑换业务的机构"货币兑换所”，经济公社总社和各地县的 30 多个分社都可代办兑换和转账业务。

3. 川陕省造币厂

1933 年 10 月，红四方面军“宣达战役”大获全胜，击退军阀刘存厚，在达县（原称“绥定府”）缴获刘存厚造币厂以及制造铜币、银币的全套设备和大量铜、银材料，接收了 200 余名造币工人和技师。同年 11 月 18 日，川陕省工农银行以这批设备和人员为基础，在通江县城成立了川陕省造币厂，厂址设在城郊西寺（见图 2. 12. 1），开始铸造铜元和银元，先后铸造了 1 元银币、200 文和 500 文铜元（见图 2. 12. 2、图 2. 12. 3）。造币厂为红四方面军在川陕大大小小战役投放了大量苏币，保障了红军给养。

图 2. 12. 1　通江造币厂旧址

图 2. 12. 2　川陕省造币厂 1 元银元

图 2. 12. 3　川陕省造币厂铜元 200 文

作为二次革命战争时期苏区规模最大的造币机构之一，川陕省造币厂建立了极为严格的安全保卫制度和岗位职责、权限、奖惩等内部管理制度，守护苏维埃的重要财产。

由于苏区急缺各类专门人才，为吸引专业工匠和工人，川陕省政府出台《川陕省苏维埃政府优待专门人才暂行条例》，在薪资安排上给予一定的政策空间，具体规定："各种专门人才在苏区服务之薪金，不受苏维埃薪资条例之限制。"按此规定，川陕省造币厂工人的工资都远超县苏维埃常委的6元（银元，下同）月工资标准，普通工人10元左右，技术骨干最高达到50元。

4. 信用合作社

由于川陕省工农银行分行主要设在各县或者区里，很多偏远落后的农村没有银行，为响应川陕苏维埃政府"在川陕苏区普遍建立信用合作社"的号召，工农银行积极发动组织群众，筹建农村信用合作社，保证合作社内贫农的领导作用，对工农予以低利或无息贷款，解决农业生产和家庭副业的资金暂时性周转问题。南江、通江、巴中、苍溪等县纷纷建立了信用合作社，但由于战事频繁，信用社基本业务都只能由经济公社代办。

5. 社会保险局

为使工人的生活福利、医疗和失业救济得到保障，《川陕苏维埃组织法》作出了关于"向雇主和资本家抽取社会保险费，使工人的生活有保障"的提议，由资本家和雇主按月缴纳，工农银行代收。按照《川陕苏维埃组织法》有关社会保险的规定，川陕省苏维埃政府设立社会保险局，要求凡有工会组织的企业，都按2%的比例抽取保险金。对于重要物资——食盐，苏维埃政府出台的《奖励经营盐业条例》中还以食盐代缴的方式鼓励生产食盐，规定盐场可以按照收成的10%作为社会劳动保险。社会保险资金主要资助表现非常好但生活困难的工人，经组织审查后，每月可获得2—3元补贴，最高上限为5元。这项保险措施虽实行的时间不长，却是人民保险事业的初步探索。

（五）川陕省工农银行的货币政策

关于本位基金，川陕省苏维埃政府一开始即认识到以银元为本位币，充实苏币的本位基金实力，事关银行和政府的信誉。如本位基金储备不足，一旦银元被挤兑，苏币的信用将崩塌，苏区经济后果不堪设想，新成立的苏维埃政府将失去人民群众的支持，而无立锥之地。

1. 确定苏币法定地位

1933 年 3 月 1 日，西北革命军事委员会颁布《经济政策（草案）》，作出经济金融政策性部署和安排。对于以前的旧货币还可通行，但需兑换成苏币，具体规定是："苏维埃区域内的旧货币，目前得在苏维埃区域内通行，并消灭行市的差别；但苏维埃对这些货币应加以清查并印盖图记，以资监督。苏维埃政府应发行苏维埃货币，并兑换旧的货币。"《苏区营业条例》中规定，苏维埃区域行使的货币为苏维埃工农银行的洋钞，一切商人不得拒绝使用苏维埃政府发行的货币。其他外地的货币进入苏区，不许在市面上流通，只能兑换川陕苏币或向税收部门交税。依此一系列政府规定，川陕省工农银行确立发行的苏币在根据地内的法定地位。

2. 充实准备基金

郑义斋坚决执行集中现金的原则，充实工农银行基金，银行可以随时开兑，扩大钞票信用。1933 年 6 月 24 日，《中共川陕省第二次党员代表大会讨论的斗争纲领》提出："集中大批食盐、布匹、油与现金，扩大银行的威信。"

川陕省工农银行采取金银储备和重要物资储备的办法充实发行基金，据《红军第四方面军和鄂豫皖边区、川陕边区史料》记载，川陕省苏维埃政府工农银行财产估计有："大烟土 20 万斤（每两 3 元）、白耳 100 斤（每两 23 元）、出钞票 200 万元以上（苏洋）、出银元 50 万元以上（苏洋）、出铜元 30 万元以上（苏洋）、金子 1 000 余两（值 200 万元）。其他活动的财产无统计。"除去发行的苏币不计入外，准备金筹集了包括烟土 960 万元、银耳将近 4 万元、黄金 200 万元，以银元为计数币种，依照 1 斤为 16 两的旧衡制，基金总额达到了 1 200 多万元。

3. 发行多种版别苏币

川陕省工农银行共发行银元、铜元、布币、纸币四种币材 19 种版别，其中纸币面额有 1 串、3 串、1 元；布币有 2 串、3 串、5 串、10 串、1 元；银元定额为 1 元；铜元有大 200 文、小 200 文、500 文（见图 2. 12. 4、图 2. 12. 5、图 2. 12. 6）。

图 2. 12. 4　川陕省工农银行斯大林像 1 元券

图 2. 12. 5　川陕省工农银行 3 串布币（1933 年）

图 2. 12. 6　川陕省工农银行 3 串纸币（1934 年）

银元、铜元金属铸币流通普遍，但布币、纸币发行需要多管齐下推广普及。川陕省工农银行采取演讲、戏曲、舞蹈、小品、展览等多种活动向群众宣传工农银行是自己的银行，所发的钞票是工农自己的货币；发动红军和党政机关带头兑换布币和纸币；工农银行还采取提高苏币购买力的办法推行，如规定，用纸币、布币购买食盐，可以多买一些，鼓励民众用金属货币或金银首饰兑换使用苏币。苏币的价值渐渐得到民众认可，以前人们拿到苏币都想要换成银元或铜元的情形大为改善。

1933—1935 年，以 1 200 多万元的准备金保证，川陕省工农银行发行货币总量 280 万元，其中纸币 60 万元，布币 140 万元，铸造铜币 30 万元，银币 50 万元。充足的发行保障，加之经济得到了大力发展，川陕革命根据地除食盐外，粮食和物资物价保持平稳，供应充足。

川陕省工农银行布币、纸币、镰刀斧头式银铜金属币主要在根据地内流通使用；而仿铸白区货币（袁头、孙头、川版等）则多用于到白区购买食盐、西药、通信器材、各种办公用品、印钞颜料与纸张等苏区内紧缺急需物品。

4. 宣传政治主张

货币作为一种流通品，在苏区也常常作为革命宣传的载体。川陕省工农银行发行的苏币，无论何种面额、版式，全部印刷或镌写中国共产党人的政治主张。如在 1 元纸币、布币、3 串纸币上印有“政权归苏维埃，土地归农民”字样；在 2 串、3 串、5 串、10 串布币、1 元纸币上有“增加工农生产，发展社会经济”字样；在 3 串纸币上有“坚决保卫苏区”字样；在小 200 文铜元上有“赤化全川”字样。除此之外，所有川陕苏币上皆有“全世界无产阶级联合起来”字样。在不同面额、不同版式的苏币上还分别绘制或镌刻铁锤镰刀交叉的党徽、表示工农联盟的齿轮与麦穗，以及马克思、列宁等无产阶级革命家的头像。

5. 确定苏币间的兑换比价

苏维埃政府确定了布币、纸币与银元、铜元之间的兑换比价，大致是铜元 30 吊（即 200 文铜元 150 枚）亦可兑换银币 1 元；“串”即“吊”，合 1 000 文铜元，每 30 串布币或纸币可兑换银元 1 元。银元与铜元的兑换比价基本保持在 1∶30。

由于敌人的不断进攻，根据地面积日益缩小，1934 年 9 月，红四方面军虽粉碎刘湘六路围攻，但根据地被迫收缩，加上战争期间经济发展减缓，流通中的纸币、布币相对增加，进而不断贬值，银币价格上涨，从 1∶1 的兑换比价逐渐变为 100 元纸币、布币兑换几十银元，最后到红军总撤退时，苏币值不到原来的 1/10。

1933—1934 年，川陕省革命根据地风调雨顺，农业取得了极好的收成，除了食盐，日常生活用品因活跃的民生经济都有了更多的供给，物价整体趋于稳定，米、麦、柴、菜等日常生活必需食物和用品，比白区价格要低 2/3。但根据地食盐一直紧缺，盐价居高不下，当时在白区 1 元银元可买到 120 两，在苏区只能买到 8.5 两。

6. 严厉制裁破坏货币信用行为

为保证根据地货币的正常流通，对于贬低苏币价值、拒绝使用或伪造货币的行为，《川陕省革命法庭条例草案》以反革命罪论处，具体规定“破坏银行信用，拒绝行使工农银行所出钞洋纸票”是进行经济上的破坏阴谋，属反革命罪，要进行坚决镇压，“革命法庭按照犯罪轻重，阶级成分，分别首要、胁从，分别处以劳役、监禁和死刑”。据《通江县金融志》载：“通江有几个盐商，对苏洋压价售盐，袁头一个卖盐八两，川版六两，苏币只称四两。经发现后，由西北军区予以镇压。”1934 年 12 月，《苏区营业条例》中规定：“苏区内行使的货币为苏维埃工农银行的洋钞，一切商人不得拒用。”而对于伪造苏币者，赤北县、阆中县都有被处以极刑的情况。通过以上严厉的法律制裁，基本上保证了苏区货币的顺利发行流通。

（六）川陕省工农银行开展的主要金融业务

代表人民群众利益的苏维埃银行保护着苏币“血液”从“心脏”流向代表人民群众利益的经济“肌体”，滋养苏维埃经济体的组织细胞，最终转化成军需民用之物资。川陕省苏维埃政府建立后彻底废除高利贷，授权川陕省工农银行发行苏币，对农业、工商业贷款实行低息或免息政策以及代理国库、管控现金等职能，解决根据地内广大工农群众暂时的经济周转困难，大大激发了人民群众投入生产的热情和积极性，川陕省苏维埃政府也因此得到了人民群众的衷心支持和拥护。

1. 发动组织储蓄，保障资金融通

集中储蓄有利于川陕省工农银行进行苏币回笼，充实货币发行的准备金，保障借贷业务开展。川陕省工农银行发动川陕省苏维埃政府的各级组织和党政部门进行储蓄，将多余的财政钱款存入工农银行，由川陕省工农银行统一保管和结算；对战争中的缴获，对地主、富农的惩罚没收以及、国营工厂和经济公社的收入也都要求送存银行。

当时川陕省工农银行积累资金还有一种重要方式，就是集中储存收缴苏区的重要物资。郑义斋号召各县税务所可以将收纳的钱款、木耳、银耳、中药材等苏区重要物资存入工农银行，充实工农银行基金；川陕苏区县级财政经济委员会将收购的粮食、棉花、布匹和盐等物资，存入工农银行。

2. 发挥金融杠杆作用，满足根据地建设需要

川陕苏区工农银行在苏维埃政府财政经济委员会领导下，农业贷款的发放坚持实行低息和无息贷款的原则，以贫苦农民为主要对象，基本形成以银行为中心，党、政、民、合作社相互配合的组织系统。

川陕省工农银行在工业方面投入大量资金，努力解决军需和工农群众生产和生活急需，先后帮助兴办和恢复了军需和民用工业，一大批工厂和合作社手工业开始兴起和复苏，兴办了数百个小型工厂，诸如兵工厂、铁厂、被服厂、绑腿厂、纺织厂、米面厂等。

为了扶持工商业的发展，川陕省工农银行对于当地的小商贩和小手工业者，摈弃根据地建设初期对私营经济极“左”的政策和做法，只要有当地正当工商人士证明的贷款保证，通过开立借据、写明用途、保证按期归还等手续，即提供每笔 100 元左右的小额短期贷款，一般是 1 至 2 个月，到期还可转期（还款期限）。红军还在各地张贴标语宣传鼓励私营小商品经济的政策，号召“小商小贩组织起来做生意，没有钱苏维埃借给你”，等等，支持私有经济有条件的发展。像江口县六门乡窑罐厂、清江 20 余家染坊、供给 90% 红军鞋袜的街道作坊，南江县、广元县、龙门口等地私人小煤窑等小规模的私有经济都得到了恢复和发展，多层次、多种类地补充了国营经济、合作社的物资生产。

3. 支持合作社运动，扶持经济公社

毛泽东提出："合作社，特别是消费、赎买、信用三种合作社，都是农民所需要的，他们买进货物要受商人的剥削，卖出农产品要受商人的勒抑，钱米借贷要经受重利盘剥者的剥削，他们很迫切地要解决这三个问题。"

川陕省苏维埃政府多次下发通知，号召农村地区发展合作社运动，"合作社要成为群众运动，群众自己到处成立各种各样的合作社，由群众自己推举经理，群众自己经营，每队多成立几个合作社，越多越好"，并且要求银行"优先对具有集体性质的合作社事业发放无息贷款"，合作社将进货计划、预算资金报川陕省财政经济委员会，由上级从工农银行拨款。

依靠银行资金的前期投入，各县合作社得到了大力推广，苏区的物资流通在广大乡村地区便利且便宜。合作社的形式多种多样，其中生产、消费合作社和信用合作社对川陕省工农银行累积资金、回笼货币起到了重要作用，成为银行体系的有力补充。

当时建立了很多日常生活所需的生产和消费合作社，如食盐、粮食、粮油合作社等解决民众日常吃穿的消费性合作社，也有纺织、造纸、木器、制鞋、缝纫、炼铁、造墨等工业生产合作社。凡是合作社社员都能以较低的价格买到生活必需品，并且按股分红。平昌县得胜镇粮食合作社按照自愿加入的原则，由群众选出自己的股东委员会，由委员会进行监管，农民入股后，每股可以分红到 5 元银元。

4. 集中管控金银，确保战略物资供给

通过红色交通线到白区购买武器辎重、电讯设备、西药和食盐等重要战略物资，需要白区普遍使用的金银通货。收拢现金、集中金银管理的重要职责落到了川陕省工农银行。《川陕省苏维埃组织法》要求，各县财政经济委员会的首要任务是要集中现金存放在工农银行。1933 年 6 月川陕省第二次党代会斗争纲领、1933 年 11 月川陕省各级苏维埃主席联席会决议中，都有关于"集中现金"的规定。现金集中的渠道主要来源于红军战争中的缴获、地主劣绅的没收以及群众的兑换。

1935 年春，因红四方面军主要领导人张国焘的错误领导，川陕根据地革命形势急转直下，川陕省工农银行不得不随军转移，途中还坚持印发布币、纸币。同年 10 月红军进入藏区后，因藏区只用袁头银元，川陕省工农银行遂停止发行苏币。

当时担任川陕省苏维埃政府财政经济委员会主席的是土地革命时期著名的财经工作领导人郑义斋，他提出和主持实施了一整套建设性的财经政策，巩固和发展了根据地的经济力量。川陕苏区后期，郑义斋坚持原则抵制张国焘在农业上消灭富农经济、侵犯中农利益，工商业上过分打击、没收私人工商企业的"左"倾错误。令人扼腕痛惜的是，1937 年 3 月 13 日郑义斋赶赴西路军总指挥部，为掩护党和红军的经费，在与国民党敌军激战中壮烈牺牲，为党的事业流尽生命最后一滴血，时年仅 36 岁。

十三、陕甘革命根据地红色金融事业

（一）陕甘革命根据地创建历程

陕甘革命根据地又称西北革命根据地，位于陕西省西北部和北部、甘肃省东部地区，包括陕甘边和陕北两个地区。陕甘革命根据地是中国共产党土地革命战争时期在北方的唯一根据地，土地革命战争后期硕果仅存的完整革命根据地，是党中央和中央红军长征后的落脚点，是八路军主力奔赴抗日前线的出发点。

1. 陕甘边革命根据地

从 1928 年起，根据党的指示，刘志丹、谢子长、习仲勋等先后打入陕甘、陕北地区的国民党部队，开展兵运工作。1930 年 10 月，刘志丹策动了“太白收枪”事件，消灭谭世麟第二十四营，掀开陕甘边革命武装斗争的序幕。1932 年 4 月，习仲勋策动威震关陇的“两当兵变”。

根据 1927 年八七会议确定的总方针，中国共产党在陕甘边进行兵运工作，但历经 70 多次兵变，都以失败告终。刘志丹、习仲勋等人总结经验教训，意识到军事运动要同农民运动结合起来，以土地改革为突破口，建立革命根据地。

1932 年 12 月，谢子长、刘志丹改编原陇东、陕北游击队组合成的陕甘游击队为中国工农红军第二十六军，领导群众开展打土豪、分田地、废除高利贷剥削、反抗军阀政权的斗争，并宣传革命道理。1934 年 2 月 25 日，陕甘边第二次工农兵代表大会召开，选举产生了陕甘边根据地的最高临时政权机关——陕甘边区革命委员会，习仲勋为主席。至此以南梁为中心，方圆100余公里的陕甘边革命根据地基本形成。

1934年11月1日，中共陕甘边区特委和陕甘边区革命委员会在南梁荔园堡召开陕甘边区工农兵代表大会，选举产生了陕甘边区工农民主政府（亦称南梁政府）、陕甘边区革命军事委员会和赤卫军总指挥部，习仲勋当选为政府主席，刘志丹任军委主席，朱志清任赤卫军总指挥。陕甘边区工农民主政府的成立之时也是陕甘边革命根据地形成之日。

2. 陕北革命根据地

陕北革命根据地在中共陕北特委领导下逐步建立起来。1927年10月12日，唐澍、谢子长、李象九等领导陕北清涧起义反抗国民党反动派，在西北地区白色恐怖中点燃第一炬革命火种。随后不久，为更加有力地发动群众展开武装斗争，1928年4月，中共陕西省委决定在绥德成立中共陕北特委，管辖绥德、榆林、延安三个县委，以及神木、府谷、佳县、定远、安定等支部。

1928—1934年，历经神木、清涧多处起义、与国民党敌军反“围剿”艰苦卓绝的斗争，到1935年初，红军在陕北地区赤塬、秀延、延水、延川等17个县建立了革命政权。1935年1月29日，根据中共北方代表会议决定，陕北第一次苏维埃代表大会在安定县白庙岔召开，成立陕北省苏维埃政府。同时，陕北革命根据地的主要军事力量——红二十七军在中共陕北特委和中共中央驻北方代表派驻西北军事特派员谢子长的领导下改编成立。

随着两次反“围剿”的胜利，陕甘边和陕北两块革命根据地在中共陕甘边特委、中共陕北特委领导下，迅速发展，两块根据地的区域不断扩大，日益接近。中国共产党西北工作委员会及西北革命军事委员会于1935年2月成立后，同年7月，将两块苏区连成一片，统一领导，苏区范围扩大到北起长城，南至淳化、耀县，西接环县，东至黄河的广大地区，形成了面积3万平方公里、人口近百万的西北革命根据地，成为土地革命战争后期中国革命的大本营，为党中央和中央红军长征后落脚西北奠定了坚实的基础。

（二）陕甘革命根据地的土地改革和社会经济建设

陕甘革命根据地位于偏僻山区，交通不便且地广人稀、土地贫瘠，能耕种的土地高度集中在仅占人口不到 10% 的地主富农手中，而占 90% 以上的农民没有土地，有的连基本生产资料牲畜、农具等都很少甚至没有。地方民团兵匪、土匪无穷尽地征粮纳税，榨取百姓血汗，普通群众常年处于贫寒交迫的境地。

陕甘革命根据地红色政权的政治动员始于土地革命。没收地主、反动富农财产，将祠堂、寺庙土地分配给贫雇农，补充土地不足的中农等土地政策，彻底摧毁国民党、地主豪绅的经济基础和半殖民地半封建性质的生产关系，使广大劳苦大众彻底摆脱高地租、高债务无穷尽的被剥削命运。

土地革命使广大劳苦群众耕者有其田，生活得以安居，群众更加拥护红军，纷纷主动参军，加入到保卫和巩固根据地的战斗中。1934 年 10 月 15 日，中共陕北特委给中央驻北方代表的信中谈到，最近苏区的劳苦群众参加分配土地的斗争异常热烈。这些群众的斗争形势直接地普遍地推动了陕北游击战争的开展。

1934 年 11 月，陕甘边区苏维埃政府在南梁正式成立，在习仲勋等的领导下，提出和实行了军事财政金融领域著名的“陕甘边苏区十大政策”，即土地政策、财经粮食政策、军事政策、对民团政策、对土匪政策、各种社会政策、肃反政策、知识分子政策、对白军俘虏政策、文化教育政策。其中有八项内容，为党领导经济金融建设提供了政策依据：一是成立边区政府银行，发行“苏票”。二是设立集市，开展贸易。三是允许白区商人来苏区做生意并予以保护。四是鼓励农民发展生产，增加收入，藏粮于民。五是成立牧场，饲养牲畜。边区政府将从白区打土豪劣绅所缴获的牛羊除部分分给贫苦群众外，剩余的牛羊由政府放养，用以解决军队和政府机关人员生活之需。六是粮食政策。建立收购站收购上市的粮食，分散储粮，保证军需，防备灾荒。七是打土豪、拉豪绅，筹集钱粮。八是党政军干部和部队战士的生活、办公费用由财政委员会统一筹措、分配，官兵一致，不分等级。除实物外，个人津贴、办公费用一律发给“苏票”。

苏维埃政府的成立得到了广大群众衷心的拥护与支持。除了土地改革，苏维埃政府兴办小学、干部学校和创办各种报刊等，加强教育文化建设，培养大批军政干部，提高根据地军民的文化素质；建立修械厂、被服厂等军需民用工厂；创办苏维埃银行，发行红色政权的布币、纸币，有力地促进了根据地的经济建设。教育、文化、经济等社会各领域的建设都热火朝天地在根据地开展起来。

陕甘边革命根据地在南梁政府的领导下大力推进土地改革后，拥有土地的群众积极从事生产，粮食产量有了增加，生活有了改善，小商品经贸也渐渐繁荣起来。习仲勋等领导人大胆创新，建立具有集体所有制性质的“红军公田”“小牧场”和“合作社”。根据地兴办机关农牧场、合作社，喂猪养牛羊，发展农副业生产。根据地还开设集市，有计划地组织对外贸易。南梁政府营造了比较宽松的营商环境，颁布了保护小商人、便利交易的商业政策，如在白马庙、荔园堡等地建立了集市，允许白区商人来苏区做生意，通过繁荣集市贸易，为陕甘边根据地的巩固、发展提供了必要的物资保证。

（三）陕甘革命根据地金融机构

南梁政府成立之初还没有自己的货币，农村根据地银洋不多，红军又需集中现金购买苏区买不到的军需，靠粮食等物物交易不便携带、不利计价，国民政府、地方军阀和地方商号、票号的货币经常贬值、信誉极差，不解决金融问题，势必会阻滞商贸日益活跃流通。

为了稳定市场、繁荣边区经济，苏维埃政府决定发展苏区金融事业，开办银行、印制货币，建立陕甘边区苏维埃政府的金融货币体系。1934 年 2 月，陕甘边区革命委员会财政委员会成立，同时创办造币厂。1934 年 11 月，陕甘边区苏维埃政府银行成立，承担起了对外发布财政金融政策、发行边区政府货币、办理兑换业务等职责，管辖造币厂和苏币兑换处。为驱逐国民党伪币，占领根据地的货币市场，先后起草了《统一苏区货币及其办法》和《发行纸币、铸造辅币的报告》，是陕甘边苏区货币政策的最初依据。

1. 陕甘边区制币厂

陕甘边区革命委员会财政委员会一经成立即在南梁油坊沟建立了制币厂，准备金来自没收土豪地主的白银。由于缺乏设备和纸张，印刷货币条件受到限制。工人们用粗老白布代替纸张、用木刻雕版、手工印刷代替机器印刷印后再用桐油处理等简陋办法，在很短时间内，印刷出了质地硬脆、形同油布、最早的陕甘边区银行货币——“油布币”（见图2.13.1）。

图2.13.1　陕甘边区革命委员会财政委员会发行的油布币

“油布币”为横式，长14.1厘米，宽6.7厘米，正面上端框内从右至左印有“全世界无产阶级及被压迫民族联合起来”17个字，下端框中印有“陕甘边区革命委员会财政委员会发行”字样，两边印有“提高工农生活”“随时兑换现金”字样。票面主图为3个五角星，正中大五角星内绘斧头镰刀图案。在正中盖陕甘边区银行印，两边竖写面值，面值下面各盖正副行长印章。

“油布币”是陕甘边区革命根据地发行的第一种货币，属兑换券性质，规定每10角兑换大洋一块，发行了1角、2角、5角和1元四种面额。

“油布币”最初发行流通时并不很顺利。为了活跃经济和商品贸易，以南梁为中心的陕甘边革命根据地建立后，恢复和新开设了荔园堡和白马庙两个集市。由于国民党发行钞票毫无信用、不断贬值，群众对非金银的货币普遍不信任。开始时集市交易群众并不主动兑换印制简单的“油布币”，只是迟疑观望，做生意的商贩也不敢用。为此，苏区政府安排工作人员在集市上专门用“油布币”购买物品，同时货币兑换所人员每逢集日在荔园堡集市设立兑换处，凡持有“油布币”的商贩要求来兑换银元，当场即行兑换。时间一长，“油布币”逐渐在集市上推广开来，从而在边区流通起来。“油布币”存续流通了大约半年左右，后因陕甘边区农民合作银行成立，“油布币”逐渐由“陕甘边区农民合作银行兑换券”取代。

2. 陕甘边区农民合作银行

1934 年 11 月，鉴于边区政治、经济的发展需要，成立后不久的陕甘边区苏维埃政府决定成立陕甘边区农民合作银行，发行新的苏区货币——“陕甘边区农民合作银行兑换券”，简称“农民券”，同时停止发行“油布币”。“农民券”是陕甘边区政府发行的第二种货币（见图2. 13. 2）。

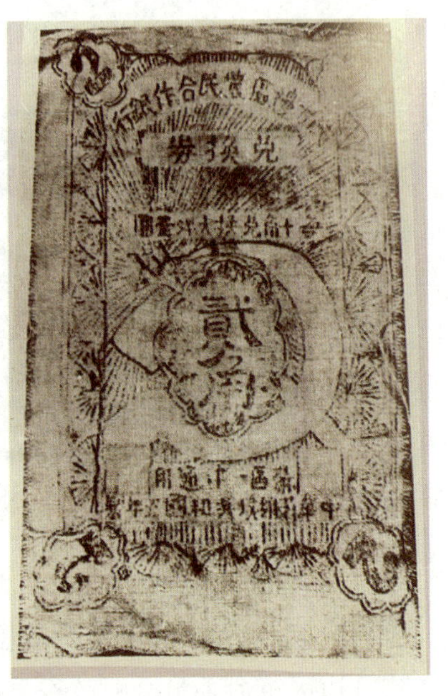

图 2. 13. 2　陕甘边区农民合作银行 2 角兑换券

“农民券”以银元为本位，属于兑换券性质，发行面值有 1 角、2 角、5 角、1 元四种，银行规定每 10 角农民券兑换 1 元银元。“农民券”的发行流通建立在“油布币”良好信誉上，群众对苏区政权的货币都很信任和认可，因此流通比较顺利，“农民券”流通的时间从 1934 年 11 月银行成立开始至 1935 年 4 月苏维埃政府撤离南梁地区为止。

受印制设备条件所限，“农民券”亦是布质，用雕版印刷之后，涂上桐油晾干使用。为区别于“油布币”，票形改为竖式，高 12. 8 厘米，宽 7. 5 厘米。正面以松叶为底纹图案，上端从右至左书写“陕甘边区农民合作银行”，印有“兑换券”和“每十角兑换大洋壹元”，还有“苏区一律适用”和“中华苏维埃共和国五年制”字样，票面中央为大写的面值，下方绘有“斧头镰刀”图案，两边印财政委员会印章；背面只有方印。

3. 陕甘省苏维埃银行

1935 年 4 月，国民党政府调集陕、甘、宁、豫、晋、绥 6 省 7 个师计 5 万多兵力，向陕甘边区和陕北根据地发动第二次“围剿”，企图将新生的革命政权扼杀在摇篮中。陕甘边区苏维埃政府随即撤离南梁地区，迁至甘泉下寺湾，停发“农民券”，并把陕甘边区农民合作银行改称为“陕甘省苏维埃银行”，开始印发“银币券”纸币、布币和“铜币券”纸币。“银币券”发行过 1 角、5 角、1 元三种面额；“铜币券”发行过 20 枚一种。“银币券”正面上方为“陕甘省苏维埃银行”的行名，中央为镰刀和斧头图案，正下方还印有“中华苏维埃共和国五年印制”，背面印有“凭票即付”和“中华苏维埃共和国五年印制”文字。

1935 年 11 月，中华苏维埃共和国国家银行西北分行印制发行国家银行西北分行币后，陕甘省苏维埃银行的“银币券”和“铜币券”便停止发行使用。

4. 陕北省苏维埃银行（后更名为：陕甘晋省苏维埃银行）

根据地建立之前，流通在陕北地区的主要货币是国民党地方政府的陕北地方实业银行发行的货币。如果不摆脱国民党金融货币体系，苏维埃政府经济建设就会成为无源之水、无本之木。1935 年春夏之交，陕北省苏维埃政府从延川芦子沟村迁到永坪石油沟村，6 月即命令由财政部着手成立财政印刷所，以陕北省苏维埃银行的名义发行钞票。不过当时只铸造了 2 000 余枚五年制银币和少量铜币，发行了面额 1 分、2 分、5 分、1 角、2 角五种纸币，流通范围限于陕北省的中心地带安定、延川、清涧、延长等县的十几万人口中，存续时间仅有四五个月。

1935 年 9 月，陕甘晋省委成立后，陕北省苏维埃银行更名为陕甘晋省苏维埃银行，并于 1935 年 10 月迁往安定瓦窑堡。同年 11 月，并入中华苏维埃共和国国家银行西北分行。从 1935 年 9 月到 11 月存续的两个月期间，陕甘晋省苏维埃银行在原来陕北省苏维埃银行发行的五种纸币基础上只增印了一种 5 角币。

5. 神府特区抗日人民革命委员会银行（后更名为：神府特区苏维埃政府银行）

神府革命根据地位于陕西北部，以神木为中心，包括府谷、佳县、榆林部分地区，面积 4 000 多平方公里，有 14 万人口，是陕北革命根据地的重要组成部分。1934 年 9 月 18 日，神木县革命委员会成立。红军武装斗争的胜利，党、政、军领导机构的建立和健全，推动神木、府谷红色区域不断巩固和扩大，神木府谷革命根据地基本形成。1935 年 10 月，中共中央到达陕北后，为加强领导，决定将神木府谷革命根据地改为神府特区，直属中央领导。

1936 年 4 月神府特区抗日人民革命委员会成立，乔钟灵为主席。为改善人民群众贫困生活，活跃集市商贸、便利交易，1936 年春，中共神府特委决定成立“神府特区抗日人民革命委员会银行”，财政部部长高振业兼任银行经理。同年在特区辖区内发行“流通纸券”辅币，有纸质、布质两种（见图 2. 13. 3）。纸质券又分面额 5 分、1 角、5 角、1 元四种；布质券有 1 角一种。1937 年 1 月，神府特区抗日人民革命委员会改为神府特区苏维埃政府，银行随之更名为“神府特区苏维埃政府银行”，高振业仍被选为财政部长兼银行行长。在高振业主持下，神府特区苏维埃政府印刷发行了 5 万多元钞票在市场上流通，又在贺家川村周边组建了民众合作社和纺织工厂。这些措施对于打破敌人的经济封锁起到一定作用，使苏区的经济困难得到很大改善。1937 年 4 月，银行宣告撤销，流通纸券亦随之停止发行流通。为避免给广大群众造成损失，银行以物资和银元兑换回群众手中的流通券。

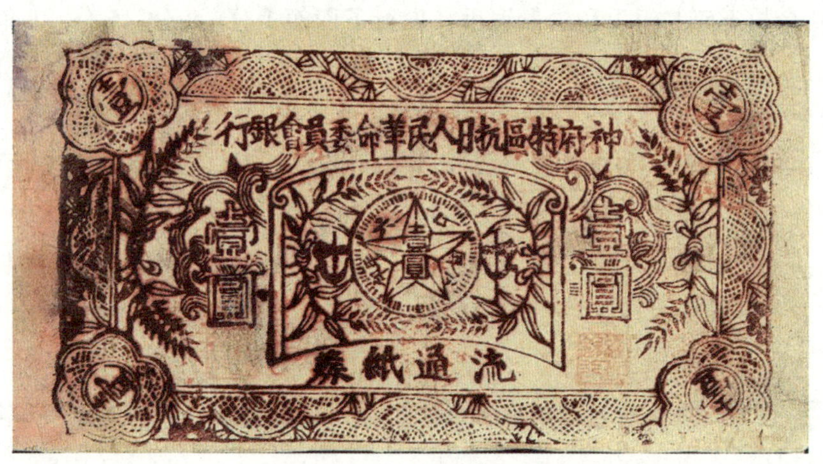

图 2. 13. 3　神府特区抗日人民革命委员会银行流通纸券

十四、中央革命根据地创建与中华苏维埃共和国国家银行诞生

（一）中央革命根据地创建历程

1928 年底，国民党湘赣粤三省大军围攻井冈山。彼时红军尚不够强大，坚持一个多月，因力量悬殊无法击退敌军。1929 年 1 月，毛泽东、朱德、陈毅等率领红四军主力 3 600 余人从井冈山向赣南艰难转战，趁着新军阀混战、国民党内部矛盾重重之际，抓住革命发展的有利时机主动出击，在赣南、闽西地区大踏步来回对敌作战，开创了赣南、闽西十几个县的工农民主政权。

1930 年，蒋介石与阎锡山、冯玉祥、李宗仁等新军阀爆发了参战兵力高达 100 多万人、时间长达 7 个月的中原大战和湘粤桂大战，50 多万人战死，无数百姓家破人亡、流离失所。忙于征服地方军阀以实现独裁统治的蒋介石无暇他顾，主力尽调于军阀混战。

新军阀混战的 1930 年，给革命带来了又一次大发展的时机。红四军趁此空隙，展开行动部署，深入土地革命，推翻千年来封建制的社会结构和阶级关系，发动农民捍卫革命成果，扩大工农武装和苏维埃区域。1930 年 10 月，毛泽东、朱德与彭德怀的红三军团会合，成立红军第一方面军，朱德为总司令，毛泽东为总政委，全军发展到 4 万人，初步开创中央革命根据地。根据地得到了不断的巩固和扩大，红军战斗力不断提高，能担负的作战规模越来越大。

中原大战结束不久，对共产党充满忌惮的蒋介石从 1930 年底到 1931 年 7 月，依次调派 10 万、20 万、30 万地方“杂牌军”和嫡系部队，对中央苏

区接连发动三次“围剿”。红一方面军在毛泽东、朱德的领导下，利用“杂牌军”和中央军的利益矛盾，灵活运用“十六字诀”游击战术，取得了三次反“围剿”的胜利，将长期被敌人分割的赣南、闽西两大块根据地连成一片。

1931年11月7日至20日，第一次全国苏维埃代表大会在江西瑞金叶坪隆重召开，成立了以毛泽东为主席的中华苏维埃共和国临时中央政府，标志着中央革命根据地（中央苏区）成功创建。

中央革命根据地是第二次国内革命战争时期中国共产党领导工农武装创建的全国面积最大、人口最多的根据地，是中共中央、中华苏维埃共和国临时中央政府、中央革命军事委员会所在地。在中央革命根据地形成的同时，湘鄂西、鄂豫皖、赣东北、湘鄂赣、湘赣等革命根据地也处于发展的良好势头中，全国苏维埃区域已发展到十几个省二百余县，面积扩大到16万平方公里，拥有1 000多万人口，红军发展到10多万人。

1933年中央红军取得第四次反“围剿”胜利后，中华苏维埃共和国下辖省、县、区、乡四级政府，根据地扩大到地跨江西、福建、广东三省的广大地区。其中，中央苏区内由中央政府直辖的省级苏维埃政府有5个——江西省（38个县）、福建省（20个县）、闽赣省（25个县）、粤赣省（9个县）、赣南省（8个县），另有瑞金、西江、长胜、太雷4个中央政府直属县。除中央苏区外，中华苏维埃共和国还下辖湘赣省、湘鄂赣省、闽浙赣省、鄂豫皖省、川陕省、湘鄂西省、湘鄂川黔省、陕甘边区、闽东、琼崖、左右江等省（特区）苏维埃政府。

1933年3月4日，日军攻陷承德，大举入侵华北，加速了对我国的进一步蚕食，铁蹄肆虐，山河破碎，近在咫尺。然而蒋介石却置民族危亡于不顾，坚持推行“攘外必先安内”的反动方针，决心全部消灭共产党和红军。从1933年9月25日至1934年10月，蒋介石亲自坐镇南昌，调集约100万兵力，对中央苏区及其周边苏区进行大规模的第五次“围剿”，同时对苏区实行经济、交通封锁，企图逐步压缩并摧毁苏区。

此时，在党内占统治地位的“左”倾教条主义者拒不接受毛泽东的正确建议，用所谓“正规”战争代替人民战争，红军完全陷于被动。经过一年苦战，终未取得反“围剿”的胜利，革命力量大受损失，最后在博古、李德的错误指挥下于1934年10月仓促退出根据地。

（二）毛泽东中央苏区经济思想与中央苏区的财政、经济与金融

1. 毛泽东中央苏区经济思想述略

国民党反动派的军事“围剿”和经济封锁给根据地军事补给和工农业生产带来了极大困难，面对经济问题，毛泽东率先思考的是苏维埃政府如何领导群众开展经济斗争和经济建设。

1928 年 10 月 5 日，毛泽东为中共湘赣边界第二次代表大会撰写决议，其中内容的一部分《中国的红色政权为什么能够存在》（原题为《政治问题和边界党的任务》）首次告诫边界党要重视经济问题、解决经济问题，否则割据将要遇到很大的困难。

1930 年 5 月，毛泽东对寻乌城乡的经济关系和阶级结构进行了周密的调查研究，写下《寻乌调查》一文，解决了土地革命中按人口平分土地、抽多补少、抽肥补瘦等几项重大政策问题，也进一步深化对土地使用权、收益权和所有权的认识。

1933 年 8 月，毛泽东在《必须注意经济工作》中对经济战线的理念和思路作出及时回应，“革命战争的激烈发展，要求我们动员群众，立即开展经济战线上的运动，进行各项必要和可能的经济建设事业。号召群众购买公债，发展合作社，调剂粮食，巩固金融，发展贸易，号召他们为着这些口号而斗争，把群众的热情提高起来。”“只有开展经济战线方面的工作，发展红色区域的经济，才能使革命战争得到相当的物质基础”“要努力发展农业和手工业的生产”。

1933 年 11 月至 12 月，毛泽东前往兴国长冈乡、上杭才溪乡进行了深入的社会调查，写成《长冈乡调查》和《才溪乡调查》，总结了关于政权、经济、文化建设等领域工作的群众经验和规律认识。

1934 年 1 月 22 日至 2 月 1 日，在江西瑞金召开的第二次全国工农兵代表大会上，毛泽东在报告《我们的经济政策》中明确了经济建设的中心问题，“我们的经济建设的中心是发展农业生产，发展工业生产，发展对外贸易和发展合作社”，同时阐述了关于国民经济体系建设的基本思想，“现在

我们的国民经济，是由国营事业、合作社事业和私人事业这三方面组成的”。这一系列有关经济发展的光辉思想，回答了根据地经济建设的目的、动力、方法等理论和实践问题，阐明了我党领导根据地经济工作的阶级立场、发展模式、革命道路等重大政治问题。

2. 毛泽东中央苏区经济思想实践：中央苏区的财政、经济与金融

（1）农业生产是经济建设工作的第一位。中国共产党和中央工农民主政府针对劳动力问题、生产资料问题、水利问题等困难，制定了一系列恢复和发展农业生产的方针政策，从政治上发动群众，不断提高群众的政治觉悟，通过国家财政信贷方式予以支援，开垦荒地、兴修水利、增殖畜产，组织和调剂劳动力、开展互助合作运动、兴办劳动竞赛、鼓励深耕易耨，组织国营商业和消费合作社为农业提供生产资料和收购农副产品。在外有强敌环伺、内则百废待举的艰苦条件下，农业生产得到恢复和发展，处处是“收拾金瓯一片，分田分地真忙”的大好势头。

（2）战时经济一切企业的发展首要保障供给红军。大规模革命战争的军需、后勤需要有基础的工商业经济作后盾。中央苏区地处贫瘠山区，工商业都十分落后，手工业在帝国主义商品倾销下每况愈下。面对如此薄弱的经济基础，以毛泽东为代表的马克思主义者，坚持从中国革命和根据地的实际出发，尽可能地发展公营经济、群众集资合作社经济，鼓励私人经济，发展国民经济来增加财政收入，运用财政金融杠杆，对不同的阶级采取累进税、信贷等不同办法，把财政税收更多放在剥削阶级身上，银行低息或免息贷款给广大工农群众，反对为争取工人阶级而采取教条的、片面的短视福利观，建立起独立自主的财政经济体系和货币金融体系。

中央苏区颁布了一系列法规法令，《中华苏维埃共和国宪法大纲》以及《土地法》《劳动法》《婚姻法》等约120部。有关财政、经济、金融的法案，如《经济政策》《劳动法》（1931年）、《暂行财政条例》《关于合作社暂行组织条例》（1932年）、《工商业投资暂行条例》《国家银行暂行章程》纷纷出台。为从经济上支援革命战争，巩固工农联盟，针对帝国主义手中的企业和手工业，“实行国有（租界、海关、银行、铁路、船业、矿山、工厂等）”；针对中国资本家的企业及手工业，“尚不实行国有，但由工厂委员会、职工委员会，由工人监督生产”；针对私人资本，允许其自由投资经营工商业。

（3）成立国家银行巩固金融。没有工农民主政权的货币，商品流通就会受制于军阀的货币体系；没有工农民主政权的金融信贷，工农业就是无根之木、无源之水。要切断帝国主义豪绅买办的“吸血管”，倾覆半封建半殖民性质的货币金融体系，必须破旧立新：建立苏维埃政权国家银行和金融组织，发行苏维埃货币，取缔国民党反动派杂钞劣币，控制和集中现金，将资金更多地投向革命事业和工农阶级。

（4）统一财政加强财政管理。从创建井冈山革命根据地开始，毛泽东确立了中国工农红军初创之时三大任务：打仗消灭敌人，打土豪筹款子，做群众工作。红军筹款取之于敌，自筹自给的财政方针为工农武装割据做好了财政和物资准备。中央工农民主政府成立后，颁发《中华苏维埃共和国暂行财政条例》和《中华苏维埃共和国暂行税则》（见图 2. 14. 1），要求各级财政收入统一送交中央财政部，严格执行预决算制度，给予公营经济和合作社经济必不可少的财政支持。同时运用财政杠杆，区分不同阶级，采取没收、征发、捐款、累进税等不同办法，把财政的征收重点放在剥削阶级上，彻底推翻靠向人民征收数倍税赋、搜刮民脂民膏来豢养王侯贵族的剥削阶级专政体制。

图 2. 14. 1 《经济政策、暂行税则、借贷条例、投资条例、财政条例、统一财政训令》

注：《经济政策、暂行税则、借贷条例、投资条例、财政条例、统一财政训令》为中华苏维埃第一次全国代表大会讨论通过后颁布的。主要内容有：①中华苏维埃共和国中央执行委员会主席毛泽东、副主席项英、张国焘署名，公历 1931 年 12 月 1 日颁布的《中华苏维埃共和国经济政策》；②中央执行委员会主席毛泽东、副主席项英、张国焘署名，于 1931 年 12 月 1 日实行的《中华苏维埃共和国暂行税则》；③于 1932 年 2 月 1 日发生效力的《借贷暂行条例》；④于 1932 年 1 月实行的《工商业投资暂行条例》；⑤于 1931 年 12 月颁布实施的《中华苏维埃共和国暂行财政条例》；⑥于 1931 年 12 月 29 日公布的《人民委员会训令、即统一财政训令》（财字第二号）。

以毛泽东为代表的马克思主义者坚持深入调查研究，不断总结发展经济的正反两方面经验，在实践中摸索带领群众摧毁旧的生产关系，巩固新的生产关系，建设新民主主义财政、经济、金融体系。到1934年初，中央苏区工厂有兵工厂、被服厂、印刷厂、中央钨砂公司、造纸厂、纺织厂、材料厂等32个，私营工业和手工业80多家，形成以军需工业为主体的国民经济体系雏形；纸业、农具、炼铁等生产合作社开办了二三十种。粮食调剂局、国营饭店、工农药店、对外贸易局、中华商业公司等商业机构使红色腹地的商业渐趋活跃（见表2.14.1）。

表2.14.1　　　　中央苏区部分国有工厂统计表

厂名	创建时间	地点	人员	机器设备	主要产品和生产能力
红军被服厂	1929年3月	长汀	60人	多架新式缝纫机	
中华织布厂	1930年	初在长汀，后迁至瑞金西门外肖家村	200多人	手摇纺织机、100多台织布机	布、纱布
中央被服厂	1932年	瑞金七堡	180多人		毛巾、袜子、麻布、套鞋
中央印刷厂	1933年10月	瑞金叶坪		6部铅印机、12部石印机	报纸、文件
中央造币厂	1931年	瑞金洋溪	170人	“老鹰头”铸币机、银毫子铸币机	日铸银元1 000多个
中央卫生材料厂	1932年	瑞金新院	20余人		自制硫酸钠、碘酒、消肿膏、龙胆酊、手术刀、镊子
中央兵工厂	1931年	兴国官田，后迁瑞金岗面	600人	车床发电机	修步枪、机枪、迫击炮、造子弹、地雷、手榴弹
通讯材料厂		于都	20余人		修理无线电台、发报机、电话机
中央钨砂公司（铁山垄、盘古山、小垄矿场）	1932年	于都	5 000余人		年产量1 800吨左右，产值约200万银元

1933 年后，军事、财政、经济的“左”倾政策给中国革命带来了严重危机，王明“左”倾机会主义路线混淆民主革命和社会主义革命的界限，对农民和城市下层小资产者以外的不同阶级者，执行所谓“一切斗争”的政策，打击富农、私人资本，损害工人阶级利益，影响国营企业和工农业生产，财政支出剧增，收支严重失衡，苏币不断贬值。

（三）中华苏维埃共和国国家银行成立

金融是一国经济之命脉。没有统一的货币和金融，就不会有统一的财政，更不可能独立自主地发展经济，政治与军事将势必受制于敌。中华苏维埃共和国诞生伊始，就决心在苏维埃区域内创建独立自主的统一金融体系，创办苏维埃共和国自己的国家银行。1932 年 2 月 1 日，在敌军围困的残酷战争环境中，中华苏维埃共和国国家银行在瑞金叶坪村宣告成立（见图 2. 14. 2）。成立后，国家银行刻制启用了玉印（见图 2. 14. 3）。

图 2. 14. 2　位于瑞金叶坪的中华苏维埃共和国国家银行旧址

中华苏维埃共和国国家银行是中国共产党在革命战争时期所创办的国家银行，是工农民主政权的第一家国家银行。中华苏维埃共和国国家银行的成立是建立全国性工农民主政权国家银行的伟大尝试，对中国新民主主义和社会主义金融事业都具有深远意义。

战争是流血的政治。经济金融的保障刻不容缓，来不得半点迟疑和等待。中央执行委员会指定财政人民委员部委员毛泽民负责筹备国家银行，调闽西工农银行会计科科长曹菊如协助，其他还有 3 名工作人员：会计 1 人，出纳 1 人，勤务员 1 人兼管兑换。

图 2. 14. 3　国家银行玉印

注：国家银行玉印：印面为正方形，印面阳刻“国家银行”四字。印的上部为一尊佛像，高约 4. 2 厘米。佛像雕刻而成，长袍大袖坐在云海之中，给人一种飘若仙境之感觉，具有一定的艺术价值。

毛泽民，最广为人知的是其作为毛泽东的弟弟，毛家英烈之一，实则还是中国共产党内早期为数不多的金融奇才（见图 2. 14. 4）。毛泽民担任总经理的安源路矿工人消费合作社，是中国共产党领导的第一个经济组织，发行了最早的红色股票；1925 年，毛泽民调任中央出版发行部经理，在大革命的狂潮风暴中，在北伐的狂飙突进中，在反革命的腥风血雨中，为党的革命书刊出版发行出生入死，在全国 20 多个城市（包括香港地区），以及巴黎和柏林建立分销处；1932 年，毛泽民担任中华苏维埃共和国国家银行首任行长，短短几个月，筹建国家银行、设立分支机构、造纸、铸币、创办中华钨矿公司、建立赤白间的贸易“特区”，大大增加了财政收入和国家银行基金实力；长征路上在遵义，毛泽民带领国家银行工作人员 12 天发行和回笼“红军票”，古今中外未有所闻；全面抗战时期，毛泽民与邓发一起负责八路军驻新疆办事处工作，在盛世才政府担任代理财政厅长，在错综复杂、险象环生的新疆政局中，以摧枯拉朽之势，快刀斩乱麻治理财政乱局、改组银行、改革币制，引进陕甘宁边区政府法令与章程，造福于新疆人民。不幸的是，1943 年 9 月 27 日，

图 2. 14. 4　毛泽民（1896 年 4 月 3 日—1943 年 9 月 27 日）

毛泽民被抗日“同盟者”忌惮出卖，盛世才奉蒋介石之命将其杀死在迪化，时年仅 47 岁。

另一位红色金融家曹菊如，1901 年 5 月出生在福建龙岩，1920 年初出国任印度尼西亚组织华侨救国会秘书，1930 年回国参加革命，同年加入中国共产党。后任闽西总工会秘书，闽西工农银行委员会委员、会计科科长、党支部书记等职。国家银行正式营业，先后担任会计科科长、稽核处处长、国库处处长、业务处处长，以及党小组长、党支部干事、党支部书记。长征到达陕北后，曹菊如被委任中华苏维埃共和国国家银行西北分行副行长；全面抗战和解放战争期间，相继担任陕甘宁边区财政厅代理厅长、东北银行总经理、东北财委秘书长等职。新中国成立后，曹菊如出任中国人民银行行长兼党组书记、全国政协常委等职。他在不同时期的金融工作岗位上，以全部精力和才智，为粉碎敌人的封锁，巩固、扩大根据地经济建设，支援革命战争，建立和巩固社会主义货币金融体系，促进国民经济的全面发展，奉献了自己的一生。

国家银行是曹菊如等四名工作人员在毛泽民的带领下，用两个月的时间进行紧锣密鼓的筹备，并于 1932 年 2 月 1 日开始营业。后来随着业务发展，国家银行总行的组织机构和人员日渐增加，截至 1934 年 7 月国家银行总行迁往云石山陂子村时，全行正式工作人员由初创时的五人发展到了七八十人。

（四）红色金融史上首部国家银行法颁布

毛泽民很快主持制定出《中华苏维埃共和国国家银行暂行章程》（以下简称《章程》）初稿，1932 年 8 月 24 日，中央人民委员会第二十三次常委会修正并通过了《章程》，以临时中央政府人民委员会的名义正式颁布。《章程》对国家银行的性质、宗旨、隶属关系、业务范围、资本、收益分配及组织管理等作出简洁而明确的规定，创立红色金融史上首部国家银行法。《章程》分为五章：总则、资本、业务、组织、决算及纯利分配。

1. 总则的主要内容规定了国家银行的政权性质、隶属关系和领导机构

（1）国家银行为巩固苏维埃金融帮助苏维埃经济发展之国营事业，直接隶属于财政人民委员部；

（2）国家银行设于中央政府所在地，并设立分支行于各地，或与其他银行订立代理合同或汇兑契约为本行之代理处；

（3）国家银行分支行之设立、废止及移设，均应经管理委员会之决议，呈请财政人民委员部核准。

2. 有关国家银行领导体制的规定，体现了民主集中制、行长负责制的基本原则

（1）设立9人组成的管理委员会，负责国家银行大政方针的制定和各项重要事务的决策。具体职权是：制定规章制度、规划纸币发行数量和现金准备，提请分支机构的设立与撤销，审定预决算、计划利润分配、增加资本以及监督内部管理。

（2）设立行长和副行长各1人，在管理委员会领导下，负责银行的日常经营管理。

（3）银行受政府财政人民委员部的监督和指导。

国家银行直接隶属于财政人民委员部，由财政人民委员部指导与监督国家银行业务，核准利率、经费预决算。《章程》授予国家银行管理委员会国家银行管理权，该委员会由财政人民委员部呈请人民委员会任命9人组成，主任由财政人民委员部呈请临时中央政府人民委员会任命。

3. 《章程》中关于国家银行的业务规定一共有八项，包括四项属于业务范围的规定，另四项是有关业务规范的规定

（1）在四项业务中，属于国家银行总行的业务包括以下三项：

①委托业务：代理国库，代理政府发行公债及还本付息。国家银行将接收财政的全部库存现金存入银行，建立国家金库，规定打仗筹款和缴获的物资一律上交金库；为执行中央根据地内统一财政、统一货币作准备。

②发行统一货币：临时中央政府授予国家银行发行货币的特权，并管理相应的有关事务。

③依照法律许可，可以负责生产金银和外国货币、证券或汇票。

与现在国际上普遍通行中央银行与商业银行职能分离的制度不同，临时中央政府授予国家银行发行货币是特许权，同时授予其经营存贷、公债代销、货币兑换等业务职能，而非行使纯粹货币政策的中央银行职能，这是由战时特殊性决定的。属于商业银行的业务，在《章程》中被称为“正常业务”：贷款、票据贴现、买卖金银及有价证券、汇兑及发行期票，代人保管贵重财物等。从国家银行业务开展的实际情况看，1932 年国家银行的年度会计报表显示，当时国家银行开展的业务只有存贷款、买卖金银以及汇兑。

（2）《章程》中对业务的规范主要有如下几项：

①禁营业务：不得进行投机，不得购入不动产或将不动产作为抵押品，不得买卖私人企业股票。这一项中，不得投机和买卖私人企业股票，直至现在都是对商业银行的监管要求，以避免金融风险无限放大而失控。

②贷款抵押：对于国有工商业或合作社可以发放无抵押贷款，但私营企业贷款必须有抵押。

③商业票据：真实的商业票据贴现期限不得超过 6 个月。因战争仍频、经济困难，国家银行头寸十分紧张，最多承兑商业票据 6 个月期限。

④物品代管：允许国家银行代人保管贵重物品，但期限不得超过 5 年。

《章程》中对国家银行的业务规定，体现了国家银行的政权性质、阶级立场和政治使命，也体现了当时的经济条件和时代、环境特点。工农民主政权的国家银行，迅速赢得广大人民群众的信任和支持，正是因为阶级立场和支持对象不同于旧社会的金融体制，人民政权的性质决定了国家银行的金融政策必须对私营性质作出明确区别，把广大工农群众的根本利益放在首位。

（五）国家银行组织机构设置

中央苏区中央局发出指示，要求各根据地省级苏维埃银行或工农银行改组为国家银行的分行，在各省设立分行、各县设立支行、区设立代理处。

国家银行管理得法，经营有方，在短期内从无到有，从小到大，内部机构和分支机构不断健全和扩充，到 1934 年 10 月长征前，总行设有业务、总务两个处，共有营业、会计、出纳、管理、文书、券务、金库会计科 7 个科和 1 个总金库，工作人员增加到七八十名。

由于代理金库的职权，分支机构得以迅速延伸，总行下辖福建分行、江西分行、分金库，1 个瑞金直属支行，在福建白砂、南阳，江西瑞金等地设立 4 个兑换处，在白砂、南阳、瑞金、兴国等地设立 5 个金银收买处，在各县苏维埃政府、红军部队经理机关设立几十个代兑处。与分布在中央苏区各地的农村信用社，形成了总行——省分行——县支行、直属支行、农村信用社的金融体系组织架构。

1. 福建分行

国家银行福建分行于 1932 年 8 月在福建长汀成立，筹措 20 万元准备基金，行长由福建省苏维埃政府财政部长李六如兼任，后李六如调任国家银行总行副行长，福建分行行长由赖祖烈担任。福建分行承担发行国家银行纸币、代理国库、代销公债、存贷、金银买卖等业务。同一时期，闽西工农银行不再发行货币，单独营业。

2. 江西分行

国家银行江西分行于 1933 年 2 月 10 日在江西宁都成立，行长由江西省苏维埃政府财政部副部长钟声湖兼任。承担的业务与福建分行一样。

3. 兴国县支行

1933 年初，国家银行兴国县支行在兴国县金库的基础上成立，最初由国家银行总行直接领导，江西分行成立后，归属分行领导。

4. 石城县支行

国家银行石城县支行成立于 1933 年 3 月，行长是毛泽覃，后为吴道显。石城县支行设立总务、营业、出纳、会计四个科，职工 16 人。

5. 信用合作社

合作社事业是党在农村的基础，是农村物资流通和农业发展的基点，临时中央政府非常重视信用合作事业，出台了不少信用合作的政策章程支持其发展。1932 年 2 月，临时中央政府发布《关于春耕问题的训令》，要求各地积极创办信用合作社，低利借贷给农民购买耕牛。1932 年 4 月，临时中央政府颁布《合作社暂行组织条例》，规定信用合作社的宗旨是便利工农群众经济的周转与帮助发展生产、实行低利借贷、抵制高利贷的剥削。同年 9 月，制定《合作社工作纲要》，明确信用合作社的主要任务是：抵抗私人资本剥削、改善社员生活、救济工人失业、巩固与发展根据地的社会经济、帮助和促进社会主义经济向前发展、提高社员文化程度。1933 年 6 月，国民经济人民委员部发布《发展合作社大纲》，指出："信用合作社是专门管理社员金融之借贷与存储的机关。"1933 年 9 月 10 日，临时中央政府颁布《信用合作社标准章程》，对此前各地信用合作社的发展作了统一规定，并决定从当时发行募集的 300 万元经济建设公债中拨出 20 万元，用于发展信用合作社。政府对合作社的各项支持，大部分是通过国家银行进行的。

在临时中央政府的重视和帮扶下，县、区、乡信用合作社相继成立组建，向农民、生产合作社提供低息或无息贷款。1933 年，宁都各区、乡苏维埃政府成立了信用合作社，到 1934 年，兴国、瑞金、于都、会昌、寻乌、石城等县的信用社相继成立，长汀东郊区、洪都区也成立了信用合作社，兴国、瑞金进一步组织了信用合作联社，与当地国家银行县（支）行合署办公。

各个根据地的金融事业结合各自革命斗争形势，统一于国家银行的整体规划和部署中。因湘赣、湘鄂西根据地与中央革命根据地处于分割状态，虽然湘赣、湘鄂西根据地金融机构相继成为国家银行湘赣省分行、国家银行湘鄂西特区分行，但是其业务与国家银行仍是相互独立，独立发行货币、各自经营。

6. 中央造币厂、印刷厂

在中央苏区根据地形成前，湘赣永新、江西兴国地区都建有银元造币厂。1932 年春，兴国东村造币厂迁到瑞金，改为中央造币厂，铸造可以到白区使用的银元以及银毫、铜板。后来中央造币厂的规模逐步扩大，直到 1934 年 10 月结束。中央印刷厂于 1931 年成立，由东固印刷厂和兴国印刷厂合并组成，曾印制 5 分、1 角、2 角、5 角、1 元五种银票。

（六）发行苏维埃国币

1. 确立国家银行货币的国币地位，集中货币发行权

在中央苏区根据地一切交易和纳税按国币计算，白区货币不准通行。临时中央政府明确规定国家银行发行的纸币具有国币的地位，国税完缴只接收国家银行纸币，其他货币概不收受；根据地境内均一律十足通用，任何人不得阻碍通行或抑价破坏国币信用；并提出“苏维埃公民及一切居民，都要用苏维埃国币”的口号。通过一系列法令推行国家银行纸币在根据地全境迅速流通使用。

2. 发行以银元为本位的可兑换货币

1931 年 12 月，中央执行委员会颁布《中华苏维埃共和国暂行财政条例》，明确各级财政机关各种账簿、单据的记账单位应一律折合成银元计算。确立会计核算以银元为本位。中华苏维埃第一次代表大会通过的《关于经济政策的决议案》规定，苏维埃国家银行及其分行为统一货币制度“应实行兑换货币”，发行货币可自由兑换。1932 年 6 月，临时中央政府人民委员会发布命令，规定国家银行纸币与银元的兑换比价为 1∶1，设立兑换处、代兑处，对持票要求兑换者，尽量兑换银元，不允许拒绝兑换。

3. 想方设法开源节流，充实国家银行资金实力

国家银行成立最初，面临的最大问题是启动资金急缺。没有启动资金，一切业务无从谈起。按照章程规定，财政应拨款 100 万元建立国家银行，但财经委员会实际拨付的启动基金仅有 20 万元。当时国民党当局加强对中央苏区的经济封锁，财经委员会不得不把有限的银元用于到白区采购苏区急需的食盐、布匹、药品等物资。

为了充实国家银行的资金实力，每逢红军有重大作战行动，国家银行都会组织“没收征集委员会”，随部队到前方筹粮筹款。行长毛泽民亲自兼任国家银行业务处长一职，想方设法地搞生产，淘金、熬盐、炼铁、造纸、打造农具等都有经营。1932 年 3 月下旬，毛泽东指挥的漳州战役大胜后，“没收征集委员会”不仅得到大批军用物资，还筹得 105 万元银元。这批

“巨资”充实了国家银行的发行基金，存放在瑞金秘密金库，长征时随部队转移，为解决匆促行军的经费问题发挥了重大作用。

1932 年 3 月成立的中华钨矿公司极大地充实了国家银行的资金实力。金属钨是制造电灯钨丝和枪械的重要材料，赣南素有“钨都”之称，拥有丰富的钨矿资源。1932 年 1 月中旬，中华苏维埃第一个公营钨矿场——铁山垅钨矿场成立，毛泽民兼第一任总经理。1932 年初铁山垅钨矿开工，毛泽民扩大和奖励生产，充分调动矿工积极性、提高生产效率，长征前共生产钨砂 4 193 吨，出口总值达 400 多万元之巨。

根据《章程》规定，国家银行由中央政府授予发行各种纸币的特权，并执行严格的准备金制度，发行纸币需有现金、物资或证券作保证，“至少须有十分之三现金，或贵重金属或外国货币为现金准备。其余应以易于变售之货物或短期汇票或他种证券保证准备”。即每发 100 元的国家银行钞票，要有 30 元银元的本位币支撑（30% 的现金准备）。1932 年，国家银行一共印发 65 万元纸币，当时银行的准备金高达 39 万元银元储备，准备金比例达 60%，远高于法定基准。

4. 建设统一的货币体系，科学管控发行量和流通量

1932 年 7 月 7 日，国家银行正式发行统一的苏维埃国币——中华苏维埃共和国国家银行银币券，逐步回收各种杂币，开始建设统一稳定的中央苏区货币体系。

发行量和流通量是货币发行牵一发动全身的关键问题。1934 年 1 月，第二次全国苏维埃代表大会通过的《关于苏维埃经济建设的决议》对货币发行作出限制性要求：纸币发行量不能超过市场所需。毛泽东将国家银行纸币发行原则简洁表述为：纸币发行应以国民经济发展需要为根据，财政需要只能放在次要地位。

国家银行根据当时中央苏区的具体情况，发行了 1 元、5 角、2 角、5 分等面值（见图 2. 14. 5），银币券正面印有“中华苏维埃共和国国家银行”字样，还印有中华苏维埃共和国财政部长邓子恢和国家银行行长毛泽民的亲笔签字。据统计，1932 年底共印制发行 1 元券 375 000 元、2 角券 103 000 元、1 角券 129 800 元、5 分券 48 375 元，总计 656 175 元。1932

年发行的货币主要用于财政支出，临时中央政府财政人民委员部支走发行的大部分货币，在国家银行总行透支总额563 839元。截至1934年10月长征前，国家银行发行的纸币共有1元券、5角券、2角券、1角券、5分券五种面额、八个版别，累计发行量800万元。流通范围扩大到赣东、闽北地区。

图2.14.5　中华苏维埃共和国国家银行纸币

（七）国家银行开展的金融业务

根据《章程》规定，国家银行经营十多种业务。当时在中央革命根据地战争频发、经济落后，国家银行在履行货币发行和流通管理职能的同时还兼行现代商业银行之职，实际中，国家银行主要开展发行货币、存款贷款、代理国库、管控现金和发行推销公债等业务。

1. 积极吸收存款，扩大资金来源，回笼货币

苏维埃政府通知党政军各机关和公营企业必须在银行开户，国家银行通过吸收政府财政性存款以及红军部队、公营企业贸易收入和销售收入、合作事业股金和收入以回笼货币。

（1）财政性收入存款。中央革命根据地的财政性收入来源主要有红军筹款和通过活跃经济增加的土地税、商业税收入等途径。1932 年 7 月之后，王明“左”倾路线贸然取消主力红军筹款任务之后，财政压力骤增，1932—1934 年，国家银行以发行公债借贷、提高税率并减少银行透支的办法来应对紧急时期和紧急任务。

（2）合作事业存款。到 1933 年 7 月底，国家银行吸收到中央革命根据地生产、消费和粮食合作社的股金存款达到 215 915 元。

（3）对外贸易收入存款。中央苏区政府充分利用钨矿这一战略物资打通赣州与广东粤军军阀的贸易通道，在苏区边界交通运输方便之地开辟中央苏区的“经济特区”，税收减半，吸引白区商人与苏区贸易。1933 年仅稻谷一项一年可输出 300 万担，收入 1 200 万元，赣县江口对外贸易分局，每月出口额少则 60 余万元，多则 150 万元以上。随着中央苏区经贸、商业的繁荣，国家银行的存款资金不断得到充实。

2. 严防并制止高利贷，实施低利借贷

经济政策严令要以革命的法律严防与制止一切恢复奴役与高利贷关系的企图。1932 年 1 月，临时中央政府颁布《借贷暂行条例》，宣布取消和废止一切高利贷形式的借贷，规定国家银行、信用合作社或私人借贷之非高利贷性质的周转和为帮助某种生产事业而举行的各种借贷，苏维埃政府不加以干涉；规定借贷利率最高每月不得超过一分二厘，长期不得超过一分。当时国家银行的贷款发放范围主要包括中央苏区农业、工业、粮食调剂、合作社、对外贸易等。虽然到 1934 年 10 月中央红军主力和中央领导机关撤离苏区进行战略转移，国家银行的存续时间并不长，但对中央苏区的各项建设起到了重大作用，有力促进了苏区的军工产业、农业和经贸发展。

3. 代理金库

建立健全各级财政管理机构，统一财政制度、统一预决算才能杜绝财政舞弊，保证行政和军政如臂使指、莫不制从。1931 年 12 月，临时中央政府颁布《中华苏维埃共和国暂行财政条例》，规定苏区财政收入支出实行严格的预算和决算。1932 年下半年颁布了《国库暂行条例》，规定“国库统由财政人民委员部国库管理局管理之，其金库则委托国家银行代理之，总金库设于总行，分金库设于分行，支金库设于支行”“总分支金库主任，由国家银行总分支行行长兼任”，赋予国家银行全权代理金库的特权。自1933年起，国家银行各级机构设立了国库科，总行设总金库，分行设分金库，支行设支金库，区设特派员。各级行长为各级金库主任。由于代理金库的需要，促进了国家银行各省、县分支行的普遍建立，迅速拓展了金融事业的“战略纵深”。

4. 发行、推销经济建设公债

在中央苏区，国家银行代理临时中央政府承担了三次公债发行、推销任务，办理经售公债票及还本付息。

（1）第一期革命战争短期公债60万元。第四次反“围剿”前夕，为支援红军战斗，保证军需供给，1932年7月，中央人民委员会讨论并决定发行短期革命战争公债60万元。临时中央政府专门发布第9号布告，说明革命战争公债的意义和目的，明确公债发行范围与期限，计划在湘赣、湘鄂赣苏区发行10万元，中央苏区分5期、每期10万元发行共计50万元公债，从1932年7月1日至30日发行完毕。为避免各级政府在具体执行中出现以简单命令代替政治动员的行为，临时中央政府要求各级政府立即向广大群众宣传解释公债意义与工农群众购买公债的义务。临时中央政府执行委员会6月26日颁布《执字第13号训令》，要求要营造“不买公债券是一件革命战士的耻辱”的舆论氛围，各级政府利用会议报告、开展竞赛等方式，努力做好宣传鼓动工作，鼓励工农群众自愿认购，责令富农、大中商人认购，激发政府、团体乃至个人认购公债的热忱。

这期革命公债受到广大工农群众的热烈拥护，踊跃认购，发行任务很快顺利完成。其中江西全省共推销367 105.5元。到期（或未到期）公债就在土地税、商业税、店租扣抵收入中大部分收回。江西石城、宁都、会昌、瑞金、中国工农红军学校推销的公债直接由国家银行集中办理，其他各县、红军推销的公债由苏维埃、红军经理机关集中转交国家银行办理。

（2）第二期革命战争短期公债120万元。1932年10月，为粉碎敌人的大举进攻，充裕战争经费，临时中央政府除下达战争紧急动员令，还发行了第二期革命战争短期公债 120 万元。中央执行委员会特颁第 17 号训令，就债款分配数目、发行和收款日期、集中款项地点、动员群众办法等作了具体规定。这期公债期限半年，从 1932 年 11 月 1 日开始分 5 期发行，11 月 30 日前收清，1933 年 6 月 1 日起还本付息。在根据地党政军民的共同努力和踊跃申购下，仅半个月的时间这期公债就认购 128 万元，比原定数目超出 8 万多元，其中江西全省共推销 72 万元。所收款项集中于国家银行和国家银行福建分行。公债到期后，国家银行进行兑付，广大军民将公债退还给政府（到 1934 年 5 月中，退还 90 多万元），或将到期公债换为经济建设公债，支援革命战争与经济建设。

（3）经济建设公债 300 万元。1933 年 3 月底，红军胜利击退敌人第四次“围剿”；7 月 22 日，临时中央政府中央执行委员会特批准瑞金、会昌、于都、胜利、博生、石城、宁化、长汀 8 县苏维埃工作人员查田运动大会和 8 县贫农团代表大会的建议，发行经济建设公债 300 万元，以打破敌人的经济封锁，抵制奸商的残酷剥削，使群众生活得到进一步改善，使革命战争得到更加充实的物资。《发行经济建设公债条例》随之同时颁布，明确规定了公债发行数量、购买方法、公债用途、公债利率以及还本付息期限。

1933 年 8 月 12 日，毛泽东在中央苏区南部 17 县经济建设大会上作报告，对经济建设公债的用途作了进一步详细的说明：“一百万供给红军作战费，两百万借给合作社、粮食调剂局、对外贸易局做本钱。其中又以小部分用去发展生产，大部分用去发展出入口贸易。”经济建设的目的“不但要发展生产，并且要使生产品出口卖得适当的价钱，又从白区用低价买得盐布进来，分配给人民群众，这样去打破敌人的封锁，抵制商人的剥削。我们要使人民经济一天一天发展起来，大大改良群众生活，大大增加我们的财政收入，把革命战争和经济建设的基础确切地建立起来。”

1933 年 8 月 28 日，为尽快完成经济建设公债的发行任务，由主席毛泽东，副主席项英、张国焘联署发布《为发行三百万经济建设公债》第 26 号布告，临时中央政府下发《关于推销公债的方法》，秘书处专门印发《关于推销三百万经济建设公债的宣传大纲》。依靠政治动员和群众工作的经验法宝，到 1934 年 2 月，各地承诺推销的公债超 300 万元。但由于第五次反

"围剿"军事上节节失利，经济建设公债无法按时完成认购，一再展期，最终未能全额交至国家银行，还本付息工作也因长征而中断。未偿还的公债延至新中国成立后，1954 年由各级人民银行负责还本付息。为照顾群众利益，维护新中国人民政府公债的信誉，当年公债券一律照本金一元折合第一套人民币 12 500 元兑付，利息认定从起息日计算到兑付时为止。

（八）中央苏区经济金融战线的货币斗争

伪造、拒用、贬低、煽动挤兑国家银行纸币通常是敌对势力破坏中央苏区金融秩序和货币币值稳定惯用的卑鄙伎俩。临时中央政府通过宣传教育、严苛法令、保障物资供应等方式维护国家银行信用、打击扰乱金融秩序的反革命分子。

1. 严苛法令惩治破坏国家银行信用的反革命行为

1933 年，国民党军统特务铸造劣质假银币流通中央革命根据地。1933 年 3 月 15 日《红色中华》登载，瑞金有奸商，经常故意把国家银行的纸币价格压低，抬高现洋价格，搜藏现洋，企图造成苏区金融恐慌，意图颠覆苏维埃政权。会昌、瑞金、汀州等地也都出现过破坏国家信用的案件，部分奸商有计划、有组织地向银行兑换银元，操纵物价，送出大量银元到白区。1933 年 9 月 24 日《红色中华》记载，在瑞金，广聚德和合盛昌两家商店的食盐，银元与国家银行纸币购买差距达 1. 3 倍，1 元银元可买 16 两，而 1 元纸币只购得 12 两；还有的商人经政府通告后，继续故意不使用国家银行纸币。

针对拒用、贬低、伪造、套现国家银行货币的反革命行为，中央苏区政府迅速作出反应，捣毁了国民党特务的假币制造窝点，制定、颁布了一系列惩治破坏苏区经济、扰乱金融市场的法规条令，坚决打击对红色金融的破坏捣乱者，明令各级政府和肃反机关按照各地实际情况对付破坏国家银行货币信用的反革命行为，将一批极端破坏分子处以极刑。

1933 年 7 月，人民委员会发布第十三号训令以镇压破坏国家银行货币信用的反革命分子。临时中央政府中央执行委员会颁布的《惩治反革命条例》中规定："以破坏中华苏维埃共和国经济为目的，制造或输入假的苏维埃货币，公债票，及信用券者；或煽动居民拒绝使用苏维埃的各种货币或抑低苏维埃各种货币的价格引起市面恐慌者；或煽动居民向苏维埃银行挤兑现金或藏匿大批现金，或偷运大批现金出口，故意扰乱苏维埃金融者，均处死刑。其情形较轻者，处六个月以上监禁。"

政府组织开展拥护国币的群众运动，宣传教育广大群众不要受造谣破坏者的影响。通过一段时间严刑峻法的治理整顿，操纵物价、贬低苏币信用、偷运银元的情况得到了遏制，使国家银行纸币币值基本维持稳定。

2. 面对挤兑危机，保证物资调控能力，维护苏币信誉

1933 年初，由于中央苏区盐、棉布等大宗品严重依赖外部，进口大于出口，贸易逆差严重，致使银元大量流失，国营商店、合作社日用品供应跟不上，一些县城私人商店、商摊摆出"只收现洋"的牌子，国家银行一度出现了挤兑现象。面对挤兑风潮，毛泽民坚持凡是来要求兑换现洋的，银行要保证兑换，并且必须一元纸币换一块现洋，任何人不得抬高现洋比价。同时等待红军的战场物资收获。没过多久，红军按计划运回了大量银元和食盐、棉布等大批日用品物资保障国营商店和合作社的供应，国营商店和合作社挂出"只收纸币，不收现洋"的牌子，苏区群众又可以用国家银行纸币购买到价廉日用品。经过这一次挤兑风波，国家银行发现货币本位的根本规律：金银并非货币的唯一信用保障，重要的物资同样也可以成为货币发行的信用支撑。国家银行采取巧妙的信用措施，打了一场漂亮的信用保卫战，成功地巩固了国家银行和政府的信誉。

（九）长征路上的国家银行

1. 编入"中央纵队第 15 大队"，随军长征突围

1934 年 10 月，第五次反"围剿"失败，博古、李德指挥中央红军匆促撤离中央苏区，国家银行总行毛泽民等 14 人和财政部人员一起被编为中央军委直属纵队第十五大队，袁福清任大队长，毛泽民任政委，曹菊如任支部书记，随红一方面军开始长征。一开始根据指示，国家银行必须要把所有的黄金、白银、纸币，甚至印钞票的石印机、铸币机等笨重物资打包100多担全部带走，随行配备一个警卫连、100多名运输工。后因战争形势恶劣，逐步减除辎重，轻装前行，只带黄金和白银行军。

长征途中，毛泽民兼任中央没收征集委员会副主任（主任是中央财政部部长林伯渠），国家银行还承担着没收土豪、军阀、官僚资产，负责红军军需供应的重任。

2. 遵义12天发行“红军票”

长征途中，国家银行在遵义发行过一次纸币——“红军票”。1935年1月，红军成功强渡乌江，占领遵义，有了三个月以来第一次难得的休整机会，急需物资补给。当时贵州食盐被军阀、官僚、奸商垄断，价格昂贵。红军将没收军阀王家烈所获的大批食盐移交到中央没收征集委员会，毛泽民看到这批食盐时顿时想到这是一次独立发行货币的好机会，在中央苏区应对银元挤兑事件的经验告诉他，以紧要物资保证，就能顺利发行和流通货币。

1935年1月12日，国家银行在遵义开业，以银元和紧缺的大量食盐为保证，发行以银元为本位，与银元1∶1兑换的银币券纸币，俗称“红军票”，面值有1元、5角、2角、1角、5分五种。银币券上均有毛泽民亲笔签名。为方便群众随时购买急需物资和纸币兑换，国家银行特设立临时物资供应处和货币兑换处，极大增强了群众对党和红军的认同和信任。

毛泽民快速组织国家银行工作人员行动，在市面上将大批食盐以低价卖给遵义群众，但规定只收国家银行发行的“红军票”。1斤盐在红军未到来前价格为1块银元，而1元“红军票”可买到7斤食盐，国家银行还以高价“红军票”收购群众手中的生活用品，这样一来，当地民众都乐意卖出自己的物品兑换“红军票”，再用“红军票”去购买食盐，这使得“红军票”快速赢得了民心，在遵义短短的十几天顺利流通。

遵义会议之后，中共中央决定与川北的红四方面军会合。国家银行接到转移的命令后，开始收回发行的“红军票”，连夜贴出布告，通知群众到指定地点兑换银元。部队撤离前一天，国家银行工作人员在闹市区，摆上银元及布匹、粮食、食盐等货物，通宵达旦让群众兑换或选购。

2 月下旬，为摆脱敌军的包围，红军二渡赤水、再进遵义城。为了不让群众吃亏，这次国家银行一个主要任务就是兑换、回收此前留下的“红军票”。两日后，红军再次离开遵义，三渡赤水。

（十）组建中华苏维埃人民共和国国家银行西北分行

1935 年，国家银行随长征队伍挺进云南，强渡金沙，爬雪山过草地，于 1935 年 11 月到达长征的最后目的地陕北瓦窑堡。国家银行工作人员参加长征的共 14 人，到达陕北的仅有毛泽民、曹菊如、黄亚光、曹根全、钱希钧、仁远志、郭全水和莫钧涛 8 人，其余 6 人忠骨英魂永远留在了长征途中。

1. 国家银行到达陕北后，相继更名为“中华苏维埃共和国国家银行西北分行”“中华苏维埃人民共和国国家银行西北分行”

1935 年 11 月下旬在瓦窑堡，国家银行总行与陕甘晋省苏维埃银行合并，改为“中华苏维埃共和国国家银行西北分行”，毛泽民改任国民经济部部长，中央财政部部长林伯渠兼任国家银行西北分行行长，曹菊如任副行长，李青萍负责管库工作，张定繁任稽核科长，贺子珍为印刷所所长。

1935 年 12 月 23 日，中共中央政治局在陕北瓦窑堡讨论目前政治形势与党的任务，确定建立抗日民族统一战线的策略，提出把“工农共和国”改为“人民共和国”。1936 年 7 月，国家银行西北分行随中央领导机关迁至保安（今志丹县），改称为“中华苏维埃人民共和国国家银行西北分行”。1937 年 1 月 13 日，中共中央、中央军委机关迁驻延安。国家银行西北分行随迁延安。

2. 发行代表劳苦大众利益的国家银行西北分行币

不同于蒋介石南京政府法币改革、服务于四大家族，公器私用，不同于蒋介石南京政府货币发行绑定外汇储备、出让金融主权，不同于蒋介石南京政府明火执仗地滥发法币、反复欺骗和剥削群众、蔑视和践踏大多数人民群众的利益，代表广大工农群众利益的国家银行西北分行在陕北坚持以充实发行基金做准备发行货币，以苏区经济流通与人民群众生活便利所需供应货币；针对国民党政府在全国搜刮白银的废两改元改革，及时向群众布告宣传，保存现金以防国民党政府收没；赤白贸易往来可以物易物。国家银行西北分行采取种种举措应对国民党政府废两改元与法币改革的巧取豪夺，保护苏区人民群众的利益，防止白银外流，发展根据地经济。

“中华苏维埃共和国国家银行西北分行”阶段，发行面额有 1 分、5 分、1 角、2 角、5 角、1 元、2 元、5 元等纸币和布币（见图 2.14.6）。这一时期西北分行并未设立分支机构。西北分行除发行货币外，还积极开展存贷款业务和代理金库业务。存款细分了定期存款、往来存款、特别往来存款等，根据存款财政制度的统一要求，各级党政机关单位的一切款项收支往来均纳入金库，财政收入成为银行存款的主要资金来源。为支持根据地经济发展，西北分行还积极向农民、小商贩以及合作社等发放贷款。中央西北办事处财政部直属金库，也称“苏维埃国库”，交由银行代理。1936 年，先后建立了陕北金库及所属各县支库、陕甘省分库和陕甘宁省分库。各分支库均为独设或由其他单位代理业务。“中华苏维埃人民共和国国家银行西北分行”阶段，发行 1 元、2 元两种面额纸币。

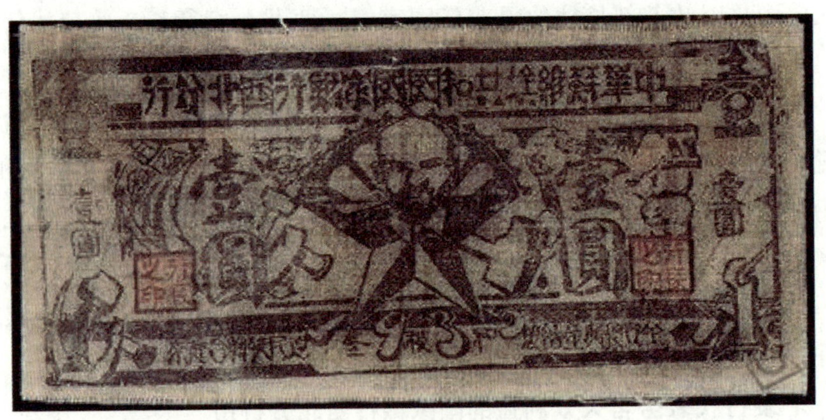

图 2.14.6　中华苏维埃共和国国家银行西北分行纸币

1935 年 12 月，中共中央在瓦窑堡举行政治局会议，确定抗日民族统一战线的大政方针，之后中国共产党积极开展西北地区的统一战线工作。1936 年 1 月 25 日，《致东北军全体将士书》发表，向全国人民表达红军将士愿“与任何抗日的武装队伍联合起来”“去同日本帝国主义直接作战”，并愿为“全中国人民的抗日先锋”。在中国共产党一系列政策和红军英勇抗敌的精神感召下，东北军肤施驻军与红军首先签订停战协定，并开通双方贸易市场，使用苏币，持法币须到苏维埃政府组织的票币兑换处兑换苏币后使用。

1936年12月，西安事变促成国共第二次合作。1937年2月10日，中国共产党坚持民族大义，以中共中央的名义向国民党三中全会致电，提出"工农民主政府改名为中华民国特区政府，红军改编为国民革命军，直接受南京中央政府与军事委员会之指导"，2月21日，国民党三中全会接受了上述建议。至此，国共开启第二次合作，抗日民族统一战线形成。同年10月，为适应新的形势需要，国家银行西北分行改为陕甘宁边区银行，"国家银行"名称正式结束使用。中国抗日革命根据地在新的历史时期开启了金融事业新的斗争历程。

第三篇

全民族抗日战争时期
红色金融事业扩大发展

（1937—1945 年）

抗日战争是中国近代历史上规模空前的全民族反侵略战争。在中华民族危急关头，中国共产党实行正确的抗日民族统一战线政策，积极促成第二次国共合作，实现从土地革命到抗日战争的转变，把中国革命推向了新阶段。在波澜壮阔的全民族抗战中，中华儿女万众一心，众志成城，各党派、各民族、各阶级、各阶层、各团体同仇敌忾，共赴国难。长城内外，大江南北，到处燃起抗日的烽火。中国共产党紧密依靠广大人民群众，八路军、新四军，根据中共中央和毛泽东的战略部署，分兵发动群众，开展独立自主的敌后游击战争，收复被国民党军队丢失的大片国土，整顿社会秩序，恢复和发展了党的组织，建立抗日民主根据地和抗日民主政权，在极具困难的条件下，积极努力地改善人民群众的生产生活，为取得抗战的胜利，作出了不可磨灭的贡献。抗战的胜利，是中国人民反抗外敌入侵第一次取得完全胜利的民族解放战争，是中华民族由衰败走向振兴的重大转折点。

中国共产党成为全民族抗日战争的中流砥柱。1931 年九一八事变，日本帝国主义强占我国东北三省，将侵略矛头直指华北、华东广大地区，国民党政府却妥协以对。1935 年 8 月，中国共产党发表著名的“八一宣言”，号召全国各阶层人民团结一致抗日。1936 年 12 月，西安事变兵谏蒋介石停止内战。1937 年 7 月 7 日，日本侵略者悍然发动卢沟桥事变。7 月 8 日，中共中央迅即再次通电全国号召团结抗日，通过多次与国民党谈判达成协议，国民党承认共产党的合法地位，承认陕甘宁边区政府；共产党将中央工农红军改编为国民革命军第八路军（简称八路军），后改称为第十八集团军；在南方各省的红军游击队改编为国民革命军陆军新编第四军（简称新四军）。9 月下旬，国共正式重新合作，抗日民族统一战线建立。改编后的八路军和新四军立即开赴抗日前线和敌后，奋勇抗击日本侵略者。

侵华日军纠集汉奸队伍向华北、华中、华南大部分地区疯狂进攻，国民党政府军队节节败退，致使华北、华中、华南大部分地区沦陷。与此同时，中国共产党领导的八路军、新四军以及不甘被奴役的广大人民群众在敌后英勇地开展游击战，解放被日军占领的大片国土，成立抗日根据地。抗日根据地约有 19 块，共拥有近 1 亿人口。中国共产党成为全民族抗日战争的中流砥柱。

抗日根据地金融事业积极发展。为支援旷日持久的反侵略战争，开展生产建设，改善人民群众生活，在西北、华北、华东多数根据地成立银行或其他金融机构，发行边币和抗币，统一流通货币，驱逐日伪币和杂钞劣币，建立相对独立的金融体系；华南根据地未能成立金融机构，但也发行少量民主政权货币。

在八路军开辟的根据地发行的货币，一般统称为边币；在新四军开辟的根据地发行的货币，一般统称为抗币。抗日根据地货币由抗日民主政权提供保证发行，属于信用货币，立法确立其本位币地位，建立货币发行准备制度，控制发行总量，银行或其他金融机构负责印制、发行和组织流通。各个根据地货币发行总计约有145种名称、25种面额，版别多达636种。

抗日根据地地处敌后农村，信贷工作主要面向农村地区，贯彻党的土地政策，实行减租减息、打击高利贷的基本政策。经营包括贷款、存款、汇兑、代理财政金库、管理外汇金银等各项业务。发放农村贷款，支持农业、渔业、盐业及副业的恢复和发展；支持纺织、农具制造等手工业的发展；扶持各种工业、商业、牧业以及合作事业的发展。皖南事变后，国民党断绝财政拨款和援助，抗日根据地的银行和其他金融机构贯彻党中央“发展经济、保障供给”的财经总方针，帮助解决根据地军民吃饭穿衣问题，实现自给自足，度过战争最艰难的时候。到抗战后期，支持大生产运动，促进农、工、商贸独立自主发展，使军民丰衣足食、兵强马壮，为夺取抗日战争最后胜利和解放战争都打下了物质基础。

一、中共中央所在地——陕甘宁边区红色金融事业

（一）坚持抗日民族统一战线，成立陕甘宁边区政府

陕甘宁革命根据地是彪炳史册、驰名中外的革命圣地。它是在土地革命战争时期的陕甘革命根据地、陕北革命根据地的基础上发展而来，是中共中央和中央军委所在地，历经土地革命战争到全民族抗日战争、全民族抗日战争到解放战争两个历史性转变，党中央在这里指挥抗日战争和解放战争取得全国性胜利。

1935 年 10 月 19 日，中央红军长征胜利到达陕北，与陕北红军会师后，把陕甘、陕北两个苏维埃政府和新发展的区域统一起来，于 11 月建立了苏维埃中央政府西北办事处，将原来的两个根据地划分为陕北省、陕甘省、关中特区、神府特区。

陕甘宁革命根据地改为陕甘宁边区，红色政权改名为边区政府，是在日本发动全面侵华战争、中国开辟世界反法西斯东方战场和国内需要建立最广泛抗日民族统一战线的国际、国内局势下，中国共产党以民族大义为重作出的顾全大局的伟大决策。

1931 年九一八事变，日本侵略者侵吞我国东北，陆续运兵入关，不断侵占华北。面对日本军国主义全面侵华战争在即，1937 年 2 月 10 日，中国共产党坚持民族大义，以中共中央的名义向国民党三中全会致电，提出“工农民主政府改名为中华民国特区政府，红军改编为国民革命军，直接受南京中央政府与军事委员会之指导”，2 月 21 日，国民党三中全会接受了

上述建议。

1937 年 7 月 7 日，蓄谋已久的侵华日军挑起震惊中外的卢沟桥事变。在此前夕，日军已从东、西、北三面包围了北平。北面，是部署于热河和察东的关东军一部；西北，是关东军控制的伪蒙军 8 个师约 4 万人；东面，是伪“冀东防共自治政府”及其所统辖的伪保安队约 1.7 万人；南面，日军已强占丰台，逼迫中国军队撤走。侵华日军急于打开卢沟桥通道，进一步蚕食与鲸吞华北。挑衅性军事演习在卢沟桥不断上演，终于在 1937 年 7 月 7 日，日军诡称士兵离队失踪，要求进城搜查，在遭到中国驻军的严词拒绝后，炮轰宛平，七七事变揭开了全国抗日战争的序幕。

中共中央为了最广泛地团结抗日力量，抵御日军全面侵华，加强与国民党合作并达成协议，将陕甘宁边区作为国民政府行政院直辖的一个行政区域。1937 年 9 月 6 日，陕甘宁边区政府在延安成立，林伯渠任主席。陕甘宁边区包括陕西北部、甘肃东部和宁夏的部分区域，东靠黄河，北起长城，西接六盘山，南临泾河，面积约 13 万平方公里，共辖 23 个县，人口约 150 万。在中共中央的直接领导下，边区政府充分发动群众，进行全民抗战动员，采取减租减息等有效政策，开展自给性的农副业生产，使边区的经济得到发展，实行一系列民主改革，加强政权建设和文化教育事业，人民生活发生翻天覆地的变化，社会面貌为之一新。

全民族抗日战争开始后，中共中央从陕甘宁边区派出大批党、政、军干部到各地发动群众，开展敌后游击战争，建立抗日民主政权，坚持持久抗战。在边区成立了许多干部学校，如中国人民抗日军政大学、中央党校等，为各敌后抗日根据地培养了成千上万的军政干部，中国共产党在全民族抗战中发挥了中流砥柱作用，为中国抗日战争、民族解放和世界反法西斯胜利作出了巨大贡献。

（二）陕甘宁边区财政经济建设：从依靠外援到自给自足

1937 年 8 月 25 日，中国共产党《抗日救国十大纲领》发表，确定边区经济建设的基本任务是：发展国防生产，充实抗战力量，供给战争，改善人民生活，团结广大民众推行民主政治，参加战时生产，争取抗战的最后胜利。

陕甘宁边区地处我国西北黄土高原，气候干燥寒冷，农作物产量低，畜牧业衰落，虽有盐、煤、油、碱、铁及森林、药材等资源，但地广人稀，经济技术落后，没有工业基础，本来贫瘠的地域加上军阀连年混战，更使得生活在这里的人民生活十分艰辛。如果不能发展经济，中共中央机关难以在这里立足，难以成为敌后抗日根据地的总后方。

在这种环境下建设陕甘宁边区实属不易，作为抗日根据地总后方，中央提出“发展经济，保障供给”方针，采取一系列大力发展农业、工业、贸易、金融等边区经济的举措，实行减租减息，改善人民生活，增强经济实力，开辟财政来源，保障战争军需物资供应。边区的经济建设经历了三个阶段。

1. 1937—1940 年为第一阶段

这一时期财政来源以争取外援为主、税收收入为辅，对民众采取休养生息政策。1937 年国共合作、联合抗日后，国民党政府发给八路军的军饷每年为 400 万元法币左右，到 1940 年 10 月合计发放 1 640 多万元法币，从 1937 年到 1940 年，收到国内外进步人士的捐款大约 800 多万元法币，每年外援占边区财政收入的 50% 到 85%。

2. 1941—1942 年为第二阶段

开始寻求独立自主、自给自足的经济发展道路。1941 年 1 月 4 日，皖南事变爆发，国民党再次背信弃义，将枪口对准同盟，掀起第二次反共高潮。周恩来愤怒地写下：“千古奇冤，江南一叶；同室操戈，相煎何急!?”揭露国民党政府在民族危难之际，挑起反共内战的险恶阴谋。国民党政府彻底停发八路军抗日军饷，边区经济立刻陷入严重困顿之中。为坚持抗日和改变财政对外援的过重依赖，1941 年 12 月中共中央决定采取精兵简政政策，以征收救国公粮等租税收入为主体，军队机关学校进行生产自给。

3. 1943—1945 年为第三阶段

开展以开垦荒田、纺纱织布为主要内容的军民大生产运动，进一步发展壮大公营经济，投资外贸，减轻人民负担。到 1943 年底，许多部队已经做到全年蔬菜和3个月的粮食自给，粮食、行政办公用品大部分依靠生产所得即能解决；到1944年，陕甘宁边区公营工厂发展到120多家，兴办纺织厂、造纸厂、肥皂厂、石油厂、火柴厂、制药厂、皮革厂、印刷厂、炼油厂等。

1945年，边区财政基本上实现了收支平衡，并略有结余。耕地面积由抗日战争前的843万亩扩大到1 520万亩，年产粮食由1941年的163万石增加到1944年的200万石，而救国公粮则由1941年的20万石减至1945年的12万石。边区政府能拨付一定经费用于兴修水利、投资工业和外贸、国营商业等，工商业和外贸的资金周转不再依靠财政开支，而是通过银行贷款解决，较为完备的经济体系开始建立和运转。到日本投降前，边区的重工业和化学工业从无到有，已能炼铁、炼油、修造机器、配置军需品；轻纺工业方面则年产布15万匹以上，与此相适应，边区银行的各项贷款到1945年底共计达21亿多元边币。

（三）陕甘宁边区银行成立

陕甘宁边区政府成立后，1937年10月，中华苏维埃人民共和国国家银行西北分行更名为陕甘宁边区银行（见图3.1.1）。边区政府及中共中央有关部门授予边区银行职权主要有：发行货币、代理政府金库、经理存贷款和公债、领导和管理合作信用社及货币交换所等。

边区银行遵照“发展经济，保障供给”的财经工作总方针，先后发行光华商店代价券、陕甘宁边区银行币和陕甘宁边区贸易公司商业流通券，积极发放生产和贸易贷款，促进边区工农业生产发展和繁荣商业贸易，开展对敌货币斗争，维护边区货币的稳定与信用，帮助解决财政困难，支援抗日战争。

为遵守国共关于边区不设立银行、不发行货币的协议，在抗日民族统一战线的大政方针下，边区银行成立之初由边区政府直接管理，没有对外公开承担财政支付的职责，主要业务是领取国民党政府发给八路军的军饷，

图 3.1.1　陕西省延安市宝塔区南关市场沟陕甘宁边区银行旧址

经营商业。1939 年 10 月，边区银行改由中共中央财政经济部管理。1940 年复归边区政府管理。1943 年以后，由西北财经办事处领导。

1. 机构设置

边区银行最初成立时内设会计科、出纳科、营业科，有工作人员 10 余人。1938 年 4 月，光华商店成立后加设总务科。1939 年设立业务处，下设会计科、出纳科，后又增设券务科。1940 年成立总务处和稽查处，总务处下设管理科、人事科、收发科，稽查处下设审核科、统计科。

（1）1942 年 10 月《陕甘宁边区银行条例（草案）》发布，规范管理银行的组织机构及其职责，规定边区银行设两处一室：

总管理处——设处长 1 人，下设货币管理科、发行科、业务指导科、金库科、稽核科。货币管理科负责边币推行、汇价调剂；发行科负责边币的发行和收回，防止假钞，印刷边钞及保管；业务指导科负责管理农业贷款、合作贷款、工业贷款及其他各种业务；金库科负责管理各地金库；稽核科负责会计，检查账目。

业务处——主要负责延安的业务，设处长 1 人，下设营业科、会计科、出纳科。营业科负责存放款、汇兑、贴现；会计科负责会计管理；出纳科负责现金出纳，管理库房。

秘书室——设 1 名主任，下设人事教育科、文书科、总务科。

（2）1938 年秋，边区银行开始设立办事处和分行，主要有：

西安办事处——成立于 1938 年秋，由八路军驻西安办事处会计科代理，主要办理汇兑业务。

定边分行——位于三边，1939 年春先成立办事处，1939 年冬改为分行，主要办理汇兑及商业方面的业务。

绥德分行——1940 年春建立，最初以光华商店分店名义出现，1941 年 1 月正式改为分行。主要负责办理汇兑和在山西碛口采办边区需要的货物。

重庆办事处——设立于 1940 年 3 月，主要办理汇兑业务。

陇东分行——1940 年 8 月成立，主要任务是经营商业、开展大盐店工作。

靖边、甘泉代办处——1941 年 2 月在靖边、甘泉的光华商店设立代办处，具体业务由光华商店代办。

三个分行成立初期主要经营商业，其他如存款、贷款等金融业务和代理金库工作，业务量较少。

（3）成立代理金库的总、分库。边区银行在延安、关中、陇东、靖边、三边设立代理金库的机构，延安是总库，其他地方均为分库。

（4）相继设立银行委员会、银行顾问团和银行检查委员会。1940 年 12 月，陕甘宁边区银行委员会设立，主任为林伯渠，委员有高自立、霍维德、曹菊如、谢觉哉、李六如、叶季壮。边区银行制定金融政策、发行边币、规定准备金和资本增减、审核预决算和利润分配、设立与撤销分支行、选用处级以上干部、50 万元以上放款与投资，以及各种存款利率的规定、重要业务的监督等事项，均需经银行委员会审定批准。

1941 年 3 月，成立由王学文、王思华、丁冬放以及法律顾问鲁佛民组成的陕甘宁边区银行顾问团。1942 年 9 月，陕甘宁边区银行检查委员会成立，黄亚光为主任，委员有朱理治、苏子仁（乔培新）、余建新、闫子祥。

2. 全面抗战时期的三任行长

全面抗战时期，曹菊如、朱理治、黄亚光曾先后担任陕甘宁边区银行的行长。

第一任行长曹菊如（1937 年 10 月至 1941 年 3 月 15 日）。曹菊如（见图 3.1.2）在担任边区银行行长三年多的时间里，既维护抗日民族统一战线大局，又争取货币独立、金融独立，创造性地用“光华商店代价券”名义发行法币辅币，到 1940 年冬，边区城乡基本上已全部流通“光华券”。皖南事变后，国民党政府背弃同盟，在边区经济异常困难的年代里，曹菊如领导边区银行组织停用法币，狠抓边币发行，壮大边区银行资金实力。1941 年 3 月，因工作需要，曹菊如被任命为西北财经办事处秘书长，协助陈云领导财经工作。

图 3.1.2　陕甘宁边区银行第一任行长曹菊如

图 3.1.3　陕甘宁边区银行第二任行长朱理治

第二任行长朱理治（1941 年 3 月 15 日至 1942 年 9 月）。朱理治（见图 3.1.3）在任期间，领导制定了 20 多个章程、办法、条例、法令，使边区银行逐步健全规章制度。他结合当时革命形势和边区银行的实际情况，提出尊重货币流通规律，坚持发展生产、稳定金融的原则。朱理治强调财政收支、出入口贸易、外汇要做到“平衡”，克服因边区经济与财政困难不得不多发边币而引发贬值的困难，稳定物价、边法币比价和边币的购买力，维护了边币信用，加大对农业生产、贸易和私营经济的放款力度。据统计，1941—1942 年，朱理治把政府财政性借款的货币发行比例降低 11%，裁减的部分转投到商业贸易和生产建设领域，仅支持食盐输出的贷款就接近 1 000 万元。

图 3.1.4 陕甘宁边区银行第三任行长黄亚光

第三任行长黄亚光（1943 年 1 月至 1947 年 11 月）。黄亚光（见图 3.1.4）是中华苏维埃共和国国家银行首版纸币的设计者，先后设计、绘制了 9 套货币、23 个公债券别和 70 种图案。他在担任陕甘宁边区银行行长期间，正是法币与边币斗争、国民党政府与边区政府贸易斗争比较激烈之时。黄亚光利用黑市打击黑市、停止边币发行，通过掌握足够的法币，使边币和法币兑出兑入趋于平衡。为解决边币大幅贬值的问题，代之以“贸易公司商业流通券”流通市场，同时大力发展存款、汇兑业务，积极发放生产和贸易贷款，取得了金融、贸易斗争的主动权，扭转了经济斗争的不利局面。

（四）陕甘宁边区银行货币发行

陕甘宁边区银行成立时的资产仅有原国家银行西北分行结存的现款 32 208.88元，1938 年 3 月，原国家银行西北分行将所有现金、首饰陆续拨付到边区银行，边区银行的资本金也仅达到 10 万元。根据第二次国共合作协议，边区所有货币必须使用国民党发行的法币，以法币为本位币。考虑到边区政府不允许发行货币，边区银行采取经营商业、积累资金的发展方针，按照6∶1（即 6 元西北分行纸币兑换 1 元法币）的内部比价收回已发行的西北分行纸币。从成立之日到全面抗战结束，因国民党不断掀起反共高潮，陕甘宁边区银行货币发行经历了三个时期。

1. 1938 年 6 月至 1941 年 2 月，以“延安光华商店”名义发行代价券，作为法币辅币

抗战初期，法币开始在边区作为本位币流通。由于法币主币以 5 元、10 元券居多，面额较大，很快引起物价上升。为方便人民生活和降低物价，边区政府曾委托八路军西安办事处向国民党政府交涉，要求增拨辅币，但经过反复交涉，仅从设在西安的国民党政府中央银行分支机构兑出辅币

2 000元，杯水车薪，无济于事。到 1938 年 6 月，边区法币辅币缺乏已经成为干扰正常经济活动的严重问题，市场上甚至有些人用寄信的邮票代替辅币。为解决这一问题，陕甘宁边区银行以“延安光华商店”名义发行代价券。

成立光华商店，经营商业。1938 年 4 月 1 日，陕甘宁边区银行接收陕甘宁贸易局（内称合作总社），与光华书店合并，建立光华商店，并负责光华商店的经营管理。光华商店总店设在延安，是这一时期仅有的一家公营商店。光华商店成立的主要任务：一是购入边区必需的商品物资。如将边区急需的布匹、棉花、纸张、文具、通信材料、五金等物资供给边区机关、部队、学校、群众；二是组织边区的食盐、皮毛、药材等土特产品出口；三是平抑物价，光华商店的商品销售价格比市场价低 10% ~20%，货真价廉，承担调剂边区物资供应、稳定物价的重要职责。当时八路军驻西安办事处领取国民政府按月拨付八路军的军饷，一半交送延安，一半买成商品，交付光华商店负责进货。光华商店还委托与国统区工商业有传统联系的商人购进货物。

以“延安光华商店”的名义发行代价券。光华商店除承担着组织边区土产出口、供给军需民用物资的任务之外，还为边区银行发行货币积累资金。从 1938 年 6 月起，经党中央和边区政府批准，边区银行用“延安光华商店”的名义发行代价券，持券可随时到光华商店如数兑换法币，开始发行 1 分、2 分辅币（见图 3. 1. 5），后来逐渐增发到 5 分、1 角、2 角、5 角，以至 7 角 5 分。既可以辅币的形式代替主币，在交易中计算方便，又不违反国共合作的协议，既有原则性又有灵活性，为边币的独立自主运行做好了准备。

图 3. 1. 5　延安光华商店代价券 2 分（1938 年）

光华代价券的发行引来国民政府的责难和诬蔑，国民党有关部门认为延安此举破坏了国共两党的协议、破坏了国家金融的统一，要求边区收回辅币。面对国民党政府的质问、指责、造谣，边区政府为此郑重答复国民党政府行政院、财政部和西安行营，多次发电、复函说明理由，进行有理有据有节、不屈不挠的斗争。1939 年 1 月 8 日，八路军西安办事处以林伯渠名义致电国民党财政部，指出“边区境内，零星辅币万分缺乏，经各地商会等向边区政府申请，准许光华商店发行 2 分、5 分、1 角的代价券，原系暂时权宜便民之计，而且流通范围只限陕甘宁边区。发行以来，因准备充足，深得人民信仰，并无武装部队强迫使用事情”。

光华券逐渐加大发行量。边区银行起初严格控制光华券发行量，截至 1938 年底，共发行 10 万元，1939 年发行 31 万元。1940 年 8 月后，八路军主力部队大多开赴抗日前线，国民党政府却不再按时发给八路军抗日经费，11 月 19 日干脆停发，致使陕甘宁边区财政陷入极大的困境。为弥补财政赤字，1940 年下半年起光华券发行量逐步增大，共增发光华券 200 多万元。

光华商店由于经营有方，业务快速发展，1938—1940 年，陆续建立了三边、绥德、庆阳、关中、盐池、曲子、庆阳、甘泉 8 个光华商店分店。从 1938 年 6 月光华券开始发行，一直到 1941 年 2 月陕甘宁边区银行币开始发行，光华券共流通两年九个月，累计发行 430 多万元。

2. 1941 年 2 月至 1944 年 6 月，停止使用法币，发行陕甘宁边区银行边币

皖南事变爆发后，国民党政府对边区的经济封锁和破坏变本加厉，停发边区一切抗日经费，阻断边区一切外援。迫于财政陷入困境、对外贸易被封的局面，作为应对措施，边区政府于 1941 年 1 月 28 日决定，由陕甘宁边区银行发行边币，开始建立独立自主的货币金融体系。1 月 30 日，边区政府发布《关于停止法币行使的布告》，规定边区境内停止法币行使；凡藏有法币的，必须经边区银行总分行或光华商店总分店兑换边区票币使用；禁止私带法币出境。2 月 18 日边区政府正式发布《关于发行边币的布告》。

停用法币、发行边币，是陕甘宁边区金融史上的重要转折点，它标志着边区经济金融进入独立自主、自力更生的新阶段。

1941 年 2 月至 1943 年 12 月 15 日，陕甘宁边区银行以所积累的法币作为保证基金，发行 1 角、2 角、5 元、10 元、50 元、100 元、200 元、500 元、1 000 元、5 000 元十种边币（见图 3. 1. 6、图 3. 1. 7），另发行 500 元、1 万元、5 万元三种本票。发行的货币主要支持大生产运动，对工商业也适当发放贷款。据统计，1941 年发行货币 2 300 万元，发放各种贷款 700 万元，1942 年发行货币 9 100 万元，发放各种贷款 1 000 万元。

图 3. 1. 6　陕甘宁边区银行币 50 元（1943 年）

图 3. 1. 7　陕甘宁边区银行币 200 元（1943 年）

经过轰轰烈烈的大生产运动，边区党政军和人民群众基本解决粮食困难的问题，基本实现生产自给。1943 年党政军民学的全年开支，60% 来自部队机关学校的自给生产，19%来自政府公营事业的收入，税赋征收只占10%，银行透支为7%。

以经济手段为主、法律教育手段为辅，开展边币阵地战、比价战。边币发行初期，边区经济面临许多困难，为支援战争，边区银行不得不将大部分边币用于弥补财政赤字。初期，边币急速过多投放，造成物价快速上涨，1941年物价比1937年平均上涨21倍，到1942年物价涨速大增，比1941年又上涨33倍之多。同时因为边区需要大宗进口棉花和布匹等物资，贸易上长期存在严重入超，法币供求矛盾尖锐，造成边币持续贬值，边法币比价由1∶1下降为3.2∶1。

为保证边币顺利流通，巩固边币市场，边区政府颁发一系列禁令、指示，明确规定：边币为边区唯一合法通货，一切交易、记账、计算、支付，均需以边币为单位；严格禁止法币、银元流通，加强法币管理，法币兑换实行出境准许证和兑换证明书制度；对破坏金融市场秩序的，视情节严重，以破坏金融法令论罪。除运用行政法律手段外，边区政府通过各种方式，向边区群众广泛开展拒用法币、日伪币，使用边币、支援战争的宣传教育。

边区政府对法币的禁令，并没有使法币销声匿迹。边币大幅贬值，边区内法币兑换的需求反而大增，黑市交易大行其道。为遏制黑市交易，边区银行决定尝试法币交易公开化，1942年10月，通过延安市私商“裕通顺”挂牌买卖法币。12月1日，边区政府正式决定，由贸易局在各地组织10余家货币交换所（后来划归边区银行领导），公开挂牌买卖法币。

在对法币的比价斗争中，边区政府还综合统筹金融、贸易、财政，采用多种灵活策略，将稳定食盐价格、灵活洽定棉花布匹收购价格作为稳定金融、发展经济贸易的重要手段，提升边币币值，增强边币信用。

3. 1944年7月至1948年1月，发行“陕甘宁边区贸易公司商业流通券”

棉花和布匹是边区大宗进口物资，一般占边区进口总额的65%以上。国民党封锁边区，企图“不让一粒粮、一尺布进入边区”，还千方百计阻止边区特产食盐出口，1943年下半年，因棉花和粮食十分短缺，带动边区整体物价齐涨、猛涨。

面对国民党当局经济封锁、边区入超严重的经济局面，发展生产是当务之急。1944 年 3 月 6 日，中共中央政治局决定，派陈云为西北中央局委员并担任西北财经办事处副主任，主持陕甘宁边区财政经济工作。陈云上任后，有效地执行了发展经济、保障供给的方针，在金融、贸易上都实行了一系列创新举措，彻底扭转经济领域的边币贬值、贸易入超的被动局面。

代替边币，发行与法币 1:1 比价的"陕甘宁边区贸易公司商业流通券"。1944 年 4 月，陈云发现在边币对法币比值太低的情况下，要稳定金融，既不提高边币牌价又不发行边币很难做到，并且不发边币会使边币流通量一天天缩小。经过反复比较，他提出解决问题的办法，提交西北局讨论：要将边币与法币的比价提到 1:1，又要使市面金融不停顿，就要想一个"偷梁换柱"的办法。发新票，政治上会有不良影响；允许边币、法币同时流通，也有弊端。可考虑由盐业公司发一种流通券，定价与法币 1:1，与边币比价则固定在 1:9，并使其在边区流通，逐渐收回边币，至预想程度时，即将边币、法币比价提升为 1:1，然后再停止盐票的发行，以边币收回盐票。如此就能实现边币提高至 1:1 的目的，使市面金融不受影响，还可驱逐法币。①

1944 年 5 月 23 日的西北财经办事处会议采纳了陈云的建议，会议作出《关于发行商业流通券的决议》，决定发行边区贸易公司商业流通券，调整金融市场，活跃市面。陕甘宁边区贸易公司商业流通券名义上为贸易公司，实际上仍由边区银行发行。《关于发行商业流通券的决议》规定商业流通券票面分为 50 元与 10 元两种，1 元相当于边币 15 元，与边币比价固定不变。

流通券发行后实际比价为 1 元兑换边币 20 元。流通券自 1944 年 7 月 1 日开始发行，1948 年 1 月停止，在 1945 年前发行有 5 元、10 元、20 元、50 元、100 元、200 元、500 元七个币种。

边区政府大力推行流通券。1944—1945 年，边区政府多次发表布告、通令、通知等文件推行流通券。1944 年 7 月 29 日，中共西北局常委会发出《关于发行商业流通券致各地委电》，指出："一切党政军机关的供给部门：

---

① 中共中央文献研究室：《陈云传（1）》，中央文献出版社 2005 年版，第 653 页。

公营商店、合作社、贸易公司以及一切财经税收机关均须用全力来支持流通券，并帮助其建立信用。”“对法币、白洋，必须在稳定与推广边币及流通券基础上继续采取打击政策，凡我财经部门及公营商店均一律以边币计价，拒用法币、白洋，一切出口货均收边币、流通券，只有在外商找不到边币、流通券情况下才折收法币。在群众中也通过适当方式，宣传政府法令，禁止使用法币、白洋，使法币、白洋市场缩小。我们为了不让法币、白洋占我边区市场，宁可使法币、白洋流入银行，再由我们有计划地抛出边区境外。”

商业流通券在稳定边币、法币比价上功不可没。1944 年 6 月以后，边币和法币的比价基本上稳定在 8.5∶1 左右。12 月以后，流通券作为边区银行的特别放款，投放运用到盐和土产的收购中，从而支持对外贸易。1945 年 5 月 1 日，西北财经办事处发出《关于统一货币单位的通知》，正式确定贸易公司商业流通券为陕甘宁边区本位币，边区银行以商业流通券每元兑换 20 元边币的比价陆续收回了边币。

1947 年底，陕甘宁边区银行与晋绥边区西北农民银行合并为西北农民银行，统一发行西北农民银行货币后，陕甘宁边区贸易公司商业流通券逐步停止流通。

陕甘宁边区银行的货币发行虽然遇到了经济困难、货币超发贬值等问题，但探索建立了独立自主的货币金融体系，积累了财政、贸易、经济、金融统筹管理的实践经验，打破了国民党对边区的经济封锁，摆脱了国民党法币对边区经济命脉的控制。

4. 有关边币、商业流通券发行准备金的思想

（1）朱理治关于储备多种形式资金扩大银行准备金的思想。朱理治在任期间，提出扩大银行准备资金，储备多种形式资金，并可通过掌握特产出口物资来增加银行资金，吸收赤金、纹银、现洋等民间通货，完善发行工作。当时银行资金种类有货币（法币、边币），硬通货（金、银），其中货币占 96%。为改变这种以货币为主的资金储备状况，边区银行设法掌握其他种类资金，到 1942 年底，银行发行的准备金组成中，金银、硬币、法币及银行经过物资局及光华商店储存的商品占 40%，生产事业投资及放款合同、各种有抵押的借据占 60%。

（2）陈云关于以“法币 + 物资 + 金银”的组合储备扩大银行准备金的思想。1943 年之后，面对边币超发贬值、贸易严重入超的经济困境，如何确定边区银行发行边币的准备金，陈云提出以“法币 + 物资 + 金银”的组合方式储备发行基金，强调首先“要有充分的法币准备”。考虑到银元在国民党法币改革后已被禁用，法币是边区与国统区商品交换的唯一通货，应储备法币保证物价和边币币值。其次是物资准备，需储备如布、棉和抛出去可以回笼边币的物资。最后是金和银，有金银储备，就能摆脱对法币的依赖。1945 年 2 月，国统区物价大幅上涨，为稳定币值，国民党政府采取紧缩货币的政策。陈云在西北财经办事处会议中多次提出收购黄金的任务，以免法币不断贬值造成边区银行资本损失。经过陈云的未雨绸缪，抗日战争胜利时，边区银行储备了大量黄金。

（五）陕甘宁边区银行开展存贷业务，发展边区经济，支持抗日战争

边区银行的存款和信贷业务，根据国际国内革命形势的发展变化主要经历了两个时期。全面抗战初期，边区银行遵循“休养民力，争取外援”财政经济的基本方针，成立初期主要是接受国民党划转来的抗日经费、经营光华商店，积累资金。皖南事变后，1941 年 1 月 30 日，边区政府授权陕甘宁边区银行发行边币，开始建设独立自主的经济金融体系。从此，边币成为边区的本位币，为边区银行信贷业务的开展创造了条件。

从 1937 年 10 月至 1941 年皖南事变前夕，按照国共第二次合作的协议，边区银行信贷活动比较少，放款种类少，主要投放用于财政支出。皖南事变后，贯彻中共中央关于自力更生、生产自给的财政方针，边区银行发行边币直接支持财政周转，弥补财政赤字；支持大生产运动，大量增发农业生产、机关性生产、盐业建设、商业贸易等方面的贷款，加大信贷力度，到 1942 年底，边区银行各种贷款达到 6 226 万元边币。其中以财政借款居多，总计达 4 280 万元。到 1945 年底，边区银行的各种贷款共计 21 亿元。

1. 农业贷款方面

1941 年之前，农业贷款并未受到重视，只占生产建设贷款的 0.2%。皖南事变后，为自力更生、自给自足，边区大力发展农业，加大土特产出口换回法币，扭转贸易入超的被动局面。边区政府为加强银行农贷工作，在 1941 年 12 月 15 日第 3 次政务会议上决定组建以李鼎铭、高自立、南汉宸、刘景范、闫子祥等 7 人为委员，高自立为主任的边区政府农贷委员会。1941 年 12 月 25 日，中共西北局作出《关于 1942 年边区经济建设的决定》，要求边区银行及时办理农贷，以实现增产细粮 20 万石及增植棉花 10 万亩的任务。经过自上而下的政策引导，到 1942 年边区银行农贷业务有了相当大的发展，农贷重点支持群众购买耕牛农具、植棉及棉花青苗等，一年放款总额达到 800 万元，占生产建设贷款总额的 50%。

2. 工商贷款方面

1941 年以后，边区银行工商业贷款主要对象是公营企业，兼顾私营与私人小商品经济。对私营经济的商业贷款区分为小额抵押放款、救济性放款和小额商业放款三种贷款类型，以帮助商人扩大营业，繁荣边区市场经济。1941—1942 年，边区银行对难民纺织厂、化学工厂等六个国营骨干企业投放贷款总额达 600 万元以上，到 1945 年 6 月，边区商业贸易贷款高达 8 010 万元，有力支持了边区经济建设和工商业发展。

3. 存款业务方面

存款是回笼货币、稳定金融的重要手段，是银行重要的信贷资金来源。全面抗战时期，陕甘宁边区银行根据边区的实际情况以及当时的社会环境积极探索存款的方式方法，创造了许多动员存款的鲜活做法。

从 1937 年到国民党停发军饷之前的 3 年，边区银行的存款规模不断增长，从 1938 年的 64.7 万元增加到 1940 年的 208.3 万元。在 1940 年的存款中，98% 来自活期性质的存款，储蓄存款、定期存款两项合计 1.3 万元，所占比重不到 1%。

1940 年 11 月 22 日，中共陕甘宁边区中央局发出《关于财政经济政策的指示》，提出奖励储蓄增加存款的办法。《关于财政经济政策的指示》中要求，为了积蓄必要的经济建设成本，必须奖励人民储蓄，吸收游资，在必要时，政府可以依照有关法令，发行一定数量的节约建国储蓄券或者地方公债券。这一时期边区银行存款的结构比例不适宜大规模支持工业、商贸发展。

1941—1943 年是边区最为困难的时期，党中央号召边区军民更加努力地开展生产运动，使边区的财政经济由半自给转到完全自给。边区银行以发行边币、发放贷款、奖励人民储蓄等方式，投入自力更生的大生产运动中。

1942 年 5 月，边区金融出现物价波动、边币贬值的现象，边区银行开始下大力气发展存款业务，开展有奖储蓄运动、发行建设救国公债回笼货币，实行货币紧缩政策。

发展存款业务，细分多种存款类型。为加大揽储力度，根据不同商业群体和商业票据，边区银行区分活期存款、票据存款、暂时存款、储蓄存款、定期存款五种类型。活期存款，主要有甲种活期存款即往来存款，是各机关、工厂、个别商人在银行的存款，可以用支票，可透支，波动性比较大；乙种活期存款即特别往来存款，不能用支票只凭存折，不能透支，波动性小；商业活期存款对象是各行业商人的资金和可流通支票。票据存款即由银行发行本币，吸收存款，解决大额资金不便携带的困难。暂时存款没有利息，灵活性大。储蓄存款是民间的闲散资金，比较稳定，有利于银行运用资金。定期存款主要是公款，流动性最小。

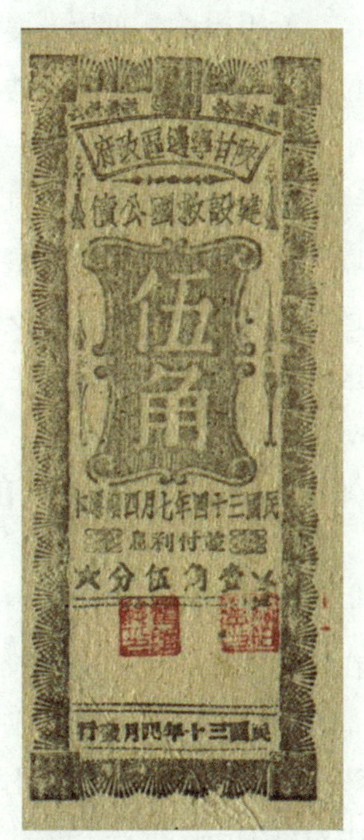

图 3.1.8　陕甘宁边区政府建设救国公债 5 角

开展有奖储蓄运动和发行建设救国公债，充实边区银行资金实力、回笼货币。1941 年 1 月，陕甘宁边区政府决定由边区银行发行建设救国公债 500 万元（见图 3.1.8），分 10 年还清。1941 年 10 月底，公债发行基本完成。为激励储蓄，边区银行先后发行两期有奖储蓄券，第一期发售50万元，第二期发售100万元，共150万元。

1941年10月，边区开展了大规模的储蓄运动。边区政府主席林伯渠发表《为发展储蓄告边区同胞书》，号召“边区全体老百姓、各级领导机关和各人民团体，全体动员起来，一面加紧生产，一面节俭储蓄，使边区每个人都养成节约的美德，使边区的钱都用到抗战建国事业上去”。为了加大政治动员力度，边区还组织了劝储团，在各分区也成立了劝储分团，利用报纸、广播、标语等多种形式进行大规模的宣传教育。

1943年，边区银行改革存款政策，如定期存款举办信托存款，存款的起点是300元，三个月或半年为一期，到时可自由提取，按月支付，保证红利；举办实物存款即折实存款，以某物价为标准，存入提取时折价，利率视存期长短而定等，以多种方式吸收存款。经过努力，到1943年底，各种存款总额达到边币2.4亿元，与1942年相比，增长了24.5倍。

在中国金融业的发展历史上，陕甘宁边区银行有着极其重要的历史地位，它继承中华苏维埃共和国国家银行，以其为主体的西北农民银行又是中国人民银行的前身之一，使中国共产党领导下的红色金融事业一线贯穿，一脉相传。在全面抗战时期，边区银行面对资金来源与资金需要的尖锐矛盾，坚决贯彻执行“发展经济，保障供给”的财政经济总方针，创造性地运用放款和发行的方式支持边区大生产运动，支援抗日战争，为陕甘宁边区成为全国模范抗日民主根据地作出了重要贡献。

（六）陕甘宁边区的信用合作社

陕甘宁边区早在陕甘苏区时期，就已有一些零星的信用合作社组织。在轰轰烈烈的大生产运动中开展农业生产，兼办工业、手工业、运输业、畜牧业和商业，合作社成为在经济上组织群众的最重要形式。1943年11月29日，毛泽东在招待陕甘宁边区劳动英雄大会上所作的《组织起来》讲话中对延安南区生产合作社、消费合作社、运输合作社和信用合作社给予充分肯定，讲话指出：“我们有了人民群众的这四种合作社……我们就可以把群众的力量组织成为一支劳动大军。这是人民群众得到解放的必由之路，由穷苦变为富裕的必由之路，也是抗战胜利的必由之路。”

大生产运动开展以来，发展比较典型的是延安南区沟门信用合作社。延安南区沟门信用合作社由消费合作社改组而成，初期资金力量比较薄弱，后在“吸收农村游资，周转农村金融，发展农业生产”的政策方针支持下，解决了实际困难，很快得到了群众的拥护，社员数、资金量都发展很快。从 1943 年 3 月到 1944 年 2 月，社员人数由 128 人发展到 648 人，股金由 11 万元发展到 359 万元，存款由 1.9 万元发展到总额达 609 万元；到 1944 年 3 月，放款由 8.7 万元发展到累计总额 1 427 万元。为适应农民手中有粮食缺少货币的农村实际情况，以粮食入股成立粮食信用合作社。1943 年，米脂县各区农会为防灾救灾成立 17 个小型粮食信用合作社，群众入股 108 石粮食，以低利或无息贷放给贫苦农民。

1944 年 7 月，陕甘宁边区政府召开边区合作社联席会议，作出《陕甘宁边区合作社联席会议决议》，确定“民办公助”为发展信用合作社的社务基本方针，授予社员参与管理权、分红权。具体规定：（1）社员选举主任，主任不称职，社员有撤换的权利；（2）民主公议社务，社务有问题，社员有批评的权利；（3）入社自由，出社自由，入股自由，退股自由；（4）按期算账，按期公布，按期分红，按股分红；（5）社员一律平等，不论股金大小，都有选举权、表决权。这次会议进一步促进了信用合作社的规范化发展。

1943 年以后边区信用合作社发展很快，到 1944 年底，全边区 30 多个信用合作社，吸收存款总额达 5 亿余元，其中银元 1 万余元、银元宝 10 多锭、银手镯 40 副。这对组织人民群众发展经济、活跃边区金融、实现生产自救，发挥了一定的作用。

二、晋察冀边区红色金融事业

（一）晋察冀边区：敌后模范抗日根据地、统一战线模范区

卢沟桥事变之后，日军于 1937 年 7 月底占领平津地区，战争形势愈加危急。8 月 22 日至 25 日，中共中央在陕西省洛川县冯家村召开中共中央政治局扩大会议，这次会议决定，八路军在敌人后方发动游击战争，建立敌后抗日根据地；同时强调，党的工作重心是战区和敌后。

1937 年 8 月，八路军第 115 师奉命开赴华北抗日前线，昼夜奔袭、倍日并行，于 9 月 25 日到达山西灵丘县平型关，与日军在平型关展开激战，最终击退进犯日军，打破日军不可战胜的神话，歼灭敌军千余人，打出了八路军的威武神勇。平型关大捷是抗战以来中国军队取得的第一个重大胜利，中国共产党领导的人民军队用血肉之躯筑起了中华民族新的长城。

1937 年 11 月 8 日，国民党晋绥军失守太原，侵华日军长驱直入，国民党部队一溃千里。八路军第 115 师遵照中共中央的决定，师长林彪率主力转移吕梁山地区，副师长聂荣臻率约 3 000 人部队留在五台山地区，在山西、河北、察哈尔三省边界开展敌后抗日游击战争，开创第一个敌后抗日根据地——晋察冀抗日根据地。

1938 年 1 月，晋察冀边区军政民代表大会在阜平县召开，产生晋察冀边区党抗日临时行政委员会，管辖晋东北、冀西（察南）和冀中三个行政公署，下辖 36 个县的抗日政权。1938 年 11 月 9 日，中共中央晋察冀分局成立，彭真任书记。1938 年底，晋察冀抗日根据地共辖 70 余县，人口

1 200万，武装力量达到10 万人。

1940 年下半年，日本帝国主义趁德国法西斯军队在西欧和北欧迅猛推进之际、美国保持中立的不干涉政策之时，积极准备南下太平洋，以期早日实现其“大东亚共荣圈”的阴谋。1941—1942 年，日军在华北实行烧光、杀光、抢光的“三光”政策，制造“无人区”，对晋察冀抗日根据地进行残酷的“扫荡”“蚕食”，疯狂推行所谓“肃正建设计划”，以铁路作柱、公路作链、据点作锁的“囚笼政策”企图分割摧毁各抗日根据地。各抗日根据地处在全面抗战阶段最为艰苦困难的时期。

面对侵华日军惨绝人寰、疯狂野蛮的屠杀和掠夺，晋察冀分局和晋察冀军区坚持敌后抗战，建立“三三制”政权，精兵简政、减租减息、发展生产，坚守在根据地打击、削弱日军，多次粉碎日军围攻、“扫荡”。

1945 年 5 月，根据中共中央“削弱日伪，发展我军，缩小敌占区，扩大解放区”的方针，晋察冀边区军民对日伪军发起大规模反攻，先后发动察南战役、雁北攻势、子牙河战役、大清河战役、热辽战役，消灭日伪军 2 万余人，扩大和巩固解放区，将敌人压缩到铁路沿线及主要城市。同年 8 月，晋察冀部队攻占 70 余座城市，使晋察冀与晋绥、晋冀鲁豫、山东根据地和东北解放区连成一片。

晋察冀抗日根据地军民在八年全面抗战中同日伪军作战 3 万余次，歼灭日伪军 35 万余人，军区部队发展到 32 万人。边区军民创造了地雷战、地道战等一系列游击战法，被中共中央誉为“敌后模范的抗日根据地及统一战线的模范区”。抗日战争胜利时，晋察冀边区管辖 2 个省政府、3 个行政公署、20 个专区、8 个市、163 个县、27 个旗的抗日民主政权，人口达到 2 500 多万。

（二）晋察冀边区经济建设：保障战时军需民用

抗日战争的持久性要求边区要发展农业、工商业，保障军事供应和人民群众基本生活。

1. 开展减租减息运动，发展农业生产

1937 年 8 月，中共中央在陕北洛川召开的政治局扩大会议明确，在抗日战争时期的特殊条件下，改变过去没收地主土地的政策，改为实行减租减息政策，在有利于动员全国人民参加抗战的前提下，争取全国人民应有的政治经济权利，以减租减息作为抗战时期解决农民土地问题的基本政策。

晋察冀边区的土地关系不同于陕甘宁边区，陕甘宁边区在抗战前土地革命已深入开展，而晋察冀边区土地剥削的封建制度还根深蒂固。1938 年 2 月，晋察冀边区政府颁布《减租减息暂行条例》后，有些地主最开始是防御和抗拒，减租减息政策的推行经历了一个深入发动群众、转变各阶级思想认识的过程。到 1940 年上半年，晋察冀边区大部分地区实行了减租减息，削弱了千百年来农民积贫积弱的封建土地剥削关系，千百万农民动员起来，在敌人烧杀掠夺的环境中坚持生产、支援抗战、参军参战。

边区政府还奖励垦荒修滩，提倡植树造林，兴办水利，引导农民按自愿互利原则组织各种形式的劳动互助和生产合作，合作社坚持“民办公助、生产第一”的方针，努力发展生产，使全面抗战初期的农业获得了很好的收成，1940 年夏收，冀中区的小麦产量可供全边区军民两年之用。

2. 建立和发展军事、民用工业，有效组织商业、贸易

军事工业是边区工业的重心，晋察冀边区建立军区工业部、军区修械所、资源统制委员会，开展募集生铁运动。到 1945 年初，边区部队所需的兵工材料大部分都能实现自给自足，达到了毛泽东提出的“办到自制弹药、步枪、手榴弹等的程度，使游击战争无军火缺乏之虑”要求。边区政府从无到有，筹建了造纸厂、制革厂、制胰厂、酒精厂、纺织厂、化学厂等一批公营民用企业；边区商业坚持对外自由贸易、对内统制的基本政策，成立管控对外贸易的机构裕民公司、贸易管理局，调剂商品运销；保护个体手工业、私人工商业等私人经济。

3. 精兵简政，开展大生产运动

1941—1942 年，侵华日军以华北为重点，实施所谓的“治安肃正”“三光政策”，“蚕食”“清剿”“扫荡”、制造“无人区”，疯狂残忍无所不用其极。晋察冀边区陷入极端困难的处境中，根据地面积缩小，工农业受到严重破坏。为坚持长期抗战，渡过难关，晋察冀边区按照中共中央指示，精兵简政、节衣缩食、发展经济，深入减租减息运动，领导边区人民劳武结合、抢种抢收。

继大生产运动开展后，边区扭转了敌人“治安强化”致使工商业遭到严重破坏的局面，机关部队生活得到改善，人民负担减轻。到 1945 年，冀中区增产粮食 340 多万市石，生产布匹 1 200 万匹，盐 6 400 万斤，恢复和发展了多种民用工厂，边区大生产取得了很好的成绩和很多经验，为抗战胜利奠定了坚实的物质基础。

（三）晋察冀边区银行成立，统制金融，筑成抗战的金融堡垒

1937 年 9 月，第 115 师一部来到河北阜平县，开辟敌后根据地，成立晋察冀军区，聂荣臻担任司令员。军事战线的斗争严酷激烈，侵华日军图谋“以战养战”，加紧了经济、金融战线上明火执仗的掠夺。1938 年 1 月，晋察冀边区军政民第一次代表大会召开，大会决定从边区行政委员会到村公所都建立财政、实业、民政等委员会和专职机构，并通过《边区为统制与建设经济得设立银行发行钞票决议案》，设立银行，运用金融武器应对货币流通的割据和混乱，严防日伪币套购、劫掠边区物资，支持边区工农商业发展，开辟金融事业。

图 3. 2. 1　关学文

经过两个月的紧张筹备，1938 年 3 月 20 日，晋察冀边区银行在山西五台县石咀村普济寺正式成立，关学文（见图 3. 2. 1）就任晋察冀边区银行总行第一任经理。直至 1948 年 8 月，他一直担任边区银行的经理、副经理。

关学文（1898—1989 年），辽宁省

辽阳县人，满族。1937 年参加革命，1940 年 6 月加入中国共产党。早年参加过东北军，在东北军主要从事军需工作。1937 年冬奉命组建晋察冀边区银行，担任第一任经理。新中国成立后出任中国人民银行办公厅主任、中国农业银行副行长，并参与筹建中国农业银行。

晋察冀边区银行是知会并经国民党政府同意设立的（见图 3.2.2），边区银行的启动资金来源是当时关学文的上级、八路军第三纵队司令员兼冀中军区司令员吕正操从安国商会要来的 3 万元法币，聂荣臻从八路军津贴费中捐献的 4 万元，以及一些实物，总计 10 万元。

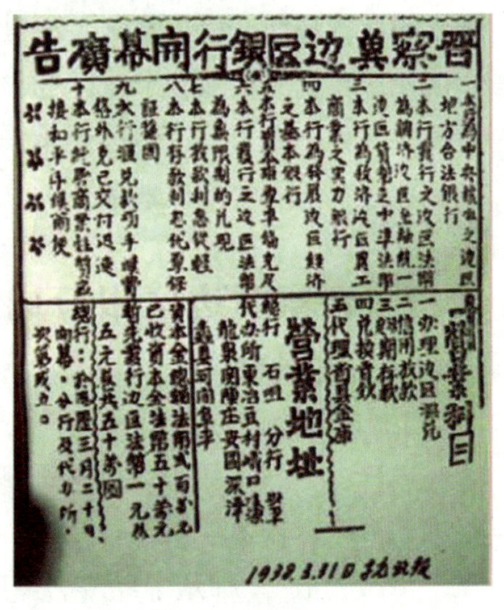

图 3.2.2　晋察冀边区银行开幕广告

银行刚开始成立时有 20 多名工作人员，只有总行，没有分支行、办事处等分支机构。1939 年初，边区银行决定在各县普遍设立分支机构。1939 年 3 月 30 日，边区银行通令各专员、县长执行建立基层银行机构的《筹设计划书》。《筹设计划书》明确提出边区银行的任务和分支机构建立的要求。

边区银行的战时任务。边区银行担负推行边区的货币金融政策之职，即：（1）统制金融：提高边币信用，使其成为边区的本位货币，驱逐伪钞恶币，肃清土票，吸收法币硬币而达到边区货币一元化，筑成抗战的金融堡垒。（2）调剂金融：流通资金，充实筹码，使边区各个市场均呈现活跃景象。（3）开展经济：办理贷款及投资，扶助边区经济的开展。（4）保存金融实力：吸收保存金银、硬币法币，粉碎敌人收买的计划。

边区银行对分支机构的设立作出了明确要求。主要规定有：（1）行政专区设办事处。冀西第一、第四两专区合设一处，均在总行管辖下推动各县代办所进行工作。（2）县设一处代办所。直属于各区办事处。距敌区较近县处，酌情缓设。（3）办事处设于专署所在地，与专署同时行动。专署应依据货币政策协助办事处推行业务。（4）各县府（或县佐公署）应根据货币政策，督促并协助该县代办所推行业务。（5）代办所由各县贸易局或公营事业代理，暂不设员。为慎重起见，由代办所指定专人办理之。（6）代办所，月给津贴 10 元，如因解送款项等事，需用旅费按规定核发。（7）办事处警卫由专署负保护之责，如遇解送款项，亦由专署派武装护送。（8）各县代办所于各区办事处成立后，向该县接洽成立。（9）现在银行库存不敷代办所分配，所有代办所需用之基金，暂由各县署筹拨付之。

此后，边区银行基层机构逐步发展起来。1939 年下半年，各专区均设立办事处，大多数县设立代办所，部分县设立营业所。贸易口境设立兑换所。广大农村地区则由信用合作社代理基本业务，形成组织和调剂边区金融、开展对敌货币斗争的金融网。

1941 年 6 月，边区行政委员会明确规定边区银行的分行、办事处、营业所（代办所），除受上级银行的领导外，也受同级政府的领导。

发行晋察冀边币。银行成立后，筹集粮食、棉花和法币，以“战略物资＋法币”的组合方式作为货币发行的保证基金，发行“晋察冀边币”，面额有 1 元、2 元、5 元、1 角、2 角、5 角纸币（见图 3. 2. 3、图 3. 2. 4），与法币 1∶1 兑换。成立当年发行 410 万元，流通边区大约 250 万人口使用，平均每人使用数为 1. 64 元。初期发行量较小，为支援战争，解决财政困难，逐年增加边币发行量，到 1945 年抗日战争胜利时，晋察冀边币发行额将近 60 亿元。

图 3. 2. 3 晋察冀边区银行币 1 元（1939 年）

图 3.2.4 晋察冀边区银行币 5 元（1939 年）

制定晋察冀边币发行政策。1938 年 6 月，为保证边币的有序发行，加速边币的流通使用，提高边币信用，边区政府明确边币发行的基本政策：一是确定边币独占发行，边币为市面唯一的交换媒介，禁止法币、杂钞等在市面流通。持有法币、杂钞者，必须在交易前，先到兑换机关兑成边币，否则不得使用。二是人民有正当理由，需要携带法币或杂钞出境者，随时可持边币到银行换取法币或杂钞。三是人民有愿储藏法币者，听之，但不得投入流通界，以免被敌伪吸收；并向民众说明边区金融政策的目的，并不是吸收法币，而是防止敌人吸收法币，来套买外汇，扰乱金融。四是为了逐渐巩固边币的信用与地位，还必须借重于法币，依赖法币，需要联合在金融上势力最大的法币以打击杂钞。因此，规定边币以法币为基础，边币与法币的兑换率为 1∶1，与其他各钞兑换则按照市价。五是严禁奸商私运法币、现银出境。六是禁止伪钞入境或流通。

1938 年 8 月 17 日，党中央、毛泽东专电指示边币发行工作：边区应有比较稳定的货币，作为浩大军费的来源，以备同日本帝国主义作持久的斗争；纸币发行的数量不应超过边区市场的实际需要，而且应该有以工业品为主的准备金，如纸币发行过多，就会像法币、伪币那样贬值；可以用边币收买一些法币、伪币，以便从敌占区购买边区短缺的工业品、医疗用品和其他军需物资；千方百计利用边币将各种杂钞敌币逐出边区。

（四）晋察冀边区银行业务活动：货币发行和放款以财政、军政为主

边区银行一成立，即组织开展业务工作，主要有发行边币、储蓄、贷款、汇兑、兑换和代理金库等职能。边区政府财政收入全部存入边区银行，部分地方私人商户也有吸纳，存款利息活期为 3 厘，定期为 5 厘；贷款投向农业、工业、商业、合作社等领域，1939 年只有商业贷款 2 776 883 元，1940 年商业贷款 2 397 792 元，增加 28 430 800 元合作贷款，比商业贷款多出 11 倍。这批合作贷款用于合作社生产、运输等不同用途，贷款利息很低，仅每月 4 厘；汇兑业务 20 元起汇，汇费为 1%，千元以上汇费为 5%，汇兑范围主要在边区境内，游击区银行委托游击队代办，保证汇兑畅通；兑换业务主要针对有需要到敌占区或边缘区购买物品的群众兑换法币或其他杂钞。

晋察冀边区银行代理金库，履行管库、出纳职责，保管边区公款和地方款。1941 年 1 月边区政府修订颁布《晋察冀边区金库章程》，规定银行办理金库的基本守则，要求要专立金库账簿，按边币计算和登记公款的实存与收付；边区行政委员会行使金库库存款项的付出权，金库款项的支出必须有主任委员、副主任委员及主管会计员签名盖章，方能提取支付；边区银行必须按月向边委会编送金库月报表，发挥银行对金库的监督作用，完善边区政府财政金融制度。

放款和发行以财政、军政为主。在八年全民族抗日战争期间，军事支出占据财政经费的半数以上，有时甚至高达 90%，边区银行成为在特殊历史时期支持财政和军政、解决财政困难的主要依靠，边区银行用于经济建设、生产投资的比重很小。1938 年政府用款 96.06%，投资类的贷款仅占 2.76%，1939 年没有工业贷款，1940 年举办合作放款，占到 7% 左右；1941 年也没有工商业的投资放款项；1942 年举办了工矿贷款（包括工矿、纺织家庭副业）；大生产运动开始后，1943 年举办大批生产贷款；1944 年举办了合作放款和工业放款；1945 年发放商业贷款和窑洞贷款，比重较小。

农业是贷款投向的主要领域。1939 年 7 月，冀中地区连续多日倾盆大雨，日军挖掘河堤，河川泛滥，造成严重水灾，淹没 1 万多座村庄。为解决农村人民群众生计，1940 年 3 月，晋察冀边区银行出台《合作贷款办法》，决定向冀中地区投放合作贷款 300 万元，赈济款 100 万元，种子贷款 4 765 石、牲畜 6 921 头等实物性贷款，帮助合作社恢复和发展生产、供销、运输等经济活动，并且规定合作贷款属于信用贷款，以政府偿还为保证。这次贷款初步解决了灾民生产和生活困难。

1941 年 4 月，边区银行出台《生产贷款办法》，其中第 4 条规定："农业生产贷款以兴修水利为主，其他整修滩地、购买耕畜、制作农具、购买种子、繁殖畜牧等项贷款需视特殊需要或条件而定。"不论是集体经营、合作经营还是个体经营都可以申请贷款，由县政府或县佐公署担保，纯粹是对人民群众的一种信用贷款。这一年因日军频繁"扫荡"，导致牲畜、农具被抢夺，边区银行开办包括农村牲畜、农具、种子和肥料等实业放款，帮扶群众恢复生产。

1942 年 1 月，《晋察冀边区银行实业放款简章》正式颁布，把扶植边区生产、发展贸易、充实抗战经济力量作为边区银行信贷业务的根本宗旨。1942—1945 年，边区银行都举办过大量的农业贷款。1942 年边区行政委员会在北岳区发放春耕贷款 175 万元，连同救灾贷款共发放 376 万元，占边区银行贷款总额的 28%。

农贷政策以农村中的雇农、贫农、贫苦之抗属、干属为主要发放对象。贷款用途主要以解决牲畜、种子、农具、肥料、兴办农田水利以及贫苦农民在春耕季节的口粮为主。农贷实行月息 4 厘利率，对于贫苦之抗属、干属的贷款申请，经群众讨论，最后还可批准免息。

实业放款以边区境内农工商矿各业经营者为主。1941 年 9 月出台的《晋察冀边区银行生产贷款办法》中规定，工业生产贷款，主要用于燃料工业、工具工业、纺织工业、其他开矿、造纸、榨油、制盐、水磨等项贷款。这些贷款，给边区的工业生产打气输血，活跃边区经济。工业生产贷款月息 5 厘，期限有长有短，随经营情况而定。商业放款投向贸易及运销行业，放款金额在借款者全部资产半数之内，根据事业需要，还可随时商定。

（五）与侵华日军展开一系列金融战

国民党政府 1935 年 11 月的法币改革，废除银本位，确立以中央银行、中国银行、交通银行、农民银行发行的纸币为法定货币，但法币却没有能独占全国市场，如日伪钞、河北钞、晋钞、冀钞、平津钞、察哈尔票、伪蒙疆票等数十种形形色色的各种政权钞票仍在晋察冀根据地流通，人民深受其害。

货币战是对敌经济战的重要形式。边币发行之初，和法币、银元、晋钞、冀钞、平津钞、察哈尔票等杂钞土票同时流通，并且法币、冀钞的势力都比边币大。为尽快打开局面，快速扩大边币阵地，清理地方钞票和各种杂钞，边区政府采取多种货币斗争措施和办法：运用政治力量，发布命令，规定边币是市场唯一支付货币；对群众作深入细致的政治动员和解释，从革命战争和政治着眼，向群众广泛宣传边币的人民政权属性、边区金融与抗日的关系，让人民群众深刻地认识到，巩固边币信用，巩固边区经济，就是巩固边区抗日民主根据地；在具体的经济举措上，金融、贸易、财税等统一部署、相互配合等。货币的阵地战、币值战经过敌我反复较量，到 1940 年底，晋察冀边币占到边区货币流通的 80%。边币胜利地将伪钞、杂钞大量挤出边区。到 1942 年，边区与敌占区贸易基本没有了中间货币。

伪钞是侵华日军掠夺边区人民物资、以战养战的金融武器。1938 年 2 月 11 日，伪“中华民国临时政府”创办“中国联合准备银行”，总行设于北平，另在天津、青岛、济南、开封、太原以及日本东京等地设立办事处。在日本军国主义控制下的“中国联合准备银行”成立后，提出货币一元化的口号，滥发“联银券”，贬值法币，以套取物资和外汇。成立后短短两年，发行额高达 4.58 亿元之巨①，成为侵华日军掠夺华北的重要工具。在边区流通的伪钞除“中国联合准备银行”发行的“联银券”外，还有“满

① 郑海呐：《抗战时期“中国联合准备银行”对华北的金融统制》，《历史教学》，2004 年第 3 期。

洲银行”“朝鲜银行”“察南银行”“蒙疆银行”等傀儡银行发行的地方钞。

在具体的斗争策略上，晋察冀边区取缔一个个地方伪钞，破坏敌人推行“联银券”一元化的图谋。在敌占区，通过管控贸易，动摇“联银券”信用根本，造成“联银券”大幅贬值。

与贸易斗争相配合，使敌占区伪“联银券”信用破产，陷入危机。为对付日军的货币掠夺，边区政府要求边区内部贸易一律以边币为本位币，持有法币者，在交易时必须兑取边币，违者法办；绝对禁止法币外流，边区商人有向敌占区购买必需品者，应当先到县区政府登记，由边区银行兑给杂钞，绝对不准携带法币出境；对地方伪钞，均一律打击排挤，绝不准在边区境内行使，如有携带入境或私相授受的，一经查出，均以汉奸罪论处；白银绝对禁止流通或出境，携往敌区或敌据点的，以汉奸治罪。

1939 年华北地区发生严重水灾，农作物大幅减产，敌人占领的主要城市粮食奇缺，人们拿着大额“联银券”都买不到面粉，北平等地米粮价格不断上涨，联动多种生活用品涨价，市场通货膨胀严重，物价飞速上涨，到 1940 年“联银券”大幅贬值，日伪匆促应对，不得不发行百元大钞平复市场混乱局面。与此同时，晋察冀边区坚持“禁止奢侈品输入，限制代用品输入，奖励必需品输入，禁止必需品输出，限制可能被敌人利用品输出，奖励过剩品输出”的贸易原则，严格履行粮食和重要物资禁运规定，使侵华日军套购物资、以战养战的图谋难以得逞。敌占区因物资供应不足，物价日趋上涨无法控制，伪钞币值日趋衰落。此后，“联银券”又相继发行 500 元大钞、1 000 元大钞，1945 年更是疯狂发行 3 000 元大钞，强弩之末的“联银券”形同废纸，已然破产，敌占区陷入严重的经济危机。

集市也是货币斗争和经济斗争的重要阵地。集市掌握在谁手里，就为谁的经济服务。城镇、乡村的集市是晋察冀农村地区人民群众物资交流的重要场所，是货币流通的主要场所。边区政府依靠广泛深入的宣传教育，揭露日伪军通过集市掠夺边区物资的阴谋，劝说群众不要到敌人据点赶集。有时还派出少量精干的武装人员，袭扰敌占区集市，把集市轰散。在距离敌人据点相当近的游击区，也争取控制集市贸易，削弱敌军的物资供应。

对察哈尔省银行发行的察哈尔票以贬值一半的方式驱逐出边区。抗战之初，冀察两省主要城市被日军占领后，察哈尔省银行即被日军占有和控制。1939 年 1 月，边区政府在察南、雁北地区将察哈尔票贬值一半，规定农民的田赋在限期内可以缴纳察哈尔票，快速回收察哈尔票，又以十余万元的边币收回一部分察哈尔票，经过一年的斗争，很快扩大了边币在察南、雁北的流通区域，基本清除察哈尔票。但因缺乏斗争经验，回收的察哈尔票无法对外使用，相当于一堆废纸。

对平津杂钞采取向敌占区坡度贬值的方法清除。日本占领平津后，抢占了河北省银行。1939 年 3 月，边区政府制定《关于打击平津各杂钞出境规定》，发出清除平津杂钞出境的命令。《关于打击平津各杂钞出境规定》中要求："平津各行杂钞，本身既无外汇，处敌高压之下，势必依限收回。一经停使，即同废纸，为巩固边区金融计，所有在本区内流行之此项杂钞，应速设法一律打击出去，望即协同群众团体加紧进行宣传鼓动，使民众尽量持向敌区购买货物，务期全数推到敌区，以免损失。"

边区政府采取向敌占区坡度贬值的兑换方法，清除平津杂钞。如在阜平，1 元冀钞兑换边币 5 角，远离边区政府所在地的地方，依次可兑换 6 角、7 角、8 角，一直到敌占区，并且平津杂钞的币值始终低于敌占区日伪的兑换币值，如冀钞九折使用，边区就七折兑换，于是商民纷纷携带冀钞去敌占区购买货物，以冀钞换回物资，不愿意带旧冀钞入边区，不到三四个月的时间，边区境内 9 000 多万元的冀钞基本上被挤出边区。

展开反假币斗争，打击消灭大批日军和汉奸伪造的边币和法币。1940—1942 年，敌人伪造大量边币和法币对边区物资进行赤裸裸的掠夺，手段卑劣、狡猾。为对抗侵华日军的无耻行径，稳定边区内经济金融秩序，边区行政委员会发布《严防假法、本币流行的通令》，附发真假边币、法币的鉴别方法和说明，列举了纸料、花纹、花边、风景、字迹、号码、冠字、图章、颜色等真假特征。边区政府在边区各县的每一区成立边币对照所，负责辨别真假法币、边币，使侵华日军和汉奸的阴谋无法得逞。

对法币采取保护与禁止流通的政策。考虑到抗日民族统一战线大局，晋察冀边区银行成立初期，允许法币与边币共同在市面上流通了一个多月。当时日军竭力搜刮法币运往上海，或伦敦、纽约，套换外汇，购买军火和石油。

日军还利用国民党中国农民银行发行的法币（不能换汇），套取边区粮食、棉花等物资。从1938年6月开始，为统一管制金融，防止日军利用法币以战养战，边区银行决定对法币采取保护政策，禁止法币市面流通，持有法币者按1:1兑换边币使用，集中管理法币。皖南事变后，为寻求独立自主、自力更生地坚持抗日，牵制东方战场日军，保护根据地人民利益，边区银行不再接受法币，力主以边币为本位币投放流通，支持根据地发展农业、工商业。同期法币在国统区恶性通胀，不断贬值，法币在边区的影响力越来越小。

以粮食为主增强物资供应，稳定金融与物价。币值斗争的中心任务是巩固边币币值，压低敌币币值。在战争环境中，边区时刻要面对财政赤字、物资匮乏的经济问题。虽然边币发行可支持财政、军政大量支出，但同时也会引发物价上涨、币值下降的问题。货币的发行量与币值之间存在对立统一的矛盾，而解决这一矛盾，实现币值与发行量动态平衡的主要方法就是依靠持续增加物资供应。晋察冀边区位于广大农村地区，粮食是主要消费品，是边区经济的支柱，各种物价以粮价为标准，所以粮食是金融和物价稳定的“压舱石”。

晋察冀边区政府重视发展农业生产和调控物资，对发展生产、进口物资、军需民用作出一系列周密计划。晋察冀边区银行重视管控发行量，在全面抗战时期根据斗争需要做好边币适度发行。抗战初期，晋察冀边区银行为肃清敌币，曾发行一批相当数量的边币以便迅速占领阵地。之后，则主要通过增加财政收入、存款回笼，逐步减少发行，尽可能地适应边区商品交换的实际，严格掌握边币流通量。八年全面抗战时期，虽然边币因战争形势变化，有些年份购买力出现大幅波动，物价指数上涨，但远远小于沦陷区、国统区物价涨幅，粮食涨幅亦在人民群众可接受范围内，其他消费品因交换量较少，价格涨幅较少，晋察冀边区金融一直维持稳定局面。

没有晋察冀边区银行，边区行政、军政的困难是不可想象的。边区银行一方面展开对敌经济斗争、货币斗争，抵制日伪币，打击敌人掠夺边区物资；另一方面加大力度，发行货币支援大规模军事支出，放款支持发展根据地农业、工商业，解决农民生产生活中的困难。晋察冀边区银行是边区财政、军政以及广大人民群众生产生活的重要支撑。

三、晋冀鲁豫边区红色金融事业

（一）晋冀鲁豫抗日革命根据地创建历程

晋冀鲁豫抗日根据地是八路军前方总部和中共中央北方局所在地，包括太行、冀南、太岳、冀鲁豫四个区，主要由八路军 129 师缔造和开辟，是当时全国最大的一个抗日根据地。

日军攻陷太原后，留在华北敌后的八路军，按照 1937 年 11 月 9 日中央指示和八路军总部命令，115 师、120 师、129 师分别向指定地区进军，开辟抗日民主根据地。

1. 太行区抗日革命根据地

第二次国内革命战争时期坚持在鄂豫皖苏区参加革命斗争的第四方面军和坚持在陕甘宁边区斗争的几支红军游击部队组成的 129 师，在师长刘伯承、政委邓小平的率领下，坚持“集中以打击敌人，分散以发动群众”的作战原则，在太行区游击作战，打击敌人，粉碎日军第一次、第二次九路围攻，实力迅速扩充，逐渐使太南太北连成一片。

2. 冀南区抗日革命根据地

1938 年 5 月，根据毛泽东“开展平原游击战争、创建平原抗日根据地”的专电指示，129 师副师长徐向前率部队进入冀南，开辟冀南抗日根据地。1938 年 8 月 5 日，成立冀南区最高政权机关——冀南行政主任公署，从此冀南区抗日根据地基本形成。之后，行政公署团结带领冀南人民，支援游击战争，使冀南区成为八路军总部和 129 师战勤物资的供应基地。

3. 太岳区抗日革命根据地

太岳区的创建最先由薄一波率领的山西新军决死队一纵队、三纵队主力作为先锋部队开进，与阎锡山形成了特殊的统一战线关系。中共太岳区党委在太岳地区推进人民群众抗日运动，发展人民武装，组建抗日群众团体，凭借八路军的强大后盾和支援，粉碎了日军九路围攻，妥善处理了国民党反共晋西事变。1940 年 1 月，中共太岳区党委和太岳区最高行政领导机关——山西第三专署路西办事处成立，太岳区抗日革命根据地创建形成。

1939 年，蒋介石掀起反共高潮，阎锡山率先响应，在山西发动晋西事变。八路军在粉碎国民党顽固派的进攻后，1940 年 4 月 11 日，中共中央北方局在山西黎城召开太行、太岳、冀南地区的高干会议，决定日后任务是建党、建军、建政，巩固抗日根据地，全面开展各根据地的政权、军队、经济各项建设的创建大业。在稳固冀南、太行、太岳根据地基础上，1940 年 8 月，晋冀豫边区最高政权机关——冀南、太行、太岳行政联合办事处成立，杨秀峰任主任。办事处发布施政纲领，开展政权建设和经济建设。

4. 冀鲁豫抗日根据地

冀鲁豫抗日根据地是一个相对独立的地区，主要包括河北、山东、河南、江苏四省交界地带的四个地区：直南、豫北（濮阳、滑县）一带，鲁西（聊城、泰安）一带，鲁西南（菏泽）一带，湖西（丰县、沛县、金乡、鱼台）一带。日本发动卢沟桥事变后，迅速向华北推进，国民党军队无力抵抗，仓促撤退，德州、济南、济宁、徐州、开封等主要城市和铁路线被日军占领。在危急时刻和紧急关头，本地中共党组织挺身而出，发动和组织群众，迅速形成以共产党为主体的联合抗日力量，在中共中央抗日策略的指挥下，开展敌后游击战争，建立抗日人民武装，粉碎日军多次残酷扫荡，击退国民党反共顽军的进犯。为加强统一指挥和领导，经北方局和八路军总部批准，1941 年 7 月，冀鲁豫行署建立。

5. 晋冀鲁豫边区政府成立

1941 年 9 月 1 日，晋冀豫和冀鲁豫正式合并，在河北涉县成立晋冀鲁豫边区政府，杨秀峰担任主席，薄一波任副主席。晋冀鲁豫边区以太行为中心，领导太行、太岳、冀南、冀鲁豫 4 个行政区，下设 4 个行署、22 个专署，包括 150 多个县政府、2 500 多万人。

1942 年 9 月，中共中央太行分局成立，邓小平任书记，领导整个根据地党的工作。1945 年 8 月，晋冀鲁豫地区部队对日伪军发动全面反攻。为了加强晋冀鲁豫地区的统一领导，8 月 20 日，中共中央决定成立晋冀鲁豫中央局，邓小平任书记，薄一波任副书记。

八年全面抗战中，129 师由进入太行山时的 9 000 余人发展到近 30 万人。晋冀鲁豫边区军民在中国共产党的领导下，同敌军进行了艰苦卓绝的殊死战斗，仅 129 师主力部队就同日伪军作战 19 777 次，民兵、自卫队同日伪军作战 33 716 次，毙伤俘日伪军 65 289 人，无数忠贞志士前仆后继，英勇斗争，作出了巨大牺牲，换来了抗日战争的最后胜利。

（二）晋冀鲁豫边区经济建设：支持“建党建军建政”

1. 1937 年 11 月至 1940 年 4 月：财政税收就地取给、分散征收

晋冀鲁豫边区开创初期，国民党给的军饷少而固定，远远无法供应急剧扩增的八路军主力部队和游击部队，八路军总部和 129 师师部根据中央提出“独立自给”解决部队补给的主张，采取就地取给、分散征收的办法。在晋东南地区，利用阎锡山的“合理负担”摊款政策筹粮筹款；在冀南地区，冀南行政主任公署成立后，即组建冀南经济委员会，负责财政经济工作，提出“钱多者多出，钱少者少出”的公平负担税赋和捐助办法；在冀鲁豫地区，开始时，抗日部队和抗日群众团体依靠较好的统战关系，由国民党供给武器弹药和财粮，鲁西、直南、豫北建立共产党领导下的抗日民主政权后，财政工作开始实行合理负担。

这一时期，经济建设开始随着边区政权的建立和巩固一点一滴地推进，合作经济在分散的边区兴办起来，主要解决农副产品的收购和运销，“晋中人民救亡合作社”“救国合作社”“抗日合作社”，太行、冀南、鲁西等地都发展了合作事业。为统制对敌占区的贸易，边区各地开始设立管理贸易的机构，冀南贸易总局、太行贸易总局相继成立，争取边区必需品输入，限制边区粮、棉、皮毛等物资出口。为占领货币阵地，驱逐伪币，设立了

上党银号、冀南银行和鲁西银行。

2. 1940 年 4 月至 1942 年 12 月：开启建党建军建政的根据地创建大业

晋西事变后，国共的紧张关系稍稍缓和，中共中央北方局和八路军总部于 1940 年 4 月 11 日在山西黎城召开冀南、太行、太岳高级干部会议，讨论革命形势与统一战线的策略问题，这次会议也被称为“黎城会议”，对之后晋冀鲁豫边区发展具有决定性意义。黎城会议确定展开“建党建军建政”三大任务以巩固根据地，提出了财经工作的基本原则：对敌经济斗争；自力更生、自给自足；提高生产，发展国民经济；统一财政收支，明确财经工作四项建设，即金融建设、贸易建设、生产建设、财政制度建设，不断增强经济实力，经济战配合军事战，破坏日军“经济开发”和“以战养战”，消耗敌军以待其弹尽粮绝。

经济部署才刚刚开始着手，边区便遇到了空前严峻的困难。1940 年 8 月至 12 月，百团大战给侵华日军以沉重打击，日军决定拔掉眼中钉、肉中刺，对华北地区实施残酷的“三光政策”，推进“治安强化”运动，意欲扫荡、清剿、合围根据地。晋冀鲁豫边区核心区面积缩小 22%，根据地的不少地方变为游击区，人口大大减少。

晋冀鲁豫边区在党中央的统一部署下，实行“减租减息运动”“生产救灾运动”和“精兵简政”，实行土地制度改革，发放大量农业贷款，抢抓春耕、组织互助，调剂粮食、兴修水利，解放和发展农村生产力，扶持家庭手工业、运输业，支持和发展各类商业、合作社经济，奖励和限制进出口贸易等。这些举措激励了边区军民战天斗地的英雄气概，激发了人民群众生产自救的战斗力和创造力，终使边区军民度过了最困难的时期。

3. 1943 年 1 月至 1945 年 8 月：轰轰烈烈的大生产运动带动边区经济建设高潮

1943 年 1 月 25 日至 2 月 20 日，中共中央太行分局在河北涉县下温村召开了在晋冀鲁豫边区发展史上具有转折性意义的“温村会议”。在这次会议上，太行分局书记邓小平把经济工作列为会议三大议程之一，将经济工作提高到与军事工作、政治工作同等重要的地位加以强调；八路军副总司令、北方局代理书记彭德怀郑重提出，华北敌后抗日根据地有三个中心工作，第一是战争，第二是教育，第三是生产。

在温村会议后的三个月，太行分局针对经济工作在 1943 年 6 月 21 日再次召开会议强化思想认识。这次会议通过了《关于太行区经济建设工作的检查和决定》，明确指出，“今后应把生产当作一切工作的中心环节”“警惕根据地经济危机”“如果无法保证军需民生，经济建设、对敌斗争，都是空话，根据地也难以坚持”。紧接着，邓小平在延安《解放日报》发表《太行区的经济建设》，文中明确提出“发展生产是经济建设的基础”，号召全区“百倍地加强经济建设的领导”。时逢中共中央颁发《开展根据地的减租减息、生产和拥政爱民》指示，倡导大规模生产运动，边区根据中央指示精神，以互助合作的形式充分组织农民，掀起热火朝天、规模空前的大生产运动，同时还加强了很多造福民众的农业基础设施建设，兴修水利、开垦荒地、修滩整地、植树造林、捕蝗灭蝗，人民群众切实感受到共产党、八路军不仅带领大家保家卫国，还真心实意保障大家的生活生计，维护大家的根本利益。

晋冀鲁豫边区的金融事业主要由晋东南抗日根据地上党银号、冀南抗日根据地冀南银行、鲁西抗日根据地鲁西银行相继开创。冀南银行成立后，将上党银号的机构和财产合并。晋冀鲁豫边区政府成立后，冀南银行升格为晋冀鲁豫边区的银行。鲁西银行一直坚持在鲁西抗日根据地反击日伪经济战、货币战，直到抗战结束后，并入冀南银行。

边区银行的业务开展和边币的发行，帮助边区的军工产业发展由小到大，先修后造，直至形成相当雄厚的军工力量；帮助纺织用品、文化用品等军民必需生活用品生产实现自给自足；帮助边区兴办了一大批工厂，如煤矿、铁厂、瓷厂、造纸厂等。1943 年后，晋冀鲁豫边区银行配合大生产运动，支持扩大生产，发展工农业经济建设事业，货币发行由之前以财政为主，转向经济实业发行，向边区最要紧、最迫切的农业、军工业、民用工业发放大批贷款，并与“掌握重要物资”的贸易工作相配合，开展对敌经济斗争。

（三）晋东南抗日根据地创办上党银号：摆脱蒋介石、阎锡山当局对边区经济命脉的控制

全面抗战初期，阎锡山迫于形势，接受共产党人薄一波等关于组建山西新军的建议，并委托薄一波负责。1937年8月1日，山西青年抗敌决死队（山西新军）在太原成立。阎锡山的山西省政府撤到晋南后，为适应战时需要，将山西划分为7个专署，上党地区设第三专署和第五专署两个专署，沁县为第三专署，专员为薄一波，辖13个县；长治为第五专署，专员为戎伍胜，辖12个县，同时分设两个牺盟会①中心区。1937年11月初，薄一波遵照八路军总部命令，率刚刚组建的山西新军决死队一纵队进入晋东南上党地区，建立和恢复中共各级党组织，发展人民武装，改造各级旧政权，组建抗日群众团体，领导以沁县为中心的16个县开展抗日救亡工作。

1938年4月初，日军重兵九路围攻太行区和太岳区，在八路军总指挥朱德、彭德怀的指挥下，八路军和国民党驻太岳部队相互协同作战，粉碎日军围攻。这次反围攻的胜利，改变了晋东南国共政治力量的对比。阎锡山军队节节溃退，牺盟会和决死队在薄一波、戎伍胜的领导下，充分利用自身优势，对旧政权进行改造，使晋东南12个县的政权全部掌握在共产党人手中。晋东南抗日根据地进入建设和巩固阶段。

1. 提出建立边区银行的任务

经历战争洗劫，晋东南旧政府土崩瓦解，社会处于混乱状态，生产和市场遭到严重破坏，工商企业纷纷倒闭，交易停顿，大部分银行、银号、钱庄、钱铺被战火摧毁，国民党政府配发的法币供应短缺，日伪币不断深入根据地劫掠物资。因为晋东南多产小米，所以不少群众以小米代替货币，买卖交易、借贷、工资、契约以小米（斗）计价。根据地内迫切需要发展金融业，救济和活跃凋敝的经济，保障军需粮饷，对抗伪币侵略。1938年

---

① 牺盟会，即山西牺牲救国同盟会的简称。

6 月，中共冀豫晋省委在沁县南底水村召开工作会议，朱德、彭德怀、傅钟参加了会议。会议主要讨论了如何建设根据地问题，并首次提出建立边区银行的任务。

2. 创办上党银号

晋东南抗日根据地内的八路军、山西青年抗敌决死队、牺盟会及其掌握的地方政权——第三专署、第五专署根据会议要求，开始积极筹备成立银行。晋东南地区古称上党，筹建的银行遂决定命名为“上党银号”。1938 年 7 月底，第三专署根据中共晋冀豫区党委的决定，并经阎锡山当局同意，在驻地沁县南沟村成立上党银号。根据地政府开始独立自主地发展经济和金融业，摆脱对蒋介石、阎锡山的经济依赖，严防蒋介石、阎锡山利用经济卡住根据地的生存命脉。

上党银号内部机构设有经理、副经理、会计股、发行股等部门。经理由薄一波兼任，副经理是侯振亚，另外还有 20 多名工作人员，他们都是部队编制，每人每月津贴为 5 元上党票。上党银号正式营业后，很快有了新的发展，先后设立三个分号：上党银号辽县（左权）分号、上党银号长治分号、上党银号沁源分号。

3. 筹集货币发行准备基金

上党银号创办之初，从阎锡山给抗日部队的经费中拨付一部分，另一部分由根据地军民自筹：第三专署拨财政经费 20 万元（法币和晋钞）、各县士绅捐出金银首饰、元宝等银财，各县财政也上交专署财粮科一部分收入。这些钱（包括法币、晋钞和银元）全部存入上党银号，共计 30 多万元作为发行基金。

4. 发行上党银号币

筹集到发行基金，上党银号于 1938 年秋开始发行上党银号币，与法币、晋钞、银元相同比价，面额有 5 元（两种）、1 元（见图 3.3.1）、5 角、2 角 5 分、2 角（两种）、1 角。1939 年 6 月前后，上党银号又在沁县桃卜沟村增印了 1 分、2 分、5 分三种辅币。到 1939 年底上党银号结束营业时，发行规模达到 200 多万元，为冀南银行迅速壮大奠定了基础。

图 3.3.1　上党银号发行的 1 元纸币（1938 年）

5. 上党银号币的流通区域

上党银号币发行初期，因其与银元十足兑现，信誉高、面额小、便于交易，在群众中深受欢迎。除面向晋东南三专署和第五专署所辖地区 28 个县流通外，上党银号币还在晋南、晋中大量流通，在冀南地区和太行山以东地区也有使用。流通区域达 2 万多平方公里，使用人数达 300 多万。当时，就连驻晋东南的国民党中央军、川军、晋绥军也使用上党银号币。

后来根据地惨遭日军多次扫荡再加上晋西事变，上党银号的生存环境愈加恶劣，上党银号币流通区域逐渐缩小。1939 年夏，日军侵占沁县县城，上党银号先后转移到沁县北马营村、庶记村等地。1940 年日军进行秋季大扫荡，沁县分号被迫停办。上党银号总号随领导机关转移到沁县大林区。银号和印刷厂在转战中与日军遭遇，资金蒙受很大损失。

6. 上党银号币的购买力变化

上党银号币的购买力受到政治、军事、经济多方面形势变化的影响，最初因国共合作的统战形势较好，上党银号币同法币、银元币值比价相同，币值稳定，购买力较强。1 角上党银号币可购买鸡蛋十二三个，3 角上党银号币可购买猪肉一斤。1938 年和 1939 年，市场物价稳定，上党银号币购买力较强，到 1939 年底，阎锡山破坏统一战线，发动晋西事变，革命斗争局势更加复杂困难，货币流通停滞，商品贸易中断，1940 年上党银号币开始大幅贬值。1939 年，小米每斗 5 角上党银号币，到 1940 年涨到了 42 元；盐每斤 1 角，到 1940 年涨到了 5.6 元；肉每斤 4 角，到 1940 年涨到了 14 元，上党银号币购买力大幅锐减，1 元上党银号币仅相当于法币的六七角，上党银号币的流通区域不断缩小。

7. 上党银号开办的主要业务

上党银号开展了纸币发行、代理金库、兑换、低利借贷、救济失业工人等业务，并与伪币展开复杂的货币斗争。

一是低息贷款。上党银号开办低息借贷，扶植群众生产，促进根据地工商业的恢复与发展，帮助群众解决生活困难，同时救济工人。对工商企业的贷款利息一般为月息 6 厘，2 个月期限，利息少于当地其他银行的一半。1939 年，根据地政府出资开办了不少小规模手工业工厂和合作社，设立地理借贷所，专门贷款给贫苦群众，使他们有营生机会而生存下来。

二是货币兑换。上党银号开展了晋东南流通的晋钞、法币以及商铺期票的兑换业务，并进行清理整顿，统一推进边币的流通与使用，稳定物价。在兑换中，上党银号允许群众经过一定的审批手续，无限制地兑换法币，以便利和活跃经济。

三是抵制日伪币。为抵制日伪币在根据地套购有限物资以战养战，上党银号通过报纸等宣传渠道，反复向群众进行政治宣传教育，宣传和说明日伪币的阴险意图，保护根据地人民群众利益，以抵制日伪币的形式削弱侵华日军力量，同时采取一些措施严禁日伪币在根据地流通。

1939 年 10 月，冀南银行成立，发行冀南银行币，上党银号遂宣告结束。1940 年 8 月 4 日，“冀太联办”召开冀太区军政民各界金融座谈会，贯彻“黎城会议”有关金融政策精神，提出上党银号币的回收问题，1941 年 2 月 3 日布告重申收回上党银号币。为保护群众利益，1941 年 8 月 20 日，在武乡、辽县和沁源县的上党银号，以田赋、税收和向冀南银行借款的办法，按七折兑换收回上党银号币，半年后结束。上党银号币总计回收 110 万元，分别在武乡和辽县（今左权县）军民代表见证下当众焚毁。

上党银号仅存续一年多，为解决极端困境下的晋东南抗日根据地的军需民用发挥了重要作用，打击了日伪币，统一了根据地货币，刺激了生产和贸易，还为八路军及总部、为地下党活动和往来干部提供了很多经费。

（四）冀南银行：烽火硝烟中的“马背银行”和“挎包银行”

1. 冀南银行的成立与发展历程

冀南行政主任公署成立后提出三项货币政策：一是巩固法币，打击伪币，要做到中心区域内法币减少外流，防止敌人吸收，绝对禁止伪币、假钞的使用；二是有计划有步骤地收回土票杂币，减少地方金融的紊乱状态；三是成立冀南银行，并设立县区的兑换所与分所；四是规定现金银可以私有，但不许流通使用。

1938 年 8 月，冀南行政主任公署内部设立冀南经济委员会，负责组织与领导冀南区的经济建设工作。经济委员会成立后，制订抗日游击区经济建设大纲，发行冀南本位币。

冀南银行刚开始筹备时，便遭到国民党顽固派的阻挠和破坏，蒋介石多次电令冀南行政主任公署停止筹组银行和发行冀南票。国民党河北省政府主席鹿钟麟、国民革命军第 39 集团军司令石友三发出威胁通告：“凡使用冀南票者枪决。”

为避免直接冲突，八路军 129 师邓小平等首长直接指示，筹建银行的工作由 129 师供给部部长徐林领导，银行由冀南向晋东南根据地转移。1938 年冬，银行筹建组突破敌人封锁，由河北南宫出发，路经山东、河南境内的馆陶、冠县、莘县、南东、濮阳、汤阴、林县等地，跨越 4 省 18 个县，穿过敌人占领的平汉铁路，夜间赶路，白天隐蔽，行军一月余，陆续到达晋东南根据地黎城西井镇周围，继续筹建工作。在西井镇，八路军专门成立了冀南财经学校，由杨秀峰兼任校长，为开办银行储备专业人才。129 师还从抗日军政大学等调来一批做过、学过金融工作的骨干，如胡景沄、李绍禹等人，筹组银行。129 师想方设法从敌占区太原、邯郸等地买回大量纸张、油墨、石版等造币材料。所有这些，为冀南银行的成立做好了人、财、物的准备。

1939 年 9 月 16 日，冀南行政主任公署以财字 17 号令正式宣布冀南银行成立并发行冀南币，要求冀南银行成为“培养抗战经济的摇篮”和“保护人民利益的堡垒”。任命高捷成担任首任行长。

图 3.3.2 为冀南银行山西黎城县小寨村旧址。

图 3.3.2　冀南银行山西黎城县小寨村旧址

高捷成（1909 年 9 月 17 日—1943 年 5 月 14 日，见图 3.3.3），1926 年赴广东参加国民革命军，同年 11 月随北伐军回到漳州，参与组织农民协会，开展农民运动。大革命失败后，高捷成愤然离开国民党军队，1932 年 4 月在漳州参加中国工农红军，5 月加入中国共产党。1934 年 10 月参加长征，随中央红军到达陕北。全面抗战爆发后随八路军 129 师来到冀南敌后抗日根据地。在担任冀南银行行长之前任冀南税务总局局长、晋冀鲁豫财经处处长。

图 3.3.3　高捷成（1909 年 9 月 17 日—1943 年 5 月 14 日）

冀南银行在太行区和冀南区分别设立了机构。冀南区的机构设在河北垂阳，由冀南行政主任公署领导。太行区的机构称晋东南办事处，主任杨介人，地址在山西晋中辽县芹泉村，下辖冀西、漳西、漳北3个办事分处。后来，晋东南办事处又改称为冀南银行总行营业部，太行区各办事处改称冀南银行某分行。

自1941年起，侵华日军疯狂地向华北地区发起扫荡，“铁壁合围”隔断根据地与外面的联系，企图困死根据地军民。国民党反动派也加紧反共步伐，掀起反共高潮。这一时期，晋东南抗日根据地又遭遇大旱蝗灾，天灾人祸，接踵而至，生存环境日趋恶劣，根据地进入一段最艰苦、最困难的岁月。

到1942年，太行、太岳区的根据地逐步缩小，冀南区成为游击根据地。冀南银行的工作人员经常处于紧张备战状态，白天工作，夜间行军，跟着部队同敌人周旋，账款平常都由马驮，战况紧急时则挎包随身背，在烽火硝烟中辗转坚持开展业务，因此，冀南银行被群众赞誉为“马背银行”和“挎包银行”。

1942年12月，毛泽东发表《抗日时期的经济问题和财政问题》，提出了“发展经济，保障供给”财政工作的总方针。1943年春，边区军民响应党中央号召，开展了轰轰烈烈的大生产运动，自力更生、保障供给。冀南银行组织工作人员组成生产开荒队伍，到深山处开辟生产荒地，掀起了生产高潮。

1943年5月14日，冀南银行行长高捷成在河北省内邱县白鹿角村遭遇敌人袭击，他不顾个人安危，坚持让随行人员带重要文件先行撤退，自己组织力量进行掩护，后在突围中壮烈牺牲，年仅34岁。高捷成牺牲后，冀南军区后勤部长赖熟接任冀南银行第二任行长。

抗战后期，经过整风运动和大生产运动，边区的各项建设有了很大发展，抗战革命力量不断壮大，129师主力从9 000余人发展到近30万人。根据地民兵、自卫队也迅速发展壮大。日本军国主义自发动太平洋战争后，兵力分散、兵势渐衰，世界反法西斯力量同仇敌忾，敌我战略形势从相持向战略反攻转变。

1944 年 7 月，冀南区和冀鲁豫区合并形成冀鲁豫区，冀南银行冀南区行与鲁西银行合并，称冀鲁豫区行，与冀鲁豫工商局合署办公，林海云任局长兼行长。

1944 年 10 月 15 日，冀南银行太行区行成立，与工商局合署办公。王兴让出任工商局局长兼太行区行行长。

1944 年底，冀南行政主任公署与冀鲁豫行政主任公署合并办公，两区银行和工商局也合署办公，实行统一领导。

1945 年 1 月，太岳行政主任公署所属的银行、工商等部门合并成立太岳经济局，聂真兼任局长和行长。

1945 年 5 月，冀西银行与冀南区行合并为冀鲁豫银行，与工商局联合办公，林海云兼任行长。

1944—1945 年，日寇的扫荡减弱，根据地不断扩大，大力发展生产，冀南银行增发货币，以供给各项建设的资金需要。

全面抗战时期，冀南银行总行驻地有两次大的迁移。1942 年 5 月反“扫荡”过后，由山西黎城县迁往河北涉县索堡村。1945 年冬，又从涉县迁到河北武安县城。冀南银行共坚守了 9 年。1948 年 8 月冀南银行与晋察冀边区银行合组为华北银行，随后又与北海银行、西北农民银行合并成立中国人民银行。

2. 发行冀南币和冀南银行本票

充实和巩固冀南币发行准备金。冀南银行实力雄厚，不仅准备了大量法币、金银，而且掌握大量军需民用的粮食、棉花（布）、食油、食盐等实物，并根据掌握的物资灵活调节物价，充实和巩固冀南币发行信用。

为加深群众对冀南币的了解和信任，1939 年 9 月，冀南行政主任公署专门编写《推行新钞宣传大纲》开展政治动员，向广大群众宣传介绍冀南银行和冀南币，指出冀南币发行的准备金主要有两部分组成：“一是冀南游击区有着大量的法币，这些法币可以兑换收集起来作为新钞的准备金；二是冀南游击区有着大量的白银硬币金银首饰和现金，这些东西也可以兑换收集起来，作为新钞的准备金。”

1940 年 4 月，中共中央北方局在黎城县会议上作出了统一财经工作的决定。7月，冀南行政主任公署与晋东南第三、第五专署合并，建立了冀南、太行、太岳行政联合办事处，简称冀太联办。杨秀峰为主任，薄一波、戎伍胜（戎子和）为副主任。冀太联办成立后，通过举办准备金展览会的形式增强人民群众对冀南银行的信心。在黎城西井镇的展览会上，冀南银行展出大量的银币、银元宝、金砖、金条，会场设置“银币”“元宝”“黄金”等展区，场面十分壮观。冀太联办主任杨秀峰亲临现场主持并发言：“通过参观展览，大家就可以知道，冀南银行发行的货币，不仅有准备金，而且准备金还相当雄厚，希望通过展览，大家把冀南银行准备金的实际情况进行广泛宣传，让冀南、太行、太岳的广大群众，思想上树立起相信冀南币和爱护冀南币的坚强信念，把冀南币看成是我们劳动人民自己的货币。”冀南银行雄厚的资金实力给人民群众留下了深刻印象，冀南币的发行工作有了良好的开端。

发行冀南币，确定冀南币本位币地位。1939年10月至1945年12月，冀南银行共发行冀南币68种、本票9种，总计金额51.04亿元。

1941年2月3日，冀太联办颁发布告，规定冀南银行纸币是冀南、太行、太岳区的本位币，收回原第三、第五专署发行的上党银号票110万元，逐渐扩大冀南币的流通范围，在冀南、太行、太岳3个地区流通。在冀南币发行中，在太行山的首次发行额是500万元，根据八路军副总司令彭德怀的指示，500万元资金由边区政府和军队各领一半，用于支持地方工、商、农业发展和部队购粮。

区分普通版和地名版冀南币。冀南币普通版可以在晋冀鲁豫边区任何一个区域流通使用。侵华日军驻扎在各城镇和主要的交通干线，疯狂扫荡、分割、包围和封锁根据地。1943年2月22日，晋冀鲁豫边区财经会议决定，冀南币实行分行署区发行管理，在冀南币上加印地区名称“太行”“太岳”“平原”“鲁西”等字样，只限于在纸币上印有地名的区域内流通使用。这样做有利于对敌开展货币金融斗争，控制各根据地货币流通量，防止日军用掠夺的冀南币套取物资，影响物价。

图3.3.4为太岳版冀南币100元纸币，图3.3.5为冀南币20元纸币。

图 3.3.4　太岳版冀南币 100 元（1939 年）

图 3.3.5　太岳版冀南币 20 元（1944 年）

发行冀南银行本票。为方便大宗贸易，便利货款结算、携带，代替一部分纸币发行，1943 年 9 月 29 日，冀南银行总行发出关于发行本票的通令，开始发行定时、定额、定使用区域的银行票据，发展票据信用，紧缩通货，灵活调剂金融市场，刺激生产。冀南银行本票可以用现钞或存款购买，可随时兑换，也可背书转让。在规定的使用期间、规定的区域内行使，本票到期持有者需到银行兑换。1943 年，冀南区、太行区发行了 4 种本票，分别为 100 元、200 元（两种版别）、500 元、1 000 元；1945 年又发行 1 种 500 元本票（见图 3.3.6）。

图 3.3.6 冀南银行本票 500 元（1945 年）

冀南币发行量。冀南币发行数额逐年增加，主要用于财政支出和服务生产。1940 年，冀南银行总计发行 2 975.3 万元，其中，军政费用透支额 2 208.1万元，占总发行额的 74.21%，用于生产的发行额 767.2 万元，占比 25.79%。从 1941 年之后，用于军政费用与用于工农业生产的费用逐渐拉小差距、趋于平衡。1941 年，冀南银行总计发行 5 987.8 万元，军政费用3 425.1万元，占 57.2%，生产投资 2 562.7 万元，占 42.8%。1943 年，按照“发展经济，保障供给”的财经总方针，冀南银行坚持“支持军队，发展生产”的发行原则，以经济发行为主，所以当年冀南币发行量总计 3.56 亿元，用于工农业生产的就达 2.66 亿元，大约占总发行额的 75%。1944 年冀南币发行 10.59 亿元，全部用于发展经济。1945 年，世界反法西斯战争进入最后胜利阶段，侵华日军大势已去，中国战场抗日战争全面大反攻，军政发行大幅增加，冀南银行发行总额达到 35.38 亿元，其中 21 亿元用于军政费用，占比 60%。

保证冀南币币值相对稳定。在当时边区物资严重匮乏的情况下，冀南银行提出要根据财经实际所需货币流通量控制发行数额：一是统计人民全年的消费量；二是调查消费品经过几次交易过程；三是调查每年交易周转次数。全面抗战时期，冀南币的币值相对稳定，1940—1945 年，冀南银行总计发行 51.04 亿元冀南币，总体上能够根据边区范围大小、战争形势和工农业生产所需等情况，测算市场实际需要货币总量，不断进行调整和追加，币值控制得很好。冀南币与其他边币相比，1943 年 3 月冀南币 1 元相当于晋察冀边区银行币 1.25 元、晋西北农民银行币 5 元。1940—1944 年，敌占区物价增长 6 481 倍，冀南币发行数额大约只增长了 12 倍。

在恶劣的抗战环境中，冀南币能做到币值相对稳定是非常不容易的，这与边区政府重视货币信用和控制发行量分不开。1943 年 7 月，邓小平在《太行区的经济建设》中提及冀南币发行工作的成功经验时曾指出："为了保障本币的信用，我们限制了发行额……本币的信用是很巩固的。"

3. 冀南银行开展的主要业务

冀南银行始终致力统一边区币制、开展货币斗争、发放生产贷款，以此促进边区工农业生产、商业贸易，使根据地经济逐步趋向稳定统一。

扶持工农业生产。冀南银行在保障财政军需的同时，积极发放贷款，支持农业和工商业发展。全面抗战时期冀南银行共发放农、工、商业等生产类、商业类贷款 20 亿元，且逐年递增。发放农业贷款 4.5 亿元，占 22.2%；发放工业贷款 7 亿元，占 34.4%；发放商业贷款 6.4 亿元，占 31.4%。农业贷款积极扶持农具制造、小型水利、耕畜、种子、肥料、农场建设等；工业和手工业贷款大力扶持纺织、造纸、卷烟、熬盐，以及煤矿、铁矿等的开办。

冀南银行贷款支持对象主要以公营和集体经济为主，积极扶持八路军和边区政府创办公营商业、合作社、货栈等。规定集体生产社贷款额不超过股金额的 3 至 5 倍，私人手工业贷款额一般不超过私人资本的 0.5 倍。

积极支持小规模手工业和商业发展。1943 年 2 月，冀南银行确定信贷任务，计划发放 300 万元春贷、300 万元合作社贷款、200 万元手工业贷款、水利贷款 100 万元、小商业贷款 100 万元，手工业和小商业等小规模贷款占比达到 30%。4 月，冀南银行在《关于合作手工业贷款工作的补充指示》中，进一步明确支持合作手工业的信贷政策。

冀南银行还通过在晋冀鲁豫边区的农村和乡镇先后建立的 800 多个信用合作社发放贷款，发放支持农业生产、小手工业生产及家庭副业的贷款，支持如纺织、造纸、榨油、硝盐等生产，以活跃农村经济、支持农村地区生产自救。

发放大量免息贷款，为抗灾救灾出力。1942—1944 年，与日军作战本就艰难，自 1942 年起，河南、山西、山东、河北等省份又相继发生严重旱灾、蝗灾、瘟疫，其中山西灾情持续三年之久，晋冀鲁豫边区经济受到严重影响。于是冀南银行发放大量无息救灾贷款、打井贷款救灾济民，加大农业基础设施建设，有效改善边区农业生产条件。1944 年，由冀南银行贷款支持的三条引水大渠建设完成，其中涉县漳南大渠全长 30 多华里，可灌溉耕地 3 600 亩。

经营汇兑业务，实现“五行通汇”。为打通各根据地的资金汇兑，1940 年冀南银行开始经营汇兑业务，计划实行“五行通汇”。到 1941 年，冀南银行基本实现了与晋察冀边区银行、北海银行、西北农民银行、陕甘宁边区银行的资金汇兑。

4. 冀南银行的货币斗争：打击日伪军利用法币的阴谋，缩小日伪币流通范围

货币政策是边区发展生产与对敌斗争的重要武器。1943 年 7 月 2 日，邓小平在《太行区的经济建设》一文中指出：“货币政策的原则，是打击伪钞保护法币。我们鉴于敌人大发伪钞，掌握法币，大量掠夺人民物资的危险，所以发行了冀南钞票，作为本战略区的地方本币。实行的结果，打击了敌人利用法币的阴谋，缩小了伪钞的市场，强化了对敌经济斗争的阵容，给了根据地经济建设以有力的保障。”

冀南银行通过大力宣传、建立冀南币识别所、组织经济游击队、兑换土票并明令取缔禁止发行等斗争形式，打击了日伪的货币政策，抑制了土票杂钞，扩大了冀南币的流通范围，逐步使根据地的金融市场趋向稳定和统一。

阻击敌伪假钞。日军将大量假冀南币推向市场，使根据地物价恶性上涨，在靠近根据地边缘的敌占区用假冀南币向各维持会强行兑换伪钞或强购物资，并欺骗群众使用假钞；在游击区，用高价的假冀南币四处收购伪钞；在抗日根据地内，贿用大批商人用假冀南币高价抢购各种土货等卑劣手段推行假冀南币。从 1941 年起，日军特务机关开始印制大批假钞输入根

据地。1941 年 5 月，在冀西的日伪军利用奸商，用假冀南币骗兑真冀南币。1942 年 8 月，在安阳、林县、磁县等地出现大量假冀南币。1943 年 5 月，侵华日军特务机关的东兴公司印制 6 000 多万元假冀南币，大量输入抗日根据地，让假钞流通，扰乱市场，明火执仗地套购根据地民生物资。

为粉碎敌人的阴谋，围歼和打击假钞，1943 年 5 月 21 日，晋冀鲁豫边区政府下达围歼假冀南币的紧急指示，指示中提出具体围歼办法：召开各种会议研究和讨论辨认、打击假钞的办法；在市、镇建立冀南币识别所，公布假钞的主要特征，对假钞进行鉴证；利用中小学校、民众夜校、农村剧团等，开展辨别假钞的宣传教育工作；在根据地、游击区设立经济封锁线、税卡、缉私队、民兵检查站，发现有使用假钞的人，立即寻根究源，追寻假钞来源；对倾销假钞进行盈利的奸商，召开公审大会，严厉制裁；派遣地下工作人员打入敌人印刷、贩运假钞的内部，捉拿要犯；对举报、查获假钞的人员给予一定奖励。

与贸易配合展开对日伪军的外汇斗争。外汇影响对外贸易和边区物价。1940 年，太行区行开始经营商品出口贸易，经过一段时间试行，于 1942 年发布《出入口贸易统制暂行办法》，区分特种出口和普通出口，及时掌握进出口贸易动态，具体规定了山货归银行统一管理买卖，土产品运输需要有银行证明，特种出口货物必须登记外汇，以掌握外汇，巩固币值等要求。

冀南银行总行在总结太行区行外汇管理的经验基础上，于 1942 年末正式公布外汇暂行办法：人民或商号现存外汇应在法定期限内，向冀南银行登记或代为保管；外汇一经登记后，若要使用或转让，均须提交申请，经贸易局证明、银行批准方可使用；凡违背外汇规定者，一经查出即强制兑换或没收。此外，关于外汇价格的计算，银行认为可依据敌区和根据地之间物价的对比，再加上运输费及平均利润而定。冀南银行通过登记外汇掌握外汇流通情况，不断尝试与调整外汇刺激出入口贸易的发展，平稳根据地的物价，帮助发展生产，外汇管理工作已初见成效。

1942 年，敌人加大“扫荡”，根据地粮食极为缺乏，日伪强购强征粮食，导致根据地内粮价紊乱，物价高涨。1943 年 2 月，晋冀鲁豫财经会议确定物资管控的总方针，具体内容为：一切为了粉碎敌人掠夺，掌握物资，用经济力量围困敌人，以掌握物资的力量压低物价。同年 7 月，冀南银行根据晋冀鲁豫财经会议的管控物资总方针，于 11 月出台掌握物资的有关规定，着重强调掌握物资的重要性："在对敌经济斗争上与根据地经济建设上，物资才是最可靠的力量……有了物资即有了力量。"为便于加强贸易交流，冀南银行委托商店或各分局代购物资，一切损益归银行承担；委托商人代购或与商人合伙购存，出售权归银行。

掌握物资是全面抗战时期冀南银行的重要任务，冀南银行掌握粮食、棉花、土布及山货等边区重要物资，费尽心力防止敌人抢粮从而造成根据地粮价物价飞涨，进而带动其他物资上涨，维护市场秩序，平抑物价。

冀南银行在管理外汇、掌握物资的同时也十分重视进出口贸易。1943 年 3 月，敌占区宣布取消物资配给制度，商品可自由买卖，敌占区很多商人来根据地抢购粮食和特产，造成根据地物价大幅上涨。为维持边区物价平稳，冀南银行提出应对之策：根据地山货、土货、农产品应抓紧时间收购控制，不应大量出口；出口山货、粮食一律收取冀南币，各地银行收兑的外汇现钞只保留小部分于银行，剩余调拨给前线各地银行，供商店、粮店向敌占区购买粮食，以此展开与敌占区的物资拉锯战。

法币政策从保护与限制到排除与肃清。全面抗战初期，为维护抗日民族统一战线和国共第二次合作，边区政府对法币采取保护和限制流通的基本政策。1939 年 10 月 10 日，冀南行署向各专署办事处和县政府税务总局明确，冀南银行所发本币及辅币与国民党中央银行、中国银行、交通银行、中国农民银行四行法币同值流通，完粮纳税一律通用，但市面流通法币须兑换冀南币。1940 年 8 月冀太联办成立后，印发《冀南银行兑换币制各种条件及办法》，其中明确提出对领取法币和携带法币数额多少的具体要求：对于不按规定携带法币百元以上出境者一律以汉奸罪处理，所有法币全部没收；凡缉获走私法币而私自处理、罚金私有或有受贿放行情形的，一百元以上者，一律枪决。冀太联办于 1940 年和 1941 年先后颁发《保护与兑换法币暂行办法》《保护法币修正暂行条例》；1942 年边区政府公布《保护法币暂行办法》，废除前两个规定，重新制定相关细则。边区政府出台一系列政策保护法币，但坚持以冀南币为本位币，限制法币的流通与使用。

1941 年 1 月，蒋介石背信弃义，发动皖南事变。边区政府改变了之前对法币保护与限制的基本政策。冀南银行开始逐渐摆脱与法币的关联，减少法币对边币的影响，进而实行排除、肃清法币的政策。一是冀南币发行准备基金的组成确定以全区的生产品与全区总收入、金银为基金，驱除法币；二是严格管理外汇，在敌占区采购物资直接用冀南币与伪币交换，如 1942 年 3 月至 4 月，安阳开辟直接对敌贸易，摆脱法币推广冀南币，施行法币登记，禁止法币流通。

1942 年，冀南银行在太行区左权县麻田召开各分行主任联席会议，会上讨论对法币的基本政策，正式明令禁用法币：首先，不允许法币在根据地内流通，要逐渐肃清法币；其次，规定法币的兑换方法是一般法币（有褶皱或微小破损）六折兑收，特别好的（新且完整）可按 1 元兑进但不对外公布；最后，各地银行有责任按照本地市场具体经济金融情况规定比价，即根据各地市场的具体物价情况酌情增减比价折扣，方便商民的经济周转活动。

打击日伪币。七七事变后，日伪开设冀东银行、察南银行、蒙疆银行、中国联合准备银行等，此外还有满洲中央银行、华兴商业银行、中央储备银行等日伪银行，大肆发行日伪币，意图控制华北的经济命脉，掠夺根据地物资，套购与美元、英镑挂钩的法币，实施“以战养战”。为抵抗日伪币的入侵，边区政府和冀南银行与之进行了顽强的斗争。

七七事变之后，日本军国主义扶植汉奸王克敏在北平组织成立伪“中华民国临时政府”。为达到“以战养战，以华治华”的战略目的，更为能全盘掌控华北金融，1938 年 2 月 11 日，由伪“中华民国临时政府”财务总署督办汪时璟出面，创办“中国联合准备银行”，总行设于北平，另在天津、青岛、济南、开封、太原、徐州、山海关、唐山、石门、临汾、运城、新乡、烟台、海州、潞安、龙口、威海卫、秦皇岛、宿县、淮阴和日本东京等地设立办事处，省金库代办处设在保定。中国联合准备银行在抗战时期印制了大量券种复杂的纸币，在抗战后期印制了大量无号码钞，疯狂掠夺中国人民。图 3. 3. 7 是中国联合准备银行在抗战时期印制的 500 元纸币。

图 3.3.7　中国联合准备银行发行的 500 元纸币

(1) 边区内部严令禁止使用伪币。边区政府采用行政或军事力量禁止敌伪币进入根据地，通过所掌握的物资和伪币对伪币进行打击，通过以货易货、用货币购买等方式获取敌伪币，再将其抛售，贬低其币值，扩大冀南币流通区域。

1938 年《冀区禁止伪钞办法》规定，凡伪钞，各市场绝对禁止流通；如发现伪钞一律没收。1939 年 8 月，冀南行署先后颁发《关于严禁伪钞流通的通知》和《禁止伪钞办法》，绝对禁止伪中国联合准备银行票、伪中央银行票、朝鲜银行票和满洲银行票等流通，如发现一律没收。1940 年 12 月冀太联办作出指示和规定：严禁伪钞流入抗日区，根据地内禁止使用伪钞；增加冀南币流通量以缩小伪钞流通量；内地山货、土产品输出只收冀南币、法币；群众所持伪钞、军队缴获的伪钞、俘虏所带伪钞可用一定方式予以兑换。

1941 年 5 月冀太联办出台《本区禁止敌伪钞暂行办法的通令》和《晋冀豫区禁止敌伪钞暂行办法》，指出为了巩固冀南币稳定金融，坚决打击伪钞，严格禁止使用伪钞。1942 年 9 月边区政府出台《禁止敌伪钞票暂行办法》规定，在全区范围内，携带伪钞除没收外，还将根据情况给予罚款。1942 年后，严酷的大扫荡使伪币大面积渗透到根据地。为抵御伪币的侵袭，1943 年 3 月，冀南银行总行和工商管理总局再次明确要利用联银券、储备券的矛盾与斗争，加急打击伪钞。

1944 年冀南银行指示各区分行要客观分析日伪币的形势，抓紧物资交换等基础工作，减少物资损失。随着全面抗战大反攻，1945 年 7 月，边区政府为防止沦陷区伪币流入，保护群众利益，专门制定了《沦陷区归来工人携带伪钞及物品处理办法》，伪钞入境须向银行兑换，不得在市场使用，违者没收；每人每半年只准兑换一次，以 1 万元为限。

（2）设立“外汇交易所”，保证与敌占区贸易的开展。当时很多军用物资和生活必需品需要从敌占区购入，边区的许多土特产需要向敌占区出售，因此边区对敌伪币采取灵活的斗争策略，一般是在靠近敌占区的地区设立“外汇交易所”，规定冀南币（最初是法币，后改为冀南币）与日伪币的兑换比价，然后进行贸易，双方用日伪币进行结算。

（3）逐步贬低日伪币币值。冀南银行特设发行部管理冀南币发行事宜，以及研究、确定冀南币与伪币、法币、其他杂钞之间的比价关系，从边区中心地带到敌我交界地区，采取坡度贬值的办法驱逐日伪币。对日军力主推行的伪联银券，冀南银行更是专门制定办法明确冀南币与伪联银券的兑换政策：一是兑换伪联银券的地方只限于银行机关；二是银行对伪联银券的兑换比价由冀南币 2 元降为 1.8 元，之后按敌占区物价高涨程度再逐渐下降至 1 元；三是出口山货和粮食需一律使用冀南币，以摆脱与外汇伪联银券的直接关系，外汇登记亦以冀南币为本位计算；四是银行所掌握外汇伪联银券必须用于对敌进行的货币斗争中，大力打击日伪币。打击的方式主要是储备粮食、控制物价和存储伪币、影响币值等，持有的伪联银券数量一半或三分之二用于购粮，一半或三分之一用于直接打击日伪币币值。

1941 年末，冀南银行太行区分行主任会议上研究和总结了打击日伪币的具体方法：一是通过商品去打击，利用日伪币各地不同价格，从价格低的甲地买一部分商品到价格高的乙地去换回日伪币，再拿到甲地高价售出，不断降低日伪币币值；二是通过货币来打击日伪币，自日伪币价格低的地方买一部分日伪币，拿到其价格高的地方去出售；三是通过汇兑去打击，在敌占区建立机构，负责外汇汇兑事宜，以商号名义印汇票，在价格高的地方卖汇票，在价格低的地方收汇票。

通过坚持灵活的斗争策略，冀南币对日伪币比值逐渐上升。在河北省临城县，1941—1943 年虽然根据地遭遇天灾人祸，生存环境极其恶劣，但冀南币与日伪币币值比价在 0. 65 与 0. 35 之间浮动，总体变化不大，相对平稳。可见，冀南银行对日伪币的打击办法很有成效。1944—1945 年，经过大生产运动，边区生产得到恢复，经济自给自足，物资供应充足，物价趋于稳定，冀南币币值更加坚挺。到抗日战争的反攻阶段，日军在军事上受到沉重打击，败局已定，边区人民群众对抗日民主政权更加信任，敌伪钞币值全面溃败。

肃清各类杂钞。冀南银行推广冀南币时，市面上除法币、伪币外，还有地方军阀、商号发行的多种杂钞在流通，如河北省票、山东平市官钱局票、晋钞，还有属于地方上私人商号的土杂钞。此外，还流通着银元、铜元和制钱等。这些货币都没有统一的兑换标准。为便利经济贸易，统一币制，肃清杂钞势在必行。

对杂钞的清理，主要采取的方式是限期停止流通和兑换的政策。1940 年 8 月，冀南银行出台《限制杂钞及根绝日伪钞在冀南区内流通办法》，其中规定："对中南、实业、大中、保商、农工等银行钞币，宣布自即日起一律作废；河北省银行钞票，冀南银行不兑此票，自十月十五日起三个月禁止流通；各县流通券，如发行机关及发行人已不存在者，自即日起一律作废，如发行机关及发行人尚存在者，可向当地县政府同冀南银行协商收回办法。"

1941 年，冀太联办在《财政工作计划》中对各类杂钞收兑比例、负责单位以及普设兑换所等都进行了详细规定，其中指出当年 1 月要肃清上党票（限 3 月底收完）、五区票、县流通券、私人票子，统一货币。到 1943 年，各区基本上肃清了各类杂钞，各类抗日县政权银号以及发行的县票、第五行政区救国合作社兑换券已基本统一纳入冀南银行发行的冀南币体系中。

（五）鲁西银行：冀鲁豫抗日根据地的地方银行

1. 鲁西银行的创建与发展历程

全面抗战爆发后，在冀鲁豫三省边界地区，中共各地方组织积极发动群众组织武装，开展游击战争，开创抗战新局面。1938 年上半年，鲁西北、泰（山）西、（微山）湖西等地初创抗日根据地。1939 年 3 月，八路军 115 师政委罗荣桓与代师长陈光率部挺进鲁西，相继取得樊坝战斗、陆房突围和大战梁山等战役的胜利，初步形成冀鲁豫边区。1940 年 4 月，在已建立 30 多个县抗日民主政权的基础上，鲁西行政主任公署成立。1941 年 7 月，为统一冀鲁豫边区和鲁西地区的军事指挥和加强抗日根据地建设，鲁西并入冀鲁豫抗日根据地。

鲁西部分县抗日民主政权发行地方流通券。1939 年秋，鲁西部分县抗日民主政权发行地方流通券以筹集抗战经费。1939 年 8 月至 9 月，河南永城县抗日民主政府发行 5 分、1 角、2 角、5 角、1 元五种面额且与法币等值的“永城县流通券”，当年发行 12 万元，在创建和巩固永城抗日政权中发挥了一定作用。1939 年 8 月上旬，山东鱼台县抗日民主政府和湖边游击司令部共同设立后方办事处，发行 1 角、2 角、5 角、1 元四种面额的“鱼台县地方流通券”，与法币等值流通，主要用于党政军机关开支。

1939 年 7 月至 8 月，山东长清县因条件所限，虽未能按计划单独设立泰西银行，但创立机构与泰西行政委员会合署办公，发行 1 角、2 角、5 角三种面额的“泰西银行长清分行币”，后 1940 年 5 月发行泰西银行币，少量流通于泰西各县。

筹办鲁西银行，统一鲁西抗日根据地金融。新成立的各县抗日政权迫于军政费用压力，设立了银行机构，且发行了货币，但各自为政，政权统一但币制不一。为加强对金融的统一领导，1940 年 1 月 20 日，中共中央北方局要求，鲁南、鲁西统一发行纸币，改变不统一的各自为政的局面。不久后，山东省委发出筹办鲁西银行的指示，鲁西银行开始组织筹建。

1940 年 5 月，鲁西行政主任公署在山东东平县宣布成立鲁西银行，主要任务是印制和发行货币，保证军政供给，开展军工投资、合作社投资和农村贷款。同年8月，委任八路军115师供给部部长吕麟兼任行长。鲁西银行合并冀南银行冀鲁豫办事处，成为冀鲁豫抗日根据地的地方银行，业务范围由鲁西扩大到直南、豫北和鲁西南。图3.3.8为鲁西银行行员手册。

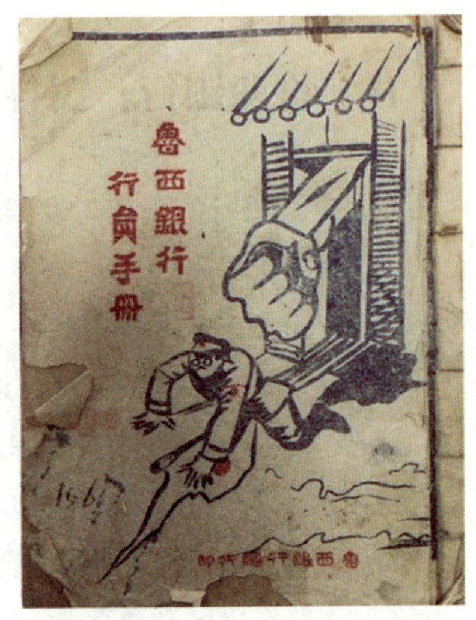

图3.3.8　鲁西银行行员手册

1941年7月，随着鲁西地区并入冀鲁豫抗日根据地，鲁西银行币流通范围扩大到冀鲁豫三省结合地区50多个县。

1942年春，为应对日伪军的进犯，在艰难环境下谋求发展，鲁西银行先后在泰西、运东、运西、鲁西北、湖西五个专区设立办事处，又称为第一、第二、第三、第四、第五办事处。每个办事处安排2至3名会计、出纳和业务人员。

1943年3月29日，为统一币制，打击伪币，驱逐法币，按照上级指示，鲁西银行与冀鲁豫区工商局联合办公，实行“统一监委，统一伙食，各成系统，共同行动”的联合办公制，对未设办事处的专区，在工商分局内设信用科，在各县工商局内设信用股，办理货币发行及存放汇等业务，逐步建构鲁西银行的组织体系，便于金融业务开展。

1944年，晋冀鲁豫边区政府决定将冀南和冀鲁豫两区党委合并。同年6月，鲁西银行与冀南银行冀南区行合署办公。

1945年5月，鲁西银行与冀南银行冀南区行正式合并，仍称鲁西银行，冀鲁豫工商局长林海云兼任鲁西银行经理，韩哲一任监委，业务范围向北延伸到河北省衡水地区。鲁钞与冀南币按牌价相互流通。

2. 鲁西币的印制、发行与流通

鲁西银行于1940年5月开始发行边币，到1946年1月并入冀南银行停止增发，总计发行24.4亿元鲁西币，用于财政19.26亿元，占发行总额的78.93%；用于工商业投资与贷款4.59亿元，占发行总额的18.81%；农业贷款 0.55 亿元，占发行总额的 2.26%。历年流通量为 1941 年 795 万元，1942 年 2 198.6 万元，1943 年 1.34 亿元，1944 年 7.52 亿元，1945 年 24.4 亿元。

鲁西币币种和版别。鲁西币按版别有 31 种本币、1 种本票、5 种临时流通券共 37 种，面额有 4 分、5 分、1 角、2 角、2 角 5 分、5 角、1 元、2 元、5 元、10 元、20 元、25 元、50 元、100 元、200 元、300 元、500 元共 17 种。同冀南币一样，鲁西币也区分了普通版和地名版，地名版印有鲁西南、泰运、湖西、豫东等地名，在边区内一律通用，并没有实行分区流通。

图 3.3.9 为 1940 年发行的鲁西币 1 角纸币，图 3.3.10 为 1943 年发行的鲁西币 5 元纸币。

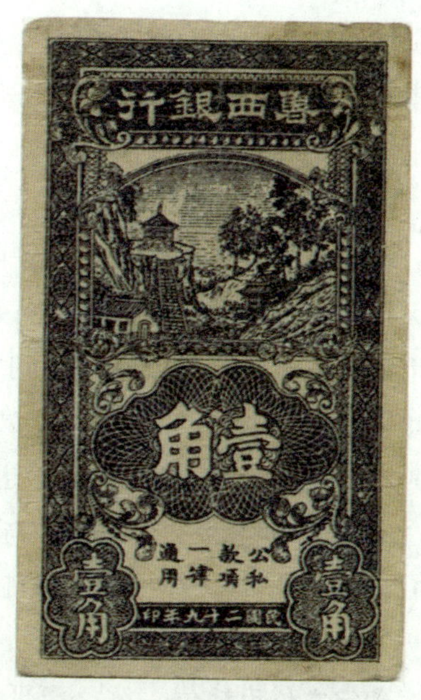

图 3.3.9　鲁西币 1 角（1940 年）

图 3.3.10　鲁西币 5 元（1943 年）

鲁西币的流通范围。鲁西币起初在鲁西行政主任公署管辖内的泰西、运东、运西、鲁西北四个专署52个县流通。1941年1月，中共苏鲁豫区党委改组为中共湖西地委，并划归中共鲁西区党委领导，鲁西币流通范围向南延伸到鲁西南的金乡、嘉祥、鱼台、成武、单县，苏北的丰县、沛县、铜山及皖北的虞城、砀山。1941年7月，山东革命根据地的鲁西区与冀鲁豫革命根据地合并，鲁西币流通范围扩大到直南、豫北、鲁西南三个专区18个县，连同原有地区，共计7个专区51个县。

鲁西币的币值变化。当时鲁西币发行数量不多，市场上主要以国民党四大行法币和日伪中国联合准备银行币为主，货币市场混乱，通货膨胀和货币贬值情况严重。1940年初到1941年粮食价格大幅上涨，小米每市斤由0.08元涨到0.55元，小麦每市斤由0.09元升至0.20元，布匹每方尺由0.09元上涨到0.21元。鲁西币也随之出现大幅贬值的情况，1年内大约贬值37%。鲁西币发行伊始，与法币等值流通，1940年底兑换比价为1∶0.77，1941年为1∶0.65，与日伪币的币值1940年为1∶1.15，到1941年就为1∶0.45。

确定本位币地位。冀鲁豫平原区处于济南、徐州、开封、郑州、石家庄等敌占大城市的包围中，鲁西根据地经济、军事实力比较弱，边币的发行和流通都面临很大困难。1942年，“发展经济，保障供给”的边区财政工作总方针确定后，鲁西银行更加注重支持边区大生产运动，逐步提高经济发行比例。同年9月15日，为整顿边区货币，稳定金融，通过鲁西币开展对敌货币斗争，冀鲁豫行署颁布《冀鲁豫边区统一市场货币暂行实施办法》，规定凡本区内一切公私交易各款，一律以鲁西银行钞票为本位币，所有法币和其他杂钞，一律停止流通。确定鲁西币为冀鲁豫根据地的单一本位币。

1943年4月15日，《冀鲁豫区统一市场货币暂行实施办法》得到进一步修订，并颁布《统一市场货币工作组组织办法》。通过一系列有效措施，成功缩小日伪币、法币势力范围，逐步确立和巩固鲁西币的本位币地位。

1944年6月15日，鲁西银行与冀南银行冀南区行合署办公后，鲁西币与冀南币相互等价流通，鲁西币的流通范围扩大到冀南区。两家银行合署办公后，中共冀鲁豫分局曾有意合并为冀鲁豫银行，并向北方局提出建议。当年 12 月 13 日，中共中央北方局答复同意银行机构合并，但仍需使用之前两个招牌。1945 年 5 月 4 日，两行合并后仅十几天时间，随着冀南、冀鲁豫两区建制又重新分开，冀鲁豫银行又恢复为冀南银行冀南区行与鲁西银行原建制。

1943—1945 年，鲁西币大量增发，1944 年发行达到 6.38 亿元，1945 年发行 16.98 亿元，有力支持了冀鲁豫边区大生产运动、对敌经济斗争和抗战的全面胜利。

3. 鲁西银行的主要业务与货币斗争

1941 年：鲁西币发行量少，相对于法币还处于弱势

皖南事变之后，1941 年 1 月 12 日，冀鲁豫边区军政委员会《关于 1941 年财政经济工作安排》作出限制法币流通的决定，改变保护法币政策，摆脱对法币的依赖，开始重点清理整顿国民党政府四大行中国银行发行的各种法币、交通银行发行的带“山东”字样的各种法币、中央银行发行的黑花心法币等各种法币。1941 年鲁西币累计发行 795 万元，而法币流通量达到 1 亿元，鲁西币相对于法币还处于弱势。

1941 年 12 月 8 日，太平洋战争爆发，同盟国对日伪实行经济封锁，日伪当局持有法币却无法兑换外汇，于是一方面将法币大量倾销到根据地，抢购根据地的粮食物资；另一方面利用工业优势，对根据地进行不等价交换，高价卖工业品，低价买农产品。当时鲁西南与湖西基本上还在大量使用法币，伪钞流通在泰安、肥城等大中小城市，根据地外汇市场法币、伪币仍居支配地位，日伪军抢购粮食、倾销法币造成法币和边币大幅贬值，导致根据地物价大幅上涨。

1942 年：鲁西币加大经济发行，扭转法币、伪币在边区的割据局面，但仍无法完全掌控外汇和物价

1942 年鲁西币加大发行，减少财政透支发行比例，大力支持经济发展。到年底，累计发行 2 198.6 万元，其中，发放农业贷款 152.5 万元，工业贷款 152.7 万元，商业贷款 697 万元，各项贷款合计 1 002.2 万元，占累计发行总额的 45.58%，而 1941 年 7 月这一比例仅为 8.72%，增幅显著。1942

年，用于财政透支的鲁西币为 1 031 万元，占累计发行总额的 46.9%，1941 年 7 月这一比例为 91.28%。1942 年的鲁西币虽与法币 1 亿元的流通量相比还有一定距离，无法完全掌控外汇和物价，不过已逐步占领冀鲁豫市场，积累了对法币和伪币的货币斗争经验。

1943 年：鲁西银行统一冀鲁豫区市场货币，基本取得了对法币、伪币斗争的胜利

1943 年 2 月 1 日，冀鲁豫行署修订颁布《冀鲁豫区统一市场货币暂行实施办法》（财字第 24 号通令），除明确鲁西银行钞票为本位币外，细化了禁止法币的政策，具体要点有：一是法币无论数目多少，一律禁止使用，违者将依法处理；二是如需法币去敌占区或非边币流通区，应取得县以上工商局法币携带证，如需交易要有村公所的兑换证明书，集市交易需兑换成边币；三是可兑换的单位有银行兑换所、各级工商局。

3 月 9 日，冀鲁豫行署发布《冀鲁豫区统一市场货币工作组组织办法》，明确指出统一货币对巩固根据地经济基础、对敌展开经济斗争的重要意义，并提出对统一市场货币工作组的具体要求。根据该组织办法的文件精神，边区区以上政权成立统一市场货币工作组，加强集市货币使用、流通、兑换有关要求的宣传与缉查。

统一市场货币不仅需要行政手段，还依赖于经济手段。大生产运动使边区注重自力更生的经济建设，鲁西银行广开贷款业务，增发货币，支持边区经济。发放灾民生活贷款、灾区种子贷款、灾民运粮贷款、灾民纺织贷款、春耕掘井贷款，支持生产与救灾；增加工商业贷款和投资，发行 200 元本票、300 元流通券、500 元两种流通券的大额边币，委托公营商店收购和储备粮棉油料等短缺物资，增加影响物价的重要物资储备。

鲁西银行通过公营商店扩大经营，推进边币使用与流通，公营商店使用鲁西币大量收购粮食、棉花、花椒、盐、黑枣、阿胶等土特产，支持鲁西币快速占领市场；公营商店还以较低价格出售通过贸易购回的洋油、火柴、洋布、纸张、颜料等外贸品，提升鲁西币币值和信用；集市交易所在全区各集市普遍设立，承担货币兑换职责，打击伪钞，拒用法币，并代理鲁西银行贷款业务，不断扩大鲁西银行和鲁西币的影响。经过艰苦的努力，

1943 年底，鲁西币流通量升至 1. 34 亿元，生产类、商业类贷款占累计发行总额的 86. 11%，财政透支降为 10. 89%。鲁西币与法币的比价变为 1∶1. 77，基本取得了对法币、伪币斗争的胜利。

展开反假货币斗争。为了粉碎日伪破坏根据地经济的阴谋，维护鲁西币信用，1943 年，冀鲁豫行署颁发了《查禁假鲁钞暂行办法》，规定“凡是造假票者处死刑”，有力地打击了敌人伪造鲁钞的活动。鲁西银行在各地建立假票识别所，公布假票识别办法，充分发动群众参加反假币斗争。随着 1946 年鲁钞停发并逐步收回，反假鲁钞斗争胜利结束。

1944 年：货币斗争重点转向新开辟区，取得显著战绩

1944 年初，日伪将冀鲁豫边区附近的部队相继南调，意图挽救太平洋战场的失败，打通通往东南亚的交通线。冀鲁豫边区军民利用有利战机，先后解放朝城、内黄、清丰等 7 个县城，新建沛县、沛铜、华山、嘉祥等 6 县抗日政权。1944 年的货币斗争重点针对新开辟区展开，继续施展 1943 年积累的经验，坚持经济与行政并重。一是公营商店以低价售出粮食和日用品；二是广设兑换所，代理鲁西银行业务；三是大量增发生产贷款。1944 年，鲁西币发行量猛增到 6. 38 亿元，年底流通量达到了 7. 52 亿元。这一年全面抗战开始战略反攻，部队大量扩军，财政透支占到 50% 左右，鲁西币与法币的比价上升到 1∶3. 67，货币斗争取得了显著战绩。

1945 年：日本宣布无条件投降，鲁西银行对敌伪的货币战取得全面胜利

1945 年初，随着抗战形势好转，冀鲁豫边区军民相继解放了一大批县城和广大农村地区。于是鲁西银行在新解放区广设兑换所，组织低价出售物资，坚持使用鲁西币，发放低息贷款，严格禁止白银私自买卖和私运出口，支持新解放区恢复和发展生产，刺激鲁西币快速推广使用。鲁西币与法币的比价维持在 1∶3. 5 左右，日伪币大幅贬值。到侵华日军投降时，1 元伪钞只值 5 分边币，形同废纸。

四、晋绥边区红色金融事业

（一）晋绥边区：陕甘宁边区门户上的一道钢铁屏障

晋绥抗日民主根据地是抗日战争时期中国共产党领导的八路军和敌后抗日军民创建的重要抗日根据地之一，包括晋西北和绥远大青山两个战略区。抗日战争时期，抗日民主政权在边区行署之下设立了一个绥蒙政府，下辖8个专署、41个县、160个区、1.2万个自然村，人口约320余万。

卢沟桥事变后，日军发动全面侵华战争，华北万分危急。1937年9月，八路军第120师师长贺龙率部开赴晋西北地区，配合国民党军和阎锡山晋绥军联合作战，协同坚守长城防线，开展游击战争。11月初，第120师在雁北的井坪、平鲁、雁门关等地沉重打击了日军的嚣张气焰。11月8日太原失守，在华北，以国民党部队为主的阵地战争结束，八路军开始在华北战线上发挥主导作用，大面积深入敌占区开展游击战。

根据党中央、毛泽东关于“发挥进一步独立自主原则，坚持华北游击战争，同日寇力争山西全省大多数乡村成为游击根据地”的重要指示，11月11日，朱德、彭德怀在和顺县石拐镇召开军事会议，决定将大部分兵力分散各地，发动群众建立武装，通过同阎锡山的统战工作，在山西全省创立抗日民主根据地，由120师在汾阳，离石公路以北、同蒲线以西建立晋西北抗日根据地；确定115师聂荣臻部以五台山、恒山为中心，开创晋察冀抗日根据地，115师其余主力转移到吕梁地区，开创晋西南抗日根据地；129师以太行山为中心，以晋东南为基地，创建晋冀鲁豫抗日根据地。

1938 年 5 月，120 师主力一部分坚守和扩大晋西北抗日根据地，其他主力部队分散战斗，相继开辟冀东抗日根据地、桑干河西岸抗日根据地、雁北抗日根据地、大青山抗日根据地。到 1938 年 12 月，形成了以大青山为依托的绥西、绥南、绥中三个游击根据地，并逐步同晋西北根据地连成一片，形成晋绥抗日根据地，包括山西西北部和绥远东南部广大地区。晋绥抗日根据地，是矗立在陕甘宁边区门户上一道难以逾越的屏障，使日军始终未能越过黄河进犯陕甘宁边区。

在中华民族生死存亡的历史关头，国民党顽固派制造的反共摩擦事件却接连不断。1939 年 12 月，阎锡山几乎动用了全部晋绥军进攻山西新军，镇压与新军一体的牺盟会，发动震惊全国的晋西事变。为维护抗日民族统一战线大局，党中央争取阎锡山继续留在抗日阵营，妥善处理了晋西事变。晋西事变后，为继续凝聚军民抗日的决心和意志，1940 年 1 月 15 日，晋西北军民代表大会在兴县蔡家崖召开，正式建立根据地政权。当时为了争取阎锡山继续抗日，仍沿用山西省第二游击区行署的名义，1941 年 8 月改为晋西北行政公署。1943 年 11 月，晋西北行政公署更名为晋绥边区行政公署。

1941 年 1 月，国民党制造皖南事变，掀起第二次反共高潮，八路军军饷被断，武器装备、军需补给都需要自力更生、自行筹募。而此时国际局势风云突变，6 月纳粹德国闪击苏联，轴心国之一的日本以为苏联被牵制在欧洲战场，无力支援远东，于是大规模扩充在华北的关东军的兵力和武器。1941—1942 年，侵华日军加紧分割、封锁、蚕食根据地，进行大规模“扫荡”，实行烧光、杀光、抢光的“三光”政策，日伪军千人以上“扫荡”达 19 次，累计 400 余天。这时，边区斗争异常艰难，晋绥抗日根据地处于极端困难时期。当时日军疯狂举兵南下，根据地军民在中国共产党的领导下英勇顽强抵抗。晋西北行政公署在根据地建立“三三制”政权，实行减租减息，开展大生产运动，保障和支援战争。根据地军民坚持游击战争，同仇敌忾，挫败日伪军的频繁“扫荡”，攻克或挤走日伪军据点，收复大片国土，反“扫荡”、反“蚕食”斗争不断取得胜利。

1943 年底，世界反法西斯战争出现了转机。美、英、苏决定开辟第二战场，实施霸王计划。1944 年 6 月 6 日，盟军在欧洲西线战场对德国法西斯发起大规模攻势；6 月 15 日，美军组织远程轰炸机从中国基地起飞首次轰炸日本本土。日军在世界反法西斯的东方战场上连连战败，华北地区兵力空虚，敌后抗日根据地军民开始局部和全面反攻，人民群众踊跃参军参战，根据地军民作战 2.8 万多次，击毙和俘虏日伪军 13 万多人。部队由 8 200 余人发展到 4.5 万余人，地方武装发展到 4 万余人，民兵、自卫队发展到 66 万余人。1945 年 8 月 15 日，日本正式宣布无条件投降。自此，晋绥边区进入新的历史时期。

（二）晋绥边区的经济建设：粉碎侵华日军“以战养战”图谋

全面抗战初期，晋绥边区的财政经济十分困难。

1. 抗日战争进入相持阶段，侵华日军疯狂进行经济掠夺，以实现其“以战养战”图谋

1938 年 10 月武汉会战后，抗日战争进入了战略相持阶段。日军把主要兵力向中国共产党领导的大片根据地集中部署，进行大规模“扫荡”和“蚕食”，同时对国民党采取政治诱降为主的策略。1939 年，为对付八路军游击战，日军针对抗日根据地进行了更频繁、更酷烈的疯狂“扫荡”，实施“三光”政策，以毁灭抗日地区人力物力，摧残抗日军民抵抗意志。侵华日军掌握和控制了敌占区的煤铁、水电、交通等实业，设立了一批银行，以日伪币、军用票的方式，抢购物资，攫取财富，以推进“以战养战”侵华图谋。

2. 阎锡山制造晋西事变，公开叫嚣要“饿死八路军，困死八路军”，边区经济内外交困

1938 年，八路军 120 师主力奉命调往冀中后，整个晋西北地区只留下新八旅一支部队坚守。1939 年初，阎锡山不断制造反共舆论，对中国共产党多方阻挠、排挤。同年 12 月，大敌当前，阎锡山却仍同室操戈，下令进攻共产党领导的山西新军，发动晋西事变，更提出要“饿死八路军，困死八路军”。为避免彻底将阎锡山推到对立面，影响抗日事业，中共中央采取了克制态度，妥善处理了晋西事变。

3. 日伪政权滥发日伪币套购物资，晋钞贬值、法币短缺，边区金融市场混乱

晋绥边区初创时期，市场上各种货币混杂，金融市场极为混乱。除阎锡山发行的晋钞外，还有日伪币、法币、银元及各种地方流通券。日伪政权发行的日伪币主要有中国联合准备银行发行的联银券和蒙疆银行发行的蒙疆券。日伪币大量滥发，在敌占区直接掠夺和抢购物资，以解决日军军需补给。

1935 年底，国民党法币改革通令全国统一货币，通行法币。因法币可以无限制买卖外汇，日本侵略者为实现其“以战养战、以华制华”之图谋，依靠日伪政府将非军用品甚至奢侈品运输到后方，换取大量法币，再拿到国际上购买军火。

1939 年初，国民党政府核准阎锡山操控的地方银行——山西省银行发行纸币 500 万元，阎锡山政权从 1939 年开始无准备金发行到 1940 年 7 月停印，在不到 2 年的时间里，共印发 7 788 万元，是国民党政府核准发行量的 15. 58 倍。阎锡山政权在推行法币的过程中，“搭配”将半数以上的晋钞以军饷、薪资下发，而将法币截存。由于晋钞发行数量无限制地不断增加，币值很快就一泻千里，人们拒绝使用，到 1940 年，阎锡山政权不得不停止发行晋钞。

4. 为应对经济金融困局，晋绥边区自力更生发展经济

为应对经济金融困局，晋绥边区开展了轰轰烈烈的减租减息运动和大生产运动，提倡开垦荒地，发展农业特产、纺织业、军事工业，兴修水利，组织劳动互助，发展合作经济，建立银行、发行边币，与日伪币、晋钞展开货币斗争，沟通边区、敌占区之间的贸易往来，打破敌人层层经济封锁，因此根据地经济建设取得了巨大成果，1940—1944 年，根据地的开荒面积达到 140 万亩以上，棉花种植产量达到 130 万斤。1944 年，兵工厂的手榴弹生产比前一年增长 5 倍。到 1945 年底，边区银行共发放农业贷款（包括春耕、种棉、种兰、水利、青苗、转移难民等项贷款）1 亿元，贷粮

14 485 石，纺织贷款 2 020 万元，棉花贷 10 500 斤。到 1945 年，根据地人民的生产生活、部队的武器军备基本实现自给自足，根据地经济建设得到了巩固和发展，有力地支持了抗日战争取得最终胜利。

（三）成立兴县农民银行，保障八路军军需供应

1937 年 12 月，由贺龙、关向应、萧克率领的八路军 120 师挺进晋西北，兴县一带民众积极热情捐款捐物，为八路军筹集物资，全县民众捐款 6 万多银元、粮食 700 余担。晋西北土地贫瘠，人口不足 10 万，这次捐赠总额相当于平均不到两人就为抗战捐出一块银元。为把群众捐助的货物、地产、粮食等实物资产盘活，活跃当地经济，以本盈利，筹措八路军军费，晋西北党委决定，委任本地开明士绅、民主人士刘少白（时为地下党员，身份并未公开）创办银行，全权负责银行筹建工作（见图 3. 4. 1）。

图 3. 4. 1　刘少白（1883 年 6 月 30 日—1968 年 12 月 10 日）

刘少白（1883 年 6 月 30 日—1968 年 12 月 10 日），祖籍山西兴县，清末贡生，早年参加辛亥革命，被推举为山西省议会议员。辛亥革命后，刘少白任国民党河北省建设厅厅长等职。土地革命战争时期，刘少白在白色恐怖中不顾个人安危，冒着生命危险掩护多位共产党员脱离险境，时任中共山西省委负责人王赢以及许多地下党员和进步人士都曾在他的帮助下被成功营救。陈原道、安子文、王若飞等人也得到过他的大力帮助，后经王若飞、安子文介绍，刘少白于 1937 年 8 月加入中国共产党。

1937 年 12 月底，兴县农民银行正式挂牌成立，刘少白任银行经理，确定了七八名工作人员。兴县农民银行是全面抗战以来，继陕甘宁边区银行之后，由中国共产党领导创建的第二家银行。银行开张当日，举办了隆重

的庆典。参加庆典的有县长张干丞及县政府人员、县动委会全体委员及县牺盟会的领导，八路军 120 师副师长萧克、教导团团长彭绍辉特意赶来祝贺。

1. 以股份制形式管理银行

兴县农民银行的信用资金主要是兴县人民慷慨解囊、筹物捐款所得，富户牛友兰一次就拿出 23 000 元银洋、150 石粮食。为保证民众的利益，刘少白接受开办银行的任务之后，决定将这些筹款和实物换算成股金成立董事会，以股份制形式运营管理银行。

2. 发行兴农币

兴县农民银行成立后，以捐献的银元、实物为信用，开始组织发行钞票，设计票样、印刷制版。印刷地点选在兴县东关印刷厂，用古石印印刷，印成的钞票加盖专用印章后生效。为防止伪造，刘少白在钞票两面设计了 3 个暗号，对外严格保密，只有经理、总务、干事、出纳 4 个职务的人知晓。

1937 年 12 月底，印制第一批钞票，面额为 1 角、2 角，总计 2 万元兴农币。当时白面 1 袋才不到 2 元，5 元、10 元的大面额晋钞使用起来很不方便，因此小面额兴农币大受民众欢迎。上市时很多人到银行门外排队，等着用“大晋钞”换“小农币”，2 万元兴农币不到两个月就被兑换完了。

图 3. 4. 2 为 1937 年发行的兴县农民银行币 2 角纸币。

图 3. 4. 2　兴县农民银行币 2 角（1937 年）

1938 年初，兴县农民银行又赶印了第二批面额为 1 元共计 5 万元兴农币（见图 3.4.3）。由于阎锡山政权发行的晋钞不断贬值，第二批兴农币一发行面市，人民群众便纷纷赶来以 5 元晋钞兑换 1 元兴农币，兴农币很快又被兑换完。兴农币供不应求，兴县农民银行很快印制第三批兴农币 10 万元、第四批 15 万元。兴农币有信用、实用，当时不仅是农民、八路军 120 师使用兴农币，商人、市民、教职员以及驻晋西北的晋绥军、东北军也都使用兴农币。除兴县外，兴农币在山西吕梁临县、方山、岚县、岢岚、保德等县也广为流通。兴农币需求量越来越大，到 1940 年，兴农币共发行 233.02 万元。

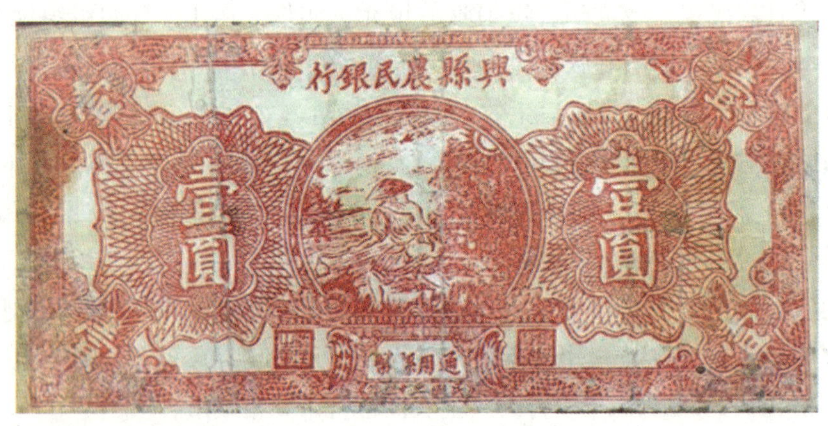

图 3.4.3　兴县农民银行币 1 元（1938 年）

3. 办理存放款和兑换业务

兴县农民银行通过发行兴农币，积累了一批晋钞、法币，大部分支援了八路军 120 师等抗日武装的军费需要，70% 多的资金用于为八路军购买粮食、武器，补充军需，支援抗战。兴县农民银行开展存放款和兑换业务，帮助兴县人民开办纺织厂、供销社、杂货铺，发展地方经济。地方绅士牛友兰向动委会主动捐献出兴县最大的商号复庆永，并拿出资金，在复庆永的基础上建立供销合作社。兴县农民银行向供销合作社贷款生产生活用品，为八路军和人民群众供给日用所需，并通过供销社回笼兴农币。

（四）以兴县农民银行为基础组建西北农民银行

1939 年 12 月晋西事变后，为应对外援受阻、财政困难，边区政府开始思考如何独立自主发展经济，巩固抗日民主政权。1940 年 2 月，晋西北行署决定，以兴县农民银行为基础，建立西北农民银行，发行独立的西农币，帮助边区发展生产，保障抗日战争的财力、物力供给，粉碎敌人的军事扫荡和经济攫夺。

经过一番筹备，1940 年 5 月 10 日以筹集的银洋和兴县农民银行积累的 300 万元法币为准备基金，在兴县正式成立西北农民银行，刘少白仍为经理。开业典礼时，十八集团军参谋南汉宸、120 师师长贺龙、政委关向应等参加庆贺。兴县农民银行同时停止营业。

西北农民银行成立之初，由于机构不健全，缺少专业干部，主要任务是发行西农币，支持对敌斗争。到 1940 年冬，晋西北行署为加强西北农民银行工作，充实了 27 名工作人员，健全了银行机构。于是，西北农民银行在内部设置了秘书室、研究室、营业科、会计科、出纳科、总务科、后方金库；在专区设立分行，各县设立办事处，重要的县和市镇设立支行，不设办事处的县、镇设立代办所，建立了 6 个分行、1 个支行、4 个办事处、11 个代办所；逐步丰富银行业务内容，开展存放贷款、投资、管理外汇、汇兑、收购金银、代办财政金库等业务，坚持对抗日伪币、法币，展开货币斗争，调节市场金融。

1942 年，边区实行精兵简政，西北农民银行和西北贸易总局合并，统一归行署领导，另增设货币发行账和发行金库。银行贸易机构合并办公的体制一直延续到 1948 年。

1. 以财政借款为主，发行西农币

西北农民银行发行的货币，分为兑换币和本位币两种。从 1940 年 5 月到当年年底，所发行的货币注明“凭票即付国币 × 元”字样，可兑换等额法币，这一时期的西农币属于兑换券性质。1941 年 1 月，晋西北行署宣布西北农民银行发行的货币——西农币为本边区唯一合法的本位币，从这时开始，西北农民银行进入独立自主发展阶段。抗日战争时期，西北农民银行发行的面额有5分、2角、5角、1元、2元、5元、10元、50元、100元、500元共10种西农币（见图3.4.4和图3.4.5）。

图3.4.4　西北农民银行币2元（1940年）

图3.4.5　西北农民银行币5元（1941年）

西北农民银行发行的西北农民币由洪涛印刷厂印制。1940年5月，西北农民银行创建时就同时组建了洪涛印刷厂，厂址位于兴县蔡家崖乡的石楞子村。洪涛印刷厂曾三度易名。成立时对外称“山西省第二游击区行署洪涛印刷厂”；1941年改称为“晋西北行署洪涛印刷厂”；1942年11月更名为“晋绥边区洪涛印刷厂”。

1940 年，边区外援受阻，财政困难，西北农民银行在成立后的 3 个月迅速发行 100 万元西农币，全部用于军政开支，为购买军需提供资金支持。9 月，为给部队筹措冬衣经费，又大量增发 1 元、2 元面额的西农币 230 万元。

1941 年初，为防止大量增发货币带来通货膨胀和物价上涨的问题，西北农民银行加强和收紧货币发行，正式明确货币发行原则，建立货币发行制度。货币发行制度规定各项放款的比例：财政借款不得超过发行额的 50%；收购金银及非本位币占发行额的 20%；放款和投资占发行额的 15%；流通资金占发行额的 10%；印刷费等占发行额的 5%。

虽然发行制度规定了财政用款的比例上限，但由于日军丧心病狂的“三光”政策和经济掠夺，边区财政、军政急需补充，历年以财政借款为主，成为西北农民银行的显著特点。到 1941 年 8 月底，西农币增发 300 万元，军政费用开支占到 93%，贷款仅占 6.7%；1942 年 9 月，西北农民银行发行将近 1 000 万元，其中财政借款占发行总量的 76%。

过量、超速发行货币，还是带来了信用下降、货币贬值的问题。1940 年 5 月，西农币与银元的比价是 4∶1，到 1942 年底，已下降到 60∶1。1943 年边区政府在开展减租减息的基础上，组织自力更生大生产运动，克服经济困难。为稳定西农币币值，采取了一系列举措，如禁止法币流通，发行 30 万元银行公债补充货币发行准备金，大力生产农产品特产，增强贸易，使银行透支情况大为改观，西农币银元比价稳定了一段时间。但从 1943 年底开始，西农币在每次反“扫荡”的激烈战事后频繁跌价，到 1945 年底，西农币与银元的比价已跌到 550∶1。虽然西农币比价下跌，但其不同于法币，法币是少数人敛财的工具，西农币即使大量超发也是用于支援抗战、帮扶群众，所以西农币在人民群众中一直享有信誉，在边区流通推广的力度不减。

1943 年之后，边区生产逐渐改善，特产开始出现富余，农村集贸市场开始活跃，各地建立的合作社可以较低的价格从贸易公司得到物资，再廉价卖给人民群众，买卖均用西农币。合作社成为西北农民银行和西农币向农村普及和深入的支撑点。

2. 严密组织稽查，肃清边区日伪钞票

为打击日伪币，防止侵华日军套购边区物资和法币，晋绥边区对日伪币采用“坚决肃清，杜绝使用”的政策，不准使用，不准保存。1941年4月30日，晋西北行署颁布《扰乱金融惩治暂行条例》以及打击日伪币、停使其他非本位币的宣传解释大纲；11月下发《中共晋西区党委关于巩固与提高农钞严禁白洋流通彻底驱逐伪钞的指示信》，向群众广泛揭露日伪币套购物资、“以战养战”的阴谋，严密组织稽查阻断伪币暗流。到1942年，除少数地区外，日伪币基本被驱逐出边区。1943年以后，西北农民银行采取银行与贸易配合、拒收非本位币的办法，不断将西农币推向游击区和收复区，在这些地区继续与日伪币展开阵地争夺战，最终将日伪币排挤出去。

3. 从保护法币到禁用法币，对法币既联合又斗争

1935年，国民党进行了法币改革，统一了全国币制。1941年太平洋战争爆发前，日军可以用法币按照国民党政府规定的外汇牌价，无限制地兑换英镑、美元等外汇。为维护抗日统一战线，防范侵华日军向边区倾销奢侈品兑换、吸收法币，以法币在国际上换取外汇购买军火和物资，晋西北边区政府采取了保护法币的政策。1940年3月，晋西北行署提出“所有田赋、税款征收和经营开支，一律以法币为计算标准”，在边区内允许法币流通使用，防止法币流入日军之手。

但是，国民党顽固派不断挑起反共事件。为独立自主地发展边区经济，1941年1月，晋西北行署宣布西农币成为边区单一本位币的同时，要求禁止流通银元、法币。1942年秋冬，边区政府采取银行与贸易结合的方式使对法币换购重要物资的依赖逐渐下降，加之法币不断贬值，具备了停止法币流通的条件。1942年12月，中共晋绥分局再次发出禁止法币流通的指示，接着行署颁布《非法行使法币之缉查与惩治办法》，其中，对私带法币入境超过500元以上的，处以1年以上3年以下徒刑；私带法币蓄意破坏金融秩序的，以汉奸论处，以严刑峻法查禁法币的流通与使用。

4. 执行金融法令，禁绝银洋暗流

银元是硬通货，边区生产能力弱，军需民用的重要物资有赖对外贸易，银元是必须储备的“外汇”。银元暗中流通，屡禁不止，无异于资敌助敌。

为此，晋绥边区政府对银元集中管控，1941 年 11 月颁布《修正扰乱金融惩治暂行条例》，强调西北农民银行发行的农币是根据地唯一合法的本位币，其他货币（包括银洋现金及其他非本位货币）除准储蓄保存外，一律禁止在市面上行使。之后，边区政府又相继颁布《关于确实执行金融法令，禁绝银洋暗流的命令》和《修正扰乱金融惩治暂行条例补充办法》，明确规定交易中严禁使用银洋，对暗使银洋者处以罚金，以刑罚问罪。根据地虽然对银元管控采取严厉的法律手段，但银元总是容易转向黑市或农村地区。1943 年 11 月，行署再次发出《彻底禁止银元行使的指示》以申明利害，晓以大义，其中指出："银元没有禁绝，使根据地损失很大。人民经济的发展和抗战供给的解决，都因银元流通受到相当大的困难，而大量吸收银元的日本汉奸及手里掌握银元的少数民商却因银元的流通得到许多投机取巧或操纵市面的机会。这种最不应该最不合理的现象继续到现在，已经成为不再能容忍的事情。"这之后，边区政府加大力度彻底查禁银元，使西农币真正独占边区市场。

5. 管理外汇，增加出口贸易，保护边区经济

抗日战争时期的边区，区外贸易往来的外汇货币主要是银元、法币。当时晋绥边区生产力水平低，很多重要物资依赖进口，使得进出口贸易极不平衡，出入超差额很大，严重失衡。为稳定金融，巩固本币，制止外汇储备外流，政府加强区外贸易以管控外汇。从 1941 年 11 月 1 日开始，边区施行《管理对外汇兑办法》，规定到境外购买货物要按对外贸易管理办法，获得贸易局批准后到西北农民银行兑换外汇；因转移财产或其他关系携带自行保存的法币，或其他非本位货币出境，必须向银行申请核发非本位币出境证明文件，如未持有银行发给的非本位币出境证明文件，一律以私用非本位货币出境论处。

1942 年 1 月，晋西北第一次贸易分局局长、银行分行经理联席会议进一步细化了供汇、结汇的管理办法：一是凡民商、机关、部队、团体自行保存的非本位币出境，必须购回等价的必需品，必须经贸易局、银行核准，请领非本位币出境证明文件，征收百分之五的手续费。二是凡因特殊情况，拟将自行保存的非本位币输出境外，除向银行请领出境证明文件外，折合西农币 200 元以上者，还必须取得当地县以上政府或相当机关的证明文件。三是凡出境购货申请外汇者，除须经贸易局、银行核准供汇外，还征收百分之三的手续费。四是凡因故申请外汇又非出境购货者，金额不得超过 200 元，经核准后，征收百分之三的手续费。五是携带非本位币出境，要先卖给银行，否则要征收百分之五的手续费。六是民商、机关、部队、团体输出非粮食换回的本位币，必须卖给银行。七是私自输出非本位币者，根据金额大小，给予没收、罚款、判刑等惩处。

为切实使以上外汇管理办法得到贯彻执行，边区政府相继建立缉查组，贸易、银行、民兵以及群众上下协同，严密检查，外汇管理逐渐取得了成效。晋绥边区推出的边区土特产不断增多，输出边区特产所换回的金银非本位币交予银行的也不断增多，对此严格管理，银行按挂牌价兑换西农币。

6. 发放贷款，促进边区经济的恢复与发展

为努力恢复和发展晋绥边区的经济，西北农民银行配合边区政府，不断发放贷款。西北农民银行主要发放了农业贷款、纺织业贷款、工矿业贷款。

1943 年，行署根据生产需要，由西北农民银行发放春耕生产贷款 1 237 万元，青苗贷款 860 万元，纺织贷款及建设费 145 万元。家庭纺织业得到大力发展，超过战前水平，在开垦荒芜土地方面，完成了计划的 1.5 倍，当年大部分军民的穿衣问题得到了解决。1944 年，欧洲第二战场得以开辟，世界反法西斯的斗争形势开始反转，敌后抗日根据地反敌人“蚕食”进攻取得了重大胜利，边区范围逐渐扩大，西北农民银行加大力度支持大生产运动，全区增放无息贷款 5 000 多万元，其中，春耕生产贷款 2 500 万元，种棉贷款 1 000 万元，青苗贷款 1 500 万元。1945 年春，发放农业和纺织业贷款 3 000 万元，借贷出棉花 10 500 斤。

在农业贷款方面。1940 年晋西北抗日民主政权建立后，明确农业政策的首要目的是发展农业生产，低利给农民贷款。边区政府认识到了西北农民银行与农业生产的关系，认为西农币必须与群众利益联系起来，与生产事业联系起来，这样西农币信用才能得到提高与巩固，因此要求银行把贷款投向发展群众生产事业，对群众给予低利甚至无利借贷。

1941—1945 年，晋绥边区政府和西北农民银行出台了不少有关农贷政策的法令。如 1941 年的《春耕贷款贷粮办法》、1942 年的《晋西北民国三十一年春耕贷粮贷款办法》、1943 年的《晋绥边区行署关于民国三十三年度农贷的指示》《晋西北行署关于今年农贷一律免利的命令》、1944 年的《晋绥边区行署关于民国三十三年青苗贷款的指示》、1945 年的《晋绥边区行署关于发放一九四五年农业贷款棉兰贷款和纺织贷款的指示》。西北农民银行在 1943 年颁布了《西北农民银行农业贷款暂行章程》《西北农民银行关于发放春耕贷款的指示信》等。这些政策法令对农贷对象、时间、利率、用途作出了详细具体的规定，形成有章可循的制度体系。西北农民银行坚持贫雇农优先，兼顾中农和广大抗属、退伍军人的方针，实行低息或免息贷款政策。

为实现农贷收放的良性运转，西北农民银行详细规定了申请手续，由各级政府协同群众团体组织周密调研、经村民民主讨论决定，同时在借贷手续上还要求有监督农贷使用和农户生产的保人作保。

在工业贷款方面。晋绥边区政府为鼓励生产、发展纺织水利，对在游击区、边区以内私人经营的生产事业，经政府登记立案，可向政府请求低利或无利贷款，纺织、纺车、水利等贷款一律免收利息。1944 年 2 月，为推广纺织业，保障军民纺织品实现自给自足，边区政府号召各地发展纺织运动，发放纺织贷款，用于购买织布机、纺线纺毛车等生产工具和生产资料。为争取主要工业品自给，增加工矿业产量，西北农民银行根据各地发展工业情形，于 1945 年以粮食实物信贷的方式发放给工矿业。

在支持合作社发展方面。1941 年 4 月，中共晋西区党委明确提出，各区各行政村必须建立合作社，其主要任务是供给人民日用品，平抑物价，巩固西农币。

为了鼓励边区人民集资兴办合作事业，晋绥边区政府出台了一些贷款扶持政策。如规定：凡是在山西省第二游击区以内私人经营的合作事业经政府登记立案者，可呈请政府请求低利或无利贷款；成立 3 个月以上且社员在 100 人以上，取得一定成绩的生产运销信用等合作社，在政府登记立案后，可贷与其社股总金额 2 倍以下贷款；成立不久且社员不足 100 人，但有必要贷款的生产运销信用合作社，在政府登记立案后，可贷与其社股总金额1倍或1倍以下贷款；已向政府登记立案的有特殊情况的消费合作社，可贷与其社股总金额1倍以下贷款；抗属集股所办的合作社，享受特殊待遇。

西北农民银行于1942年2月20日提出《举办合作社低利贷款》的办法，支持合作社发展。此项贷款分为定期和活期，贷款的利息从五厘到七厘不等，期限最长两年。对合作社的贷款申请，西北农民银行要检验合作社登记证，需要合作社有机关或者商号担保；针对生产或运销等业务贷款申请，需提供简单业务计划。西北农民银行以合作社为基点，一方面扶持生产和供销合作社的发展，另一方面也将西农币深入推广到农村，促进西农币的流通使用。

西北农民银行是全面抗战时期晋绥边区的地方性银行，在边区政府的领导下，在极端艰苦的战争环境中，独立自主地发行西农币，统一边区货币，将日伪币、法币驱逐出根据地；对工农业、商业发放大量低息或无息贷款，解决边区大部分军民的吃饭穿衣问题，将银行工作与进出口贸易相结合，管控外汇，维护边区金融稳定，为根据地生产建设和全面抗战的胜利作出了不可磨灭的重要贡献。

五、山东抗日根据地红色金融事业

（一）山东抗日根据地创建历程

山东抗日根据地东濒黄海、渤海，西与冀鲁豫抗日根据地毗连，南至陇海铁路，与华中苏北区相邻，北迄天津，与冀中、冀东两区相接，包括山东省大部，是连接华北和华中抗日根据地的战略支点，是为转入解放战争输出革命力量的主要地区。

1937 年 10 月，日军侵入山东。根据中共中央关于“迅速动员组织人民，建立统一战线，积极开展游击战争，建立根据地，独立自主地坚持山东抗战”的指示，中共山东省委自 11 月到翌年夏，先后在冀鲁边、鲁西北、胶东、清河、泰（山）西、湖（微山湖）西、鲁中、鲁南、滨海等地发动武装起义，开展游击战争，驱逐日伪军，摧毁伪政权，建立抗日民主政权。

1938 年 9 月，八路军第 115 师政治部副主任兼第 343 旅政治委员萧华率部创建冀鲁边抗日根据地，之后湖西、鲁西、泰西、鲁南抗日根据地相继开辟、扩大和巩固。到 1940 年底，中共中央山东分局领导的抗日根据地，包括冀鲁边、鲁西、胶东、清河、鲁中、鲁南等地区，达到 3.6 万平方公里，拥有人口 1 200 万，建立 1 个行政主任公署，14 个专员公署，95 个县抗日民主政府。第 115 师、山东纵队及地方武装发展到 12 万余人。1941 年 4 月 1 日，山东分局将全省划分为胶东、清河、冀鲁边、鲁中、鲁南和鲁西 6 个区；7 月，鲁西区并入冀鲁豫区。

1941 年和 1942 年，日伪军展开“治安强化运动”，对根据地频繁疯狂地“扫荡”和“蚕食”；同期，国民党顽固派掀起第二次反共高潮，发动皖南事变，增派军队入鲁配合日伪军夹击八路军，山东根据地遭到严重破坏，很多地区被分割成小块分散的根据地或游击区，与敌伪形成犬牙交错的战斗布局。1942 年，根据地人口减少到 730 万，面积缩小到 2.5 万平方公里。

根据地军民在极端困难的局势下，坚持“敌进我进”的方针开展对敌斗争，粉碎日伪军多次大规模的“扫荡”和“蚕食”。1943 年，山东军区部队广泛开展群众性游击战争和政治攻势，对抗日伪军的“总力战”，坚守和巩固根据地。

从 1944 年开始，山东军区部队连续发起对日伪军局部反攻，不断扩大解放区地域。1945 年 8 月，山东军区部队分五路向日伪军展开大反攻，歼敌 6 万余人，对日战争取得决定性胜利。到日本帝国主义宣布无条件投降时，山东抗日根据地已发展到 12.5 万平方公里，管辖 2 400 万人。与此同时，山东省战时行政委员会改为山东省人民政府，下辖胶东、渤海、鲁中、滨海、鲁南 5 个行政主任公署，22 个专员公署，127 个县。八路军山东部队已成为拥有 27 万余人的强大武装力量。

（二）山东抗日根据地经济建设：坚持独立自主、自力更生，发展经济、保障供给

全面抗战时期，山东抗日根据地的财政经济工作比陕甘宁、晋察冀等地区起步晚，但发展迅速，坚持独立自主、自力更生，贯彻“发展经济，保障供给”总方针，实行减租减息，调动各阶层群众抗日积极性，开展大生产运动，巩固和壮大根据地经济；建立根据地银行——北海银行，打造独立自主的金融体系，充分发挥银行在战时财经中的重要作用，自主掌控经济命脉，支持军工产业、工农商业，开展货币斗争、贸易斗争，破坏侵华日军物资供应。到抗战胜利前夕，根据地共有工厂 88 个，资金 3 000 万元。随着公营企业的发展，产品质量明显提高，品种不断增加，活跃了根据地市场，增强了与外来商品的竞争力。由于经济措施得当有力，根据地

财政收入明显增加，1944 年收入高达 16 亿元，为顺利开展战略反攻、夺取抗日战争的最后胜利奠定了坚实的物质基础。

1. 建立管控财经工作的组织体系

1940 年 3 月，中共山东党组织为加强根据地财政经济工作的领导，山东分局成立财政经济委员会，黎玉任财委主任，艾楚南任副主任。随后，地委以上的各级党委也都建立了相应的财委机构与制度，自上而下的财经管理体系初步形成。1940 年底，根据地陆续颁发了有关财政经济工作的多项法规、条例，各地抗日民主政权、部队与群众团体的财政收支，逐渐由各地统一管理发展到由山东省战时工作推行委员会财政处及地方财政科统一管理。

2. 税收逐步成为财政收入的主要来源

救国公粮是抗日民主政权向农户征收的一种农业税。山东革命根据地人民群众缴纳的救国公粮平均占总产量的 14% ~15%。1939 年 8 月，山东分局统一了财产所得累进税制度。累进税率按阶级划分，原则上中农、贫农不超过所得的 5%，富农不超过 10%，小地主是 20%，中地主 30%，大地主 35%。一些部队的财粮供给开始由抗日民主政权统一筹募，改变了以往随地募捐、摊派的办法。

山东省税收在财政收入中所占比例逐年提高，1940 年占财政收入的 9%，1941 年占 19%，1942 年占财政收入的 41%。税收逐步成为财政收入的主要来源。

3. 开展减租减息运动

将土地革命战争时期没收地主土地的政策改为减租减息政策，是党从全民族抗战统一战线大局出发作出的重要决策。1942 年 5 月 4 日，山东分局作出《关于减租减息改善雇工待遇开展群众运动的决定》，减租减息增资运动在整个山东抗日根据地全面开展起来。到 1944 年底，全山东抗日根据地大概 1.47 万个村庄进行减租减息增资，约占全部村庄的 63%。农村阶级结构发生了很大变化，地主的户数和土地减少了，中农的户数和土地大为增加，雇农的户数大为减少。减租减息斗争取得了很好的效果，群众的抗日和生产积极性大大提升。

4. 开展大生产运动

1943 年 10 月 1 日，中共中央政治局作出《关于减租、生产、拥政爱民及宣传十大政策的指示》，深入开展大生产运动。在大生产运动中，山东抗日根据地各级党政军机关干部带头积极行动，制定了以种地、开荒、种菜、养猪、养羊等为主，以纺织、榨油、制粉等加工和运输业为辅的生产方针。经过一年多的大生产运动，山东抗日根据地的农业生产取得了可喜的成绩。各地粮食产量不同程度地实现增长，超额完成了粮食增产目标，除渤海区以外，鲁中、胶东、鲁南、滨海均实现了棉纺自给。1945 年，全山东抗日根据地增产粮食 6 亿多斤，开荒和扩大耕地 70 余万亩，打井 5.2 万余眼。

5. 严格管控贸易，实行盐油专卖

侵华日军从 1941 年到 1943 年对根据地实行军事与经济封锁。为打破敌人的经济封锁，山东抗日根据地一方面尽力发展根据地生产，做到粮食和其他日用品自给自足；另一方面对外贸易坚持掌握重要物资，控制根据地内物价，坚持“有利输出、吸收外汇换取根据地必需物资”的策略，严格管控贸易，严禁粮食、棉花等主要物资输入敌占区，实行食盐与花生油专卖，1944 年及 1945 年上半年，滨海区盐业收入占该区全部工商收入的 1/4。1944 年的油价由根据地初创时每担 270 元提高到 600 元，有时高达 1 000 元。

6. 大力发展军工产业和工农业

山东分局和省军区一直非常重视军工生产，1945 年 8 月，各地兵工厂发展到 25 个，员工达 5 000 余人；共生产枪支约 12 万支、子弹 90 余万发、掷弹筒 270 门、手榴弹 51 万余枚，军工生产能力已具备一定规模。

敌人“扫荡”和烧杀抢掠以及水旱灾害给根据地带来严重困难，在如此恶劣的环境下，山东省战时工作推行委员会仍然广泛动员发动群众，大力开展农业生产。山东抗日根据地军民努力开垦荒地，1942 年开荒 44 万亩，较 1941 年扩大耕地 4 倍。

纺织手工业得到大力发展。1943 年，除渤海区布匹一向自给有余外，胶东和鲁中已实现布匹全部自给，滨海做到军队所需布匹全部自给。生活日用品也有了充足保障，各地兴建了肥皂厂、牙粉厂、毛巾厂、鞋袜厂、印刷厂、造纸厂等，解决了大量日用品的供应问题。

1944 年 8 月 11 日至 15 日，山东根据地举办工业展览会，国际友人奥地利医生罗生特参观后兴奋地说："在禁止日货输入的情形下，根据地能出产这样的生产品，实令人惊异不止，新民主主义万岁！"①

大力发展专业、生产、消费等各类合作社以及互助组。大生产运动促使山东各地合作社和互助组蓬勃发展。合作社由群众集资建立，以贫农、中农为主，并争取团结了富农，将一切劳力、畜力、土地、肥料、副业等完全折成股份入股，按股分红，实行公私两利、按劳分配、按资分红等分配形式。合作社经营榨油、纺织、铁木工、供销、运输、缫丝、染织等 40 余种业务。据 1945 年 8 月统计，山东抗日根据地拥有各类合作社 4 926 个，144 万多名社员，股金总计高达 6 942 万元（北海币）。各级党委和政府大力推广换工互助与合作生产形式，积极组织群众开展大生产运动。到 1944 年，根据地组织的各种互助组已达 6.42 万余个，共 38 万余人。

（三）北海银行：山东抗日根据地经济命脉的中心系统

1938 年 3 月，山东最早的县级抗日民主政权在掖县成立。掖县盛产粮、米、金、盐，水路交通便利，一直是山东地区有名的"经济区"。全面抗战初期，掖县仅县城统计在册的商户就有 600 多家。掖县抗日民主政府成立后，每月征收的盐税、地亩税、工商税就达 30 多万元，除去军政费用，还有很大结余。

1. 成立北海银行

基于丰厚的财政基础，掖县抗日民主政府决定筹划成立属于人民群众自己的银行，应对信誉低的法币、泛滥流通的地方杂票，统一币制，消除盘剥，发展经济。具体筹备工作由县政府财政科科长、财经委员会副主任郭欣农和胶东抗日游击队三支队军需处长、财委副主任孙会生负责，根据当地群众"南山松不老，北海水长流"的古训，他们将银行定名为"北海

① 资料来源：山东抗日战争纪念馆。

银行”，以寓货币如北海之水，永远流通。原青岛中鲁银行经理张玉田被聘请为北海银行经理，负责具体筹办工作。

经过 8 个月的紧张筹备，1938 年 12 月 1 日，北海银行在掖县举行开业典礼。总行设在掖县，另在蓬莱、黄县两处设立分行。总行设文书、庶务、发行、会计、存贷和出纳等岗位，雇了 20 多名员工。北海银行初期开展的主要业务工作：一是提高本币信誉，取缔杂钞，驱逐敌钞；二是发放贷款，消灭高利贷；三是兑换、收储黄金和外汇，进行区外采购，保证军需供应，支援抗战。

1939 年 1 月 15 日，驻青岛日军张宗援纠结土匪在日军飞机配合下，北犯胶东抗日根据地的中心——掖县，胶东区党委及其领导的抗日武装与敌军激战后，因武力悬殊，不得已陆续撤离，转入山区坚持游击战争，刚成立的北海银行只能暂时停止工作。但此时张玉田却带着北海银行仅有的 1 000 余两黄金、印刷票版、账册等投奔到国民党一方。

2. 与国民党责难相抗争，重建北海银行

北海银行建立之后，国民党山东省政府主席沈鸿烈迅速将中国共产党建立北海银行、鲁西银行、冀南银行的情况报告蒋介石，污蔑共产党一方擅划行政区域，私设银行机构，滥发伪钞；以武力手段强迫民众使用北海币，印刷假法币；货币发行无任何准备金，强迫募捐；滥设商号，将商业机构与银行捆绑经营；恶意收兑法币，运往延安，扩张军事实力。

迫于沈鸿烈的压力，胶东党委曾于 1938 年 12 月 23 日宣布取消北海专署。这一举动受到中共中央的严肃批评，1939 年 4 月到 5 月，中共中央就北海银行事宜接连两次发出重要指示。在《对山东问题之处置办法》中指出，“山东方面过去退让太多，如接受取消北海行政公署及北海银行……如上述情形不加改变，山东创建根据地与坚持抗战是要受挫折的”，并强调“在财政经济问题上，已得财源决不应放弃”。①

山东分局据此指示胶东党委重建北海银行，并要求将其建设成为全省的金融调剂机关。于是北海银行得以重新筹建，1939 年八九月间开始营业，

① 资料来源：山东抗日战争纪念馆。

陈文其任行长。北海银行主要有四项任务：支持财政支付，解决抗战经费；发行北海币，保护法币；与敌进行货币斗争；支持工农业生产，发展根据地经济。

3. 成为山东抗日根据地银行

1940 年 8 月 17 日，山东省战时工作推行委员会在鲁中地区成立。10 月，山东省战时工作推行委员会决定把胶东的北海银行升级为山东抗日根据地的北海银行，将鲁中地区作为“山东北海银行”总行所在地，由山东战时工作推行委员会财政处长艾楚南兼任行长，内设营业、会计、发行、出纳等科，共有 50 多名工作人员，原胶东北海银行变更为“山东北海银行胶东分行”。

4. 建立独立的北海银行系统

1941 年 7 月，山东分局提出“建立独立的银行业务，使银行成为调剂金融、巩固法币、投资生产的经济命脉的中心系统”。山东省战时工作推行委员会决定建立独立的北海银行系统，扩大北海币的发行，加强货币斗争。相继在省内各区和省界边区设立北海银行分行、办事处与银行业务网点。总行之下设分行，分行之下设支行，支行之下设县办事处，县办事处之下设代办所。全省设有胶东、清河、冀鲁边、滨海四个分行，总行兼鲁中区工作，各分行业务独立经营。分区发行北海币，票子上印有各区文字，相互之间不流通使用。

图 3.5.1 为北海银行代办所简章。

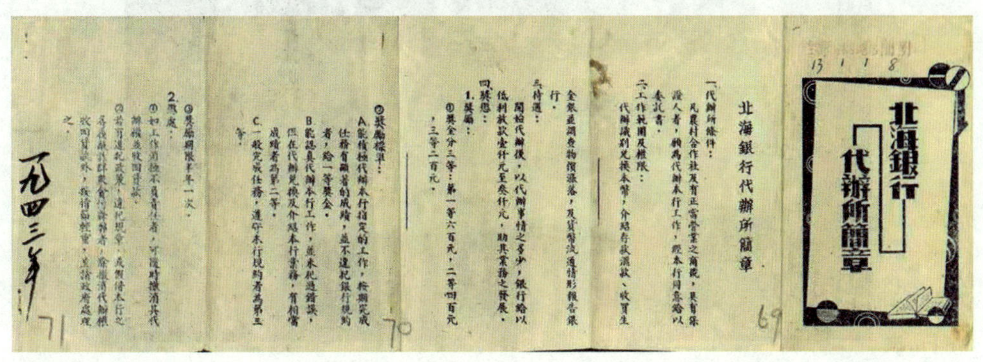

北海銀行代辦所簡章

北海銀行代辦所簡章

一、代辦所條件：
凡農村合作社及有正當營業之商號，具有保證人者，願為代辦本行工作，經本行同意給以委託書。

二、工作範圍及權限：
代辦識別兌換本幣，介紹存款匯款、收買生金銀並調查物價漲落，及貨幣流通情形報告銀行。

三、待遇：
開始代辦後，以代辦事情之多少，銀行給以低利放款壹仟元至叁仟元，助其業務之發展。

四、獎懲：

1. 獎勵：
①獎金分三等：第一等六百元，二等四百元，三等二百元。
②獎勵標準：
A. 能積極代辦本行指定的工作，按期完成任務有顯著的成績，並不違犯銀行規約者，給一等獎金。
B. 能認真代辦本行工作，並未犯過錯誤，但在代辦兌換及介紹本行業務，有相當成績者為第二等。
C. 一般完成任務，遵守本行規約者為第三等。
③獎勵期限半年一次。

2. 懲處：
①如工作消極不負責任者，可隨時撤消其代辦權並收回委託書。
②若有違犯政策，違犯規章，或假借本行之名義敲詐群眾貪污舞弊者，除撤消代辦權收回委託外，視情節輕重，呈請政府處理之。

图 3.5.1　北海银行代办所简章

1943 年春，北海银行总行由鲁中迁到滨海，与滨海分行合并，鲁中区建立分行。同年 6 月，山东省战时工作推行委员会制定《北海银行组织章程》，详细规定银行的组织领导和业务范围，成为全省银行工作的统一准则。

随着抗战的节节胜利，北海银行发行的北海币逐渐发展成为山东革命根据地的主币。后来在解放战争期间，北海币成为华北、华中解放区的本位币。1948 年 12 月 1 日，北海银行与华北银行、西北农民银行合并成立中国人民银行。

（四）发行北海币和北海银行本票

1938 年 12 月 1 日，北海银行正式营业，掖县抗日民主政府郑重宣布：发行北海币，作为法币辅币，与法币等值流通，并随时可兑换法币。因北海银行掌握 1 000 多余两黄金，北海币还可随时兑换黄金。首批北海币发行 95 000 元，币种主要有 1 元、5 角、4 角、2 角共四个币种，在蓬莱、黄县、掖县三县根据地及周边邻县流通。1939 年冬，北海银行重新恢复并再次转移回到掖县，当年发行北海币达 324 100 元。

图 3. 5. 2 为北海银行印钞厂检验车间的工作照。

图 3. 5. 2　北海银行印钞厂检验车间

从 1940 年开始，北海银行与敌寇展开针锋相对的经济斗争，逐步开创独立自主的货币市场，北海币发行量逐年增加。1940 年发行北海币 791 万元，比 1939 年增长 24.4 倍。1940 年 10 月，北海银行被提升为山东抗日根据地的银行，成为全省的金融调剂机关，在鲁中区设立总行。1941 年，总行开始印制发行带有“山东”地名字样的北海币。

1940 年 6 月 1 日，为抵制日伪币，粉碎敌人经济进攻，北海银行清河分行以“官民合办”的方式募集到 88 720 元股金，在寿光县成立开业，发行北海币，十足兑换法币。到 1942 年 2 月 16 日，北海银行清河分行将原股票转换为红利和贸易局股票，完全转为抗日民主政府公办银行继续营业。

图 3.5.3 为北海银行清河分行印钞机。

图 3.5.3　北海银行清河分行印钞机

1941 年 7 月，冀鲁边分行成立，陆续印制发行加盖“冀鲁边”字样的北海币。后来在 1944 年 1 月，伴随清河区与冀鲁边区合并为渤海区，北海银行清河分行与冀鲁边分行合并为北海银行渤海分行。

1942 年 2 月，莒南筹建滨海印钞厂，9 月，滨海办事处改为滨海分行，陆续发行加盖“滨海”字样的北海币。

1942 年 7 月，北海币先后在渤海、鲁中、鲁南统一发行流通，当年发行北海币 4 795 万元。

1944 年 7 月，鲁南分行成立，鲁南区初期所需的北海币从滨海分行调用投向市场。1944 年冬，鲁南印钞厂在平邑县天宝山区建立，开始印制发行加盖“鲁南”字样的北海币。

抗战胜利之前，总行发行的山东版北海币及各分行发行的北海币均仅限各区域流通使用。到抗战胜利之际，北海银行宣布山东各地发行的北海币，不分地区等价全境统一流通。

1938—1943 年，北海币发行量从 9.5 万元增加到 4 984.7 万元，增长 523.7 倍；1944 年发行 3.88 亿元，到 1945 年发行量则高达 15.51 亿元，是 1943 年的 31 倍。

图 3.5.4、图 3.5.5 及图 3.5.6 分别为 1941 年胶东地区发行的北海币 5 元纸币、1943 年渤海地区发行的北海币 5 元纸币及“山东”地名版北海币。

图 3.5.4　北海银行 5 元（1941 年，胶东地区）

图 3.5.5　北海银行 5 元（1943 年，渤海地区）

图 3. 5. 6　“山东”地名版北海币

1. 北海币：从法币辅币到以“物资”保证的本位币

北海银行在掖县筹备时，拟定以股份有限公司形式在全县范围招股募集资金，并设立董事会。胶东特委将北海银行改为公私合营方式，议定银行资本金为 25 万元，公股由五支队司令部出资 7. 5 万元，私股 17. 5 万元，分别由掖县（6. 5 万元）、黄县（5. 5 万元）、蓬莱（5. 5 万元）三县财经委员会招股。招股采取动员和派购相结合的方式，向商会大户、地方士绅、乡村群众募集。募资大部分是通过区行政机构向各村派购，再由村公所派购到户。经充分发动之后，实募股金 101 336 元，其中掖县 55 672 元，黄县 45 664 元，蓬莱和五支队司令部因受战事影响未能认缴。

1943 年山东抗日根据地成立工商局领导对敌货币斗争，在“纸币的基本保证是物资”的思想指导下，开始严格执行“物价本位制”的货币发行准备制度，即发行的货币不用黄金、白银、外汇作储备，而是采用物资作储备，严格控制货币发行数量。随物价的涨落，随时吞吐物资，调节货币流通数量，保持币值和物价的稳定。通过这一制度将根据地内流通的北海币与物价相关联，并根据当时的物价水平来确定北海币在市面流通的数额，确保北海币的币值稳定。

北海银行发行的北海币 50% 交给工商局收购并存储粮食、棉花、食盐、花生油等重要物资。如果物价出现了上涨，那么表示市面上的货币供应量大于物资流通实际需求的货币量，工商局就将这些储存的物资进行出售，回笼北海币，将货币与物资之间的供求拉回到一个平衡稳定的状态。如果物价下跌，说明货币供应量小于物资流通实际需求的货币量，则通过发行北海币收购物资扩大北海币数量，再次将供求拉回到一个平衡稳定的状态，从而保证物价处于合理、稳定的状态。北海银行意识到，用生活必需品来作货币的发行储备，比饥不能食、寒不能衣的金银要有保障，战争中人民群众所关心的不是通过边区货币换回多少金银、换回多少美元或英镑，而是能够换回多少粮食、棉布等日用必需品。运用物资作为发行准备，北海币币值稳定，人民群众的利益有保障，北海币流通山东全境水到渠成。

2. 发行北海银行本票

1943 年，“排法”斗争全面展开，予以北海币取代法币，但受当时印刷设备条件所限，北海币供应跟不上急速扩大的市场需求，出现了北海币流通量严重不足的问题。为解决这一问题，北海银行胶东分行、清河分行、渤海分行先后印发北海银行本票，以代替现钞流通市面。

1943 年，北海银行胶东分行发行北海银行本票，并对本票的发行及使用办法作出规定，具体为：一是北海银行本票为银行发行的一种代替现金流通于市面的票据，是一种流通工具与支付工具；二是本票为固定面额，有 100 元、500 元、1 000 元三种；三是本票与其他票据不同，转让时不需要背面盖章或签字，凭票兑付。当年发行 155. 7 万元本票，1944 年上半年发行 682. 7 万元本票。

1944 年春，北海银行清河分行与冀鲁边分行合并为渤海分行后，渤海分行印发了 100 元北海银行本票。

1945 年 6 月至 9 月，北海银行总计发行 500 元本票 1 945 万元、1 000 元本票 1 080 万元。1945 年 8 月 1 日，山东抗日根据地开始统一货币管理，北海银行要求各地区限期收回已发行的本票，流通市场的本票开始陆续悉数回收、兑付。

（五）展开“排法”斗争，与法币争夺本位币地位

全面抗战初期，法币在国统区和根据地流通，也在敌占区通行，是根据地对外交易结算的主要货币。1941—1943 年，北海币逐渐占领货币使用

和流通区域，与法币争夺本位币地位。

1. 日军向根据地倾泻法币，掠取物资

太平洋战争爆发后，存于上海、天津等租界的外商银行的 70 余亿元法币落入日军手中。日军无法再用法币在国际市场上换取英镑、美元，于是向根据地大量倾泻法币，掠取物资。当时山东抗日根据地人口不过 1 000 万，陡然流入几亿元法币，导致了严重的通货膨胀，使法币币值狂跌，北海币也跟着跌落，物价飞涨，物资大量流出。要摆脱严重的经济威胁，就必须先摆脱法币币值的影响，于是山东抗日根据地加紧确立北海币的本位币地位，明令停用法币，禁用伪钞，展开反击日军的经济战。

2. 确立北海币为本位币，实行法币贬值或降价政策

1942 年 1 月，山东战时工作推行委员会财政处作出指示："各地区应当迅速确定北票及民主政权所发行之纸票为本位币，对法币实行七折、八折、九折使用。"但是，当时北海币是作为法币辅币发行的，难以摆脱对法币的依赖，想要排挤掉法币独立成为本位币，难度可想而知。①

从 1942 年 4 月 1 日起，南京汪伪政权采取压低法币价格的手段，5 月又停止"中央""中农"两行法币在沦陷区流通，势将法币驱向抗日根据地。为应对不断涌入的法币、粉碎日伪掠夺根据地物资的阴谋，4 月，山东分局财委会和省战时工作推进委员会先后发出指示，要求实行法币贬值或降价政策，逐渐禁止法币流通，扩大北海币的流通范围。

紧接着，山东分局财委会于 5 月 29 日又作出《关于法币问题的指示》，要求各地立即实行贸易统一管制，严格实行以货易货，阻止法币内流及物资低价外流，并宣布以北海币作为山东抗日根据地的本位币。自 7 月 1 日起，所有军政民间的来往账目、借约契据，一律以北海币计算。北海币与法币以北海银行规定比价折合使用，逐渐取消法币。②

在山东分局和山东省战时工作推行委员会的统一布置和领导下，各地先后展开了"排法"斗争。但 1942 年的"排法"斗争，只在胶东等部分

①② 山东省档案馆、山东社会科学院历史研究所合编：《山东革命历史档案资料选编》第 8 辑，山东人民出版社 1983 年版，第 122 页、第 310 页。

地区取得初步胜利，且胜利局面极不稳固。多数地区仍是物价飞涨，法币内流，物资外流，经济危机仍然严重。

3. “排法”斗争取得胜利，法币退出根据地市场

在总结经验和教训的基础上，山东分局于1943年7月9日下达《关于停用法币的指示》，开展了第二次“排法”斗争。号召全体党员带头不使用法币，不收受法币，做查禁法币的模范，宣传和动员群众限期将法币兑换成本币。北海银行把掌握的法币大量投入敌占区和游击区换回物资，以免因法币跌价而受到损失。北海银行还向敌占区和游击区的农民、渔民和盐民发放贷款，使北海币不断扩大流通区域和流通量。

由于展开了深入的政治动员和宣传教育，广大群众积极支持和配合停用法币，在不到一个月的时间内，几千万元法币被排挤出根据地市场，北海币币值上升，市场物价下跌。随后“排法”斗争在各个地区捷报连连，1943年，至少有6亿元法币被排挤出根据地市场。

到1944年7月，山东抗日根据地已经胜利完成统一币制的初步工作，北海币成为根据地市场上唯一的本位币，在游击区的流通占比达75%，敌占区达44.3%。此时，山东抗日根据地的物价非但没有上涨，反而下落了30%~40%，山东抗日民主政府全面掌握了山东抗日根据地的货币发行权。

到抗战胜利前夕，山东抗日根据地约有7亿元北海币在市场流通。1945年8月1日，山东省财委会决定，全省各地区发行的北海币不分地区统一流通。至此，独立自主的本位币市场完全建立。

（六）放贷北海币，支持根据地发展生产，建设独立自主的经济体系

北海银行建立初期，地址无法固定，存取不便，利息很低，除机关部队和企事业单位的往来性存款外，基本没有其他存款和储蓄业务。北海银行主要开展发行货币，反击日伪货币斗争，占领、巩固和扩大北海币的使用流通区域，以及发放贷款、代理金库、收购存续黄金、汇兑等业务。

1. 发放较多"低利贷款"

1941 年之前，北海银行资金薄弱，发行北海币主要用于财政、军政开支，贷款发放很少。1941 年起，根据地开展自力更生大生产运动，北海银行发行北海币开始较多地用于生产，发放较多"低利贷款"，帮助群众恢复和改善生产条件和生活状况，支持解决粮荒和开展生产自救，积极为战争、为生产建设提供经济后盾。

1940 年 7 月 26 日，山东省临时参议会通过《山东省战时施政纲领》，其中第三条明确要求要举办低息借贷。蓬莱、黄县、掖县三县及莱芜、泰安等地的县抗日政府纷纷成立低息贷款处，贷款以劳苦大众为重点对象，对于贫苦的军工烈属给予优先照顾。因为利息低微，人民群众都争涌着来借贷。随后，北海银行主要开展春耕贷款、纺织贷款、掘井抗旱贷款、灾民贷款、运输贷款以及棉区良种、纺织用棉、纺车等实物贷款，支援农、渔、盐业及副业。

1942 年 6 月 14 日，山东省战时工作推行委员会召开扩大常委会，通过若干重要提案，对北海银行贷款最低利率作出明确规定：农业贷款四至六厘，工业贷款六至八厘，合作贷款八厘至一分，商业贷款一分二厘。北海银行发放的贷款中，农民贷款要比工商贷款利息低很多。

从 1942 年到 1945 年，北海银行胶东分行"低利放款"项每年发放数额约为 0.26 亿元、0.19 亿元、0.24 亿元、0.78 亿元，总计约为 1.47 亿元，每年占贷款总额的比例分别是 29.6%、58.53%、58.37%、82.4%，累计占自成立起到抗战胜利历年贷款总额的 68.82%。

2. 侧重发放免利或低利农业贷款

山东抗日民主政府认为，贷款应当用于发展农业生产，贷款要有主次，即百分之五十投入农业、纺织，提高农业生产，救济与其他贷款是次要的。1943 年 9 月 23 日，《中共山东分局关于银行工作的决定》提出信贷资金的分配政策："各地区发行之本币，应以百分之五十投资到工商局，作统制物质、调剂外汇用，其余百分之五十作农贷及其他临时之用。"①

① 中国人民银行金融研究所、中国人民银行山东省分行金融研究所编：《中国革命根据地北海银行史料》第 2 辑，山东人民出版社 1986 年版，第 166 页。

在抗日民主政府和银行的支持下，根据地开始成立各区农民贷款所，发放低利贷款。如1940年4月，蓬、黄、掖三县成立农民贷款所，扶助合作事业和手工业，以及春耕生产等。1940年6月，为救济贫困抗属、贫民，并协助各抗日民众团体团员小本营业，莱芜县颁布《低利贷款暂行办法》，成立多处贷款所。1940年10月，北海专署成立贷款所，每县设立一所，实行免利或低利贷款，以协助工农生产事业，发展战时经济。到1942年，各地已普遍建立农贷所。1942年以后，农村贷款正式由北海银行统一管理。各地银行直接负责，贷款除发放现金外，还有粮食贷款、实物贷款。为帮助农民解决生产资金困难，贷款主要用于奖励植棉、添置耕畜农具、购买种子肥料以及发展水利建设。根据用途，贷款主要分种子贷款、农具贷款、植棉贷款、青苗贷款，以及对互助组和变工队的耕牛贷款等。1942年为兴修水利，还特别举办了打井贷款。

北海银行在抗战相持阶段发放农业贷款的规模、比重日益加大。1941年之前，北海币发行量少，主要用于财政开支。1941年，为支持自力更生、发展生产的运动，北海币开始较多地在生产方面发放贷款，农业贷款达42.42万元。1941年清河分行从招募的9万元股金中拿出部分资金发放生产贷款；1941年春，鲁中的泰山区发放4.6万元春季贷款，主要贷给167户贫苦农民和抗属。1942年2月，山东省战时工作推行委员会为春耕生产准备了10万元的低利贷款分发给各地。1944年、1945年贷款主要用来支持农业大生产运动。1944年，鲁南专署发放春贷150万元；鲁中区在大生产运动中共发放农业贷款2 000万元，植棉贷款1 500万元，全区植棉约38万亩，水利贷款240万元，副业、农具、种子贷款260万元。1945年，全省共发放春耕贷款1亿元。

1943年之前，北海银行农业放款占每年贷款总额的比例大多维持在50%左右。1939年，北海银行胶东分行合计发放贷款258 600元，其中，发放农业贷款178 000元，占贷款总额的68.8%，工业放款10 000元，仅占3.9%，商业放款61 100元，占23.6%；1940年，发放贷款38.02万元，全部用于农业生产；1941年，根据地异常困难，共发放贷款257.46万元，贷款给农民发展生产42.42万元，占到16.5%；1942年，发放贷款总计

1 152.43万元，农民贷款480.56万元，占贷款总额的41.7%；1943年，农民贷款总计2 512.03万元，占贷款总额的52.9%。

北海银行实行低息或免息的农业信贷政策。一年以上的长期放款月利一分，不足半年的短期放款月利一分二厘。1945年，为支持大生产运动，在全省各地发放农业贷款1亿元，一般农贷月息一分，抗属则为五厘。为奖励植棉，种棉贷款不收利息。为帮助新解放区贫民抗属恢复生产，1945年鲁中区还贷发粮食170万斤，其中多地皆为无息放贷。

3. 开展工商业贷款

1942年，北海银行逐步开展工商业贷款，如纺织、油坊、肥皂、制革、造纸、酒店、卷烟手工业和各种合作社等；商业贷款主要用于收购棉花、花生、烟叶以及运盐。相对农业贷款，工商贷款利息稍高一些。

4. 秘密开展汇兑业务

北海银行开展汇兑业务的主要形式是信汇和汇票，服务对象是工商贸易部门和合作社，私人很少。刚开始与敌占区的外汇汇兑，一般是将根据地特产如棉花、烟叶等拿到敌占区销售，回款以敌占区流通的货币存到商号、钱庄等处，根据地有关部门可凭汇票取款，在敌占区购买必需物资。也有与根据地贸易局建立秘密关系的敌占区商户，他们通过贸易局凭汇票取款。1943年下半年，日伪军的经济势力日渐衰退，日伪币开始一路贬值，敌占区内不断通货膨胀，生活用品奇缺，物价飞涨。与敌占区形成鲜明对照的是，山东抗日根据地日益巩固和壮大，生产能力不仅可以自给自足，还有富余货品用于贸易，从敌占区主动来根据地做生意的商户越来越多，他们除在根据地边缘地带开展货币兑换外，还与根据地建立直接的汇兑关系，如鲁中分行就与济南、潍县、益都的商号、钱庄建立了几个汇兑点。

5. 代理金库

北海银行归财政部门领导，财政的上缴下拨都通过银行办理，形成银行代理金库的业务。1941年，山东省战时工作推行委员会财政处长兼银行行长艾楚南曾代山东分局财委会起草电报给各地区，强调统一财政收支，严格建立金库制度，并要求充实机构，有银行机构的金库工作由银行代理。1943年下半年，山东省战时工作推行委员会决定改变银行代理金库制度，将各级金库划归政府。从此，各地银行不再代理金库工作。

6. 储备黄金以备外汇使用

北海银行负责储存铜井金矿、玲珑金矿生产的黄金，至 1943 年下半年，储存的黄金开始作为外汇资金使用。铜井金矿位于山东省临沂市沂南县县城北部盛产黄金的铜井村。日军觊觎黄金，派重兵占领铜井村，加固工事。经过与日军反反复复的争夺，到 1942 年初八路军夺回铜井金矿。

玲珑金矿原名招远金矿，位于山东省招远。1939 年，侵华日军占领招远，叫嚣“宁失招远城，不丢玲珑矿”，对玲珑金矿严密看守，掠夺大量黄金。面对日军的强盗行径，中共山东省委、胶东区委带领玲珑矿工和抗日群众，与抗日主力部队紧密配合，通过把金粉末揉到头发里、藏在破棉絮里等方式，筹集黄金秘密送往党中央和山东抗日民主政府，仅 1939—1945 年就累计运送黄金 13 万两（4.06 吨），为夺取抗日战争胜利作出了巨大贡献。

六、苏中抗日根据地红色金融事业

1938 年，遵照党中央的指示，新四军挺进华中，开展独立自主的游击战争，开辟了华中抗日根据地。华中地区处于黄河和长江之间，连接中国北方和南方，有陇海铁路、津浦铁路、京汉铁路等重要交通轨道，战略地位极为重要。华中抗日根据地的建立是抗战期间国共合作的产物，也是中国共产党直接领导的敌后抗日战场的重要部分。抗战时期，党的金融机构一方面要支持对日作战，另一方面要在财政金融战线上站稳脚跟，开展货币斗争，发展“红色金融”，稳定和巩固根据地。

1941 年 4 月，中共中央中原局（后为华中局）和新四军新军部在江苏盐城建立了江淮银行。后因根据地敌情变化，成立了仅 3 个月的江淮银行便随军转移，暂时撤离了盐城。

1941 年 8 月，新四军军部决定暂不设华中统一的银行，由各军区设立自己的地方性银行。从此，江淮银行成为新四军第一师所在地苏中抗日根据地的主要金融机构继续经营，同时发行了相应抗币币种——“江淮币”。

（一）新四军创建华中抗日根据地

1938 年 9 月至 11 月，中共中央在延安召开扩大的六届六中全会。在华中战场发生巨大变化的严峻时刻，会议强调中国共产党必须独立自主地领导人民进行抗日战争，确定了“巩固华北，发展华中”的战略方针。根据形势发展的需要，中央撤销长江局，设立中原局以加强党对华中工作的领导。1938—1940 年，新四军和八路军各部在华中地区开展了艰苦卓绝的敌后作战，创建了华中抗日根据地。

1941 年 1 月，国民党反动派掀起了第二次反共高潮。1 月 6 日，国民党集结重兵包围袭击从皖南北移的新四军军部及所属皖南部队，造成了震惊中外的皖南事变。1 月 17 日，蒋介石宣布取消新四军番号。1 月 20 日，毛主席以中共中央军委发言人名义发表谈话，揭露国民党当局的反共阴谋，抗议其武装袭击新四军的暴行。同日，中国共产党毅然在江苏盐城重建新四军军部。新四军所属部队编为 7 个师和 1 个纵队。

1941—1943 年是华中敌后抗战最困难的时期，根据地军民同日伪军进行了艰苦卓绝的反“扫荡”、反“清乡”、反“蚕食”、反摩擦作战。3 年中，新四军对日伪军作战 8 400 余次，挫败了国民党军队的多次进攻，发展了华中抗日根据地。经过 8 年全国抗战，新四军主力部队和地方武装发展到 31 万余人，建立起地跨江苏、浙江、安徽、河南、湖北等省的华中抗日根据地。

面对华中地区严峻的抗战形势和敌伪的经济封锁，华中抗日根据地以独立自主、自力更生为指导思想，以发展经济、保障供给为总方针，以卓越的金融工作在根据地大力发展农业、手工业和商业贸易，为根据地的建设和发展打开了新的局面。

（二）新四军军部成立江淮银行

1940 年 11 月 1 日，根据中共中央书记处《关于建立与巩固华中根据地的指示》，为了粉碎敌人的经济封锁，保障军需供给，刘少奇、陈毅召集新四军军部财经部朱毅、李人俊等人研究，决定迅速筹建根据地银行和印钞厂，发行自己的货币。

1. 刘少奇定名成立江淮银行

关于新筹建银行的名称，当时有同志建议取名“淮南银行”，还有的同志考虑到这个银行立足淮南、面向淮北，建议取名“两淮银行”。时任中原局书记的刘少奇认为，新四军还要向东发展，将来要面向大江南北，横跨淮河两岸，应该叫“江淮银行”，后来刘少奇亲自题写了“江淮银行”的行名。

2. 江淮银行成立

1941 年 4 月 1 日，新四军军部在盐城成立江淮银行。江淮银行属新四军军部财经部领导，对外是两块牌子，对内是一套班子。新四军财经部部长朱毅兼任江淮银行行长，副部长李人俊、骆耕漠任副行长，银行下设营业、会计、秘书三个科，共计四十余人。江淮银行的人员，一方面是从军部财经部抽调过来的，他们是银行的中层骨干；另一方面新四军财经部与上海地下党取得联系，请他们在上海物色有志于抗日并熟悉银行业务的进步人士和青年到苏北根据地；另外，还从抗大五分校招进一批知识青年，专门举办了“财经干部训练班”，对招录人员进行银行业务培训。

3. 江淮银行划归苏中抗日根据地

1941 年 7 月，日伪军集结 1.7 万余人分四路进攻盐城，企图包围新四军主力。受日伪军此次“大扫荡”影响，开业仅 3 个月的江淮银行随新四军财经部转移，撤离盐城。刘少奇、陈毅下达“保卫苏北根据地，粉碎日军进攻”的作战命令，一面积极抵抗，一面转移主力，跳出敌人包围圈。8 月，日军被迫停止对苏北的“扫荡”。华中各根据地转入深入持久的敌后斗争。1941 年 8 月，新四军军部决定：现暂不设华中统一的银行，各军区可设立自己的地方性银行。江淮银行受新四军一师、苏中军区和苏中行署领导，成为苏中抗日根据地的地方性银行。

江淮银行的建立对华中各地抗日根据地党和政府来说，是全新的尝试。江淮银行设在苏中抗日根据地后，对根据地的财政金融工作、对发行货币和开展货币斗争都进行了大胆的尝试，丰富了党的金融思想，为新中国的金融事业奠定了基础。

（三）苏中抗日根据地创建历程与财政经济概况

苏中抗日根据地位于江苏省中部，包括扬州、泰州、南通等地区。东临黄海，南至长江，与苏北、淮北、淮南、皖江等华中抗日根据地相连。1941 年 3 月，中共中央在苏北盐城重建新四军军部后，苏北区党委改称苏中区党委。1941 年 5 月 1 日，苏中军区成立，所驻部队为新四军第一师，师长粟裕，政治委员刘炎。苏中抗日根据地有四个行政区：江都、高邮、宝应三县为一分区；东台、泰东、兴化三县为二分区；泰兴、泰县、靖江、如西四县为三分区；如皋、启东、南通、海门四县为四分区。抗战后期辖区有所调整。苏中抗日根据地坚持独立自主的经济发展思想，通过一系列手段发展经济金融，推动根据地发展。

1. 坚持“发展经济、保障供给”的总方针

“发展经济，保障供给”是抗日根据地在经济建设中关于经济工作和财政工作的总方针。1943 年 7 月，《苏中区经济建设方案》指出，根据地要坚持“以发展自给自足之农业为主，提高农业生产力，达到普遍改善人民生活，以加强原地抗战之条件，并奠下将来建国伟业之基础”“开辟贸易路线，疏通运销，调节根据地内外供需关系”。要求兴办农业生产合作社“指导其有计划地进行农业及其副业生产；帮助解决资金缺乏问题；帮助解决农具种子肥料水利耕牛等问题”。①

2. 开展减租减息促进农业生产

苏中抗日根据地土地集中严重。如四分区的如皋、启东、南通、海门四县，中农、贫农仅占 20% 的土地。中央土地政策的决定下发后，苏中减租工作得到各阶层的拥护，说服和推动了许多地主实行减租。在 1942 年夏收中，实行减租 32 648 户，减租田亩 8 656 414 亩。1944 年，苏中区宣布“彻底实行减租减息，保证交租交息，合理调整主佃关系与债务关系”的施政纲领。

3. 引导平抑物价

利用各种经济金融手段，平稳根据地的物价。如 1945 年 5 月，姜堰、海安敌占区的粮食涨价风蔓延到根据地附近，泰县公营商店裕民粮行即以较低的价格出售大麦 7 万多斤，比敌占区每石便宜 2 000 元左右。又如，猪是苏中抗日根据地的大宗物资，三分区在 1943 年制定了《鲜猪出口统制办法》，同时在靖江成立了县区猪商协会，统一领导生猪的收购、出口、加工等业务。

---

① 中共江苏省委党史工作委员会、江苏省档案馆编：《苏中抗日根据地》，中共党史资料出版社 1989 年版，第 228 页。

4. 争取贸易的主动权

1942 年 2 月，华中局财经委即颁布了《华中抗日根据地财政经济政策草案》，该草案规定“在对内贸易上，应该确保商人有贸易的自由，不应采取七管八管的办法”“处于战时和敌后环境，再加以敌人的封锁，内地贸易是难以顺利发展和支持的，如果再加以过多的约束，必使根据地的商业难以立足”。1943 年又颁布了《苏中区战时进出口税暂行管理办法》，规定：凡属军用品、日用必需品、电器器材、医药用品、粮食、牲畜、农具、工业原料、五金用品、文化用具，一律保护奖励进口。凡属消费品、奢侈品、迷信与赌具、毒品等，一律限制与禁止进口。凡根据地确系过剩货物，不属资敌性质，一律奖励保护出口。粮食、耕牛、五金制品、工业原料，一律禁止出口。

（四）江淮银行在苏中根据地发行的币种——江淮币

1941 年 5 月，江淮银行印钞厂基本筹建完成，当时印钞厂厂长由新四军财经部副部长李人俊兼任。由于条件所限，江淮印钞厂在江淮银行成立后，并没有印刷江淮币。

1941 年 8 月，随着日伪对盐阜区进行大规模“扫荡”，江淮印钞厂拆除了印钞机器，隐蔽所有生产资料并转移人员。印钞厂虽一再试图组织印钞，但由于环境恶劣，印钞工作一直难以进行。当时抗日战争已转入战略相持阶段，无前后方之分，江淮银行及印钞厂常遭日伪“扫荡”及袭扰，必须时刻做好转移准备，并保护好印钞设备及物资。

1942 年 4 月，中共华中局、新四军军部命令李人俊等必须“在两个月内将江淮币印完，或者大批印出来”。1942 年 5 月，随着苏北取得反“扫荡”的重大胜利，李人俊在武装掩护下，冲过多条封锁线将印钞设备转移到阜宁县羊寨镇南的虹庙安装开工。

1942 年 7 月，江淮印钞厂终于全面开工，正式印钞。首批印制的江淮币，票面上均印有“中华民国三十年印”，这是因为这批钞票的钞版在 1941 年就已经制成。这也从侧面反映出江淮银行与江淮印钞厂在这次反

“扫荡”中的不寻常经历。

1942 年 11 月 1 日，随着江淮银行和江淮印刷厂转移到苏中抗日根据地，苏中行政公署发布财字第 3468 号公告，正式发行江淮币，公告称：“为抵制汪伪排斥法币，实施经济掠夺‘以战养战’之阴谋毒计，以保护根据地广大人民之利益，坚持执行经济抗战之政策，除设立贸易局管理物资出口，奖励进口外，复于根据地设立银行，发行江淮银行钞票，票额分 5 角、1 元、5 元、10 元四种。江淮票 1 元作法币 5 元计算。自发行日起，江淮票不仅为根据地通用货币，而且为根据地本位货币。并将本署颁订《苏中区发行江淮银行钞票及兑换法币暂行办法》附贴公布。”所以，江淮币自发行日起，就作为苏中抗日根据地通用货币和本位货币。

（五）江淮银行在苏中抗日根据地的主要业务

1941 年 6 月，江淮银行在泰东县栟茶镇（即今海安东部，现栟茶属如东县）建立了苏中分行，李人俊兼任行长，又在泰东县李堡镇（现海安县）设立办事处。

1. 江淮银行的机构设置和主要任务

江淮银行苏中分行下设第一、第二、第三、第四、第五支行，各县与部分大的集镇也设立了江淮银行办事处。江淮银行的主要任务是发行货币、代理金库、办理存款放款和汇兑业务。

2. 江淮币发行总量和币种

江淮银行先后发行过面额为 2 角、5 角、1 元、5 元、10 元、20 元六种面额的钞券。为了便于工作，时任中原局书记的刘少奇当时使用化名“胡服”。江淮银行 1941 年版 1 元券背面签字即为胡服的英文签名“HwuFao”，而其他券种的签名为江淮银行正副行长朱毅、李人俊。1941 年版 1 元券是唯一的一种刘少奇签名的抗币。江淮银行印钞厂的钞票采用铜板凹印、凸印雕刻，图案精巧而复杂，江淮币发行、流通时间为 1942—1946 年，总共发行了 2 700 余万元。

图 3. 6. 1 为江淮银行 1941 年版的 1 元券的背面。

图 3. 6. 1　江淮银行 1 元券（背面）（1941 年）

3. 江淮币发行范围

江淮印钞厂发行的钞券发行范围较广，不仅在苏中抗日根据地流通，有的钞券也在盐阜、淮北和苏浙地区流通。这些地区使用江淮印钞厂生产的江淮币时，往往加盖“苏中”（见图 3. 6. 2）“盐阜”“苏浙”等字样，作为本地区的区域性货币投放流通。

图 3. 6. 2　江淮银行 1 元券（加盖“苏中”字样）（1943 年）

4. 江淮币还以流通券、代价券、本票券的名义印发

苏中抗日根据地以发行临时货币来弥补财政收支，又常以此类货币发行调整经济和金融，畅通市场，发展根据地经济。江淮银行苏中分行的第一、三、四、五支行均印制了此类流通券，其中，第五分区支行的流通券的 1 元券背后印有“每百元作公粮二百市斤”，说明此券既可以用作货币，又可兑换公粮。

（六）苏中抗日根据地的货币斗争

苏中抗日根据地与日伪控制的上海、南京等大城市隔江相望，是敌我金融货币斗争激烈争夺的中心地区。围绕货币发行，苏中抗日根据地与敌伪进行了艰苦的斗争。

1937 年 12 月，国民政府迁都重庆，其后抗战形势日趋紧张，国民政府国库空虚，经常通过滥发法币来补充财政。在 1939 年以前，国民政府中央银行发行的纸币中，10 元以下各种钞券的发行量占总量的 80%，50 元以上的大额钞票只占 20%。而到了 1941 年以后，500 元面额的法币大量发行，使大钞的比例增加到货币总额的 70% 以上。由于法币发行大额钞券，民间交易找零极为不便，市场上出现了拒收大钞及大钞贴水的情况。由于国民党坚持其错误的财政政策和金融政策，法币恶性膨胀，出现严重贬值。

1. 依靠抗币保护根据地经济

日本侵略者占领上海后，根据地的产品运销出去换不回所需物资，行商者只有将法币、伪币带回根据地。一段时间以后，大量法币、伪币到根据地收购物资，严重威胁了根据地经济。为了抵制、排除、拒用法币和伪币，根据地光靠发行小面额辅币，已不能满足斗争的需要，只有掌握货币发行的主动权，才能建立金融堡垒与之斗争。

1942 年 10 月 24 日，中共苏中区党委发布《关于敌汪排斥法币及我根据地发行抗币的决定》，深刻分析了形势，指出“敌汪一方面禁用法币，一方面吸收法币……时增时减，以操纵我方之金融和物价”“敌汪企图在沦陷区禁用法币，迫使法币内流，造成大后方及我根据地之恶性通货膨胀”“以伪币套换法币，再以法币夺取我物资，使我们物资外流，抗战资源日趋贫乏”。还强调事关抗战利益，与敌人作货币斗争，为争取最后胜利必要的措施。抗币“带有国家纸币的性质”，是“新民主政权下地方性国家纸币”。该决定揭露了敌伪阴谋，要求根据地内禁用伪币，发行抗币，保护人民利益。①

1944 年 9 月，由于法币的急剧贬值，所以为了更好地对敌进行货币斗争，江淮银行把抗币对法币的比率规定为 1∶50，随后江淮银行对抗币与日伪币的比率也作了规定。1945 年 5 月，抗币 1 元折合伪币 160 元，对于已经流入的伪币，加以封存冻结，不准在根据地内作为流通工具，但可以携带出口，到敌据点购买物资。同时利用合作社来收购伪币，排斥伪币在根据地内流通。

2. 坚决抵制伪币、假币入侵经济

日伪开始采取金融措施对根据地实施侵略，利用“扫荡”之机把大量伪币输入根据地，用刺刀强迫根据地人民使用，以此来掠夺根据地的物资。日伪“扫荡”初期，根据地用抗币联合法币与伪币展开斗争。

随后，针对日伪伪造抗币来吸纳根据地物资的现象，根据地开展了反假票斗争，维护抗币信誉。此外，还设置伪币兑换处，有计划有组织地利用公营商业、合作社和私营商人到敌占区通过伪币来购买根据地所需要的物资，促进贸易斗争的开展。1945 年，兴化县 12 个乡镇组织商会坚持以抗币标价，大大提高了抗币信誉。泰县和泰兴县地区一些合作社还发行了“流通券”“代米券”等，使伪币在根据地无立足之地。

3. 发展经济，稳定和巩固根据地

江淮银行一经成立，坚决贯彻执行党中央和华中局发展经济的货币金融政策。在盐阜区的盐城县、阜宁县两县举办借贷所，1941 年 4 月拨给盐城县 6 万元，6 月拨给阜宁县 3 万元。

江淮银行在苏中抗日根据地陆续发放了各项贷款支持大生产运动，深受群众欢迎。

当时江淮银行主要办理三类贷款：

一是办理农业贷款，用于购买种子、耕牛、小型农具和凿井灌溉，其中包括发放农副业贷款，支持农民度荒、生产，很多贫农及赤贫由此得到

---

① 杨凯生：《不该忘却的故事——关于抗日战争时期苏中地区的一场货币斗争》，《金融时报》2015 年 6 月 12 日。

资金和生产物资。江淮银行对农民的贷款仅1944年就超过3 500万元（江淮币）。

二是向个体工商户发放小额贷款。通过对公私营工厂、作坊的投资和贷款，支持在根据地生产紧缺物资，打破经济封锁。

三是商业贷款，鼓励商人到敌占区城市采购生产、生活资料，活跃根据地市场，帮助群众购买生产、生活必需品。

苏中抗日根据地货币斗争取得最终胜利。苏中抗日根据地税收在苏皖边区四区（苏北、苏中、淮北、淮南）中最为丰厚。1944年，苏中区税额总数达11 261万元，行政收入达41 297 879元。

（七）江淮银行与华中其他根据地银行合并成立华中银行

中国人民经过8年的浴血奋战，到1945年终于迎来了抗战的胜利曙光，苏中抗日根据地与全国一样，收复了大量的城镇。随着苏中抗日根据地面积的日益扩大，急需大量的抗币投入市场。如1945年，江淮银行第四支行发出通告，“为调剂根据地金融，充实货币斗争力量，特呈准上级发行本票。在东台、如皋境内流通”。江淮银行第四支行南通办事处发行了面额为5元、50元、100元的三种新抗币。

1945年2月3日，华中局在上报中共中央《关于华中部署的报告》中提出：“为了解决经费困难，拟于五月以前完成发行华中统一货币。”经过一段时间的筹划，1945年8月1日，江淮银行、淮南银行、盐阜银行、淮海银行和淮北地方银号等各根据地地方银行在盱眙合并组成华中银行，总行设在淮阴（现淮安）。在首批发行的华中币中，还有将印好但未发行的江淮银行50元券改印上“华中银行”作为华中银行币发行的货币。根据华中财经委员会指定，以江淮印钞厂为基础，各根据地的印钞厂合并成立华中印钞厂。

截至1946年，江淮币总共收兑近2 000万元，尚有700余万元未收回，这其中还包括当初反扫荡撤退途中疏散掩藏而未能找回的江淮币。江淮币与华中币的比价开始为1∶1，后来为1∶0.1及1∶0.06。

七、苏北抗日根据地红色金融事业

苏北区当时包括盐阜区与淮海区，辖阜宁、阜东、盐城、盐东、建阳、射阳、滨海、涟东、淮安九县，南部为水网地区，沟河纵横，北部多“青纱帐”，易于隐蔽。当时每年产棉花 34 000 多担，盐 80 多万担，粮食能够自给有余。

抗战进入相持阶段后，国民党政府无限量地发行法币，造成各地持续通货膨胀。日伪除了军事上不断“扫荡”“清乡”之外，还在经济上实行严密的封锁，用日本军用票、汪伪储备票、国民党法币等，在苏北抗日根据地掠夺各种物资，破坏根据地生产，此时的苏北大地迫切需要建设“红色金融”。

（一）苏北抗日根据地创建历程

根据中共中央的指示，1940 年 5 月，黄克诚率八路军第二纵队第三四四旅和新编第二旅，由冀鲁豫根据地南下，配合新四军开辟苏北抗日根据地。6 月，黄克诚率部在皖北涡阳县与彭雪枫率领的新四军第六支队会合。10 月，由黄克诚率领八路军新组建的第五纵队占领苏北盐城，新四军陈毅率部北上进抵东台，两军的先头部队在白驹镇胜利会师，使中国共产党领导下的苏北敌后抗日根据地连成一片，开辟了华中最大的一块抗日根据地。1940 年 11 月，华中新四军、八路军总指挥部在苏北海安成立。随后，华中总指挥部迁到盐城，盐阜地区成为华中抗战指挥机关所在地。

1941 年 1 月，皖南事变发生后，中央将苏北地区划分为苏中和苏北两块抗日根据地。苏北抗日根据地包括苏北的北半部，又分为淮海区和盐阜区两个地区。苏北抗日根据地在灌河以南、盐河以东的地区为盐阜区，在灌河以北、盐河以西的为淮海区。八路军第五纵队整体编为新四军第三师，黄克诚任师长兼政治委员，主要任务是保卫和建设淮海、盐阜两块抗日根据地。

1941 年 9 月，中共盐阜区党委、盐阜军区和中共淮海区党委、淮海军区以及淮海、盐阜两个行政公署成立。1942 年底，中共淮海、盐阜两区党委和军区合并，成立中共苏北区委、苏北军区和苏北行政公署，黄克诚任苏北区党委书记、苏北军区司令员兼政治委员，金明任区党委副书记。1944 年，华中新四军向日伪军发动进攻，苏北军民发起高沟、杨口战役和沿海攻势作战，攻克敌军据点 40 余处，使淮海、盐阜抗日根据地连成一片。

（二）苏北抗日根据地财政金融概况

苏北抗日根据地认真贯彻党中央关于“发展经济，保障供给”的总方针，结合苏北抗日根据地的实际，制定苏北抗日根据地财政经济政策，号召各县区主动抓好根据地的财政经济工作，积极开展经济斗争，提高根据地的实力，巩固和发展苏北抗日根据地的农业经济和工业经济。

1. 开展减租减息运动

1942 年 1 月，中央作出《关于抗日根据地土地政策的决定》，苏北抗日根据地按照中央精神，颁布了《减租条例》和《减息条例》，整个苏北抗日根据地全部实行“二五”减租，不论公田私田，一律按原租额减去 25%。由于实行了减租减息，佃户的收入增加，农民的生产积极性得到了提高，促进了抗日根据地农业的发展，也带动了纺织等工商业发展。苏北抗日根据地由盐阜银行、淮海银行定期向广大农民发展生产提供专项贷款，主要是用于粮食生产和副业生产。同时，向纺织企业、食品企业和军工企业发放贷款，确保部队需要和民众的生活需要，着力改善民生。

2. 建设商店抓好贸易

苏北抗日根据地的贸易主要是由公营商店和私商个人进行的。根据地的进出口贸易，需要经过工商总局批准。在淮海区，总局共设八大商店，分布在各县较大的集市上。如沭阳的永昌商店设在耿桥，沭阳县吴集镇地下党员李振元开设的布店，就为根据地采购了大量的军需品和民用品。盐阜根据地主要出口盐、棉花、猪，盐每年出口 50 万担，棉花每年 1.5 万担，猪5万头；主要进口洋货、布匹等。淮海根据地的出口物资主要是粮食和油料作物及食油、生猪、苎麻等，以此换回根据地紧缺而又无法生产的商品，如医药、纸张、布匹、染料及枪支弹药等。

3. 打击日伪伪造的法币和抗币

1941年12月，日军占领上海后，即开始破坏法币。1942年6月，日伪宣布禁用法币。此外，日伪还曾多次向根据地输入伪造的法币和抗币，如1943年阜宁沿海一些商贩由南边归来时，所携钞票中发现有国民党中央银行法币5元、10元的伪钞。1942年10月，日伪在徐州伪造了大批淮海券，运到宿迁、沭阳、淮阴的各据点，再流入根据地使用，企图破坏抗日根据地的经济金融秩序。当时，在宿迁韩集、泗沭王集等地都发现了假淮海券。1944年，在灌云、沭阳等地区的集市上又发现了假抗币。1944年11月，盐阜行署也在阜宁查出从上海日伪手中贩来的假盐阜币。

4. 抵御法币对根据地的危害

1942年初，在淮海区流通的法币已近2 000万元，日伪倾吐法币，必然给淮海区的金融与经济带来严重的冲击。1943年9月，盐阜地区行署公布“法币分等使用”：不缺口，不毛边，不剪边，不渍污，不洗刷之“中、中、交”新票，一律十足通用；不破不补、号码齐全、版纹清晰之“中、中、交”法币，照票面八折使用。1944年6月，盐阜行署发出通告，明确流通的法币仅限六种。同时，在“扫荡”前后对法币的使用成色制定了比较灵活的标准，明确“扫荡”前提高法币成色使用，以防法币无限制流入，提高抗币的威信；“扫荡”到来时则降低法币成色，以避免伪币大量流入。

在苏北抗日根据地，由于日伪“扫荡”，新四军经常需要撤出一些地区，撤出时，还有一些抗币留在老百姓手中。陈毅要求，战时人民生活很困难，留在群众手中的抗币一定要及时收回，决不让群众吃亏。

（三）盐阜抗日根据地的金融机构——盐阜银行

1. 盐阜抗日根据地

盐阜区地处沪、宁、蚌、徐侧背，从盐阜区向西向北出击，可以威胁津浦陇海铁路。更重要的是新四军在盐城重建军部，随后又成立中共中央华中局，一度成为华中敌后抗日指挥中心，像一把尖刀捅向日伪心脏。因而，日伪于1941年7月和1943年2月，两次集重兵突袭盐阜区，平时的“扫荡”“清乡”也是接连不断。

1941年7月，日伪军组织1.7万余兵力对以新四军军部驻地盐城为重点的盐阜区发起第一次大规模“扫荡”。新四军第三师部队一边阻击、伏击日伪军，开展反“扫荡”斗争，一边保护新四军军部和华中局领导机关顺利转移到阜宁县，这也使得盐阜区抗日根据地一度处在抗敌斗争的最前沿。

2. 江淮银行拆分组成盐阜银行

1941年4月，经过新四军财经部一段时间的筹备，在盐城成立了最早的江淮银行。新四军财经部部长朱毅任行长，副部长李人俊、骆耕漠任副行长。1941年7月，日伪军兵分数路直扑盐城，江淮银行被迫撤至阜宁。

1941年9月，根据当时抗日战争形势的需要，较大的江淮银行容易被敌人攻击，因此新四军将原江淮银行的资产及业务骨干再拆分到各个根据地，后分别组建盐阜银行、淮北银行、浙东银行等多家金融机构。

骆耕漠带领一部分工作人员到盐城阜宁县，成为以后组建的盐阜银行的骨干力量；另一部分人员由李人俊带领到新四军第一师所辖苏中地区，组建金融机构，机构仍保留“江淮银行”的名称。

1942年春，在取得反“扫荡”胜利后，新四军三师和盐阜行署决定在原江淮银行工作人员的基础上，建立盐阜银行。1942年4月10日，盐阜银行在阜宁县陈集乡以北的岔头庄宣告成立。盐阜银行作为盐阜区政府银行，隶属于盐阜行政公署财政经济处。

盐阜银行成立后，不久即建立盐阜印钞厂。盐阜印钞厂开始设在阜东县东辛庄，借用了几间老百姓的草房，印钞设备只有2部陈旧的2号脚踏圆盘机，1部3号圆盘机。当时全厂没有一个懂得印钞的技术员，只有从上海转来的两位地下党员谭苏民、陈连庆做过排字工。盐阜印钞厂一方面通过上海地下党组织请求增援技术人员，一方面在谭、陈两位同志的指导下，边学边干，终于克服技术关，印出盐阜币。

盐阜银行初期发行的盐阜币，面额有1元、2元、5元、10元四种

（见图 3. 7. 1、图 3. 7. 2）。盐阜银行在存续的三年半的时间里，共发行了 9 种面额、26 个版面、31 个票面的盐阜币，发行总额为 6 700 多万元。盐阜银行根据盐阜地区政治、军事、财政、经济的发展需要，同时备足基金及物资基础（粮、油、布、盐、赤金），适时调节货币发行量。由于苏北地区拥有丰富的海盐资源和战略物资棉花，加之有南北物资集散地——益林镇的税收作为支持，盐阜币值较稳定。

图 3. 7. 1　盐阜银行发行的 1 元券（1944 年）

图 3. 7. 2　盐阜银行发行的 5 元券（1944 年）

总之，盐阜币的发行达到了稳定市场、抑制通货膨胀、保护根据地财产及人民利益的目的。盐阜行署财政经济处要求盐阜银行注意避免财政性发行，立足于有一定的物资保证，坚持有多少财力发多少钞票，为盐阜币币值的稳定奠定了良好基础。

（四）淮海抗日根据地的金融机构——淮海地方银行

1. 淮海抗日根据地概况

淮海抗日根据地是中国共产党领导的华中敌后根据地的一个重要组成部分。淮海区地处苏北腹地，北连陇海铁路，南抵淮阴、淮安城，东接盐河，西临京杭大运河，是华中几大战略区的结合部，更是联络华北与华中的枢纽。

1940 年 9 月，苏皖区党委成立淮海区专员公署。淮海区下辖涟水、淮阴、泗阳、沭阳、东海、灌云、宿迁等 9 个县级行政单位，共 33 个区。因为根据地内原来有淮安府、海州，所以将这一地区命名为淮海抗日根据地。

2. 淮海地方银行建立

1941 年 6 月，淮海区专员公署拨资金 100 万元（含金库公债票、粮食、棉纱）作为抗币发行基金，以金库公债票拨付，筹建淮海地方银行。1942 年 6 月 27 日，淮海区第二届参议会通过成立淮海地方银行、对敌伪进行金融斗争的决议。

1942 年 8 月 9 日，淮海地方银行召开第一次理事会，理事会成员半数以上是乡绅和商界人士。理事会推举淮海区财经处副处长顾准为淮海地方银行理事长，黄以干为监事，卢钝根为总经理。淮海地方银行内设会计课、出纳课、总务课、发行课、营业部、信贷科，全行共计 40 人左右。8 月 13 日的《淮海报》描述了当时的盛况："是日钱集、高沟、汤沟、古寨及本镇商民贺礼纷至沓来……至八时，本行开始营业，燃放爆竹，宣告开幕，一时来行兑换者拥挤不堪……塘沟、古寨、高沟三处来行订定兑换处契约（汤沟、钱集等处亦约定代兑淮海券）。各县除潼阳、宿迁因距离较远尚未接洽外，均定本月十一日、十二日起，全部开始使用淮海券。”随着业务的发展，淮海地方银行在当地主要集镇都设立了代理处，其主要业务是发行和兑换淮海地方银行券、发放和收回贷款等。

3. 发行货币

货币币种。1941 年 9 月，淮海区专员公署在涟水县杨口乡戴洼村建立淮海地方银行印钞厂。印钞厂建立后首先印制淮海区流通券 5 角。淮海区流通券印制初期，由于技术力量薄弱，物资供应也跟不上，试印出的钞票票面模糊，质量很差。1942 年 6 月以后开始印制 1 元券（见图 3. 7. 3）。淮海印钞厂印出的是整版钞票，每版包含 12 张钞票，已印好正反票面图案及“总经理章”和“理事长章”两枚红色印章。为了确保印钞生产安全，淮海区专署派一个警卫连负责印钞厂的保卫工作。因敌情严重，印钞厂曾多次转移，先后移至掉向庄、朱后圩、墩底等地。

图 3. 7. 3　淮海地方银行发行的 1 元券

1942 年 8 月，淮海地方银行在开业的当天，即兑出淮海券 2 000 余元，至 9 月 25 日，共发行 73 万元。10 月，为补充市场辅币，印制了 2 角券。在较短时间里，淮海券流通区域逐渐扩大到沭阳、泗沭、淮阴、涟水、宿北、潼阳、宿迁等县的农村乡镇，很快在淮海区群众中建立了较好的信用。

发行总量。淮海券与法币的比价最初为 1∶5，后改为 1∶9。淮海券 1 元可买大米 4 斤，5 元可兑换银元 1 元，淮海券的发行极为顺利，1 个月发行额占印制额的 70%，存总行及各代理处基金占发行额的 25% 左右。截至 1942 年 11 月，日伪大“扫荡”前，淮海地方银行共发行淮海券 526 万元，其中主币 364 万元，辅币 150 万元。

4. 淮海地方银行的业务开展

1942 年 9 月，淮海地方银行召开第二次理事会。顾准报告了银行开业 1 个月的情况：“从 8 月 10 日至 25 日，经各地代理处努力推行淮海券，做好兑换工作，全区人民对淮海券乐于接受，信用很高。8 月 26 日起淮海地方银行开始贷款，到目前贷款数已达发行数的一半。贷款的重点是纺织和油榨业，纺织贷款使淮海区闲置不用的机器都能开工织布，每月可产布 6 000余匹，完全解决了淮海区军民的穿衣问题。油榨贷款则阻止粮油的出口，还能搜集豆饼，以备今年冬耕举办肥料贷款时用。”

1942 年 10 月，淮海地方银行召开第三次理事会。顾准总结 9 月份业务开展情况，到会代表通过了今后工作的业务方针以及 9 月份决算和 10 月份预算。截至当年 11 月日伪大“扫荡”前，淮海地方银行发放农业贷款 50 万元，纺织贷款 337 950 元，油坊贷款 16. 7 万元，手工业贷款 27 万元，商业贷款 11 万元，其他贷款 17 万元；购买豆饼 447 690 元，存总行、各代理处准备金 125 万元，财政发行（支付军政费用）2 010 320 元。

（五）淮海地方银行并入盐阜银行

1942 年 11 月，日伪军近万人，以飞机、汽艇相配合，从四周向淮海地区发动“扫荡”。消息传来，淮海地方银行理事长顾准立即派人将印钞厂转移，销毁所有待发钞票和印钞版。一部分银行工作人员随淮海行署向泗沭撤退，另一部分银行工作人员背着钞票、金银等向涟水方向转移。在此次“扫荡”中，淮海地方银行散失一部分未销毁的编号“W”冠字的淮海券。战斗结束后，区行署指派淮海地方银行总经理卢钝根带领数名工作人员前去搜集，但只找回部分散失的淮海券。为了防止日伪军以损失了的淮海券购买根据地物资，淮海行政公署宣布停止使用这部分已损失的淮海券，同时决定，淮海地方银行及其印钞厂停业。

1943 年 3 月，淮海行政公署决定通过销售物资和税收逐渐收回淮海券，以盐阜币在淮海地区流通。1944 年 3 月，中共苏北区委为加强对淮海、盐阜两区财经工作的领导，成立财经委员会和总金库，直接管理两区的贸易、银行工作，并决定不再恢复淮海地方银行，以盐阜银行为苏北军区的金融机构，在淮海区设盐阜银行淮海分行，由淮海行署财经处代理总金库，将淮海券 5 角券改为盐阜币。1945 年 9 月 1 日，合并后的盐阜银行也结束了历史使命，正式并入华中银行。上述各地发行过的抗币，逐步由华中币收兑。至此盐阜币完成了它的历史使命，盐阜币由华中币取代，投入伟大的解放战争。

八、淮北抗日根据地红色金融事业

1939 年秋，新四军开辟了淮北抗日根据地，不久，建立起抗日民主政权——淮北苏皖边区行政公署。根据地刚开辟时，土地荒芜，工商冷清。在金融方面，除为数不多的法币流通外，还有一些地方杂钞和钱庄票号印发的票据混杂使用，高利贷横行。在淮北地区沦陷于日本侵略军铁蹄之下以后，广大人民更是生活在水深火热之中，日伪军残酷的经济金融剥削，使抗日民主根据地军民生活严重困难。淮北抗日根据地军民为粉碎敌人的经济封锁，推动根据地生产发展，保证抗日战争物资需要，改善人民群众生产生活，开展了一系列红色金融建设。

（一）淮北抗日根据地创建历程

淮北抗日根据地是抗日战争时期我党领导的全国 19 个抗日根据地之一，位于河南、安徽、江苏、山东四省交界的广大地区，由豫皖苏，皖东北，邳睢铜（邳县、睢宁县、铜山县）3 个根据地组成，横跨豫皖苏三省边界，基本区包括 20 多个完整的县，面积 2 万多平方公里，是联系华中、华北的枢纽。

1938 年 9 月，根据中共中央命令，彭雪枫率新四军游击支队从河南确山县竹沟镇出发挺进豫东。10 月下旬，部队东渡黄泛区向豫东敌后挺进，初步打开了豫东的抗战局面。

1939 年 3 月，中共豫皖边区省委成立，书记为张爱萍，副书记为吴芝圃。9 月，改为豫皖苏边区党委。11 月，中共中央中原局书记刘少奇抵达新四军游击支队司令部，传达了党中央关于放手创立抗日根据地的指示，并对豫皖苏边区党政军工作进行了布置。随后，豫皖苏边区抗日民主政权——豫皖苏边区联防委员会成立。后新四军游击支队改编成新四军第六支队，彭雪枫任司令员兼政治委员，共 1.2 万余人。

1940 年 6 月，黄克诚率八路军第二纵队第三四四旅、新二旅和教导营南下华中。彭、黄两部合编为八路军第四纵队，彭雪枫任司令员，黄克诚任政治委员。

1941 年 1 月，发生了震惊中外的皖南事变。2 月，八路军第四纵队奉中央军委电令整编为新四军第四师。彭雪枫率领新四军第四师在豫皖苏地区奋力反击日伪军“扫荡”，又与国民党顽固派军队进行了激烈的战斗。5 月，为保存第四师主力，彭雪枫率领新四军第四师撤出豫皖苏抗日根据地，与先前已在皖东北开展抗日活动的张爱萍部会合，在洪泽湖畔创建以半城为中心的淮北抗日根据地。豫皖苏边区在沦入敌人手中后，留下的地方武装并没有停止对敌斗争。

1941 年 8 月，中共中央华中局决定：成立淮北苏皖边区行政公署，刘瑞龙为主任；成立中共淮北苏皖边区委员会，刘子久为书记；成立淮北苏皖边区军政党委员会，统一领导淮北苏皖边区党政军工作。

1942 年 11 月，根据中央关于各抗日根据地实行党政军一元化领导的指示，淮北区委重新改组，邓子恢为书记；取消淮北军政党委员会，形成新四军第四师兼淮北军区，彭雪枫兼司令员，邓子恢兼政委。

1944 年 3 月下旬，淮北新四军主力在地方部队和民兵的配合下，在东起运河、西至津浦路的广大地区开展攻势作战。到 10 月，西进部队基本上收复了原豫皖苏边区的失地。1945 年 8 月，淮北军民向津浦铁路徐蚌段据点及各县城日伪军展开了猛烈的攻势，解放了宿迁、泗阳、五河、灵璧、永城、萧县等县城。

（二）成立淮北地方银号

1939 年，淮北根据地民主政权初建时期，即豫皖苏边区时期，边区流通领域杂钞流行，既有国民政府发行的法币，也有各种地方币、银元、铜板，还有个别商号发行本票，边区个别县还曾发行过小额流通券。

1. 创建豫皖苏边地方银号

1940 年秋，经过一段时间的建设，豫皖苏边区根据地的许多县已连成一片，边区需要银行和统一的货币。1940 年 10 月，豫皖苏边区党委决定停止发行各县流通券，创建豫皖苏边地方银号，由联防委员会统一印制发行豫皖苏边地方银号币。豫皖苏边地方银号经理由新四军六支队供给处处长资风兼任。豫皖苏边地方银号币的面额有 5 分、1 角、2 角、5 角、1 元、2 元六种。随着豫皖苏边区的丢失，豫皖苏边地方银号及印钞厂关停，相关工作人员参与淮北地方银号和印钞厂筹建。

2. 成立淮北地方银号

1941 年底，华中局扩大会议确定：各根据地成立自己的银行，发行自己的货币。淮北苏皖边区坚决贯彻这一指示，于 1942 年 6 月成立淮北地方银号，货币发行则于 1942 年 4 月就着手筹备了。

1942 年 10 月，行政公署主任刘瑞龙在淮北边区二届参议会上正式宣布淮北地方银号成立。时任淮北区委副书记、淮北苏皖行署主任的刘瑞龙担任淮北地方银号董事长，彭雪枫、邓子恢、刘瑞龙、刘子久、刘玉柱、雷明、陈醒、资风、谢胜坤九人为监事，陈醒为总经理，资风担任副总经理。在银号机构设置上，县级设银号（也称分行），负责人称主任。区级设银号办事处，乡级设银号监理员。淮北地方银号的资金为法币 50 万元，公私股金各半，以 10 元为一股。公股由淮北行政主任公署财政金库拨款，私股采用募集措施，努力争取根据地的民间资金。准备基金包括黄金、银元以及抗日民主政府征收的税金和各种物资。

3. 创建淮北印钞厂

淮北地方银号成立后，立即因地制宜地采用石印技术印刷出了边币。1942 年春，淮北印钞厂筹建时，厂址建在泗东县的岗大路村，不久迁至河稍店。当时只有 1 台石印机，靠人力操作，纸张等印钞材料多依赖上海地下党的支援购进，有时也用土制的黄色纸代替。因为敌人大“扫荡”，印钞厂一度迁至天长县境，继而转移到洪泽县的王沙庄。1944 年又迁回河稍店，逐步发展成一个颇具规模的印钞厂，职工达 170 多人，设备有 10 台石印机和 1 台铅印机。淮北地方银号先后印制了“淮北地方银号币”9 种面额，33 种版别。抗战后期，淮北抗币的发行十分迅速，淮北地方银号共发行淮北券 43 810 973 元。

4. 淮北地方银号业务

根据边区财经会议的决定，银号业务包括：代理金库；举办低利放款、存款；汇兑和外币、硬币兑换；在特定情况下，收购部分粮食、棉花和土纱、土布，并附设供应社（站），经营日用品供销业务。其中，金库是现金的出纳保管机关。不论党政军的一切收入，均须缴交金库。一切现金支出向金库领用，财政处根据核定款项，发给领款机关支付（凭证），金库根据支付办法发给领款机关经费。银号放贷大致上分为四个类型，即农业贷款、工商业货款、合作社贷款和其他贷款。

（三）淮北地方银号推动根据地生产发展

粉碎敌人的经济封锁，推动根据地生产发展，保证抗日战争物资需要，改善人民生活，是淮北地方银号发行边币的根本目的。淮北地方银号遵照毛泽东应“以百分之九十的精力帮助农民增加生产，然后以百分之十的精力从农民处取得税收”① 的指示，为根据地发展作出了积极贡献。

1. 发放农贷推动农业生产

贷款发放的对象是以互助组、合作社为基础组织起来的借贷小组。借贷的组织是借户小组，他们互相保证信用，直接向银行的区办事处申请借贷，经审查合格就可以取得贷款，手续很简单，也很快捷。1942 年，淮北地方银号发放生产贷款（边币）共计1 115 000元，合法币 3 345 000 元。1943 年的麦收季节，淮北地方银号举办抵押放款，其数为法币 1 000 万元。抵押的粮食，以乡为单位保存，并由银号收买一部分粮食，以免谷贱伤农。1944 年，淮北地方银号所发行的抗币，其总额的 70% 左右用作农贷，其

① 《毛泽东选集》第三卷，人民出版社 1991 年版，第 910 页。

中，光是贷出粮食一项，就在 2 000 万斤以上。

2. 发放抵押贷款保护农户利益

根据地开辟初期，敌人虽然不敢轻易下乡抢粮，但却利用农产品季节性强的特点，在粮食收获季节竭力压低粮食价格，大肆进行购储。农民为生产和生活的继续急需货币，不得不忍痛低价出售粮食。淮北地方银号成立后，立刻积极设法解决这个问题。当粮食收割上场季节，银号大规模发出抵押放款，农民可以粮食为抵押借款以满足其货币需要。等到粮价上升季节，农民可以高价出卖粮食，付还银行借款。抵押贷款的发放，粉碎了敌人在粮食收获季节通过压低粮价掠夺根据地粮食的阴谋，极大地保护了农民利益。

1944 年，淮北地方银号的贷款业务全面展开，贷款发放额飞速增长。在淮北地区，通过银号借贷的农民，占到人口的 80%。如泗县中阳一个区的 5 750 户农户，就有 5 290 户是银号的借户，占 92%。生产贷款的发放，解决了人民群众急需的生产用款，打击了高利贷对农民的剥削。

3. 动员民间闲散资金投入生产

银号发放贷款的利息，原则是有利于生产发展，有利于借贷资金的周转，尽量减轻借户的负担，贷款利息是年利五厘到一分，最高没有超过一分半的。淮北地方银号还号召和动员根据地的富户在春耕等季节借贷给生产生活上的困难户。银号发放贷款的原则是借钱还钱，借粮还粮，也可以把粮食折算成抗币偿还。1943 年，边区政府指示淮北地方银号“去年发放的农业贷款和今春发放的春耕贷款……愿还现款者听便，若无现款者，准折价还粮，其粮价可比市价酌量提高”。到 1944 年，银号放出的一切贷款，借户都踊跃还贷，贷款收回的比例占 95% 以上。银号以本身资金为担保，保证放贷的富户得到合理的利息，以此最大限度地动员民间闲散资金投入生产，成为银号发放生产借贷的有力补充。

4. 大力扶植根据地工业的发展

在银号的帮助下，根据地工业白手起家，从无到有，逐渐发展起来，改变了根据地工业品全部依靠从敌区进口的局面，香烟、肥皂等还能自给有余，转进口为出口。银号还指导根据地的私营商店、合作商业开展活动，活跃根据地贸易市场。鼓励根据地内外加强商业联系，进行正常的商品流通。银号是商业活动的金融后盾，商业活动可以银号资金作担保，或者银号直接贷款给予贸易商以促进购销渠道的畅通。在银号的直接或间接参与下，根据地商业蓬勃发展，物资交流市场欣欣向荣。

（四）淮北抗日根据地的货币斗争

1941 年 12 月，太平洋战争爆发后，日军占领上海租界，没收中外各银行，法币失去了依据，再加上之前国民党滥发法币，法币已不能继续兑换外汇了。于是日伪政府悍然宣布以中储券为本位币代替法币。国民党政府为应付这一局面，特别是要为其自身筹措抗战经费，再借机发国难财，抑制通货膨胀，不得不改而发行关金券，以与美元联系挂钩，关金券与法币比价为 1∶20，遂又挤出法币冲向根据地，迫使淮北币与伪币、法币展开错综复杂的斗争。

淮北地方银号自成立之日起，即肩负着这一特殊的斗争使命，采取不同的斗争方式。对伪币坚决打击，严防潜入，明令禁止流通；对于法币，民主政权初建的一段时期内，曾经利用它，还设法使其在日伪占领区继续保有一定阵地，然后逐步降低其与抗币的比价，最后限期收兑，包封出口，换回物资，逾期严禁使用。这样做保证了边区经济的巩固和发展，又配合军事、政治斗争取得胜利。

在淮北根据地内，淮北币发行不多，币种面额也较小。抗币与法币等值共同流通。在相当长的一个时期里，淮北币（1944 年以前为边币）一直处于辅币地位。1942 年 7 月间，淮北币与法币以 1∶2 的比率使用；10 月开始，与法币比价又提高到 1∶3。到 1942 年底，共发行 500 万元，合法币 1 500万元。

图 3. 8. 1 为 1943 年版淮北地方银号发行的 10 元券。

图 3.8.1　淮北地方银号 10 元券（1943 年）

尽管根据地忍受经济损失而极力维持法币的地位，但国民党中央银行却置共同抗日局面和广大人民利益于不顾，擅用其法币发行权，大肆滥印钞票，给根据地经济造成了难以想象的困难。据估计，国民党利用滥发法币，每年从根据地剥削财富达十亿元以上，给根据地经济以极大摧残。

党中央就各根据地建立抗币本位制问题，明确指出在各根据地“法币兑换本位币后方能使用……向敌区购买有利抗战之必需品或到其他抗日区域去者，经证实后，可用地方本位币向银行兑换该区通行之货币”。在日伪和国民党双方都用法币来破坏根据地经济的严峻形势下，边区政府果断地决定停止法币在根据地内的自由流通，结束淮北币与法币共同使用的局面，建立起独立自主的淮北币本位制。

淮北地方银号为便利淮北币本位迅速建立，方便人民及时兑换抗币，在根据地内广泛设立了兑换所。各大小市镇的贸易局、商店、合作社，都承担起法币兑换抗币的义务。边区政府还采取了一些应急措施，例如，“提倡以货易货，另外再由商家发行本票”作为淮北币的补充；再如，银号将 1 元淮北币收回，在票面上加印“登拾”字样，作为 10 元币流通等。在淮北币供给情况好转以后，银号于 1944 年 10 月底将该种代用 10 元币全部收兑完毕，不再使用。

图 3.8.2 为 1945 年版淮北地方银号发行的 2 元券。

图 3. 8. 2　淮北地方银号 2 元券（1945 年）

从 1944 年开始，淮北地方银号改发行抗币。抗币与法币的兑换率为 1∶50。抗币的扩大发行，基本满足了根据地货币流通的需要，制止了物资外流，粉碎了日伪政府和国民党用伪币、法币掠夺根据地财富的阴谋。1944 年底，淮北地方银号边币和抗币共发 1 429 万元（边币除已回收的外），抗币发行了 600 万元。到抗日战争胜利前夕，淮北币成为根据地唯一公开流通的本位币，货币斗争取得了完全的胜利。

抗日战争胜利后，华中各根据地连成了一片。为沟通各根据地之间的经济联系，1945 年 8 月，淮北地方银号与淮南银行、江淮银行、盐阜银行等地方银行合并组成华中银行，开始发行华中币，逐步实现华中根据地货币的统一。

淮北地方银号改称华中银行第七分行，淮北抗币与华中币等值流通。1945 年 10 月，华中根据地建立以华中币为本位币的货币体系，开始收兑淮北地方银号及华中其他抗日根据地银行发行的货币。抗战胜利后，根据形势需要，华中银行第七分行于 1946 年 11 月 26 日北撤，其一切业务活动即刻停止。

九、皖江抗日根据地红色金融事业

新四军第七师创建的皖江抗日根据地位于安徽中部的长江两侧地区，北临涨河、合肥，南抵九华山、黄山山脉，东至江浦、当涂，西达大别山区，由巢无、和含、皖南和沿江四个基本区域组成。卓有成效的财政经济工作是皖江抗日根据地建设的一个重要特色，红色金融在皖江大地上蓬勃发展。

（一）皖江抗日根据地创建历程

皖江地区扼制安徽境内的长江水域和淮南铁路南段等水陆交通咽喉，钳制芜湖和沿江安庆各口岸，这些地区是侵华日军经济上的命脉、军事上的要害，具有重要的战略意义；同时也是华中新四军向西、向南敌后发展和反攻日军的重要前进基地之一，是沟通淮南新四军军部和第二师、第五师交通的枢纽，战略地位十分重要。

1. 皖中抗日根据地的形成

1937 年 11 月，八路军驻南京办事处派李世农到皖中无为地区组建了中共皖中工作委员会，推动皖中地区的抗日救亡运动蓬勃开展。此后，日军逐步向华中腹地深入推进，皖中地区成为抗日前线。1938 年 2 月，红军第二十八军和桐柏山区红军游击队改编为新四军第四支队，随后奉命东进，迅速在桐城、舒城、庐江、无为、巢县等地区开展活动；11 月，新四军参谋长张云逸率部由皖南到达无为地区，将庐江、无为地区党组织领导的游击队统一整编为新四军江北游击纵队。1939 年 5 月，新四军军长叶挺率部北上，在庐江县东汤池宣布成立新四军江北指挥部，张云逸、徐海东分任正副指挥。1940 年 7 月，日军占领无为县城；9 月，江北游击纵队（随后改番号为无为抗日游击纵队）返回巢无地区，恢复皖中地区的抗日形势，并相继建立了区级、乡级民主政府，皖中地区初步发展成为抗日根据地。

2. 皖南抗日根据地的形成

1941 年 1 月，皖南事变发生；3 月，陈毅等联名电令曾希圣，将已突围过江的皖南部队与原先分散在江北的无为抗日游击纵队及几支游击队汇集在一起，组建新四军第七师，张鼎丞任师长（未到职），曾希圣任政委，成立了以曾希圣为书记的第七师军政委员会。第七师成立后，曾希圣根据敌强我弱、大敌压境的严峻形势，确定了“隐蔽发展”的战略方针，指挥部队开展游击斗争，粉碎了国民党顽军发动的数次“清剿”。

1942 年春，第七师相继开辟铜陵、繁昌、含山、和县、桐城、怀宁、潜山、望江、太湖、宿松等地区，创建了皖中、皖南游击根据地。经过近一年的艰苦斗争，第七师终于在皖江地区站稳脚跟，部队由 1 900 余人发展到 6 000 余人，形成了以巢县、无为为中心的皖南抗日根据地。

3. 成立皖江抗日根据地

1942 年 4 月，为统一领导皖中地区的斗争，中共成立皖鄂赣边区委员会，何伟、曾希圣先后任书记。随后成立皖中行政公署，吕惠生任行署主任，下辖无为、和县、含山、庐江、巢县、桐城、繁昌 7 个边区县，皖江地区开始有了统一的行政机构。1943 年春末，皖中行政公署改为皖江行政公署。

1945 年 3 月，皖中抗日根据地改称皖江抗日根据地。第七师展开大反攻，拔掉了无为、巢县、芜湖等地的日伪军据点。8 月 15 日，日本宣布无条件投降，当时皖江抗日根据地所辖面积达 3 万余平方公里，人口约 300 万。

（二）成立大江银行

1. 筹建大江银行

1942 年，根据中共中央华中局扩大会议的决定，皖中根据地拟成立大江银行。1942 年 8 月，皖中区党委机关报《大江报》即刊出消息：“正在积极筹备我们自己的银行，定名大江银行。”由于敌伪“扫荡”和根据地条件的限制，1942 年大江银行并没有建立起来。直到 1943 年六七月份，大江银行才在原皖中总金库的基础上成立，属皖江行政公署财经处领导，行址初设于团山里附近的大榆村，后迁无为县汤家沟。大江银行设董事长一人，副董事长一人，经理一人，副经理一人，副经理下设协理一人。银行内设会计科、营业科、统计调查科、发行科、秘书科和金库。

图 3. 9. 1　大江银行发行的 2 元券（1945 年）

图 3. 9. 1 和图 3. 9. 2 为 1945 年大江银行发行的 2 元券和 1 元券。

图 3. 9. 2　大江银行发行的 1 元券（1945 年）

2. 发行大江币

大江银行在筹建期间，在解决印钞纸和印钞设备两大难题后，就于

1942 年 9 月发行了第一版大江币。起初，大江印钞厂共有八台石印机、二台铅印机和一台胶印机，印钞厂的纸张、印钞材料及技术工人均得到了上海地下党的有力支持。1942 年到 1945 年 9 月，皖江根据地所发行的大江币有 7 种面额、18 种图案、26 种版别、39 种不同色别，共发行了 4 500 万元。因市场上大江币不足和辅币缺乏，大江银行还发行过代价券。目前现存的代价券版式和品种有 12 种。

3. 大江银行的业务

大江银行的业务包括发行货币、代理金库、发放贷款。发行货币是大江银行的主要任务。皖江根据地绵延于安徽省境内的长江南北两岸，由于交通阻隔、运输不便、敌伪封锁，大江银行货币在发行与流通过程中实行了“分散发行”和“定点发行、定点流通”的策略。分散发行是指同一根据地在内部各行署区各自发行，各区间互不流通，如在大江币上加盖“皖南”字样来表明大江币的发行和流通区域。

（三）贯彻“发展经济、保证供给”方针，推动根据地经济发展

大江银行为贯彻“发展经济、保证供给”方针以及巩固、发展和壮大根据地，积极组织各种贷款，发展工农业生产。大江银行的贷款分为日常贷款和专项贷款两大类。日常贷款的重点是农业贷款。农业贷款分为种子贷款、农具贷款、耕牛贷款、垦荒贷款等，在青黄不接的时候，还有口粮贷款。在农村夏秋两季收割之时，为避免谷贱伤农，防止奸商压价收购粮食，大江银行还推出了抵押贷款。

1. 商业贷款

大江银行对凡有铺面的商店都可以发放商业贷款，以帮助商店、合作社组织货源；对那些能到敌占区采购根据地急需的医药、医疗器械、钢管、炸药、食盐、布匹等 28 种重要物资的商人，则随要随贷，贷放金条、法币、中储券，不收利息；大江银行还发放纺织贷款，帮助工厂、作坊、个人收购棉花，买纺车、买织布机、印染土布；打铁贷款，帮助铁匠铺购买

煤炭、熟铁、废钢等原材料，收购长矛大刀；另外还有香烟贷款、肥皂贷款、造纸贷款等。所发放的专项贷款则有种麦贷款、灾民贷款、抗洪贷款、军属贷款、劳模贷款等。

大江银行贷款采取低息鼓励政策。农业贷款利息为 8 厘到 12 厘，工商贷款利息为 1 分到 1.5 分，灾荒贷款、种子贷款则不收利息。农业贷款通过计划分配，由边区分到县、县分到区、区分到乡。特种贷款不仅不收利息，而且银行实行损失分担政策，即凡商人用特种贷款去敌占区购买 28 种重要物资运回根据地途中的损失，银行还分担一半经济损失。

2. 发行短期抗日公债

1942—1944 年，大江银行三次发放短期抗日公债。公债面值为 5 元、10 元、50 元、100 元、1 000 元等。为保证信用，公债背面均注明本票面值多少斤水稻、多少斤小麦、多少斤食盐、多少斤棉花、多少匹布匹，与实物直接挂钩。票面由财经处长、副处长签名，持票可向区供销合作总社或指定的乡镇合作社兑现，或向供销合作社购货，但不许在市面上流通。这些公债持有者到期可以在根据地内任何兑换点自由兑换实物或大江币，或将实物再折成抗币。

3. 保证根据地水利工程建设

1943 年 7 月，皖中行署成立皖中水利委员会，负责统筹根据地的水利建设，行署主任吕惠生兼任水利委员会主任。修建过程中，吕惠生亲临现场，始终亲力亲为，把好每一关，保证工程质量，和老乡们一起铲土、挑土、打夯，付出了巨大的心血和努力。1944 年 5 月 3 日，皖江抗日根据地最大的水利工程——无为县黄丝滩大堤竣工。为了表彰吕惠生为兴建大堤所作出的巨大贡献，皖中区党委特将新堤命名为“惠生堤”。完成该项工程，共投入了 64 万元，建设费用的筹措得益于大江银行的贷款。

（四）皖江抗日根据地的货币斗争

1. 坚决抵制伪币入侵

日伪政权设在南京的伪“中央储备银行”、上海“华兴商业银行”及

“三井”“三菱”等洋行均发行伪币，一直排斥国民党中央银行的法币，强制收购皖江地区粮、油、棉、麻及黄金、白银等战略物资。在根据地政权建立之时，就明令禁止一切伪币流通。在大江银行成立前的一段时间里，皖江根据地当地流通着根据地合作社发行的代价券、日伪发行的中储券、国民党发行的法币以及各种银元、铜钱等。

大江银行成立后，针对日伪币中储券，大江银行采取严禁使用的政策，明令禁止流通，坚决打击。为保护群众财产，皖江抗日根据地严格实行外贸管理，严禁伪币流入。根据地还张贴布告宣传，劝群众将伪币兑换成大江币或向沦陷区购买物资，凡商人进入皖江抗日根据地必须将伪币兑换成大江币。

2. 逐步消除法币影响

对于国民党法币，则采取“四步走”的方法。开始，允许和利用法币作为流通手段。当日伪货币排斥法币时，大江银行就支持法币，不让日伪政权的阴谋得逞，不准中储券立足。当法币贬值，影响根据地财政经济发展时，大江银行就采取收兑办法，以收进为手段，以排出为目的，先后以 1:1、1:2、1:10……比例收兑，直到基本收尽为止。最后，限期禁止法币流通。

3. 保持大江币币值稳定

大江币的发行实行统一计划、统一管理、实物保证的办法。统一计划，即发行一批货币，都根据边区财力、物力由边区党委集体讨论，严禁滥发货币，防止物价飞涨。统一管理，即有计划地流通，由边区政府和新七师发出通告，规定根据地内一律以大江币为流通手段。各单位在预算、决算中一律用大江币作为结算工具，边区内一切商品价格以大江币为结算单位，一切货物交换以大江币为媒介，所以大江币已成为皖江根据地计价本位币。

从 1942 年 12 月第三次发行大江币起，大江币的背面就注明该币值相当于多少实物，深受边区群众信赖和欢迎。大江银行又严格实行了“三防一基金”的原则。“三防”即防止滥发粗制滥印、防止与伪币及法币混用、防止敌人伪造，“一基金”即物质储备基金，用粮、油、棉、麻、布五种实物作为准备基金。

4. 开展反假币斗争

为防止敌伪和贪财谋利者制造假币，破坏根据地金融，大江银行在刚成立时，皖江区党委就提出了防假币问题。为此，大江币设计了一些防伪标记。如铜版10元券的图案就隐有“C”“K”两个字母。

此外，根据地政府对制假和有意带进假币破坏金融市场者采取从严从重处理的措施。如在无为县南苏区抓到从敌占区携带大批假大江币到根据地买田和土特产品的敌对分子，行署立即批准判处死刑，就地枪决，并布告周知。在和县南义捉获的伪造钞票分子，政府也将其在公审大会上宣判执行枪决，震慑力很大。

由于大江银行坚持货币斗争，有效地堵塞和防止了伪币和法币流入边区，增强了大江币的稳定性，保证了大江币的购买力，提高了大江币的信誉，使大江币牢固地占领根据地市场。

大江银行从正式成立到业务全面展开，都是在华中局皖江区党委直接领导下进行的，是人民自己的银行。皖江边区党委研究决定银行发行货币、组织贷款、金融斗争等重大工作的方针政策。谭希林、曾希圣对银行成立、人员组成、业务计划、与敌斗争的策略方法以及大江币的制版印刷发行等大小事项都亲自过问。

大江银行干部群众有较高的业务水平，不少干部都能独当一面，担当会计、营业、统计、调查等工作。1944年，华中局、新四军举办的财经干部考核比赛中，大江银行的干部包揽了个人前3名。大江银行委托边区皖江联合中学举办财政金融班，先后培养了5个班级250多人。这些人后来成了我军财政金融工作的骨干。大江银行严肃行风行纪，全行上下形成了行风正、纪律严的风气。对于贪污受贿行为，坚决打击，毫不手软。在残酷的战争年代，财务审核工作丝毫也没放松。

大江银行的成立，在发展生产、发展经济，为保证供给、促进商品流通、调剂金融和对敌斗争方面作出了积极贡献。在这一过程中，大江银行保持了同人民群众鱼水一样的关系。大江银行发行的货币币值稳定，信誉极高，都有物资作保证，得到了人民群众真诚的拥护。在有力的金融措施下，皖江根据地的物价趋势与敌占区、国统区的物价趋势完全相反，非但不涨，且呈下降态势，皖江根据地的物价，1945 年 6 月比 1941 年 1 月下降了 3. 5%。

日本无条件投降后，国共签订了“双十停战协议”，为争取实现和平，新四军七师奉命从皖江地区北撤至苏北淮安。皖江区党委决定：（1）除军需品外，包括粮食在内的其他物资，全数拨交政府公开拍卖，用以回笼大江币。（2）拆迁军工厂、印钞厂等主要设备，外请技工暂回上海待命，生活费用由驻沪大成公司接济。（3）已运出的外销物全部换成法币，存入当地银行备用。大江印钞厂宣告停工，并由行署副主任魏文伯和七师参谋长孙仲德监督，将回笼的大江币分别集中销毁，这标志着大江银行和大江币完成了自己光荣的历史使命。

十、淮南抗日根据地红色金融事业

淮南抗日根据地是新四军二师坚持华中敌后抗战的一个重要战略区，它东起大运河，西至寿县瓦埠湖，北连淮河，南靠长江，津浦铁路将其分为路东、路西两大部分。淮南抗日根据地深入敌后，直逼伪都南京，具有重要的战略地位，被日伪军视为心腹之患，军事上对其频繁“扫荡”，经济上对其封锁掠夺，货币经济斗争异常错综复杂。

（一）淮南抗日根据地创建历程

淮南抗日根据地是由原皖东抗日根据地演变而来的，它位于安徽省东部和江苏省西部。津浦路西地区全部在安徽境内，包括定远县、凤阳、滁州的大部分和嘉山县（今明光市）、全椒、寿县、合肥、和县、含山、怀远、巢县各一部分。津浦路东地区包括安徽东部和江苏西部的来安、天长、盱眙、嘉山县的大部分和六合、仪征的大部分，以及高邮、宝应（今金湖县）、江都、江浦的各一部分。

1939 年 5 月，新四军江北指挥部成立，张云逸兼指挥，徐海东、罗炳辉先后任副指挥。6 月，江北指挥部对江北新四军进行整编，将第四支队扩编为第四、第五支队。经过 2 个多月的连续作战和发动群众，第四支队开辟路西抗日游击根据地，第五支队开辟路东抗日游击根据地。1939 年 12 月初，刘少奇率中原局到达新四军江北指挥部，直接领导华中抗日斗争。不久，成立了以张劲夫为书记的中共皖东津浦路东省委、以刘顺元为书记的中共皖东津浦路西省委。

1940 年 3 月始，江北新四军在江南新四军的配合下，取得了定远自卫反击战和半塔集保卫战的胜利，在路东区、路西区建立起各级抗日民主政权。9 月，江北新四军粉碎日伪军 1 万余人对路东根据地的七路“扫荡”，进一步促进了皖东抗日民主根据地的巩固和发展。

1941 年 1 月，皖南事变后，新四军第四、第五支队和江北游击纵队合编为新四军第二师，张云逸兼师长，郑位三任政治委员，辖第四、第五、第六旅和路东、路西两个联防司令部。5 月，华中局决定将皖东津浦路东和路西两个省委改为路东、路西两个区党委，由以郑位三为书记的皖东党政军委员会统一领导。

1943 年 1 月，新四军军部和华中局机关从苏北移至二师师部所在地苏北盱眙县黄花塘，师部改驻来安县大刘营。1943 年 2 月，华中局决定成立淮南苏皖边区党委，辖路东、路西两个地委；成立淮南苏皖边区行政公署，辖路东、路西两个专属。淮南抗日根据地进入新的发展时期。

1943 年，淮南抗日根据地军民主动对日出击，夺回部分失地，扩大了根据地。到 1945 年 9 月，淮南抗日根据地共建立了 2 个专员公署、17 个县级抗日民主政权，人口约 300 万，面积约 2.1 万平方公里。

（二）成立淮南银行

1942 年 2 月，淮南抗日根据地路东区党委根据华中局会议精神，正式成立淮南银行，发行淮南币。淮南银行是淮南抗日根据地的地方性银行，与淮南行署总金库合署办公，属淮南行署财经处领导，驻天长县境内的葛家港（今安徽天长市张铺乡），1943 年后迁往时家集。

淮南银行首任行长是龚意农。行内设有会计、营业、出纳三个课，1942 年 5 月成立印制课，1944 年改为淮南印钞厂。淮南银行下属机构有高邮、六合、嘉山、盱眙、甘泉县大仪支行和铜城办事处（后改为高宝县支行），同时在津浦路西建立路西分行和 4 个支行。因处于战争状态，当时各支行和办事处没有固定办公地点，也不公开挂牌，随“贸易管理局”行动。

淮南银行成立的同时，即在淮南银行驻地附近筹建“淮南银行印制课

(科)”。因为处在敌人大本营的眼皮底下，条件极其简陋。所谓印钞厂，其实只是两间茅屋。经过两个多月的试印，1942 年 5 月，第一批淮南银行币终于印制成功。1944 年下半年，印制课改为“淮南银行印钞厂”，淮南银行副行长王麟章兼任厂长。

淮南银行发行的货币简称淮南币，是淮南抗日根据地的本位货币。发行时币值每 1 元相当于法币 3 元。流通范围主要是安徽、江苏交界的津浦铁路两侧长江以北、淮河以南地区，具体是安徽的来安、天长、嘉山、盱眙、定远、凤阳、滁县、全椒、和县、含山、合肥、巢县、寿县和江苏的江浦、六合、仪征、扬州、宝应、高邮等县。截至 1945 年 10 月，淮南银行先后 3 期印制发行淮南币 1 角、5 角、1 元、5 元、10 元、100 元六种面额 24 种版别，累计发行总额为 38 827 457. 27 元。

图 3. 10. 1 为 1943 年版淮南币 10 元券，图 3. 10. 2 为 1944 年版淮南币 5 角券。

图 3. 10. 1　淮南币 10 元券（1943 年）

淮南银行的主要业务包括：一是代理金库。1940 年 7 月，淮南总金库成立，开始附设于新四军五支队（后改编为新四军二师）的供给部内。淮南银行成立后，即将金库由供给部移归银行。各县金库也由县支行代理。总金库负责统一经收行署范围内的各项公款，根据财经主管部门审核签发的现金支付令，拨付到领用单位。二是发行淮南币。主要通过路东抗日民

图 3. 10. 2　淮南币 5 角券（1944 年）

主政府办的“利华公司”、路西的“民生商店”收购农民的粮食来投放市场。此外，军政机关的经费开支、军政人员的津贴和银行贷款也都用抗币发放。当时路西行政公署淮南币发行按三三制分配，即三分之一拨交财政使用，三分之一拨给民生商店充作贸易资金，三分之一留给银行作贷款基金。三是发放贷款。为了支持根据地农民生产、商贩经商，淮南银行还发放贷款。生产贷款约占根据地财政总收入的 7%、占淮南币发行总额的 25%，其中，以农业生产性贷款的比例较大。

（三）淮南银行支持生产，促进根据地建设

1943 年 7 月，华中局作出关于开展生产运动的指示。各级抗日民主政府组织群众开展生产运动，帮助农户制订生产计划，提倡和组织各种形式的劳动互助，提高劳动效能。利用农闲之时，广泛动员组织群众挖塘、开荒、兴修水利。民主政府还调整租佃关系，减少地租和高利贷对农民的剥削，使农民的生产热情大为高涨。在机关和部队中，也开展生产运动，解决部队的物资困难，减少财政支出。

1. 实行相关农贷政策

《盱嘉县委关于整理农贷的工作报告》曾记载：“盱眙、嘉山两县自抗

日民主政权建立后，从1941年起就开始施行了农贷政策，以帮助和解决农民在春荒和生产中的困难，并为了照顾各阶层又举放了业主、贫商贷款。其种类计有耕牛、水利、贫农、救灾、种子、移民、棉贷、小本、边币等九种之多。”1942年，淮南银行成立之初就及时发放耕牛贷款，资助农民饲养耕牛，贷给贫农买牛，推动他们组织耕牛合作社，实行专款专用。淮南银行还根据农民需要，及时发放各种贷款（如种子、耕牛、水利、肥料贷款等），支持生产。民主政府还调整租佃关系，减少地租和高利贷对农民的剥削，使农民的生产热情大为高涨。

2. 发行小额兑换券

棉纱是日伪对根据地封锁的重要物资，一度造成根据地内纺织厂原料紧缺。为自力更生解决这一问题，来安半塔民众合作社响应抗日民主政府的号召，大力发展手工纺织，由于合作社资金不足，便向淮南银行申请贷款。1942年，淮南银行授权来安县半塔镇“杨言德合作社”发行“直一区民众合作社兑换券”，印制发行1角、2角、5角券小额兑换券，共计58万元。合作社用这笔贷款打造纺车750辆。后淮南银行又给予流动资金贷款支持合作社收购棉纱，打破敌人的封锁，促进了根据地纺织业的发展。

3. 建立以淮南币为本位币的独立货币市场

淮南币的发行渠道主要有部队和机关经费的支出以及农副产品的收购。此外，发放淮南币贷款也是一个重要渠道。群众手中的淮南币，除了用于纳税外，在公营商店、供销合作社、群众合作社等，可随时购买到粮食和其他商品。同时，根据地也动员商人在交易中尽可能使用淮南币。

（四）淮南抗日根据地的货币斗争

淮南根据地东面和南面与日伪控制区接壤，西面与国民党国统区毗邻，对敌伪的货币战情况十分复杂。日军为进一步推行金融统治，干扰和破坏国统区及抗日根据地的金融秩序，实施了一系列金融破坏行为，造成货币贬值、物质缺乏、社会动荡，以达“以华治华、以战养战”目的。为了从实质上让淮南币成为本位币，提高淮南币的信誉，巩固淮南币的地位，淮南地区开展了坚决的货币斗争。

1. 灵活兑换法币

淮南币发行初期，与法币保护密切联系，即以一定比价互相兑换，根据地同时流通淮南币和法币。一方面，由于淮南抗日根据地经常遭受日伪的“扫荡”和国民党部队的骚扰，工商业几乎破坏殆尽，很多商品不能自给，需要靠国统区或敌占区供给。同时，淮南币初期发行量不大，流通范围只局限在根据地的中心区，同国统区的贸易交往仍然要依靠法币来进行。另一方面，出于维护抗日统一战线的考虑，也不能将法币与日伪币等同对待，简单地加以排斥、禁止，而是根据各自购买力的变化灵活调整淮南币同法币的比价。与法币的这种灵活的兑换关系，既保证了淮南币的独立性，又维护了根据地的经济利益及对外经济联系，使根据地的物价相对稳定。

2. 坚持与日伪币作斗争

淮南抗日根据地处于敌后，紧靠沦陷区。淮南币发行后，日伪千方百计地加以破坏。在军事“扫荡”时，大烧大抢，企图摧毁根据地的经济基础。利用高价收买根据地粮食，推销日本货，后来则对根据地实行经济封锁；制造假淮南币，派人潜入根据地使用，扰乱淮南币的流通。抗日民主政府针锋相对地采取了禁日伪币、保护法币的政策。在巩固的中心区严格把关，绝不准许日本军用票及伪联银券、伪中储券进入流通领域或个人持有，一经发现即予没收。在边缘区或游击区，则通过广泛、深入的宣传，激发群众的爱国心，使他们洞明利害，在商品交易中自觉地拒收、拒用日伪政府的各种钞票，使伪中储券等只能局限在日军占领的一些城市流通。

3. 巩固淮南币信誉

淮南币发行的基础主要是粮食。坚持经济发行的原则，不将淮南币作为解决财政困难的手段。由于敌人不断骚扰，银行储备的粮食只能采取分散保存的办法。在根据地，很多农民都可亲眼见到银行准备的丰富粮食，群众手中的淮南币也可以随时购买粮食。由于坚持了正确的发行政策，淮南币的币值一直很稳定。

淮南币在印制时，注重防伪性能，票面图案刻制得十分精细，并刻有暗记，采用套色印刷等。但是，由于机器、纸张等条件的限制，不可能在这方面做太多文章。于是，抗日民主政府就广泛进行反假票宣传，动员民众开展反假票的斗争。同时，由淮南银行、公营利华商行、货检处、税务所等单位将假票票样贴出，便于民众识别，并从市镇到农村有计划地深入检查，侦察使用假票的线索，对有意带进假票扰乱根据地金融者予以严惩。由于采取上述措施，民众对假票的警惕性明显提高，假币很容易被发现、被破获。

4. 限制法币流入

为减少法币贬值给根据地经济造成的损失，在巩固的中心区实行贸易管理，阻止法币内流，限制物资外流。尽可能动员党政军及群众、团体与公商合作社，将所收到的法币及时交给贸易局，由贸易局迅速送到境外换回货物，以减少法币在境内停留所造成的损失。根据地要求商人们出口物资换回根据地紧缺物资（如子弹、西药、洋布、颜料等）。1944 年 5 月，华中局财经会议作出《关于货币问题的决议（草案）》，要求华中根据地内比较巩固的根据地（如苏中一分区、二分区，苏北、淮南、淮北地区），一年后一律停用法币，改以抗币为各地区的本位币。1944 年 9 月，淮南银行发行新抗币 1 角、5 角、1 元、5 元、10 元、100 元共六种，规定以新抗币 1 元兑法币 50 元计算，对法币逐渐收兑，限制其流通范围，并最终停止法币再使用。

随着对敌军事和经济斗争的不断胜利，淮南抗日根据地逐步发展与扩大，淮南币已经占据了根据地的流通市场，币值稳定，流通范围日益扩大。不仅游击区和边缘区的民众乐意使用抗币，敌占区来做买卖的商人，也愿意以抗币作结算。而法币由于恶性膨胀，信誉一落千丈。

1945 年春，抗日战争转入全面反攻阶段，苏皖两省各根据地已经连成一片。抗战局面发生根本性变化，中共中央华中局和新四军政治部决定，将 1941—1945 年设立的淮南银行、淮北地方银号、江淮银行、盐阜银行、淮海银行五个地区性银行合并，组建成立华中银行，同时成立华中印钞厂。

1945 年 8 月，华中银行在盱眙成立，淮南银行相应撤销，转为华中银行三分行，淮南币也逐步退出流通。淮南抗日根据地的货币斗争，特别是淮南币的成功发行与流通，使根据地在当时中国经济混乱、物价飞涨的大环境中，仍然能维持经济的相对稳定与繁荣，有力地支持了敌后抗战。

十一、苏南抗日根据地红色金融事业

苏南抗日根据地是中国共产党及其领导下的新四军在华中敌后最早创建的重要根据地之一，以茅山为中心的苏南抗日根据地地处苏浙皖边境，贴近南京，沪宁铁路贯穿其中，战略地位十分重要。新四军挺进茅山后，成为苏南抗日的一支重要力量。苏南抗日根据地发挥了新四军东进、北上、南下战略通道和交通枢纽的作用，为开辟、建设、发展、巩固苏中以至整个华中抗日根据地作出了不可磨灭的贡献。

（一）苏南抗日根据地创建历程

1938 年 2 月 15 日，毛泽东致电指明新四军今后的行动原则："力争集中苏浙皖边发展游击战，但在目前最有利于发展地区，还在江苏境内的茅山山脉，即以溧阳、溧水地区为中心，向着南京、镇江、丹阳、金坛、宜兴、长兴、广德线上之敌作战，必能建立根据地，扩大四军基础。如有两个支队，则至少以一个在茅山山脉，另一个则位于吴兴、广德、宣城之线以西策应。"5 月 4 日，毛泽东在《发展华中敌后游击战争》电文中又指出："在茅山根据地大体建立起来之后，还应准备分兵一部进入苏州、镇江、吴淞三角地区去，再分一部渡江进入江北地区。"

1938 年夏，新四军军部根据党中央、毛泽东指示精神，派出粟裕、陈毅、张鼎丞等先后率部到达茅山地区，并以茅山为基地东进、北上开辟苏南东路和苏北扬泰地区。1939 年 2 月至 3 月，周恩来代表中共中央来到皖南新四军军部，阐明中央"新四军向北发展"的方针，并确定新四军"向南巩固、向东作战、向北发展”的意见。

1939 年 11 月 7 日，新四军江南指挥部在溧阳成立，陈毅、粟裕分任正副指挥。12 月 19 日，陈毅主持召开了中共苏皖区第一次代表大会，成立苏皖区党委，领导建设江南抗日根据地工作，抗击日军。

1940 年 3 月，苏皖区党委和新四军江南指挥部党委召开了联席会，决定撤销苏南、苏皖特委，将原有地区划分为四个游击区。1941 年 4 月，苏南的新四军部队整编成新四军第六师，由谭震林为师长兼政委，成立江南行政委员会，辖 6 个专署及 23 个县级民主政府。5 月，成立中共江南区党委，谭震林为书记。

1944 年 1 月，苏皖区党委和苏南区行政公署决定将全区划分为四个行政分区。第一行政分区辖江宁、句容、镇句、茅东等县；第二行政分区辖宜兴、武南、金坛等县和太湖办事处；第三行政分区辖溧阳、溧水、高淳、横山等县和宣当办事处；第四行政分区辖广德、郎溪、溧南、长兴县。

1944 年 12 月，粟裕率新四军第一师第三旅及 300 余名地方干部渡江经茅山南下苏浙皖地区。至此，苏南敌后抗日根据地扩大到苏中、淞沪、浙东、浙皖边区，共有 42 个县，5 万多平方公里，2 000 多万人口。

（二）苏南抗日根据地将减租减息作为经济工作的重点

1938 年 10 月，新四军第一支队发布《陆军新编第四军第一支队司令部政治部布告》，指示：“田租地租利稻概照原订租额，减低二成半交纳；如收成特别荒歉者，得由主佃双方会同乡保长及农民抗敌协会按照当地情形斟酌再减之；灾区内之灾民（指公路附近而言）租稻尤须特别减折，利息全免；平常借款利息，须按照政府规定年利最高不得超过 20%。”还规定：“借米借稻者，一律还稻，不得将稻折钱；计钱还稻，致贫苦民众吃亏过大。放稻债者，收稻时稻价不得过低，由乡保长会同农民抗敌协会，公平规定之。”

1942 年 3 月 5 日，苏南行政专员公署颁布了《苏南行政区处理土地问题暂行条例》。条例规定：“地租交付以耕地正产物为原则”，“债权人之利息收入以一分半为计息标准，超过一分半者，应减为一分半，不及一分半者依其约定”，“抗战前成立的借贷关系，其利息超过原本一倍者，停利还本，超过原本两倍者本利停付”，“严禁庄头、二东家、杂粮小租、送工等额外附加”。

1943 年 3 月 18 日，苏南区行政公署《苏南施政纲领》规定：“坚决执行中共中央的土地政策，保障地主的土地所有权，债主的债权，佃户的佃权，实行减租减息，保证交租交息，合理调整人民的租佃关系和债务关系。”

1944 年 10 月，苏南区行署指示各地：“减租减息后，中心应转到积极发动领导群众大规模进行生产运动。在目前，除努力秋收冬种外，应教育民众兴修水利，准备肥料。”由于减租减息降低了租率，减轻了地主对农民的剥削，通过组织互助组、换工队，精耕、开荒，兴修水利，掀起了农业生产热潮，人民也得到经济利益，改善了生活。

（三）苏南抗日根据地金融概况

苏南抗日民主根据地初建时，市面上所流通的货币主要是法币。1942 年 5 月以前，在敌占区流通的主要货币也是法币。日伪势力为控制沦陷区的金融，进行经济上的掠夺，滥发各种钞票，主要有日本军用券、伪华兴银行券及伪中储券，大部分为伪中储券。

最初，伪中储券与法币等值。1942 年 6 月，汪伪政府宣布“中储券为苏浙皖三省统一通货，禁止法币流通，并限期 2 月兑换”，导致大批伪币和法币涌入苏南根据地。老百姓对法币不信任，对汪伪储备票及日本的军用手票又深恶痛绝，民间流通货币又很缺乏，有些地方采取以物易物的方式进行交易，乡间常常用粮食、布、棉纱来代替货币，甚至把棉纱分成小绞，称量交易。

为应对货币金融市场的混乱局面，苏南财经委员会在 1941 年 4 月颁布《苏南二区经济委员会整理与取缔币券，组织基金保管委员会暂行办法》。该办法指出：“苏南二区辅币紊乱，任何人均可发行，漫无限制”，“特重行订定整理与取缔代币券，并领取使用新券暂行办法。以冀票券处于统一，基金稳定，则一切流通弊端可以清除”。

苏南区发行货币的情况，可分为两个时期：第一个时期是从 1939 年秋至 1944 年 12 月，这一时期有“访仙镇货币流通券”“金坛溧阳县流通券”“水北镇商业流通券”“茅东临时流通券”“江南商业货币券”等钞券，还有 1942 年发行的惠农银行币等。第二个时期从 1945 年 1 月至 1945 年 10 月（新四军北撤前），这一时期苏南根据地的工作属苏浙行署领导，其间流通的货币有江南币和加盖“苏浙”两字的江淮币。江南银行江宁办事处以及长兴等地的地方政府也发行了辅币，主要有江苏省宜溧县辅币券，长兴县流通券（见图 3. 11. 1），长兴县泗安区、虹溪区、合溪区辅币。

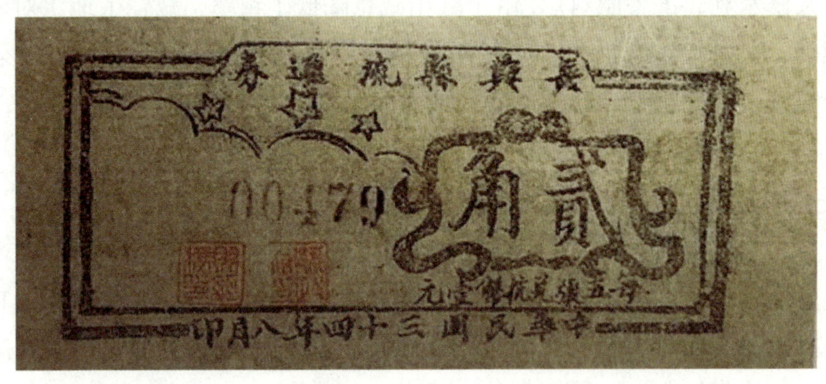

图 3. 11. 1　长兴县流通券

（四）苏南抗日根据地成立首家银行——惠农银行

由于江南地区斗争形势复杂，江南行政委员会成立后，一段时间都没有条件建立独立的财政金融体制。1942 年春，随着茅山根据地形势相对比较稳定，针对货币战线的三角斗争情况和法币贬值、辅币缺乏的情况，江南行政委员会责成财经处负责筹建惠农银行，并负责惠农币的印制和发行工作。

1942 年 12 月，苏南抗日根据地的第一家银行——惠农银行在茅山抗日根据地苏南丹阳延陵镇正式成立，直属新四军江南财经处领导，行长李建模，副行长孔朗。

惠农银行办公地址设立在丹阳延陵镇街上的一个盐栈内［因延陵镇处于茅山根据地的中心，位于丹句（容）、丹金（坛）、溧（阳）武（进）公路及京杭国道中间。当时，苏南财经处、新四军六师十六旅修械所、茅山印刷厂、被服厂等单位都驻扎在延陵］。惠农银行在西肠镇（金坛境内）设办事处，还在桠溪港（高淳境内）设立了兑换所。

惠农银行发行了 1 角、2 角、5 角、1 元、5 元、10 元券惠农币（见图 3.11.2），惠农币以粮食和部分金银作保证。惠农币与法币最初比价为 1∶1，后来法币贬值，惠农币与法币比价为 1∶5。惠农币主要流通于茅山东路和金坛、溧阳、溧水、江宁、句容、丹阳、丹徒、武进等地，即当时江南行政委员会第五行政区、第六行政区辖地一带。惠农币发行后，根据地的市场交易一律用惠农币，同时联合法币共同抵御敌伪币的入侵。

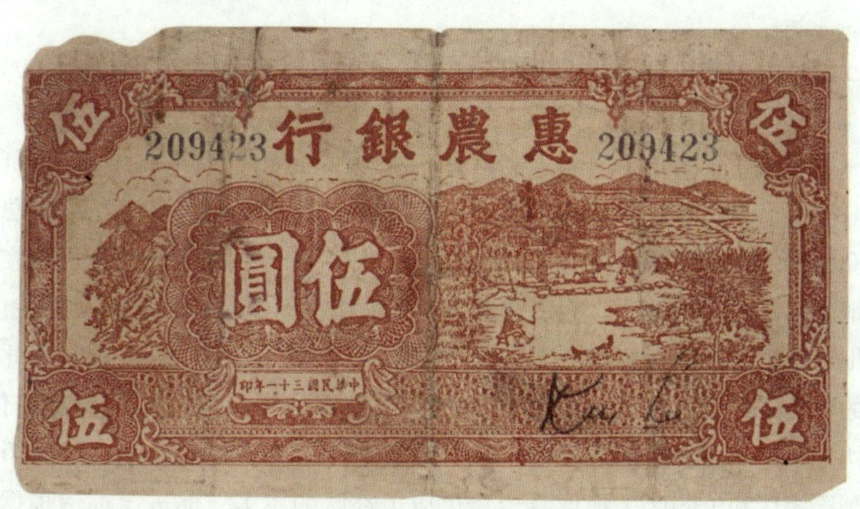

图 3.11.2　惠农币 5 元券

1942 年 7 月，苏皖区党委在溧水县里佳山召开了扩大会议，会议讨论了 8 月、9 月、10 月的工作，认为主要应抓好的五个方面的工作中，其中一项即“成立惠农银行，发行惠农币，与汪伪政府的储备券作斗争”。1943 年 3 月通过的中共苏皖区委苏南施政纲领宣布：“调整金融关系，坚决禁止伪币，保护法币，巩固惠农币之流通。”

1943 年 5 月，“反清乡”“反扫荡”开始，中共苏皖边区党委作出《关于五、六两个月财经工作的紧急决定》，其中规定：“惠农币由财经机关定期收回，至于 1 元、5 角惠农流通券仍然保持流通，但不得公开宣布。惠农银行名称仍然保留。”10 月，战争形势更趋紧张，边区党委决定精简惠农银行机构，用银元和实物回收惠农币。

由于当时苏南抗战形势严峻，惠农银行存在的时间很短暂，惠农币实际的流通时间只有半年左右，发行量不足，服务地域还不太大，但惠农银行作为苏南抗日根据地，继发行商业货币券之后在发行与流通抗币方面进行了又一次尝试，为江南地区发行和使用抗币，积极防御和应对敌伪的金融掠夺和斗争提供了宝贵的实践经验。同时，惠农银行发放的农民贷款为抗日根据地人民的生产和生活需要提供了帮助，促进了江南地区减租减息工作。

（五）苏南抗日根据地成立第二家银行——江南银行

1944 年底，粟裕大军挥师南下，需要大量抗币，如果到了苏南再印，则时间上已来不及，故华东局派了五六十人带了 200 包（200 万张）总计 1 000万元的江淮币随军南下。当时的规定是，各个地区印刷的货币，在根据地之间不能互相流通。为使江淮银行抗币能在苏浙皖边根据地流通使用，这批江淮银行币票面背后英文行名下加印“苏浙”两字，以区别在苏北流通的江淮银行币。这批江淮币受到了苏南根据地人民的热烈拥护和信任，很快把手中的法币与伪币换成抗币，根据地政府将把换回的法币与伪币分别到国统区和沦陷区去换取物资，供应了部队的军需，促进了苏南根据地的经济建设。

随着苏南区的扩大，抗币发行量也迅速增加，部队带来的江淮币在数量上远远不敷流通所需，单靠苏北根据地印刷很不方便，何况还有长江之隔，远运苏南则困难更大。为了从根本上解决这一问题，必须在苏南建立银行，印制货币。

1945 年 6 月，江南银行成立，属苏浙行署财经处管辖，处长范醒之兼任江南银行行长。财经处下属货物管理局局长管寒涛兼任江南银行副行长。财经处直接管理印钞厂——江南印钞厂，厂长是孔朗，副厂长是杨展云，该厂负责江南银行的印钞工作。

江南银行抗币由江南印钞厂印刷，江南印钞厂的筹建早于江南银行。1945 年 3 月，在历尽艰辛筹备齐全印钞机械物资之后，江南印钞厂正式成立。江南印钞厂的厂址先设在广德的杜家坟（村），不久迁往浙西天目山的孝丰。江南银行通过支持公营贸易、发放农贷、支付军政人员津贴、兑换伪币等渠道发行江南币，主要流通于长兴、安吉、广德、宜兴等县苏浙皖边根据地。图 3. 11. 3 为江南印刷厂印刷的 1 元江南币。

图 3. 11. 3　江南币 1 元券

江南银行在长兴县槐花坎梓坊村设立货币兑换处。江南币发行初期，苏南行署即公告：“第一，凡是商店出售货物，一律以抗币明码标价；第二，各项税收，一律以抗币征收；第三，公营贸易单位一律用抗币交易。”开始法币与江南币的比价为 5∶1，继而为 10∶1、30∶1，到 1945 年 8 月调整为 50∶1。

对于日伪币，根据地则明确实行禁止流通的政策，但允许持有伪币的群众按比价兑换抗币。在伪币与抗币的兑换中，开始时伪中储券与抗币之比价为 300∶1，随着伪中储券不断贬值，1945 年 8 月 1 日为 1 500∶1，8 月

22 日为 3 000∶1。

1945 年 8 月 11 日，苏浙军区主力部队及地方武装等向日伪势力发起战略反攻，根据地进一步扩大。为使江南币稳定地占领市场，苏浙军区司令部、政治部发布布告（见图 3.11.4）：“本军为收复城镇、解放人民，进军所至地区所携带苏浙区抗日民主政府所发行之抗币江南银行 1 元、5 元、10 元抗币，江淮银行 1 元、5 元、10 元抗币一律通用，凡交易买卖不得拒绝使用及抬高物价、压低币值，如有故违，以破坏金融论罪。”

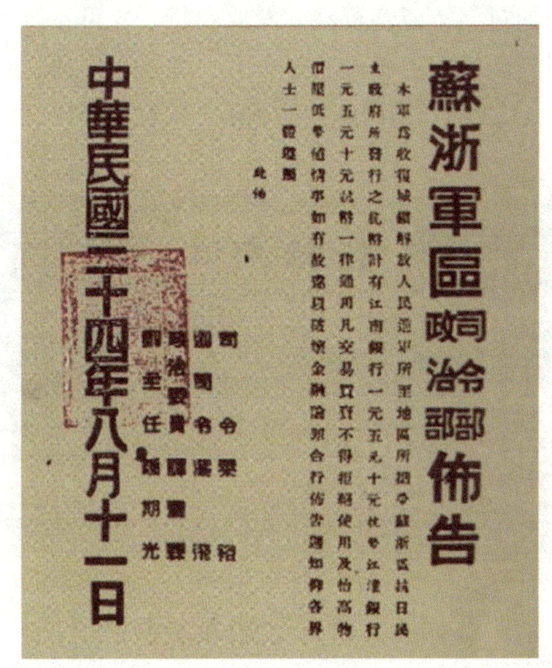

蘇浙軍區司令部政治部佈告

本軍為收復城鎮解放人民進軍所至地區所攜帶蘇浙區抗日民主政府所發行之抗幣計有江南銀行一元五元十元抗幣江淮銀行一元五元十元抗幣一律通用凡交易買賣不得拒絕使用及抬高物價壓低幣值情事如有故違以破壞金融論罪合行佈告通知仰各界人士一體遵照

此佈

司令 粟裕

副司令 葉飛

政治委員 譚震林

副主任 鍾期光

中華民國三十四年八月十一日

图 3.11.4　1945 年，苏浙军区司令部、政治部关于江南币的布告

1945 年 8 月 15 日，日本宣布无条件投降。8 月 18 日，新四军苏浙军区、苏南行署发布公告：“日寇已无条件投降，汉奸组织亦必随之瓦解，敌伪所发行之伪币，迅即变成废纸。自布告之日起，凡我根据地内禁止使用伪币……抗币为根据地的本位货币，凡完粮、纳税、交易买卖、供货、偿债一律使用抗币，严禁伪币流通。”苏南行署还颁布发行辅币办法，准许县、区抗日民主政府自主发行辅币，并与江南银行币等值使用，如长兴县

流通券、宜溧县流通券等。

1945 年 9 月 20 日，苏浙军区接到中共中央、华中局的指示："浙东、苏南、皖南部队北撤越快越好。此事已在重庆谈判中，当作一个让步条件向对方提出。"苏浙军区党委和行署在紧急部署部队和地方党政干部北撤的同时，决定江南银行停止发行抗币，财经处用黄金及棉布、粮食、食盐等物资回收流通中的抗币。

此后，根据地各级政府印发《告别江南同胞书》，动员广大群众用抗币买回民主政府供应的棉布、粮食、食盐等物品，以免新四军北撤后受到损失，防止被国民党反动派发现而遭到迫害。

江南银行北撤到苏北初期，未回收的江南银行币在华中根据地继续流通。其后，华中局决定，原苏浙、浙东、苏中、苏北、淮南、淮北六个新四军根据地发行的抗币，全部兑换成华中银行币。江南印钞厂北撤后与江淮印钞厂、淮北印钞厂合并为华中第一印钞厂。

十二、浙东抗日根据地红色金融事业

浙东抗日根据地是抗日战争时期较大的抗日根据地之一。浙东人民在中国共产党的领导下，为创建、巩固和扩大这个敌后根据地进行了艰苦卓绝的斗争，不但在政治、军事上取得了胜利，在经济建设中也取得很大成就。在这一过程中，浙东银行及其发行的浙东抗币应浙东客观环境的迫切需要而生。从建立银行发行货币起，浙东银行及其抗币就置身于与敌伪金融斗争的最前线，为调剂金融市场、发展社会经济，充实了抗战力量。

（一）浙东抗日根据地创建历程

浙东抗日根据地是皖南事变后由浦东南进的抗日武装、浙东地方党委以及华中局和新四军军部派来的一大批干部，经过艰苦奋斗，逐步建立起来的。

1941 年 2 月 1 日，毛泽东致电指出："关于浙东方面，即沪杭甬三角地区，我们力量素来薄弱，总指挥部应增辟这一战略基地，经过上海党在该区域创立游击根据地（以松江等处原有少数武装作基础），中原局应注意指导上海党。"刘少奇、陈毅根据中央指示，决定由江南区党委书记谭震林负责开辟浙东的工作。江南区党委指示路南特委立即组织浦东工委的武装力量向浙东挺进，初步开辟了浙东抗日游击根据地。

1942 年 7 月，浙东区党委成立，谭启龙任书记。8 月，浙东军政委员会成立，何克希任书记，统一领导浙东抗日武装。同月，成立"第三战区三北游击司令部"，统一整编了浙东部队，何克希任司令员。10 月到 12 月，浙东抗日武装粉碎日军对三北地区的“扫荡”，并取得第一次反顽斗争的胜利，开辟了四明、会稽和金萧三个新根据地，浙东抗日根据地初步形成。

1944 年 1 月 15 日，浙东敌后临时行政委员会成立，1944 年底又建立 4 个行政区——三北、四明、会稽、浦东，共 14 个县城政权，浙东区党委和新四军浙东纵队司令部进驻上虞县城（现为丰惠镇）。

1945 年 1 月 21 日，浙东行政公署成立，同时成立苏浙军区，浙东游击纵队编为苏浙军区第二纵队，何克希任司令员，谭启龙任政治委员。8 月 15 日，第二纵队开始对盘踞在浙东的日伪军发起大反攻。除几个主要城市外，基本上消灭了继续顽抗的日伪军，使浙东抗日根据地得到很大发展，抗战胜利时，根据地所辖人口增至 400 万。

（二）浙东抗日根据地经济建设

1. 实行减租减息政策

在减租减息方面，浙东区党委坚决贯彻执行中央关于党在抗日战争时期的土地政策的决定。1944 年 1 月 15 日，根据地颁布了《浙东敌后临时行政委员会施政纲领（草案）》（以下简称《施政纲领（草案）》）宣布实行减租减息，改善农民生活，同时交租交息，保障广大民众合法权益。1945 年 7 月 18 日，颁布的《浙东行政区减租交租及处理其他佃业关系暂行办法》，确定凡公私租佃之土地不论定租制、分租制、议租制等均须实行二五减租[①]。

2. 动员群众开展大生产运动

为促进农村生产力的发展，根据地动员农民开垦荒山荒地，兴修水利，组织劳动互助组等，1945 年 1 月 24 日颁布的《浙东敌后临时行政委员会施政纲领》（以下简称《施政纲领》），提出要发展农业生产，动员广大群众开展春耕秋收运动，开垦荒地，兴筑水利，改善与提高农业技术，解决贫

① 宁波市新四军暨华中敌后抗日根据地研究会编：《浙东抗战与敌后抗日根据地史料丛书》第四卷，中共党史出版社 2001 年版，第 86 页。

苦农民关于缺少农具、肥料、种子的困难，提倡各种劳动互助组织。①

3. 发展必需的工商业生产

1944 年 1 月颁布的《施政纲领（草案）》中提到，协助根据地内工商业之自由发展，奖励私人企业。保证私有生产，欢迎外地投资，发展人民的合作事业，协助山货的推销。② 而 1945 年浙东地区的《施政纲领》中指出：实行商业自由流通，保障私人商业之发展。

（三）浙东抗日根据地金融概况

1942 年以后，由于浙东的大部分城镇沦陷，伪币的流通在日伪政权的强硬措施下占了上风。1942—1943 年，伪中央储备银行在浙东设立了许多办事机构，使伪币深入民间掠夺物资有了爪牙。敌伪为了榨取沦陷区人民的血汗，采取了通货膨胀政策，滥发通货，伪币迅速贬值。从浙东市场谷价来看，每 100 斤谷价，1944 年 5 月为伪中储券 840 元，9 月为 5 000 元，11 月为 7 000 元，短短半年中，谷价上涨近九倍，浙东人民生活之艰辛可见一斑。沦陷区人民希望用法币来拯救自己，但是希望很快就破灭了，国民党政府的法币同样走上了通货膨胀的邪路。

1944—1945 年，无论是法币还是伪币，都是套在浙东人民脖子上的绳索，且越拉越紧，浙东金融市场一片混乱。摆在浙东抗币面前的首要任务，就是要稳定物价，占领市场，改变金融混乱的局面。

1. 发行金库兑换券

1941 年 5 月至 1945 年 1 月是浙东抗币初创阶段，该阶段的主要成就是金库兑换券的产生。1943 年到 1945 年，三北游击司令部、浙东敌后临时行政委员会和浙东行政公署都发行过金库兑换券（见图 3. 12. 1）。金库兑换券由军政主管部门印发，按预算数目分批发给各下属部队和机关。一开始

① 宁波市新四军暨华中敌后抗日根据地研究会编：《浙东抗战与敌后抗日根据地史料丛书》第五卷，中共党史出版社 2001 年版，第 14 页。

② 宁波市新四军暨华中敌后抗日根据地研究会编：《浙东抗战与敌后抗日根据地史料丛书》第四卷，中共党史出版社 2001 年版，第 86 页。

金库兑换券只是提取现金的证明。部队和机关凭金库兑换券向当地的税务机关、县财经科提取相应数量的现金以供日常费用之需。税务机关和县财经科则将收纳的金库兑换券汇集，抵作现金，解交金库，后其成为社会信用凭证，逐渐流通于市场，缴粮纳税，一律通用，成为代用货币。浙东军政单位金库兑换券共发行 12 种，在金库兑换券投入社会流通后，对排挤伪币起到了积极作用。

图 3.12.1　浙东行政公署金库兑换券（1945 年）

2. 创建浙东银行和浙东银行币

浙东银行成立后开始发行浙东银行币投入流通，浙东银行币共发行 26 种，在平准物价和稳定金融上起了较大作用，为发展社会经济创造了前提条件。在调剂金融市场的基础上，浙东银行紧紧抓住推动生产发展和增加财政收入两个环节，发挥了应有作用。

3. 各地方发行的流通券

1945 年 7 月以后，浙东游击纵队解放了大批敌占区，根据地区域迅速扩展，人口增多，抗币的需求量骤增。为流通所需，根据地县、区、乡（镇）级抗日民主政权和部分群众团体发行了地方抗币，这是一种限本地区短暂流通的地方性通用货币，流通时间为 1945 年 8 月至 9 月。浙东银行币的流通时间不到半年，地方抗币的流通只有三个月，甚至二十几天；金库兑换券使用时间最长，从军队办事机构发行，在内部拨划算起，接近三年。

（四）浙东银行的创建与浙东币的发行

由于金库兑换券初期的币值与伪币或法币相联系，一样受到贬值的影响，不能充作根据地的本位货币。面对伪币的侵扰，1945 年 4 月，浙东区党委在《关于发行抗币与加强对敌经济斗争的指示》中提道："货币斗争上，至今没有很好的开始，我解放区的金融完全为伪币所控制，这是当前浙东工作中最重要的弱点之一……抗币之发行已成为全体军民热切希望与迫不及待的任务之一。"

1. 成立浙东银行

1945 年 4 月，浙东银行成立，同时发行浙东币，规定抗币 1 元折合法币 50 元，折合伪中储券 300 元，并由各地商会和商人代表以抗币为标准拟定了物价表。浙东币票面金额分 1 元、5 元、10 元、50 元四种，10 元券见图 3. 12. 2。

图 3. 12. 2　浙东币 10 元券

浙东银行以金银储备、稻谷、有价证券和抵押债券票据作为储备金保障，资本总额暂定为抗币 200 万元，约值稻米 200 万市斤。银行业务包括发行抗币、经理政府金库以及存贷款、储蓄、收买金银和有价证券等金融业务。浙东银行设立董事会作为管理机构，有权议定抗币发行事宜和审核总行、分行预决算，稽查账目及库行。浙东银行在浙东行政公署所在地梁弄镇设总行外，先后开设了三北分行（后改支行）、余姚支行、鄞县支行和上虞支行。浙东银行原定十项业务，由于局势所限，只有发行抗币和政府金库两项工作得以完成。

2. 确立浙东银行币本位币地位

中共浙东区党委和浙东行政公署同时公布《浙东银行条例》和《浙东行政区抗币条例》，宣布：发行抗币是本着“加强对敌经济斗争，发展农工商业，稳定金融，平准物价”的原则，浙东银行“应始终维持‘抗币壹圆币值’接近于食米一市斤之价值”的比价标准；并指出浙东银行抗币为本行政区内唯一的本位币，亦即本地区的有效法偿币。

浙东根据地的金融体系通过浙东地方本位币——抗币（包括浙东银行发行的总行币、支行币、金库兑换券，以及地方政权发行的地方抗币）的发行逐渐形成。

3. 有效调剂根据地金融市场

浙东银行发行货币后，法币和伪币在流通中失去了作用，必须以抗币兑换率作价才能与当时当地的物价发生联系，抗币的发行有效地起到了稳定物价的作用。

抗币的比值是根据敌占区的物价变动、伪币贬值幅度和金融行市来决定的，往往以实际货物作为参考。如米价就是一个重要的参照因素。1945 年 4 月上旬，浙东市场一石（150 斤）米的价格约为伪中储券 44 302 元，每斤约为 295 元。因此，1945 年 4 月 8 日，浙东银行初定抗币 1 元兑换伪币 300 元，基本上是以抗币对大米的购买力为标准。商人货物以抗币作为标准价格，使得根据地的市场流通十分稳定。抗币持有者可以按标准价格购买货物，商品不至于因为物价波动而发生抢购等问题。

1945 年 4 月到 9 月，与伪币的急剧贬值相比，浙东银行发行的抗币保持了币值稳定。期间浙东银行公布抗币与伪中储券兑换率如下：4 月 8 日，1 元兑换 300 元；5 月 16 日，1 元兑换 500 元；7 月 9 日，1 元兑换 1 200 元；8 月初，1 元兑换 1 600 元。1945 年 8 月初，伪中储券购买力已不及 4 月份的 20%，短短 4 个月，以伪中储券为标准的物价上涨 5 倍有余。

（五）浙东银行支持根据地建设

关于浙东银行抗币发行，浙东区党委强调指出，“抗币发行的基本路线，主要是为了发展生产事业，必须避免单纯的财政发行”。这要求各地“必须保持生产贷款及投资，要贷给有组织的群众，特别是贷给基本群众，切实照顾工农群众的利益，同时要避免把贷款变为救济性看待。”① 浙东区党委关于发行抗币的指示强调：必须将这一工作最密切地与当前解决春荒、发放农贷、开展春耕生产、组织各种合作社等改善人民生活的工作联系起来。

1. 贷款用途

浙东币发行后，其投放主要途径是生产贷款和投资，主要解决转变生产、改种杂粮所必需的一些生产资料问题，解决山区收购、山货向外运销所需资金。要转变生产、开荒种地，单靠个体经济的力量是不行的，但群众对于组织生产合作社之类集体组织有一个认识过程，单靠行政命令与开会动员很难取得理想效果，所以贷款支持非常重要。浙东银行成立之后，政府手中有了抗币，也就有了发动群众进行生产的经济力量。政府对合作社的支持可以从经济上着手，使群众在劳动生产中得到利益，有力地激发了群众的劳动热情。

2. 贷款对象

银行拨出专款进行生产贷款和投资，重点是支持有组织的群众，引导更多的群众积极参加合作社。如鄞县、南山县的山货合作社，在银行贷款的支持下，帮助山民将山货有计划地运往外地销售。浙东银行的贷款和投资，除贷给有组织的群众以支持生产合作社的发展外，也注重贷给基本群众，切实照顾工农群众的利益。浙东银行抗币贷款的主要投向是：对山区，主要是收购山货，协助运销，以解决农产品销售的问题；对平原，主要是解决生产资金与种子困难的问题。

3. 贷款形式

在抗日根据地内，合作社是在经济上组织群众的最主要形式。浙东银行利用生产贷款，一方面促进合作社组建与发展，另一方面解决合作社中

---

① 华中抗日根据地和解放区工商税收史编写组：《华中抗日根据地和解放区工商税收史料选编》（上册），安徽人民出版社 1987 年版，第 261 页。

的资金困难问题，通过努力增产，以求丰衣足食。如在春荒比较严重的红岭村，响应政府增产备荒的号召，在贷款支持下，种下了洋芋艿种子 3 600 斤，由地方干部带头组织合作社，搞好田间管理，收获量达 86 500 多斤。农民通过加入合作社得到了实实在在的收益。又如在南山县左溪乡，笋的产量虽然很高，但经不起中间商层层压价盘剥，可怜乡民一年到头辛辛苦苦，收获很少。为此，银行给予贷款帮助左溪乡民成立 6 个合作社经营笋的生意，摆脱中间商盘剥，提高鲜笋价格，保护了左溪乡人民群众的利益。

浙东币的发行及其币值的稳定，消除了人们对法币、伪币急剧贬值的恐惧心理，防止了囤积居奇，有利于民间借贷，特别是春荒时期，有利于发动贫富互助。抗币发行后，浙东地区的借粮工作有了价格标准，进行顺利，政府也因为掌握了较大数额的抗币基金而能提供担保。这些出借的粮食在新谷上场后由政府担保偿还抗币或稻谷，由于抗币币值稳定，业户也能接受。这样，既解决了春荒，有利于生产，又避免了业佃矛盾，符合抗日战争时期民族统一战线总方针。

1945 年 9 月 21 日，浙东区党委扩大会议作出北撤的工作决定，其中要求把所有留存的公粮出售，收回浙东币。上虞县丰惠镇、永徐乡、夹圹乡、谢乔乡等地设立兑换站，将已收回的抗币集中烧毁，以免群众损失。浙东银行经理的总金库依旧存有许多金条、银元和货币（主要是法币）。1945 年 10 月 1 日，浙东银行人员和抗币印刷车间工作人员在上虞县丰惠镇集中，分批并入北撤的部队。

十三、豫鄂边区抗日根据地红色金融事业

豫鄂边区抗日根据地是新四军豫鄂挺进纵队、新四军第五师开辟，以湖北、河南、安徽三省边界地区为主，东起安徽宿松、太湖和江西的彭泽，西至湖北宜昌，北起河南舞阳、叶县，南至洞庭湖畔，跨越豫、鄂、皖、湘、赣五省广阔地区，包括土地革命战争时期的鄂豫皖、湘鄂西和湘鄂赣三大苏区的一部分。豫鄂边区敌后民主抗日根据地，是中国共产党领导下时间比较长、战略地位比较重要的一个中原抗日民主根据地，是全面抗战初期党在中原前线建立的第一个“红色据点”。豫鄂边区抗日根据地在其建立到发展壮大的过程中，红色金融发挥了重要作用。

（一）豫鄂边区抗日根据地创建历程

1939 年，中共中央中原局先后建立了豫南、豫西、鄂豫皖、豫鄂边、鄂西北、鄂中等省委或区党委。1939 年 1 月、6 月，李先念、陈少敏分别率部进入豫鄂边区，成立了新四军豫鄂独立游击支队，积极开展游击战争，建立抗日民主政权。11 月，成立中共豫鄂边区委员会，豫鄂边区的抗日武装统一整编为新四军豫鄂挺进纵队，李先念任司令员。

1941 年 1 月，皖南事变后，新四军豫鄂挺进纵队受命整编为新四军第五师，李先念任师长兼政治委员。4 月 5 日，新四军第五师组建完毕，开辟了鄂东、鄂皖边根据地和鄂南游击区。1942 年，边区军民创建了以鄂南大幕山为中心的根据地。同年 6 月，李先念兼任中共豫鄂边区委书记。1943 年，新四军第五师在襄河以南和洞庭湖以北创建了新的根据地。

1944 年 1 月，郑位三任中共豫鄂边区委书记兼新四军第五师政治委员。同年 7 月，第五师派出部队挺进豫南、豫中，扩大了根据地。同年 10 月，中共豫鄂边区委改称中共鄂豫皖湘赣边区委，并成立鄂豫皖湘赣军区。到抗日战争胜利前夕，根据地发展到东起安徽宿松，西至湖北宜昌，北接河南舞阳，南抵湖南洞庭湖畔的广大区域，辖 7 个专区和 39 个县级政权，面积达 9 万多平方公里，人口 1 000 余万。

（二）成立豫鄂边区建设银行

1940 年 9 月，豫鄂边区召开了军政代表大会，大会通过了建立豫鄂边区建设银行的决议，决定筹建银行，印刷发行边区人民自己的货币，以支援对日作战。

1941 年 4 月，豫鄂边区召开了第二次军政代表大会，开始筹建豫鄂边区建设银行。豫鄂边区建设银行总行最初设于京山小焕岭，1943 年春转移到礼山（今大悟）大悟山一带。

1941 年 7 月，豫鄂边区建设银行在洛阳店九口堰、古城畈等地发放贷款，建立 10 余处消费合作社，九口堰还办了军人服务社，均由建设银行贷款，以便内部物资交流，尤其是保证食盐供应。随着边区的扩大和货币金融工作的加强，豫鄂边区建设银行还先后在信（阳）南，鄂东、鄂中、襄（河）南等地设立了分行。豫鄂边区建设银行的分支机构往往不是固定在一个地方办公，战况紧急时，工作人员常常背着边币随着政府机关和部队一起行动。

1941 年 5 月，豫鄂边区建设银行试印的第一张建设银行币 2 角票面的货币在根据地发行流通。1941 年 8 月，豫鄂边区建设银行币正式开始制版投入生产。1942 年，豫鄂边区建设银行发行票面为 1 元、2 元、3 元、5 元（见图 3. 13. 1）的钞票。

1941 年至 1942 年初，豫鄂边区建设银行币与法币挂钩，与法币等价行使，以 1∶1 的比例流通。

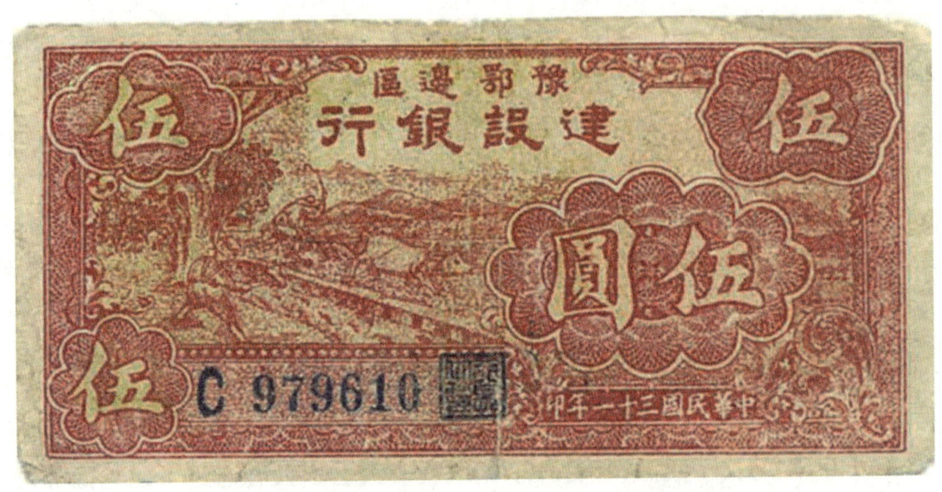

图 3. 13. 1　豫鄂边区建设银行发行的 5 元券

1944 年 6 月，新四军第五师制图所与印钞厂合并。1945 年 1 月，由延安南下的三五九旅胜利到达边区与第五师会师，带来了陕甘宁边区银行钞票厂的技术人员和票版花纹，逐步制作了 50 元、100 元、200 元、500 元（见图 3. 13. 2）、1 000 元的票额版面（50 元至 1 000 元票面上印的时间是 1944 年，实际上都是 1945 年春至日本投降后制作的）。

图 3. 13. 2　豫鄂边区建设银行发行的 500 元券

豫鄂边区建设银行先后发行 15 种、24 个版别的货币。除豫鄂边区建设银行币，边区还发行了各类流通券、兑换券等。如以边区合作金库名义发行的流通券（1 分、2 分、5 分、1 角、2 角）五个版别，襄河贸易管理分局发行的 500 元兑换券，襄西生产运销合作社发行的临时兑换券。

（三）进行经济建设，减租减息，着重农业生产

随着边区根据地的建设与发展，豫鄂边区政府于 1942 年 1 月作出《关于经济建设的决定》，该决定指出："进行经济建设的中心，要着重于农业生产，农业生产主要是兴修水利，防止天旱与水涝；发展手工业，摆脱对洋货的依赖，组织贸易机关，实行统制贸易，爱护人力物力。"

农业生产在豫鄂边区根据地的经济建设中具有首要和基础性的地位，减租减息工作尤为重要。当时通过对根据地的应城、陂安南、京山、汉川、黄陂、孝感、云梦七个县的土地关系调查研究，发现占人口 18.5% 的地主和富农，占有至少 43% 的土地，土地主要集中在地主、富农之手。

1942 年 3 月 23 日，豫鄂边区发布施政纲领，有关减租减息的条款要求：举办土地登记，实行减租减息，取缔私人征收湖稞河稞，免除湖赋河赋。地租不得超过主要收成的千分之三百七十五；保证地主一律按二五减租原则收租，佃农按此原则交租，地主不得预收地租，废除押金等额外剥削。利息由双方规定，但旧债不得超过年息二分，法律不保护高利贷，保证债主放债收息，债务人按此原则还本付息。旧债付息超过原本一倍者停利还本，超过二倍者本利停付，凡农民因借贷而典当押出之田地，期满后有随时赎回之权利。①

边区党和政府普遍地发动农民群众参加减租斗争，坚决执行了二五减租法令，提高了农民的革命热情，真正做到了二五减租之后交租；同时稳定地主阶级情绪，使一般地主真心拥护边区政府，都能乐于让步，愿意减

---

① 刘跃光、李倩文：《华中抗日根据地鄂豫边区财政经济史》，中国财政经济出版社 2017 年版，第 177 页。

租。减租减息对人民群众发展生产生活、巩固根据地起到了积极作用。

（四）豫鄂边区建设银行支持农业建设

要保证农业生产，发展边区经济，除了依靠党的领导、放手发动群众外，还要有大量的资金作基础。边区建设银行货币发行的原则坚持：一是用于支持发展生产；二是供给财政开支，主要供给部队，支援革命战争。边区党委一再强调必须以前者为主。因此，发放农业贷款、手工业贷款和商业贷款，大力支持边区建设事业，就成为边区建设银行的一项重要任务。

1. 边区银行的农贷政策

1942 年 4 月 13 日，豫鄂边区行政公署命令，要求各县政府须以收入百分之五十投资于农业建设，举行生产借贷，使农民得到财政上的实际帮助。除银行外，合作社也代理边区建设银行办理生产贷款、农工商业投资及兑换边币业务。

边区银行的农贷政策：一是集中用于最需要的生产项目，如以耕牛、肥料贷款为主，水利、种子贷款次之；二是贷于最需要的区域，如集中肥料最缺乏的地区；三是贷给最困难最需要的农户，如贫苦抗属、大部分贫农、一部分困难中农；四是在迫切需要贷款的时期发放，如春耕时期、插秧时期、收割时期，以及青黄不接的时期；五是边区贷款，以发放耕牛、肥料贷款为主。

根据上述政策，边区建设银行在洛阳店、九口堰、古城畈、张畈等地发放农贷，建立消费合作社，发放无息贷款。解决了农民资金不足、生产工具破旧无力修补，以及化肥、石灰价格高涨无力购买等困难，帮助农民渡过了难关，支援了农业生产。1943 年，边区银行还发放了耕牛贷款，深受群众欢迎。群众自己买牛喂养，克服了过去由耕牛站将牛借给农民使用以致有人用无人养，把牛累死的现象。

2. 支持兴修水利，服务农业发展

豫鄂边区有山有湖，过去水利失修，总是山乡丰收，湖乡水灾，湖乡丰收，山乡旱灾，甚至本地天旱，而江河水涨，泛入湖区，以致山区、湖区同时发生灾荒。

1941 年夏，豫鄂边区遭到严重旱灾。新四军第五师司令部直属机关所在地随南白兆山地区粮食颗粒无收，受灾尤重。1941 年 8 月中旬，随南县在洛阳区召开了“开展千塘百坝运动”动员大会。会上，边区政府发出了“有田出米、无田出力”“以工代赈、救灾恤邻”“兴修水利、消灭灾情”的口号，强调“宜未雨而绸缪，毋临渴而掘井”，及“开展千塘百坝运动”的战略意义。边区建设银行将“以工代赈”按工程量计工，并拨发贷款作为兴修水利的经费。“以工代赈”的具体计酬为：能挑 100 斤以上者，每个劳动日 3 升大米；能挑 100 斤者，每个劳动日 2 升大米；小孩每人一天 1 升大米；特殊情况者，其劳动报酬经群众民主评议，可予增减。

李先念率领第五师干部官兵直接参与了随南“千塘百坝”建设，修筑方家冲拦河坝。李先念经常在洛阳店、九口堰同群众一起挑土、搬石头、打夯。1942 年随南农业获得了历史上少有的好收成。群众高兴地唱道：“李师长、新四军，修水利、为人民”“河也满、塘也满，引水好灌田”“仓里满、心里甜，再不过荒年”。

（五）豫鄂边区根据地的货币斗争

豫鄂边区建设银行币币值一直都很稳定。据《豫鄂边区党委致华中局、中共中央的报告》：在建设银行开业初，就筹措了 100 万元资金作为资本金，之后将每年税收的百分之三十留作基金，充实银行。当时，在豫鄂边区每斗米基本上是 18 元，每斤食盐 2 元至 2. 4 元建设银行币，而敌占区则要 30 多元和 3 元至 4. 5 元法币，在建设银行币与法币 1∶1 的挂钩时期，建设银行币实际购买力大大超过法币的购买力，边区建设银行币币值稳定可见一斑。

随南白兆山抗日根据地的创建和发展，引起了日伪及国民党顽固派的极度恐慌和仇视，对边区实行了严厉的经济封锁。边区仅食盐一项，就比抗战前涨价 200 倍。加之法币、伪币不断涌入边区，边区物资大量外流，给根据地的生存、发展造成了很大困难。于是，边区党委决定在重点地区组织货币管理和贸易管理：

一是控制对外贸易。敌寇派出八大洋行，组织伪合作社，以敌钞伪钞和大量奢侈品向农村倾销，掠取各根据地的棉花、谷物、杂粮等必需品，又垄断食盐，禁止医药、军用品以及边区人民群众所需的日常生活用品和物资向边区运销。为此，1940 年开始，边区政府设立了物资统制总局，并在鄂东、鄂中、襄南、豫南等地设立了物资统制分局，加强了根据地物资的交易管控。

二是组织消费合作社。1941 年 7 月，边区建设银行在洛阳店、九口堰、古城畈等地发放无息贷款合计边币 2 万元，建立十余处合作社。这些合作社为了解决人民群众日常用品的需要，或是公家贷款，或是民众自己集股，售卖农具、耕牛、猪仔、布匹、小百货，以及油、盐、柴、米、酱、醋、茶等人民群众所必需的物品。

三是正式建立本位币制。1942 年开始，建设银行币成为豫鄂边区本位货币。其中，根据地所有捐税财政收支、物资流通、市场购买，均以边区建设银行币为结算单位和支付手段，任何单位和个人不得拒收。

1944 年末至 1945 年，日寇加紧了对根据地的封锁和破坏。因为根据地党委、政府和部队没有很好贯彻中共华中局"移兵就食"，将中心区的机关人员大批精简去发展新区的正确指示，再加上受到日伪币和法币的冲击，根据地经济损失很大，边币出现大幅贬值，全年财政赤字 3 亿元。1945 年 3 月 18 日，豫鄂边区建设银行按照《华中局对五师财经货币工作的指示》，采取如下措施：一是在迫切需要法币的地方，以 3:1 的比例兑进法币。二是用三军分区解来之法币税款，调剂市场，稳定边币价格，但避免大量兑换，尽量减少损失；对边币价格下跌过大之处，采取逐步提高的办法，以免商人投机牟取暴利，群众受损失。三是边币价格未稳定之前，暂停发行，比价恢复稳定后再继续发行。四是继续发行的边币，不再用作财政开支，一部分用于发放农业贷款，一部分用于收购粮食。以此解决根据地面临的困难。

1945 年 9 月，国民党调动 30 万大军，从四面八方包围豫鄂边区。11 月，随着边区的政治、军事形势更加严峻，边区建设银行用物资、粮食、盐、布兑换建设银行币并集中销毁。边区建设银行人员随主力部队西进。

1946 年 6 月下旬，随着中原军区部队突围转移和中原解放区的丧失，留下的人员在残酷的斗争形势下，因陋就简地印制了 500 元流通券，在乡镇发行，解决地下党、游击队的供给。其后，随着鄂东、鄂中、豫南、豫西等解放区被国民党军队占领，银行工作无法开展，印钞厂全部被迫停止生产，豫鄂边区建设银行也结束了它的使命。

十四、华南抗日根据地红色金融事业

抗日战争时期，党领导的华南抗日根据地主要包括广东地区和海南地区。这两个地区分别是东江纵队和琼崖纵队的战斗区域。华南地区抗日根据地本身力量弱小，各根据地之间比较分散。1941 年皖南事变后，国民党政府停发了对华南抗日根据地部队的经费，并切断了根据地与外界的商贸往来，导致根据地各项物资极为匮乏，军民生产生活艰苦异常。在极端严酷的革命斗争形势下，发展红色金融、推动根据地建设是一项非常重要的工作。

（一）华南抗日根据地创建历程

1936 年 9 月，华南地区党的领导机关——中共南方临时工作委员会在香港重建。1937 年党中央先后派出云广英、张云逸、张文彬到广东工作，并成立中共南方工作委员会。1938 年 4 月，中共广东省委成立，廖承志、云广英分别担任八路军驻香港和广东办事处的负责人。

1938 年 10 月，当东江下游和广州地区沦为敌占区之后，中共广东地方组织即坚定地领导惠阳、东莞、宝安、增城等地的人民积极开展东江敌后游击战争。1939 年 1 月 16 日，中共中央南方局正式成立，周恩来任书记。1940 年 9 月，广东人民抗日游击队第三、第五大队成立。1942 年 1 月，根据南方局指示，成立了广东军政委员会，部队改称为广东人民抗日游击总队。1943 年 12 月，游击总队改番号为广东人民抗日游击队东江纵队。

在海南岛，1938 年 12 月，中共琼崖特委将琼崖红军游击队改编为广东省民众抗日自卫团第十四区独立队，在敌后开展抗日游击战争。1939 年 3

月，独立队改称独立总队。1944 年秋，独立总队改编为广东省琼崖抗日游击队独立纵队。

此外，珠江三角洲、雷州半岛、潮汕地区、粤北西江等地也成立过抗日武装。所有这些部队和东江纵队、琼崖纵队一起统称为华南抗日纵队。1944 年 7 月 15 日，中共中央军委在给东江纵队和琼崖独立总队的电报中指出："你们全体指战员在华南沦陷区组织和发展了敌后抗战的人民军队和民主政权，至今天已成为广东人民解放的旗帜，使我党在华南政治影响和作用日益提高，并成为敌后三大战场之一。"

（二）华南抗日根据地积极应对财政经济困难

东江纵队和琼崖纵队创建之初，即国共第二次合作期间，其部队军需供给由国民政府负责。琼崖红军改编为广东省民众抗日自卫团第十四区独立队后，部队相关经费由当地国民政府发放。忌惮华南抗日根据地的不断壮大，国民党当局对根据地的经费开始故意刁难、百般克扣。在抗日战争进入相持阶段，日伪军队加大了对华南抗日根据地的"扫荡"力度，致使各根据地范围被严重挤压，根据地面临越发沉重的财政困难。1940 年 3 月 11 日，《中共中央书记处电粤委对广东各项工作的指示》指出："我们琼崖总队必须坚决改变过去依赖国民党的方针，不要依靠国民党发饷，要自力更生，使部队尽量扩大，并委派县长建立区乡政权。依靠群众，依靠有利地形，建立游击根据地，采取灵活游击战术，打击敌伪力量，扩大宣传，争取华侨帮助。"为克服困难，华南抗日根据地通过一系列卓有成效的经济金融工作，妥善应对困难，有效地巩固和发展了根据地建设。

1. 发展经济，保障供给

按照党中央的指示要求，华南抗日根据地采取统一领导，分散经营的财政管理，各根据地依实际情况成立生产委员会，动员军队和地方人员开展农副业生产，克服经济困难。1944 年 8 月，土洋会议作出的《广东临委、军政委员会关于今后工作的决定》明确了华南抗日根据地"发展经济、保障供给"财政工作总方针。

减租减息，发展农业。东江根据地按照《东江解放区土地租佃条例》关于减租额度“二五减租”的原则，减轻群众负担，以发展生产，救灾度荒。琼崖抗日根据地也通过减租减息，开垦荒地，改良耕种，加种杂粮，增加农业生产。

自力更生、丰衣足食。华南抗日根据地党政机关、军事部队、抗日学校等一同参加生产，积极宣传，鼓励根据地群众参与生产运动。推动军民上下大力开展生产运动。

兴旺市场，发展商业。琼崖根据地建设了文昌县宝芳乡的大众合作社，美台县消费合作社，琼山县云龙、道崇、苏寻三、咸来等地的消费合作社。在宝芳乡宝贤坡开设市场，交易农副产品、日用百货、杂货等。在澄迈县旺商乡开办盐市等。东江根据地发展手工业，发展商业，实行自由贸易。发展海产（渔、盐业）捕捞和贸易，发展纺纱业。普遍成立生产消费合作社，村和乡设分社，区设联社。

2. 征收救国公粮和捐税

1940 年 11 月，中共中央书记处对琼崖工作的指示提道：“你们要从收救国公粮、收各种捐税和发展人民生产中去解决长期给养问题”。1940 年 12 月，琼崖特委向各县委、部队发出了《关于筹款的八项指示》，其中第一项即为“在新地区、非民主地区，迅速征收公军粮”。1943 年，东江抗日根据地各区相继建立了抗日民主政权和地方民主政权，根据“有钱出钱，大家出力”的原则，定出合理负担，每年分两次征收抗日公粮。

形成合理的税收制度。1940 年 10 月颁布的《琼崖东北区政府抗战时期施政纲领》指出：“实行统一累进税，废除苛捐杂税，减租减息，实行合理负担。”1945 年 4 月颁布的《东江纵队政治部关于建设惠东宝路东区的施政纲领》提到：“实行合理之税收制度，在合理负担抗日经费的原则下，整理出入税、营业税及征收抗日公粮，准备实行统一累进税。”

3. 加强监督，厉行节约

加强财政监督，厉行节约，严惩贪污腐败行为。以东江根据地为例，1944 年 7 月，《东江纵队第三大队一九四四年上半年财经工作情况》中提到：“领发手续过去也是混乱至极……三月尾期中，由于不断的督促通知，同时为克服这种弱点，将税站统一指挥，税站不得任意支出，非经上级批准不得提款，从四月初起这种现象才逐渐地得到克服。”《东江纵队政治部对于建设惠东宝路东区的施政纲领》附则也提到：“政府经费统筹收支，确立一般预算、结算制度、肃清贪污浪费。”

4. 坚持开展金融货币斗争

抗战时期，华南抗日根据地军民一边要与日军在军事上展开斗争，一边还要在经济金融战线进行斗争。在华南的沦陷区，日军大量发行日币军用券，以军事手段将日伪币强制发行到每一处侵略地。日军一方面发行军用票，伪造各种货币在敌占区混用，扰乱金融秩序；另一方面以收兑、收买方式兑换银元、铜板，收买各种物资，强迫群众用银元兑换日币，掠夺物资。

为应对日军的金融掠夺，在抗战过程中，华南根据地积极推动金融事业发展，克服敌人封锁，保护人民的经济利益和根据地的生产生活。1942 年 9 月，琼崖特委召开第九次扩大会议，作出“对日本侵略者开展金融斗争，发行代用券，破坏敌占区市场及封锁和禁止粮食与生活必需品外流的决定”。1944 年 8 月，东江根据地在土洋会议上提出“发展金融事业，发行生产建设公债及军用券”的建议。

（三）琼崖抗日根据地发行的货币

1941 年 10 月，琼崖东北区抗日民主政府成立。民主政府在《琼崖东北区政府抗战时期施政纲领》中提出：“建立银行，发行代用券，对付敌人搜取及扰乱金融。”因为敌军的“扫荡”和根据地的严峻形势，琼崖地区并未成立银行，只发行了货币代用券、流通券和债券。

1. 美合消费合作社流通券

1939 年初，为了抵抗日军的经济侵略，琼崖特委在澄迈县美合根据地印制了特委机关消费合作社流通券，其面额有 5 分、1 角、2 角、5 角、1 元五种，与光洋、国币代用券等值流通，属于临时代用币。

2. 琼崖东北区政府国币代用券

1942 年春，琼崖东北区民主政府决定印制 1 元面额的琼崖东北区政府国币代用券（见图 3. 14. 1）。琼崖东北区政府代用券发行了约 20 万元，1 元代用券兑换光洋 1 元，在根据地与光洋一样流通使用，是中共机关在海南岛最早发行的一种货币。代用券版面横排长方形，正面印有“琼崖东北区政府代用券”，“凭券在琼崖区兑换国币”等字样。东北区民主政府曾计划发行代用券 40 万张，但是由于受到战争的影响，根据地互相分割，使用流通范围不大，仅限于琼山、文昌地区使用。1942 年下半年，日军向琼、文两地进行“扫荡”，实行“三光”政策，导致代用券的印刷和发行无法继续。

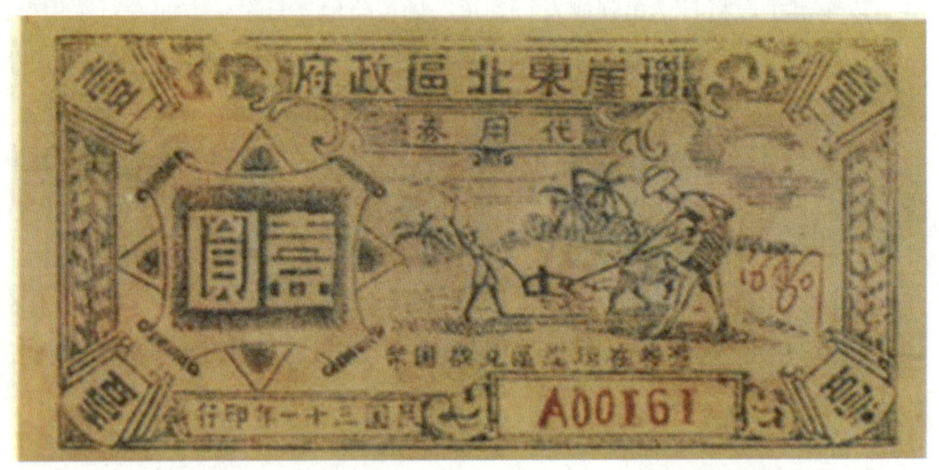

图 3. 14. 1　琼崖东北区政府 1 元国币代用券

3. 临高县人民券

1942 年下半年，在日军“扫荡”琼崖抗日根据地的时候，国民党顽固派也向根据地实行围攻，使得临高县抗日民主政府经济面临严重困难，部队给养问题亦无法解决。1943 年上半年，临高县民主政府为保障部队给养，巩固抗日政权，报经琼崖东北区民主政府批准，印发了一批临高县人民券。临高县人民券面额有 1 角、2 角、5 角三种，发行量 1 000 多元，与光洋等价交易，流通时间大概几个月。到 1944 年，临高县新盈港等港口渔船税收入较多，县民主政府待经济开始好转，便以光洋全部兑换收回人民券。虽然临高县人民券发行数量不多，且流通时间短，但它却有效解决了临高县及周边抗日根据地的财政困难。

4. “文献伟”公债券

1943 年的七八月份，琼崖特委交代给文昌县委负责与香港南方局联络的任务，由于海上路线被日军封锁，只能以经商为掩护才能派船出港往来联络。在经费极其困难的情况下，文昌县委需筹措一笔经费，以购置商船及所贩卖的商品。

为了筹集资金，文昌县委仿照香港市委发行公债的办法，在党内发行了面额分别为 1 元、5 元、10 元、50 元、100 元的“文献伟”公债券。由于条件限制，采用简单的油印技术，印好后由县委发给区委，再由区委发给支部，在支部内发动党员认购，总发行额为 2 000 ~ 3 000 元。公债发行后，县委通过贩椰子的方式前往香港南方局联络，并接送来往两岸的干部，此外还秘密向琼崖特委运送了电台和其他紧缺的战略物资。

（四）东江抗日根据地发行“路东生产建设公债券”

1938 年日军占领广州后，中国共产党领导广东人民，组成东江纵队与敌人斗争。因东江抗日根据地与港澳相邻，且长期处于日、伪、顽的夹击之中，抗日民主政权建立较迟，民间通用货币以法币与港币为主，故东江地区始终未印制货币。在对抗日伪的金融斗争中，东江抗日根据地始终坚持贯彻执行抗日民族统一战线的方针政策，一致对外，使用法币打击日伪币。这一时期，东江抗日根据地所在地路东区发行了路东生产建设公债券，为取得抗战胜利、发展经济、服务群众起到了积极作用。

1943 年 11 月，日军为打通广九铁路，以近一万人的兵力在铁路两侧进行大规模“扫荡”，把铁路两侧分割为路东（主要是惠阳地区，包括宝安一小部分）与路西（包括东莞和宝安两县）两个地区，占领了沿线重要据点。

1944 年 9 月，根据土洋会议的决定及部队迅速发展壮大的现状，东江纵队进行整编，建立起支队编制。其中，第一支队分布在广九铁路以西，东江河以南，珠江以东，宝安、深圳线以北，即路西区；第二支队则分布在广九铁路以东，东江河以南，惠淡公路以西，大鹏湾以北，即路东区。

东江纵队在铁路两侧开展游击战争，开辟了路东和路西两个根据地。

同时，按照土洋会议《广东临委、军政委员会关于今后工作的决定》的“发展金融事业，发行生产建设公债及军用券，但应有一定数量，以物资为基础，成立金融机关与建设机关指导之”的精神，1945 年 4 月 23 日至 29 日，路东区首届参议会在惠阳县麻溪乡召开，宣布成立路东行政委员会，会议通过了“发行路东生产建设公债七千万元”的提案，同时提出“印发流通券行使于解放区，以利物资流通”。但是，路东区流通券因种种原因最终未能发行，只有生产建设公债顺利发行。

1945 年 4 月，路东生产建设公债按债券面额发行，发行范围主要在路东根据地的惠阳、东莞、惠宝等地，共 7 000 万元，面值主要有 100 元和 500 元（见图 3.14.2）两种。

图 3.14.2　路东 500 元面额生产建设公债

在正式债券印竣之前，为及时向社会筹集资金，作为公债担保人的东江纵队第二支队和路东区各区民主政府还给购买公债的群众开具了临时收据。为了提高债券的权威性与信誉度，公债券上还加盖路东行政委员会政府公章，公债券的背面则印有《生产建设公债条例》，主要内容如下：

（一）宗旨：本公债以发展农村生产、充裕农村金融、扶植工业合作、救济无力生产之农民，以克服我区之经济困难，争取抗战之早日胜利为宗旨。

（二）性质：本公债不能当作通货使用，但可转让、抵押、出卖，惟必须向本公债管理委员会声明和登记之。

（三）期限：本公债定期两年，于中华民国三十六年四月一日偿还之。

（四）利息：本公债定周息一分五厘，每半年付息一次。第一次付息时间为民国三十四年九月一日至十月一日。第二次付息时间为民国三十五年三月一日至四月一日。第三次付息时间为民国三十五年九月一日至十月一日。第四次付息时间为民国三十六年三月一日至四月一日。

（五）担保：本公债之偿还及付息概由东江纵队第二支队及路东各区政府负责担保之。

附则：

（1）本公债概以中华民国现行之法定国币为标准。

（2）本公债之偿还付息由所购公债之各公债管理委员会负责处理之。

（3）本公债之发行、推销、偿还及有关本公债之一切其他事项均由本公债管理委员会处理之。

同时，路东行政委员会成立了专门的路东生产建设公债管理委员会，负责处理公债的发行、推销、偿还，对公债转让、抵押、出卖公债情况进行登记，以及临时收据的照额兑换工作等。路东生产建设公债管理委员会下面还设有低一级的公债管理委员会，负责各区、乡群众所购公债偿还付息的具体工作。

1946 年 6 月，为履行“双十协定”，东江纵队奉命北撤到山东。协议规定东江纵队集结时间只限一个月，当时东江纵队各部分散在广东境内，部队进行了艰难的集结和北撤。后直到 1949 年 10 月，由原东江纵队北撤人员为主所组建的两广纵队，随着四野挥戈南下，参加了广东战役。

路东《生产建设公债条例》明确规定了公债还本付息的偿还期限为 1947 年 4 月 1 日。随着东江纵队北撤任务的执行，路东生产建设公债余下一年的付息和到期后的清偿工作无法开展。新中国成立后，中央人民政府对原各根据地政府发行的公债继续执行了偿还政策。财政部根据当时当地的物价情况和公债货币面额的实际价值，定出合理比价后用人民币对路东建设公债进行了收兑。

第四篇

全国解放战争时期
红色金融事业走向统一

（1945—1949 年）

1946 年 6 月，蒋介石集团撕毁中国共产党同国民党达成的“双十协定”，悍然进攻中原解放区，发动全面内战。中共中央在军事上、政治上、经济上确定了一系列正确的、富有远见的方针和政策，粉碎了国民党的军事进攻，领导各解放区军民沉着应战。中共中央指出：必须一切依靠自力更生，作持久打算。为了应对长期战争，解放区应有计划地发展生产和整顿财政，坚决实行发展经济、保障供给、统一领导、分散经营、军民兼顾、公私兼顾等方针。在财政供应上，既要满足自己战争的物质需要，又要让人民生活有所改善；同时，必须提倡节约，力戒浪费。各解放区按照党中央通过的《中国土地法大纲》普遍深入地开展土地制度改革，进一步调动广大农民的革命和生产积极性，全力支持解放战争。中共中央还为统一解放区的金融、建立统一的中国人民银行，做了精心细致的筹划和安排。

夺取新民主主义革命的全国性胜利。1946 年 6 月至 1947 年 6 月，人民解放军采取积极防御战略，粉碎了国民党军队的全面进攻和重点进攻。1947 年 6 月 30 日，刘邓大军强渡黄河，揭开人民解放军战略进攻的序幕。1948 年 9 月以后，以济南解放为开端，人民解放军与国民党军队展开战略大决战，辽沈、淮海、平津三大战役胜利后，长江以北地区全部解放。1949 年 4 月，人民解放军百万雄师渡江作战解放南京，乘胜追击，迅速解放华中、华东、华南、西南、西北各地，宣告国民党反动统治的覆灭。1949 年 10 月 1 日，中华人民共和国成立，揭开了中国历史新的篇章。

各大解放区银行调整与集中，新民主主义金融事业走向统一。解放战争时期的金融事业随着人民解放军的胜利进军和各解放区的巩固扩大走向集中统一。抗日根据地发展扩大为老解放区，在全国范围内开辟和扩大了许多新解放区，逐渐形成几个大面积的战略解放区，各地银行机构的调整和集中也随之加快步伐。陕甘宁边区银行与晋绥西北农民银行合并为西北农民银行，成为西北解放区的银行；晋察冀边区银行与晋冀鲁豫的冀南银行合并，成立华北银行，成为华北解放区的银行；山东解放区的北海银行曾进行战略转移，在解放军战略反攻后，又重新得到发展，成为华东解放区的银行；在新解放区，有华中解放区的华中银行、东北解放区成立的东北银行、内蒙古解放区的内蒙古人民银行、重建中原解放区后成立的中州农民银行、华南解放区成立的南方人民银行。全国解放区银行组织机构由抗日战争时期的几十家银行集中调整为全国各大战略解放区少数几家规模较大的银行机构，为统一全国金融事业铺平了道路。

解放战争时期各解放区信用合作事业有了较大发展，发展最迅速、机构最多的是在晋冀鲁豫解放区，在山东解放区和东北解放区也有一定规模。抗日战争时期发展起来的陕甘宁边区信用合作事业，因战争的原因已停止运营。

全国解放在即，党中央高瞻远瞩，提早擘画蓝图，筹划部署建立全国集中、统一的金融体系。早在 1947 年设立华北财办时，就提出筹划建立全国性银行的重要任务。1948 年 12 月 1 日，中国人民银行在河北省石家庄市宣告成立。各解放区银行逐步改组为中国人民银行的分支机构。华北银行总行改组为中国人民银行总行，北海银行改称为中国人民银行山东省分行，西北农民银行总行改为中国人民银行西北区行；中州农民银行改组为中国人民银行中原区行，后改称为中国人民银行中南区行；华中银行改组为中国人民银行华东区行；南方人民银行改组为中国人民银行华南区分行；在重庆增设中国人民银行西南区行；东北银行总行改为中国人民银行东北区行，内蒙古人民银行改为中国人民银行的分支机构；各区行下设省、市、自治区分行以及地区中心支行、县支行、街道办事处、营业所、储蓄所，形成了全国集中统一的金融体系。

一、西北解放区红色金融事业

（一）西北解放区的形成与金融事业概况

鉴于陕甘宁、晋绥边区的重要地位，早在抗战时期，中共中央就已加强对两边区政治、经济、军事的统一领导。1941 年 5 月，成立中共中央西北局，统一领导陕甘宁、晋绥两边区党的工作，在晋绥设立中央晋绥分局；1942 年 6 月，成立以贺龙为司令员的陕甘宁晋绥联防军司令部，统一军事指挥和军事建设，成立以林伯渠为主任的西北财经委员会和以贺龙为主任的西北财经办事处，统管两区财政经济。

1946 年 6 月，国民党反动派悍然撕毁与中国共产党在 1945 年 10 月 10 日签订的《政府与中共代表会谈纪要》（即“双十协定”），挑起内战，向解放区发动大规模进攻。各解放区积极备战，展开战略性的防御和反攻。1947 年 7 月，中共中央决定将陕甘宁、晋绥统一为一个解放区，并立即着手统一前的准备工作。10 月 11 日，根据中共中央关于陕甘宁、晋绥合并成为一个解放区的指示，西北局兴县会议决定，首先统一两区的财政经济，合并两区金融贸易机构。此后陕甘宁边区银行与晋绥西北农民银行合并统称为西北农民银行，陕甘宁边区贸易公司与晋绥贸易公司合并统称为西北贸易公司；西北贸易公司与西北农民银行在组织机构上合二为一。1948 年 7 月，中共中央决定将晋冀鲁豫解放区所辖晋南 19 个县划归西北解放区，以支援西北解放战争。

随着解放战争进入战略决战阶段，筹建中央银行、发行统一货币的工作迫在眉睫。1948 年 11 月 18 日，华北人民政府第三次政务会议作出了立即成立中国人民银行的决定，并于同年 12 月 1 日正式宣布：华北银行、北海银行、西北农民银行合并为中国人民银行，以原华北银行为中国人民银行总行，行址设在石家庄。

1949 年 2 月 8 日，陕甘宁边区参议会常驻议员、政府委员和晋绥行署代表联席会议在延安举行，正式决定统一陕甘宁、晋绥、晋南三个地区的政府机构，由陕甘宁边区政府统一领导。至此，统一的西北解放区即已形成。

（二）抗战胜利初期，陕甘宁商业流通券、西农币大量增发

抗战胜利初期，蒋介石一方面催促国共在重庆举行和平谈判，另一方面却磨刀霍霍，随时准备将战火燃至解放区。1945 年 8 月 13 日，毛泽东发表《抗日战争胜利后的时局和我们的方针》，针对国民党反动派反革命的两手策略，制定了以革命的两手（即争取和平、准备战争）反对反革命的两手策略。10 月 10 日，虽然国民党反动派最终签署和平建国的“双十协定”和政协决议，但在协定中，国民党反动派拒不承认解放区的人民政权，也没有解决中国共产党领导军队的整编问题。

这一时期，全国政局、军事不稳，大战在即，经济形势随之发生剧烈变化。国民党法币大幅贬值，不同程度地波及和影响解放区的经济、金融和贸易。日本投降，原来日军控制的大片沦陷区变为收复区，国民党政府在收复区推行法币，法币对伪币 1∶200，服务于四大家族的国民党金融政策，强制掠夺收复区民众的物资和财产。1946 年 2 月，为刺激出口、增加外汇、筹措大规模战争经费，国民党政府出台外汇管理办法，以 5 亿美元的准备金发行法币，法币对美元从 20∶1 狂贬至 2 020∶1，黄金与外汇重新自由交易。这场引发超级恶性通胀的外汇自由化改革一年以后，国民党法币官方汇率贬值到 12 000∶1 的地步。

1. 陕甘宁边区紧抓生产建设，商业流通券的发行实行先紧缩后宽松的货币政策

陕甘宁边区在抗战胜利初期，处于相对和平的军事环境中，经济上受

国统区通货膨胀和法币贬值的干扰，出现了一定波动。1945 年 9 月，延安物价连续下跌 40% 以上，码子布和小麦在 1 个月内分别下跌 78%、67.3%，工商业停滞，财政开支大幅骤增，于 1945 年 6 月 1 日成为陕甘宁边区的本位货币——陕甘宁边区贸易公司商业流通券出现退藏现象。

陕甘宁边区出台建设计划。针对经济的严峻形势，1946 年 4 月，陕甘宁边区政府提出并经边区参议会通过《陕甘宁边区 1946 年到 1948 年建设计划方案》，这个方案对农业、工业、贸易、金融都提出了详细的目标和要求，农业要在三年内达到家家足食且年年有余，要兴修水利、增产棉花、开发山货、大力发展经济作物和畜牧业；工业大力发展公营工业、民间手工业及家庭副业；贸易公司要以资金的半数来经营和大量输出土产品，换购必需品；边区银行要稳定金融，发展经济，扶助财政。按照建设计划部署，边区热火朝天地紧抓生产建设，短期内就收到了明显成效。1946 年，边区财政实现了收支平衡，粮食自给自足，余粮 60 多万石、棉花 200 万斤、毛绒 170 万斤、皮革 22 万件，石油、肥皂全部自给，棉花 1/3 自给，火柴、纸张 50% 自给。

建立货币发行准备金制度。1945 年，西北财经办事处同意了陕甘宁边区银行建立货币发行准备金制度。货币发行准备金由外汇（法币）、金银和部分物资构成，构成比例并非一成不变。每一时期准备金的具体数量由边区银行根据进出口贸易的实际情况确定，一般情况下，在边币总购买力指数超过 85% 的部分，需要有 100% 准备金储备。

货币发行准备金制度的建立增强了陕甘宁边区银行的货币金融政策调控能力。一是使边币——商业流通券随时能够兑换外汇（法币），便于与国统区的贸易沟通，进购边区急需物资；二是通过调节商业流通券与法币的比价，间接影响和调控物价，维持本位币币值的稳定；三是必要时以物资储备配合贸易部门紧缩信用，调节市场，回笼本位币，稳定币值。

先紧缩后增发商业流通券。针对抗战胜利初期经济波动和物价下跌的情况，西北财经办事处决定采取紧缩性的货币金融政策：一是主动降低商业流通券与法币的比价，由日本宣布投降时的 1∶2.60 降到 1∶1.60；二是对法币采取无限制兑换；三是压低黄金价格防止黄金倒贩，并增发商业流通券收购黄金，增加储备；四是严格控制货币发行，财政多发实物，开征营业税，增加财政收入，银行总分支行尽量少用商业流通券和法币购买，只对工业企业和合作社放款，暂停一般性贷款；取消食盐统购，减少银行囤盐支出。边区银行提出，尽量充实发行准备金，力争坚持到年底；设法使物价少下降20%～30%，缓和信用紧缩。

1945年8—9月商业流通券发行流通量减少，回笼1.2亿元。但由于战时复杂的局势，自10月起，商业流通券的发行量平均每月递增15%，到1945年底，累计发行9.23亿元。1946年上半年，货币发行量继续放大，以弥补财政赤字。1946年5月，西北局决定，由原来的贸易公司和边区银行共同分担和消化边区财政赤字，改为由银行为主周转财政。到国民党政府撕毁“双十协定”时，商业流通券累计发行15亿元。

随着货币政策先紧缩后宽松，商业流通券（见图4.1.1）的币值也呈现先上升后下降的变化。从1945年9月到1946年6月，延安物价指数增长1.56倍，每元商业流通券兑换法币的比价固定在1∶2.00。

图4.1.1　陕甘宁边区贸易公司商业流通券1 000元（1946年）

2. 为应对阎锡山和傅作义部队的军事进犯和洋货倾销、黄金走私等经济问题，西北农民银行大量增发西农币

在国共双方协定过程中，山西的阎锡山和绥远的傅作义依仗接收日伪军的军事物资，侵袭晋绥边区，占领文水、武川、清水河、新堂、凉城等多座城镇。1946年上半年，国共双方发布停战命令后，阎锡山和傅作义部队仍猖狂地向晋绥边区进犯，出动12.3万兵力，发动438次进攻。

抗战胜利初期，晋绥边区收复部分日军占领区，扩大了管辖范围，设立绥蒙政府、雁门行署、吕梁行署三个行政机构，银行贸易机构也随之增设。为应对阎锡山、傅作义的进犯，1946年3月，撤销雁门、吕梁两个行署，银行贸易只在吕梁地区保留了机构。1946 年 5 月，晋绥行署政务会议决定将贸易总局改为贸易总公司，贸易总公司和西北农民银行经理由牛荫冠兼任。

在侵华日军投降后，沦陷区已大部分由阎锡山、傅作义等国民党部队接收，这些地区的银行、资本家大量抛售物资和外汇，造成物价和外汇一度猛跌。日伪、奸商等一些投机分子盗取外汇，走私黄金，致使解放区内土产出口不利、黄金走私增多。1945 年 9 月，西北农民银行决定加强对黄金的管控，暂时提高黄金牌价，每两黄金提高到西农币 8.5 万元，对黄金的出入境视同“外汇”进行登记管理，阻止解放区黄金外流。1945 年 11 月，大量洋货向解放区倾销，造成银行“外汇”损失，土特产出口严重受阻，重要的军需民用物资因换汇资金下降而无法购买。晋绥行署决定，增发西农币，大量收购物资和法币。

从 1945 年 7 月至 1946 年 3 月，晋绥边区的西北农民银行大量增发西农币（见图 4.1.2），用于贸易支出。在此期间，西农币增发 22.56 亿元，其中用于经营贸易的占 66.6%，财政开支占 26.5%，5.6% 用于贷款。西农币大量增发，造成了币值大幅波动，一直下跌，西农币与银洋的比价从 170 元跌到 1946 年春节的 800 元。为维持西农币的币值稳定，贸易总局曾决定，动用粮食、布匹、棉花、食盐、黄金等 9 亿元物资投放市场，财政配合收款 1.8 亿元平抑物价。但因执行中力度不够，实际没有回收多少西农币。

图 4.1.2　西北农民银行币 500 元（1945 年）

1946 年春，晋绥行署决定抛售黄金、法币，回笼超发的西农币，放开外汇管理，允许公私商人自由兑换外汇，西北农民银行仅在兴县于 1 个月的时间就兑出 1 200 多两黄金、4 000 万元法币。

1946 年 3 月，贸易总局再次指示各地坚决抛售物资以回笼西农币，决定除粮食、食油、食盐、木材、药材等农副土特产品适当收存外，其他存货一律抛售，黄金允许公私商人兑换，固定维持西农币与银元的牌价为 800∶1。

（三）备战时期，制定货币金融对策应对战事紧张局势

国民党反动派本就没有信守和平决议的打算，1946 年 6 月单方面挑起内战，向解放区发动大规模的全面进攻，并声称要在 3 到 6 个月内击溃解放军主力。阎锡山和傅作义部队更加有恃无恐，大举进犯晋绥边区，南北夹击，相互配合。晋绥边区部队相继迎敌于晋北战役、大同战役、晋西南战役、汾孝战役，逼退阎锡山部队于晋中狭窄地带，使晋西北与晋西南连成一片，并扩展了与陕甘宁边区的联系面。

陕甘宁边区虽未进入战争状态，但处于军事威胁之中，从 1946 年 9 月开始，国民党胡宗南部开始向边区挑衅。为争取主动，中共中央西北局发出“紧急动员，准备战争，保卫边区”的指示。1947 年 3 月 13 日，国民党全面进攻受挫，蒋介石密令胡宗南“闪击延安，攻占陕甘宁边区”，派出 23 万兵力向陕甘宁边区发动重点进攻。中共中央迅即作出决定，中央机关和人民解放军总部暂时撤离延安，但仍坚持在陕甘宁边区与敌人周旋。陕甘宁边区的所有部队在彭德怀、习仲勋指挥下正面拒敌，经过六昼夜的节节抗击，挫败了胡宗南“三天占领延安”的狂妄计划，成功掩护中共中央前委率领中央机关撤离延安、转战陕北。

国民党向解放区全面进攻，边区的经济金融紧张局势加剧，物价剧烈波动、财政费用急剧扩大、边区物资供应不足、供求矛盾更加激化。1946 年 11 月，延安土布价格 1 个月内上涨 65%，小麦上涨 26%，日用品上涨 28%，财政预算收支差额高达 10 亿元以上。西农币的币值价格不可控地不

断下跌，1946 年 7 月为 1 000 ~ 1 500 元，8 月跌至 2 000 元，10 月为 3 000 元，11 月跌至 4 000 ~ 4 200 元。1947 年 2 月，晋绥部队配合太岳区部队发起汾孝战役，对敌战争转入局部反攻，边区物资消耗剧增，物价持续上涨，到 2 月底，小米价格上涨 65%，食油上涨 126%，布匹上涨 35%。

1. 陕甘宁边区银行制定备战时期货币金融对策

制定备战时期的货币金融对策。为解决备战中的经济问题，陕甘宁边区银行于 1946 年 10 月召开总分行行长联席会议，制定备战时期的货币金融对策。一是执行"肯定地稳定比价与适当地稳定物价"的政策方针，设法积极向外争取物资，适时抛售物资，适时调剂商业流通券的币值和市场物价；二是对黄金采取严格控制和灵活掌握的对策，灵活运用黄金牌价，提高商业流通券币值；三是打击法币，开展对敌货币斗争；四是大力推动商业流通券的发行和流通，禁用法币，扩大和巩固本位币阵地。

同时，边区政府为完成稳定金融物价和争取物资的经济任务，实行严格管理进出口贸易，紧缩银行商业信贷，提前征收 1947 年营业税等措施，要求边区银行和贸易公司抛售金银和物资，必须收取商业流通券，不准收取法币；要求税务局收税必须收取商业流通券，不许收取法币；在广大农村销售货物收取商业流通券；执行严禁法币、银元流通的禁令，加强执法以打击法币。

对于陕甘宁边区银行的货币准备金制度，在 1947 年 3 月召开的华北财经会议上，南汉宸认为陕甘宁边区银行的准备金中应有三种东西，即法币、物资、黄金。因为要稳定比价，离开法币是不行的，但在准备金中，法币的比例只是保持在 10% ~ 15%；稳定物价，主要是布棉，但这是外来货，由于封锁入口很困难，只在准备金中占 20% 左右；黄金在陕甘宁边区内部市场上作用不大，但在口岸上不得不接收，掌管它的作用主要是再转出口，换回物资，才能在市场上起作用。

解决法币泛滥成灾的问题，运用经济手段和政权的威慑控制力量严禁法币。1946 年 12 月 18 日，西北局发出《关于严禁法币与完全行使券币的指示》。西北局指出，过去政府禁用法币的政令没有得到很好的贯彻，是法币在市场泛滥成灾的主要原因。要正确贯彻政府禁用法币的政令，必须在运用经济手段打击法币的同时，运用政权的威慑控制力量，坚决贯彻执行政府的法币禁令。

为彻底清除在边区的法币，西北局进一步要求，首先必须解决全体党政军干部的思想认识问题，必须使全体干部了解到：（1）金融是经济的命脉，货币斗争是经济斗争的主要方面，搞好对敌货币斗争具有重要的政治意义；（2）解决法币问题需要一个长期、复杂的过程，如不团结和动员全边区各个方面的力量就不能取得胜利；（3）解决法币问题客观条件已经具备，主要在于主观努力；（4）禁用法币不会影响正常的商业贸易。同时必须把握好推行法币禁令的步骤和策略，禁用法币应先商后农，先公商后私商，先内地后边境，先城镇后农村，先宣传后执行。

1946 年 12 月 22 日，按照西北局的指示，陕甘宁边区政府和陕甘宁晋绥联防军司令部联合颁布《战时严禁法币行使办法》；随后，按照上级指示要求，陕甘宁边区银行制定了《战时法币行使办法》。这两个办法除重申以前陕甘宁边区禁用法币政令中的一些内容外，主要是提出一些新规定，详尽规定法币的申请、兑换、注销以及交换、收藏、携带出口等要求。如规定，凡私藏法币因正当用途欲携往境外者，须到当地货币交换所申领法币出口证，在未设货币交换所地区则须取得当地政府证明，始准出口；凡因正当用途需要法币者，须到货币交换所换取法币并取得交换证，始准出口。同时规定，过境客商所带法币，限在入境地交换所换成商业流通券，出境时再由出境地交换所换成法币出境。对违法、违章者严厉处罚，这两个办法规定凡自由行使法币者，双方钱货一律没收；违法携带法币者，除强制兑换商业流通券外，并须科以 50% 的罚金；凡携带法币与证件不符时，以违法携带论处。

这一系列组合政策实施以后，商业流通券可以集中力量支持财政、军政，发行速度逐渐加快。1946 年下半年平均每月递增 12.27%，在 11 月增发 40.9%；1947 年前 3 个月平均每月递增 15.17%，到 1947 年 3 月，商业流通券累计发行 49.44 亿元，用于财政性用途为 94.66%。虽然发行量大幅增加，但商业流通券的币值较为稳定，与法币的比价由 1∶2.00 小幅提升至 1∶2.80，同期物价是 1946 年 7 月的 1.82 倍。在生死决战的关口，边区金融维稳至此实属不易。

2. 晋绥边区西北农民银行全力恢复和稳定西农币

这一时期，西农币的发行主要用于财政、军政，其次用于经营外贸，贷款只占很小一部分。西农币财政发行占主导地位，有多方面的原因：一是为保证大规模解放战争，武装部队、动员群众，需要不断投入更多的人力、物力和财力；二是由于晋绥边区地瘠民贫，财政收入来源少开支大，战时状态不得不依靠发行货币来弥补财政赤字；三是晋绥边区的贸易公司推销土产换回棉花、布匹及军工器材等物资，出售以回笼西农币需要一定的时间周期，在这个过程中需要依靠发行以供给财政。

全力恢复和提高西农币信用。1946 年 8—11 月，西农币在前期大量增发的基础上，又发行了 13.4 亿元，其中用于财政费用 84.5%，贸易经营仅占 9.9%。这一年，西北农民银行发放了 2 亿元贷款，用于解决新解放区贫雇农耕畜困难，其中吕梁地区贷款 1 亿元，雁门地区 5 000 万元，绥蒙地区 5 000 万元。货币超发必然导致贬值，西农币币值也不断下降，11 月跌至 4 000 ~4 200 元。

1946 年 11 月，为全力恢复和提高西农币信用，晋绥行署向各地政府发出《迅速稳定金融的指示》，确定西农币价格 3 500 元（与银洋的比价）为稳定的目标，要求大力发展生产，增加财富，使贸易出入、财政收支得到平衡，以稳定西农币。晋绥行署相应采取了大量抛售物资、适当支持收购、限期收回财政款项、充分供应外汇、努力输出土产等急救措施。到 12 月上旬，西农币贬值的趋势得到遏止，物价开始回落，西农币币值趋于缓跌。这次维稳行动对巩固西农币的币值和信用甚为有利。

抛售外汇稳定西农币的货币政策收效甚微。1946 年 8 月西北农民银行再次开始抛售黄金、法币，仅兴县就出售 3 500 两黄金、3.4 万元法币。虽然通过多次抛售黄金、法币，西北农民银行回笼大量西农币，但因在边区内以低于市价出售，还是有不小亏损，市场上各种私营商贩利用黄金、法币，向边区内引进不少洋货和各种“奢侈品”。依靠大量抛售外汇稳定西农币的货币政策并没有取得很好的效果。1947 年 3 月，晋绥行署颁布新的外汇管理办法，集中用汇管理，对用汇对象和用途进行重大调整，除经批准的外采军品、出境工作人员路费、外商输入必需品交售贸易公司者提供外汇外，境内公私经营对外贸易，银行不再供给外汇。

创立物价稳涨、西农币稳跌的货币政策。货币理论中，衡量货币的币值通常以物价的变动为基础，但因为边区内物资匮乏，重要物资有赖贸易进口，所以银元十分重要，掌握了银元，就掌握了物资。西农币虽然是晋绥边区的本位币，但币值在较长时期与银元挂钩，依据银元市价确定西农币与银元的兑换牌价，物价也受银元价格左右，1946 年 3 月银元市价涨至 1 000 元，西北农民银行维持用 700 元西农币兑换 1 元银元的固定牌价。

1946 年 6 月，边区银行试图摆脱银元束缚，提出用 9 角西农币兑换 1 元法币，与法币挂钩，但很快就认识到对法币的依赖极其危险，及时纠正了这一错误思想。1946 年 12 月，西北农民银行决定抛弃用西农币与银元比价作为衡量西农币价格标准的做法，坚决使西农币币值依靠物价，创立物价稳涨、西农币稳跌的货币政策。

（四）自卫战争爆发，边区银行集中货币力量，支援人民军队击退国民党重点进攻

1. 陕甘宁边区执行“吞吐发行，支持战争”的货币金融政策，全力支援西北野战军粉碎胡宗南部队的重点进攻

1947 年 7 月，西北野战兵团更名为西北野战军，彭德怀任司令员，习仲勋为政委。西北野战军按照毛泽东的部署，采取诱敌深入的“蘑菇”战术，将国民党部队拖入陕甘宁边区内，然后乘敌之隙，集中优势兵力，各个歼灭。从 1947 年 3 月到 8 月，西北野战军连续完胜青化砭、羊马河、蟠龙、榆林等 7 次战役，痛击来犯之敌，粉碎国民党反动派对陕甘宁边区的重点进攻，但胡宗南部队的进攻给陕甘宁边区经济造成了严重的破坏。

胡宗南部队大举入侵时，边区大部分县城被占领，城镇商业贸易停顿，农村集市贸易萧条，货币和商品流通阻滞，财政收入锐减，军政开支依靠货币发行支撑。边区所有县城及 90% 以上的乡镇都被国民党军队占领过。国民党部队杀害群众 4 000 多人，抢夺 6 万多头牲畜，19 万石粮食，18 万

只猪羊，毁抢23万件农具，毁坏50多万亩青苗，荒芜360多万亩土地。1947年，陕甘宁边区发生了严重的自然灾害，春夏干旱、落霜又旱。边区受兵灾和自然灾害的影响，农业生产下降，人民生活严重困难，耕地面积下降287万亩，棉花减产75%，粮食减产50%以上，畜牧业损失约1/3以上，1/4的人逃荒避难。曾经是陕甘宁边区经济支柱的盐池县被国民党部队占领，边区失去了重要财源，食盐内供靠进口，外销停滞；工业设备大部分被埋藏起来，生产完全停顿。应对大规模战争，边区政府财政收支矛盾更加尖锐。财政岁入比上年减少94%，财政赤字占到总支出的90%以上，不得不依靠货币发行渡过难关，以全力支撑自卫战争。

根据解放战争的形势需要，西北财经办事处经中共中央西北局批准，提出“战时财政金融贸易总方针”，执行“吞吐发行，支持战争”的货币金融政策。虽然金融贸易工作在整体上推进非常困难，陕甘宁边区银行还是采取了紧急措施：一是在运动中选择一些比较固定的据点设立货币交换所，配合贸易部门进行物资交易，给商人兑换法币，出售黄金、银元以促进经济融通，维持商业流通券的币值；二是选择边区内人民解放军控制的区域，在市场或集镇附近农村，派出工作小组开展不固定的银行业务，办理部分农贷、纺织贷款业务；三是在绥德分区沿黄河较为安全地带保证光华印刷厂继续印刷货币，以供急需；四是针对大量的货币发行而可能引起的金融物价波动问题，决定由贸易公司和边区银行出售原来库存的部分物资、黄金、银元以及部分土特产品，以吞吐和稳定货币；五是在财政供给上采取降低支出标准、发给实物的办法减轻货币发行压力。

从1947年3月15日到7月15日，商业流通券发行累计净增14.56亿元，增加了39.1%，平均每月递增9.8%。1947年7月，边区大部分地区被占领，人民解放军控制区域进一步缩小，边区政府机关和部队只能集中在绥德分区的两三个县内。针对商业流通券推行范围不断缩小、货币发行工作困难越来越大的局面，西北局紧急采取补救对策：一是抛售棉花等日用畅销物资，加速回笼商业流通券；二是征收借粮代金，增加财政收入以减轻发行压力；三是放开黄金市场，抛售黄金回笼商业流通券；四是重申对法币、银元的流通禁令，限制法币、银元流通，扩大商业流通券的流通阵地。

上述举措在恶劣的战争环境中成效甚微。到1947年底，商业流通券发行共计162.25亿元，发行累计达219.45亿元，比1946年增加了6.6倍，显而易见，币值很难稳定。绥德市1947年各种物资较年初平均价格上涨34倍，黄金价格上涨28倍，银元价格上涨29倍，小米价格上涨84倍，小麦价格上涨82倍，土布价格上涨18倍。

由于严格执行法币禁令，边区打击法币的战绩不错，商业流通券与法币的比价不仅没有下降，还有所上升，由年初的1∶2.80上升到1∶3.00。

2. 晋绥边区西农币大量增发，物价随之大幅上涨

这一时期的晋绥边区因国民党部队的进攻，延安失守，战事愈加吃紧，土产不仅推销不出去，夏季土产收获后又迫切需要贸易部门收购，财政赤字空前增加，西农币发行量比以往任何时期都多。

1947年，西农币增加发行1 173.6亿元，是1946年底累计发行总额83亿元的14倍，其中财政开支占到69.5%。由于晋绥边区与其他解放区贸易已经畅通，棉花、布匹得以大量输入，且多为公营贸易部门所掌握，棉花、布匹价格相对货币发行量增速上涨幅度较低，比1945年的价格上涨20倍左右；另外自惩治经济反革命、严禁银元后，银元在边区内几乎绝迹，战事紧张引起银元紧缺，但并没有影响物价大幅波动，西农币基本摆脱了银元的影响，西农币超发仅引起粮价的大幅上涨，小米、食油、食盐比1945年上涨100倍左右，并没有带动其他物资全面暴涨。

3. 陕甘宁边区银行与西北农民银行合并为西北农民银行，集中财经力量，支援西北解放战争

为集中统一财经力量，全力支援西北地区解放战争，1947年4月，西北财经委员会决定在西北野战军成立后勤财经工作纵队，在旅团等各级机关内成立财经工作队，内设征收、贸易、金融各部门。同时，边区各分区的财经分处、银行分行、贸易分公司等合并成立办事处，统一调度，相互配合，共同保证军需供给。1947年8月，陕甘宁边区银行东渡黄河，到达晋绥边区。

随着解放战争的胜利推进，陕甘宁、晋绥两边区联系日益紧密，1947年7月，中共中央决定由贺龙统一领导陕甘宁、晋绥两个边区工作，以集中一切人力物力支援西北解放区的解放战争。1947 年 10 月，西北局确定统一后方、全力支前的总方针，在兴县会议上提出《关于统一两边区财经工作及机构的拟议》，分财政、金融、贸易、经建、机构五个方面，其中有关金融工作的要点有：

（1）统一货币，使两种货币合流而转化为一种货币。其办法有二：一是出新票，收回西农币及商业流通券；二是在西农币与商业流通券中确定一种为主币，另一种为辅币，因西农币流通范围较商业流通券大，且其名称可适应将来西北大发展的情况，因此拟以西农币为主币。

（2）统一币制后，两区的货币发行统一归中共中央西北局领导。

（3）统一两区银行机构。

（4）统一两区金融货币政策。

10 月 6 日，按照西北局的总方案要求，西北财经办事处金融贸易座谈会就统一两区货币作出如下规定：

（1）陕甘宁边区商业流通券与西农币统一，以西农币为本位币，一切商品计价、记账往来，以西农币为本位币。

（2）11 月底以前，晋绥以三分区、九分区的适当地点，准备土布 3 万至 5 万匹、棉花 20 万斤，以及炭、铁麻等能过河西的物资；陕甘宁边区准备油、盐等能过河东的物资进行物资相互对流，以维持物价稳定。

（3）对流物资准备好后，11 月 20 日宣布陕甘宁边区商业流通券与西农币的固定比价，陕甘宁边区商业流通券和西农币在两个地区同时流通行使，陕甘宁边区商业流通券停止印制，已印好的仍可发行。

10 月 10 日，陕甘宁边区银行经过调查，提出陕甘宁边区商业流通券与西农币的比价方案。依据对河西绥德区的义合、辛店、崔家湾和河东碛口一带的小麦、小米、土布、白市布、清油、食盐、煤炭、猪肉、羊肉等十多种商品测算，陕甘宁边区商业流通券与西农币的比价为 1∶1 到 1∶2，平均比价为 1∶1.3 到 1∶1.5。基于测算结果，考虑到西农币流通的地区大、发行量多，陕甘宁边区商业流通券流通的地区小、发行量相对少，并且商业流通券大多集中在部队机关手中，农民手里少，降低币值对人民群众的损失不大，遂提议将陕甘宁边区商业流通券与西农币比价定为 1∶1。

1947 年 11 月 23 日，陕甘宁、晋绥联防军司令部根据西北局的拟议和西北财经办事处“关于统一两边区财经工作方案”，经陕甘宁边区政府与晋绥行政公署同意后，正式发布有关“统一两边区货币，合并两边区银行贸易机构”的布告，宣布陕甘宁边区银行与晋绥边区西北农民银行合并，统称“西北农民银行”（见图 4.1.3），陕甘宁边区贸易总公司与晋绥边区贸易总公司合并，统称“西北贸易总公司”，西北农民银行与西北贸易总公司仍实行合二为一，对外挂两个牌子，统一管理政策及计划，统一发行货币，统一调剂物资，内部设立金融管理科，专司管理外汇、统计、物价市场调查、生产贷款、办理汇兑、代理金库等业务。货币发行调拨权归西北农民银行总行。

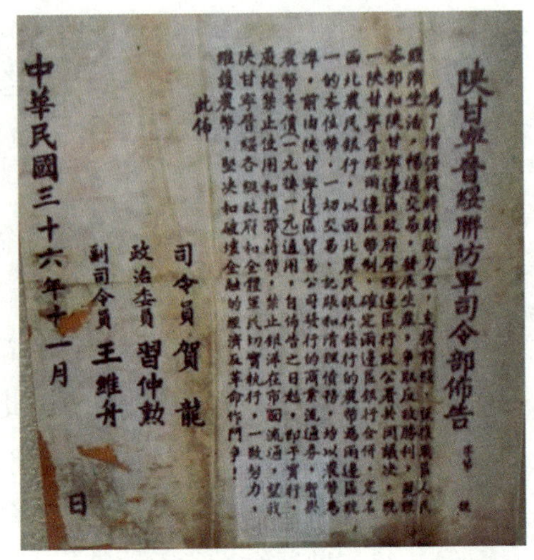
陕甘寧晉綏聯防軍司令部佈告

此佈

司令員 賀龍
政治委員 習仲勳
副司令員 王維舟

中華民國三十六年十一月 日

图 4.1.3　1947 年西北农民银行与陕甘宁边区银行合并布告

布告中明确西农币为西北解放区本位币，原陕甘宁边区贸易公司发行的商业流通券为辅币，西农币与陕甘宁边区商业流通券实行固定比价，统一流通，陕甘宁边区商业流通券 1 元兑换西农币 1 元；贸易公司、银行、公私营商店、机关、部队，一切记账交易往来、清偿债务等均以西农币为本位币；已发行的流通券，与西农币互相流通，直至破烂不能流通时收回为止。

11 月 27 日，西北局常委办公厅发出《通知》，正式任命喻杰为西北贸易总公司经理兼西北农民银行行长，刘卓甫为副经理兼副行长。

（五）解放战争胜利推进，执行畅通贸易稳定金融的金融政策

1948 年 3 月，西北野战军取得一系列重大战役的胜利，被国民党部队

占领一年一个月又三天的革命圣地延安又回到人民手中，国民党反动派蓄谋消灭陕甘宁边区的企图彻底破灭。随着解放战争的胜利推进，陕甘宁、晋绥两个解放区在更大范围内连成一片，合并很快被提到了议事日程上。在中共中央留在陕北与敌周旋的时候，中共中央西北局、陕甘宁边区政府及所属机关等先其东渡黄河，进入晋绥解放区。7 月，陕甘宁边区政府成为整个西北解放区的最高政府机构，统一领导陕甘宁边区、晋绥边区。

推行畅通贸易稳定金融的货币金融政策。西北局将稳定金融货币作为整个西北解放区经济工作的中心任务。合并后的西北农民银行与西北贸易总公司立即发布《关于畅通贸易稳定金融的方案》，方案中提出了五条主要措施：一是在陕甘宁老解放区恢复集市，建立贸易网络，以便利商民流通交易。二是组织公私运输力量，加强区内河西、河东之间的物资对流；为便利河西、河东之间的物资流通，决定设法提高河西物价。三是在西北解放区西、南两面临近敌占区的地方加强推销土产，争取敌占区物资与黄金流入；加强缉私，严禁银元、法币流通，严格对法币及出入口贸易的管理。四是在主要市镇设立粮食调剂处，以掌握粮食价格，推行本位货币。五是为了保证军队供应，并稳定金融，随行就市出售部分黄金及饰品。

1948 年 4 月，西北农民银行、西北贸易总公司发出《关于稳定金融方针的指示信》（以下简称《指示信》），进一步具体指导各级分支机构，以稳定西北解放区的经济金融。《指示信》明确提出独立自主的金融稳定方针，要求不应把本币稳定在同任何货币的比价上，而应从相对稳定在物价的措施基础上，逐渐达到完全稳定在物价上；要求各分支机构在各种业务方针、具体业务措施的制定过程中以及日常细小的业务工作中，都要贯彻稳定货币金融的思想，并在此方针指导下一切从发展生产、繁荣经济、公私兼顾、劳资两利的原则考虑，防止一切以购销盈利为目的的倾向发生。《指示信》中还批评了不顾财政金融负担、只从群众眼前和局部利益出发，用贷款搞救济，而不从稳定物价上发展经济的片面做法。

《指示信》中重要的内容是提出稳定金融的货币政策，对外汇管理、稳定购买力、支持生产发展、存贷业务等方面都做出了阶段性与制度性政策安排。一是进一步严格外汇管理，支付外汇必须以购回解放区必需物资为总原则，反对自由放任的外汇管理倾向。二是稳定西农币的对外购买力，在以土产作为外汇基础的条件下，以西农币表现的土产价格应力求稳定，防止随意变动；严禁黄金、银元在区内流通，只允其作为外汇手段对外支付；对兄弟解放区的货币，应根据西北解放区与兄弟解放区的实际购买力平价和物资对流情况，协商确定适当比价；逐步提高西农币对法币的比价，并严禁法币流通。三是尽一切力量保持西农币的对内价格稳定，绝对禁止物价朝令夕改，一市数价，打击违反稳定金融物价政策的行为。四是在稳定金融的总方针下，灵活调剂筹码，以支持生产发展，保障财政供给；禁止在解放区内以物易物或用实物贷款。五是办好存款特别是折实存款业务，办理低利农业贷款和工商业贷款，发展与兄弟解放区之间的汇兑业务。

西农币的发行流通与币值变化。西北农民银行货币发行权属于西北局，陕甘宁、晋绥两区动用发行款，必须经西北局批准并要说明动用数目、用途等。西北农民银行从合并成立到1948年12月并入中国人民银行，前后总计发行2 000元、5 000元、10 000元（见图4.1.4）、50 000元四种面值，七种版别。西农币累计发行总计1.17万亿元，73.58%用于支持财政，18.02%用于贸易和金融周转，经济建设贷款微乎其微，仅占0.73%。

图4.1.4　西北农民银行币10 000元（1948年）

随着解放战争的胜利推进，解放区域不断扩大，农业生产逐渐恢复，对外贸易形势朝着有利方向转变，一系列以出口物资为主导的经济金融政策效果成效显现。1948年12月，西农币的发行量是年初的7.8倍，而物价平稳上升至年初的1.58倍，与其他解放区相比，西农币币值较为稳定。如将陕甘宁边区绥德物价指数定为 100，则整个西北解放区为 121，华北解放区全年物价平均指数为 316，华东解放区为 383，东北解放区为 673。

由于国民党反动派政治、军事、经济的倒行逆施，国民党统治区经济金融处在崩溃边缘，货币流通领域尤其如此，1948 年 8 月 19 日金圆券发行以后，货币加速贬值，物价大幅上涨，西农币与蒋币的比价挂牌提高了 522 倍，以避免国民党统治区物价暴涨冲击解放区。

原太岳区所属晋南 19 个县西农币、冀南币混合流通。1948 年 7 月 1 日，中共中央决定将原华北所属晋南 19 个县划归西北解放区以支援西北解放战争。同时为推进金贸统一，中共中央又制订了《关于华北划归西北之晋南地区货币政策及金融贸易工作处理方案》（以下简称《处理方案》），决定原属华北的晋南 19 个县划归西北以后，该地区实行以西农币为本位币的统一货币制度。为了不影响群众的生产和生活，《处理方案》详细部署了投放西农币、收回冀南银行币的办法，规定必须以经济方法为主，以行政力量为辅，主要依靠物资支持西农币、收兑冀南币，通过西农币与冀南币混合行使和停止冀南币行使、限期收兑两个阶段，实现西农币的投放与冀南币的收回。7 月 4 日，晋绥行署发布执行协议的通令，先在临汾、运城等地试行混合流通，后选定洪洞、赵城、河津等县市停使冀南币，实行单一的西农币制。但实际推行难度很大，冀南币不断流向拥有较丰富物资的晋南，而用以收兑的西农币筹码不够，所以在划归区基本上仍停留在西农币、冀南币混合流通的状态。

与华北解放区混合流通西农币、冀南币、晋察冀边币。1948 年，华北解放区与西北解放区交通贸易逐渐恢复，物资交流更加紧密。华北和西北有关领导商定从 1948 年 7 月 1 日起，在两区接壤地区建立货币混合流通带，即以同蒲铁路线为界，太原以北为北段，太原以南为南段，接壤地区沿线主要市场可以自由流通、自由兑换两区货币。兑换比价依据边缘区较大市场的几种主要商品物价指数，北段以棉花、布匹、小米、小麦、莜麦、牲口、黄油七种商品，南段以棉花、土布、小麦、食盐、土碱、煤炭、牲口七种商品，由联合办事处统一掌握这些商品物价指数，定期进行调整。两区各出一半兑换基金，定期进行差额清偿。后因解放战争大范围胜利推进，建立货币混合流通带并没有全面铺开，很快终止了。

1948年10月，华北、西北两区人民政府根据华北财经委员会关于统一财经贸易工作的决议，发布统一两区货币的布告，规定两区货币按固定比价，实行统一流通。其中冀南币与西农币的固定比价为1∶20；晋察冀边币与西农币的固定比价为1∶2。两区所有纳税、交易及一切公私款项往来，一律按固定比价计算。为顺利推进两区货币流通，华北区增拨5亿元冀南币，西北区增拨50亿元西农币，充分支持了群众兑换。同时重要物资的保障也不可或缺，在晋西北地区，华北贸易总公司准备10万匹土布、10万斤棉花，华北区适当提高布匹、棉花价格保证币值稳定。

肃清国民党货币。货币斗争伴随着军事战线的节节胜利不断扩大推进。为驱逐国民党货币，保障西农币在西北地区一元化，在老解放区，西北农民银行首先在最早恢复的中心城市绥德市场，以黄金支持西农币，组织当地军民急需的油、盐等物资进口；用黄金、银元向华北太岳解放区购入3 400万丈土布、5万余斤棉花，组织群众纺织生产以增加物资供应，稳定物价。同时采取解放区内高外低的比价策略，驱逐蒋币由市场驱动自发外流，随后废除蒋币比价，禁止兑换及流通。到1948年底，老解放区基本肃清国民党货币。

在新解放区，每解放一个地区，政府就迅速宣告禁用国民党货币，明确国民党货币兑换、流通的最后期限，一般为20天到1个月左右，准备足够的西农币投入当地流通。在期限内，宣传并组织群众用国民党货币到国民党统治区购回必要的物资，期满后，组织力量进行严查。同时由贸易公司出售的商品必须用西农币才能购买，推动西农币的使用。

加强银元管控。合并的西北农民银行成立之前，在陕甘宁边区对银元采取严禁流通、但可保有的阶段性政策。西北农民银行合并后，陕甘宁边区政府、晋绥行署以及陕甘宁晋绥联防军司令部颁布《战时严禁敌币白洋行使办法》，进一步规定禁用银元：凡各地在土改斗争中获得的银元，须向各地银行或贸易公司兑换成西农币使用，或由各地农会有组织地向区外采购必需物资，不得在市面流通，否则以违法论处。对违法携带、使用银元者，不论任何人，买卖双方钱货一律没收。但当时各地在执行时决心都不是很大，致使银元始终在市面上流通。

为此，1948 年 9 月，西北财经委员会发出《关于调查白洋问题的通知》，要求各地调查实情，以便进一步采取措施，加强管理。1949 年 2 月，西北财经委员会研究室根据各地的调查报告形成《陕甘宁白洋流通情况初步调查综合报告》。报告显示，广大群众认为解放区尚不稳固，纸币容易贬值而更愿意保存、使用银元。西北解放区河西约有银元 120 多万，银元主要储存于商人手中，土改后的乡村主要储存于中农手中，在未经土改的乡村则主要储存于地主、富农手中。在不同区域，以银元议价的日用品交易占 30% ~90%；以银元支付占 20% ~80%，尤其是在农村，几乎全部使用银元，用西农币者甚少。银元流通的问题一直到人民币发行以后，随着人民政权巩固、经济金融环境改善而彻底得到解决。

（六）解放战争全面胜利，中国人民银行西北区行推动人民币流通

解放战争胜利推进，陕甘宁边区政府管辖范围不断扩大。到 1949 年 3 月，全区共有 114 个县市，面积 26.64 万平方公里，人口 764 万人。1949 年 5 月以后，西安、兰州、西宁、银川、乌鲁木齐相继解放，陕、甘、宁、青、新五省人民政府相继成立，统一由陕甘宁边区政府领导；而晋西北、晋南两行署及准格尔旗则因新中国的成立相继划归山西、内蒙古管理。1950 年 1 月 19 日，西北军政委员会成立，陕甘宁边区政府胜利完成其历史使命。

中国人民银行成立。1948 年，全国各解放区除中原、东北等解放区还需独立运行的金融体系外，华北、西北、华东三大解放区金融统一工作基本完成。华北人民政府与山东人民政府、陕甘宁边区和晋绥边区人民政府会商决定，合并华北解放区的华北银行、山东解放区的北海银行和西北解放区的西北农民银行，成立全国统一的中国人民银行。1948 年 12 月 1 日，中国人民银行宣告成立，以原华北银行为中国人民银行总行，行址设在石家庄（见图 4.1.5）。

图 4.1.5　中国人民银行成立旧址纪念馆（石家庄）

中国人民银行西北区行设立。在西北区设立中国人民银行西北区行（在西农币仍流通时，对外仍称西北农民银行），行署设立分行，专署设立办事处，各县设立支行。银行与贸易部门分设，各自建立单独的机构，结束合并的历史。

西北区行受西北财经办事处和中国人民银行总行的双重领导，金融方针、计划、资金调度、主要干部任免由中国人民银行总行统一负责，日常工作由西北财经办事处根据华北财经委员会和中国人民银行总行的决定领导监督。1949 年 2 月，陕甘宁边区政府将中国人民银行西北区行列为陕甘宁边区政府机构序列，并任命黄亚光为中国人民银行西北区行行长，王磊、张定繁为副行长。中国人民银行西北区行制定了 1949 年工作计划，确定对内由西北农民银行兼理西北区行的一切业务，在延安、兴县、临汾分别设立陕北分行、晋西北分行、晋南分行，在各专区设立办事处，各县设支行（见图 4.1.6）。

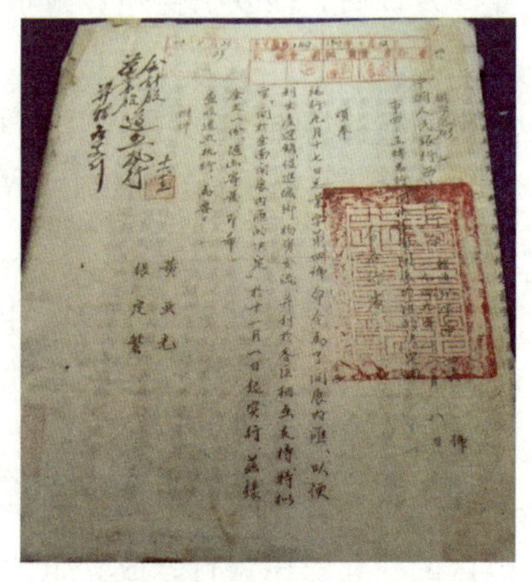

图 4.1.6　中国人民银行西北区行令（1949 年）

1949 年上半年，新解放区金融贸易工作的推进需要部队的协同力量，西北财经委员会决定将野战军财经工作队改为西北贸易总公司和西北农民银行的随军办事处，该办事处受总公司、总行和前方财委的双重领导，在业务、人事上主要由总公司、总行直接负责。在部队中设置这个机构，主要任务是在银行、贸易公司地方机构未到达前，负责初步开辟和接收当地金融、贸易工作，在银行、贸易公司到达后，即迅速将业务移交。

1949 年 4 月 15 日，中国人民银行西北区行正式成立。5 月 20 日，西安解放后，中国人民银行西北区行迁入西安。1949 年 5—10 月，随着陕西、甘肃、宁夏、青海、新疆等省份相继解放，中国人民银行西北区行选派大批干部到这些地区进行接管和建行工作，到新中国成立时，西北区行的下属机构除原有的陕北、晋南、晋西北分行之外，相继建立了兰州、宁夏、青海等分行以及办事处，基本形成了中国人民银行在西北解放区的组织体系。

人民币在西北解放区的发行和流通。1948 年 12 月 22 日，西北财经委员会向社会发出《通令》，公布人民银行成立和人民币的发行，明确规定：自 1949 年 1 月 1 日起，实行以新币（人民币）为本位币，责成西北农民银行、西北贸易总公司代理人民银行总行逐渐收回旧币。所有未收回之旧币，依法公布比价，允其继续流通使用，不得拒用或改变比值，违者法办。新币对冀南币、北海币为 1∶100，对晋察冀边币为 1∶1 000，对西农币为 1∶2 000；凡区内银行、贸易公司、财政厅、建设厅、联防军后勤部及各该所属部门，以及其他机关、学校、团体，一切财政供给部门和私营企业，一律改用新币为记账本位币；各公营工商业在交易中的挂牌、议价、契约、单据等一律改用新币为本位币；一切税收及预算决算，均改用新币计算等。根据西北财委的指示，西北农民银行、西北贸易总公司于 12 月 25 日发出《通知》，要求自 1949 年 1 月 1 日起，银贸系统之记账、单据及一切往来和记录、计算之本位币均改为人民币。

人民币发行后，定为华北、山东、陕甘宁、晋绥各区的本位货币，统一流通。为扩大人民币的流通阵地，巩固和提高人民币信用，1949 年 3 月，西北解放区召开财经会议，确定了全区金融工作的方针和任务，要求在新老解放区驱除法币的一切残余影响，彻底肃清法币，迅速占领货币流通阵地。自解放战争开始，肃清国民党货币、管控金银一直是金融斗争的焦点。1949 年 3 月，人民银行西北区行制定的《业务方针及具体任务组织工作规程》（以下简称《工作规程》）中区分边缘区、新解放区、敌区的蒋币斗争策略，明确要求在边缘区彻底驱除其残余部分，在新解放区迅速占领货币流通阵地，并协助贸易部门向敌区吸收物资，促使敌区货币流通更加混乱，使其经济更加迅速地崩溃；积极运用比价政策，开展对敌货币斗争，并造成对敌区贸易的有利态势。《工作规程》中也明确了对金银的管控要求，以人民银行为生金银、白洋（即银元）的合法买卖机关，坚决贯彻严禁黄金、白洋在内地流通的政策，准许其在民间收藏，不能携带、使用。

针对“各解放区的货币回收”问题，《工作规程》中规定：新成立的西北区行首先要运用总行发行库西北分库库存新币，收兑在西北解放区流通之各种解放区货币，达到以人民币为唯一货币的目标。各项收付及一切交易均以新币为本位。1949 年 5 月，中国人民银行发出收回各解放区发行地方纸币的《通令》。西农币的收兑是从太原解放后开始的。1949 年 4 月 24 日太原解放，市军事管制委员会即发布逐步收回各解放区发行的地方货币（在山西范围内流通的）的布告。5 月，中国人民银行太原分行拟定收兑步骤与办法，6 月 1 日开始收兑。至 1950 年，收兑工作基本结束，山西全省共收回各种地方货币 7 715 亿元，折合人民币 14. 06 亿元，其中西农币 621. 66 亿元，折合人民币 3 108. 3 万元。这一系列政策实行后，起到了明显的作用。到新中国成立前，金银、银元已基本退出流通；国民党货币得以全面肃清，人民币完全统一了西北解放区的货币市场（见图 4. 1. 7）。

图 4. 1. 7　第一套人民币设计最小面额是 1 元，最大面额是 50 000 元，共有 12 种面额，且版别繁多，计有 57 种版别、62 个票面

二、华北解放区红色金融事业

（一）晋察冀、晋冀鲁豫解放战争历程

晋察冀解放区。晋察冀解放区位于长城南侧，是一片东西走向的狭长地带，西自晋北五台山，沿山西、察哈尔、河北到热河承德的边缘延伸。抗日战争结束后，晋察冀边区政府由阜平迁往张家口，设察哈尔省政府，省会设在张家口；成立热河省政府，省会在承德；撤销冀热辽行署，成立冀东行署。晋察冀解放区发展得较为巩固，总面积达23万平方公里，将国民党占领的北平、天津、保定、大同等城市包裹其中。

1945年9月，国民党第十二战区傅作义部奉蒋介石命令接受日军投降后，调转枪口向晋绥、晋察冀解放区进攻，意图建立起“热、察、绥反共隔绝地带”，控制整个华北战局。为粉碎敌人的阴谋，晋察冀、晋绥两军区秣马厉兵，发起绥远战役，展开自卫反击。

1946年6月，晋察冀与晋绥部队共同对敌展开大同集宁战役及张家口保卫战；10月，傅作义部乘虚进占晋察冀解放区首府张家口。在国民党部队的猛烈攻击下，到1946年底，张家口和承德地区一些县城落入敌手。1947年3月开始，国民党全面进攻受挫，转而重点进攻陕北、山东解放区，在晋冀鲁豫、晋察冀、东北等战场采取守势。4—6月，晋察冀野战军连续取得了正太、青沧战役的胜利，向平津地区进发。1948年11月29日，华北、东北野战军协同作战，共同发动中国人民解放战争具有决定意义的三大战役最后一战——平津战役。

晋冀鲁豫解放区。1945年8月下旬，侵华日军刚一宣布投降，国民党

盘踞晋西七县的阎锡山部、第一战区胡宗南部迫不及待地先后向晋冀鲁豫解放区上党和晋南地区发动进攻。9 月，刘伯承、邓小平领导指挥上党战役，给进犯之敌军迎头痛击，打击了蒋介石的内战气焰，有力地配合了重庆谈判。这次战役是解放战争时期第一次大的自卫反击战，使阎锡山部遭受重创，解除了晋冀鲁豫解放区的直接威胁，晋东南的许多城镇得到解放。到 1946 年，晋冀鲁豫边区已连成一片，拥有 2 400 多万人口，军队 30 万人，民兵 40 万人，管辖 80 多个中小城市，成为全国最大的解放区。

根据中共中央关于《减租和生产是保卫解放区的两件大事》的指示，1945 年冬季至 1946 年春季，根据地重点开展反奸反霸、减租减息和生产运动。广大贫苦群众翻身当家作主，踊跃参军参战、参加生产建设、保卫解放区的胜利果实。在城镇，努力恢复战后的城市经济，推行冀南币，肃清敌伪币，活跃工商业贸易，开展经济建设；在农村，开展减租减息，彻底解放农村生产力，迅速恢复和发展生产。

1946 年 7 月至 1947 年 5 月，面对国民党部队全面进攻解放区的强大攻势，晋冀鲁豫野战军先后取得破击陇海路和定陶、鄄城、晋南、豫北等战役的重大胜利，消灭敌军大量有生力量。6 月底，晋冀鲁豫野战军主力强渡黄河，发起鲁西南战役打开南下通道，转入外线作战。8 月，刘邓大军挺进大别山，开始经略中原。

1947 年 11 月 12 日，杨得志、罗瑞卿野战兵团历经 6 天 6 夜的攻城大战，胜利解放石家庄。这是人民解放军攻打大城市的首例胜果，扭转了整个华北战场的战争局势，使晋察冀、晋冀鲁豫两大解放区连成一片。华北地区的战略格局自此发生巨大变化。

（二）华北解放区的形成与金融事业概况

抗战胜利初期，华北的广大乡村和城镇都已在晋察冀和晋冀鲁豫解放区范围内，国民党只占领了北平、天津等大城市和铁路交通沿线的重要城镇。内战爆发后，晋察冀和晋冀鲁豫解放区展开了艰苦卓绝的自卫反击，粉碎了国民党部队的全面进攻。石家庄胜利解放后，晋察冀和晋冀鲁豫解放区连接成一片，形成广阔的华北解放区，总面积达 23 万平方公里，人口 4 400 万，管辖县以上城市 176 座。1948 年 5 月 9 日，中共中央决定将中共晋察冀中央局和中共晋冀鲁豫中央局合并为中共中央华北局。1948 年 8 月 26 日，华北人民政府宣告成立。

1947 年 3—4 月，在晋冀鲁豫解放区的邯郸召开华北各解放区财政经济会议，提出财政、经济、金融、贸易进一步统一的建议。10 月 24 日，中共中央批准华北财经会议报告，决定成立以董必武为主任的华北财政经济办事处，统一领导华北各解放区的财经工作。石家庄解放后，华北、陕甘宁、山东解放区日趋稳定，为适应金融贸易日益密切的联系，1948 年 4 月 17 日，冀南银行总行与晋察冀边区银行总行共同发出通告，宣布两行在石家庄联合办公；7 月 22 日，冀南银行与晋察冀边区银行奉命合并，改称华北银行，总经理为南汉宸。

（三）华北财经会议和华北金融贸易会议

日本投降以后，有些根据地之间贸易已经频繁往来，需要货币互相流通，但各解放区财经工作还处于各自为政的状态。蒋介石发动内战后，出动大规模装备精良的部队全面进攻解放区，对这场规模空前巨大的战争进行反击对各根据地的财经实力是莫大的考验，需要提供充足的军需保障，加快发展农、工、商等产业。在当时的战争情况下加强对财经工作的统一领导，才能适应大兵团作战的需要。

1. 华北财经会议召开，决定设立华北财政经济办事处

1947 年 1 月 3 日，中共中央采纳晋察冀中央局的建议，发出《关于召开华北财经会议的指示》，指出：“由于空前自卫战争的巨大消耗，已使一切解放区的财经情况陷入困境，必须以极大的决心和努力动员全体军民一致奋斗，并统一各区步调，利用各区一切财经条件和资源，及实行各区大公无私的互相调剂，完全克服本位主义，才能长期支持战争。中央认为应立即召开此项会议……会议的议程，应为交换各区财经工作经验，讨论各区货物交流及货币、税收、资源互相帮助、对国民党进行统一的财经斗争等项，并可由各区派人成立永久华北财经情报和指导机关。”此时，晋冀鲁豫地区已经处于相对和平状态，战争干扰较少，中央决定选择邯郸召开这次会议。

华北财经会议从 3 月 25 日开到 4 月 14 日，会议决定电报中央。有关金融工作的几个要点是：一是成立华北财政经济办事处，负责领导和调整各地区的货币贸易关系并在财政上作适当调剂。二是各解放区间应大力开展物资交流和贸易往来，打破相互封锁，实行自由交易，采取同样的政策；邻区货币要互相支持，并在财政上互相调剂，协助贫穷地区，避免苦乐不均现象。三是贸易金融货币工作要为生产服务，为战争服务，并应加强对敌经济斗争。贸易工作的方针是“对外管理，对内自由”，办法是“统一管理，分散经营”，以有利于对敌经济斗争。对内贸易主要是调剂供求，平稳物价，借以发展生产，繁荣市场。货币工作的基本方针是坚持独立自主，平稳物价，保护人民财富，保证生产发展。为了达到平稳物价的目的，首先必须排挤蒋币（把蒋币逐出解放区市场），使本币在市场上取得独占地位。在本币独占市场以后，必须慎重掌握货币的发行数量以免引起物价的剧烈波动。为此应当：（1）争取财政收支大体平衡；（2）掌握一定数量的粮食、棉布等重要物资；（3）在秋收以后和春荒时期，货币流通要根据需要数量多少作适当调剂。

10 月 24 日，党中央正式批准邯郸会议的决定和综合报告，认为“这次财经会议总结了华北各解放区财经工作经验，并正确地提出和解决了今后财经工作的方针与政策”；指示各地立即坚决执行，并决定设立“华北财政经济办事处”，由董必武担任主任，各解放区各派一名代表担任副主任，统一领导华北各解放区的财经工作。

华北财政经济办事处的主要任务是：在中央及其工委领导下，统一华北各个解放区的财政经济政策，指导华北各解放区财政经济工作的执行；并规定，除特别重大的问题需经中央及工委会讨论并通过中央局执行外，在一般日常的行政问题上，可直接指挥各解放区的财经办事处。（1）制定华北解放区国民经济建设的方针；（2）审查各解放区的生产、贸易、金融计划，并及时作必要的管理与调剂；（3）掌握各个解放区的货币发行；（4）指导各个解放区的对敌经济斗争；（5）筹建中央财政及银行；（6）审定各个解放区的人民负担；（7）审查各个解放区的脱产人数及其编制与供给情况；（8）审核各个解放区的财政预算并制定必要的调剂办法。

1948 年秋，为统一金融货币，董必武代表华北财政经济办事处向中央报告，提出发行统一货币的具体步骤：

第一步，华北财政经济办事处必须确定掌握各区的票币发行额和了解各区票币的互换率，以及粮食棉花、纱布、油、盐、煤、金银等物资的价格，并基本上做好成立银行的准备工作。

第二步，发行少量的统一票币，主要作为各区汇兑差额的划拨使用，当然市面也可以流通。统一货币要与各区货币固定比价互相兑换，并随各区货币的贬值和升值而改变统一货币的比价，保持统一货币的币值。

第三步，逐渐增加统一货币发行数量。

第四步，停止各区票币的发行，改由发行统一货币。在此期间，各区的货币和统一货币同时流通。

报告中针对利用财政发行支援解放战争的情况，专门指出："经济发达的国家，一经卷入长期战争的漩涡没有不利用发行来补其财政亏空的。我解放区经济不发达，又经过了八年抗日战争的消耗，在我国进行空前规模现代化战争的情况下，要想完全不依靠发行来解决财政困难是不可能的。只要发得不是太多和太骤，不致引起社会物价的大波动，我区人民还是可以承担的。"

2. 华北金融贸易会议召开，筹备建立中国人民银行

1948 年初，各解放区日趋稳定，经济、金融、贸易往来日渐密切，又一个具有重大意义的财经会议开始筹划，中央工委和华北财办于 1948 年 3—5 月在石家庄召开金融贸易会议。会议主要讨论华北各解放区统一货币及贸易，具体研究讨论建立中国人民银行、统一发行货币、稳定物价、调整各地贸易关系等内容。会议还讨论了支援战争、恢复生产与稳定物价相互之间的关系。三者的核心是货币的发行问题。首先是各地区货币之间的固定比价、自由兑换和统一发行问题；其次是撤除各解放区之间的关税壁垒实行贸易自由问题；最后是随着中小城市的大量解放对待私营工商业的政策问题。

8 月中央批准了此次会议报告，并要求各解放区遵照执行，要点有如下几项：今后的中心工作，一个是发展生产，一个是支援战争；商品经济的发展必然要求市场扩大和统一，应建立一套适应人民需要和经济发展需要的新的金融贸易制度；如何保证战争供给，不单纯是一个财政问题，金融贸易工作也负有责任。随着人民解放战争的胜利推进，解放区不断扩大，广大乡村和许多城市陆续解放，金融贸易工作必须在新解放区迅速开展起来。

关于金融工作，报告中谈到货币政策、货币斗争、信贷工作、城市金融工作四项内容，具体指出：

第一是货币政策。方针是一要稳定，二要统一。不稳定、不统一，会使生产、物资交换和货币流通受到损害，并妨碍战争的胜利进行。在大规模的解放战争中，财政收支很难做到完全平衡，所以，货币发行政策要照顾到战争，照顾到生产，还要照顾到物价平稳。如因战争紧张不能阻止物价上升，也应当尽量使它平稳上升，避免剧烈波动。这就要求发行工作有一定的计划性，避免集中突击发行。货币的统一要有步骤地进行。首先是固定几种货币的比价，实行自由流通，然后是根据各地财政状况掌握各地区的货币发行，使之逐渐走向发行统一货币。

第二是货币斗争。主要任务是根据战争形势的发展，努力扩大本币的阵地（流通范围），压缩蒋币的阵地并适应对外贸易的需要而调剂蒋币外汇。掌握蒋币比价，借以巩固本币，打击蒋币，保护人民财富，保证生产发展。为了加强对敌经济斗争，应当设立出入口管理委员会或出入口管理局来统一管理货币斗争、贸易斗争以及进出口税等。

第三是信贷工作。信贷工作是促进商品生产发展的重要力量，必须有一定数量的资金用作生产贷款，并且要有计划地重点发放，反对平均分配。生产贷款不应当单纯依靠货币发行，要想办法吸收社会游资，组织民间的互相借贷，指导群众利用自己的游资，来解决群众缺乏生产资金的困难。

第四是城市金融工作。着重扶助各种工业的生产和建设，要把发展工业提高到与发展农业同等重要的地位。

关于贸易工作如何与金融配合，报告中指出，必须掌握相当数量的重要物资，有计划地吞吐调剂、调节货币流通数量，以保持物价的相对平稳。

这次会议还决定在天津、济南等地外围分别成立进出口管理委员会，掌握出入口的方针，商订出入口的共同斗争计划，调解各地区间的出入口纠纷。

1948 年 5 月，周恩来在西柏坡听取了金融贸易会议情况的汇报后指出，“不能再搞联合政府（指华北财政经济办事处）了，要搞统一经济”。此后不久，党中央决定取消华北财政经济办事处，成立中央财政经济部，命南汉宸负责筹建中国人民银行，准备发行全国统一的货币。至此，红色金融开始由分散走向集中统一，走向以人民币为本位的独立完整的金融体系。1949 年 1 月 31 日北平和平解放，南汉宸负责进城接收国民党的金融机构，把中国人民银行总行迁至北平。

图 4. 2. 1　中国人民银行第一任行长南汉宸

南汉宸（1895—1967 年），山西省洪洞县人，1926 年加入中国共产党，曾长期在冯玉祥、杨虎城部从事秘密工作和统一战线工作，利用在国民党地方政府中的身份，多次帮助、营救和掩护过我党的一些同志。抗日战争时期，曾任陕甘宁边区政府财政厅长。解放后，出任中国人民银行第一任行长，为建设新中国的金融体系作出了杰出贡献（见图 4. 2. 1）。

（四）晋察冀边区银行支援解放战争，扶持和发展边区经济

日寇投降后，晋察冀边区银行经理关学文到张家口接收伪蒙疆银行，在此重新组建晋察冀边区银行，行址就设在原伪蒙疆银行所在地。1946 年 7 月，国民党为隔断人民解放军关内关外的联系，集中火力打通平绥铁路线，攻占

张家口。8 月，晋察冀边区银行随部队从张家口撤出，先回到山西灵丘县，后转移到河北阜平县光城村。1947 年 11 月进驻石家庄，1948 年 4 月与冀南银行合署办公，后来，在此基础上成立华北银行、中国人民银行。在创建敌后银行的艰难岁月里，晋察冀边区银行的斗争精神和斗争智慧，所制定的一些金融政策、规章制度，积累的正反经验，都有着宝贵的历史价值。

1. 机构设置、领导体制和职权范围

1946 年 1 月 30 日，晋察冀边区行政委员会作出规定，各战略区设分行，应受总行的直接领导，其货币发行与业务计划等应绝对服从总行。根据边委会的指示，晋察冀边区银行抓住相对和平的有利时机，扩大机构设置和业务开展的范围，冀晋区、冀中区、冀热辽区各设分行（冀察区暂不设分行），为该地管辖行。总行之下，按经济区域与业务需要设置支行及支行以下办事处、营业所、兑换所、派出所等。其中，冀热辽分行成立冀东、赤峰两支行，并所辖有支行以下的办事处营业所。冀察地区因处总行所在地，该区各级银行机构由总行直接领导，并先后成立宣化支行、怀来支行及阳高、张北、西合营之办事处。晋察冀边区银行整体呈现“总行—分行—支行（或办事处）—营业所、代办所—兑换所—派出所”的组织架构。

1946 年 7 月 15 日，晋察冀边区行政委员会对各级工商部门的职权范围进行明确规定：边区银行由边委会财政处领导，但边区银行提高边币比值、驱逐杂钞、平衡境内物价、发放工商贷款等有关工商之事项应接受工商处之指导。

为贯彻统一领导分散经营的原则，1947 年 1 月 20 日，晋察冀边区行政委员会作出“关于成立财经办事处及改变银行税局组织领导关系的决定”，进一步加强和统一财经工作的领导，发展生产，保证自卫战争供给。其中规定，边区行政委员会之下成立财经办事处，统一掌管边区财政、审计、金融、工商、出入口贸易工作，边区贸易公司、边区银行、边区禁烟局、工业局、交通局均归该处领导；各战略区银行分行归各地政府统一领导。边区银行对各分行仍有工作指导关系，进行业务指导及外汇调度，并互相交换情报，建立业务关系；边币发行统一由边委会掌握，各地区分行无发行权。

1947 年 4 月，冀察分行成立，1948 年 1 月与冀晋分行合并为北岳分行。

2. 晋察冀边币的发行和购买力变化

到1948年6月为止，晋察冀边区银行货币发行总计8 477.21亿元。1947年底，边币使用人口达到1 500万人，物价指数是1946年的2.78倍。从1938年成立到人民币发行收回边币，晋察冀边区银行存续10年时间，发行57种版别货币（不包括期票、地方流通票）（见图4.2.2和图4.2.3）。其中总行、冀中两地发行44种版别，发行13种“冀热辽”版。成立之初，边币发行主要以兑换法币形式进行投放；抗日战争、解放战争中，边币发行则主要以支付军政费用的形式投入流通。每年生产建设的贷款投放仅占到3%左右。

图4.2.2　晋察冀边区银行币100元（1945年）

图4.2.3　晋察冀边区银行币500元（1946年）

冀热辽行署在 1945 年 9 月发行过 100 元、500 元两种期票，便利商民营业交易，期票可兑换边币。

3. 加强贸易“武装”，军政力量配合，打击法币，巩固边币

从 1945 年 9 月到 1946 年 4 月，日寇投降后，晋察冀边区部队乘胜追击，不断扩大解放区范围，但边币发行供应不足，加之贸易管理解除“武装”，宣布出口解禁，国民党大量发行法币，以高价吸收解放区物资，日伪、奸商乘机大量吸收边区粮食，大批洋油、洋布、洋烟等洋货向解放区倾销，致使大量法币内侵，边币没有贸易物资支持，阵地不断退缩，金融、贸易斗争被动应对，造成边币、法币比值由 1∶17 降到 1∶8 的不利局面。这之后，边区银行着手摸清法币情况，通过阵地战、比值战、经营外汇展开对敌货币斗争，分地区情况打击法币。区分新区、边缘区打击法币：新解放区采取掌握法币以支持贸易与比值斗争、驱逐法币使边币迅速占领市场的策略；在边缘区，军政力量配合，控制集市、掌握物资，改变人民群众对国民党统治区物资供应的依赖，压缩法币，巩固边币；从出入口管理入手管控外汇，严禁法币内侵；在内线严格禁止法币流通，缩小其流通范围，孤立反动派；动员群众，将法币推向国民党统治区促其严重通胀，并购回必需品；边法币值政策确定内地币值高于外围，不断将法币推向敌占区。

4. 动摇与取消银元在流通中根深蒂固的地位

银元的历史已有几百年之久，人民群众使用银元的习惯根深蒂固，民间储存以银元最多，这对树立晋察冀边币本位币地位、推进统一货币市场是一大障碍。在坚持边币一元化政策下，扩大与巩固边币市场与肃清银元相互依辅。1946 年，边区银行总行出台有关肃清银元的意见，提出具体措施和办法予以指导：一是选择有利的季节（如大秋后）边币占优势而物价比较稳定的时候。在群众运动基础好的一些老解放区，大大削弱银元的力量，以便于将来逐渐肃清。二是打破群众对银元的崇拜，首先动摇与取消银元本位，逐渐代之以边币本位。三是银行收买及定价政策应该是有利时收买（不一定是低价），不利时不买（这时定价可酌低于市价）。买时必须符合市价（必要时或达到某种目的可稍高于市价大量收买，但须避免刺激市价上涨）；并且在定价上应照顾到邻地，勿使其发生不好的影响。不买时，则避免刺激银元市价的上涨。四是在严格禁用地区绝对禁止银元流通携带，违者没收。公私款项如纳税及秋征等，不可直接收受银元，而须通过银行或委托机关商店兑换，民间保存银元愿卖出的由银行及委托机关照牌价收买。此类地区要彻底肃清银元，实行边币一元化。五是在因经济工作差、边币基础未稳的新解放区，可采用银边同流办法，明禁暗不禁，使边币在行政力量及贸易合作事业开展支持下站稳脚跟，在同时流通中增加边币比重及地位，逐渐动摇银元本位，代之实行边币本位，再用收买银元办法肃清。

5. 边区银行的存放款业务

边区银行的贷款业务中，农业贷款主要以扶持农业生产、扩大植棉、兴修水利为范围，工商业贷款主要以解放区内无法自给的必需物资、关系军需民生的战略物资、合作社事业等为范围。在存款方面，到 1947 年 7 月之后，边区银行各地存款业务才开始有起色，8—10 月，冀中分行在 3 个月的时间内就吸收存款 277 亿元以上。各地的存款业务主要以机关单位存款为主。

农贷方面。1946 年春，边区财办处决定发放农贷 500 亿元边币，货粮 9 万大石，并拿出 10 万大石粮食，委托边区银行和边区各公营商店回收还在市面上流通的黄金、白银、银元、铜元等金属货币。1948 年，冀中财办处发放农贷 400 亿元，用于开渠、修井、增加水车、制造农具、造林等农民生产生活。造井、开渠等不计息，修井、修车、肥料等月息 0.5 ~ 1 分，直接为农业生产服务的工业以及家庭副业月息 1 ~ 1.5 分。1948 年 1 月，冀东区行政公署决定发放 100 亿元无息贷款，帮助贫雇农发展春耕生产。在北岳分行，1948 年上半年农贷计划小米 6 万大石，边币 200 亿元。这次扶持农民生产的贷款活动，出现了几种不同的形式，如东湾自然村是小组贷款合伙使用、妇女做鞋组小组贷款分着使用、个人贷款合伙使用、个人贷款各人使用；生产小组采取劳资入股分红的办法，公家予以贷款带动私资入股，一工算一股，一万元也算一股，周转一次，按股分红；个人和小组共 18 个单位，都用于生产，效果很好。

在工商业贷款方面。根据 1946 年大城、新安、冀州、泊镇四个地区外汇使用统计，纸张占 27.2%，日用品占 16.75%，军用品占 10.75%，颜料占25.2%，西药占7.25%，化肥占1.6%，电讯器材占1.12%，其中纸张、颜料合计占50%以上，其次是日用品。为减少对敌占区的物资依赖，1947 年，冀中分行确定工业贷款数额为5 亿元，重点为火柴、面粉、造纸3 种，其次是造碱、熬硝、种靛等工业。1948 年，冀中分行举办工商业贷款50 亿元，大力扶植自给工业，奖励小本经营，解决工商业者资金周转的困难。放款重点确定以纺织、造农具、造船、造纸、熬硝、榨油、制鞋、火磨、制皮革、染料、化学及交通机件等自给工业，以及对生产有利的小本经营业及运输事业，对一般商业通过活存透支业务往来，加以扶持。在贷款利息上，工业贷款最高不超过月息4.5 分，商业规定为月息6 ~7.5 分，小商贷款为月息4 ~4.5 分，活存透支根据性质由银行往来户双方协定。

1946 年上半年，冀晋分行发放2.03 亿元生产性贷款，总行营业处发放旅蒙业贷款2 540 万元、市民生产救济贷款1 500 万元、商业贷款1 亿元；1946 年12 月，冀东行政公署为培养典型合作社，发展纺织，发放合作贷款2 亿元边币。

6. 团结与扶植银号，共同发展边区经济

在解放的城市，边区政府提出建设城市发展工商业的号召。1946 年，边区贸易日益活跃，工商业兴旺，对资金融通需求迫切。1946 年2 月在辛集首次出现由很多商民为了相互融通资金而合资筹设的“大众银号”，刺激了冀中地区金融活动；紧接着在安国，有“复盛公”“公兴号”“裕晋银号”先后开业；5 月，具有30 年历史的“万德升银号”也在晋察冀边区银行帮助下宣布重新开张。

6 月，为繁荣市场、辅助工商业发展，边区银行根据边区政府提出的“对银号采取团结与扶植”的金融政策方针，提出《晋察冀边区银钱业组织管理办法》，积极支持与扶助已设立的、行将设立的银号。到1947 年上半年止，在河间、尹村、安国、辛集、鄚州等地有31 家银号开业，开始建立内地汇兑与往来划拨关系，并且深入农村，很多银号都增设了分号。

这些银号大多是集股筹设，大众银号的股东则有350 户之多，20 家银号股东数达3 000 户。大众银号成立8 个月后，从开始营业时资金217 万元边币增加到1 000 余万元。在边区政府的鼓励和边区银行的支持扶助下，这些银号作风勤恳、顾客盈门，经营利润日益增大，所以投资于银号的股东也在一天天增多。

边区银行的支持与扶助还表现在不干涉私营银号合理的较高利率、提供短期资金融通、偏僻地区业务交由银号代理等方式上。1946 年 10 月底，20 家银号在银行透支余额达 9 亿元之多。边区银行同时也加强对私营银号的监督管理，清理、整顿专搞投机的个别银号。

（五）冀南银行支持内外线作战，成为中国人民银行创建的基石之一

冀南银行于 1939 年诞生在晋东南根据地黎城县山区，经历全民族抗战、解放战争的峥嵘岁月，从小到大，不断发展壮大，冀南币与日伪币、蒋币展开无数次较量，在人民群众心目中树立了强大的信用，最终成为整个华北解放区的本位币；扶持根据地农、工、商业发展，1946—1948 年，冀南银行太行区行共发放贷款额占冀南币发行的 30% 左右；全面抗战时期，国民党政府停发八路军供给，冀南币发行额近一半承担了财政、军政经费；解放战争时期，更是大量增发冀南币供给晋冀鲁豫各部队。1948 年 7 月 22 日，冀南银行与晋察冀边区银行奉命合并组建华北银行。中国人民银行成立后，冀南币作为人民币的辅币，过渡流通到 1949 年完成收兑、退出流通，冀南银行光荣地完成创始时“培养抗战经济的摇篮”“保护人民利益的堡垒”的初心使命，退出历史舞台。

1. 组织机构不断扩大

抗日战争胜利以后，冀南银行总分支机构随着晋冀鲁豫边区政治、军事的形势变化不断调整变化。1945 年底，冀南银行总行从河北省涉县索堡镇迁到武安县。12 月 1 日，边区政府决定：冀南银行总行不再兼太行区行工作，另设太行区行；冀鲁豫、冀南、太行、太岳四个区行统归冀南银行总行领导；鲁西银行并入冀南银行。1946 年 3 月，冀南银行又从武安前往邯郸，与工商管理局分开办公，银行工作开始由农村进入城市，并在各县普设分支机构，组织机构迅速调整并扩大，由 1946 年的 161 个增加到

1947 年的 203 个。石家庄解放后，1948 年 4 月，冀南银行总行迁至石家庄，与晋察冀边区银行总行联合办公。同年 10 月，与晋察冀边区银行合并成立华北银行（见图 4. 2. 4）。

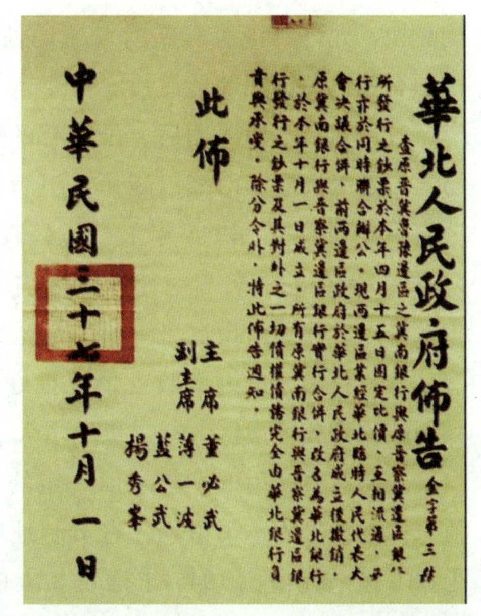

華北人民政府佈告 金字第三卅

查原晉冀魯豫邊區之冀南銀行與原晉察冀邊區銀行所發行之鈔票於本年四月十五日固定比價、互相流通，予行并於同時聯合辦公。現兩邊區業經華北臨時人民代表大會決議合併，前兩邊區政府於華北人民政府成立後撤銷，原冀南銀行與晉察冀邊區銀行實行合併，改名為華北銀行。於本年十月一日成立。所有原冀南銀行與晉察冀邊區銀行發行之鈔票及其對外之一切債權債務完全由華北銀行負責與承受。除分令外，特此佈告週知。

此佈

主席 董必武
副主席 薄一波 藍公武 楊秀峯

中華民國三十七年十月一日

图 4. 2. 4 1948 年 10 月 1 日，华北人民政府关于成立华北银行的布告

2. 大力发行推广冀南币，坚决禁止法币、敌伪货币及一切杂币流通

抗日战争胜利初期，晋冀鲁豫边区除解放了广大农村外，还从日军占领区和国民党统治区解放了 80 多个中小城市。为在解放区迅速恢复社会经济秩序，开展生产建设，繁荣贸易，迫切需要推行统一货币，保障冀南币在晋冀鲁豫解放区的本位币地位，驱逐法币，肃清敌伪货币和各种杂钞。

冀南币在全面抗战时期主要流通在农村和偏远山区，而在新解放的城镇，人民群众日常使用的不是伪联银券就是法币，相当部分商人担心战争局势不明朗、政局不稳，对冀南币持怀疑和不信任态度，一些商贩甚至将赚来的冀南币转而换成粮食、布匹等实物，不愿长时间保存。针对这种情况，晋冀鲁豫边区政府采取“大力发行推广冀南票，坚决禁止法币、敌伪货币及一切杂币流通，使冀南票完全占领根据地和新解放区市场”的货币政策方针，针对法币占优势的地区，实行本币与法币同时流通；针对本币占优势的地区，彻底肃清法币；其他地区，争取做到本币占据绝对优势。具体做法有：一是规定一切交易往来、公款收支，均以冀南银行钞票为本位币行使；二是提高本位币币值，稳定物价，发展生产，巩固和扩大本位币市场；三是禁止法币、敌伪货币及杂币流通，打击扰乱破坏边区币的不法分子，积极宣传当前政治、军事形势及党和边区政府的货币政策，使冀南票深入人心，让百姓知道冀南票是人民自己的钞票；四是对法币实行限

期兑换，允许群众换成冀南票流通使用。对携带法币、关金券出入境的，则须有关机关证明才能放行。

政策执行一段时间后，虽然有的地方又一度出现了“以物易物”的交易，但各级政府及时加以制止，组织货物运销调剂市场，平抑物价，保证冀南币顺利推广。1946 年 1 月边区政府宣布冀南币加印“太行”“太岳”“平原”字样的地名券一律在全区内等值流通，不再发行地名券。到 1946 年 6 月以后，冀南币逐步统一了全区的货币市场。

晋冀鲁豫原来财政收支情况很好。后随着刘邓、陈谢大军南下，陈粟兵团转移到冀鲁豫区，军需供给增大，亟须发行货币以解决短期财政困境。边区政府对冀南币的发行予以一定的控制，并注意平稳市场物价，稳定币值，扩大和巩固本币市场，有节制地增长发行量。1946 年，冀南币发行量为 331 亿余元，比 1945 年增长 8. 4 倍，19. 54% 用于军政费用。1947 年，冀南币发行量为 688 亿元，翻了一番，军政开支占到 68. 46%，强有力地支持了部队内外线作战。

3. 太岳区发行商业流通券，作为冀南币的补充

上党战役结束后，太岳区的面积迅速扩大，由抗日前管辖 38 个县，扩展为 43 个县。区域增大、人口增多，流通中冀南币筹码短期内十分短缺。为避免货币的短缺影响到生产和经济的发展，进而影响到军需给养，1945 年 10 月，太岳区行政公署经济局决定发行商业流通券。商业流通券主要是通过供给军队、财政和支持生产贸易而开始流通，同冀南币等值。商业流通券有 1 元、5 元、50 元、100 元面额票券四种（见图 4. 2. 5）。为加强对群众的宣传，促进商业流通券使用，在商业流通券票券背面印制如

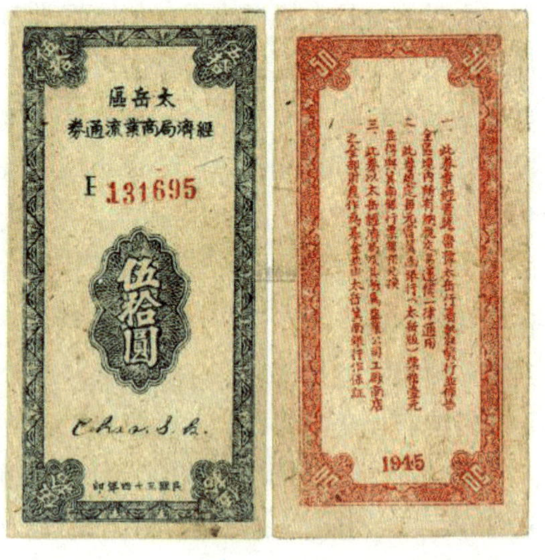

图 4. 2. 5　太岳区经济局商业流通券 50 元

下告示：此券业经晋冀鲁豫太岳区行署批准发行，并布告全区境内所有纳税、交易、还债一律通用；此券规定每元当冀南银行（太岳版）票 1 元，并得与冀南银行票相兑换；此券以太岳经济局及其所属盐业公司、工厂、商店之全部财产作为基金，并由太岳区冀南银行作保证。到 1946 年 12 月收回，商业流通券共发行 2.8 亿元。

4. 与兄弟解放区货币的交流与兑换

1947 年 10 月 24 日，中共中央批准的华北财经会议报告中明确了各解放区货币兑换比价：

（1）晋察冀边币与冀南银行币兑换比价 10∶1（1948 年 4 月 15 日开始执行）；

（2）晋察冀边币与冀南银行币和北海银行币兑换比价 10∶1∶1（1948 年 10 月 5 日开始执行）；

（3）西北农民银行币与冀南银行币兑换比价 20∶1；

（4）西北农民银行币与晋察冀边区银行币兑换比价 2∶1（1948 年 11 月 20 日开始执行）；

（5）冀南银行币与华中银行币兑换比价 1∶1；

（6）冀南银行币与陕甘宁贸易流通券兑换比价 1∶20；

（7）冀南银行币与陕甘宁边区银行币兑换比价 1∶400。

按照以上比价，各解放区货币实现互相流通。兑换比价主要依据当时各解放区货币购买力调查结果确定。如根据 1947 年 4 月 14 日用 1 元冀南币买到的东西需用约 10 元边币，确定晋冀鲁豫的冀南币与晋察冀边币比价为 1∶10。

另外，为贯彻华北财经会议关于解放区货币“相互支持、一致对敌”的原则，1947 年下半年，在太岳区与吕梁接壤地区建立双方货币混合市场，冀南币、晋察冀边币的混合市场多达 10 处，混合带区域东西长 96 里，南北宽 10 里左右。在混合市场内，群众都可使用、兑换双方货币。市场设有若干兑换所，兑换牌价依据两区主要商品价格指数、市场比价和供求情况三个条件确定，汇差实行定期定额清偿。解放区货币迈向统一走出了第一步。

5. 与晋察冀边区银行合并成立华北银行，冀南币成为华北解放区的本位币

1948 年 4 月 17 日，冀南银行总行与晋察冀边区银行总行共同发出通告，宣布两行在石家庄联合办公，冀南币和晋察冀边区银行币以固定比价在华北解放区流通。不久，晋察冀边区银行币停止发行，冀南币成为华北解放区的统一货币。1948 年 5 月，中共中央华北局成立，统一金融的条件已成熟。1948 年 7 月 22 日，冀南银行与晋察冀边区银行奉命合并组建华北银行，南汉宸担任总经理，胡景沄、关学文为副总经理，“华北财办”的人民银行筹备组工作合并到华北银行总行。华北银行成立后，并没有再发行新的货币，确定冀南币为本位币流通整个华北解放区，流通区域包括太行、太岳、冀南、冀中、冀鲁豫、晋中等行政区，34 个专署，277 个县、市。为加强银行工作的集中统一领导，华北银行作出规定，各分行、出入口行、联办，均由总行直接领导，地方政府和党委有监督和建议权。

6. 冀南币的币值及购买力相对稳定

冀南币是发展生产与对敌斗争的重要武器。自 1939 年开始发行到 1948 年停止的 9 年时间里，保证军需，是冀南币发行的首要任务，同时兼顾繁荣经济和稳定物价。到 1948 年 6 月，冀南币发行总量达到 1 974. 1 亿元，比 1940 年底增加 6 645 倍多，比 1945 年底增加 54. 8 倍，物价上涨 22 倍，每元购买力相当于 1945 年的 0. 042 元。在激烈的战争环境中，晋冀鲁豫解放区货币发行管控已相对稳固，特别是与国民党法币、金圆券相比，发行增长量和通胀程度更为稳妥和温和，法币从 1937 年 6 月到 1948 年 8 月改为金圆券时，发行额从 14 亿元增加到 660 万亿元，增长 47 万倍，国民党统治区物价上涨 492 万倍。邓小平曾说过：“太行山物价之低，在很长一个时期为他区所不及。”根据 1947 年 10 月华北财经会议规定的各解放区货币兑换比价，则冀南币对晋察冀边币升值 8 倍，对西农币升值 4 倍。

7. 华北银行奉命合组为中国人民银行，冀南币完成历史使命，退出流通领域

1948 年秋冬，辽沈、淮海、平津三大战役相继展开，到年底，战略决战胜利在即。12 月 1 日，华北人民政府发布统一华北、华东、西北三大战略区货币的布告，宣布华北银行、北海银行、西北农民银行合并为中国人民银行，以华北银行总行为中国人民银行总行，在石家庄中华北大街 11 号（现 57 号）一座三层小灰楼内正式宣告成立，总经理为南汉宸，副总经理为胡景沄。以中国人民银行筹备基金及华北银行、北海银行、西北农民银行的全部资产为中国人民银行的资产准备发行人民币，规定人民币为华北、华东、西北三大解放区的本位币，所有公私款项收付及一切交易一律流通使用。对原来的冀南币、晋察冀边币、北海币、西农币逐渐收回，未收回前按固定比价流通。具体比价为：人民币对冀南币和北海币均为 1∶100，对晋察冀边币为 1∶1 000，对西农币及陕甘宁贸易公司流通券为 1∶2 000。

为庆祝中国人民银行成立和人民币的发行，《人民日报》于 1948 年 12 月 7 日发表社论（见图 4.2.6）。文章指出：“我们的货币统一，是为了使我们的货币制度更简单、更巩固；是为了更便于物资交流和经济发展，完全是从人民的利益出发的。因此，可以预料新币的发行必将促成各解放区市场的更统一、更繁荣。”

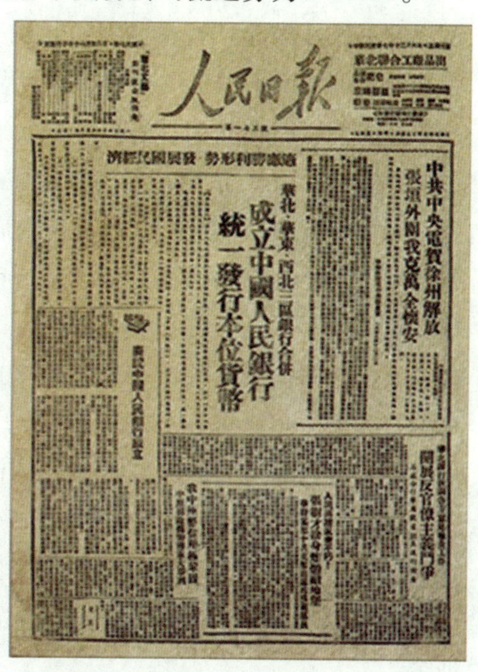
人民日報
華北·華東·西北三區銀行合併
成立中國人民銀行
統一發行本位貨幣
中共中央電賀徐州解放

图 4.2.6　《人民日报》社论

冀南币流通时间较长，数量较多，覆盖面较广，人民币发行流通后，冀南币很长一段时间处于与人民币混合流通中，主要由中国人民银行分支机构通过收回业务活动、组织专人收兑、要求各部门对收回的冀南币全部送交银行等办法逐步完成收兑。1949 年，冀南币基本退出流通，人民币成为华北解放区统一货币。

（六）华北解放区信用合作事业的发展

抗战时局艰难，虽然 1941 年左右晋冀鲁豫边区在冀西赞皇、临城、邢台、内丘、沙河等县设立过信用合作组织，但因战争的关系大多停止了，后来都无迹可寻。解放战争时期，晋冀鲁豫解放区信用合作事业发展最迅速、最普遍。

1946 年 1 月 15 日，冀南银行召开第一次区行经理联席会议，提出开展农村信用合作事业的目标。会议认为，老解放区和新解放区由于八年抗日战争的摧残，农村金融陷入枯竭，广大农民因缺乏生产资金而陷入破产状态。每年仅靠政府发放的几亿农业贷款是很不够的，因此，决定开展信用合作事业，发动群众将农村中的信贷金融活动组织起来，以活跃农村金融，调剂有无，并借此开展农村中的其他金融业务。会议指出，银行的任务在于在现有的基础上扶助与指导其信用业务的开展。在资金上必须是以群众的资金为主，但在初期，银行可贷款给合作社一部分资金以扶助其发展。

1946 年一年，信用社开始摸索试办，以活跃农村金融、解决农民生产资金困难。以下以太行区索堡、河南店、共和乡以及焦作豫生、磁县彭城、武西阳邑 6 个信用合作社为例，来说明冀南银行是如何引导和扶助信用合作社发展的。

太行区涉县索堡信用合作社。当地银行干部配合农会及合作社干部动员群众入股，募集到 679 755 元股金，加上原有股金，共 909 775 元作为启动资金，合作社于 1946 年 4 月 1 日正式开业。索堡信用合作社是混合经营，除信用部外，还有山货部、营业部。成立后，经社理事会讨论，按照业务专营、资金独立、整体分红的原则，确定从全部股金中抽出 25 万元，作为信用部独立的固定资金，冀南银行给予 25 万元低利贷款开展信用业务。

涉县河南店信用合作社。县政府干部配合区村干部动员群众和商人等成立信用合作社。至 1946 年 6 月 5 日，共收股金 1 074 150 元，其中商人入股 712 900 元，农民入股 241 250 元，村公所入股 5 万元，商联社入股 7 万元。河南店信用合作社由村合作社与商联社分别兼营信用社的存放款业务，村合作社负责农副业放款，商联社负责商业、工业放款。资金由两社分别掌握账簿，资金分配 40% 用于农业，商业占 40%，工业占 10%，副业占 10%。

涉县共和乡信用合作社。1946 年 4 月，冀南银行涉县支行配合区召开干部会议，决定动员群众以刨药材卖给合作社顶股的方式成立信用合作社。经过各村的努力，不到三天就刨得药材 50 025.13 斤，折合 297 328 元。群众自发入股 81 875 元，后银行给予贷款 10 万元，共计 181 875 元交由合作社单独立账经营信用业务。

焦作豫生信用合作社。1946 年 3 月中旬，冀南银行与政府商量决定成立与商业、手工业结合的混合业务信用合作社。后定名为豫生信用合作社，于 1946 年 4 月 1 日开业。社内分信用部和营业部两部，营业部设门面买卖日用品，信用部发放手工业及小商业贷款。豫生信用合作社吸收股金 137 600元作为营业部基金，银行给予 42 万元低利贷款作为信用部资金。5 月 12 日，合作社召开干部会议，提出要成为全部工人和市民的信用合作社，号召市民入股，扩大业务范围。至 6 月底，吸收到股金 245 100 元。当月即召开股东代表会议，决定从 7 月起从股金内划出 10 万元作为信用部资金，扩大信用业务范围。

磁县彭城信用合作社。1946 年 5 月，冀南银行太行区三分行经过调查当地借贷关系和群众的要求，与区村公所、工会、商联会、农会和妇救会干部座谈，说明组织信用社的意义，经同意后组成筹委会，到群众中去宣传集股。从 5 月 29 日至 6 月 3 日，信用合作社共募集到 1 525 500 元股金，7 月 1 日正式开业经营。

武西县阳邑裕丰信用合作银号。1946 年 3 月，冀南银行武西支行和县联社、阳邑商联会等单位发起成立筹委会，招股成立银号。冀南银行太行区行入股 40 万元，共募资 50 多万元，银行发放 50 万元低利贷款。4 月 23 日合作银号召开股东大会，开始营业。

到 1947 年 8 月，晋冀鲁豫解放区共设 663 个信用合作社和合作社内的信用部，资金达到 262 574 596 元。其中太行区信用合作组织和资金量最多，有 613 个，资金 209 258 161 元；太岳区 41 个，资金 40 340 435 元；冀南区 9 个，资金 12 990 000 元。全解放区银行贷款扶助的信用社（部）共 41 个，约占信用社总数的 62%；银行贷款金额 85 931 765 元，占信用社资金总额的 33%。

三、东北解放区红色金融事业

从九一八事变开始，直到抗日战争结束，东北地区政治、经济长期受到殖民统治。抗日战争胜利后，东北解放区建立并逐步扩大。1945 年 9 月 15 日，中共中央东北局成立，为迅速争夺金融阵地，发展生产安定民生，于 11 月 12 日在沈阳成立东北银行总行，同时发行东北银行币，在白山黑水的广袤土地上，开始了红色金融的建设。

（一）抗战胜利初期，成立东北银行争夺东北货币阵地

1. “让开大路，占领两厢”，东北解放区初步形成

1945 年 9 月，中共中央东北局以彭真、陈云、程子华、伍修权、林枫为委员，彭真为书记；东北局全权代表中央指导东北一切党的组织及党员的活动。党中央还从各解放区抽调大批干部、军队到东北去开展工作。9 月 29 日，中央作出“向北发展，向南防御”的战略决策。

1945 年 10 月 31 日，东北人民自治军成立，林彪任总司令。1945 年 10 月以后，中共中央从关内各根据地抽调大批干部和部队开赴东北，并从海上控制了安东（今丹东）、营口、葫芦岛等重要港口，从陆上扼守住连接关内外的咽喉要道——山海关。各部队到达东北后，一面阻击国民党军队的进攻，一面着手发动群众，清剿土匪，组织和发展武装。到年底陆续成立了锦热、辽宁、辽东、辽西、辽北、吉林、松江、三江、嫩江、北安 10 个军区，东北人民自治军总兵力发展到 27 万人。

1945 年 12 月 28 日，毛泽东向东北局发出《建立巩固的东北根据地的

指示》，明确在东北的任务是建立根据地，是在东满、北满、西满建立巩固的军事政治根据地。根据党中央指示，东北局先后组织部队撤离沈阳、长春等大城市，派出大批干部深入离国民党占领中心较远的城市和广大乡村建立地方武装和人民政权，很快在东满、北满、西满的广大地区建立起革命根据地。

1946 年 1 月 5 日，国共达成《关于停止国内军事冲突的协定》。同月，东北人民自治军改称东北民主联军，并对部队初步进行了整编，原来划分的军区先后合并为东满、西满、南满、北满 4 个二级军区。

1946 年 3 月，驻东北各地苏军陆续撤兵回国，国民党军队进驻沈阳。同时，国民党集中五个军十一个师兵力，以沈阳为中心，分路向东满、西满、南满展开“扇形攻势”，企图进一步抢占战略要点和交通大道，并与长春、哈尔滨、齐齐哈尔等市政权的匪伪军会合，企图造成全面接收东北的局面。

1946 年 4 月，四平保卫战打响。东北民主联军作战月余，有力配合了同国民党的谈判斗争，使国民党军在占领长春、吉林后，无力进攻哈尔滨，赢得了东北地区 4 个月的休战局面，为建立巩固的东北根据地争取了时间。此战以后，东北民主联军除留第 3、第 4 纵队于南满地区坚持斗争外，主力部队大部转至北满地区休整。

2. 防止伪币泛滥、紊乱东北金融，成立东北银行发行东北银行币

东北解放区建立初期，东北地区的铁路、工矿遭到严重破坏，几乎处于瘫痪状态，部分地区不但没有收益，反而需要财政上的大量投资。在金融方面，东北地区先后出现了多种货币，如伪满洲国的伪满币、苏联的红军票，甚至还有日本货币等，各地通货膨胀，物价波动，严重影响人民群众的日常生活。在这种情况下，军需民用物资供不应求，极为匮乏，部分进入东北地区的部队甚至连军用大衣、棉衣、棉袜等都供应不足。

1946 年 2 月 22 日，时任中共中央北满分局书记兼北满军区政委的陈云发出《关于目前解决财政问题的几点意见》的指示，为解决东北解放区创建时期的财政困难提出了三条具体措施：第一，征收救国公粮，妥善保管，以便将来进行对外贸易，解决财政困难；第二，清算和搜集敌伪资产，恢复和发展工矿业；第三，通过征收必要的税收来缓解财政压力。

筹备成立东北银行。1945 年 11 月 12 日，东北银行总行正式对外营业，首任总经理由东北人民自治军总后勤部部长叶季壮兼任。东北银行总行设在沈阳市伪满中央银行旧址，起初确定资本为价值 5 亿元的物资，由辽宁省政府直接领导。11 月 15 日，辽宁省政府发布布告指出：为防止伪币泛滥，紊乱东北金融，危害经济，危害人民，并求进一步发展东北的公私企业及农村经济起见，东北银行已奉命于本月 12 日在沈阳市开始营业，并代国库以国库为担保，发行东北银行 1 元券、5 元券、10 元券三种钞票。暂规定以东北银行票 1 元等于伪满币 10 元，今后公私款项一律适用。

成立东北银行印钞厂。东北银行成立之初，在沈阳新民县医院旧址建立起印钞厂，因陋就简地先期印刷了 1 元、5 元、10 元三种面额的东北银行币，从而为东北银行的顺利开业提供了条件与保障。

东北银行发行的货币情况。东北银行开始发行东北银行币后，因钞版在奉令撤离沈阳时丢失，该币种在流通仅两个月后停发，共发行 1 924 万元。战争形势的发展，需要大量印制钞票，东北银行于是决定停印东北银行币，开始印制发行地方流通券，面额有 1 元、5 元、10 元、100 元四种（见图 4. 3. 1），由东北银行通化总分行代办总行发行。东北银行币最初发行时以与伪币 1∶10 的比价进入流通领域。为照顾群众利益，东北银行决定将地方流通券与伪币的比价定为 1∶1 等价流通。由于东北各解放区处于被封锁、分割的分散状态，因此东北银行刚开始发行地方流通券时，难以覆盖全区。

图 4. 3. 1　东北银行发行 5 元地方流通券（1945 年）

东北银行地方流通券筹备发行之时，正值重庆谈判之际。1945 年 11 月，随着“双十协定”的签订，东北银行奉命撤离沈阳。1946 年 1 月，东北银行辗转到达通化，印钞厂也由新民迁至伪满通化师道学校旧址。1946 年初，随着长春、哈尔滨、齐齐哈尔等城市的相继解放，东北银行总行也先后迁移哈尔滨、佳木斯。

3. 顺应战争形势，东北各解放区纷纷成立根据地银行

为迅速驱逐敌伪币，提高本币信誉，1946 年 3 月，东北局发出指示：东北地区由东北银行发行东北地方流通券，通行全境。各省可发行 10 元以下小票，在省内流通。东北各解放区积极响应，雨后春笋般地建立起自己的根据地银行，在辖区内自行发行货币，分别有以下几个银行：

（1）牡丹江实业银行。东北解放初期设有绥宁省，后改牡丹江省。1945 年 12 月 11 日该省成立牡丹江实业银行，并发行流通券，有 1945 年版 10 元，1946 年版 10 元、50 元、100 元（见图 4. 3. 2）。

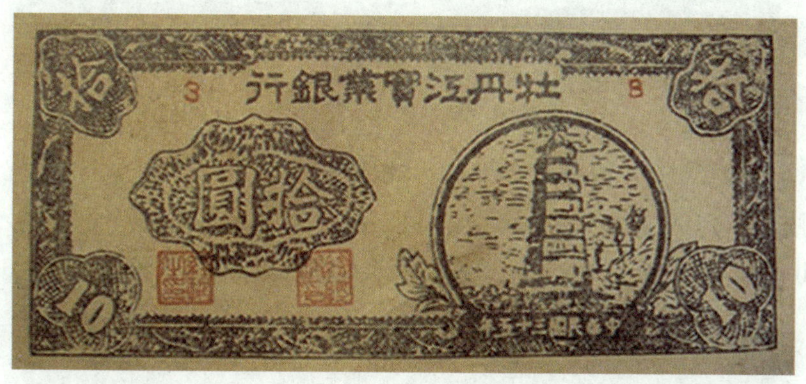

图 4. 3. 2　牡丹江实业银行券

（2）宁安县银行。1945 年 12 月，在牡丹江实业银行成立的同时，宁安县为解决军政费用和调剂地方金融而建立宁安县银行，发行 100 元面值的地方流通券，流通时间较短。1946 年 3 月该行并入牡丹江实业银行。

（3）吉东地方银行。1946 年 4 月，吉东银行成立于延吉市，发行吉东银行币，面额有 5 元、10 元、100 元 3 种。同年 8 月 21 日并入吉林省银行而结束。

（4）吉林省银行。1946 年 3 月 27 日吉林省银行在盘石县城成立，4 月迁入吉林市，5 月转移到图们市，7 月 18 日对外营业，发行 5 元、10 元、50 元、100 元 4 种面额的地方流通券。

（5）嫩江省银行。嫩江省银行的前身是东北银行吉江分行，1946 年随着齐齐哈尔市的解放，于 6 月 1 日改为嫩江省银行。该行于 1946 年发行 5 元、10 元（3 种）、50 元（2 种）、100 元（2 种）（见图 4. 3. 3），并回收当时的东北银行吉江流通券。

图 4. 3. 3　嫩江省银行券

（6）合江银行。1946 年 1 月，合江银行在佳木斯接收三江银行而成立，经理马仲，副经理孟庆惠，发行有合江地方经济建设流通券 1945 年版 1 元、10 元、100 元（后又改为 10 元），1946 年版合江银行券 1 角、5 角（见图 4. 3. 4）。

图 4. 3. 4　合江银行券

（7）黑龙江省银行。黑龙江省的黑河地区于1946年初发行黑龙江省银行黑河地方流通券，有10元和100元（见图4.3.5）。

图4.3.5　黑龙江省银行黑河地方流通券

（8）安东地区实业银行。1946年8月，安东地区实业银行在鸡西成立，发行5角、1元、10元3种地方流通券。

（9）克山县大众银行。1945年12月，克山县大众银行发行了700万元克山县地方流通券，面额种类不详，限县内流通。

除银行发行货币外，东北各根据地民主政府、实业公司、贸易公司还发行了兑换券、流通券，具体如下：

（1）辽北省第一专区兑换券。1946年1月，西满实业公司金融部在法库成立，发行辽北省第一行政督察专公署辽北省第一专区兑换券，面额10元，发行额140万元，后用东北银行辽西券收兑。

（2）松江贸易公司流通券。政府在1946年初发行松江贸易公司流通券，有1946年版50元与100元，限本省内流通。

（3）克东县粮款交易存款证。1946年初为解决购粮资金问题，经黑龙江省政府批准，克东县发行克东县糖款交易存款证（券），面额有10元、100元两种，6月底由贸易局用物资收回。

（4）依兰县金融救济券。1945年11月，依兰县金融救济券由依兰县人民民主政府利用原伪满中央银行库存的空白支票加印而成，面额有1元、2元、5元、10元、100元、500元6种。

东北银行与各根据地银行、金融机构紧密配合，与敌人开展了卓有成效的货币斗争：一是东北币、地方币发行与商品供应紧密配合，普遍与贸易公司协作，出售商品只收本币不收伪币；二是在流通中采取伪满币折扣行使的办法，逐步压低兑换比价并限期收兑，迫使伪满币向边沿地区推移或鼓励商人到敌占区换回商品；三是严禁国民党政府发行的货币进入解放区；四是开展反假票斗争，严厉惩处造假币分子。通过一系列措施，东北银行券占领了解放区货币市场，为支援东北解放战争和建立东满、北满、西满根据地奠定了坚实的金融基础。

（二）建设和巩固东北根据地，发展经济

1946 年 5 月 26 日，中共中央军委给林彪、彭真等人发出《关于深入东北敌后开展游击战争》的指示指出：为了保持北满、东满某些大城中作为长期坚持东北斗争的有利的战略基地，迫使敌人停止前进，必须立即分派干部与部队深入敌后，普遍地开展游击战争，破坏铁路、公路、电线，建立与巩固村区及中小城镇政权，放手发动群众，没收敌伪财产、土地分给人民群众，打击国民党特务下乡征收粮草、抽丁派夫。要在广大人民中普遍宣传八路军、新四军绝不离开东北，要把东北建成华北、苏北一样的根据地。

1. 发动群众，保卫根据地，巩固东北政权

1946 年 6 月下旬，国民党发动全面内战。1946 年 7 月 3 日至 11 日，东北局召开扩大会议，通过了《东北的形势和任务的决议》，指出：必须认识东北斗争的尖锐性和长期性，克服和平和战争问题上的混乱思想。全党必须下最大决心，努力准备一切条件，粉碎蒋军进攻，以战争的胜利去取得和平；进一步明确党在东北工作的重心，坚持中央关于建立巩固的东北根据地的正确方针，把创建根据地放到工作的第一位；号召东北全党干部走出城市，到农村去，掀起干部下乡的热潮。

1946 年 10 月中旬，蒋介石亲自到沈阳拟定了“南攻北守，先南后北”的战略部署。国民党军迅速集中兵力扑向南满，企图先摧毁南满根据地，

然后以全部兵力进攻北满，占领全东北。此时，国民党军在东北已调集 8 个正规军，连同地方保安部队共约 40 万人，但由于战线很长，无力向东北民主联军发动全面进攻。

1946 年 10 月 31 日，经党中央批准，东北局决定成立南满分局（亦称“辽东分局”）。1946 年 10 月 31 日至 11 月 2 日，东北民主联军在南满地区打响新开岭战役，全歼国民党军号称“千里驹”的第 25 师，为我军南满战略调整赢得了时间，为“四保临江”奠定了基础。

1946 年 12 月至 1947 年 4 月，东北民主联军采取“坚持南满，巩固北满，南打北拉，北打南拉，南北满密切配合，集中优势兵力，主动打击敌人”的方针和部署，在南满、北满两战场集中主力进行“三下江南，四保临江”作战，歼灭国民党军大批有生力量。

1947 年 5 月 13 日至 7 月 1 日，东北民主联军发起夏季攻势，在东、西、南满及热河、冀东各个战场上，同时展开对敌进攻作战，完全粉碎了敌军对东、西、南、北满及冀察热辽各根据地的分割计划与其所谓“机动守备”的布置，给了据守四平重点之敌以严重打击，使敌军于败退之余，被迫收缩于中路及北宁路之狭长走廊地带，转取所谓“重点防御”，东北解放区得到了巩固和扩大。

2. 制定方针，巩固和发展东北解放区经济

1946 年 8 月，东北局为加强对财政经济工作的领导，决定成立东北财经办事处，由陈云兼任主任。1947 年 1 月召开的北满各省财经会议，确定了“长期打算，发展生产，增进贸易，厉行节约，保障供给，支援战争”的方针。

深入开展土地革命，解决土地问题。1946 年 1 月 17 日，陈云致电北满各省工委，指示将开拓地、满拓地“原则上分给无地或少地的农民”，同时指出这只是分配敌产，并非内战时期的土地革命，对地主的现有土地一律不动，只进行减租减息。分配敌伪资产和减租减息运动，解决了劳苦农民的土地问题，农民生活得到改善，各种武装组织相继建立，掀起了轰轰烈烈的生产运动，为巩固北满根据地打下了坚实的群众基础。

建立合理的税收制度，为东北解放战争奠定了扎实的物质基础。如

1945 年 11 月，辽宁省政府将原有的捐税分别予以减免或暂行停征，重新规定了征收税项目与税率；1946 年 6 月 1 日，嫩江省政府废除伪满和国民党政府的苛捐杂税，实行单一税收制度。此外，各省还设立了专门的税收机关。

发行公债，征收公粮。1947 年 10 月，东北行政委员会发出《关于征收三十五年度公粮公草的指示》，规定："以每户平均每人征收粮 200 公斤为起征点，按产量累进征收，起征率定为 2%，最高率不得超过 25%，平均征收率以 10% 为标准，公草每垧征收 20 公斤，一律收谷草。"

发展对外贸易。从 1946 年到 1947 年底，东北根据地出口大豆、小麦、稻子、苞米等各种粮食 67.5 万吨，猪、牛、羊肉 6 000 吨；进口布匹 3 000 万米、棉纱 500 吨、火柴 5 000 万盒、糖 1 000 吨、盐 390 000 吨、汽油 33 000吨、工业机械油 2 000 吨、卡车 500 辆、炸药 700 吨，及其他军工用品、卫生医药等共 600 种货物。1947 年实际出口的粮食、煤炭及其他货物价格计算总共为 547 亿余元；出口货物为 285 亿元，其中军用物资占总值的 72%，民用物资占 28%。对外贸易的对象主要是苏联、朝鲜，后来又开拓了海外贸易，贸易额不断提高。开展对外贸易，解决了根据地建设中财政经济困难。

积极倡导紧缩开支，提倡节约，防止浪费。如哈尔滨市从 1946 年 11 月至 1947 年 1 月底，实行精兵简政，公职人员由 935 人精简为 370 人，每月节省开支 400 万元以上。吉林省规定，自 1946 年 9 月 1 日起，各级政府及所属机关一律实行菜金自给。1947 年 3 月，为鼓励机关、部队、学校及所有公共事业部门生产节约，东北行政委员会颁布《生产节约奖励暂行办法》。

3. 整顿金融，逐渐开始统一东北地区的货币

东北银行迁入佳木斯。1946 年上半年，随部队战略撤退，东北银行、东北军政大学、东北军需学校、东北大学、东北新华广播电台、东北日报社等先后迁到佳木斯（1948 年随人民解放军大举反攻又陆续南迁）。1946 年 7 月 1 日，东北银行在佳木斯营业。银行下设秘书处、总务科、工业处、发行处。东北银行在北满地区先后组建了合江省分行、黑龙江省分行、嫩江省分行、东安分行、绥宁省分行。

东北银行还派人由通化到长春，将印刷设备运到佳木斯，成立正规的造币厂。造币厂对外称“东北民主联军后勤部工业处”，后改名“东北军区后勤部”。在这一期间，印钞厂根据上级指示，开展了轰轰烈烈的生产竞赛活动，激发广大职工为革命战争多做贡献的积极性。干部职工提出了一个响亮的口号：“军队打到哪里，票子就送到哪里。”造币厂一直到 1949 年 9 月才从佳木斯迁回沈阳。

东北银行总行在哈尔滨重新成立。1946 年 8 月，东北银行迁到哈尔滨，并成立东北银行总行，总经理曹菊如，机构设置增加业务处、生金银处。原其他金融机构如北满总分行撤销，一切事宜均并入东北银行总行办理，同时完善了东北各地的分支机构，在各省市地方银行的基础上成立东北银行分行。

逐步统一东北货币体系。1946 年 6 月，东北国民党占领区发行了东北九省流通券。1946 年 8 月，国民党政府违反同苏联政府签订的协议，下令在国统区禁止苏联红军票百元券流通，意图将红军票百元券挤入解放区。为此，东北行政委员会紧急命令各地暂时停用苏联红军票百元券，东北银行同时增发 10 元、50 元、100 元和 200 元券（见图 4. 3. 6），以适应市场商品流通的需要。

图 4. 3. 6　东北银行币 10 元券（1946 年）

1947 年春，随着一些大中城市相继收复，统一全区金融工作的条件已经成熟。东北银行用东北流通券兑回此前东北银行发行的货币，开始整顿金融市场。东北银行随着各地分支机构的建立，逐渐统一东北地区的货币，稳定东北解放区的物价，缓解金融问题。

（三）东北解放区扩大，东北银行币逐步在全境流通

1. 东北民主联军由战略防御转为战略进攻

1947 年 8 月，蒋介石为加强东北的军事力量，决定将东北保安司令长官部并入东北行辕，派陈诚任东北行辕主任，并拟从关内抽调 5 个整编师（军）增援东北。陈诚到任后，采取“依托重点，向外扩张”的机动防御方针，将主力部署在以锦州、沈阳、四平、长春为重点的铁路沿线，待关内更多的援军进入东北后，伺机转守为攻。

1947 年 9—11 月，东北民主联军为贯彻执行中共中央关于《解放战争第二年的战略方针》，配合关内人民解放军转入战略进攻，发动了历时 50 天的秋季攻势。秋季攻势中，东北民主联军共毙伤俘国民党军 6.9 万余人，收复和攻克城市 15 座，切断了长春至四平铁路，迫使国民党军收缩于中长、北宁铁路沿线 20 余个城市并陷入更加被动的局面。

1947 年 12 月至 1948 年 3 月，东北民主联军（1948 年 1 月改称东北人民解放军、东北野战军）趁江河封冻、便于部队行动之机，集中最大兵力发动了冬季攻势。冬季攻势中，东北人民解放军歼灭国民党军 9 个师（含争取 1 个师起义）共 15.6 万余人，攻占城市 17 座，切断了北宁、中长铁路，将东北国民党军压缩于锦州、沈阳、长春 3 个孤立地区，为而后全歼东北国民党军创造了条件。

1948 年 5 月，东北人民解放军以 2 个纵队和 7 个独立师，准备夺取长春。6 月中旬，东北军区决定对长春采取“久困长围”的方针，配合东北野战军主力在主要方向上的作战，为全歼东北国民党军创造了有利条件。

1948 年 8 月，东北野战军已控制了东北 97% 的土地和 86% 的人口。国民党军队有 4 个兵团 14 个军 44 个师（旅），加上地方保安团队共约 55 万

人，被分割、压缩在沈阳、长春、锦州三个互不相连的地区内。由于部分北宁铁路为东北野战军所控制，长春、沈阳通向山海关内的陆上交通被切断，补给全靠空运，物资供应匮乏。

2. 东北金融走向全面统一

对敌货币斗争的全面胜利。在 1946 年上半年和谈之时，东北民主联军同国民党军队停战。东北银行总行先后在南满和北满的大中城市中开设专卖店，规定只收东北流通券，其他货币一律禁用。解放区廉价的必需品提高了东北流通券的信誉度。同时解放区规定，有关银行的信贷借款，均只使用东北流通券。

在松花江以北，由隶属于东北民主联军的保安队驻守，在北岸的大小渡口都设立了农事会，专门办理东北银行地方流通券和国民党发行的东北九省流通券的兑换事宜，以方便商旅，且在实际兑换中执行的比率是 3.5∶1，以刺激物资流通。到 1946 年下半年时，东北银行地方流通券与东北九省流通券的比价演变为 1∶0.9。

1947 年 5 月起，国民党东北九省流通券的币值狂跌。1948 年 3 月，国民党政府准许法币、关金券出关，在东北国民党统治区流通，后国民党实行所谓货币改革，抛弃法币、关金券和东北九省流通券，发行金圆券。这些措施没有改变国民党在金融领域的颓势。1948 年，东北银行发行的东北流通券占领国统区金融市场，取得了货币斗争的全面胜利。辽沈战役结束前夕，国民党苦心经营的东北九省流通券信誉扫地，几乎变成废纸，1 元蒋币只相当于东北银行地方流通券 3 厘。

统一东北各根据地银行和货币发行。1947 年 10 月，东北财经委员会召开了第二次财经会议，作出《关于统一财政制度的决定》，提出建立统一的东北流通券并且构建新货币体系的要求任务。

东北银行在原已接收合江银行、嫩江省银行、牡丹江实业银行并停止上述银行各自发行流通券的基础上，又先后接收辽北省银行和吉林省银行，并停止两行各自发行的辽西券、吉林券，而统一发行东北银行地方流通券，并开始收兑地方银行券。同时，嫩江省银行印刷厂和吉林省银行印刷厂被东北银行接管后，一起并入地处佳木斯的东北银行工业处，基本实现了东北地区银行的统一。至此，东北地区各省解放区地方银行终于完成了自己的使命，经过合并、撤销、搬迁逐一纳入东北银行建制。

随着东北解放区的扩大和经济的复苏，货币的需求量日益增大，东北银行奉命于1947年11月增发新500元券两种，与旧500元券同时流通。1948年2月和7月，东北银行又分别发行了1 000元和5 000元两种面额的地方流通券。

（四）东北全境解放，东北银行逐步纳入中国人民银行体系

1. 辽沈战役打响，东北全境解放

1948年9月8日至13日，中共中央政治局扩大会议在河北平山西柏坡村召开，史称“九月会议”。中共中央从全国整个战局出发，认为同国民党军进行战略决战的时机已经成熟，决定把战略决战首先放在东北战场。1948年9月12日，中共中央军事委员会命令东北野战军发起辽沈战役。

1948年10月1日，东北野战军切断了北宁路，孤立了锦州。10月14日，攻锦部队发起总攻，于15日攻克锦州，全歼国民党守军10万余人，完全封闭了东北国民党军从陆上撤向关内的大门。

1948年10月18日，蒋介石飞赴沈阳部署“总退却”，严令国民党西进兵团继续前进，在东进兵团配合下重占锦州。19日，东北野战军采取诱敌深入打大歼灭战的方针，在辽西地区围歼西进兵团，至28日拂晓，辽西围歼战结束，全歼西进兵团5个军12个师（旅）共10万余人。

1948年10月29日起，东北野战军乘胜东进，先后解放新民、抚顺、辽阳、鞍山、海城等沈阳外围据点。1948年11月2日，东北最大的重工业城市沈阳宣告解放，守军13万余人全部被歼。同日，解放营口，辽沈战役胜利结束。9日，锦西、葫芦岛地区之敌从海上撤至关内。至此，东北全境解放。

2. 东北工作重心由农村转向城市，经济工作重要性凸显

1948年5月，因为南满和北满形势的好转，中共中央东北局决定撤销

南满分局，它所辖省、市归东北局直接领导。随着东北地区大部分城市和广大农村都已先后解放，东北解放区面积不断扩大并逐渐相连，东北全党的工作重心由农村转向城市，经济工作的重要性日益凸显。

1948 年 6 月，陈云兼任东北财政经济委员会主任，主持东北解放区的财政经济工作。1948 年 10 月 27 日，东北局常委会决定，委派陈云为沈阳军事管制委员会主任，全权负责沈阳的接管工作。1948 年 12 月 24 日，中共中央向全国解放区批转了陈云关于“接管沈阳经验”致中央的电报，为其他大中城市接管工作提供了具有指导意义的成功范例。

1946—1949 年，东北经济建设迅速复苏和发展，东北根据地（解放区）经济实力不断上升，而国统区经济则处于不断衰败、几近崩溃之边缘。1946 年，东北银行预算发行货币 5 000 亿元（本币），至 1947 年各地分行发行各种货币累计达到 2 万亿元，货币发行指数增长了 4 倍；1948 年东北解放区物价上涨为 1 倍左右，而同期东北国统区的物价则上涨了 1 400 余倍。1947 年东北解放区煤的产量为 400 万吨，1949 年则增至 1 100 万吨，增长了近 2 倍。牡丹江市 1947 年纺织业与冶铁业分别为 32 家和 42 家，1948 年初分别增加到 198 家和 60 家。

3. 东北银行总行迁回沈阳

1948 年 11 月 2 日，历时 52 天的辽沈战役胜利结束，东北全境解放，东北银行总行迁回沈阳。在稳定金融的基础上，东北银行逐步向现金、信贷、结算三大中心转变，增强银行职能，开拓金融业务。11 月 8 日，沈阳军事管制委员会财政处布告称，根据东北野战军司令部、政治部颁发之新区入城布告第八项规定，所有流通市面之各种蒋币，如东北九省流通券、法币、关金券及金圆券等一律停止使用，改用东北银行及各地分行之地方流通券为市场本位币。至此，东北货币实现了统一发行。

1948 年 12 月 1 日，中国人民银行正式发行人民币，作为华北、华东、西北三区的本位货币。当时，东北地区处于特殊地位，为了让东北的经济尽快复原，以便更好地支援全国解放战争取得最后胜利，中央决定继续保持东北银行建制，东北地区的币制依然实行独立，而东北银行地方流通券仍作为本位币而存在。

4. 东北解放区推进信用合作事业

1949 年，鉴于当时农村高利贷猖獗，吉林延边老区有些地方抽出部分资金贷给社员，以解决其生产、生活资金不足的困难。东北银行吉林省分行本着“由点到面，从质到量，创造经验，稳步推广”的方针，主动与本省供销社配合，选择合作社基础条件好、游资集中、交通便利的村社进行信用部试点。1949 年 4 月，又在长春开办信用部训练班，培养了 160 名信用部干部。从此，吉林省各地农村供销社纷纷设立了信用部。吉林省的经验引起了东北银行总行的重视，很快将其推广到松江、辽东、黑龙江及热河等省。

5. 成立东北保险公司

1948 年 11 月，东北银行总行为了适应国民经济恢复、发展生产和保障安全的需要筹建东北保险公司。1949 年 5 月 10 日，东北保险公司总公司在沈阳成立。该公司为解放区最早的公营保险公司，资本金为 5 万两黄金，以经营火险业务为主。至 1949 年底，东北保险公司已发展到 1 个分公司、78 个代理处、职工 140 人。保险业务累计投保户 1.5 万余户，保费 202.56 亿元东北币，赔款 2.8 亿元东北币。

6. 东北银行改组为中国人民银行东北区行

1949 年 2 月 19 日，张闻天同陈云、李富春、叶季壮致电中央财政经济部并林彪、罗荣桓，报告有关人民币与东北币兑换的情况及建议：（1）日内派人前往山海关布置设立人民银行与东北银行联合兑换所工作，并定于 3 月 1 日开始兑换人民币与东北币。请人民银行亦派人携人民币到山海关来。（2）人民币与东北币的币值，按照关内关外两地物价及黑市兑换率，暂定为 1∶600，以后再调整。（3）建议由人民银行天津分行和东北银行辽西分行就近直接领导山海关联合兑换所，并办理关内关外两地来往账目、汇票等。（4）建议由东北银行负责东北各地与山海关的汇兑业务，由人民银行负责华北各地与山海关的汇兑业务。建议在北平、天津、唐山三大城市停止东北币流通，以减少由于比值变动对人民币信用和天津物价造成的影响。

1949 年 3 月 3 日，中国人民银行东北银行山海关联合办事处设立。联合办事处设立以来，大量办理华北与东北两大地区货币兑换及汇兑业务，大大稳定了华北与东北物价，并提高了两区货币威信，两区贸易进一步畅通。

1949 年 3 月 20 日，中共中央发出《关于财政经济工作及后方勤务工作中若干问题的决定》：中央掌握除东北以外的人民银行货币发行权。东北的货币发行计划须经中央批准。东北以外各解放区发行小额的人民银行票，或发行地方货币，作为人民银行票的辅币，其发行计划亦须经中央批准。

1949 年 6 月，东北银行总行发出通告，将过去辽东、热河、长城等银行发行的货币，在规定的时限内统归东北银行收兑。

1951 年 3 月 20 日，中央人民政府政务院发布命令，要求自 4 月 1 日起，中国人民银行限期以人民币收回东北银行发行的地方流通券，收兑比价规定为东北地方流通券 9.5 元兑换人民币 1 元。1951 年 4 月 1 日，东北银行改组为中国人民银行东北区行，东北银行各分支行一并改组。据统计，自 1951 年 4 月 1 日起至 6 月底止，共收回东北币 154 527 亿元，其中，通过公款形式兑回的为 85 299 亿元，占收回总数的 55.2%；通过私款兑回的为 69 228 亿元，占收回总数的 44.8%。1945—1951 年，东北银行为稳定金融，发展生产，繁荣市场，保证了根据地的开支和军需供给，有力地支持了解放战争。

四、中原解放区红色金融事业

（一）逐鹿中原，重建中原解放区

全面抗战时期的中原，在中国共产党领导下与日寇进行顽强战斗。1938 年 11 月，中共中央审时度势，决定撤销中共中央长江局，建立中共中央中原局和江南局。中原局按照党中央“巩固华北、发展华中”的战略部署，领导新四军在长江以北、陇海铁路以南河南、湖北、安徽、江苏地区抵抗日军侵略，创建华中敌后抗日根据地。1941 年 5 月 20 日，为加强对新四军与华中地区的领导，中共中央中原局与东南局合并，组成华中局。抗战胜利后，中原解放区在原新四军第五师创建的豫鄂边区抗日根据地基础上创建。1945 年 10 月 30 日，中共中央决定成立中原局，郑位三代理中原局书记，常委由郑位三、李先念、王首道、陈少敏、王震组成。

自古以来，“得中原者得天下”。进入解放战争时期，中原地区直接威胁到国民党长江中下游统治区，中原之地成为蒋介石巩固统治区、抢占东北、控制华北的必争之地。1946 年 6 月 26 日，蒋介石公然撕毁停战协定，以 30 万大军围攻中原解放区，发动全面内战，点燃向解放区全面进攻的战火。由于总的形势是敌强我弱、敌众我寡，面对敌军的强大攻势，中原解放军赶在敌人向解放区发起总攻之前实行中原突围，完成主力战略转移。中原突围后，中原解放区被国民党占领。

1947 年 5 月 15 日，中共中央重建以邓小平为书记的中原局。6 月 30 日，刘伯承、邓小平率领晋冀鲁豫野战军突破敌军的黄河防线，强渡黄河，取得鲁西南战役的胜利，拉开了全国战略反攻阶段的序幕。8 月 27 日，晋冀鲁豫野战军跨过淮河进入大别山区，完成“千里跃进大别山”的伟大壮举，成为实行战略反攻进入中原的第一路大军。刘邓大军在大别山区进行艰苦卓绝的战斗，之后刘邓分兵：刘伯承率部开赴淮西地区，转战中原战场；邓小平率部留在大别山区巩固根据地，到 1948 年 2 月转出大别山，与刘伯承部会合，执行“向西方略”，会同华东野战军与蒋介石在中原的主力部队展开大规模鏖战。人民解放军取得节节胜利，开辟了豫皖苏、豫西、桐柏、江汉、陕南、鄂豫和皖西七大解放区，到 1948 年末，形成南起长江之滨、北至黄河两岸、东抵津浦铁路、西到陕西和鄂西北、人口 5 357 万、土地 9 198 万亩的中原新解放区。

（二）执行中央三大经济纲领

1947 年 12 月 25 日至 28 日，毛泽东在陕北米脂县杨家沟召集的会议上所作的报告——《目前形势和我们的任务》中确定“三大经济纲领”，其中指出：“没收封建阶级的土地归农民所有，没收蒋介石、宋子文、孔祥熙、陈立夫为首的垄断资本归新民主主义国家所有，保护民族工商业。这就是新民主主义革命的三大经济纲领。”[①] 中原解放区随着战局的推进，在解放区域执行“三大经济纲领”，取得很大成绩。

土地政策由土地改革改为减租减息。土地政策对中原战场的战局有着重大意义，广大农民阶级的拥护和支持是战争的重要依靠。中共中央在 1946 年 5 月 4 日出台《中共中央关于土地问题的指示》，强调：“解决解放区的土地问题是我党目前最基本的任务，是目前一切工作最基本的环节。在广大群众的要求下，我党坚决拥护群众的正当主张和正义行为，批准农民通过反奸、减租、减息等斗争，从地主手中获得土地，实现耕者有其田。”

1947 年 10 月 10 日，中共中央公布《中国土地法大纲》，要求各解放区进行土地革命。1947 年 10 月 12 日，中共中央中原局、中原军区发出

① 《毛泽东文集》（第四卷），人民出版社 1996 年版，第 328 ~ 336 页。

《关于放手发动群众创造大别山解放区的指示》，要求广泛宣传党的土地政策和《土地法大纲》，着手发动群众，普遍开展分浮财、分土地运动。

土改任务复杂而艰巨，其间发生了片面“左”倾思想和做法，认为“枪杆加土地改革可以解决一切问题”，片面强调贫雇农，忽视团结中农，对地主、富农不加区分，扩大打击面等，在艰难的对敌斗争与确立巩固根据地上，脱离群众、孤立自己，人为造成不少困难。

1948 年 5 月 25 日，中共中央下达《一九四八年的土地改革工作和整党工作》的指示，针对不具备土改条件的地区，应充分利用抗战时期的经验，实行“减租减息”新政策。中原局严格执行“双减”纲领，经过几个月的整党纠偏，将“减租减息”作为一个彻底进行土地改革的过渡性政策，削弱地主阶级的封建剥削和压迫，改善农民阶级土地占有状况和经济地位，有效团结一切力量支援人民解放军。

执行中央保护工商业政策。中共中央对官僚资产阶级和民族资产阶级制定了不同的政策。对于官僚资产阶级采取“没收其资产归新民主主义国家所有”的政策，对于民族资产阶级采取“必须坚决地毫不犹豫地给予保护”的政策。中原局对中央保护工商业政策明确地一贯地予以执行。1948 年 4 月 25 日，再次攻克洛阳后，邓小平在《跃进中原的胜利形势与今后的政策策略》（即“鲁山报告”）中严肃指出：“如果我们在工商业问题上搞得不好，解放区的经济无法建设，人民的生活要受影响，那时国民党不叫我们走，我们也得走，革命就要失败。”① 其间，混淆官僚资本与民族资本、对民族工商业征收高税等“左”倾错误也曾出现过。1948 年 9 月 29 日，中原局作出《关于进一步恢复工商业的指示》，纠正侵犯工商业利益的“左”倾行为，其中明确指出：“必须深刻认识，只有使工商业获得恢复与发展，才能安定广大的工商业者及市镇工人、贫民的生活，吸引他们成为反美反蒋统一战线的重要力量；才能加速城市工业品与农村生产品的交换过程，减少二者之间的剪刀差额，大大有利于农民经济的发展；才能加速金融流转，增加市场的货币容量，以利于我发行与巩固中州票价值；才能

① 《邓小平文选》（第一卷），人民出版社 1994 年版，第 96～107 页。

便利于军需供应及财政征收；也只有积极地去帮助工商业的恢复与发展，才能取得对工商业者的领导权。”这五个“才能”深刻地指出保护工商业政策的重要性。中原局正确执行保护工商业政策，解放区经济有了很强的生机活力。

没收官僚资本，建立国有经济。中原解放区的官僚资本大多集中于城市，1948 年开封、洛阳、郑州、商丘、许昌、南阳等城市相继解放，没收官僚资本、建立新民主主义国有经济陆续展开。党中央对于没收官僚资本的政策界限及处理办法十分明确，中原局在执行中也未发生大的问题。洛阳解放后，1948 年 4 月 8 日毛泽东为中共中央起草《再克洛阳后给洛阳前线指挥部的电报》，指出“对于官僚资本要有明确界限，不要将国民党人经营的工商业当作官僚资本而加以没收。对于那些查明确实是由国民党中央政府、省政府、县市政府经营的，即完全官办的工商业，应该确定归民主政府接管经营的原则”。随着战事的节节胜利，国民党官僚资本撤退中除难以搬运转移的固定资产，金银、外币等易携带的现金资产随之逃逸转移。城市解放后，人民解放军接管城市经济金融，在没收清理国民党官僚资本的基础上组成国有经济，迅速恢复和发展解放区经济。

（三）中州农民银行：中原主力部队经费的主要依靠

发行中州币之初，并未相应建立中州农民银行机构。中州币最初的发行、推广使用主要集中在部队。中原解放军团以上的单位，普遍设立“随军兑换所”，营以下设立一些临时代兑所，准许中州币与银元兑换使用。财政部门使用中州币给各单位发放经费，如对公营商店，中原局在《关于发行中州农民银行钞票的决定》中规定：“有基点的建立下层商店兼办银行，发卖群众必需品，办理兑换。”以充裕物资保障中州币的使用。

陆续建立中州农民银行分支机构。中州农民银行总分支机构最先建行的是豫皖苏区界首支行，成立于 1948 年 5 月 1 日。为迅速推动中州币的发行和流通，统一中原解放区的货币，中州农民银行各行政区区行陆续建立。1948 年 6 月 3 日，豫西区行成立；6 月 16 日，桐柏区行成立，豫西区行、桐柏区行均与工商管理、税收部门合署办公；6 月间，豫皖苏区行成立，年底从工商管理局中分离出来，挂牌豫皖苏分行；8 月中下旬，江汉、陕南两区行成立；1949 年 1 月，鄂豫分行始建。1948 年 7 月 29 日，中原局对分支机构的名称作出明文规定，区党委（行政区）一级称分行，地委一级（专区）称支行，县设办事处。1949 年 3 月 22 日，中原临时人民政府决定撤销豫皖苏、豫西、桐柏三区银行分行，同时成立“中州农民银行河南省分行”以及下属支行。

中州农民银行总行成立。在各级分支机构相继组建的基础上，1948 年 8 月 23 日，中州农民银行总行在河南省宝丰县商酒务乡的赵官营村成立（见图 4.4.1）。后来迁往河南禹县、郑州大同路，1949 年 5 月迁到武汉。陈希愈担任首任总行总经理（见图 4.4.2）。

图 4.4.1 位于河南宝丰县的中州农民银行总行旧址

图 4.4.2 陈希愈（1911 年 7 月—2000 年 7 月）

陈希愈，1935 年参加中国社会科学家联盟，次年加入中国共产党。曾任冀南银行副行长，1948 年 8 月 23 日，出任中州农民银行总经理。1973 年 5 月 13 日，被中共中央、国务院任命为财政部副部长兼中国人民银行行长。

随着解放区金融业务发展的需要，总行内部设立了相应的职能部门。一开始设有“货币组”，主管中州币的发行和开展货币斗争。洛阳、开封、郑州等重要城市解放后，接管和开展银行城市业务提上日程，于是设立了“城市信贷科”；设立“调研室”，以掌握战时经济动向和物价波动，掌握经济金融战线上的斗争主动权。到 1948 年底，全行共 9 个分行、1 个办事处、21 个支行、90 个县市行，县级以上机构已达 121 个。其中，总行直辖行有：郑州分行、开封分行、洛阳分行、许昌分行、白坡办事处；管理行有：豫皖苏分行、豫西分行、桐柏分行、江汉分行、陕南分行。豫皖苏分行驻地在河南柏城，所辖 8 个支行，52 个县市行；豫西分行驻地在河南鲁山，管辖 6 个支行，38 个县市行。豫皖苏分行、豫西分行是管辖下属机构最多的两家分行。到 1949 年初鄂豫分行建立，中州农民银行全行机构总数达到 140 多个。

各地中州农民银行与工商管理局合署办公，工商管理局正副局长同时兼任银行正副经理，当地党委负责各级行经理、副经理推荐人选和任命。有一段时间，中州农民银行还曾与工商管理局、贸易公司三家合署办公。1948 年 10 月 28 日，中原财办作出《关于工商银行贸易的决定》，认为有“分立机构之必要”，但限于战争条件，各地多未分离设立，直到 1949 年 3 月，中原临时人民政府成立后，中州农民银行才从工商管理局、贸易公司中分离出来，独立行使职能。

（四）中州农民银行的货币政策

1947 年重建中原局后，由刘伯承、邓小平领导的晋冀鲁豫解放军，陈毅、粟裕领导的华东野战军，陈赓、谢富治领导的太岳兵团共三路几十万大军对国民党中原主力部队展开战略反攻。为解决和保障部队的军需供应、解决民生问题，以获得群众的广泛支援巩固解放区，避免得而复失的危险，中原各根据地部队采用发行货币的办法来解决军政问题和民生问题。

1948 年，邓子恢给中央的综合报告中写道：“中州币发行问题，这是我主力下半年经费的主要依靠。今年下半年经费 60% 靠发行，明年上半年预算还有半数靠发行来解决……如果没有这一着，全年的经费将不堪设想。”中原野战军粮足兵精，浩大的军政经费主要依靠中州农民银行发行的中州币，中州币在人民解放军战略反攻和战略决战中发挥了关键作用。

出台政策，发行和推行中州币。对于中州币的发行与流通，中原局制定中原解放区货币政策总纲，即“打击法币，利用银币，依托冀钞，推行本币”。1948 年 1 月 25 日，中原局下达《关于发行中州农民银行钞票的决定》，确定中州币为中原解放区本位币。《关于发行中州农民银行钞票的决定》下达后的两个多月，因钞票印制尚不具备条件，暂委托冀南银行代印，道路遥远，山河阻隔，中州币无法大量、广泛推行。4 月，中原野战军司令员刘伯承、政委邓小平，华东野战军司令员兼政委陈毅、副司令员粟裕，豫皖苏边区行政公署主任吴芝圃、副主任彭笑千联名发布发行中州币的公告，规定其与银元的比价为200∶1，暂准相邻解放区发行的货币冀南币、北海币、华中币在中原解放区流通，比价由银行挂牌具体规定。

4 月布告发出后，各行政区迅速组织落实，相应发出关于发行中州币的决定、指示、布告，明确中州币的本位币地位：5 月 10 日，豫陕鄂边区行政公署发布《成立中州农民银行发行本位币》；5 月 20 日，豫皖苏区党委作出《关于发行中州钞票和开展对敌货币斗争的决定》；6 月 16 日，桐柏区党委下达《关于发行中州农民银行钞票的指示》；7 月，陕南行政公署发布《关于发行中州币的布告》；8 月 20 日，江汉行政公署下达《关于发行中州农民银行钞票的指示》；1949 年 1 月，鄂豫行政公署发布《关于发行中州农民银行钞票的布告》，成为发行中州币最晚的行政区。中州币发行和流通的面额有 1 元券、2 元券、5 元券、10 元券、20 元券、50 元券、100 元券、200 元券（见图 4. 4. 3、图 4. 4. 4 和图 4. 4. 5）。从 1948 年 6 月 1 日中州币开始发行到 1950 年人民币完成对中州币的收兑，中州币总计发行了大约 123. 08 亿元。

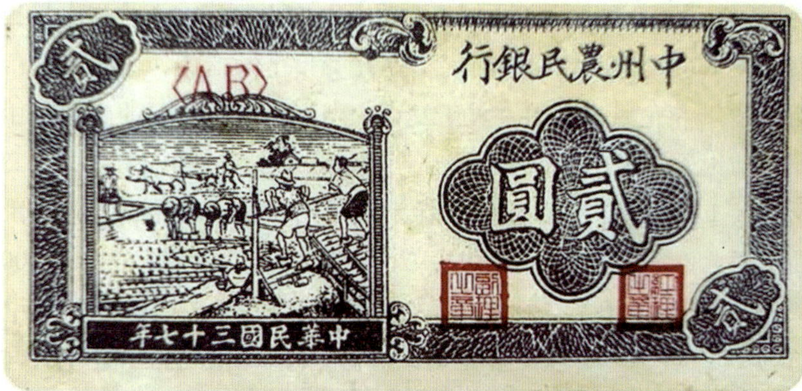

图 4. 4. 3　中州农民银行 2 元券（1948 年）

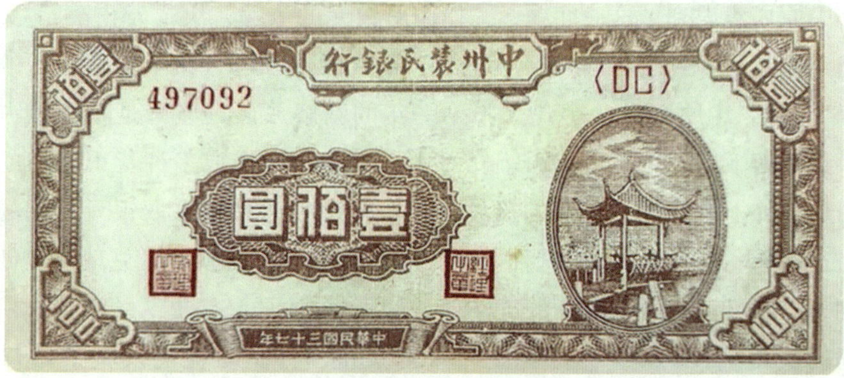

图 4. 4. 4　中州农民银行 100 元券（1948 年）

图 4. 4. 5　中州农民银行 10 元券（1949 年）

利用银币推行中州币。1947 年三路大军挺进中原时，携带大量银元作为军费。中州币发行伊始，为确立和提升中州币的信用，保障中州币的币值稳定，1948 年 1 月出台的《关于发行中州农民银行钞票的决定》中，确定中州币与银元固定比价，同时流通，准许银元可兑换但不能出口，200 元中州币兑换 1 元银元。这一政策确保中州币的币值高度稳定，到人民币统一华北、西北、华中解放区货币时，人民币对冀南币、北海币为 1∶100，对晋察冀边币为 1∶1 000，与西北农民银行币的比价为 1∶2 000，而与中州币的比价为 1∶3，中州币币值之稳定由此可见一斑。但由于中州币实行与银元固定比价，自由兑现，致使中原局为保证兑现承诺，储备的银元常常不足，不得不谨慎发行，不仅束缚了手脚，也会失去发行的主导权。

中原局意识到了这一问题，为摆脱对银元的依赖，决定停止银元兑现。中州币流通两个月后，1948 年 8 月 13 日中原局下达《关于货币问题的指示》，指出，中原区是一个建立不到一年的新解放区，原来是蒋币独占市场，大军南下后带来了冀南币、北海币、华中币，造成多种货币通用的特殊情形，加上大量军事经费的投放，在中州币发行初期采取银元兑现的办法是正确的、必要的，“但这种办法不能长期继续，而须利用兑现时间创造有利条件，准备好一切应做的工作”。同时，中原局又作出《关于禁止白洋流通的决定》，要求“各行署立即布告禁止白洋买卖流通及查禁出口”。“禁止兑现、禁止流通、禁止出口”，“三禁”政策使中州币初步实现了单一本位币的任务。

排除法币，禁止金圆券流入。解放战争时期，蒋币主要指法币、关金券和金圆券。在人民解放军三路大军进入中原之前，法币一统中原之地。人民解放军向国民党展开战略反攻、挺进中原后，国民党疲于应对急剧增加的战争经费，为支付军费毫无节制地大量滥发货币，造成物价疯狂上涨，经济恶性通货膨胀，法币急剧贬值。1948 年 8 月 19 日，国民党决定抛弃法币，实行币制改革，以金圆券取代法币，采取逮捕、没收、罚款、枪杀等高压手段强制民众将黄金、白银和外币兑换为金圆券，明火执仗地掠夺，给人民带来了深重灾难。1947 年 9 月，银元 1 元兑换蒋币 35 000 元，到 1948 年 9 月，银元黑市比价已到 1 000 万元。蒋币与黄金的比价情况，从

1937 年 114. 3 元购买 1 两黄金，到 1948 年 7 月，需要用 5 亿元才能买到 1 两黄金，贬值盘剥程度令人瞠目结舌。

为驱逐蒋币，保护人民利益，避免人民继续遭受蒋币劫掠的苦难，自 1948 年 8 月起，中原局发动了一场为期 3 个月全区进行肃清蒋币、增加筹码、扩大本币占领市场份额的大行动。1948 年 8 月 4 日，为迅速驱逐蒋币，缩短本币占领市场时间，中原局向各区党委下达《关于发行小额流通券问题的指示》，决定以专署名义在中原全面普遍发行 1 元、2 元小额流通券，由各级银行具体管理；在暂时不能长期站稳的城市及游击区允许商人发行货币，商办发行区域仅限于本地，以 20 元以下为限；命令豫皖苏、豫西、桐柏、江汉 4 个行政区赶印 9 000 万元地方流通券。自此，中原市场上所需的小额券大量增加，便利了人民群众的物资交易，驱逐蒋币成效渐显。

国民党推行金圆券后，中原局迅即提出针对性的政策措施。1948 年 8 月 27 日，中原局提出《研究蒋府“货币改革”后的对策的初步意见》，指出金圆券的货币改革是国民党政府欺骗人民暂时延缓财经总崩溃的一种措施，是对全国人民进一步更残酷而普遍的掠夺，对此，中原局采取如下几项对策以抵制国民党新币改计划对解放区的破坏性影响：一是号召解放区人民加紧排挤法币，9 月底将法币全部排出；二是宣布禁止金圆券进口；三是以 700 万元或 800 万元法币兑换 1 元银元，吸收银元；四是增加本币发行量，计划发行一部分百元券，加紧印发辅币及流通券；五是到 9 月底银元停止兑现，禁止流通。

国民党币改计划仅仅两个月后，上海米价上涨了 90 倍，国统区物价飞涨、民怨沸腾，被迫于 11 月 11 日宣布金圆券贬值，取消货币限制和物价限制。中州农民银行总行审时度势，及时发布《关于蒋府金圆券贬值新措施的具体对策的通报》，提出三条政策主张：一是坚决排出金圆券；二是严禁银元流通，禁止自由输出；三是在出入口货物管理上实行先入后出的换货制，必要时宁可用银元支付，也不允许金圆券入境。虽说其间也发生过银元外流、金圆券流入等问题，因国统区准许银元流通，导致银元黑市价格畸高，诱使解放区内银元外流；由于战事吃紧、对外贸易换购重要物资的需要，导致一小部分金圆券流入解放区，直接影响到解放区内物价和币值的稳定，但蒋币已是强弩之末，大量蒋币已被排出解放区。

收兑华北、华东解放区货币，推进中原中州币一元化。在中州币发行之前，三路大军挺进中原，携带的货币主要有华北解放区的冀南币、鲁西币，华东解放区的北海币和华中币。1947 年 6 月，刘邓大军渡过黄河后，携带了冀南币和少量鲁币进入中原，8 月大军跃进大别山区，12 月，开辟桐柏和江汉解放区，冀南币随之流通在这些区域；陈谢大军于 8 月由华北的太岳区渡河进入中原，建立豫陕鄂解放区，后分为豫西和陕南两个行政区，冀南币进入这些区域开始流通；陈粟大军进入中原，带去的主要是北海币和华中币。这其中以冀南币数量最多，使用时间最长，流通地区最广。

冀南币最初进入中原，与法币 1∶15 定价流通，随着法币不断贬值到 1∶100，冀南币改由与银元挂钩，1 银元兑换 1 000 元冀南币。1948 年 6 月，中州币开始发行并定为中原解放区本位币，冀南币与中州币不规定比价兑换，辅助中州币推广流通。为协调中州币与冀南币的关系，1948 年 8 月，华北银行与中州农民银行进行协商，达成《关于华北银行冀钞与中州银行农钞关系问题之初步意见（草稿）》，指出，为便于今后华北、中原两区广泛的物资交流，在中州钞发行之初，华北银行应在中、冀钞比价与兑换上，在利于华北物资南流上，予以大力支持，同时适当照顾冀钞稳定，以便中州农钞能迅速顺利地建立统一的本位币市场，并且在两币混合流通时期应保持稳定的比价。

在混合流通的同时，收兑冀南币、推进中原中州币一元化势在必行。对冀南币的收兑始于豫西区，1948 年 10 月 18 日，豫西区工商管理局和中州农民银行豫西区行联合下发《自即日起开始吸收冀钞及其具体办法》，在全局开始吸收冀南币，通过宣传动员、出售商品、兑换本币以回笼冀南币，分配六个专区吸收 12 亿元冀南币任务。12 月 1 日，中国人民银行宣告成立，在华北、华东、西北发行人民币，并以人民币以 1∶100 的固定比价收兑冀南币。1949 年 1 月淮海战役胜利后，冀南币继续被用来向华东、华北换回煤、粮、布等重要物资，不断流出中原解放区，到 1949 年 3 月，冀南币基本退出中原地区。

（五）贯彻“发展生产，公私两利”方针政策，充分发挥信用职能

货币与信用是中州农民银行的两大职能。货币职能主要体现在发行本币、稳定币值，开展货币斗争，肃清和驱逐蒋币，为人民币统一中原打好基础。信用职能主要体现在货币投放和回笼、代理金库、管理外汇和金银以及接管城市金融，接受官僚资本银行等内容。

1. 任务重点从货币职能向信用职能转变

中州币发行初期，重点任务是发行本币，驱逐蒋币，占领中原货币市场。到淮海战役前后，中原解放区战局逐渐明朗，1948 年 10 月以后，洛阳、许昌、郑州、开封、漯河、商丘、南阳等重要城市先后解放，整个中原解放区的河南境内除信阳外，全部解放。华北、中原连成一片，商品物资交流畅通无阻。1948 年 11 月 6 日淮海战役打响，中原人民承担后勤供应任务。

随着战争形势的巨大转变，金融工作需要迅速反应、及时调整。1948 年 10 月，中原解放区召开全区金贸会议，提出中州农民银行的工作重点要有一个大转变，要由驱逐蒋币、发行本币转变为巩固货币市场、充分开展银行各项业务，银行货币信贷资金职能要大力支持生产和流通。

2. 建立规范银行业务的经营制度

1948 年 12 月，中州农民银行总行综合各地分支机构已有的存贷款办法和实际经验，制定《中州农民银行营业简章》，全文分六章七十一款，对六大类业务作出明确规定：（1）存款按期划分，分为定期存款、活期存款、活定两便存款、储蓄存款和暂时存款 5 种。（2）放款按借款者经营性质划分，分为工业放款、农业放款、商业放款、合作放款和专业放款 5 种。（3）活存透支，规定透支额不得大于存款的 1 倍，并有担保等条件保证透支部分回收。（4）区内汇兑。（5）企业投资，具体规定了投资范围、投资限额、有限责任原则、损益分担等。（6）代收款项，这是一种方便企业的服务业务，收取手续费而不支付存款利息。

3. 贯彻“发展生产，公私两利”方针政策，提高存贷利率和实行折实存贷

因中原是新解放区，中州农民银行成立初期以货币斗争为主，全区金贸会议后，银行信用职能逐渐发挥作用。城市金融被接管后，中州农民银行贷款的主要对象集中于城市工商业者，重点扶助军需民用的工业发展。

在中州农民银行大力开展贷款业务的一年中，国统区蒋币大幅贬值，对解放区的物价造成一定影响，物价的起伏波动一直没有停止过。物价波动对于存款贷款都不利。人民群众存入银行的款项，由于物价上涨，货币购买力下降；借贷者以高的购买力借入资金，以低的购买力还贷，反倒还有盈利。经营贷款业务的银行背上沉重的亏损包袱。

（1）提高存贷利率。为了扭转亏损局面，保证银行正常经营，1948 年 12 月 25 日，中州农民银行在《关于利息政策的指示》中认定过去存放款利率过低，指出，放款利息最高者月息三分，最低者无利，一般在二分左右，与物价上涨情况相比，利率过于低微。为改变长期以来低利政策，摆脱观念束缚，《关于利息政策的指示》中明确：“利息政策的基本原则是‘发展生产，公私两利’；存放款利率之高低，应根据工商利润之大小来确定，即是以利率占平均利润的适当比例为原则（华北规定商业放款利率不超过平均利润 30% ~40%，工业不超过 25%，我们可以参考）。”

对修改利息政策的必要性，《关于利息政策的指示》中进一步指出：“这一规定，既可使生产者利用贷款从事有利可图的生产事业，便于扩大再生产，又可使银行根据金融物价情况，适当地调整与提高利息，以便银行达到保本，并争取有所积累和壮大资本，更有力地扶植生产；同时还可以诱导私人借贷关系的正常发展，以达到充分组织和发动社会游资用于生产事业，减少市场投机。”

对于贷款利差调整的频率和幅度，《关于利息政策的指示》中作出了原则性规定供实际工作中参照执行：“各种放款利差（的）掌握，应从贯彻工商业政策出发。根据贷款者之经营性质及用途确定利息差别，一般商业应当高于工业，生产战争（需要）、供应人民生活必需品者低于生产一般日用品者，对城市贫苦市民贷款不应采取无条件的低利优待办法，也应视其贷款用途来规定，原则上按一般工商业利息处理，不要另作规定。”

1949 年 2 月 2 日，为推动“两利”政策的贯彻执行，中州农民银行下达修正利息范围的《通令》，把确定利率的依据增加了物价和私人借贷市场情况两个因素。总体来说，中州农民银行对各种放款利率只规定范围，各地可根据当地工商业利润和金融物价的具体情况自行决定利率，但不得超出总行规定的范围。

（2）实行折实存贷。在实施“发展生产，公私两利”基本政策过程中，一开始采取大幅度提高贷款利率的办法，实际效果不是很理想。物价上涨的幅度和频率远高于银行利率调整的幅度和频率，银行贷款经营亏损的局面依然没有改变。1949 年 8 月，中州农民银行总行和中国人民银行河南省分行联合下达《为开展折实贷款贯彻两利政策对城市今后贷款方针的指示》（以下简称《指示》），决定采取“折实贷款”，包括贷实还实、贷款还实、订货贷款等办法贯彻“两利”政策，使经营扭亏为盈。《指示》中详细说明了实行折实贷款的理由：一是由于物价上涨，商人乘贷款之机，购货囤积，待高价而沽，获取暴利，他们既能从贷款中获高利就不积极从事生产；二是由于货币贷款而获雄厚利润，进而又刺激物价上涨；三是国家银行赔累严重，削弱了银行对生产长期扶助的力量。

对“折实贷款”实行的范围，《指示》中规定：“贷款折实除去对工业通用外，在便利土产出口与争取外区货物入境的原则下，亦向商业方面进行。”在具体实行中，中州农民银行总行配套出台《折实贷款及实物贷款实施办法》，严加限制信用透支，超过透支限额者均按实物贷款计算。

（3）开展折实存款业务和金银存兑业务。1949 年 9 月，为开辟存款来源，中国人民银行河南省分行和中州农民银行总行下发《为举办金银折实存兑业务的指示》及《中州农民银行金银存兑临时办法》，开展折实存款业务和金银存兑业务，主要有三种：

一是单项存实还实，主要适用于城市工商业，一般是存放生产经营的产品。因银行仓储业务开展并不普遍，存放实物困难比较多，后来多办理单项折实存款，将产品按时价折成中州币，以货币形式存入，取款时将产品按时价折成货币加上规定的利息归还存户。

二是混合折实存款，主要适用于个人储蓄存款。中原人民政府曾规定每一折实单位包括 1 斤半大米、4 寸洋布、半斤麻油、半两食盐、3 斤煤球。这 5 种实物及其数量，依照当天的市场价格和专业公司的零售牌价平均计算，算出次日的折实单位牌价。折实单位天天挂牌价，作为计算折实存款收支的依据。按折实单位存储，折实单位将货币的币值与生活消费品的使用价值量绑定，随物价波动而波动，保持币值相对稳定。

三是金银存兑业务。1949 年 7 月，《金银管理暂行办法》颁布出台，将金银折合成若干个标准实物单位，在一定期间相对固定，挂出金银与实际市价相近的折实单位牌价，人民群众存入金银时按折实单位牌价折算存入货币，兑付时按牌价兑付货币。依照此法，中州农民银行吸引了不少金银储蓄。

4. 向工商企业直接投资

1948 年下半年，中州农民银行开展对企业投资业务。1949 年上半年，《中州农民银行营业简章》规定以“举行投资方式以公私合营或私办公助”为投资原则，划定投资范围为有关国计民生之工厂矿山、大规模特产经营与生产、各种有关军需民用工厂作坊，投资份额限定在被投资企业全部资本 50% 以内，如投资超过 30%，须派一人出任常务理事。存续期间，中州农民银行实际投资总额不大，后来基本取消投资业务。

（六）顺利完成向中国人民银行的交接与过渡

中国人民银行成立后开始着手推行人民币。同时，华北人民政府发出《关于发行新币（人民币）的布告》，规定人民币为华北、华东、西北三区的本位货币，统一流通。自此，华北、华东、西北三大解放区开启人民币统一的步伐。1948 年底，中原解放区的大部分地区实现解放，随着淮海战役胜利在即，支援三大野战军渡江作战、保障军需供应成为中原解放区迫在眉睫的重任。

加速货币统一，以发展民生经济、畅通物资交流，支援人民解放军，1948 年 12 月下旬，成立后的中国人民银行马上在郑州召开会议讨论统一中原地区货币问题。12 月 24 日，会议形成了《华北中原统一货币方案》，指出："华北与中原两大解放区在东西数千里的接壤地带已完全连成一片，人民经济联系日益繁密；平津解放后大军即将南下，中央为适应这一形势在华北已开始发行全国性人民银行货币（即人民币）。中原为南下大军的走廊及过江以后的近后方，亟须统一货币，发行新币。"

中原与华北两区为保证人民币在中原地区顺利推行，达成若干重要协议：一是可先发出布告，人民币在中原区流通。二是为保证人民币和中州币的信用，人民币发行初始阶段，暂不改变中州币的本位币地位，待条件成熟后，再变更本位货币，努力缩短变更的时间。三是为方便南下大军使用人民币，先从大城市及铁道、公路沿线开始发行，给部队行进铺平道路。四是人民币与中州币固定比价为 1∶3，两种货币混合流通，其他解放区货币一律互不流通（包括冀南币、北海币、华中币、边币、西农币）。已在中原流通的冀南币由中原在 1949 年 2 月 25 日前以略高于市价就地收回后转交华北，由华北以物资或现款偿付中原。五是两区接壤区之银行机构，均须进行充分兑换，稳定各区货币与新币比价。六是发行统一后，中州农民银行即改为人民银行中原区行，受人民银行总行及中原财办双重领导，货币发行统一归总行领导，总行在中原设立发行库。

为保障在携带人民币南下的东北解放军到达之前顺利推进人民币的使用，避免引起金融市场的混乱和物价波动，中原局在 1949 年 3 月 2 日下达《关于发行中国人民银行钞票紧急指示》，严令要求，不要把发行人民币看作是单纯的金融部门或财经部门的任务，而是全党的重要任务，要进行大力宣传，高度重视物资准备、巩固比价、发行方法等方面存在的问题及解决办法。

1949 年 3 月初，中原临时人民政府发出"财融字第一号"布告（见图 4. 4. 6），宣布："于三月十日在中原解放区成立中国人民银行中原区行，正式发行中国人民银行钞票。"《布告》中明确：

（1）中国人民银行钞票发行后与中州农民银行钞票（比价）为 1∶3，即人民票 1 元等于中州票 3 元。在中原解放区内，完粮纳税以及公私交易，一律通用。

（2）人民票计分 1 元券、5 元券、10 元券、20 元券、50 元券、100 元券 6 种票面。

（3）自人民票发行之日起，中州农民银行总行兼理中国人民银行中原区行业务，各地中州农民银行分支机构兼理各地中国人民银行分支县行业务，同时各级中州农民银行经理兼任中国人民银行经理职务。

（4）凡中原解放区人民持有人民票得向华北、华东、西北各解放区采购物资。如持有中州票欲往华北、华东、西北解放区采购物资时须先向各地银行兑换人民票；华北、华东、西北解放区人民，同样得以人民票向中原解放区采购物资。

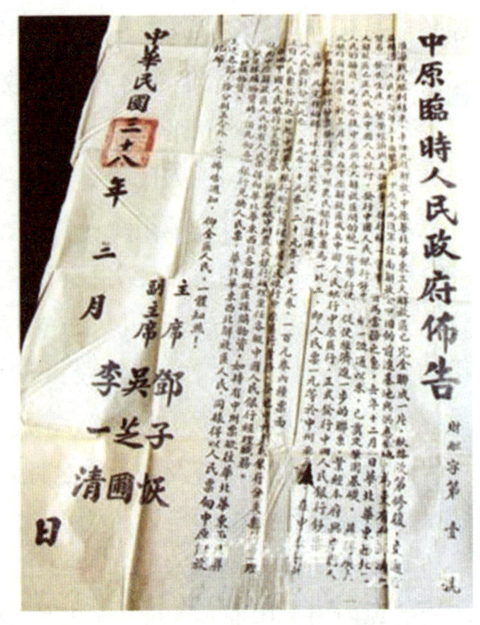

中原臨時人民政府佈告

財融字第壹號

主席 鄧子恢
副主席 吳芝圃 李一清

中華民國三十八年三月 日

图 4.4.6 中原临时人民政府布告

（财融字第一号）

经过一段过渡时期的努力，1949 年 3 月 10 日，人民币在中原解放区正式发行。人民币发行初期，中州币弥补了人民币总量不足、小面额钞票不足等问题，中州农民银行也并未撤销，兼理人民银行业务。人民币在中原区正式发行后的 9 个多月，充分利用中州农民银行所建立的分支机构，各项指示向下行文都是中州农民银行总行和中国人民银行中原区行，或中州农民银行河南分行和中国人民银行河南省分行联署。1949 年 10 月中国人民银行下令以固定比价逐步收兑中州币，12 月 2 日，中原地区以中国人民银行河南省分行的名义通知各地："执行改定门口吊牌，只挂'中国人民银行支（市）行'一个牌，其他吊牌一律取消。"中州农民银行最后完成了向中国人民银行统一交接与过渡机构和人员。存续历时 19 个月的中州币于 1950 年初完成收兑任务，结束了短暂而光荣的历史使命，退出了历史舞台。

五、华东解放区红色金融事业

（一）华东解放区的形成与金融事业概况

华东解放区是山东解放区、华中解放区的合称。在与国民党政府力争“和平建国”的谈判中，1945 年 9 月 19 日，中共中央明确提出“向北发展，向南防御”的全国战略方针，在南方做出让步，收缩南部防线；巩固华北以及山东、华中解放区；控制热察两省，集中力量争取控制具有重要战略地位的东北地区。山东主力部队开赴东北，新四军军部及大部主力北移山东。

为加强山东解放区和华中解放区的领导，1945 年 10 月，中共中央决定，中共中央华中局改为中共中央华中分局。12 月，中共华东中央局成立，山东分局改为华东局，华中局改为分局，属华东局领导。

解放战争爆发后，1947 年 1 月 23 日，山东军区与华中军区合并为华东军区，山东与华中野战军统一整编为华东野战军。山东解放区的北海银行、华中解放区的华中银行配合军事部署，集中金融力量支援淮海战役、渡江战役和华东地区解放战争。随着解放战争的胜利发展，农村经济恢复和发展，银行接管城市金融，健全和扩展分支机构，扩大北海币、华中币的流通使用范围。

中国人民银行成立后，华中银行改称中国人民银行苏北分行，北海币、华中币以辅币的形式带动人民币迅速在华东解放区扩大流通。新中国成立不久，北海银行成为中国人民银行山东省行，华中银行改组并入中国人民银行华东区行。

（二）山东解放区北海银行集中力量，全力支援反攻与决战

1. 战略过渡阶段，山东地区成为“向北发展，向南防御”战略部署的重要枢纽，北海银行将发展重心转向城市（1945 年 9 月—1946 年 5 月）

（1）山东成为党中央“向北发展，向南防御”战略部署的重要枢纽。抗日战争胜利时，山东除济南、青岛、潍县、兖州等孤立据点和徐州到连云港陇海铁路沿线城镇仍被日伪占领之外，境内城乡几乎全部解放。因境内没有国民党部队，山东解放区成为全国各大解放区唯一完整的建制省，面积 12.5 万平方公里，人口 2 400 多万，下辖滨海、胶东、渤海、鲁中、鲁南 5 个区党委和相应的行政公署、22 个地委及相应的专署、120 多个县级民主政权，各县普遍设立区、乡、村级党政组织和群众团体。

为争取占领和控制山东，国民党政府指令投降的日伪军不得向共产党领导下的山东军队投降缴械，并荒唐要求日伪军“负责做有效防卫”，对共产党部队解放了的地区，要求日伪军负责“收复”。1945 年 8 月 18 日，国民党山东省政府主席何思源进驻济南，完成“收复”。9 月 11 日，美国第七舰队登陆青岛，把青岛作为美国在太平洋区域的重要港口和军事基地，同时作为国民党进逼华东、华北、东北解放区的桥头堡。随后，国民党部队陆续占领济南、青岛、徐州、连云港四个战略据点，分割和包围山东解放区。

国共《政府与中共代表会谈纪要》（即“双十协定”）签署前夕，中共中央将战略重点放在华北、山东和陇海铁路以北至内蒙古一带，争取巩固东北，于 9 月 19 日发出《关于向北发展，向南防御的战略方针部署的指示》，其中关于山东作出两项部署：一是部署山东主力及大部分干部迅速向冀东及东北出动，第一步由山东调 3 万兵力到冀东，协助冀热辽军区完全控制冀东、锦州、热河，并在苏军撤退时阻击国民党部队进入东北，求得发展并取得装备；二是部署新四军调 8 万兵力到山东和冀东，保障与发展山东根据地及冀热辽地区。

遵照党中央的战略决策，1945 年 9 月至 12 月底，罗荣桓等率领山东主力部队开赴东北，开辟和发展东北解放区。新四军军长陈毅率部队北调山东，与留在山东解放区的主力部队组成山东野战军，巩固、保卫山东解放区。到 1945 年底，山东野战军有 7 万多人，地方武装 22 万人。

（2）北海银行的发展重心转向城市。1946 年 1 月，国内在国共停战协定签订后出现过短暂的和平景象。山东解放区为在和平建国中积累和加强经济力量，作出“将经济工作的重点转向城市”的决定，撤销工商、银行等部门在农村的机构，准备接收和管理城市，掌握城市的经济命脉。

北海银行的重心开始转向城市，农村贷款移交各级实业部门办理。这一时期货币政策以发行为主导，北海币大量增发，以 1∶20 的比价大量收兑法币、吸收物资、发放贷款、投资商业，准备建设和发展城市，掌握城市的经济命脉。在中小城市，北海银行举办信用、抵押两种贷款，支持公营、民营工商业扩大规模，向鱼行、水果行发放贷款，促进农渔业生产。1945 年底北海币发行 20.9 亿元，1946 年底，发行 157.2 亿元，一年间增长了 6.5 倍。由于短期内大量发行北海币，致使解放区很快就出现通货膨胀的问题，物价大幅高涨。到 1946 年 6 月内战爆发时，物价剧烈上涨，平均涨幅达五六倍。

（3）避开国民党占领城市，北海银行调整总分支机构。抗战胜利初期，按照掌握城市、港口和经济重地的要求，北海银行对总分支行进行了调整。总行设在临沂，合并滨海分行，直接领导日照、临沂两个办事处；鲁中分行迁到博山，另设青州办事处；鲁南分行迁到滕县，另设枣庄办事处；胶东分行迁到莱阳，直接领导桃村办事处；健全和扩大渤海分行机构，所辖 4 个专区均建立支行等；此时，北海银行在山东十几个重要城市开办汇兑、存款、贷款等业务。

（4）对伪币、法币展开货币斗争，巩固北海币本位币地位。鉴于山东的战略区位，为稳定山东经济局势，繁荣市场，山东解放区将对敌经济斗争的中心转向货币斗争。1945 年 8 月 29 日，山东省政府宣布北海币在全省不分地区统一流通，驱逐伪币，制止法币卷土重来，使山东解放区货币实现统一，从而稳定物价，恢复贸易，发展生产。此时，约有 7 亿元北海币在山东流通，山东版北海币以及胶东版、渤海版等各种北海币开始在全省等价使用，北海币实现全省统一，形成独立自主的经济金融市场。

本以为日本投降，日伪币会继续狂跌，驱逐日伪币并非难事。但从8月20日开始，日伪币突然回升，国民党当局在收复的沦陷区抬高法币、抵制北海币，支持本应废止的日伪币，宣布法币与伪联银券等值行使，日伪币可继续合法流通；同时日军和日伪政权急忙大量抛售在华资产、物资存货，回笼资金；为防被接收、没收，命令日伪银行收回贷款，迫使工厂、商人出售存货回笼日伪币；在被特务操控的黑市，商人大量吸收日伪币、法币，拒收北海币。国民党、日伪军突如其来的做法引起解放区内竞相收兑日伪币采购货物，引发日伪币回涨，币值很快恢复到日本宣布投降前的状态且趋于稳定。

面对日伪币回涨的荒唐现象，山东省财政金融部门马上采取针锋相对的措施以压低日伪币币值，确定一元北海币兑换一二百元联银券。1945年9月下旬，山东省工商局召开会议讨论日伪币币值的问题，在这次会议中，达成对日伪币斗争的几点共识：一是这一时期日伪币、法币的稳定是暂时的，虽然日伪币回涨，对棉花、布匹、纸张等进口物资价格有所影响，但并未引起解放区物价波动，对解放区经济总体干扰不大，北海币稳定；二是趁伪联银券币值回涨的时机，收拢留存在解放区内的日伪币换购更多物资，肃清日伪币；三是货币斗争的目的是争夺物资、稳定物价，而非压低比价。

货币斗争的关键在于掌控军用、民生物资。统一认识后，山东省工商局改变单一的比价策略，用北海币适当比价收兑日伪币、法币，然后到敌占区购回物资，加大力度禁止日伪币、法币在解放区流通，采用购货、贷款等方式迅速发行北海币，驱除日伪币、法币，保持物价稳定，巩固北海币在山东解放区的本位币地位。

2. 战略防御阶段，山东成为全国消灭国民党部队有生力量的主要战场，北海银行配合军事部署，支持农村经济的恢复和发展，对敌展开货币斗争（1946年6月—1947年9月）

（1）山东解放区是抵御国民党全面进攻和重点进攻的主要战场。1946

年 6 月下旬，蒋介石撕毁“双十协定”向各个解放区发起全面进攻，内战全面爆发。6 月 23 日，国民党部队向胶济铁路沿线解放区大举进攻，8 月 20 日，向鲁南解放区发起进攻。9 月 2 日至 7 日，晋冀鲁豫野战军在山东省西南部定陶地区展开反击，定陶战役取得继中原突围与苏中大捷之后又一次大胜利，成功打压了国民党部队的嚣张气焰。

1946 年 12 月中旬，蒋介石兵分 4 路进攻苏皖地区，山东野战军和华中野战军会师歼击江苏宿北之敌，取得“宿北战役”的胜利后随即挥师北上；1947 年 1 月 2 日至 20 日，在山东鲁南地区历时 19 天，又取得“鲁南战役”的胜利。1 月下旬，自恃兵力雄厚，国民党从陇海铁路东段与胶济铁路西段南北对进，再次向山东解放区发起大规模进攻。

1947 年 1 月 23 日，遵照中央军委命令，山东军区与华中军区合并为华东军区，山东野战军与华中野战军统一整编为华东野战军。华东野战军诱敌深入，在莱芜地区包围敌军，以少胜多取得“莱芜战役”的重大胜利，国民党对山东解放区全面进攻宣告失败。2 月底，国民党放弃全面进攻，改为向陕北和山东重点进攻。5 月 14 日，华东野战军将国民党五大主力之一的七十四师包围并全部歼灭在山东孟良崮地区。孟良崮战役打击了蒋介石最精锐的部队。

6 月 30 日，晋冀鲁豫野战军渡过黄河，发动鲁西南战役。7 月，刘邓大军与华东野战军在鲁西南、泰西、鲁南排兵布阵，打乱了国民党的作战部署。7 月中下旬，山东地区遭受罕见暴雨，山洪暴发，道路断绝，行军艰难，鲁中大部分地区重新被国民党占据。9 月，国民党切断胶东解放区与西部各解放区的联系，对胶东形成包围。自国民党重点进攻山东以来，山东解放区大部分被占领，华东局以及后勤部门迁至胶东解放区。

（2）紧缩货币发行、稳定物价，恢复和发展农村经济。山东日益吃紧的战事，使城市和乡镇重要生活物资紧缺、物价剧烈上涨。为应对内战爆发和经济危机，1946 年 8 月，华东局紧急召开财经会议，对超发北海币造成物价剧烈上涨的问题进行了分析，明确了将采取紧缩货币、稳定物价的金融政策，加强工商贸易斗争以确保财政收支平衡。坚持“货币发行主要用于掌握物资”的金融规律和原则，保持对外贸易出超状态，保证对军工、交通、医药等战事军用物资的大量供应，平抑物价、抑制涨势。

国民党控制济南、青岛等战略城市，以及胶济、津浦、陇海铁路沿线地区，挤压山东解放军根据地的空间。山东解放区工商部门迅速调整抗战胜利初期确立的“管理城市，掌握机器”经济方针，纠正轻视农业和手工业的错误，重新端正依靠农村的指导思想，确立内战时期“自力更生，建设自给自足经济，进一步争取经济上的独立自主”的政策方针，恢复发展农村经济和纺织业、手工业生产。

1947 年 1 月，山东省政府颁布《关于贷款问题的决定》，规定农业贷款业务职责从各级政府实业部门转回到北海银行，政府实业部门给予配合。之前生产类贷款经常会作为救济和发动群众的办法，结果半数以上贷款无法收回。北海银行为减少银行损失，将农业贷款利率提高到月息 1 分 5 厘，同时采取贷粮收粮、贷实还现、贷现还实等方式试行实物贷款。在办理具体贷款业务中，北海银行区分了两类贷款对象：一类是有劳动力、土地以及部分农具的贫农、新中农以及中农；另一类是由群众民主评议选出的贷户。另外，对生产条件特别困难、发生过灾荒的、副业无法发展的、土地刚分配而生产尚未恢复的地区给予重点照顾，条件不具备的地区仍以现款发放。虽然 1947 年国民党对山东发动了重点进攻，但这一年北海银行克服战争带来的种种危险和困难，发行北海币 386.13 亿元，年增 4.1 倍，北海币流通量达 852.8 亿元。虽然同期物价上涨 3.5 倍，但仍小于货币发行增速。全省发放商业贷款 7.74 亿元，农业贷款包括实物贷款在内 36.68 亿元，其中渔民贷款 3.99 亿元，盐民贷款 0.5 亿元。

经过一段时间的调整，到 1946 年下半年，工商局收入达到 45 亿元，占当年财政收入的 69%，比年度计划超额完成 15 亿元。1946 年，货币发行财政透支压缩到 55.8 亿元，占 35.5%，用于投资、贷款等用途的发行总余额为 14.7 亿元，比 1945 年增加 8.4 倍，其中投放于农、渔、盐、城市群众等的贷款为 4.9 亿元，占 33.3%，比 1945 年增加 2.9 倍，商业贷款有 1.54 亿元。当年，鲁中、滨海、鲁南分行发行北海币总计 62.95 亿元。

（3）调整总分支机构。这一时期，根据城乡兼顾和逐渐转向农村并以农村为主的要求，北海银行对总分支机构进一步作出了调整。1946 年 10

月，北海银行重建滨海支行，由总行直管，下辖临沂、日照、竹庭三个办事处；鲁南分行增设平邑、枣庄、滕县三个中心办事处；鲁中分行增设莱芜、新泰、沂南、沂北四个中心办事处；胶东分行重新设立北海支行、东海支行。1947 年 4 月 1 日，在华东局的统一领导下，北海银行总行与华中银行总行在滨海区合并调整后合署办公，两行名称仍保留，分别处理业务。北海银行发行科与华中银行发行局合并为北海银行发行局。国民党大举进攻山东后，北海银行总行大部分人员随军转移到胶东解放区，鲁南分行、鲁中分行的部分人员撤到渤海区，其余人员仍在原地坚守阵地。1947 年 9 月，胶东战况危急，北海银行工作人员渡海撤离到达东北。

（4）与伪造及使用伪造北海本币展开斗争。国民党挑起内战后，印制大量假北海币推向山东地区，采取卑鄙的经济手段配合对解放区的全面进攻和重点进攻。1946 年 3 月 22 日—7 月 4 日，北海银行胶东分行七次下发“发现假票”的通知，警示解放区银行、工商部门和人民群众提高警惕，防止假币鱼目混珠，遭到损失。1946 年 9 月 24 日，山东省政府发出《修正处理伪造及行使伪造北海本币暂行方法》，规定：伪造本币意图行使者处死刑，行使数量达二千五百元以上者处死刑，行使数量不满二千元者，处十年以下有期徒刑等。以严苛刑法给伪造者以警示。

根据上述办法，1946 年 11 月 24 日，北海银行发布《山东省北海银行总行查缉伪造及行使伪造北海本币奖励暂行办法》，鼓励缉查人员和人民群众查获、告发、协助捕获伪造、使用伪造北海本币的敌特分子和犯罪分子。北海银行还编印《真假票识别手册》，集录发现的 70 多种假币，帮助工作人员提高辨识能力。

3. 战略反攻阶段，经济工作从乡村向城市转移，北海银行接管城市金融，健全和扩展分支机构，北海币扩大流通范围（1947 年 10 月—1948 年 8 月）

（1）抵御国民党最后一次大规模进犯的“九月攻势”，山东战场转入战略反攻。为保卫胶东解放区，解放军冲破国民党敌军最后一次大规模进攻——“九月攻势”；1947 年 10 月 10 日，“胶河战役”取得胜利，这次胜利完全粉碎了国民党对山东解放区的重点进攻，山东战场全面转入战略反攻；10 月底，胶东地区全部解放。1948 年 4 月下旬，山东兵团攻克潍县城，成立潍坊特别市，取得华东战场第一次对国民党重兵把守、坚固设防城市攻坚战的胜利，将山东解放区胶东、渤海、鲁中南连成一片。山东解放区转入战略反攻后，山东野战军在不到 1 个月的时间里，先后解放淄博、潍坊、兖州，山东战争形势逐渐扭转了被动局面。经济工作从乡村向城市转变，接管城市、发展城市工商业、驱逐国民党货币。城市、乡村经济金融业亟待恢复和统筹发展。

（2）接管城市金融，排除国民党法币。1948 年 4 月，为做好城市金融接收工作，华东财办委托北海银行组织 40 多名接收人员进行有关方针政策、业务和纪律等方面的培训。对国民党的银行清收接管始于潍县。4 月 27 日，地处济南、青岛、烟台中枢的潍县县城解放，接收人员马上跟进，对全县银行和其他金融机构进行清查接收。

北海银行主要采取包封出口为主、牌价收兑为辅的办法肃清国民党法币、关金券。包封出口主要是针对持有大宗法币、关金券者，可向工商局登记包封，领取出口证明，到国统区换回一定物资，并免税入境。牌价收兑主要通过调节牌价回收市场法币。山东省潍坊特别市政府专门为此发出布告："确定以北海币为市场流通唯一合法通货，凡蒋区中央、中国、交通、农民及其他银行之蒋币，一律为非法货币，禁止在市场流通……授权北海银行潍坊支行办理蒋币兑换事宜，其具体兑换办法及牌价，由该行自行拟订公告，并指定工商局之事务所为查缉蒋币执行禁令之执行机关，以专责成。"

从 4 月 29 日开始以 1∶70 收兑法币时，兑换者寥寥无几。为加快市民兑换，促使法币快速流向国统区，兑换比价压降到 1∶80，自此商人、民众才开始踊跃兑换，后又安排不断压降比价，直至 1∶100，并同时宣布了禁用法币期限。截至 6 月 5 日，包封出口和收兑法币合计 600 亿元，1 个多月的时间，北海币完全占领潍县市场，物价平均下降 29%，减少了人民政府和群众的损失，稳定了人心，工商业得以快速恢复。

加大农业、副业贷款。1948 年上半年，山东战场全面转入战略进攻，山东革命形势逐渐好转，各地北海银行为支援救灾，发放 113 亿元贷款，以农业、副业为主。1948 年 7 月，北海银行总行召开全省行处会议，制定通过《北海银行农民生产贷款暂行章程》，明确了贷款原则、对象、用途、期限以及贷放与回收的手续。全省共布置秋贷粮食 4 049 万斤和麦种、肥料、农具、耕牛贷款 29.44 亿元，粮食资金在原来 8 120 万斤的基础上，秋后再增加 1 亿斤。当年总计贷款 180.8 亿元，包括 13.79 亿元渔民贷款、8.9 亿元盐民贷款。

这次会议强调发放农贷与组织农民（劳力、资金）生产相结合，决定继续选择土改运动中最贫困的乡村或受国民党部队破坏和水旱灾荒最严重的地区，以最贫苦、最缺乏生产资金的贷户为重点对象，以 6～10 户借户组成借户小组（有劳动互助组者不再组织），互相保证贷款用于生产。贷款发放过程中要贯彻有借有还的原则，先解决部分农民困难，收回贷款后再安排下一批。

此后不久，北海银行连续发放了春、夏、秋、冬四季农副业贷款，如春、夏贷款主要投放于棉花、花生、烟、麻的生产；秋贷主要对麦种、肥料、农药发放贷款，并对盐业、渔业提供贷款；冬贷以副业为主，扶持城乡出口产品的生产，为来年春季生产作准备，贷放与回收依据不同季节不违农时，前后衔接。

健全壮大管理机构。1948 年初，北海银行总行迁驻到滨海区五莲县后又迁到益都，召回撤离的工作人员，恢复和健全发行局以及会计、营业、人事、出纳等科室，开展生产救灾、保证部队供给、代理各级金库等各项业务。5 月中旬，接管潍县官僚资本银行，建立潍坊支行，由总行直接管辖。8 月，鲁中、鲁南分行和滨海支行合并为鲁中南分行，并将原属渤海分行和鲁中分行的周村、张店、淄川、博山等行处合并为淄博支行，划归鲁中南分行管辖。昌潍地区解放后，北海银行建立昌潍支行，直属总行管辖。

继续进行艰巨的反假币斗争。这一时期，北海银行每印发一版北海币，国民党很快就伪造、仿制出假币推行到山东地区，使反假币任务不得已一直持续。1948 年 7 月，北海银行召开会议，重新修订稽查假币的奖惩办法，出台《修正处理制造及行使假北海币奖惩暂行办法》，重新部署山东地区群众性反假币斗争。采取的主要措施有：一是开展政治动员和宣传教育。征收税款时和在集市、乡村派专人帮助群众识别假币；二是成立反假币小组，有计划、有组织地进行检查；三是在边沿区与工商局缉私队、公安局、当地民兵一道加强封锁。

北海币与华中币开始混合等值流通。1947 年 9 月下旬，陈粟野战军挺进豫皖苏边区，北海币与冀南币随同大军占领流通市场，排除国民党法币，留下“没有冀南北海币，不能反攻到中原”的美誉。依照中央财政经济委员会决定，自 10 月 13 日起，北海币在华中五、六、七分区境内以 1∶1 比值与华中币混合流通。

与华北解放区协定货币统一工作。随着山东解放区与华北解放区逐渐连成一片，解放区货币统一刻不容缓，以避免影响野战军大兵团作战行动和军用物资供给。1948 年 5 月 13 日，解放区华北金融贸易会议召开，山东解放区与华北解放区就两区接壤地带建立货币混合流通区及汇兑和兑换等问题达成《华北与山东两区货币工作的协定》。两个多月后，北海银行与华北银行就具体内容，如建立七人委员会、联合办事处、货币混合流通地带、资金总数、汇兑工作，达成了协议（草案），开启了山东解放区与华北解放区货币统一的序章。

4. 战略决战阶段，北海银行发行北海币，支援山东全境解放战争和淮海战役；与华北银行、西北农民银行合并组建中国人民银行，迎接全国解放（1948 年 9 月—1949 年 9 月）

山东全境解放。1948 年 9 月 16 日至 24 日，华东野战军经过八个昼夜的浴血奋战，取得济南战役的胜利，揭开与国民党主力战略对决的序幕。济南城被攻克后，菏泽、临沂、烟台国民党部队先后弃城逃亡，山东全境大部分解放，华北、华东两大解放区连成一片。1949 年 3 月，山东省政府更名为山东省人民政府。6 月 2 日，国民党和美军舰队在解放军的围攻下撤离青岛，青岛解放。8 月 20 日，长山岛战役胜利，山东全境解放。山东省人民政府下设济南、青岛、徐州、潍坊四个省辖市，鲁中南行署、胶东行署、渤海行署和淄博工矿特区、昌潍专区，共计 140 个县、3 个县级办事处、1 个县级特区和 1 个县级镇。

采取牌价兑换为主、包封出口为辅的策略，肃清国民党货币。1948 年 9 月 24 日，济南胜利解放，中国人民解放军华东军区济南特别市军事管制委员会通告市民，北海银行发行的北海币是市场唯一合法通货，国民党法币、关金券、金圆券自 10 月 10 日起为非法货币，停止使用，持有法币者可向本市工商局登记，经检查后，发给证明文件，包封携带出境换购物资，也可向北海银行兑换，限期到 10 月 20 日。

北海银行借鉴潍坊经验，计划在济南实行以包封出口为主、牌价兑换为辅的方法肃清法币。但由于国民党自 1948 年 8 月启动金圆券改革，济南的排法斗争临近法币、关金券禁用期限，济南又离徐州、天津等国统区较远，交通不便，排除蒋币比在潍坊更加困难。实际中，为安定人心，加快驱逐蒋币以避免因其币值大幅贬值给人民群众造成更多损失，北海银行采取牌价兑换为主、包封出口为辅的策略。10 月 1 日开始按法币 300 万元折合金圆券 1 元、关金券 15 万元折合金圆券 1 元计算，以北海币 2 000 元兑金圆券 1 元牌价收兑，以后逐渐压低。到 20 日最后一天，牌价压低到 400 元北海币兑换 1 元金圆券，20 天共收兑法币 108 507.5 亿元，兑换出北海币 56.4 亿元，包封出口法币 32 717.65 亿元，共排出法币 140 625.15 亿元，蒋币被迅速排出济南市场，使市民和工商业避免了一场蒋币大幅贬值的灾难。

保障物资供应，打击黑市交易，稳固北海币信用。济南刚解放时曾出现一起因物价陡增而引发的社会骚乱。济南解放时正值秋冬季节，粮食、煤炭供应不足致使民生用品物价在数日内陡增 3 倍，北海币币值不稳信用下降，社会出现混乱。发现问题后，军管会大力组织粮食、煤炭运输供应，将物价很快压降并维持稳定，北海币信誉提高，在济南得以广泛流通并稳固下来。

金银黑市交易自蒋币大幅贬值后就十分猖獗，为消灭黑市，收拢市场上的金银，防止其外流，军管会和北海银行发布公告禁止银元行使流通。北海银行还采取接近黑市价格挂牌收兑的策略，开展收兑业务，建立黄金交易所，清除场外黑市金银交易，进一步稳固北海币市场。

发行北海银行本票 10 万元券。济南战役后，山东除青岛、长山岛外已全部解放。随着城市顺利接收，工商业很快得以恢复和发展，货币需求量激增，市场物价不断上涨。1948 年 11 月，考虑到发行货币造成通货膨胀，北海银行决定发行 10 万元券本票（见图 4.5.1），主要面向济南、潍坊、德州、济宁、益都、烟台等新解放城市，内地乡村和贸易不发达城镇暂不发行，以公营企业以及机关团体为主要发行对象，这批本票共计签发 49 亿元。到 1949 年 9 月，北海银行组织回收全部本票。

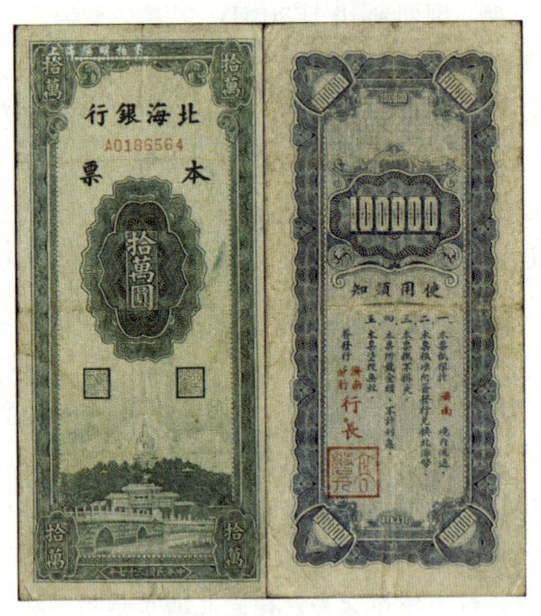

图 4.5.1　10 万元券本票

支援淮海战役。1948 年 11 月 6 日，中国人民解放军华东野战军、中原野战军以徐州为中心，与国民党部队展开淮海战役大决战。淮海战役是解放战争战略决战中规模最大的一次战役，解放军 60 万人参战，历时 66 天，于 1949 年 1 月 10 日全面击溃国民党在南线的精锐主力，直逼长江，矛头直指蒋介石统治的核心地区——江浙沪。

为便利解放区域物资交流和商贸往来，繁荣经济，保障淮海战役的胜利，1948 年 11 月 15 日，山东解放区和华中解放区宣布，华东解放区统一以北海币流通，发行 3 000 亿元支援解放军的后勤保障。决战开始后，在兵力、装备都不占优势的情况下，解放军组织 543 万名民工筹粮、运输、抬担架，动员空前浩大的人力配合前线作战；为保证战争中的巨大开支，依靠北海币、中州币、华中币、冀南币大量收购军需物资，使前线作战无后顾之忧。淮海战役开始不久，华东局再次请求中央核准增发了 2 000 亿元北海币。

1948 年 12 月 1 日，北海银行与华北银行、西北农民银行合并组建中国人民银行，统一发行人民币，停印北海币。12 月 16 日，北海银行改为中国人民银行华东区行。

这一时期，北海银行继续全力以赴保证淮海战场上的军需供应，华东局经请示华北中央财委会后，北海银行对外仍沿用旧名称，继续印制北海币。1948 年 12 月 11 日徐州解放，徐州以及所辖地区以北海币为通用货币，禁用金圆券和银元，限期市民 1 周内兑换北海币，具体兑换比价是：北海币与金圆券的临时比价为 50∶1，与华中币、冀南币比价为 1∶1，与晋察冀边币的比价为 1∶10，与中州币的比价为 40∶1。

淮海战役胜利后，北海币仍然作为本位币在华中地区流通。1949 年 2 月 13 日，华中行政办事处要求，华东解放区内，人民币与华中币、北海币都以 1∶100 比值流通使用。为配合渡江战役，北海币作为人民币辅币随同华东野战军作战路线流通到江浙皖南，进占南京和上海。1949 年 11 月 1 日，北海银行改称为中国人民银行山东省行，北海币到 1949 年 11 月 24 日完成收兑，停止流通。

人民币统一华东解放区货币。1948 年 12 月 1 日，北海银行、华北银行、西北农民银行合并为中国人民银行，发行人民币，在西北、华北、华东地区统一流通。人民币发行后，北海币以人民币辅币的形式带动人民币迅速在华东解放区扩大流通。到 1949 年 6 月，随着淮海战役和渡江战役的胜利进军，人民币和北海币顺势流通于江浙皖，占领南京、上海货币流通市场，11 月下旬，人民币统一皖北、皖南市场。

南京解放后，长江以北除青岛地区外已全部解放。1949 年 5 月 14 日，青岛城内的国民党驻军，将国民党中央银行青岛分行金圆券强行投放市场，以人身威胁逼迫市民拿出银元、黄金、美元兑换金圆券，大量搜刮民财后逃亡台湾。6 月 2 日青岛解放，人民解放军青岛市军事管制委员会金融部正式宣布国民党金圆券为非法货币，以中国人民银行人民币为本位币，北海币为人民币辅币。北海银行胶东分行负责接管国民党金融机构，限期 5 日内收兑金圆券。从6月6日起到10日，5天内胶东分行用人民币54 549元收兑1.9亿元金圆券，人民币迅速统一了青岛市场。11月底，随着北海币渐渐退出市面，人民币在华东地区流通量已占到98.66%；到12月，人民币完全统一了华东解放区。

（三）华中解放区华中银行驱逐蒋币，强固金融堡垒

抗战胜利后，华中解放区逐渐连成一片，解放区内的物资交流、贸易往来日益频繁，原来各抗日根据地发行的区域性货币已不能适应新形势发展的需要，中共华中分局决定组建华中银行和华中印钞厂。华中银行建立后，华中解放区各地统一使用华中银行币，并陆续收回了各地方银行发行的抗币及流通券，华中银行币成为华中解放区统一的地方性货币。

1. 战略过渡阶段，成立华中银行，强固金融堡垒（1945年8月—1946年5月）

（1）建设苏皖边区，巩固胜利成果。1945年9月19日，中共中央调整全国的战略布局，提出了“向北发展、向南防御”的战略方针，华中地区党、政、军机关和部队进行整编，撤销原苏北、苏中、淮南、淮北的区党委、行署和军区。

1945年10月，“双十协定”签订，中共华中局和新四军军部撤往山东。中共中央决定华中局与山东分局合并组建为中共中央华东局，新四军军部兼山东军区司令部。华东局决定留在华中的党组织组建中共华中分局，留在华中的军队组建华中军区。

1945年11月10日，驻苏皖的新四军部队合并编成华中野战军。华中军区、华中野战军领导机关，均驻淮安城，受新四军兼山东军区指挥，担任保卫华中解放区的任务。

（2）成立华中银行，统一华中解放区货币。早在抗战胜利前夕，华中局就有统一华中革命根据地货币的计划，1944年5月10日，华中局财经会议决定：统一华中货币政策，统一货币发行，统一对法币、伪币比价，建立抗币本位制度，各地不得各行其是，自定的货币政策必须报告华中局进

行统一处置。1945 年 8 月 1 日，新四军领导机关和直属单位在江苏盱眙县张公铺召开大会，会上军政治部奉命宣布成立华中银行，随后以华中银行行长陈穆的名义发布《华中银行成立通告》，指出："当兹抗战进入最后阶段，对敌经济斗争日益激烈，而各种生产建设事业，亦须努力推进，为此，在华中必须建立强固之金融堡垒，负此任务，着即成立华中银行，并授权发行华中券，适应各地金融斗争及经济建设之需要。该项货币以实物为基金，准备充实，通行华中各解放区，与盐阜、江淮、淮南、淮北、苏南等地方券等价使用。凡一切买卖交易、公私款项收付及完粮纳税等一律通用。"

（3）华中银行由苏皖边区政府财政厅直接领导，统一各区银行机构。1945 年 9 月，华中银行总行迁驻江苏淮阴城（现为淮安市）（见图 4. 5. 2）。1945 年 11 月 1 日，苏皖边区政府在淮安宣布成立。华中银行归苏皖边区政府财政厅直接领导，成为苏皖边区政府唯一银行，确定华中币为边区政府法定本位币。

图 4. 5. 2　华中银行总行办公楼旧址（江苏淮安东大街内）

华中银行设董事会，董事长为苏皖边区政府副主席、财政厅长方毅。行长陈穆，副行长徐雪寒、龚意农。下设发行、业务、稽核等局和营业部、印钞厂管理处等机构。

华中银行总行成立之后，各地方遵照通告规定陆续成立分行。由于当时华中未成立统一政府，行政管理职能仍在军部领导下，各战略区的行政公署独立行使政府职责，从而各地方的银行仍然独立存在并行使职权，所以在苏中区苏中江淮银行继续办理业务，华中银行苏中分行挂牌开展业务活动。各地方银行及其华中银行按地名在各战略区设立的分行，相应改为华中银行分行。

苏中区的原江淮银行第三、第四支行合并建立华中银行一分行。下设紫石、南通两支行和泰县、泰兴、靖江、东南、如东、东台、台北、三余等办事处。

苏中区的原江淮银行第一支行、五分区支行合并改建为华中银行二分行。下设宝应支行和兴化、樊川、沙沟、江都、溱潼等办事处。

淮南区的原淮南银行改建为华中银行三分行。下设六合、大仪两支行和桐城、仪涧、来安、嘉山、盱眙、天长等办事处。

盐阜区的原盐阜银行改建为华中银行五分行。下设合德支行和盐城、东坎办事处。

淮海区的原盐阜银行淮海分行改建为华中银行六分行。下设泗术、灌云、米阳三支行及涟水、淮阴、潼阳、东海、宿迁、宿北等办事处。

淮北区的原淮北地方银号改建为华中银行七分行。下设泗阳、泗宿、泗南、五河、睢宁、淮宝六支行和泗县、盱凤嘉、灵壁、宿县、铜睢、邳睢、萧铜、洪泽、淮安等办事处。

另在清江、高宝成立两个直属支行，各分支机构开始集中发行华中币和办理各项金融业务。原各地方银行发行的地方币与华中币暂准在各解放区等值混合流通。

（4）收兑华中各根据地发行的抗币，确立华中币本位制。由于根据地群众中还存有大量各种“抗币”（即抗日根据地原淮南银行、江淮银行、盐阜银行、淮海银行等发行的货币），华中银行成立后，对各根据地原金融机构发行的货币允许与华中币并行流通，不受区域限制，并逐步以华中币收兑。

此间华中银行发布通告，制定以华中币收兑老抗币的若干兑换办法。如1945年11月26日发布《关于转发华中各解放区抗币兑换办法》。由于兑换工作有一个过程，在开始时还采取了“盖章改行”的办法，先保证这些抗币使用，并逐步兑换回收。

1945年12月下旬，苏皖边区政府下令禁用伪币，停用法币和白银，一律使用华中币；接着收回32种各抗日民主政府发行的老抗币。经过一段时间的收兑，确立了华中币的本位币地位，稳定了华中解放区的货币金融。

1946年上半年，苏皖解放区掀起减租减息、发展生产、土地改革运动。华中银行各分行、支行、办事处组成工作队和工作组，分赴新老解放区，配合有关部门调查研究，发放农工渔、副业及小本贷款、商业贷款等，积极为解放区的生产和土改运动服务。

2. 战略防御阶段，华中银行北移山东（1946 年 6 月—1947 年 7 月）

1946 年 6 月，蒋介石彻底撕毁停战协定，向各个解放区发动全面进攻。1946 年 7 月 13 日—8 月 31 日，华中野战军在苏中战场正面抗敌，连续取得宣泰、皋南、海安、李堡、丁堰、邵伯、如黄路 7 次战役的胜利。随后，1946 年 12 月，根据中共中央指示，中共华中分局、华中军区、苏皖边区政府及所属机关全部北移山东。

（1）设立华中银行苏中办事处，坚持敌后金融工作。1946 年 9 月，华中银行苏中办事处成立，作为总行派驻机构，在中共苏中区党委领导下，负责苏中区内的金融、货币工作，管辖华中银行第一、二、九分行的业务，为支援敌后斗争服务。办事处主任由邓克生担任。为适应敌后游击战争的环境，同月，华中分局决定货管、银行等机构不再实行垂直领导，改由地方党委一元化领导。

从 1946 年 11 月起，苏皖边区各县的货物管理局、华中银行办事处、粮库等合并为县财政经济局，银行对外的名称仍保留，就地坚持金融工作，办理旧贷款收回，并经总行批准发行华中银行本票（见图 4. 5. 3）和华中币，抢占华中货币流通市场，与国民党法币作斗争，一直坚持到华中银行总行迁回苏北后，才恢复原来的领导体制。

图 4. 5. 3　华中银行本票 2 000 元（1947 年）

（2）华中银行与北海银行联合办公。1946 年 12 月，国民党部队向苏北解放区大举进攻，苏中地区全部成为敌后。1947 年 1 月，华中银行总行及其华中印钞厂人员全部进入山东境内。

根据华东局财委的指示，华中银行和北海银行联合办公。华中银行总行与北海银行总行在组织机构上统一合并，并在名义上仍然保留两个银行名称，分别处理两行业务。

华中银行撤至山东后，华中银行苏中办事处对所辖各行业务工作进行调整，由办事处统一管理苏中地区的货币发行计划、各项基金、资金的安排与分配，担负苏中地区人民解放战争的金融工作；各级分、支行相应作了精简与撤并，以适应形势转变。

3. 战略反攻阶段，华中银行重新返回华中（1947 年 8 月—1948 年 8 月）

1947 年 6 月底，晋冀鲁豫野战军强渡黄河，开辟南线中原战场，人民解放军由战略防御转入战略反攻。

1947 年 8 月，为策应人民解放军在中原、山东等正面战场上的战略反攻行动，坚守在苏北地区的华东第 11、第 12 纵队发起盐城战役。1947 年 9—12 月，苏北地区各部队实施秋、冬季反攻作战。12 月，国民党军集中兵力对苏中、苏北和淮南、淮北地区坚持斗争的人民武装进行“清剿”和“追剿”。在此后半年时间内连续发动五次大规模的“清剿”和“追剿”。到 1948 年 6、7 月间，华中各军区主力部队乘胜向淮海、沿江和淮南地区广泛出击，收复了大片地区。

（1）华中银行总行重新返回华中，在盐城合德恢复。1947 年 10 月，北撤到山东的华中银行总行人员、华中银行苏中办事处的人员以及在当地坚持斗争的银行工作人员和金库管理人员陆续迁驻盐城合德，做好华中银行总行恢复前的各项准备。

1947 年 11 月，根据华东局的决定，苏皖边区政府撤销，成立华中行政办事处，江苏地区归华中行政办事处领导，原苏皖边区第一、二、五、六、九行政区分别改称为华中第一、二、五、六、九行政区。华中行政办事处的工作机构有民政处、公安处、财粮处、对外贸易局、邮政管理局、华中银行等。华中行政办事处成立的同时，华中银行总行在合德恢复成立，华中银行苏中办事处撤销。

（2）华中银行分支机构全部恢复。华中银行总行根据上级党委指示积极深入新解放的城乡，恢复各级分支机构，建立华中币为本位币的流通市场。1948 年 1 月，华中银行东南办事处恢复。到 1948 年下半年，华中银行的分行、支行及办事处等金融机构全部恢复营业。

华中银行总行返回华中以后，一方面积极提供充足的兑换基金，另一方面加强对金银市场的管理，坚决排除蒋币，建立华中币为本位币的流通市场，维护解放区人民的根本利益。

4. 战略决战阶段，华中银行完成历史使命（1948 年 9 月—1949 年 9 月）

1948 年 9 月，解放战争由战略反攻转入战略决战。坚持在江苏江北的华东军区所属部队、人民武装，把坚持内线斗争与外线反攻作战有机结合起来，不断歼灭国民党军有生力量，逐步收复失地，苏北解放区迅速扩大。国民党军队收缩战线，由“分区防御”改为“重点防御”。1949 年 1 月 10 日，淮海战役胜利结束，苏北地区基本获得解放。

1949 年 4 月 20 日，蒋介石拒绝在《国内和平协定（最后修正案）》上签字。4 月 21 日，毛泽东和朱德发布《向全国进军的命令》。中国人民解放军在西起湖口、东至靖江的千里战线上强渡长江，迅速突破国民党部队的江防，占领贵池、铜陵、芜湖和常州、江阴、镇江等城市，彻底摧毁了国民党部队的长江防线。

（1）华中、山东两解放区货币固定比价、同时流通。由于人民解放战争胜利发展，华中、山东两解放区已经在广大地区上连成一片。1948 年 11 月 10 日，华中行政办事处发出布告，为便利两地区物资交流、发展生产起见，特与山东省政府商定，两区货币固定比价、同时流通，并规定兑换流通办法：一是华中币与北海币固定比价，从本年（1948 年）11 月 15 日开始在华中与山东两解放区内互相流通；二是华中币与北海币固定比价为 1:1，以后两解放区所有完粮纳税及一切公私收支，须按此比价流通使用；三是不论军政人员和商民人等私定比价或拒绝使用者，一经查获，定依法严厉处分。

1948 年 12 月 2 日，淮安、淮阴解放，华中银行总行随中共华中工委、华中行政办事处从合德迁至淮阴；12 月 11 日，成立华中银行两淮支行。

（2）中国人民银行成立后，华中币作为人民币辅币继续发行。在淮海战役胜利之后，为恢复发展生产，支援渡江，解放全中国，1949 年 1 月 7 日，华东局经中央同意，由山东为华中代印华中币 3 021.54 亿元。山东代印的华中币作为人民币的辅币，大多数拨付给南下的部队和江淮军区。1949 年 1 月 21 日，泰州解放，华中银行一分行随军由如皋迁驻泰州。1 月 25 日，扬州解放，在扬州成立华中银行扬州支行。2 月，华中银行二分行随第二专员公署由高邮迁驻扬州，华中银行扬州支行并入华中银行二分行业务部。

1949 年 2 月，中央和华东局决定撤销华中工委、华中行政办事处。在过渡期内，华中银行总行随华中行政办事处从淮阴迁驻泰州。1949 年 4 月，随着苏皖各地的解放，皖北、皖南、苏北、苏南行政公署相继成立，华中行政办事处正式撤销。

自 1949 年 3 月 1 日起，华中银行在主要城镇设立兑换点，组织以华中币收兑南下部队、机关携带的中州、冀南、东北、晋察冀、西北、鲁西、陕甘宁、长城、北海等解放区货币，共兑出华中币 197.92 亿元。从 1948 年 10 月至 1949 年 4 月，华中币净增发 2 512 亿元，初步统一了本地区货币。①

（3）渡江战役后，华中银行改组并入中国人民银行。1949 年 4 月 10 日，华东局根据平津、济南诸城市解放后的经验，拟发了对处理新解放区货币问题的意见，其中指出，新区一律使用人民币，因辅币不足，规定华中币为新区辅币，并明确在江南新区，一律只准使用人民币及华中币（辅币），其他各种货币应于渡江前统一兑换成人民币。4 月 21 日，渡江战役胜利后，中国人民银行苏北分行成立，邓克生任经理（后称行长），兼华中银行行长。5 月，华中银行二分行改组为中国人民银行扬州支行；华中银行江淮分行改建为中国人民银行蚌埠支行；华中银行合肥分行改建为中国人民银行合肥分行。6 月，华中银行一分行改组为中国人民银行泰州支行。

5 月 9 日，苏北行政公署通知：自 6 月 1 日起，苏北地区一律以人民币

① 江苏省钱币学会编：《华中革命根据地货币史（第 1 分册）》。中国金融出版社 2005 年版，第 157 页。

为本位币，原苏北地区流通的华中币、北海币作为人民币的辅币，仍继续流通使用。12 月 6 日，华中银行总行根据中国人民银行总行指示，发出《收兑通告》，将前所发行各种票面华中币全部收回，并限于 1950 年 1 月底收兑完结。按华中币与人民币比价 100∶1 兑换人民币。在此期间，华中银行总行机构体系在苏皖依然存在，并继续行使职权。1950 年 1 月，中国人民银行苏北分行随苏北行政公署迁驻扬州，扬州、泰州摘除华中银行牌子。随之华中银行总行正式摘牌，自行注销。华中银行从成立到完成历史使命的 5 年时间里，共发行 13 种券别、69 种版别华中币，共计 4 251.6 亿元；发放农业、工商业等各类贷款共计 26 亿元华中币。

（四）山东解放区信用合作事业的发展

抗日战争时期，山东各根据地建有生产合作社、消费合作社、信用合作社等合作组织。其中信用合作社零星地发挥作用，如在胶东，到 1940 年下半年信用合作社发展到 19 家；在滨海区，1941 年 5 月有 1 家信用合作社，基金 3 400 元；海阳邹家村合作社成立信用部，兼营信贷业务，经常有存款 3 万~4 万元，帮助人民群众解决资金周转困难（见图 4.5.4）。

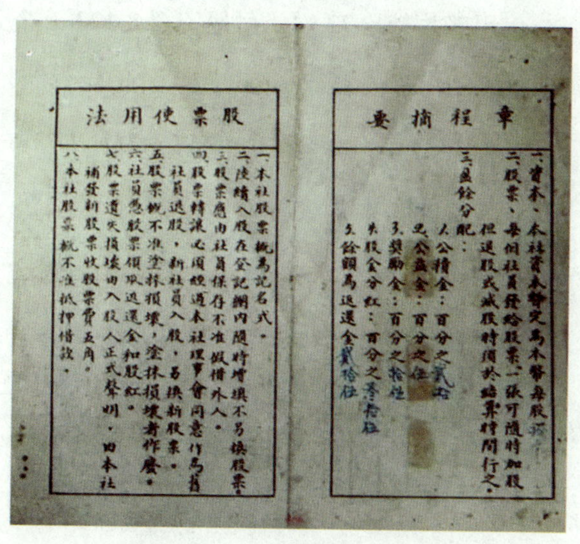

章程摘要

一、資本：本社資本暫定為本幣[illegible]股

二、股票：每個社員發給股票一張，可隨時加股，但退股或減股時須於結算時間行之。

三、盈餘分配：

1.公積金：百分之貳拾

2.公益金：百分之伍

3.獎勵金：百分之拾伍

4.股金分紅：百分之叁拾伍

5.餘額為退還金：貳拾伍

股票使用法

一、本社股票概為記名式。

二、凡續入股在登記簿內隨時增填，不另換股票。

三、股票應由社員保存，不准假借外人。

四、股票轉讓必須經過本社理事會同意，作為舊社員退股，新社員入股，另換新股票。

五、股票概不准塗抹損壞，塗抹損壞者作廢。

六、社員憑股票領取退還金和股紅。

七、股票遺失損壞由入股人正式聲明，向本社補發新股票，收股票費五角。

八、本社股票概不准抵押借款。

图 4.5.4　海阳县合作社股票

华东解放区的信用合作事业主要是在山东地区。在抗日根据地的基础上，山东解放区通过综合性的合作社，设立信用部代理信用业务开展工作，专营信用业务的信用社很少。

沂蒙地区沂北米格区联社信用部。米格区联社是山东省有名的模范合作社，早在1940年2月就成立米格乡社，1943年改为米格区社，1944年6月成立全区联合社，经营消费品、纺织、运输、医药、信用等多项业务。米格区联社内设信用部，共有股金18万元，其中10万元来自贷款。抗战胜利初期，联社迅速扩大信用业务，1946年每村都有一处信用部。

胶东地区海阳县留格区济源渔民合作社信用部。1946年12月，渔民合作社经过全体社员同意，从济源本社中抽出30万元资金分设信用部，方便渔民存放款。如每年渔民捕虾的用款时间在9月、10月、11月三个月，信用部贷款给渔民。到第二年1月左右，渔民卖虾陆续回款存放到合作社，2月、3月、4月持续。这一时期正是修理渔具的时间，存款可以机动。渔民贷款、回款、存款，错期周而复始，合作社不用很多资本便可调剂资金。信用部每半年结账一次，结余款交济源社统一分红。

潍坊市群众运销合作社信用部。1948年，潍坊市运输工人集资在运销合作社成立信用部。由于忠诚为社员服务，经营有方，得到政府和银行的支持，1948年底，信用部共贷款72次，融通资金8 120万余元。

六、内蒙古解放区红色金融事业

内蒙古自治区地处祖国北部边疆，东起大兴安岭，与东三省广袤地区接壤，西接宁夏、甘肃，南连河北、山西、陕西，北面与俄罗斯、外蒙古交界。内蒙古的交通四通八达，商业繁荣，曾经是草原“丝绸之路”，自古以来则有“茶马互市”，清代以来有“通事行”“旅蒙商”等。抗战胜利后，在共产党领导内蒙古自治区各族人民争取民主自由和民族自治的伟大历程中，在内蒙古政治、经济建设过程中，红色金融事业得到了发展壮大。

（一）抗战胜利初期，成立东蒙银行，稳定金融市场

1945 年 8 月 23 日，中共中央向晋察冀中央局发出《关于内蒙工作方针》，指出内蒙古在战略上的重要地位，明确了在内蒙古地区实行区域自治的基本方针，并将实际工作权交给晋察冀中央局及晋绥分局。

1945 年 10 月 23 日，中共中央就内蒙古工作的基本方针问题向晋察冀中央局和晋绥分局发出指示，指出：“对内蒙的基本方针，在目前是实行区域自治。首先从各旗开始，争取时间，放手发动与组织蒙人的地方自治运动，建立自治政府。”

1945 年 11 月 26 日，在中国共产党领导下，内蒙古自治运动联合会在张家口筹备成立。内蒙古自治运动联合会派出干部分赴内蒙古各地开展工作，陆续建立联合会分会和地方民主政权。

1946 年 1 月 19 日，东蒙古人民自治政府宣布成立。东蒙古人民自治政府辖兴安、昭乌达、哲里木、卓索图、纳文慕仁、呼伦贝尔 6 省 39 旗 4 县 1 区 2 市。东蒙古人民自治政府成立后，制定了《经济建设总要》，立即开

展各项经济工作，为内蒙古金融系统的建立提供了条件。

1. 成立东蒙地方流通券印刷厂

1945 年 8 月，内蒙古东部地区面临着生产凋敝、市场萧条、金融混乱、物价飞涨的局面。1945 年 9 月 1 日，东蒙地方流通券印刷厂在接收伪满中央银行兴安支店、伪兴农金库兴安支库等敌伪金融机构财产的基础上成立。1945 年 10 月，东蒙地方流通券印刷厂开始发行第一期货币“兴安总省政府暂行流通券”，票面金额有 5 元、10 元、100 元三种（见图 4. 6. 1）。

图 4. 6. 1　兴安总省政府暂行流通券

到 1945 年底，“兴安总省政府暂行流通券”共发行 3 期总计 400 万元。在这一期间，东蒙流通券印刷厂代理人民自治政府发行货币，行使了部分银行的职能，为后来东蒙银行的建立奠定了基础。

2. 建立东蒙银行

1946 年 1 月 19 日，东蒙古人民自治政府发布《施政纪要》指出，建立东蒙银行，发行货币，整顿金融，以此作为经济的保障；并提出东蒙银行职责：一是从速调剂通货，并安定金融；二是奖励民众扶助金融机关之设置；三是实行简易储蓄（金）制度。

1946 年 3 月 1 日，为更好地整顿金融市场，东蒙银行在东蒙地方流通券印刷厂的基础上成立。东蒙银行隶属于东蒙古人民自治政府财政经济部，第一任行长是杨荫桂。东蒙银行的机构设置为四个股：秘书股、业务股、出纳股、会计股。两个支行（办事处）：扎兰屯支行、白城子办事处，主要业务是开展货币兑换，为商旅和群众提供方便的货币兑换服务。东蒙银行的主要业务：发行货币，代理金库业务，开展存款（主要是机关、公营企业），放款，汇兑，收购金银。

发行货币。1946 年 3 月 15 日，东蒙银行发行“东蒙古人民自治政府暂行流通券”，票面金额有 50 元、100 元两种（见图 4.6.2）。到 7 月 12 日，发行了三期流通券，共 1 600 万元。

图 4.6.2　东蒙古人民自治政府暂行流通券

发放农业贷款。1946 年 4 月 10 日，东蒙银行按照政府有关农贷政策，开始发放农业生产贷款，以配合东蒙古人民自治政府开展的减租减息运动，打击封建高利贷剥削。1946 年，东蒙银行实际发放农贷 275 万元，有力地促进了解放区的农业经济生产。

（二）内蒙古银行成立，逐步形成统一的金融系统

1. 兴安省政府成立，东蒙银行以兴安省政府名义发行货币

1946 年 4 月 3 日，内蒙古自治运动统一会议在承德召开。会上通过《内蒙古自治运动统一会议的主要决议》，确定了内蒙古自治运动联合会为内蒙古自治运动统一的领导机关；解散了东蒙古人民自治政府，成立了内蒙古自治运动联合会东蒙总分会，领导东蒙古自治运动。

1946 年 5 月 25 日，在东蒙古人民自治政府解散后，兴安省政府成立。兴安省政府受东北人民政府和内蒙古自治运动联合会的双重领导，管辖哲里木、兴安、纳文慕仁和呼伦贝尔四盟。兴安省政府成立后，调剂土地使用权，处理敌伪地产，实行减租减息，以发展农村经济，改善人民生活。

1946 年 5 月末，国民党军队开始大范围进攻解放区，中共中央东北局西满分局决定中共兴安省工委留在王爷庙（今乌兰浩特市），省政府及其他后方机关迁往海拉尔；10 月，又迁往纳文慕仁盟政府所在地扎兰屯。1947 年 1 月，兴安省政府由扎兰屯迁回王爷庙。

1946 年 7 月 20 日，兴安省政府发出第 6 号布告指出：前以东蒙古人民自治政府及兴安总省名义发行的流通券，今后改为以兴安省政府名义发行。7—8 月，东蒙银行以兴安省政府名义发行了“兴安省政府地方流通券”，共计 32 936 万元。10 月，纳文慕仁盟政府还发行了一批“纳文慕仁盟政府地方流通券”，以弥补货币流通的不足。

1946 年 9 月，东蒙银行开始发行“东蒙各旗县公私款通用地方流通券”，到 1946 年底共发行 26 323 万元，票面金额有 50 元、100 元两种。

1946 年 6—12 月，兴安省政府在移驻海拉尔、扎兰屯期间，东蒙银行又发行了“兴安省政府暂行流通券”12 184 万元。

1946 年 3 月—1947 年 3 月，东蒙银行共发行东蒙古人民自治政府暂行流通券、兴安省政府地方流通券、纳文慕仁盟政府地方流通券、东蒙各旗县公私款通用地方流通券、兴安省政府暂行流通券等各类货币 7. 3 亿元。

2. 统一金融市场，打击伪满币

解放战争初期，货币流通市场币制紊乱，矛盾交错，斗争复杂。在市场流通货币中，尤以日伪遗留的“伪满币”最多。国民党部队在军事进攻时，往往会在占领区投放大量翻印的伪满币，以此破坏解放区的货币金融秩序。

1946 年 10 月，兴安省政府王爷庙办事处发布公告《为保护兴安物资巩固内蒙币由》指出：“查东北各地物价上涨，我区必需物资大量流出，为掌握物资，巩固蒙币计，特规定外币兑换办法（等价兑换），并指示东蒙银行，凡我军政机关、团体、投资营业今后一律使用蒙币。”

1946 年 11 月 1 日，内蒙古自治运动联合会、兴安省政府发布《依据

（东）蒙古问题谈判纪要实行金融协定》指出：在东蒙自治区域内通用货币限于（东）蒙古政府发行之流通券，其他货币一律须兑换使用，红军票、伪满币 10 元以下券作为辅助货币暂可使用，伪满币兑换值为七折；在东蒙古自治区域内之铁路运输上须使用（东）蒙古政府发行之流通券。

1947 年 1 月 14 日，内蒙古自治运动联合会发布公告："伪满币由本日起一律禁止通用。" 1 月 25 日又紧接着发出"防范流入，严格查办"的训令。至此，伪满币已彻底被排挤出去，粉碎了国民党反动派的阴谋，没有使伪满币烂在解放区人民手里，避免了解放区的损失。

3. 成立内蒙古银行，发行内蒙币（旧蒙币）

内蒙古自治区在中国共产党的领导下，进行了剿匪肃特、巩固政权、减租调地、土地改革、生产互助等一系列政治和大生产运动，随着内蒙古人民政权巩固、农牧业经济迅速恢复，人民生活逐步改善。这不仅为内蒙古自治区建立相对独立的地方性金融体系和货币制度提供了政治保障，而且也奠定了坚实的经济基础。

1947 年 4 月 23 日，内蒙古人民代表大会在王爷庙（乌兰浩特市）举行，来自东西蒙的 390 余名代表参加了大会，会议决定撤销内蒙古自治运动联合会和兴安省政府。

1947 年 5 月 1 日，内蒙古自治区人民政府正式宣告成立。内蒙古民族解放和人民民主革命运动的发展也进入一个新的阶段。7 月 1 日，内蒙古共产党工作委员会（简称内蒙古党委）成立，从组织上公开了中国共产党是内蒙古民族区域自治事业的领导核心，乌兰夫任书记。内蒙古自治政府成立后，发布《内蒙古自治政府施政纲领》，第十一条规定：建立内蒙古银行，发行货币。

1947 年 6 月 1 日，东蒙银行正式改组为内蒙古银行。内蒙古银行发行"内蒙各旗县公私款通用"流通券，票面金额有 100 元、200 元、500 元三种。行长由内蒙古政府财政经济部副部长胡子寿兼任，副行长是杨荫桂、刘凤池。银行内部机构设置，由原东蒙银行的 4 个股升格为 4 个科，所辖支行（办事处）有突泉、扎赉特旗、扎兰屯、白城子、齐齐哈尔 5 个，附设 1 个印刷厂。

内蒙古银行的主要任务是：发行货币、存款、储蓄、信贷、农贷、汇兑、收买金银。发行的蒙币主要以粮食、棉花、布匹等重要物资作为发行准备。用物资随时调节物价、调节货币流通（如物价上升、币值不稳，就出售物资、回笼货币、平抑物价；反之，物价下降就增发货币、收购物资），使区内物价不受国民党统治区物价波动的影响，保障了人民生产和生活的安定。

从 1947 年 5 月到 1948 年 5 月末，内蒙古银行共发行蒙币（旧蒙币）548 810 万元。

（三）解放战争胜利前后，内蒙古人民银行成立和发展

1. 内蒙古人民银行成立，发行内蒙币（新蒙币）

1948 年 6 月 1 日，内蒙古自治区人民政府颁布“关于币制改革，改组内蒙古银行”的布告：“随着战局胜利形势的发展，土地改革基本完成，自治区生产已转入高潮。兹为扶助生产，发展工商农牧业，调整各地资金周转，建立健全金融机构，调整过去筹码，改进发行，充实银行起见，特将内蒙古银行停止业务，重新组织内蒙古人民银行，发行新货币，并命自即日起开始进行新业务。”

从此，内蒙古银行改组为内蒙古人民银行。内蒙古人民银行行长仍由原内蒙古银行行长胡子寿担任，银行内部机构设置为业务、秘书两个处和一个印刷厂。业务处下设会计、出纳、业务 3 个科，秘书处下设秘书、资料 2 个科。内蒙古人民银行成立之日，新设了海拉尔分行。到 1948 年底，内蒙古人民银行下辖海拉尔分行、突泉支行、扎赉特旗支行和扎兰屯支行 4 个分支机构。

内蒙古人民银行成立后，即开始发行货币——内蒙旗县公私通用券（新蒙币）。新蒙币此时已改为胶版印刷，票面金额分 5 种：200 元、500 元、2 000 元、1 万元、5 万元（见图 4. 6. 3）。1949 年 5 月 20 日，随着原属辽北省政府的哲里木盟和热河省的昭乌达盟划回内蒙古自治区领导，原属东北银行和长城银行领导的通辽、林东、林西、天山和经棚 5 个支行、

办事处由内蒙古人民银行接收。到 1949 年底，内蒙古人民银行有海拉尔 1 个分行，突泉、扎赉特旗、通辽、林东、扎兰屯 5 个支行，开鲁、满洲里、林西、天山、经棚 5 个办事处，总计分支行处 11 个。

图 4. 6. 3　内蒙旗县公私通用券（新蒙币）500 元

内蒙古人民银行在发行新蒙币的同时，将前内蒙古银行、东蒙银行、兴安省政府所发行的各种券别的旧币一律收回。内蒙古银行发行的旧蒙币按八折兑换，其他旧币（如东蒙银行、兴安省政府发行的旧币）按五折兑换。

1948 年 11 月 23 日后，内蒙古辖内流通的东北流通券一概停止使用，东北流通券必须持往内蒙古人民银行兑成内蒙币，方能行使，违者以扰乱金融论处。凡因公私需要兑换东北流通券者，由内蒙古人民银行无限等价汇兑。

内蒙古人民银行成立之时，全国各解放区尚未连成一片。内蒙古人民银行保持相对独立的地方性金融体系，对保护和巩固内蒙古民族区域自治，保障区内人民生产、生活的安定，稳定区内金融物价，使之免受区外各地尤其是国民党统治区物价波动的影响，以及促进内蒙古自治区生产尽早恢复和发展，更好地支援解放战争发挥了重要作用。

2. 以人民币收兑内蒙币，内蒙古人民银行改组为中国人民银行内蒙古自治区分行

1948 年 12 月 1 日，中国人民银行在石家庄成立。为保护东北地区和内蒙古地区不受关内物价波动的影响，使其尽早恢复生产、支援全国的解放战争，中国人民银行决定对东北地区内蒙古的解放区货币推迟收兑期，允许东北地区、内蒙古的解放区继续独立发行本区的货币。

1949 年 12 月，内蒙古自治区人民政府由乌兰浩特市迁至张家口市，内蒙古人民银行陆续在张家口、锡盟、察盟、宝昌、贝子庙建立支行。内蒙古人民银行钞券即内蒙币也开始在上述地区流通，同时停止长城币、热河币、锡盟工薪票的流通，收兑内蒙币以外的其他钞券。

1951 年 2 月 20 日，内蒙古人民银行召开第四届行务会议，明确提出：一是总行将视各地经济条件，有重点地增设旗县的银行机构；旗县以下的重要林矿等特产区，先派流动组，逐步改为营业所；二是统一各行内部组织形式，总行营业部、海拉尔分行，满洲里、通辽、林东、宝昌、张家口等支行内部可分设秘书（总务）、会计、业务、货币管理、出纳 5 股，其他各行处均设秘书（总务）、会计、业务、出纳 4 组；扎兰屯可另设货币管理组。

随着全国的解放、物价的日趋稳定和经济的迅速恢复，统一全国金融的时机已经成熟，中国人民银行着手以人民币收兑内蒙古人民银行发行的地方流通券。1951 年 3 月 23 日，内蒙古人民政府颁布关于执行中央政府政务院统一币制的命令。4 月 1 日，内蒙古人民银行改组为中国人民银行内蒙古自治区分行，正式成为中国人民银行的分支机构，并同时开始收兑内蒙币，收兑比价为人民币 1 元兑东北、内蒙币 9. 5 元。由于内蒙古地域辽阔，为了照顾群众利益，将收兑的时限延至 1952 年底。

自此，内蒙古地区一切计价、记账、契约等均以人民币为法定货币单位。为照顾内蒙古人民，中国人民银行特印刷发行了一部分有蒙文的人民币在内蒙古地区流通，与不带蒙文的人民币价值相等，并准予在全国各地流通。这次收兑工作历时 1 年零 9 个月，共收回内蒙古人民银行地方流通券 7 303 亿元，约占当地流通量的 98%。至此，内蒙古货币实现了与全国货币的统一。

七、华南解放区红色金融事业

抗日战争时期，中国共产党领导华南抗日纵队开辟的华南敌后战场，是中国共产党领导的三大敌后战场之一。在解放战争时期，华南地区再次成为敌后。在这一时期，东江纵队北撤后留下的骨干和当地的党员干部继续坚持游击斗争，开展红色金融建设，为配合解放军南下做出了积极的贡献。

（一）抗战胜利后，华南地区艰难开辟游击区

1945 年 8 月 15 日日军投降后，华南地区并没有迎来和平。当时，国民党军队一直没有停止对东江纵队的围追堵截。“双十协定”签署仅十天后，广东的国民党军倾巢出动，从南岭山脉到珠江两岸，从潮汕平原到雷州半岛，动用 17 个师“围剿”东江纵队。

1946 年 1 月 5 日，国共双方签订了《关于停止国内军事冲突的协定》；3 月签订东江纵队北撤协议。6 月 30 日，东江纵队主力北撤山东；7 月，加入华东部队序列。1947 年 8 月，改称为“两广纵队”，后参与淮海战役。淮海战役结束后，两广纵队拨归第四野战军序列。1949 年 9 月，两广纵队随着四野南下。

1946 年 6 月，内战全面爆发。当时，东江纵队北撤后留下的武装骨干在华南各地坚持斗争。1946 年 12 月，中共华南地区党组织作出了全面恢复广东武装斗争的决定，并积极筹划恢复整个华南地区的武装斗争。1947 年 1 月，华南游击战争恢复。1947 年 4 月，中共华南地区成立粤桂边、粤桂湘边、粤赣湘边、闽粤赣边、海南岛（即琼崖）、桂滇黔边、粤中区 7 个战略游击

区，以各边区为战略单位，建立边区党委（工委）以及边区游击部队。

1947年5月，中共中央香港分局正式成立（后于1949年4月改称华南分局），统一领导华南地区的武装斗争。1947年下半年，人民解放军转入战略大反攻。在华南敌后战场，国民党反动派加强了对华南人民游击队和游击区的进攻。

1948年2月，中共中央香港分局向华南各地发出《粉碎蒋宋进攻计划，迎接南征大军的指示信》。边区游击队根据这一斗争方针，展开大规模的游击活动。1948年底，香港分局制定了“全面发展，重点巩固”的方针，要求各地区迅速完成大块根据地的建立，以迎接南下大军解放华南。

1949年1—9月，华南各边区游击队陆续改称为边区纵队。华南各边区游击部队从此列入中国人民解放军建制。各边区纵队向敌人展开了“春季攻势”“夏季攻势”，发展壮大队伍。9月，华南游击纵队总人数达11万余人，参与广东战役、漳厦战役、广西战役、滇南战役、西昌战役、海南岛战役6次战役，协助南下野战军主力解放湘、粤、闽、桂、滇、黔等省，有力地策应了南下大军进入华南和西南。

（二）华南地区各解放区发行的货币

在解放战争时期，华南地区作为敌后，各根据地之间难以连成一片。1949年1月，随着华南边区纵队的建立，华南解放区进一步扩大，各解放区纷纷建立了人民政权。为恢复和发展经济，不少地区发行了地方货币等。这些货币对促进根据地货币流通、商品流通、活跃经济、补充部队经费等均发挥了积极的作用。

河源县信用流通券。该券发行于1948年12月，由粤赣边支队司令部军需室负责印制，票券为套色油印（见图4.7.1）。发行初期，与国统区的金圆券等值流通，当金圆券发行大额钞时，信用流通券亦发行过200元、500元、1 000元、1万元4种大额票。后金圆券急剧贬值，信用流通券的大额票即停止发行。信用流通券以稻谷计值流通，信用很好，流通范围遍及河源县邻乡市镇。

连和县信用流通券。1949 年元旦，连和县人民政府成立。1949 年 3—4 月，印制连和县信用流通券。由粤静边支队司令部军需室负责印制，系套色油印，票券正面盖有连和县县长印章。该券与河源县信用券等值。初期与金圆券等值流通，后亦以稻谷计值流通。该券限本县境内使用。

新丰县信用欠票。粤赣湘边纵队东江二支队二团驻新丰县，为解决部队给养问题，于 1948 年 12 月在新丰县半江横峰召开会议，决定参照河源县发行信用流通券的办法，发行信用欠票。信用欠票由粤赣报社负责印制，采用红、蓝、黑三色套印，信用欠票均为 1949 年版，面额有 1 角、2 角、5 角、1 元 4 种。

图 4.7.1　河源县信用流通券

粤赣湘边区人民流通券。1949 年 5 月，龙川县老隆镇解放，粤赣湘边纵队司令部迁到老隆。8 月，粤赣湘边区各县相继解放，并与闽粤赣边区连成一片。粤赣湘边纵队司令部为了促进贸易、繁荣市场，决定发行粤赣湘边区人民流通券。该券面值有 2 角、5 角、1 元、5 元、10 元，与河源、连和两县信用流通券同值流通。流通至 10 月上旬，由中国人民银行东江分行以人民币等值收兑。

海丰民主县政府临时流通券。1949 年 1 月 1 日，粤赣湘边纵队成立，同时成立了海丰民主县政府（当时海丰县城还未解放）。1949 年 5 月，针对海丰县金融货币的混乱状态，决定发行海丰民主县政府临时流通券多种，面额有 1 角、2 角、1 元、2 元、5 元。此券与港币等值流通，等值兑换。1949 年 10 月，海丰解放后，海丰流通券由南方人民银行按南方券 2 元兑换海丰流通券 1 元收兑。

紫金县人民政府流通券。1949 年 5 月，粤赣湘边纵队进驻广东省东中部的紫金县城，建立中共紫金县委员会。紫金县政府发行紫金县人民流通券多种，面额有 1 角、5 角、1 元、2 元、5 元 5 种。此券的发行是为了便利交易、活跃市场、方便完粮纳税。至 1949 年 10 月，该券由南方人民银行以“南方券”等值收兑。

大埔角军民合作社流通券。1949 年 2 月，闽粤赣边区党委成立边区财经委员会。3 月，在大埔角召开边区第一次财经会议，会后决定发行钞票。当时政府还未建立，不能开设银行，故创办军民合作社发行钞票（流通券），有 1 角和 1 元两种面额。

大埔军民合作社流通券。1949 年 5 月中旬，大埔县城解放。6 月初，大埔军民合作社成立，发行大埔军民合作社流通券，票券为木刻版，图与大埔角流通券同，票券面额有 5 分、1 角各 2 种，1 元、5 元各 1 种。

闽西军民合作社流通券。1949 年 6 月初，闽西永定县城解放，6 月 18 日，在永定县城建立军民合作社闽西分社，发行闽西军民合作社流通券。版式与大埔券同，票券盖有“闽西”地名，面额有 5 分 1 角各 2 种，5 角、1 元、5 元、10 元各 1 种。

闽中支队部钞票。1949 年 2 月，闽浙赣人民游击纵队闽中支队司令部在莆田县大洋镇成立。为了解决部队给养、人员津贴及军备需要，于 6 月初曾印制“闽中支队部钞票”1 角和 5 角，为土纸，红色油墨单面蜡纸刻印。此券币值与银元等值，流通时间为 2 个多月。

潮饶丰边县军民合作社流通券。1949 年 5 月，广东潮州凤凰山革命根据地成立“潮饶丰边县行政委员会”。7 月 1 日，成立边县军民合作社，发行流通券。该券与港币等值，面额有 1 角、2 角、5 角、1 元 4 种。流通范围以潮饶丰边县解放区为限。1949 年 10 月，潮州市解放，南方人民银行收兑流通券。

大众合作社光银代用券。1947 年 1 月，琼崖党政机关和琼崖纵队司令部迁入白沙县的红毛乡，着手建立五指山根据地。琼崖民主政府为了方便五指山根据地的集市贸易与商品交换，决定由大众合作社发行临时光洋代用券。此券是木刻版印制，有 1 角、2 角两种，与光洋等值流通。因发现有假票流通，琼崖民主政府宣告该券自 6 月 1 日起停止使用，并由各级政府负责用光洋等值收回。

西区专员公署光银代用券。1948 年 2 月，琼崖民主政府为了加强对海南各县的领导，建立东区、南区、西区、北区 4 个专署。西区环境安全，为了发展生产、支援前方与活跃市场贸易，西区专署于 1948 年底经琼崖民主政府批准发行“西区专员公署光银代用券”3 种，面额有 5 分、1 角、2 角，作为光银辅币，与大众合作社光银代用券一并在解放区流通。1949 年 5 月，发现有假票出现，遂即停止流通使用。

琼崖临时人民政府光银代用券。1949 年 5 月 14 日，琼崖民主政府改称为“琼崖临时人民政府”。6 月 1 日，琼崖临时人民政府在收回大众合作社光银代用券的同时，发行了“琼崖临时人民政府光银代用券”。该券面额有 5 分、1 角、5 角，流通使用约 1 年（见图 4. 7. 2）。

图 4. 7. 2　琼崖临时人民政府光银代用券

车佛南流通券。1949 年 10 月 20 日，滇黔桂边区边纵九支队车佛南整训总队发行“车佛南流通券”。该券盖有司令员鲁文聪和发行局局长本会宾印章，面额有 1 元、2 元，2 元流通券抵 1 元银元。1950 年 8 月，由中国人民银行佛海支行收兑。

滇黔桂边区贸易局流通券。1948 年 10 月，桂滇边纵队进入云南，解放了几座县城。当时经济比较困难，中共桂道边工委决定发行“滇黔桂边区贸易局流通券”，票券上有贸易局局长全明的签字，面额有 1 元、5 元，纸张有五角星的水印，可以防伪。印好后准备云南全境解放，但还未及投入流通，同年中国人民解放军滇黔桂边纵队司令部和政治部决定发行“云南人民革命公债券”，以“道黔桂边区贸易局流通券”加盖戳记作为公债发行。

鹤山县第四区人民政府粮税代用券。1949 年 2 月，粤中区的新高鹤（新会、高明、鹤山）解放区逐渐扩大，鹤山县第四区处于该县中心。1949 年 4 月，鹤山县第四区人民政府成立，粤中区党委决定在群众基础较好的鹤山县进行货币试点，新高鹤工委遂定以该县第四区为试点以作推广。该区发行货币以公粮和税收为基金，故名为“鹤山县第四区人民政府粮税代用券”，该券面额有 112 毫、5 毫、1 元、2 元，于 6 月发行，至同年 10 月由中国人民银行以人民币收兑。

高明县第一区、第二区人民政府粮税代用券。自鹤山县第四区人民政府粮税代用券发行后，高明县的第一区、第二区也发行了粮税代用券，发行时间在 1949 年 7—8 月。第一区人民政府粮税代用券面额有 1 毫、2 毫、5 毫、1 元四种，第二区人民政府粮税代用券现见有 1 元、5 元面额，这两区的粮税代用券与港币等值流通。至 1949 年 10 月，由中国人民银行以人民币收兑。

高要县第二区、第三区人民政府粮税代用券。发行时间在 1949 年 8—9 月。由于已临近解放，流通时间不长。高要县第二区人民政府粮税代用券现仅见 1 元券，第三区人民政府粮税代用券现见有 1 毫、2 毫、1 元三种，与港币等值，至 1949 年 10 月，由中国人民银行以人民币收兑。

新兴县人民政府军粮代用券。1949 年 4 月，新兴县人民政府成立，为了便利市场交易、补充部队给养，中共新兴县县委和粤中纵队广阳二支队七团研究商定发行“新兴县人民政府军粮代用券”，以军粮作保证，面额有 1 角、2 角、5 角、1 元、2 元、5 元、10 元七种，与港币等值，后由中国人民银行收兑。

（三）华南解放区成立的两家银行

1. 裕民银行

1948 年初，华南大北山革命根据地得到进一步扩大和巩固，成为中共领导潮汕地区武装斗争的大后方。在其辖地，普遍成立乡一级的民主政权组织。

1948 年 3 月中旬开始，由于国民党的军事进攻和经济封锁，根据地的金融状况不容乐观，根据地货币市场混乱，百姓不得不使用银元进行交易，一些地方甚至出现了物物交换的原始交易形式。潮汕地区是著名的侨乡，不少侨眷依赖海外侨汇生活，复杂混乱的金融环境给侨眷带来极大的生活困难。

1948 年 5 月，闽粤赣边区成立了潮揭丰人民行政委员会。潮揭丰人民行政委员会召集党、政、军负责人联席会议，研究解决根据地商品贸易流通问题。会议认为，在扩大后的根据地发行货币是对敌经济斗争和保卫人民利益的重要方法，迫切需要成立一家银行，遵循金融规律，以足够的物质、黄金和外汇作为发行基金，发行具有本位币货币。会议决定，成立名为“裕民行”（后称“裕民银行”）的银行，发行“裕民流通券”（见图 4. 7. 3）。

图 4. 7. 3　裕民银行发行的 5 元券

1948 年 12 月，经过筹备，裕民银行正式成立，初址设在大北山南山圩，造币厂也在大北山南山圩内。1949 年 2 月 17 日，河婆解放后，裕民银行迁往河婆，并设立总行。5 月底，八乡、良田、大洋、横江、南山等 12 个乡都成立了中国共产党领导下的乡政权。大南山、大北山、南阳山根据地逐渐打通，融为一体。裕民银行先后在棉湖、卅岭、里湖、流沙、两英、神泉、惠来、隆江、甲子、河婆等地设立办事处，形成了一个覆盖面很广的金融网络。

1949 年 7 月 23 日，裕民银行改组成为南方人民银行潮汕分行。

2. 新陆银行

1949 年 2 月，中国人民解放军粤赣湘边纵队东江第一支队六团解放陆丰县西北重镇河田镇，接着解放陆丰西北 8 个乡、18 万人口，把粤赣湘和闽粤赣两个边区连成一片。河田镇是建立大块根据地的一个重要据点，是粤赣湘边区党委、边纵、江南地委和支队的指挥中心。

1949 年 3 月，鉴于各地蒋币信用尽失，难以流通，粤赣湘边区党委和江南地委决定成立江南地委财政经济委员会，建立人民的金融机构，发行新货币。4 月，在正式建立金融机构之前，粤赣湘边纵队东江第一支队六团尝试发行河田流通券，尝试发行面额为 1 角、2 角、5 角三种，总发行额未超过 5 000 元，与港币比值为 2∶1。

1949 年 5—6 月，在总结河田流通券印制发行工作经验的基础上，陆丰县人民政府和东一支六团经请示江南地委和粤赣湘边区党委批准，正式成立新陆银行，发行新陆券。陆丰县县长郑达忠兼任新陆银行经理，陆丰县财政科长麦友俭为副经理。

新陆银行按照新陆券 2 元兑港币 1 元的规定比价收兑港币。新陆券面额有 1 角、2 角、5 角、1 元、2 元、5 元六种，总发行量达 60 万元（见图 4. 7. 4）。

图 4. 7. 4　新陆银行发行的 2 元券

新陆券的发行有力打击了蒋币，畅通了市场商品流通，稳定了人民经济生活，保障了部队供给，缓解了边区财政收支的紧张状况。特别值得一提的是新陆券发行后，粤赣湘边区由限制港币流通发展到禁止港币流通，收兑了一定数量港币，增加了根据地外汇收入。

1949 年 7 月 16 日，陆丰县城宣告解放。中共江南地委逐渐将主要力量转移到资金积累、接收城市、搞好政权建设和财政经济工作，并把新陆银行收归江南地委直接领导，派华南财委的陈培接任新陆银行经理。同时，中共江南地委决定新陆券通行全江南地区。

1949 年 7 月，东江、潮汕解放区已联成一大片，商品流通的范围随之扩大。这时统一货币市场已十分迫切。为建立华南解放区统一的本位货币市场，"新陆银行"与"裕民银行"并入"南方人民银行"，发行的南方券以 1∶1 比价收回新陆券。至此，裕民券和新陆券停止流通。

（四）配合南下解放大军作战，成立南方人民银行

1949 年 4 月，针对华南金融混乱、通货膨胀的严重问题，华南分局经党中央同意，决定创建南方人民银行，特派蔡馥生、赵元浩负责筹备工作。6 月，华南分局书记方方到达灰寨，会上正式宣布：蔡馥生任华南分局财经委员会主任，李嘉人、赵元浩、黄声任副主任，并由蔡馥生、赵元浩兼任南方人民银行正、副总经理。

1949 年 7 月 8 日，南方人民银行正式成立，总管理处设在广东省揭西县的河婆。下设"一局、一部、三处"，即印务局、发行部、业务处、会计处、秘书处。在粤东暂设潮汕分行、东江分行、梅州分行。同时，原已经在解放区成立的新陆银行和裕民银行并入南方人民银行。南方贸易总公司设在河婆镇，由裕民贸易公司改建。在各地分行所在地均建立南方贸易公司，与南方人民银行相配合，大量收购物资。

南方人民银行成立后，有计划地发行南方券（见图 4.7.5），供应华南解放区各地的党、政、军经费，南方人民银行还代理财政及付款、代理收款折合旧人民币 8 亿余元，代垫财政支出 50 余亿元，其中支持军需款 30 亿元，党政军经费 20 亿元。南方人民银行通过南方贸易公司，大量收购了

粮食、盐、油柴等物资，调节了市场，准备了充足的物资迎接南下解放大军。到南方人民银行结束止，共计发行南方券 109 672 300 元。

图 4.7.5 南方券 1 角

由于国民党政治统治及货币制度迅速走向崩溃，华南地区大量港币流入，对此，潮梅行政委员会颁布《外汇管理暂行办法》《对外贸易暂行办法》《金银管理暂行办法》等金融政策，禁止金银流通，实行外汇管制，迅速建立起南方券的货币信用，抵制港币侵入。

南方人民银行发放各种贷款数额折成旧人民币达 375 亿元，其中支持南方贸易公司收购粮食、农副产品、日用品等占贷款总额的 1/3；同时发放农、渔业贷款，支持农、渔民购买耕牛、农具、渔具（船）、种子、肥料等，以发展解放区农业、渔业生产；对文教卫生事业和私营工商业亦给予贷款支持；对贫下中农、侨眷生活困难的给予贷款帮助，使他们安定生活，恢复家庭副业。这些对增加商品供应、稳定物价水平、活跃商品流通、繁荣解放区市场等都起到了积极作用。

1949 年 10 月 14 日，广州解放；11 月 21 日，中国人民银行华南区分行和中国人民银行广东省分行在广州成立。1950 年，《中国人民银行广东省分行转发华南分区行结束南方券的处理办法》颁发，规定 1950 年 6 月 15 日前回收全部南方券，将南方券兑换成人民币。1952 年 11 月 5 日，中国人民银行广东省分行函送《南方人民银行结业报告》，南方人民银行完成其历史使命。

参考文献

1. 《毛泽东选集》第一、二、三、四卷，人民出版社 1991 年版。

2. 《邓小平文选》第一卷，人民出版社 2001 年版。

3. 《习近平论中国共产党历史》，中央文献出版社 2021 年版。

4. 《毛泽东邓小平江泽民胡锦涛关于中国共产党历史论述摘编》，中央文献出版社 2021 年版。

5. 中共中央文献研究室：《陈云传（1）》，中央文献出版社 2005 年版。

6. 何载：《红旗漫卷西北高原：缅怀习仲勋在西北》，中共党史出版社 2013 年版。

7. 曹宏、周燕：《寻踪毛泽民》，中央文献出版社 2007 年版。

8. 中国人民银行金融研究所：《曹菊如文稿》，中国金融出版社 1983 年版。

9. 本书编写组：《中国共产党简史》，人民出版社，中共党史出版社 2021 年版。

10. 许毅：《中央革命根据地财政经济史长编》（上、下册），人民出版社 1982 年版。

11. 王礼琦：《中原解放区财政经济史资料选编》，中国财政经济出版社 1995 年版。

12. 姜宏业：《中国金融通史》第五卷，中国金融出版社 2008 年版。

13. 中国人民银行金融研究所、财政部财政科学研究所：《中国革命根据地货币》（上、下册），文物出版社 1982 年版。

14. 中国人民银行：《金融史料汇编（1921—1949 年）》，中国金融出版社 2015 年版。

15. 中国金融思想政治工作研究会、中国金融文化建设协会：《全国金融系统思想政治工作和文化建设优秀调研成果》，中国金融出版社 2019 年版。

16. 孔路原：《试论川陕苏维埃的金融货币》，《中共成都市委党校学报》2001 年第 3 期。

17. 赵丹：《川陕革命根据地货币政策初探》，《中国市场》2016 年第 51 期。

18. 苟邦中、冯绍友：《川陕省苏维埃政府工农银行发展历程略说——庆祝中国工农红军入川七十周年纪念》，《西南金融》2002 年第 12 期。

19. 刘森：《鄂豫皖根据地货币论略》，《中国钱币》1988 年第 4 期。

20. 高贵海：《鄂豫皖苏维埃银行、苏维埃货币及其对革命战争的贡献》，《党史纵览》1996 年第 3 期。

21. 欧阳植樑：《试论鄂豫皖苏区的经济建设》，《武汉大学学报》1981 年第 4 期。

22. 祝正顶：《岁且虽短　风范长存——鄂豫皖苏维埃银行货币政策初探》，《武汉金融》2006 年第 10 期。

23. 庞良举：《鄂豫皖苏区经济公社刍议》，《安徽史学》1988 年第 4 期。

24. 李启星：《鄂豫皖苏区银行建设若干问题探究》，《苏区研究》2019 年第 2 期。

25. 解武军、熊卫东：《对粉碎敌人五次围攻决战公债券发行历史背景的分析》，《中国钱币》2007 年第 4 期。

26. 游德馨：《方志敏与闽浙赣苏区的创立发展和壮大》，《福建党史月刊》2020 年第 2 期。

27. 刘向前：《赣东北苏区第一家银行》，《党史文苑》2009 年第 12 期。

28. 张贤军、张金锭、吴雄斌：《闽北苏区金融机构的建立与发展》，《红土地》2016 年第 2 期。

29. 邱曙辉、金世辉、王新平、解武军：《闽浙赣省苏维埃银行及发行的银行券》，《中国钱币》2014 年第 5 期。

30. 朱火金：《闽浙赣苏区银行股票、兑换券、公债券发行始末》，《福建党史月刊》2008 年第 11 期。

31. 郑亚宁：《陕甘边革命根据地经济金融建设及历史经验》，《甘肃金融》2018 年第 11 期。

32. 李洪、苏春生：《湘赣革命根据地货币史论》，《中国钱币》1992 年第 4 期。

33. 肖居孝、徐腊梅：《中共湘赣省委及其领导的经济建设》，《党史文苑：学术版》2006 年第 12 期。

34. 田茂德：《川陕革命根据地金融大事记》，《四川金融研究》1983 年第 1 期。

35. 任晓毛：《川陕苏区工农银行发行的红军货币》，《四川档案》2016 年第 4 期。

36. 孔路原：《试论川陕苏维埃的金融货币》，《中共成都市委党校学报》2001 年第 3 期。

37. 史林静：《郑义斋：红色理财专家》，《人民日报》2018 年 10 月 21 日。

38. 单冬克：《中央苏区红色金融史话》，《党史文苑》2012 年第 13 期。

39. 万立明：《“红军票”背后的鱼水情》，《党员文摘》2017 年第 3 期。

40. 荆东：《红色金融：从中华苏维埃国家银行到陕甘宁边区银行》，《中国银行业》2019 年第 6 期。

41. 王卫斌：《中华苏维埃共和国国家银行》，《传承》2010 年第 2 期。

42. 马德伦：《对〈中华苏维埃共和国国家银行章程〉的解读》，《金融博览》2018 年第 4 期。

43. 吴平、陈忠、曾桂蝉、江梅枝、陈佩山、肖茂盛、曾超仪：《中国第一个红色政权建立的海陆丰劳动银行》，《中国钱币》1988 年第 4 期。

44. 山西省地方志编纂委员会办公室：《山西金融志》，1984 年。

45. 陕甘宁边区财政经济史编写组、陕西省档案馆：《抗日战争时期陕甘宁边区财政经济史料摘编》，陕西人民出版社 1981 年版。

46. 陕甘宁边区金融史编辑委员会：《陕甘宁边区金融史》，中国金融出版社 1992 年版。

47. 山东省地方史志编纂委员会：《山东省志 · 金融志》（上册），山东人民出版社 1986 年版。

48. 薛暮桥：《山东解放区的经济工作》，人民出版社 1979 年版。

49. 中国社会科学院经济研究所现代经济史组：《中国革命根据地经济大事记》，中国社会科学出版社 1988 年版。

50. 安徽省档案馆、安徽省财政厅：《安徽革命根据地财经史料选》（第一卷、第二卷、第三卷），安徽省人民出版社 1983 年版。

51. 辽宁省地方志编纂委员会：《辽宁省志 · 金融志》，辽宁科学技术出版社 1996 年版。

52. 中共中央东北局秘书处：《中共中央东北局重要档案汇编》，1954 年。

53. 中央档案馆：《东北地区革命历史文件汇集》，1989 年。

54. 中国共产党中央委员会：《关于建国以来党的若干历史问题的决议》，中共党史出版社 2012 年版。

55. 中华全国总工会中国工人运动史研究室：《中国工会历次代表大会文献》，工人出版社 1984 年版。

56. 东北解放区财政经济史编写组：《东北解放区财政经济史资料选编》（第一册、第二册、第三册），黑龙江人民出版社 1988 年版。

57. 中国社会科学院、中央档案馆：《1949—1952 年中华人民共和国经济档案资料选编》（金融卷），中国物资出版社 1995 年版。

58. 朱建华：《东北解放区财政经济史稿》，黑龙江人民出版社 1987 年版。

59. 赵小敏：《华南革命根据地三家银行——裕民银行、新陆银行、南方人民银行》，《中国金融》2005 年第 7 期。

60. 曾庆榴：《中国共产党广东地方史》，广东人民出版社 1999 年版。

61. 何锦洲、张松和：《华南革命史研究》，广州出版社 1999 年版。

62. 海南财政经济史编写组：《琼崖革命根据地财政经济史》，中国财政经济出版社 1988 年版。

63. 孔永松、邱松庆：《闽粤赣边区财政经济简史》，厦门大学出版社 1988 年版。

64. 广东省档案馆、广东惠阳地区税务局：《东江革命根据地财政税收史料选编》，广东人民出版社 1986 年版。

65. 孙礼新：《华中银行总行机构的演变》，《江苏钱币》2019 年第 2 期。

66. 江苏省财政厅、江苏省档案馆财政经济史编写组：《华中解放区财政经济史选编》（第一卷、第二卷、第三卷、第四卷），南京大学出版社 1987 年版。

67. 孙礼新：《华中敌后货币》，江苏科学技术出版社 1989 年版。

68. 中国人民银行内蒙古自治区分行：《光辉的内蒙古金融事业（1947—1959 年）》，金融出版社 1960 年版。

69. 郝维民：《内蒙古革命史》，内蒙古大学出版社 1997 年版。

后　记

建党百年之际，中国金融思想政治工作研究会组织编著了《中国红色金融史》，谨以此书向建党百年华诞献礼。在此，我们深切怀念为中国人民的解放事业和党的金融事业建立不朽功勋的革命前辈。

2021 年春，全党组织开展党史学习教育，以党的奋斗历程、历史经验、光荣传统和伟大成就鼓舞斗志、坚定信念、砥砺品格。中国共产党自 1921 年 7 月成立起，领导人民群众坚持在苦难和挫折中求索，在风雨飘摇中前进，“挽狂澜于既倒，扶大厦之将倾”。在惊涛骇浪的生死较量中，奋勇开拓红色金融事业，支撑根据地建党建军建政，支撑红军、八路军、新四军、解放军生存、发展、壮大，创造了丰富的经验，积累了重要的思想、物质、制度等条件，留给我们很多宝贵的财富，其中就有跨越时空的红色金融精神。红色金融精神，最重要的方面就是站在最广大人民之中，独立自主、实事求是、敢闯新路、勇于胜利，走出一条马克思列宁主义基本原理同中国实际相结合的道路。这种精神包含了艰苦卓绝、自力更生的勇敢创造，包含了以人民为中心根本要求的忠贞践诺，包含了与人民群众血肉相连的优良作风，今天我们迫切需要结合新的时代条件，通过对红色金融史的学习领悟，让红色金融精神放射出新的时代光芒。

后记

“度之往事，验之来事，参之平素，可则决之。”中国革命历史就是最好的营养剂。红色金融史是中国共产党在革命战争年代领导金融事业发展的伟大历程，重温这段筚路蓝缕、可歌可泣的历史，让广大金融从业者了解红色金融事业的来龙去脉，了解红色金融历史的重大事件和重要人物，从红色金融事业的实践创造和历史经验中汲取智慧力量，这对掌握红色金融的历史逻辑和现实逻辑十分必要，对正确认识党情、国情十分必要，对增强中国特色社会主义道路自信、理论自信、制度自信、文化自信十分必要。

全面、系统地整理编著《中国红色金融史》是一项浩繁的系统工程。从 2019 年开始，中国金融思想政治工作研究会筹划成立红色金融史编写组，组织骨干力量，着手编著《中国红色金融史》。编写组由濮旭、李萍萍、褚克艰、梁湛四位同志组成，中国金融思想政治工作研究会副会长、秘书长濮旭担任组长兼总编著，中国金融思想政治工作研究会秘书长助理李萍萍担任副组长兼副总编著。编写组多次召开专题研讨会，与党史领域、经济金融领域多位专家、学者深入交流，得到了许多有益的启迪和建议。在此表示衷心的感谢！同时，还要感谢那些及时抢救和保存整理了革命战争中珍贵史料的专家学者，没有他们一代又一代的接续努力，就不会有这本书的诞生。书中采用了多家革命纪念馆的珍贵资料，在此也深表感谢！

特别感谢中共中央宣传部原常务副部长、中国思想政治工作研究会常务副会长徐惟诚，第十二届全国人大常委会内务司法委员会副主任委员、中国社会科学院原副院长、党组副书记李慎明，中国思想政治工作研究会秘书长吴建春，中国金融思想政治工作研究会会长梅志翔同志，国防大学军建政工教研部原副主任、教授运新宇少将，中国财经出版传媒集团总经理许正明，中国财政经济出版社副社长蔡丽兰，中国财政经济出版社金融分社社长郁东敏等在本书编著过程中提出了很多好的建议，感谢翁晓红、贾延平、张莹等几位编辑在本书出版过程中所做的认真细致工作，感谢他们促成了本书的出版。

红色金融史涉及中国共产党历史、革命根据地经济史、财政税收史以及政治学、经济学、历史学等，多学科交叉，牵涉面很广，因历史久远，搜集和掌握资料很困难，并不很周全，加之编著者水平有限，书中难免存在一些疏漏或不当之处，敬请广大研究党史、近代史、经济金融史的专家学者以及从事相关教学工作的同志和广大读者批评指正，多提宝贵意见。

“虎踞龙盘今胜昔，天翻地覆慨而慷。”一代人有一代人的责任使命。回望过往的奋斗路，眺望前方的奋进路，我们更需时时警醒、加倍努力，把党的历史学习好、总结好，把党的成功经验传承好、发扬好，不忘初心，牢记使命，全身心投入中华民族伟大复兴的实干中！

本书编写组

2021 年 5 月